BIBLIOTHÈQUE
DE L'ÉCOLE
DES HAUTES ÉTUDES

PUBLIÉE SOUS LES AUSPICES

DU MINISTÈRE DE L'INSTRUCTION PUBLIQUE

SCIENCES PHILOLOGIQUES ET HISTORIQUES

SOIXANTE-QUATORZIÈME FASCICULE
LA BIBLIOTHÈQUE DE FULVIO ORSINI
CONTRIBUTIONS A L'HISTOIRE DES COLLECTIONS D'ITALIE ET A L'ÉTUDE DE LA RENAISSANCE
PAR P. DE NOLHAC
MAITRE DE CONFÉRENCES A L'ÉCOLE PRATIQUE DES HAUTES ÉTUDES

PARIS
F. VIEWEG, LIBRAIRE-ÉDITEUR
E. BOUILLON ET E. VIEWEG, SUCCESSEURS
67, RUE DE RICHELIEU, 67

1887

LA BIBLIOTHÈQUE DE FULVIO ORSINI

ANGERS, IMPRIMERIE BURDIN ET Cie, RUE GARNIER, 4.

LA BIBLIOTHÈQUE

DE

FULVIO ORSINI

CONTRIBUTIONS A L'HISTOIRE DES COLLECTIONS D'ITALIE
ET A L'ÉTUDE DE LA RENAISSANCE

PAR

PIERRE DE NOLHAC

Ancien membre de l'École française de Rome,
Maître de conférences à l'École pratique des Hautes-Études

AVEC UNE PLANCHE EN PHOTOGRAVURE

PARIS

F. VIEWEG, LIBRAIRE-ÉDITEUR

E. BOUILLON & E. VIEWEG, SUCCESSEURS

67, RUE DE RICHELIEU, 67

—

1887

A *Monsieur Léopold Delisle,*

Membre de l'Institut, Administrateur général de la Bibliothèque Nationale de Paris.

Monsieur,

Permettez-moi de vous adresser la préface de ce livre. Vous en avez approuvé le dessein dès 1883, et, depuis, vos encouragements m'ont aidé à le poursuivre. Vous avez représenté pour moi le lecteur idéal que tout écrivain a devant les yeux quand il tient la plume et dont le suffrage désiré semble devoir le récompenser de sa peine. Depuis bien des années, en effet, tous ceux qui, chez nous, s'occupent de manuscrits, reconnaissent en vous leur premier juge. Vous êtes en même temps leur conseiller et leur guide, car vos travaux multipliés de paléographie et de bibliographie sont regardés par tous comme des modèles.

Dans votre beau livre, *Le Cabinet des manuscrits de la Bibliothèque Nationale*, vous avez montré tout ce que l'étude méthodique de la formation d'un fonds de manuscrits peut apporter de renseignements d'intérêt général, sur les mœurs, les usages, les arts, la vie intellectuelle du passé. Votre exemple, partout fécond pour la science, a fait naître plusieurs œuvres analogues, parmi les plus modestes desquelles celle-ci demande à être placée.

Vous trouverez ici l'histoire et la restitution d'un fonds bien moins étendu et bien moins varié que la plupart de ceux qui ont formé notre grande collection nationale. Il ne saurait soutenir la comparaison pour le nombre des volumes avec les séries de manuscrits des Séguier ou des Colbert; mais il a un caractère très tranché et une valeur de choix qui lui méritent à bon droit l'estime des érudits. Formé par un grand humaniste italien du xvie siècle avec les débris des bibliothèques de ses prédécesseurs, il offre, au point de vue des études classiques, un intérêt depuis longtemps deviné. Notre dépouillement permettra d'en juger exactement ; il apportera en même temps des détails nouveaux sur les bibliophiles du xve et du xvie siècle ; il révélera l'existence d'anciennes collections dispersées et servira à compléter l'histoire de celles qui sont déjà connues.

La plupart des volumes de Fulvio Orsini appartiennent, vous le savez, à la Bibliothèque Vaticane. Nous ne possédons encore qu'une faible partie des catalogues de cet important dépôt, et il faudra bien des années avant que la publication, reprise sous les auspices de S. S. Léon XIII, soit parvenue à la région de la Bibliothèque que j'ai de préférence étudiée. En attendant, le travail que je vous présente servira à renseigner les savants avec précision sur une intéressante portion de l'ancien fonds Vatican. Il contient, en effet, une sorte de catalogue abrégé de plus de quatre cents volumes, dont beaucoup comptent plusieurs manuscrits et dont la plupart n'ont jamais été décrits. — Voici comment on pourra se servir du livre à titre d'inventaire provisoire : on rencontrera, pp. 125 sqq., des tables de concordance entre les numéros actuels de la Vaticane et ceux de l'Inventaire d'Orsini ; en se reportant au texte même de cet Inventaire, publié pp. 333 sqq., on trouvera en note soit la description du manuscrit, soit le renvoi au passage du livre où ce manuscrit a été examiné. — Les renseignements qui sont les plus utiles aux travailleurs sur le contenu, l'âge et l'état des volumes figurent dans ce travail. J'aurais pu adopter une forme plus voisine d'un catalogue proprement dit ; mais je tenais à ne pas empiéter sur la publication des catalogues généraux de la Vaticane, qui est poursuivie avec tant de zèle et de science par les érudits romains groupés autour de S. E. le cardinal Pitra. J'ai porté surtout mes soins sur les questions de provenance et d'écriture, qui ne peuvent être étudiées avec le détail nécessaire par les rédacteurs des grands catalogues, et j'ose espérer que mes conclusions, dans ce domaine, ne seront pas pour eux sans utilité.

M. le comm. de Rossi, qui a une si haute part dans la publication, a bien voulu en juger ainsi, lorsqu'il m'a invité, à plusieurs reprises, à poursuivre le dépouillement du fonds Orsini, et qu'il m'a fait l'honneur d'annoncer ce travail dans sa grande préface historique des catalogues de la Bibliothèque Vaticane. Vous me permettrez de remercier ici de tant de marques de bienveillance l'illustre savant qui continue si dignement les traditions de la Rome du temps d'Orsini.

Il est un autre département des immenses collections pontificales où j'ai dû pousser mes investigations ; c'est la belle série des incunables et des livres rares ou annotés par des savants, quelque chose d'analogue à notre *Réserve* de Paris. J'ai pénétré dans ces trésors, absolument ignorés des étrangers, et j'en ai tiré d'utiles indications. Là, comme parmi les manuscrits, j'ai vérifié bien des fois le *Juvat integros accedere fontes* du poète. Sans doute, ma visite à ces livres vénérables a été trop rapide et trop superficielle ; mais je crois pouvoir revendiquer le mérite d'avoir le premier cherché à faire profiter le public de ces fonds précieux. Toute ma reconnaissance est due à l'administration de la Vaticane, qui ne m'a refusé aucune facilité de travail, de 1883 à 1885. Je remercie particulièrement Mgr Ciccolini, préfet de la Bibliothèque, qui comprend toutes les exigences de l'érudition et dont la libéralité est inépuisable.

Cet ensemble de recherches a été dirigé surtout au point de vue bibliographique : je n'ai jamais laissé passer l'occasion d'identifier un manuscrit, de donner sur une bibliothèque un renseignement inédit ou peu connu. Mais j'ai tenté aussi de rendre quelques services aux études sur la Renaissance et sur l'humanisme. Les érudits, très nombreux hors de France, qui s'occupent de ces études, trouveront ici soit des faits nouveaux, soit des indications de sources. Le livre fait mention, dans le texte et dans les notes, d'une foule de personnages du XIVe au XVIe siècle, qui ont marqué leur place dans l'histoire littéraire de la Renaissance ou mériteraient d'en avoir une ; s'il m'avait fallu donner sur chacun d'eux une notice, même succincte, le volume aurait été chargé outre mesure ; j'ai préféré supposer le lecteur muni des ouvrages d'ensemble, tels que la *Storia della letteratura italiana* de Tiraboschi, la

Wiederbelebung des classischen Alterthums de M. G. Voigt, la *Bibliographie hellénique* de M. E. Legrand, etc. J'ai cherché surtout à fournir des renseignements inédits sur les humanistes et les bibliothèques d'humanistes, et à éclaircir quelques points douteux se rattachant à l'histoire de la philologie. J'ai passé brièvement sur ce qu'on pouvait trouver dans les livres déjà parus, me bornant de temps en temps à y renvoyer ; mon ambition aurait été de réunir le plus possible de faits nouveaux dans le plus petit nombre possible de pages.

La Bibliothèque de Fulvio Orsini peut donc être regardée comme un recueil de matériaux propres à servir à l'étude de la Renaissance. Ces matériaux, il est vrai, pris isolément, sont extrêmement menus et de médiocre importance ; c'est de la poussière d'érudition, si on peut dire, et on me reprochera peut-être d'avoir dépensé un long travail et de sérieux efforts de critique à des questions aussi infimes. Je suis certain, Monsieur, que vous ne partagerez point cet avis. Vous nous avez appris que rien n'est inutile en matière de bibliographie et d'histoire littéraire. Un détail insignifiant pour tel lecteur rendra peut-être un jour service à tel autre. Nous n'avons le droit de rien négliger, car, suivant la belle parole d'un de nos humanistes (p. 145), il n'y a rien de méprisable dans le domaine de la science, οὐδὲν τῶν ἀπὸ τῆς τέχνης φαῦλον.

Le plan du livre a eu l'inconvénient de disperser en plusieurs chapitres les renseignements sur le même sujet. Par exemple, au chapitre III, vous trouverez des détails historiques sur la bibliothèque des Bembo ; au chapitre V, l'étude des manuscrits grecs de la même collection ; au chapitre VII, l'étude des manuscrits latins ; au chapitre VIII, l'étude des manuscrits en langues modernes. Pour cette bibliothèque illustre, la plus importante de celles qui ont enrichi le fonds d'Orsini, j'ai pu réunir en un tableau d'ensemble une partie de ces résultats épars ; mais, pour plusieurs autres bibliothèques qui pourront vous intéresser, vous voudrez bien consulter successivement les différents chapitres.

Il en va de même pour les renseignements relatifs à chaque érudit. Prenons pour exemple Théodore Gaza : pp. 145-146, sont décrits des autographes de lui ; p. 166 (en note), est rapporté un témoignage iconographique ; p. 223 (en note), sont signalées des lettres inédites, p. 230, un opuscule demeuré inconnu; enfin, les notes au bas du texte de l'Inventaire contiennent encore des particularités intéressant le même personnage. Ces mentions pourront être groupées, sur le point spécial des recherches de chacun, au moyen de l'Index des noms, qui servira de lien aux diverses parties du volume. On a évité de faire cet Index trop riche, en le surchargeant de renvois insignifiants ; cependant il a paru utile, dans la plupart des cas, d'y laisser figurer le plus de chiffres possible, l'excès sur ce point pouvant rendre à plus d'un lecteur des services inattendus. On y a fait entrer aussi des indications, prénoms, titres, etc., qui aideront à identifier des personnages mentionnés au cours du livre sans précision suffisante.

Les Appendices comprennent les documents les plus importants auxquels on est renvoyé dans le cours du texte ; ce sont presque tous des lettres intimes d'Orsini ou de ses amis. Il n'y a là qu'une petite partie des correspondances que j'ai utilisées ou citées. Vous remarquerez sans doute, en effet, le rôle que jouent, dans tout l'ensemble du livre, les lettres originales du xvie siècle. J'en ai dépouillé plus d'un millier, conservées en divers dépôts d'Europe. J'y ai pris plusieurs détails pour la biographie d'Orsini; l'histoire de ses acquisitions en est même exclusivement tirée ; je m'en suis servi aussi pour identifier beaucoup de manuscrits ou reconnaître leur provenance. Les renvois aux bibliothèques et aux volumes qui contiennent ces correspondances sont donnés partout avec soin ; le lecteur pourra y recourir facilement, soit pour compléter mes citations, soit pour recueillir les renseignements étrangers à la bibliographie que je n'ai pas mis en œuvre.

Veuillez me permettre encore, Monsieur, une remarque sur la façon dont le livre a été composé. Après avoir employé près de trois années d'études et de voyages à en réunir les matériaux, je l'ai rédigé loin des manuscrits sur lesquels j'avais pris des notes. J'aurais eu besoin, cette rédaction terminée, de retourner en Italie et de revoir les volumes les uns après les autres, pour contrôler tous les détails de mon exposition et y ajouter les observations qu'un premier examen ne m'avait pas permises. La chose s'est trouvée impossible. Mais j'ai eu recours, sur tous les points essentiels, au dévouement de mes confrères de l'École française de Rome, MM. Paul Fabre, André Pératé, A.-M. Desrousseaux. Ces excellents amis ont trouvé le temps, au milieu d'importants travaux personnels, de vérifier beaucoup de mes notes et d'éclaircir mes derniers doutes. La description de la bibliothèque d'Orsini leur doit de se présenter à vous avec un peu moins d'inexactitudes.

J'ai fait de mon mieux pour fournir aux travailleurs des renseignements sûrs. J'aurais voulu les apporter plus complets et ne rien laisser d'inachevé. Mais, comme cet ouvrage s'adresse à un public varié, et qu'il touche à la fois aux études grecques, latines, provençales et italiennes, il aurait fallu un érudit spécial pour traiter convenablement chacune de ces parties. Il s'est donc trouvé que, faute de temps et souvent de compétence, j'ai posé plus de questions que je n'en ai résolues. Je crois, du moins, avoir partout nettement marqué ce qui reste à faire. Mes successeurs pourront ainsi reprendre les sujets qui n'ont été qu'effleurés et leur donner les développements qu'ils comportent ; je souhaite, en même temps, qu'ils rectifient les erreurs que j'ai pu commettre.

Telles sont, Monsieur, les observations qui me sont venues à l'esprit avant de vous offrir mon travail. Je serai heureux de l'avoir publié, si vous daignez le trouver utile.

Paris, août 1887.

TABLE DES MATIÈRES

CHAPITRE PREMIER. — Esquisse biographique 1

Sources de la biographie de Fulvio Orsini, 1. — Sa famille et son éducation, 2. — Influence exercée sur lui par Gentile Delfini et Angelo Colocci, 4. — Jeunes savants romains contemporains d'Orsini. Premières traces de son activité littéraire, 6. — Il devient chanoine de Saint-Jean-de-Lateran, 7. — Orsini chez les Farnèse, bibliothécaire du cardinal S. Angelo, 8. — Voyage d'Orsini à Florence, à Bologne et à Parme. Mort du cardinal S. Angelo, 10. — Le cardinal Alessandro Farnèse. Ses goûts de collectionneur sont servis par Orsini, 11. — Sa cour de lettrés. Le palais Farnèse à Rome. La résidence d'été de Caprarola, 14. — Rapports d'Orsini avec les artistes, 15. — Ses relations avec les cardinaux Sirleto, Caraffa, Colonna, Borromeo, Granvelle, etc., 17. — Granvelle et les érudits romains, 19. — Vieillesse d'Orsini, 21. — Il voit mourir le cardinal Farnèse. Odoardo Farnèse le garde au palais, 22. — Testament d'Orsini, 25. — Sa mort, 26. — Jugement sur son caractère, 27. — Son genre de vie et ses occupations diverses ; ses fonctions de correcteur grec à la Bibliothèque Vaticane, 29. — Orsini collectionneur. Ses collections d'antiquités, 30. — Sa collection de portraits, 32. — Sa compétence de numismatiste, 34. — Services qu'il a rendus à l'épigraphie, 35.

CHAPITRE II. — Travaux et amitiés de Fulvio Orsini 37

Grande production d'Orsini. Analyse sommaire de ses ouvrages, 37. — Ses premiers livres chez Plantin. Le *Virgilius illustratus*, 38. — Les *Carmina IX illustrium feminarum*. Édition de César, 39. — Les *Imagines et elogia*. Orsini créateur de l'iconographie, 40. — Les *Familiae romanae*, 42. — Édition de Festus, 44. — Notes sur Cicéron. Édition princeps du *De legationibus*, 46. — Édition d'Arnobe, 48. — Collaboration d'Orsini aux travaux des commissions pontificales et à la revision de la Bible grecque de 1587, 49. — Notes au *De legibus et senatusconsultis* d'Antonio Agustin, 50. — Notes sur Caton, Varron, Collumelle, etc., 51. — Publication du *De triclinio* de Pedro Chacon, 52. — Notes sur les historiens romains, avec édition des fragments des historiens perdus, 53. — Examen de l'accusation de plagiat portée contre Orsini, 54. — Sa renommée européenne. Ses visiteurs à Rome, 55. — Ses principales liaisons. Orsini et les Pays-Bas. Juste-Lipse, Charles Lange, L. van der Becke, 57. — Plantin, Falkenburg, A. Schott, etc., 58. — Orsini et l'Espagne. Son amitié pour Agustin, 60. — Orsini et l'Allemagne. Gruter, Sambucus, Sylburg, etc., 62 — Orsini et la France. Français résidant à Rome : Muret, Pierre Morin, Dupérac, etc., 64. — Voyageurs français à Rome : Claude Dupuy, les Audebert, l'ambassadeur Louis d'Abain, Montaigne, Paul de Foix, De Thou, etc., 65. — Correspondance avec la France au sujet du *Servius* de Pierre Daniel, 69. — Principaux amis d'Orsini en Italie. Piero Vettori, à Florence, 70. — Carlo Sigonio, à Bologne, 72. — Gianvincenzo Pinelli, à Padoue, 74.

CHAPITRE III. — Principales acquisitions d'Orsini.............. 79

Histoire de la formation de la bibliothèque d'après les correspondances du temps. Acquisition d'une partie des papiers de Colocci, 79. — La bibliothèque de Cartéromachos, 81. — État de la collection d'Orsini en 1570, 84. — Claude Dupuy lui envoie son fragment de Virgile (*Augusteus* de Virgile), 85. — Provenance de ce manuscrit, 85. — Négociations pour obtenir de Dupuy sa Décade de Tite-Live (*Puteaneus* de Tite-Live), 88. — Petits travers d'Orsini comme bibliophile, 90. — Question de la bibliothèque du cardinal Bembo, 91. — Elle n'a pas été dispersée à sa mort, 92. — Caractère de son héritier, Torquato Bembo, 92. — Orsini négocie avec lui l'achat de son Virgile et de son Térence (*Vaticanus* de Virgile, *Bembinus* de Térence), 94. — Pinelli et Mercuriale aident Orsini et le renseignent sur la collection de Bembo à Padoue, 95. — Ruse pour obtenir les *Lusi* de Virgile, 97. — Arrivée à Rome du Virgile et du Térence, 98. — Autres acquisitions importantes, 99. — Voyage de Torquato Bembo à Rome, 100. — Orsini réunit peu à peu tous les autographes de Pétrarque que possédait le cardinal, 101. — Manuscrits achetés en 1582, 103. — Dernières acquisitions chez Bembo, en 1583 et 1584, 106. — Achat du chansonnier provençal d'Alvise Mocenigo, 107. — Description de la bibliothèque d'Orsini par Angelo Rocca, 109.

CHAPITRE IV. — État actuel de la bibliothèque d'Orsini........ 112

Orsini songe à offrir sa bibliothèque à Philippe II, pour l'Escurial, 112. — Il l'offre à Grégoire XIII, 113. — Intervention de Granvelle, de Sirleto et de Caraffa, 114. — Orsini lègue par testament sa bibliothèque à la Vaticane, 115. — Rédaction originale de son Inventaire, 116. — Intérêt et défauts de ce document, 117. — Erreurs et fausses attributions, 118. — Remise des livres d'Orsini aux fonctionnaires de la Vaticane, en 1602. Listes de récolement dressées par D. Rainaldi, 120. — Manuscrits manquants, 121. — Classement dans les fonds de la Vaticane, 123. — Tables de concordance entre les cotes actuelles du Vatican et les numéros de l'Inventaire d'Orsini, 125. — Fonds grec, 125. — Fonds latin, 126. — Manuscrits d'Orsini emportés à Paris en 1797 et rendus en 1815, 128. — État matériel des volumes provenant d'Orsini ; reliure, ex-libris, etc., 129. — Méthode de nos recherches, 130. — Imprimés précieux de la Vaticane, 131. — Papyrus, 131. — Papiers modernes : correspondances autographes d'Alde Manuce, de Cartéromachos, de Colocci, etc., 132. — Correspondance personnelle d'Orsini, 135. — Seconde bibliothèque d'Orsini, formée après l'engagement pris envers la Vaticane, 136. — Inventaire des manuscrits qu'elle contenait, 137. — Caractère de la collection d'Orsini : exclusion de l'élément théologique, provenance d'anciennes bibliothèques d'humanistes, 137. — Respect d'Orsini pour les humanistes du xive et du xve siècles, 138. — Intérêt des manuscrits transcrits et annotés par eux, 139.

CHAPITRE V. — Description de la bibliothèque. Le fonds grec.... 143

Manuscrits grecs provenant de collections du xive siècle. Ciriaco d'Ancona et Manuel Chrysoloras, 144. — Collections du xve siècle. Bibliothèques de Grecs établis en Italie. Théodore Gaza, 145. — Copies de Démétrius Rhallès Cabacès, 146. — Michel Apostolios, 148. — Marc Musurus, Georges Moschus, etc., 150. — Bibliothèque de Constantin Lascaris, 151. — Manuscrits transcrits de sa main, 152. — Bibliothèque de Jean Lascaris, 154. — Papiers personnels, 155. — Livres annotés par J. Lascaris, 157. — Mathieu Devaris, 159. — Autres Grecs du xvie siècle, 161. — Le copiste Giovanni Onorio, d'Otrante. Ses travaux pour Orsini, 162. — Bibliothèques d'humanistes italiens. Ermolao Barbaro l'ancien, 166. — Giorgio Valla, 167. — Manuscrit de Ptolémée possédé par Domenico Domenici, 168. — Noms nouveaux de copistes grecs : Giorgio Crivelli, Lianori de Bologne, Giglio Archilibelli, 170. — Niccolò Leonico Tomeo, 171. — Manuscrits isolés rappelant le souvenir d'hellénistes, 172. — Collection d'Arnold Arlenius dispersée à Rome, 174. — Imprimés grecs annotés par des humanistes, 175. — Note sur la bibliothèque de Sirleto achetée par le cardinal Colonna, 177. — Bibliothèque grecque de Cartéromachos. Manuscrits, 178. — Imprimés annotés, 181. — Manuscrits grecs de Colocci, 182. — Manuscrits grecs du cardinal Bembo, 183. — Copies grecques de la main d'Orsini, 186. — Imprimés annotés par lui, 187. — Liste des plus anciens manuscrits grecs de la collection, 189.

CHAPITRE VI. — Le fonds latin. Bibliothèques antérieures au seizième siècle.................................... 191

Attributions à la collection de Nicolas III, 191. — Benvenuto Rambaldi, 192. — Autographes de Poggio Bracciolini, 193. — Manuscrits de la bibliothèque de Philelphe chez Orsini, 194. — Manuscrits de Niccolò Perotti, Giovanni Tortelli, Platina, et d'humanistes du même temps, 196. — Bibliothèque de Pomponius Laetus, 198. — Manuscrits de luxe, écrits et annotés par lui, 199. — Manuscrits de travail, 202. — Notions qu'ils fournissent sur l'enseignement de Pomponius, 205. — Manuscrits et imprimés annotés par Pomponius, 206. — Bibliothèque d'Ange Politien. Manuscrits autographes, 208. — Virgile imprimé couvert des notes de Politien, 210. — Fragment de Festus transcrit par lui, 212. — Bibliothèque des Gaddi, 216. — Manuscrits d'Aurispa, 218. — Bibliothèque de Panormita, 218. — Manuscrits exécutés pour lui, 219. — Manuscrits anciens possédés par lui, 222. — Autographes de Panormita, 222. — Manuscrits de ses correspondants : Giovanni Lamola, Georges de Trébizonde, Toscanella, etc., 224. — Pontano et le Virgile du Vatican, 225. — Manuscrits provenant de prélats et savants divers, 226. — Giovanni Lorenzi et Andrea d'Aleria, bibliothécaires du Vatican, 228. — Autres bibliophiles : Ridolfini, Gucciardini, Ugoleti, Maffei, etc., 230. — Question des manuscrits de Properce. Histoire du *Neapolitanus*, 233.

CHAPITRE VII. — LE FONDS LATIN. BIBLIOTHÈQUES DU SEIZIÈME SIÈCLE. 236

Bibliothèque de Bernardo et de Pietro Bembo, 236. — Le *Bembinus* de Térence, 237. — Les *Lusi* de Virgile, 239. — Manuscrits autographes de Bernardo Bembo, 240. — Manuscrits ajoutés par le cardinal Bembo à la collection de son père, 241. — Bibliothèque des Manuce, 243. — Imprimés latins annotés par Cartéromachos, 245. — Érudits du même temps : Bombasio, Inghirami, etc., 247. — Prélats du XVIe siècle : Marcello Cervini, Pomponio Cecio, etc., 248. — Bibliothèque d'Angelo Colocci, 249. — Collection de vers latins modernes et d'autographes réunie par Colocci, 254. — Imprimés annotés par Colocci, 257. — Basilio Zanchi et Michele Silvio, 258. — Livres provenant des amis d'Orsini : Faerno, Bagatto, Agustin, Chacon, 260. — Manuscrits de Panvinio, 262. — Manuscrits de Ligorio, 263. — Bibliothèque d'Achille Estaço acquise en partie par Orsini, 263. — Manuscrits provenant de collections françaises, 266. — Fabio Farnèse, 267. — Manuscrits latins exécutés pour Orsini ou par lui-même, 268. — Imprimés annotés par Orsini, 271. — Contributions à l'histoire du *Mediceus* de Virgile, 272. — Précieuse collection de manuscrits lombards, 274. — Incertitude des connaissances paléographiques d'Orsini, 275. — Liste des manuscrits latins antérieurs au XIIe siècle, 276.

CHAPITRE VIII. — MANUSCRITS EN LANGUES MODERNES............ 278

Intérêt que portait Orsini à la littérature nationale, 278. — Le *Canzoniere* en partie autographe de Pétrarque, 279. — Les fragments autographes du Vatican, 281. — Question de l'écriture de Pétrarque, 282. — Autographe du *Bucolicum Carmen*, 285. — Autographe du *De ignorantia*, 289. — Faux autographes de Pétrarque provenant des Bembo, 291. — Notes de Bernardo Bembo relatives à Pétrarque, 292. — Manuscrits provenant de la bibliothèque de Pétrarque, 295. — Contributions à l'histoire du Virgile de l'Ambrosienne. Il n'a jamais appartenu à Orsini, 295. — Manuscrit du *Trésor* de Brunetto Latini, 301. — Texte de Dante offert à Pétrarque par Boccace, 303. — *Consolatio* de Boèce écrite de la main de Boccace, 305. — Autographes de Pietro Bembo, 307. — Manuscrits italiens de Bembo, 309. — Manuscrit français, 311. — Essai de reconstitution de la collection provençale de Bembo, 312. — Provenance des chansonniers provençaux de Paris et de Rome, 313. — Identification du chansonnier de Colocci, 318. — Autres chansonniers de Bembo, 321. — Tableau résumé des recherches sur la bibliothèque de Bembo, 325. — Manuscrits de provenance isolée, 326. — Manuscrits florentins, 327. — Autographes de Sannazar, 328. — Autographes de Michel-Ange, 329.

INVENTAIRE DE LA BIBLIOTHÈQUE..................... 333

Manuscrits grecs, 334. — Imprimés grecs, 350. — Manuscrits latins, 358. — Imprimés latins, 381. — Manuscrits en langues modernes, 391. — Papiers divers, 395.

APPENDICES 397

Appendice I. — Inventaire de livres trouvés chez Orsini après sa mort.. 397
Appendice II. — Correspondances relatives à la bibliothèque d'Orsini (1565-1585).. 402
Appendice III. — Lettres écrites de France à Orsini (1584-1585)... 431
Appendice IV. — Choix de lettres latines adressées à Orsini (1567-1594) 436
Appendice V. — Lettre d'Orsini à Odoardo Farnèse (1590)........ 445

Addenda.. 447
Corrigenda... 455
Index des noms cités....................................... 459
Table de renseignements sur divers sujets................. 487
Note sur la planche.. 491
Planche.

LA
BIBLIOTHÈQUE DE FULVIO ORSINI

CHAPITRE PREMIER

ESQUISSE BIOGRAPHIQUE

J'essaye dans ce livre de faire l'histoire et de reconstituer les éléments d'une bibliothèque célèbre, la plus intéressante peut-être des collections privées du xvi⁰ siècle. Bien que je m'occupe surtout, dans Fulvio Orsini, du collectionneur et du bibliophile, il a paru naturel de faire connaître d'abord les principales dates de sa vie, de déterminer son caractère, de le montrer dans son milieu, parmi ses études et ses amitiés. Je vais donc raconter brièvement cette carrière laborieuse, telle que je l'ai trouvée dans les œuvres du savant romain, dans les témoignages de ses contemporains, et surtout dans ses correspondances intimes. Cette introduction est d'autant plus nécessaire qu'une biographie raisonnée d'Orsini, malgré l'intérêt sérieux qui s'y attacherait, n'a pas encore été écrite[1].

Fulvio Orsini appartient à la grande famille romaine dont il porte le nom. On a remarqué que c'est un honneur pour les Orsini d'avoir, grâce à lui, les lettres représentées chez eux

---

[1]. La seule vie d'Orsini qu'on ait donnée a la valeur d'un témoignage contemporain, mais elle compte à peine quelques pages; elle est due à un philologue et juriste assez distingué, Giuseppe Castiglione (*Castalio*), d'Ancone, qui était plus jeune qu'Orsini et avait reçu ses conseils. Ce travail a paru longtemps après sa mort sous ce titre : *Fulvii Ursini vita auctore Iosepho Castalione*. Romae, typis Varesii MDCLVII, 14 (39) pp. La plaquette étant assez rare hors de Rome, je cite toujours la réimpression la plus répandue, celle de Breslau en 1739, dans *Vitae selectae XVII eruditiss. virorum a clariss. viris quibusdam scriptae et... collectae a D. Christ. Gryphio gymn. Magd. rect.* (La première éd. est de 1711 ; en 1739, l'œuvre de Castiglione occupe les pp. 555-563 ; les appendices, les pp. 563-580.)
La liste des auteurs qui ont consacré une notice à Orsini ou parlé de lui

comme dans les autres illustres familles italiennes [1]. Cependant Fulvio, enfant naturel, ne fut jamais reconnu officiellement par les siens.

Le nom de son père n'est même pas certain. Les généalogistes, sachant par des témoignages assez sûrs qu'il était fils d'un Orsini de la branche de Mugnano, commandeur de l'ordre de Malte, lui donnent pour père un Maerbale. Cette hypothèse est très vraisemblable [2]. Maerbale Orsini, fils du condottiere Giancorrado, condottiere lui-même et l'un de ceux qui vinrent en 1552 au secours de Sienne, satisfait seul aux conditions demandées. Il vivait encore en 1579. On ne sait rien sur la mère de Fulvio, qui devait être d'humble naissance. La respectueuse affection dont elle fut entourée par son fils et l'excellente édu-

---

serait assez longue et n'offrirait qu'un intérêt de curiosité. Sauf Giovanni-Vittore Rossi (*Erythraeus*), qui a pu connaître Orsini, la plupart n'ont fait que délayer ou résumer Castiglione; ceux qui ont apporté un fait nouveau seront cités à l'occasion. Je dois rappeler que Tiraboschi n'a peut-être pas marqué assez dignement la place d'Orsini dans son beau tableau de l'histoire intellectuelle de l'Italie. (*Storia della lett. ital.*, éd. de Milan, t. VII, pp. 357-360.) En ces dernières années il a été fait des publications utiles pour certains détails du sujet : ce sont : *Lettere di Fulvio Orsini ai Farnesi annotate da...* [A. Ronchini e Vitt. Poggi], Modène, 1879 (Extrait des *Atti e memorie delle deputazioni di storia patria dell' Emilia*, nouv. série, vol. IV, part. II); *Lettere inedite del card. de Granvelle a Fulvio Orsini e al card. Sirleto*, raccolte da P. de Nolhac, Rome, 1884 (Extrait des *Studi e documenti di storia e diritto*, publiés par l'*Accadem. d. conferenze storico-giuridiche*, année V); P. de Nolhac, *Les collections d'antiquités de Fulvio Orsini*, Rome, 1884. (Extrait des *Mélanges d'archéologie et d'histoire* publ. par l'École française de Rome, année IV.) D'autres travaux en préparation sont indiqués au cours du livre.

Si les sources imprimées sont peu considérables, les sources manuscrites sont en revanche fort abondantes. Les recueils manuscrits qu'on trouvera cités le plus souvent et qui contiennent des correspondances autographes considérables d'Orsini et de ses amis sont : à la bibliothèque Vaticane, les *Vat. lat.* 4103, 4104, 4105; à la bibl. Ambrosienne, les *Ambros. D.* 422 et *D.* 423 *inf.*; au British Museum, l'*Additional ms.* 10270. Beaucoup d'autres manuscrits et livres oubliés du XVIe siècle m'ont fourni des renseignements; je les ai soigneusement indiqués dans l'espoir d'être utile au futur biographe d'Orsini. Je me suis arrêté sur certains détails, qui ont paru particulièrement caractéristiques, ou qui pouvaient éclairer d'autres parties de l'ouvrage et m'éviter de les surcharger. Mais l'ensemble des deux premiers chapitres a surtout pour but d'orienter le lecteur dans l'histoire d'Orsini et dans le milieu où il a vécu.

1. Pompeo Litta, *Le famiglie celebri Italiane*, vol. V, *Orsini di Roma*, t. XIV.
2. Ces détails ne sont pas, comme le croit Litta, postérieurs de 57 ans à la mort d'Orsini : Castiglione, qui avait lui-même connu Orsini, les tenait d'Achille Estaço et de Fulvio Arcangeli, tous deux contemporains de notre savant. Les détails sur la jeunesse d'Orsini, que Castiglione a recueillis de la bouche de Properzia Micinelli, femme de Mario Delfini, n'ont pas moins d'autorité.

cation première qu'elle lui donna font penser d'elle quelque bien. Certaines lettres intimes de 1558 témoignent des tendres inquiétudes de Fulvio pour sa mère malade[1].

Né le 11 décembre 1529[2], il fut élevé d'abord par son père et entouré de tout le luxe qu'un jeune Romain de son rang pouvait avoir sous le pontificat de Clément VII et de Paul III. On le voyait tout enfant, à cheval dans les rues, et on le reconnaissait à la suite nombreuse qui l'accompagnait. Soudain cette fortune change : une rupture survient entre les parents, et Fulvio ne revoit plus son père. Sa mère est réduite à vivre de

---

[1]. Voici deux lettres de Gentile Delfini, qui mentionnent la mère d'Orsini (Vat. 4105, ff. 340 et 239); les documents sur ce savant personnage étant fort rares, on m'excusera de les donner ici :

Al R^{do} M. Vincenzo Thomassino Beneficiato Lateranense.

Reverendo signor, Son stato hoggi dalla madre di messer Fulvio, quale in vero sta bene; pero usate ogni diligentia che quella lettera non vada, o vero che in un tempo habbia quella et questa, nella quale scrivo di commissione di sua madre; non venga perche e megliorata assai, anzi sta bene et serria bono che V. S. gliene scrivesse anchora, et li bacio le mani.

Da casa, alli 27 di ottobre 1558.

Al servitio di V. S. *Gentil Delphino.*

Al R^{do} et come figliolo amantissimo Messer Fulvio Orsino Beneficiato Lateranense. (In corte dello Illmo et R^{mo} cardinale di Santo Angelo.)

Carissimo messer Fulvio, La presente solo serra per darvi buona nova di vostra madre, con laquale son stato hoggi un pezzo, et vi trovai m° Gio. di Oricola. Sta fuor di letto et bene, siche state di buona voglia, che, come sapete, non son bugiardo; mi ha chiesti dinari e dimane li mandaro doi scudi. — Son stato anchora da messer Horatio et l'ho trovato fuor di letto. — Altro non so che dirvi, se non che è una compassione veder quei poveri nostri Beneficiati et Clerici gire in questi tempi ad San Giovanni con le veste lunghe, et, anchor che ne potessero far di manco con portare un mantello alla prelatesca, son tanto impauriti che penso non lassino li gabani manco per casa, che Dio il perdoni al nostra Vicario, che è stato causa di cio. Et con questo farro fine. Da Roma, alli 30 di ottobre del 1558.

Al servitio vostro, *Gentile Delphino.*

Le « messer Horatio », dont il est ici question, est à mon avis Orazio Orsini, qui devint chevalier de Saint-Etienne en 1562 et fut enterré à Pise, le 3 novembre 1571. Il était l'ami de Panvinio, d'Agustin, de Sigonio, etc. (C. *Sigonii opera omnia*, t. VI, col. 999 sqq.) Si l'on s'en rapporte aux tables généalogiques de Litta, il aurait été le cousin germain de Fulvio Orsini. Il y aurait peut-être là une confirmation de la paternité de Maerbale ; en tout cas la liaison intime de Fulvio avec cet Orazio paraît attestée par la possession de deux portraits peints par Daniele da Volterra (n°s 6 et 31 de l'inventaire des tableaux de Fulvio, *Gazette des Beaux-Arts*, 1884, vol. I, p. 431). Il y avait encore un jeune Lodovico Orsini, dont Fulvio partageait la direction morale et intellectuelle avec Annibal Caro (v. deux lettres de 1560 et 1561 dans le recueil cité à la page suiv., t. II, pp. 79 et 93).

[2]. Cette date est fournie par l'épitaphe funéraire d'Orsini, qui mourut âgé de 70 ans 4 mois 27 jours. Le jour de sa mort est le 18 mai 1600 (c'est par une erreur du graveur, comme le prouve Castiglione, p. 562, que la

la charité publique[1]. Dès que son fils a neuf ans, elle obtient qu'il soit admis parmi les enfants de chœur entretenus par le chapitre de Saint-Jean-de-Lateran[2]. C'est alors qu'un chanoine de la basilique, frappé de son intelligence précoce et de son heureux caractère, s'intéresse à lui et se charge entièrement de son éducation.

L'homme charitable et savant, qui devait servir de père à Orsini et abréger pour lui toutes les difficultés de la carrière, était Gentile Delfini. Il était chanoine depuis 1525 et l'un des membres les plus érudits du clergé romain[3]. Sa famille lui donnait une influence et une autorité que sa valeur personnelle aurait suffi à lui mériter. On s'accorde à nous le représenter comme un homme modeste, pieux, ami des livres et des antiquités, les collectionnant volontiers et en connaisseur. Les renseignements encore inédits, recueillis par Galletti dans les archives capitulaires de Lateran, montrent l'estime dont il jouissait dans le chapitre et les missions de confiance qu'on lui donnait. Ranuccio Farnèse, cardinal-archiprêtre de Lateran, l'avait choisi en 1553 pour son vicaire aux applaudissements de tous.

---

pierre portait *XVIII Kal. Iun.* au lieu de *XV Kal. Iun.*) Le 18 mai (nouv. style) répondant au 8 mai du calendrier julien, cette date reporte au 11 décembre la naissance d'Orsini. (Voir la note de Weiss, dans la *Biogr. Univ.*)

1. Il est curieux de trouver une histoire assez semblable racontée par Annibal Caro pour un Orsini du même temps et de la même branche : « Del sig. Gabriele Orsino di Mugnano, zio del sig. Carlo Orsino, nacque un figliuolo Settimio Orsino, il quale per sei o sette anni fù tenuto e allevato a Mugnano con ogni servimento e diligenza insieme colla madre, quale è Romana e donna di buona fama e di buona casa; poi per alcune discordie essendo rimaso appresso della madre, passato molto tempo fu ripigliato dal sig. Gabriele, a tenuto in casa in Roma pubblicamente come figliuolo per molt'anni. Ma essendosi poi ritirato il padre in Viterbo senza costui, morì finalmente in questa terra senza fare alcuna menzione di lui nel testamento... » (*Lettere del comm. Ann. Caro*, Milan, 1807, t. I, p. 82; lettre de 1555 à Ben. Varchi). Nous retrouverons Settimio Orsini dans la bibliothèque.

2. Je n'ai pu faire moi-même dans les archives capitulaires les recherches nécessaires sur Orsini; on sait que ce dépôt est absolument inaccessible. Mais je dois à M. de Rossi l'indication des dépouillements que Galletti y a faits au siècle dernier, et qui sont conservés à la Vaticane. Les principaux renseignements relatifs à Orsini sont au *Vat.* 8037, partie II (année 1554); l'admission de l'enfant « al chericato benefiziato » d'après les documents vus par Galletti, est du 20 septembre 1539.

3. Les renseignements résumés ici sont empruntés à Mandosi, *Biblioth. rom.*, Rome, 1692, cent. VII, n° 95, et surtout aux manuscrits de Galletti cités dans la note précédente. Sur Gentile et ses collections, v. *Antonii Augustini opera omnia*, Lucques, 1765-1794, in-fol. t. VII, pp. 231 et 233; Blume, *Iter Italicum*, t. III, Halle, 1830, p. 193.

Mais cette charge importante ne tarda pas à fatiguer le bon Delfini ; dès le 2 juin 1554, il adressait au cardinal une requête publique pour obtenir un successeur plus apte que lui à ces fonctions ; il était, disait-il, trop occupé par ses études pour être un bon administrateur, et préférait retourner à ses livres.

Aux côtés d'un tel maître et avec de tels exemples sous les yeux, on comprend que l'esprit de Fulvio, naturellement vif et précis, se soit porté vers la science. Une influence analogue fut exercée sur lui par un prélat, fort célèbre au xvie siècle et fort oublié aujourd'hui, Angelo Colocci, évêque de Nocera. Le jeune homme allait lui rendre visite dans sa maison du Quirinal, aux *orti Colotiani*, si fréquentés des érudits du temps [1]. Colocci mourut en 1549, mais Orsini conserva le plus grand respect pour la mémoire de ce savant homme, qui avait donné à ses premières études de précieux encouragements [2].

De bonne heure Orsini montra du goût pour les inscriptions, les monuments, les médailles, pour tout ce qui rappelait aux générations enthousiastes de la Renaissance, l'histoire de la capitale du monde. Les collections de Delfini et de Colocci lui fournirent ses premiers sujets de recherches archéologiques. La connaissance des textes ne l'intéressait pas moins que celle des documents ; il commença jeune, on peut le croire, à dépouiller méthodiquement les auteurs anciens et à réunir cette masse considérable de matériaux qu'il devait plus tard mettre en œuvre.

---

1. Sur Colocci voir l'index du présent volume. Voici de plus un témoignage personnel d'Orsini, qui a en même temps un intérêt bibliographique ; il écrit à Gianvincenzo Pinelli, le 2 février 1572, à propos d'auteurs grecs qu'il a recherchés pour lui à la Vaticane. Il a retrouvé l'un d'eux, Mauricios, dans un recueil d'écrivains militaires, « di 500 anni, in perg... Questo libro fù del Cololio et io me ricordo, che essendo giovinetto andava da quel galantuomo, et ben spesso li trovava con questo libro in mano, perche egli ne faceva all'hora tradurre l'Atheneo *De machinis bellicis* che è nel medesimo libro, da messer Gulielmo, che hoggi è il cardinale Sirleto. » Après la mort de Colocci, le volume avec d'autres fut porté dans la garde-robe du Pape, et Orsini l'a rencontré par hasard dans une caisse d'antiquailles. Quant à la traduction d'Athénée par Sirleto, Orsini croyait posséder la copie même qui fut donnée à Colocci. (Bibl. Ambros. D. 422, *inf.* f. 1.)

2. Dans une lettre du 19 juillet 1585, Orsini dit qu'il enverra prochainement un manuscrit de la *Notitia provinciarum* à un ami de Pinelli qui désire en prendre connaissance : mais ce sera par voie sûre, « perchè à questo libro io porto qualche affettione, non per altro che per essere stato riveduto dal Cololio, il quale io conobbi nelli primi miei anni, et porto à quella memoria mo.ta devotione. » L'exemplaire d'Orsini était colorié et avait, croyait-il, pour original le bel exemplaire sur parchemin conservé chez les Maffei. (Cf. lettre du 16 mars 1585: *Ambros. D.* 422.)

Les études d'Orsini firent au grec une très large place[1] et précisément le plus ancien témoignage public de son activité littéraire est une pièce en distiques grecs, mise en tête de l'édition princeps de la *Bibliothèque* d'Apollodore. Cette édition, parue à Rome en 1555, est due à Benedetto Egio, de Spolète[2]. Elle est dédiée au juriste Jean Métellus; mais il y a aussi une assez longue épitre à Orsini, datée de Rome le 27 juillet 1555. Tout en justifiant ses idées sur la personne d'Apollodore, le titre et la division de son ouvrage, Egio cite des noms et donne des détails qui nous permettent de savoir dans quel milieu vivait Orsini et quels étaient alors les savants qu'il fréquentait. Les deux principaux étaient Gulielmo Sirleto et Basilio Zanchi, « rei publicae litterariae sidera fulgentissima ». Zanchi était chanoine régulier de Lateran, poète distingué et fort occupé, comme nous le verrons, de lexicographie; il mourut en 1558. Sirleto préludait par de laborieuses études à la carrière brillante qu'il devait parcourir et qui allait faire de lui un cardinal et un bibliothécaire de l'Église romaine. Giovanni Cesari (*Janus Caesarius*) est nommé après eux. Scipione Tetti, étroitement lié avec Orsini et Egio, avait rédigé un commentaire sur Apollodore[3]; enfin deux érudits étrangers à Rome, Viviano Brunori (*Corinaltensis*) et Giordano Giordani d'Urbin, complétaient le petit cercle et paraissent avoir été des amis particuliers d'Orsini; nous ne les retrouvons pas plus tard dans sa correspondance. Antonio Possevino, de Mantoue, Gabriel Faerno, de Crémone, Latino Latini, de Viterbe, etc., ont été liés dès cette époque avec le jeune savant[4].

---

1. V. un travail de lui daté de 1554 dans le *Vat. gr.* 1347.
2. *Apollodorus Atheniensis gramm. Bibliotheces. libri tres. Benedicto Egio Spoletino interprete... Romae, in aed. Ant. Bladii Pont. Max. excusoris de Campo Florae*, 1555. La pièce liminaire à la louange d'Egio porte en tête Φουλβίου Ουρσίνου. Dans Botfield, *Praefationes et epist. ed. princ.* Cambridge, 1861, pp. 475-481.
3. Ce Napolitain, qui pensait trop librement, eut une fin malheureuse, sur les galères pontificales. (Tiraboschi, VII, 3ᵉ part. p. 1511.) Dans un livre comme celui-ci, on ne doit pas oublier les services que Tetti a rendus à la bibliographie; il avait noté les manuscrits inédits vus dans ses voyages en diverses bibliothèques; ce petit index vint aux mains de Claude Dupuy, dont les fils le donnèrent au P. Labbe pour l'imprimer. Il y en a, du reste, des copies partout.
4. Cf. l'index pour ces noms. Je n'ai pas la prétention de retrouver tous les savants liés à cette époque avec Orsini. Les documents du temps en fournissent beaucoup d'autres; cf. par exemple la lettre de Latini à Jean Métellus, où il cite comme compagnons de leurs doctes conversations, outre Orsini, Ricinus et Antonio Vacca. (*Lat. Lat. Viterb. epist...*, t. II, Viterbe, 1667, p. 175.)

C'est certainement au même temps que se rattache une publication d'ordre moins grave et à laquelle Orsini a collaboré. Il s'agit des Centons virgiliens de Lelio Capilupi ; elle fut faite à Rome par un compatriote de l'auteur, Possevino, et à la fin on trouve une petite note intitulée : *L. Fulvius Ursinus lectoris*. En voici la substance : Le jeune Antonio Possevino faisait imprimer les centons tirés de Virgile par Lelio Capilupi; Lelio, très bienveillant envers tous les gens d'étude, en avait confié un certain nombre à Orsini pour les montrer à qui il le jugerait convenable; celui-ci les communique à Benedetto Egio ; Egio fait aussitôt un distique laudatif; Orsini le transmet à Capilupi qui compose en une heure et demie un nouveau centon à la louange d'Egio. Notre Fulvio dit avoir donné volontiers le distique et le centon à son ami Possevino, pour remplir la dernière page de son recueil et pour aider en même temps à l'immortalité des deux amis. Ce centon est le onzième; l'édition qu'il termine est une singulière rareté bibliographique, et je ne crois pas qu'on en ait signalé la dédicace adressée par Possevino à notre compatriote, Joachim du Bellay, alors à Rome [1].

Orsini était déjà bénéficier de Saint-Jean-de-Lateran et allait en devenir chanoine. La date de ce canonicat, importante dans

---

[1]. J'ai tiré ces renseignements de la réimpression des centons de Lelio Capilupi faite beaucoup plus tard par G. Castiglione dans *Capiluporum (Hippolyti, Laelii, Camilli, Alphonsi, Iulii) Carmina et Centones*, Rome, 1590, in-4. Je n'ai pas vu l'édition qui aurait été faite à Rome par Possevino, et je ne la trouve indiquée ni dans Brunet, ni dans Graesse. Cependant à la p. 154 du recueil de Castiglione se trouve en fac-similé le titre évident de l'ancien opuscule : *Laelii Capilupi Centones ex Virgilio. Romae, Perm. sup.* (sans date). Le distique d'Egio et le centon XI sont à la p. 189, la note d'Orsini, à la p. 191. La publication de la plaquette primitive ne peut être postérieure à 1556, car c'est très probablement cette année-là que Joachim du Bellay quitta la cour du cardinal son oncle, et revint en France. — Vu la rareté du témoignage et l'intérêt qui s'attache au séjour si peu connu à Rome du grand poète français, je citerai un passage de la dédicace : « *Ioachimo Bellaio Antonius Possevinus Mantuanus s. p. d... Tu enim is es qui et summa virtute praeditus et omnibus litterarum studiis ornatissimus, Laelii Capilupi scripta es adeo admiratus, ut cum ne illum quidem virum de facie cognosceres, mirifice tamen amares et coleres, quod cum illius ingenio, tum tuae humanitati et animo ad studia propenso tribuitur... Quibus rationibus adductus statui hunc librum ad te mittere, quod scirem apud neminem in loco meliore aut honestiore esse posse...* » (p. 156 de la réimpression de 1590). Cette dédicace paraît inconnue au biographe et à l'éditeur de Du Bellay, M. Marty-Laveaux (*Œuvres françoises de I. du Bellay*, Paris, 1866-67); elle a cependant été reproduite avec les centons dans les *Carmina illustrium poet. ital.* de Giov.-Matteo Toscani, collection dédiée à Jean Dorat (t. II, Paris, 1577, p. 308).

la vie d'Orsini, est fixée par Galletti au 24 décembre 1554[1]. En 1562, il intervenait dans le chapitre en faveur d'Onofrio Panvinio pour demander une rémunération des travaux historiques que celui-ci avait exécutés aux archives[2]. Il remplissait en 1566 les fonctions de secrétaire[3]. C'est à Gentile Delfini et à sa famille qu'il devait de faire partie du premier chapitre de Rome, et cette situation avait l'avantage de donner au jeune savant une indépendance assez grande pour lui permettre de continuer à loisir ses études.

Gentile mourut le 2 janvier 1559. Il avait eu soin de préparer à Orsini une protection précieuse, en le faisant entrer au service des Farnèse. De moins ancienne noblesse que les Delfini, les Farnèse, au milieu du xvie siècle, étaient cependant mieux en mesure de faire la fortune d'un jeune homme. L'élévation rapide de cette famille, surtout à partir du règne de Paul III, avait fait d'elle la plus puissante de Rome et l'une des plus importantes d'Italie. Ottavio Farnèse régnait à Parme, et deux grands cardinaux, Alessandro et Ranuccio, représentaient le nom à Rome avec un éclat incomparable. Delfini avait été dans l'intimité de Paul III; il avait conservé avec les cardinaux des relations étroites. Lorsqu'après la découverte au Forum des fragments des fastes consulaires, Alessandro Farnèse les fit placer à ses frais au palais des Conservateurs au Capitole, la confiance du cardinal, non moins que sa compétence archéologique, désignèrent Delfini pour diriger l'installation[4]. On s'explique facilement que les Farnèse aient reçu avec empressement le jeune Orsini, dès que le chanoine leur proposa de le prendre à leur

---

1. Cette date me laisse quelques doutes, non pas tant pour la jeunesse du titulaire que pour ce que dit Castiglione de ce canonicat (p. 557) : « Ad ea quae commemoravi Delphinorum in Fulvium beneficia Canonicatus quoque Lateranensis, qui Gentilis Delphini fuerat, per eius Gentilis studium accessit. » Est-ce seulement après la mort de Gentile qu'il l'obtint ou celui-ci le résigna-t-il en sa faveur dès 1554? Il lui adresse la lettre ci-dessus en 1558 seulement comme *bénéficier*. Les renseignements de Galletti ne m'ont pas paru clairs et demanderaient à être contrôlés.

2. La lettre, non moins intéressante pour Panvinio que pour Orsini, est au *Vat.* 4104, f. 336 ; l'archevêque Maffei l'adresse à Orsini le 26 juillet 1562.

3. Lettre du chanoine Lorenzo Nucula, du 3 août 1566 ; il suppléait Orsini dans ses fonctions pendant une de ces absences d'été. (*Vat.* 4105, f. 262.)

4. Cf. Maudosi, *l. c.*, et surtout Henzen, dans le *Corpus insc. lat.*, t. I, p. 416 (la découverte est de 1546-47). On a vu que Ranuccio Farnèse prit Gentile pour vicaire à Lateran.

service. Orsini s'était d'ailleurs fait remarquer par ses qualités personnelles [1]. En 1558, nous constatons qu'il était à la cour du *cardinal Sant'Angelo* [2], c'est ainsi qu'on appelait généralement Ranuccio pour le distinguer de son frère ainé, Alessandro, à qui on réservait le nom de *cardinal Farnèse*. Mais il était déjà depuis quelque temps attaché à la maison et en relation avec les familiers, puisque, dès 1557, nous le trouvons en correspondance active avec l'un des plus illustres, Annibal Caro; Orsini lui procure des médailles; il le tient au courant, pendant une absence de Rome, de tout ce qui s'y passe, des livres nouveaux qui s'y publient [3]. La même année, Orsini accompagne à Parme le cardinal Farnèse, et fait pour lui le voyage de Parme à Rome et celui de Rome à Parme : il avait été chargé d'une mission délicate auprès de Paul IV et du cardinal Caraffa, neveu du pape [4]. Ce fait atteste la place que le jeune savant avait déjà chez les Farnèse et la confiance dont il était honoré.

Orsini fut spécialement attaché au cardinal Ranuccio, en qualité de bibliothécaire; il lui servait aussi de secrétaire. Il l'accompagnait l'été dans sa résidence de Capranica-di-Sutri, à peu de distance de Caprarola, où était le cardinal Alessandro [5]. Dans

---

1. Castiglione, p. 557.
2. V. la suscription de la lettre ci-dessus de Gentile à Fulvio.
3. Cf. les *Prose inedite del comm. Ann. Caro*, publiées par Gius. Cugnoni, Imola, 1872. Les lettres à Orsini ont été tirées des *Vat.* 4104 *et* 4105 par Gius. Spezi; la première qui est à la p. 159, et qui avait été publiée déjà deux fois, porte une date inexacte; l'original donne « 18 mai 1557 » au lieu de « 8 mai ». Caro s'y recommande aux amis communs, Alessandro Cervini, « mons. Gugliemo » [Sirleto], Fabio Benvoglienti et Vincenzo Cotti (ou Cotta).
4. *Delle lett. del comm. A. Caro scritte a nome del card. Aless. Farnese*, Milan, 1807, t. III, pp. 213-215. Lettre qui est, je crois, du 1er nov. 1557, au cardinal de Tournon; il s'agissait d'un voyage que le cardinal voulait faire à Venise; le pape lui fit enjoindre par Fulvio Orsini de rester à Parme.
5. V. les billets de Vincenzo Cotti (*Vat.* 4104, f. 362, 4105, f. 341; de Caprarola, sept. 1562); cf. les suscriptions de la correspondance d'Orsini antérieure à 1565, par exemple dans les *Lettres inédites de Paul Manuce*, p. P. de Nolhac, Rome, 1883. (Extr. des *Mélanges d'arch. et d'hist.*) Au *Vat.* 4105, f. 358, est une lettre de l'archevêque de Sienne, Francesco Bandini, alors à Viterbe; il invite Orsini le 16 août 1559 à venir passer chez lui une partie de l'été; on voit par cette lettre et par une du f. 9 qu'Alessandro Cervini, frère du cardinal, attendait Orsini le même été à sa maison de campagne : « Preparatevi insieme con M. Federico [peut-être F. Comanini], ad avezzare tutti li sensi alle cose heremitiche e pastorali, e venite a piacer vostro, et si mi farete sapere il giorno che potrete arivare al Ponte a Centena, mandaro gente fin li, che vi conduranno per questa montagna per bona strada. » (Dal Vivo, 12 juin 1559.) Cervini procurait aussi des mé-

un long séjour que le cardinal Ranuccio fit à Bologne en 1565, Orsini était également avec lui ainsi que Latino Latini et plusieurs autres lettrés [1]. Ce voyage, resté inaperçu dans la vie d'Orsini, a exercé une grande influence sur la suite de sa carrière par les relations qu'il lui a procurées. Après avoir fait à Florence quelques recherches dans la Bibliothèque Laurentienne [2], il alla saluer Piero Vettori à la campagne; il lui avait déjà rendu quelques services d'érudition et achevait de lier avec le grand Florentin cette amitié dont nous reparlerons bientôt. A Bologne, il fit la connaissance du génois Gianvincenzo Pinelli, alors établi à Padoue, que nous retrouverons aussi. Malgré cette rencontre heureuse, il eut à se plaindre de Bologne dont le climat ne lui convenait pas et le rendit longtemps malade [3].

dailles à Fulvio et paraît avoir été très lié avec lui. (Cf. *Vat.*, 4105, ff. 7, 9, 11, 15, lettres de 1557 et 1559.)

1. Sur le voyage de Bologne, cf. les lettres de Bagatto, citées plus bas, celles de Guido Lolgi (*Vat.* 4105, ff. 207, 509, 258), la lettre VIII de Paul Manuce dans le recueil ci-dessus, et Domenico Magri (*Vita Lat.*) dans *Latini Latinii Viterbiensis epistolae, coniecturae, et obs.* t. II, Viterbe, 1667, pp. 3, 4.

2. Sur la visite à la Laurentienne, cf. lettre de Vettori du 15 mars 1566 (*Vat.* 4105, f. 265); sur les études qu'y fit Orsini, cf. son livre *Carmina IX ill. femin.*, p. 352.

3. Voici deux extraits de lettres écrites de Rome par Ottavio Bagatto pendant le voyage de Bologne; comme elles peignent assez bien le caractère de leur auteur, un des personnages les plus intéressants et les moins connus de notre milieu, on les trouvera peut-être avec plaisir : — « Ho hauto gran'piacere che l'aria novo di costi non habbia fatto novità alcuna, ne nella persona di Monsr R[me], ne dela compagnia sua e massime di voi altri s[ri] miei... De trattenimenti di quella nobil città verso i forestieri, e massime pari vostri, non mi è stato punto novo; anzi mi sarebbe paruto contra natura sua ; e parlo per prattica non per udita, che non conobbi mai gioventù ne maggior età meglio creata dela Bolognese; e ho sempre detto burlando che come si dice di qualche altro paese esser il paradiso terrestre habitato da diavoli, cosi cotesto all' incontro esser l'inferno habitato da angeli. Ne dubito punto che Vostre S[rie] non rendano a loro pan' per focaccia [proverbe romain]. Messer Carlo Sigone è come una buona Africa e partorisce sempre buone opere come quella partoriva di continuo pestiferi animali; non di meno harei hauto caro abboccarmi con S. S[ia] prima che partorisce, overo per chiarirmi meglio del suo parto, overo per emendarlo inanzi usisse. Ha deliberato per quel che veggo, non lasciar particella alcuna del Imperio Romano, che non ne faccia anatomia, e la dia in publica utilità. Dela rhetorica d'Aristotele tradutta da quello, son tutto di altro parere, ne mi posso recar in mente di laudar il giudicio di traduttori in tanta divitia et abondantia di lingua greca. Ne credo che alcun' nobil ingenio, havendo bevuto ben bene nel fonte greco, si curi molto ne habbia molta sete di lacune latine... Faro l'officio con messer Paulo [Manutio] e con messer Guido [Lolgi]. » (Rome, 26 mai 1565; *Vat.* 4105, f. 73). — « Io sapeva molto bene che l'aria e l'acqua e i vini di costi erano puoco satisfattivi a forestieri... diro ben questo à V. S. che sconsigliai una volta ad uno amico mio, e di

En revanche, la société était très intelligente et très aimable et Orsini eut le plus vif plaisir à fréquenter Carlo Sigonio [1]. Après quelques mois de séjour, la petite cour partit pour Parme, où Orsini put connaître le vieux lexicographe Mario Nizolio qu'il admirait beaucoup [2]. Mais une douleur très vive y attendait notre érudit; son protecteur, le cardinal S. Angelo y mourait le 29 octobre 1565.

Orsini était alors entré dans l'intimité de la famille Farnèse. Il correspondait avec Giulia d'Acquaviva, femme de Bertoldo Farnèse, seigneur de Latere [3]. Le cardinal Alessandro ne désirait pas se séparer d'Orsini dont il avait déjà utilisé pour lui-même le dévouement; il voulut hériter de lui comme des autres biens de son frère [4], et lui conserva ses fonctions de bibliothécaire. Sous ce titre [5], Orsini était chargé non seulement des manuscrits et des imprimés, mais encore des antiquités et des objets d'art, qui allaient former le noyau des admirables collections en tout genre auxquelles reste attaché le nom des Farnèse. Les plus importantes de leurs acquisitions remontent précisément au temps d'Alessandro Farnèse et de Fulvio Orsini. Les lettres de celui-ci conservées aux archives de Parme nous permettent de voir avec quel zèle, quel désintéressement et quelle intelligence, il s'occupait de tout ce qui lui semblait digne de son maître.

quella, eleggere ferma habitatione in cotesta città, e mi fu creduto, che tengo per certo se fusse venuto costi non sarebbe hora vivo ch'è e sano, del resto sta come gli altri homini subietto alla varietà del mondo... S'io fussi certo ch'accettaste il parer mio, io direi ch'io fussi di parere che V. S. ritornassi a Roma nela aria sua nativa, che questo sarebbe il vero modo e presto da liberarsi dala indespositione sua; ma non mi basta l'animo perche non sono medico. Solo la prego che per qualunque terra passerà faccia opera di vedere se ce sono libri o marmi antichi ». (Rome, 8 sept. 1565; *Vat.* 4105, f. 180.)

1. Cf. *Car. Sigonii Mutin. op. omnia*, t. VI, Milan, 1737, col. 1025 (18 juin 1565). A Bologne, les savants romains firent connaissance d'Ulisse Aldobrandi. (Magri, *Vit. Lat. l. c.*)
2. Orsini lui avait écrit en 1560 une lettre portée à Parme par Lodovico Orsini; il lui exprimait son désir d'entrer en relations. Nous le savons par la réponse de Nizolio. (2 déc.; *Vat.* 4105, f. 17.)
3. Cf. *Vat.* 4104, f. 294 et 4105, f. 249, billets de 1567 signés : *Julia Acquaviva de Farnese di V. S. come sorella*.
4. Le mot est de Sigonio. (Bologne, 1er déc. 1565; *Vat.* 4105, f. 235.)
5. Sur le type idéal du bibliothécaire à la Renaissance on consulterait avec profit un curieux traité du xve siècle intitulé *Ordine et offici della corte del serenissimo sig. Duca d'Urbino*. Le manuscrit qui est au Vatican, *Urb.* 1248, a été décrit par M. Enea Piccolomini dans l'*Archivio storico ital.* 3e sér. t. XIX (1874), dans une note à son travail sur la bibliothèque des Médicis.

Les boutiques du Campo de' Fiori, les échoppes du Ghetto, les ventes après décès alimentaient alors comme aujourd'hui le marché des curiosités romaines. Quand Orsini y rencontrait un buste antique, une pierre gravée, un tableau de valeur, il en faisait part au cardinal, lui donnait son avis sur le prix qu'on pouvait y mettre ou l'échange qu'il y aurait à proposer; il le tenait au courant des compétitions d'amateurs qui surgissaient. Celles-ci étaient rares devant la bourse royale des Farnèse; mais la perspicacité, le goût, l'expérience d'Orsini étaient de précieux auxiliaires à la richesse. Un jour, il signalait un tableau de Giorgione, chez le cardinal Lomellino : « Plus je le pratique, écrivait-il, plus il me plaît; il a assez de valeur pour satisfaire Votre Illustrissime Seigneurie. » Une autre fois, c'étaient deux belles cornalines antiques d'un travail achevé, qui venaient du cardinal Giovanni Salviati, ou bien un magnifique camée qu'un marchand flamand apportait à Rome; Orsini jugeait qu'après la *Tassa Farnese*, il n'avait rien vu de plus beau que ce camée, qu'on estimait cinq cents écus; il envoyait le marchand à Caprarola, pour qu'Alessandro pût admirer lui-même ce chef-d'œuvre et se décider après l'avoir vu [1].

Non content de diriger les achats du cardinal, il lui faisait part des pièces qu'il avait acquises pour son compte et qui figuraient dans sa propre collection. C'est ainsi qu'il offrit à son maître une médaille d'Agrigente qu'un ami lui avait donnée, et deux beaux jaspes gravés se faisant pendant et représentant, l'un le port de Trajan, l'autre le Grand Cirque; celui-ci venait de Maffei, celui-là des Salviati, qui l'avaient eu de Jean Lascaris [2]. On peut supposer que de pareils cadeaux étaient largement rendus et que la générosité du donataire n'était point en reste.

Fulvio Orsini rendait des services de toute espèce : tantôt il procurait les devis du tombeau du cardinal Ranuccio à Saint-Jean-de-Latran, tantôt il s'entendait avec des menuisiers pour leur faire faire un *cabinet* que désirait Alessandro [3]. Celui-ci l'employait surtout dans la direction des travaux d'art qu'il faisait exécuter, à Rome d'abord, au palais presque achevé par

---

1. Tous ces détails sont empruntés aux *Lettere ai Farnesi* publ. p. A. Ronchini et V. Poggi, pp. 28, 32 (lettres XIV, XIX); le lecteur curieux pourra y en chercher d'autres.
2. *Lett. ai Farn.* pp. 26, 28 (lettres XII, XV). Orsini tient les objets des frères « Aniello et Gioseppe Turbolo », et de l'abbé Pucci.
3. *Id.*, pp. 26, 30 (lettres XIII, XVII).

son frère, puis dans la somptueuse résidence de Caprarola, que
lui bâtissait Vignole, aux environs de Viterbe. On consultait
Orsini pour le choix des artistes. C'est lui qui proposa Pyrrho
Ligorio pour continuer les travaux de Vignole aussi bien à
Caprarola qu'à Saint-Pierre [1]. Dans la décoration du palais Farnèse, Orsini joua un rôle considérable ; il donnait des sujets à
Taddeo Zuccari et lui indiquait la manière de les disposer [2]. A
la Renaissance, la direction des peintres était fréquemment
donnée à des littérateurs ; les artistes, Raphaël tout le premier,
s'y soumettaient docilement, et on ne voit pas qu'ils s'en soient
mal trouvés. On sait la part considérable qu'eut Annibal Caro
dans les travaux de peinture exécutés pour les Farnèse ; il n'est
que juste de rappeler qu'Orsini prit aussi la sienne et qu'on eut
souvent recours à son érudition historique et mythologique.

Il y avait plaisir du reste à servir un homme aussi intelligent,
aussi généreux au sens complet du mot, que le cardinal Farnèse. Ce grand homme d'État était, en même temps, l'un des
prélats les plus instruits de son siècle, les plus curieux des
choses de la science et de l'art. Sa cour rappelait celle des cardinaux de Léon X. Il avait eu la bonne fortune d'être élevé par un
Piero Vettori et un Romolo Amaseo. Il s'était entouré de bonne
heure d'hommes éminents : l'un de ses secrétaires était devenu
le cardinal Bernardino Maffei, l'autre avait été le pape Marcel II [3].
Quand il était à Rome, c'est autour de lui que se groupaient le
plus d'artistes et de savants. Rien ne lui coûtait pour enrichir d'objets rares ses collections, et nous savons par Orsini

---

1. *Id.*, pp. 22-23. La recommandation n'eut pas de suite, au moins pour
Caprarola, où le cardinal trouva la construction assez avancée pour se passer
d'architecte. Ligorio était encore appuyé par l'antiquaire Ganimberti, ami
d'Orsini. Sur les rapports de Ligorio avec Orsini, cf. ma contribution aux
Mélanges Léon Renier, Paris, 1886, intitulée : *Notes sur Pyrrho Ligorio*.
2. Cf. par exemple les *Prose inedite del Comm. Annibal Caro* pp. Gius.
Cugnoni, pp. 165-167. (Lettres de Caro à Orsini, du 9 et du 30 juin 1565, et
surtout la première, du 5 oct. 1564 : « Un folletto mi ha levata dinanzi
quella nota che V. S. mi lasciò delle istorie della Sala... ») Dans le *Vat.*
)064 (ff. 335-338), j'ai trouvé trois minutes de lettres adressées beaucoup plus tard de Parme à Orsini par Odoardo Farnèse ; celui-ci y approuve ses avis sur les stucs et les peintures qu'on exécutait à ce moment
au palais.
3. Ne pouvant réunir ici les innombrables témoignages relatifs au rôle
littéraire et artistique du cardinal Farnèse, travail qui (soit dit en passant)
ne manquerait pas d'un vif intérêt, je me borne à signaler la lettre d'Orsini dans les *Lett. ai Farnesi*, et celles de Paul Manuce. (*Epistolae*,
liv. II, 3 ; éd. d'Alde le jeune, 1580, p. 63 ; *Lettres inédites de P. Manuce*,
lettre IV.)

qu'il considérait sa bibliothèque comme devant être une « école publique » pour les travailleurs [1]. J'avoue avoir songé souvent au palais Farnèse, dans les salles que l'École française occupe aujourd'hui, à leur noble destinée d'autrefois ; Fulvio Orsini les habitait et c'est là que le cardinal Farnèse venait se reposer des fatigues de la politique [2]; c'est là que les étrangers tenaient à honneur d'être reçus et que les savants de Rome aimaient de préférence à se réunir. Au-dessus des appartements d'apparat, la bibliothèque était installée dans une de ces grandes pièces recueillies et claires, aux plafonds sculptés, orientées les unes sur le Janicule, les autres sur Saint-Pierre en construction. On se plaît à penser que cette partie du palais, remplie de si graves souvenirs, n'a pas cessé d'être un lieu d'étude et de travail [3].

A Caprarola, la bibliothèque est une petite pièce dans une aile écartée, qui prend jour sur des jardins calmes, étagés, au-dessus desquels s'élève à peu de distance l'élégant casino de Vignole. Elle a conservé sa destination primitive, et il est facile d'évoquer le passé devant les rayons chargés de livres [4]. Le cardinal passait à Caprarola tous les étés, et Orsini, pendant bien des années, l'accompagna. La petite cour n'était pas pauvre en gens d'esprit ; aux amis personnels du cardinal étaient venus se joindre ceux de son frère, et aucun prélat n'aurait pu montrer à ses côtés une pareille réunion d'hommes de science et de talent. Jusqu'en 1566 on y vit son secrétaire, le vieil Annibal Caro ; on écoutait avec respect ce maître du style, ce cicéronien en langue italienne. Le grave Onofrio Panvinio se délassait à Caprarola de ses travaux sur la chronologie romaine, en com-

---

1. *Lett ai Farn.* XXI, p. 33. C'est le terme dont se servait Granvelle pour Rome elle-même : « Saria la scola publica del mondo. » (*Lett. ined. del Granv.*, p. p. P. de Nolhac, p. 11 (lettre V).
2. Cf. la dédicace des *Familiae Romanae*.
3. Ce n'est point là une simple supposition ; la lettre d'Orsini du 7 mars 1578 ne laisse aucun doute. Orsini a reçu en dépôt de Pinelli des caisses de livres ; il va les placer, dit-il, dans une salle à la Tramontane, qui est la *libreria* du cardinal ; mais elle est actuellement vide de livres, parce qu'on y fait un plafond. On voit par la même lettre que cette pièce communique avec les chambres d'Orsini. Or tout le nord du second étage et même la partie attenante des pièces du couchant appartiennent à l'École française. — Sur le logement d'Orsini au palais Farnèse, cf. Fr. Schott (à l'index) et la lettre du 19 avril 1578 : « La casa mia cioè del Cardinale » (à Pinelli, *Ambros. D.* 423).
4. Je dois d'avoir pu visiter en détail l'ancienne résidence des Farnèse à obligeance des habitants actuels, M. et Mme Ohlsen.

posant les inscriptions qu'on mettait sur les fresques ; Lorenzo Gambara, de Brescia, l'auteur du poème sur Christophe Colomb, décrivait en vers latins le palais et ses peintures ; Latino Latini y aiguisait ses épigrammes ; le médecin Girolamo Mercuriale apportait des nouvelles de Venise et de Padoue ; Guido Lolgi y racontait son séjour en France, Antonio Agustin ses voyages en Espagne et en Sicile ; le frère servite, Ottavio Bagatto égayait le cercle par ses saillies et par sa bonne humeur [1] ; et, le soir, toute la savante compagnie, présidée par le cardinal, prenait le frais sur les terrasses, devant le plus magnifique horizon. On dissertait d'un passage de Tite-Live ou d'une inscription découverte sur l'Esquilin ; on récitait des sonnets et des distiques, et l'on avait de grandes plaintes pour les amis restés dans les chaleurs étouffantes de Rome [2].

Les détails si abondants, si pittoresques, contenus dans les lettres de Fulvio et de ses amis, nous font connaître et aimer chacun de ces hommes dont plusieurs sont restés illustres et dont pas un ne fut un médiocre esprit. Ce sont eux qu'Orsini fréquenta le plus pendant cette période de sa vie. Mais si Alessandro Farnèse aimait les savants et les poètes, nous voyons qu'il recevait volontiers les artistes. Déjà, chez Ranuccio, Orsini avait connu Michel-Ange ; le cardinal employait le vieil artiste pour l'achèvement du palais et la construction de la célèbre corniche. Orsini l'admirait, même dans ses fresques de décadence de la chapelle Pauline ; il recueillait pieusement les cartons de son atelier ; c'est à lui, par exemple, qu'on doit la conservation du groupe de l'Amour et Vénus et du fragment de l'histoire de Saint-Pierre, qui ont fait partie de sa collection

---

1. Tous ces détails sont empruntés aux correspondances manuscrites du temps. Ajoutons que ces hommes éminents ont pu rarement se trouver tous ensemble. En revanche d'autres érudits, attachés ou non à des cardinaux, ont dû figurer dans les réunions du palais Farnèse : Pedro Chacon, Achille Estaço, Muret, Pierre Morin, Manuce, Giambattista Camozzi, Giuseppe Panfili, Giulio Monaco, Silvio Antoniano, Flaminio Nobili, etc. On vient de lire la liste des principaux érudits qui vivaient à Rome dans le troisième quart du xvie siècle et fréquentaient notre Orsini. Gabriele Faerno, que je ne cite pas, était mort en 1561. Panvinio mourut dès 1568. Sur tous ces noms, voir l'index du livre de M. Ch. Dejob, *De l'influence du concile de Trente sur la littérature et les beaux-arts chez les peuples catholiques*, Paris, 1884, et celui de notre volume.

2. « Piacemi che siati sani tutti e che i signori Mercuriale e Gambara rallegrino la compagnia con le muse al fresco », écrivait Latini un jour qu'il n'était pas de la réunion. (*Vat.* 4104, f. 267.)

privée et qui sont aujourd'hui au musée de Naples [1]. Le peintre Giulio Clovio, « le Raphaël des miniaturistes, » a été intimement lié avec Orsini et l'on s'explique le grand nombre de ses travaux qui sont restés entre les mains de l'archéologue [2]. Clovio habitait le palais Farnèse, où il mourut le 4 janvier 1578, et Orsini fut un des témoins qui l'assistèrent dans son testament [3]. Les artistes qui décoraient les palais de Caprarola et de Rome étaient Taddeo Zuccari et son frère Federico, Daniele da Volterra, Francesco Salviati, en général l'école de Michel-Ange [4]. Orsini servait souvent d'intermédiaire entre eux et leurs patrons ; ses bons offices ont pu être récompensés plus d'une fois par le don d'un dessin ou d'un tableau, et les peintres ont dû chercher à gagner les bonnes grâces d'un homme si bien placé auprès de leurs protecteurs communs. Aussi l'on trouve dans sa collection beaucoup d'œuvres des artistes employés par les Farnèse, et l'un d'eux, Girolamo da Sermoneta, a fait son portrait [5].

Bien qu'Orsini fût attaché au service des Farnèse, il entretenait avec plusieurs autres cardinaux considérables des relations

---

1. Cf. mon article de la *Gazette des Beaux-Arts*, l. c., p. 430. Ces deux cartons sont les n°s 59 et 60 de la collection d'Orsini; les autres n[os] se rapportant à Michel-Ange sont 14, 58, 62 à 76, 98. Le n° 88, œuvre de Clovio, provient peut-être de Michel-Ange.

2. Sur Clovio, cf. l'article indiqué ci-dessous. Visitant depuis le musée de Naples, il m'a été facile de reconnaître, dans le n° 48 de la salle de l'Ecole Vénitienne, le n° 42 d'Orsini qui est le portrait de Clovio par Domenico Teoscopoli (delle Greche).

3. Dans la confirmation du testament datée du 3 janvier et publiée avec le testament lui-même par M. A. Bertolotti, je trouve parmi les témoins « D. *Julio* Orsini canonico lateranense ». La faute de copie est évidente. Disons en passant que le légataire universel de Clovio fut le cardinal Alessandro : Orsini suivit plus tard son exemple en léguant ses biens au cardinal Odoardo. (V. *Atti e mem. delle RR. deputaz. di storia patr. per l'Emilia*, nouv. sér., vol. VII, part. II, Modène, 1882, p. 273; l'art. de M. Bertolotti est intitulé : *Don Giulio Clovio principe dei miniatori*.)

4. Comme sculpteur, Giacomo della Porta, qui a travaillé pour les Farnèse, était lié avec Orsini. (Cf. *Lett. ai Farn.*, p. 30, l. XVII.)

5. N° 55 de l'Inventaire. Je ne connais en fait de portrait peint de Fulvio Orsini que celui des *Uffizi* de Florence (n° 739, dans la galerie du *Ponte Vecchio*); il est très postérieur à l'époque d'Orsini. Sur les gravures qu'on en a, v. p. 28, note 2. Le portrait dû à Girolamo, contemporain d'Orsini, doit être cherché dans les collections des Farnèse, à Naples ou à Parme, parmi les innombrables portraits d'inconnus de ces collections. Peut-être cependant est-ce le même que celui qui se trouvait au palais Altieri, et dont Prospero Mandosi signalait l'existence : « Fulvii Ursini effigiem miram omnique ex parte perfectam vidi apud Gasparem principem Alterium. » (*Biblioth. Rom.*, Rome, 1692, vol. II, p. 79.)

fort suivies. Son rang dans la hiérarchie ecclésiastique lui ouvrait toutes les portes ; son incomparable érudition le faisait rechercher dans un monde où il était de bon goût de s'intéresser aux choses de la science. Parmi les cardinaux chez lesquels cet intérêt était le plus sincère, il faut compter au premier rang Gulielmo Sirleto [1]. Lié depuis sa jeunesse avec Orsini, son amitié pour lui ne se démentit jamais, et notre savant eut souvent l'occasion de l'éprouver. Il en fut de même des cardinaux Antonio Caraffa [2], et Ascanio Colonna [3], deux lettrés, comme on sait, et deux bibliophiles. Le neveu de Sixte-Quint, le cardinal Alessandro Peretti, et Sixte-Quint lui-même, témoignèrent une estime particulière à Orsini [4]. Federico Borromeo prit peut-être dans ses conversations ce goût des livres qui allait faire de lui le fondateur de l'Ambrosienne [5].

Il est un autre cardinal qui a beaucoup aimé Orsini, et nous devons à ses longues absences de Rome une intéressante correspondance qui en témoigne [6]. Granvelle a connu Fulvio avant 1565, puisqu'il se rappelle avoir visité, avec Orsini pour guide, les collections du cardinal Ranuccio et la bibliothèque du palais Farnèse. En 1566, le séjour de Granvelle à Rome rend leur liaison tout à fait intime ; la similitude de leurs goûts d'art

1. Sur l'important cardinal bibliothécaire, on ne peut se passer de consulter un riche appendice du livre de M. Ch. Dejob, *De l'influence du Concile de Trente.* (Cf. p. 5 et *passim*, et les *Docum. tirés des papiers du card. Sirleto... sur les Juifs des Etats pontif.* dans la *Revue des ét. juives* (1884), par le même.) J'ai essayé de compléter ces recherches dans la *Revue critique*, 1884, vol. II, p. 460. et dans les *Lettere inedite del card. de Granvelle*, Rome, 1884. Pour les rapports de Sirleto avec Orsini, et pour sa bibliothèque, v. l'index du présent volume.
2. V. l'index. Dans une lettre du 7 janvier 1576 à Pinelli, Orsini raconte que le cardinal Caraffa vient d'acheter du cardinal Farnèse un manuscrit grec provenant d'Annibal Caro et antérieurement de Constantinople. Orsini a été l'intermédiaire et Caraffa lui a donné pour sa peine, dit-il, « un greco di Posilippo che m'ha restituito quasi lo stomacho ». (*Ambros. D.* 422.)
3. Après la mort du cardinal Farnèse. Orsini songea un instant à aller habiter chez Colonna : « Potrebbe essere che io mi avvicinasse al cardinale Ascanio, non per mangiare il pane suo, ma per corresponderli in qualche parte all' affettione che mi mostra. » (Lettre à Pinelli du 28 avril 1589.)
4. V. la dédicace du *De triclinio* de Chacon, analysée plus loin.
5. « Il cardinale Borromeo, il quale fù hieri due hore in camera mia, ogni giorno mostra più desiderio delle buone lettere. » (Lettre à Pinelli du 24 août 1590; cf. lettre du 26 avril 1591 et l'index.) Il y a des notes sur Orsini dans la petite compilation de l'Ambros. *G.* 285 *inf.* Le cardinal Montalto fut aussi bienveillant pour Orsini. (Castigl., *Vit. Urs.*)
6. *Lettere inedite del card. de Granvelle a Fulvio Orsini e al card. Sirleto ruccolte da P. de Nolhac.* (Extr. des *Studi e doc. di storia e diritto.*) Je fais quelques emprunts à mon introduction.

et d'érudition, et l'estime que ressent Granvelle pour les connaissances d'Orsini effacent la différence des rangs sociaux entre le cardinal et le savant. Celui-ci s'emploie à tous les services qu'un antiquaire habile peut rendre à un amateur, distingué sans doute, mais qui a plus d'ardeur que d'expérience, plus d'enthousiasme que de savoir. On le voit tenant Granvelle au courant des découvertes qui se font à Rome, le guidant dans ses achats et lui envoyant des empreintes de médailles. Granvelle à son tour lui procure des antiquités, met ses agents en mouvement pour lui faire restituer des objets volés ou obtenir des inscriptions qui sont aux mains des Függer d'Augsbourg [1]. Ce qui est plus important encore pour Orsini, c'est l'intervention dans ses affaires romaines du ministre du roi d'Espagne qui écrit de Madrid les recommandations les plus chaudes aux cardinaux en faveur de son ami [2]. Granvelle servait d'intermédiaire à Orsini pour ses publications chez Christophe Plantin, d'Anvers ; on le trouve sans cesse occupé à transmettre par voie diplomatique les manuscrits de l'auteur à l'éditeur, d'activer leur impression, de donner son avis sur les préfaces, etc. Ce fut un vrai service que Granvelle rendit à Orsini en faisant imprimer chez Plantin son premier ouvrage, cette illustration de Virgile par les textes antiques, que l'érudit romain préparait depuis de longues années en relevant sur les marges le résultat de ses lectures. Le livre était destiné d'abord à l'imprimerie de Paul Manuce, alors installé à Rome et lié personnellement avec Orsini ; nos correspondances parlent de ce projet dès 1565 [3]. Mais, dans l'intérêt de Plantin comme dans celui d'Orsini, le cardinal fit son affaire personnelle de l'impression à Anvers. Il

---

1. Sur les négociations avec les *Fuccari* en 1581-82, v. lettres VII (p. 13), VIII (p. 15), IX (p. 17), XI (p. 19), et la lettre d'Orsini à Pinelli du 26 nov. 1580 : « Scrivo solamente per rinchiudere questa lettera del cardinale Granvela al Fuccaro per havere almeno la copia di quel bronzo, poiche l'originale vedo che non si puo da quelli Germani. » Sur les médailles volées, v. la fin du chapitre. Divers autres détails attestent l'intimité d'Orsini et de Granvelle, comme ce miel d'Espagne qu'envoie celui-ci en 1585 (pp. 23, 26, 29).

2. V. particulièrement les lettres XV et XVII, et la lettre XVI à Sirleto, de 1582 (p. 23).

3. Au mois de juin 1565, pendant qu'Orsini était à Bologne, Manuce demandait un privilège pour le Virgile. Cf. lettres de Guido Lolgi du 9 juin et du 22 août, de Bagatto du 26 mai et du 21 août (*Vat.* 4105, ff. 209, 258 ; 73, 68). Au mois d'août, Manuce craignait que l'impression ne fût pas possible ; cf. *Lettres inédites de P. Manuce recueillies à la Bibl. Vatic.* par P. de Nolhac, Rome, 1883 (extrait des *Mélanges d'arch. et d'hist.*), lettre VIII, p. 20.

avait, paraît-il, envoyé à des amis de Flandre une copie du travail d'Orsini ; on pressa Plantin de publier ce recueil, d'une utilité si grande pour les lecteurs de Virgile, c'est-à-dire pour tous les lettrés. Orsini, si l'on en croyait la dédicace de Plantin à Granvelle, n'aurait même pas été consulté ; cependant le 20 avril 1566, c'est-à-dire avant que la publication fût commencée, Granvelle écrivait à Orsini qu'il prenait la chose à cœur et voulait lui enlever toute inquiétude sur ce sujet [1]. Le cardinal, occupé à ce moment d'affaires si graves, s'employa pour Orsini comme il l'avait fait déjà pour Panvinio ; il est curieux de retrouver. à chaque instant dans sa correspondance politique une note prouvant qu'il ne perd pas de vue l'impression du Virgile [2].

Personne en revanche n'a mieux parlé qu'Orsini du rôle de protecteur des lettrés et des artistes que s'attribuait Granvelle quand il était à Rome ; sa maison était, dit-il, le refuge commun de tous les gens d'étude : « Testis sum ego, qui, Romae cum esses et pro tua humanitate comitateque tecum una essem fere quotidie, vidi quam multus ad te, tanquam ad artium honestarum patronum, doctorum hominum fieret concursus, quamque tu eorum certis horis consuetudine delectareris. Quin et artifices etiam ipsos, qui modo in aliquo genere excellerent, ita interdum admittebas, ut pro tua rerum istiusmodi cognitione ex eorum operibus voluptatem caperes non mediocrem. Quae cum recordor, recordor autem quotidie... non possum non aegro animo ferre te diutius a nobis abesse [3]. » Si Granvelle est regretté par les

---

1. *Lettere ined.*, p. 7 (lettre I).
2. Dès le printemps de 1566, par son agent, le prévôt Morillon, Granvelle avait poussé Plantin à imprimer le *Virgilius illustratus*, et Morillon le tenait au courant des réponses de Plantin et d'Etienne Pighius (cf. *Lettere ined.* p. 8 et la note). Au mois de novembre 1567 on imprime la dernière feuille ; la dédicace de Plantin est du 17 octobre. Cf. *Corresp. politique du card. de Granvelle*, p. p. E. Poullet, Bruxelles, 1877 et sqq. t. I, p. 444 ; t. II, pp. 6, 582, 391 ; t. III, pp. 12, 60 (réimpr. de la dédicace).
3. Le regret d'Orsini est augmenté, dit-il, par les grandes choses qui vont se faire à Rome sur l'ordre de Grégoire XIII, les publications ecclésiastiques, la réorganisation de la Vaticane, etc.. toutes choses auxquelles la présence de Granvelle serait fort utile. (Dédicace des fragments *De legationibus*, publiés chez Plantin en 1582, et dont le cardinal s'était activement occupé.) — Orsini parle souvent du séjour de Granvelle à Rome ; voici par exemple deux passages de ses lettres à Pinelli (*Ambros. D. 422. D. 423*) : « Il cardinale Granvela... con il quale desino questa mattina et in casa del quale io scrivo questo... » (21 janv. 1576.) « Hoggi il sr cardinale Granvela è stato due hore in camera mia e vedendo su' mia tavola le lettere di V. S. mi dimandò di lei e dissemi : Che fà il sr Pinello che non viene a Roma ? » (22 nov. 1577.)

lettrés romains, il a pour eux de son côté les mêmes sentiments. Le souvenir des années heureuses qu'il a passées à Rome au milieu de tels amis l'accompagne parmi les Espagnols si grossiers, écrit-il, et si peu occupés des choses de l'esprit. Son devoir le retient dans cet exil, mais il s'en plaint quelquefois ; il exprime son espoir de revenir à Rome, quand Philippe II n'aura plus besoin de lui ; il voudrait reprendre sa vie d'humaniste, revoir ses amis, leurs livres, leurs belles collections, retrouver enfin cette ville aimée, « la patria commune ! » L'amour et l'admiration pour Rome reviennent à chaque instant dans les lettres intimes de Granvelle. Il sent mieux que personne le caractère nouveau que prend la ville à ce moment du XVIe siècle ; elle devient vraiment le centre intellectuel du monde catholique, et ce sont les savants comme notre Fulvio qui lui assurent cette suprématie [1].

Dans cette Rome savante et laborieuse, moins raffinée, mais aussi moins corrompue que celle de l'âge précédent, les hommes de haute valeur, comme on le voit, n'étaient pas rares. C'est dans ce milieu qu'Orsini acheva sa vie, partagé entre ses fonctions au chapitre de Lateran [2], au palais Farnèse et dans les commissions vaticanes. En 1577, Étienne Batory, roi de Pologne, voulant fonder une grande université à Wilna et une académie à Cracovie, envoya en Italie son secrétaire, Jean Zamoyski, pour recueillir des professeurs et des savants. Il voulait les plus illustres de la Péninsule et leur faisait de brillantes promesses ; son choix s'était particulièrement porté sur Muret, Sigonio et Orsini [3]. Aucun d'eux n'accepta. Orsini, pour son

---

1. Pour les ombres au tableau, voir le livre de M. Dejob cité plus haut.
2. En 1580, Orsini, alors employé dans les commissions ecclésiastiques, c'est-à-dire en service public, obtint du pape dispense d'une partie de son service de chanoine, celui du chœur. (Lettre à Pinelli, 28 octobre.)
3. Muret fut sur le point de partir ; cf. Dejob, *Marc-Antoine Muret*, Paris, 1881, pp. 306 sqq. et l'épître 66 du livre I de Muret. J'ai trouvé dans les papiers d'Orsini l'original de la lettre que le secrétaire royal, « Joannes Zamoscius Grymala », était chargé de lui remettre ; c'est une lettre d'éloges avec prière d'écouter les propositions du secrétaire, « cui ut in omnibus quae tibi nomine meo nuntiabit fidem adhibeas rogo ». La lettre est signée *Joan. Zamoscie Regni Poloniae vicecancellarius*, etc., et datée du camp devant Dantzig, le 29 juin 1577. (*Vat.* 4103, f. 47. Cf. Muret, liv. I, lettre 80.) — Il n'est pas sans intérêt de signaler qu'un Zamoyski au moins, « Jo. Sarius Zamoscius », avait étudié à Padoue : on le voit par les deux lettres latines qu'il adresse de cette ville à Paul Manuce, l'une de 1562, l'autre de 1563 ; la première exprimait à Manuce son regret d'avoir appris en arrivant à Venise qu'il était parti pour Rome. (*Vat.* 3434, ff. 62 et 40.)

compte, n'aurait jamais consenti à quitter sa ville natale et l'existence paisible autant que studieuse qu'il s'était faite.

Les événements de sa vie furent l'apparition de ses livres, dont il sera parlé plus loin, les acquisitions de sa bibliothèque et la mort de ses amis. Orsini a vu mourir tous les savants romains de sa génération. Les plus âgés avaient disparu les premiers, Faerno en 1561, Égio en 1567, Panvinio en 1568, Bagatto en 1578; Paul Manuce, qui était à moitié romain, en 1574. L'année 1581 fut particulièrement cruelle, elle lui enleva son ami Pedro Chacon (*Ciacconius*), le célèbre Espagnol, ami de Granvelle, puis Achille Estaço (*Statius*), Giambattista Camozzi (*Camotius*), Giulio Monaco[1]. En 1585, disparaissaient Muret et Sirleto, et l'année suivante arrivait d'Espagne la nouvelle de la mort de deux grands hommes que Rome avait possédés longtemps, Granvelle et Agustin. Il s'élevait alors dans la ville pontificale, un groupe de jeunes savants, qui saluaient dans Orsini un maître[2], mais dont les préoccupations étaient fort différentes des siennes. Orsini et ses amis, sans dédaigner l'érudition ecclésiastique, avaient donné une part prépondérante aux études classiques ; un courant nouveau se produisait à la fin du siècle; il est vrai que le grand Baronius le représentait assez brillamment pour diminuer les regrets que pouvaient avoir les hommes comme Orsini[3]. Le vieux Latino Latini survivait encore. Orsini

---

1. V. la lettre XI de Granvelle, de Madrid, le 14 janvier 1582 (*Lettere ined.* p. 19) « l'assicuro che sento queste perdite come se mi fussero stati fratelli. »
2. V. le témoignage de Giuseppe Castiglione dans ses diverses œuvres, par exemple dans *Ios. Castalionis variae lectiones*, Rome, 1594, p. 60 (du 1er opusc.), p. 19 (du 2e); *Ios. Cast. observat. in criticos dec.* [Genève] Sam. Crispin, 1608, *passim*. On trouve indiqué assez exactement le milieu littéraire qui entoure Orsini vers la fin de sa vie, dans la correspondance de Bonciario. Celui-ci lui adresse une lettre, p. 112 (cf. p. 75), par Alessandro Bontempio, pour lui demander des renseignements sur les auteurs anciens, qu'il ne peut trouver à Pérouse, sa patrie: il le salue de la part d'Agostino Angelelli. Dans une autre lettre adressée à Baldassare Ansidei, le même perugin s'exprime ainsi : « Te felicem, Ansidaee..., viventem in ista luce et quod tibi iucundissimum esse oportet, utentem Aldo, Maffeo [Maffeo Barberini, plus tard cardinal], Ursino, Bencio [Francesco Benci, l'élève de Muret], ceterisque eximie litterattis viris, quibuscum ego libentius unam horam ponerem, quam cum quolibet nostro totos dies... » (*M. Antonii Bonciarii Perusini academici insensati epistolae*, Pérouse, 1605, p. 105.)
3. Baronius a toujours parlé avec un grand respect de Fulvio Orsini. Voici au reste un billet adressé à celui-ci qui témoigne de leurs bonnes relations (*Vat. Reg.*, 2023, f. 31) :
« Molto Illustre et Rdo sr mio, Ho cercato e finalmente ho trovato qual che V. S. ricerca. Nel missale qual descrive si legano queste instesse parole con questi instessi caratteri : *Dominica sēcda statio ad sanctam Mariam in*

raconte à Pinelli, sur son vénérable confrère, un trait bien romain : « Il y a deux jours j'ai rencontré au Corso notre Latino, dans le carrosse du cardinal Colonna son patron ; j'ai salué le cardinal, qui m'a répondu textuellement ceci : « Je le mène à la promenade (*Io lo meno un poco a spasso*). » Sûrement vous vous seriez réjoui de voir le bon vieil octogénaire prendre ce plaisir en habit philosophique, la barbe plus prolixe que d'habitude, et la vue seulement un peu affaiblie. Que Dieu nous le conserve longtemps, et bénissons le cardinal qui a soin de lui [1]. » Latini mourait en 1593, et Fulvio Orsini vieillissait à son tour sans un seul des compagnons de ses études, sans un témoin de la première partie de sa vie.

Une perte qu'il ressentit vivement fut celle du cardinal Farnèse, mort le 2 mars 1589. « Cette mort atteint toute la ville, écrivait-il, et moi, je regrette le cardinal et le regretterai toujours pour le bien public, car les princes aujourd'hui ont perdu le peu de goût qu'ils avaient pour les bonnes choses [2]. » La mort de son protecteur changeait pour lui les conditions de l'existence ; cependant le nouveau possesseur du palais, le jeune Odoardo Farnèse, fils du duc de Parme, traita tout de suite le savant avec les mêmes égards que son oncle, et calma ses inquiétudes. Le 28 avril, Orsini écrivait à Pinelli qui lui demandait ce qu'il allait devenir : « Le cardinal Farnèse a institué pour héritier le duc de Parme, et Don Odoardo (*don Duarte*) usufruitier de certaines choses ; il y a quelques legs peu considérables pour les serviteurs, entr'autres pour moi (je le dis pour ne pas vous laisser de doute sur cette vétille). Don Odoardo a voulu me garder au palais avec toutes les commodités que j'y avais ; je l'ai accepté, ne fût-ce que pour éviter d'aller ailleurs. Mais je crois que je n'y resterai pas, désirant beaucoup ne rien

---

Donnica. Questo è quanto occorre ; del resto offeriamo tutti noi quanto è in nostra libraria, e ci ricommandiamo e offeriamo tutti in quel che possiamo. Gli bascio le mani. Di casa li 2 di aprile 1583.

« Di V. S. Ill[e] et R[da] Servitore, *Cesare Barone*. »

1. Lettre du 26 août 1589 (*Ambros. D.* 422). Les lettres de Latini à Orsini n'ont pas été recueillies dans la publication de Rome-Viterbe ; j'en puis indiquer trois : *Vat.* 4105, f. 211 (Viterbe, 8 oct. 1564), 4104, f. 272 (Rome, 15 juillet 1569) ; f. 267 (id., 29 juillet). Cf. le *Vat.* 6201 et les *Anecdota litt. ex manuscr. cod. eruta*, Rome, 1773 sqq. vol. II. Dans la correspondance de Sirleto, consulter : *Vat.* 6189, f. 122 (1562) ; 6191, f. 435 (1573) ; 6193, I, f. 255 (1582).

2. Lettre à Pinelli du 25 mars 1589 ; il le remercie d'une lettre de consolation et lui fait part des dispositions prises par le cardinal pour que ni ses collections, ni sa bibliothèque ne soient dispersées.

devoir à autrui. Toutefois je ne me déciderai à partir qu'après une lettre du duc et, s'il me libère, comme j'y compte, j'irai peut-être chez le cardinal Colonna[1]. »

Orsini ne tenait guère en réalité à quitter la maison où il avait pris ses habitudes et les collections dont il avait la garde depuis tant d'années. Il avait fait, dès le 8 avril, ses offres de service au prince et au duc de Parme : « Je continuerai à prendre soin du Cabinet avec tout le dévouement que je lui dois, tant pour le respect mérité par des collections si précieuses, que dans l'intérêt des gens d'études ; ceux-ci en effet doivent y trouver une école publique, selon la pensée du cardinal Farnèse[2]. » Orsini resta donc au palais Farnèse, comme par le passé, et devint même le directeur des études d'Odoardo. Ses lettres au père et au fils sont pleines de conseils sur ce sujet. Il s'était précédemment occupé de lui trouver un bon précepteur et avait employé à cette recherche ses meilleurs amis d'Italie[3]. En 1589, il conseillait de l'envoyer dans une université, à Padoue par exemple, où avait étudié le cardinal Ranuccio ; l'enseignement de Riccoboni et la fréquentation de Pinelli devaient, à son avis, développer dans le jeune homme les qualités naturelles de sa race[4]. Celui-ci justifiait l'intérêt d'Orsini, qui nous apprend les détails de son caractère : il n'avait pas cette vivacité qui fait briller l'esprit de bonne heure, mais son jugement était droit, il était intelligent et modeste, et Orsini espérait beaucoup « de la généreuse taciturnité de cette nature. » Quand il séjournait à Rome, Odoardo montait à l'appartement d'Orsini et passait avec lui la soirée entière, à causer d'histoire et de lettres anciennes. Cette amabilité du jeune patricien touchait à la fois le vieillard et l'érudit[5].

A vingt-six ans, le 6 mars 1591, Odoardo reçut le chapeau qui semblait héréditaire dans la maison Farnèse. Il s'en montra digne et n'écouta pas avec moins de déférence les

1. Lettre du 28 avril. (*Ambros. D.* 422, f. 259.)
2. *Lett. ai Farn.* XXI (au prince de Parme, p. 33). Cf. la lettre du même jour au duc de Parme, qui était accompagnée d'une note sur l'état des collections.
3. Lettres de Sigonio à Orsini, écrites de Bologne le 25 juin et le 15 juillet 1583. (*Vat.* 4104, ff. 149, 124.) Lettres d'Orsini à Pinelli du 11 juin et du 30 juillet 1583. (*Ambros. D.* 422.) La pension du précepteur était de dix écus par mois, avec la chambre et la nourriture pour le précepteur et un domestique.
4. *Lett. ai Farn.* XXII (p. 35).
5. *Lett. ai Farn.* XXIV (au duc de Parme, p. 39).

conseils de son maître. Quand il allait passer quelques temps à Parme, il promettait à Orsini de réserver toujours dans ses journées quelques heures à l'étude et il tenait parole au milieu des occupations de la cour[1]. Orsini, qui aimait à penser qu'il serait un jour, comme son oncle, le membre le plus distingué du Sacré-Collège, écrivait souvent au jeune cardinal. Comme en tout Romain, il y avait en notre savant l'étoffe d'un diplomate ; ses lettres à Odoardo à l'occasion du second conclave de 1590 en sont la preuve. Il s'agissait de remplacer le successeur de treize jours de Sixte-Quint, Urbain VII. Jamais conclave ne fut plus prolongé ni compliqué par des passions plus diverses. Orsini écrivait presque chaque jour à son élève pour le tenir au courant des mouvements de l'opinion, de l'action de Philippe II, du groupement des partis. Ces dépêches étaient mises sous les yeux du prince de Parme et lui rendaient certainement service[2].

Après l'élection de Grégoire XIV, Orsini vit encore celle d'Innocent IX et de Clément VIII. Il ne cessait pas d'être appelé et consulté au Vatican. Au chapitre de Lateran, pendant que le cardinal Ascanio Colonna était archiprêtre, il fut élu vicaire le 30 novembre 1593 ; il était encore en charge en 1595 et dans l'intervalle son nom figure sur plusieurs intéressants documents des archives du chapitre[3]. Déjà sous Sixte-Quint, à l'époque des travaux exécutés pour le nouveau palais, Orsini se trouve mêlé au transfert de la statue de Boniface VIII et de la fresque de Giotto, qu'on voit encore à Saint-Jean-de-Lateran[4] ; c'est lui qui présida à ces délicates opérations, et l'on apprend, par les témoignages rendus plus tard sur ce sujet, qu'il n'ap-

---

1. *Lett. ai Farn.* XXIII (à Odoardo, p. 36).
2. *Vat.* 9064. V. l'appendice V.
3. Parmi les documents où figure Orsini, qui ont été transcrits par Galletti, dans les manuscrits ci-dessus désignés, je me borne à signaler celui du 28 mars 1593 ; il présente au chapitre de la part de Lucio Sasso, Napolitain, évêque de Riva et dataire de Clément VIII, une croix d'or avec onze diamants de la valeur de 300 ducats que Philippe II avait donnée au cardinal Castagna quand il était nonce à Naples ; Sasso, héritier du cardinal et chanoine de Lateran, en faisait hommage à la Basilique. Plus tard, créé lui-même cardinal, il faisait d'autres dons, comme en témoigne un document du 29 juillet 1595 où figure encore Orsini. — Cf. une lettre un peu antérieure adressée par Orsini au cardinal Ludovico de Torres junior, imprimée dans les *Anecdota litter.* de Rome, t. III, p. 417.
4. Je dois ces indications à mon ami et confrère, M. Georges Digard : il les a tirées des Archives de la maison Caetani (*cassa 34, n° 50*). Les documents sont seulement de 1631 ; mais ce sont des attestations écrites par les plus anciens chanoines et bénéficiers de la Basilique, qui affirment les faits comme témoins oculaires.

portait pas moins d'intérêt aux monuments de l'antiquité ecclésiastique qu'aux monuments classiques eux-mêmes.

Le 21 janvier 1600, il rédigea un assez long testament, qui fut déposé chez le notaire capitolin Quintiliano Gargari [1]. Cette pièce nous a conservé de précieux renseignements sur Fulvio Orsini. Il fondait à Saint-Jean-de-Lateran une chapelle où il voulait être enterré [2], et consacrait certains immeubles à entretenir deux chapelains [3]. Il léguait la partie inventoriée de sa bibliothèque à la Vaticane [4], ses autres collections à Odoardo Farnèse [5], institué par surplus le légataire universel et chargé de satisfaire aux legs d'argent. Les legs d'Orsini à ses amis étaient les suivants : il laissait deux mille écus d'or à l'évêque de Camerino, Gentile Delfini, qui faisait revivre un nom cher à son souvenir; quatre mille écus au jeune Mario Delfini [6] ; à Properzia Delfini, un tableau de Lucas de Leyde, et une écritoire d'ébène et d'ivoire ; au cardinal Alessandro Peretti, deux médailles de bronze et un tableau de Clovio. Des deux exécuteurs testamentaires, le premier, Orazio Lancelotti, neveu de Properzia

---

1. Collationné sur l'original et reproduit dans le travail de Castiglione (pp. 563-578 de l'éd. Gryphius).
2. Castigl. p. 565. Il institue des messes, où sa mère n'est pas oubliée ; à St-André-delle-Fratte, où Colocci est enterré, il lègue 25 écus pour qu'on dise une messe mensuelle à l'intention d'un homme qui a bien mérité de lui.
3. Ils devaient être choisis par la famille Delfini : « Quibus cappellanis alendis et sustentandis assigno duo millia aureorum quae habeo ad meam dispositionem in viginti locis non vacantibus Montis Sanitatis Populi Romani... »
4. V. le chapit. iv.
5. Le passage du testament d'Orsini sur les collections demande à être transcrit en entier : — « In reliquis autem bonis meis quibuscumque mobilibus et immobilibus... et praecipue in rebus de quibus extat inventarium manu mea subscriptum meoque sigillo consignatum sub titulo *Inventarium rerum insigniorum Fulvii Ursini*; in eo enim habentur omnia numismata mea tam aurea argentea quam aerea, nec non gemmae variae et camei magnae aestimationis et valoris, praeterea signa aerea et imagines illustrium vivorum ex marmore; itemque tabellae aereae et lapideae inscriptae literis Graecis et Latinis, nec non picturae multae excellentium pictorum magni pretii; horum inquam bonorum omnium, aliarumque rerum mearum qualescumque illae sint, quas intelligo quam sunt tenues, universalem haeredem meum instituo et ore meo nomino Illustriss. D. meum D. Odoardum Farnesium Card. S. Eustachij, quem ob summam in Deum pietatem, et singularem erga me benevolentiam iam inde a teneris eius annis mihi perspectam et probatam, dignum iudicavi et elegi, qui ob eius rerum quae habentur in supradicto Inventario cognitionem et intelligentiam gratus mihi succedat haeres, earumque sit integerrimus conservator futurus. »
6. Dans les deux cas : « Ex quibus volo emi loca montium non vacantium quae post obitum eius... spectent perpetuo ad domum et familiam Delphinorum. »

Delfini, alors auditeur de Rote et plus tard cardinal, recevait tous ceux des livres d'Orsini, grecs et latins, brochés et reliés, qui n'avaient pas été inventoriés pour la Vaticane [1] ; le second, Flaminio Delfini, père de Mario, avait l'anneau d'Orsini portant une topaze [2]. Le pape Clément VIII était prié d'accepter quatre précieuses médailles, qui seraient déposées après sa mort dans la bibliothèque Vaticane. Le musée du Capitole devait avoir un buste de marbre et une inscription sur bronze [3], et le chapitre de Lateran un tableau d'ivoire qui paraît avoir été de travail byzantin [4]. Malgré ces legs de détail, Orsini était préoccupé avant tout d'éviter la mutilation de ses collections. Cependant il fallait prévoir le cas où, pour une raison quelconque, le cardinal Farnèse n'accepterait pas la succession ; Orsini émettait alors le vœu que ses antiquités fussent vendues dans le délai de deux ou trois mois, et autant que possible en bloc, afin que des objets si rares et recueillis avec tant de peine ne fussent pas dispersés. Le soin de la vente était confié aux deux exécuteurs testamentaires ; le produit devait être employé à satisfaire sans retard aux legs d'argent. Dans ce cas le cardinal devait garder au moins, comme un souvenir personnel de Fulvio Orsini, le portrait de Paul III par Titien. Odoardo accepta entièrement l'héritage du vieux serviteur de sa famille ; non seulement les collections ne se dispersèrent pas, mais encore le vœu le plus cher d'Orsini fut rempli, puisqu'elles allèrent accroître celles qu'il avait aidé à recueillir au palais Farnèse.

Au mois de mai suivant, se voyant plus faible qu'il n'avait jamais été et sachant d'expérience que la saison était mauvaise à sa santé débile, Fulvio alla habiter au palais Delfini, pour mourir dans une maison amie. Le palais existe encore sur la place

---

1. « Et praeterea... duo musica instrumenta, quorum alterum vulgo Graviorganum vocatur, alterum vero Cymbalum, opus utrumque excellentium artificium... »

2. Sur ce Flaminio existe une brochure assez curieuse : *Laudatio Bernardini Stephanii Soc. Jes. ad S. P. Q. R. habita in funere Flaminii Delphinii Ferrariensium equitum magistri*, Rome, Zannetti, 1606.

3. « Senatui populoque Romano lego caput marmoreum L. Cornelii Praetoris, » etc. (Castigl., p. 569.)

4. J'ai réimprimé les passages du testament relatif à tous ces objets dans les *Collections d'antiq. de F. Orsini* : on les trouvera aux pages 42, 43, 74, 85, 91. Orsini n'oublie pas ses domestiques, notamment son cocher qu'il nomme Georges Barzin, de Savoie. A la suite des legs, il ordonne la restitution de divers objets qui lui avaient été confiés sa vie durant : deux camées à Giov. Ant. Orsini, deux manuscrits à Fabrizio Caraffa, de Naples, des médailles d'argent aux Delfini.

Campitelli, et une rue conserve le nom de la famille qu'Orsini avait toujours considérée comme la sienne. Malgré les soins dont on l'entoura, il mourut le 18 mai 1600[1]. Il fut enterré à Lateran au pied de l'autel de la chapelle qu'il avait fondée et qui se trouve à l'entrée de la sacristie. Un des érudits romains du temps composa l'épitaphe de la pierre tombale, et se fit l'interprète des sentiments de la ville dans ce style épigraphique un peu déclamatoire qui n'a pas toujours été aussi sincère[2].

Orsini était un noble esprit, et la meilleure preuve en est dans les vives sympathies qu'il sut inspirer et dans l'amitié profonde que lui vouèrent tant de personnes d'un caractère différent. Sa correspondance nous le montre extrêmement serviable pour ses amis; il l'était un peu moins pour les étrangers, ce qui s'explique, mais ce qui a peut-être donné lieu à certaines attaques formulées contre lui. On lui a reproché de ne pas communiquer libéralement sa science, de ne pas découvrir ses secrets pour connaître l'âge ou l'authenticité des monuments et des manuscrits[3]; Orsini aurait peut-être pu répondre que les secrets de ce genre ne se transmettent pas en quelques minutes et que ce n'est pas trop pour les acquérir entièrement d'y passer sa vie. Quant au plagiat, Orsini était assez riche de son fonds propre pour s'en passer, et on verra plus loin ce qu'il faut penser de cette accusation. Reconnaissons qu'il était jaloux de ses trésors comme tout bon collectionneur : il refusait de céder ses

---

1. Cf. Castiglione, pp. 562-563, et notre note 2, p. 3.
2. Je ne reproduis pas cette épitaphe; elle a été donnée partout, même dans Millin, *Magasin encyclop.* an. 1811, t. III, p. 100. L'auteur est le biographe d'Orsini, Castiglione; on la trouve reproduite à la suite de son travail (p. 579). L'inscription fut placée, par les soins du cardinal Farnèse, de Lancelotti et de Flaminio Delfini, dans la chapelle de Sainte-Marie-Madeleine qu'il avait fondée. Crescimbeni (*Stato della SS. Ch. Later.*, pp. 125-126) et Galletti (*Inscr. Rom.*, t. I, p. ccccxlix) la lurent encore sur le pavé, à l'entrée de la sacristie; M. Forcella (*Iscr. delle chiese*, vol. VIII, 1876, p. 49) ne dit pas l'avoir retrouvée. Comme elle était devenue illisible, on l'a enlevée il y a quelques années, en renouvelant le dallage; on m'a assuré qu'on la faisait graver à nouveau, et que le chapitre de Lateran ne voulait pas laisser disparaître un des souvenirs qui lui font le plus d'honneur. Elle est, sans doute, à cette heure replacée dans la chapelle.
3. C'est le cardinal Federico Borromeo qui a répandu cette opinion; il rapporte (*De fugienda ostentatione*, l. I, ch. 1) qu'étant un jour avec Orsini, il le pria de lui enseigner les principes par lesquels il distinguait les manuscrits anciens des modernes; le savant ferma le volume qu'il tenait en mains et changea de conversation. Le cardinal en concluait qu'en fait de vieux manuscrits il ne fallait pas se fier à Fulvio, qui en était trop avide lui-même pour en dévoiler la valeur aux autres. (Tiraboschi, *Stor. della lett. it.*, t. VII, p. 358.)

bustes de marbre au duc de Ferrare, son *Canzoniere* autographe de Pétrarque au grand duc de Toscane : « Je ne les ai pas achetés pour les revendre, » disait-il fièrement[1]. Il n'aurait pas consenti à perdre des objets qu'il aimait, fût-ce pour acquérir l'amitié d'un prince.

Il était de grande taille ; son portrait nous montre un visage grave, plein de dignité, aux traits assez réguliers et fermes[2]. Sa distinction extérieure, comme aussi sa générosité et son amour des belles choses, décelaient sa race. Son caractère intellectuel nous est peint d'un trait : Orsini ne s'occupait que d'une seule étude dans la même journée[3] ; nous sentons quelle puissance de travail devait lui donner cette habitude de concentrer ses forces. On loue avec insistance sa modestie, sa sobriété et la régularité de ses mœurs[4] ; ce sont des qualités qui valent d'être rappelées en passant et auxquelles la figure de l'érudit n'a rien à perdre.

Il habitait le palais Farnèse, et occupait, comme nous l'avons montré, une partie des appartements où se trouve aujourd'hui l'École française. Mais, son service de chanoine l'obligeant à se rendre souvent à Lateran, il eut l'idée d'acheter en 1578 un jardin dans le voisinage de la Basilique. Archéologue au palais, il devenait botaniste ou tout au moins jardinier à Saint-Jean.

---

1. Cf. chap. III et *Lett. ai Farnesi.*, p. 18 (lettre III) : « Il s^r duca di Ferrara per disegno di Pirro [Ligorio] mette insieme la sua libraria di scritti a mano, fatta de' libri del Manutio, del [Achille] Statio ed d'altri ; et sopra i pilastri che porteno li armari mette teste antiche di philosophi et letterati... Io sono stato richiesto darli alcune che ne ho di philosophi et poeti, che sono forse le più rare che si vedano ; ma ho risposto che non l'ho comprate per rivenderle... »

2. Le lecteur peut connaître Orsini par des gravures. Je ne crois pas qu'il y ait plus de cinq portraits gravés de notre savant. Le plus ancien, d'un burin qui pourrait être contemporain, porte au-dessous : *Fulvius Ursinus Romanus* et deux distiques (Tu quoque qui fulvo Fulvi...). Il reproduit les mêmes traits que le portrait des *Uffizi*, qu'il a peut-être inspiré. La seconde gravure est celle de la collection d'Isaac Bullart (Paris, 1682), qui est de médiocre valeur iconographique ; il est signé *De l'Armessin, sculp.* ; le bonnet carré a disparu, Orsini est tête nue et en costume de gentilhomme. Le troisième portrait appartient à une collection du commencement de notre siècle ; il a cette importante mention : *Olim. Bandinelli dis.* et la signature : *Gius. Marcucci inc.* ; au-dessous : *Fulvio Orsino*. Il est vêtu en ecclésiastique, avec une calotte ; c'est le seul portrait où il soit rasé et les traits sont assez différents des autres. (Douteux.) Litta a inséré une quatrième gravure dans les planches qui accompagnent son travail généalogique sur les Orsini. La *Gazette des Beaux-Arts* a donné la cinquième, sur bois (1884, t. II, p. 145) ; ces deux dernières sont d'après le portrait de Florence.

3. Rossi, *Iani Nicii Erythraei Pinacotheca imag. ill. virorum qui auctore superstite diem suum obierunt*, Cologne, 1643, p. 10.

4. Castiglione, *Vita Urs.*, p. 559.

il demandait des graines à Pinelli, grand amateur de plantes lui aussi, et faisait des échanges avec son ami de Padoue. On lui avait promis un pot de jasmin de Catalogne, et il s'en réjouissait autant que d'une pierre gravée ou d'une inscription [1]. Outre cette petite propriété, Orsini devait fréquenter les *orti Farnesiani* du Palatin visités par Montaigne, et les villas décorées d'antiques des cardinaux ses amis. Il avait aussi, du vivant et en l'absence de Granvelle, la jouissance de la « vigna » que celui-ci possédait dans le voisinage de Lateran. Quand Granvelle était à Rome, il y réunissait ses amis ; il rappelle complaisamment dans une lettre ses causeries dans la « loggia » avec Orsini et Pedro Chacon, et un certain nid de chardonnerets, qui s'était placé sur un jeune arbre tout contre la maison, et qui donna lieu à de longs raisonnements [2]. Ces détails, si minimes qu'ils soient, doivent arrêter l'historien, quand il s'agit d'hommes comme Orsini ou Granvelle ; ils nous font connaître assez bien le fond de simplicité de leur nature.

Les moyens d'existence d'Orsini étaient assez multipliés. Son logis lui était assuré ; outre son canonicat de Lateran, il touchait à partir de 1582 une pension de deux cents ducats de chambre sur l'évêché d'Aversa [3] ; elle lui avait été accordée par Grégoire XIII ; Sixte-Quint, en 1587, lui en donna une autre de deux cents écus d'or sur une abbaye du cardinal Montalto [4]. Celle-ci était évidemment une récompense des services que rendait Orsini dans les commissions et pour la préparation des grandes publications ecclésiastiques dont il sera parlé au chapitre suivant. Notre savant fut de plus attaché à la bibliothèque Vaticane : on l'y nomma correcteur grec au mois de juillet 1581, sur les vives recommandations des cardinaux Sirleto et Farnèse [5]. Cette fonction assez laborieuse était en même temps assez lucrative : à côté des deux correcteurs latins insti-

---

1. Lettres à Pinelli du 19 avril et d'août 1578 : « L'acquisto d'un giardino vicino a S. Giovanni et alla vigna di Granvella m'ha fatto mezzo semplicista pèro di fiori et d'odori. » (*Ambros. D.* 423.)
2. Cf. *Lett. ined. del card. de Granvelle*, Rome, 1884, pp. 4 et 14 (lettre VII).
3. Castiglione, p. 557, parle de la pension sans donner la véritable raison de cette faveur du pape ; on la trouvera au début de notre chapitre IV.
4. Cf. *Lett. ai Farn.*, p. p. A. Ronchini, p. 32 (lettre XX) ; Orsini prie le cardinal Farnèse d'en écrire au cardinal Savelli pour faire remercier le pape.
5. Cf. *Lett. ined. del Granv.*, p. 16 (lettre IX, Madrid, 27 sept. 1581) ; cf. en note les remerciements du cardinal Farnèse à Sirleto (Caprarola, 19 juillet).

tués pendant le bibliothécariat de Cervini, Pie IV, en 1562, avait rétabli un correcteur grec aux appointements de dix ducats d'or par mois[1]; cette somme, il est vrai, fut enlevée à Orsini en 1585, en un moment où le pape avait le plus grand besoin d'économies de toutes sortes[2]. On lui avait promis un canonicat à Saint-Pierre, apparemment plus avantageux que celui de Latéran; ce furent des promesses.

En réalité, les besoins matériels de notre savant se réduisaient à peu de chose. Sans négliger les côtés extérieurs de la vie, il n'y donnait pas plus que de raison[3]. Mais ses grandes dépenses regardaient sa bibliothèque et ses collections. Bien qu'une partie lui soit venue par des dons d'amis, Orsini a consacré presque tout son revenu à l'accroissement de ses richesses littéraires, artistiques ou archéologiques. Ses collections d'art et d'antiquité étaient, à elles seules, estimées par l'inventaire treize mille cinq cent soixante dix-neuf écus[4]. J'ai déjà abordé le sujet en publiant cet inventaire, rédigé par Orsini lui-même[5];

---

1. Marini cite le *motu proprio* du pape qui rétablissait cette charge en faveur de Mathieu Devaris, de Corfou (*Degli Archiatri Pontifici*, Rome, 1783-84, vol. II, p. 305). Cf. Panvinio *De Vatic. bibliotheca*, dans Mader, *De bibliothecis*, 2ᵉ éd. Helmstædt, 1702, p. 103. — C'est à Devaris qu'Orsini succéda, comme le montrent les dates. (V. l'index au mot *Devaris* et les *Lettere ined. del Granvelle*, p. 16, lettre IX.) Quant à la fonction de *correcteur*, le *motu proprio* la définit avec précision : « Officium Correctoris graecorum voluminum huiusmodi in dicta bibliotheca pro uno probo viro in eisdem litteris graecis erudito et multum versato, correctore nuncupando, qui, si quid in eorundem voluminum graecorum scriptura et orthographia depravatum repererit, corrigere et emendare, ac ad veram debitamque orthographiam redigere habeat... tenore praesentium erigemus et instituimus. » Sur les correcteurs, cf. De Rossi, *La bibliotheca della Sede apost. ed i cataloghi dei suoi mss.*, Rome, 1884, p. 47.

2. Cf. *Lett. ined. de Granv.*, p. 29 (lettre XXI, 24 nov. 1585).

3. *Id.*, p. 29 (lettre XX, 27 mai 1584). Il avait un certain train de maison nécessité par sa santé; cf. Castiglione, *Vit. Urs.*, p. 559 (« aetate ad senium vergente rheda vehebatur »), et ses demandes au cardinal Farnèse pour continuer à jouir de l'écurie qu'il avait au palais (*Lett. ai Farn.*, XV, p. 19). Songeant un instant à aller habiter Padoue, il s'informe de ce qu'y coûterait sa maison; il indique deux valets de chambre, un « credenziere che spenda », un cuisinier et un carrosse avec deux chevaux et un cocher. (Lettre du 30 juill. 1583, *Ambros. D.* 423.)

4. J'ai indiqué dans le travail ci-dessous pourquoi il faut rabattre ce chiffre à environ 13,100 écus. Cela ferait déjà une somme équivalente à 130,000 francs de notre monnaie. Est-il besoin d'ajouter que ce chiffre, quoique considérable, ne répond en rien à ce que vaudraient aujourd'hui les mêmes collections? La bibliothèque d'Orsini n'a pas subi d'estimation de détail comme les antiquités; on peut le regretter.

5. Voir *Les collections d'antiq. de F. Orsini*, Rome, 1884 (ou *Mélanges d'archéol. et d'hist.*, année IV, pp. 139-231); j'y renvoie pour les détails que je ne donne pas ici. Rappelons seulement que la copie que j'ai retrouvée

il est utile cependant de rappeler brièvement la composition de ces importantes séries, qui ont partagé, avec sa bibliothèque, les préoccupations de notre collectionneur [1].

L'admirable suite de pierres gravées qu'il avait recueillie dépassait quatre cents pièces. Les peintures et dessins étaient au nombre de cent treize. Il avait chez lui plus de cent cinquante inscriptions ou fragments d'inscriptions, quelques-unes de première valeur. Le chiffre de ses bustes de marbre ou bas-reliefs s'élevait à cinquante-huit. Il avait réuni en outre soixante-dix médailles d'or, environ mille neuf cents médailles d'argent et plus de cinq cents médailles de bronze dont plusieurs sont des exemplaires uniques.

Cette collection a été formée avec amour; elle a été fort célébrée au xvie siècle et Orsini en a lui-même dignement parlé dans ses préfaces. La galerie de peinture n'est pas la partie la

---

figure parmi les papiers de Pinelli à la Bibliothèque Ambrosienne, *H. 2 inf*. Orsini avait sans doute envoyé cette copie à son ami, qui en a fait exécuter pour son compte deux autres copies qu'on trouve aussi à l'Ambrosienne, *I. 223 inf*. Orsini a noté avec grand soin, quand il l'a pu, le nom de la personne qui lui a vendu chaque objet et le prix qu'il l'a payé. Quand c'est un don qu'il a reçu, le donateur est indiqué et Orsini inscrit l'estimation qu'il fait du présent. Cette estimation a pour but, comme on le voit par la teneur de son testament, de montrer au cardinal Farnèse qu'il peut accepter sans hésitation, avec toutes ses charges, la succession d'Orsini ; on ne se l'expliquerait guère sans cela.

1. Toutes les pierres gravées ont leur provenance marquée. N'ayant pu mettre d'index à ma publication de l'Inventaire, je crois être utile en dressant ici la liste des personnes qui ont vendu ou cédé des objets à Orsini. On devra les chercher dans les pierres gravées, sauf indication particulière. Je laisse de côté les noms comme *messer Achille, sig. Alonzo*, qui peuvent s'appliquer à divers personnages. — Alberini, Arigoni (card.) (*Inscr.* 54), Banchi orefice, Baviera, Bembo [T.], Bergamo, Borgianni (Aless.), Brunoro libraro, Calestani (Giulio) (p. 164, *de l'Inv.*), Camei (Cesare, Domenico, Ludovico de'), Camillo milanese, Campagnano, Capranica (Dom. de), Caro (Fabio), Cavalieri, Corneto (Luigi de), Egidio scultore, Fabrizio orefice, Fiamengo (Niccolò) scultore, Fiamengo (Vincenzo). Gabrielli (Ottavio), Giovan di Campo di Fiori, Giovan-Martino orefice, Girolamo milanese, Grandi (Aless. de), Guardarobba (Porzio), Luca orefice, Maffei [Achille], Manilio (canonico), Marii (Orazio de'), Martire, Massimi, Mocenigo, Morabito, Moretto, Nasi (Paolo), Nelli (Andrea de'), Padovani di Bologna, Paleotti (C.), Panfili (Giov. Batt.) (*Tubl.* 111), Passari (Bernardino, Giacomo, Isidoro), Petrucci (Fabio), Piccolomini (Mario), Pucci [l'abate], Recanati (Giov. Taddeo de), Rena (Giov. Batt. della), Rustici (Franc.), Sanmarsale (Giov. Mart.), Santacroce (Tarquinio), Sanvitale [Paolo], Scarpellini (*Inscr.* 53), Scipione orefice, Spoleti (il vescovo di) [Fulvio o Paolo Orsini, o P. Sanvitale], Stampa, Stati (Orazio), Stampa, Tarcone (Cesare Targone o), Torrigiani, Valenti, Valle (Orazio della), Veli [Giulio-Ces.], Vittorii (Vettori?), Zagarola (Muzio e Pompeo da). — Sur plusieurs de ces personnages, marchands, artistes ou collectionneurs, la correspondance d'Orsini fournit des renseignements.

moins curieuse ni la moins instructive, et les attributions d'Orsini ne sauraient faire doute pour les œuvres de ses contemporains. Les vingt-huit numéros, par exemple, qu'il met sous le nom de Michel-Ange, ont une véritable garantie d'authenticité, puisqu'il avait assisté à la vieillesse laborieuse du grand homme[1]. Les ouvrages de Raphaël, qui sont au nombre de seize, ne sont pas tous aussi certains[2]. « Il en est de même pour Vinci, Giovanni Bellini, Giorgione, dont les œuvres étaient déjà anciennes à l'époque d'Orsini. L'école de Raphaël, malgré la présence de Peruzzi et de Jules Romain, est moins abondamment représentée que celle de Michel-Ange. Sebastiano del Piombo (fra Bastiano) tient une grande place. On trouve deux fois le nom de Titien, appelé un instant à Rome par un Farnèse, le pape Paul III; beaucoup de toiles et de dessins sont aussi attribués à son école... Vers les derniers numéros, nous relevons la mention d'un *Saint-Jean* en miniature, d'Albert Dürer; il venait de Venise, puisqu'Orsini l'avait eu en présent d'un neveu d'Alde Manuce, et on l'estimait six écus[3].

« Pour qui connaît les travaux de Fulvio Orsini sur l'iconographie antique, il est facile d'apercevoir dans le choix de ses tableaux le reflet de ses études favorites. Il a recueilli, en effet, un grand nombre de portraits, et sa correspondance le montre attentif à obtenir ceux de ses amis ou à faire faire des copies de

---

1. Cf. plus haut, p. 15.
2. Au point de vue iconographique, je signale quatre portraits attribués à Raphaël: le sien (n° 4), celui de Luigi de Rossi (n° 5), celui d'Acquaviva (n° 10), dans la première manière du peintre, et celui de Giov. Andrea Cruciano (n° 111). Raphaël jeune a été peint par Rosso (n° 9). On ne retrouve aucun des trois personnages, représentés selon Orsini par Raphaël, dans l'œuvre qui lui est aujourd'hui attribuée. (Cf. E. Müntz, *Raphaé, lsa vie, son œuvre, son temps*, 2° éd., Paris, 1886.) Luigi de Rossi seul figure, à côté de son oncle Léon X, dans le célèbre tableau du palais Pitti; ce serait un indice de l'authenticité du portrait isolé de la galerie d'Orsini. Nos portraits se sont-ils perdus? Il se pose là, ce me semble, un curieux problème d'histoire de l'art.
3. Comme les autres collections Farnèse, transportées de Parme à Naples en 1734, les objets ayant appartenu à Orsini doivent être cherchés dans cette dernière ville. Il est facile de reconnaître dès le premier n° des Tableaux, l'un des deux portraits de Paul III par Titien, qui sont au musée de Naples, et dans le portrait de Clément VII « in pietra di Genova, » l'excellent Sebastiano del Piombo du même musée. Pour peu qu'un directeur intelligent et actif, comme l'est M. di Pietra, voulût utiliser l'inventaire d'Orsini, il y aurait, je crois, à identifier bien d'autres tableaux ou dessins et à reconnaître plus d'un portrait, marqué au catalogue « ignoto. » Il y aurait aussi, je m'en suis assuré, des recherches à faire dans les collections de Parme.

ceux qu'il ne pouvait se procurer. Indépendamment des portraits de papes qu'on devait s'attendre à trouver assez nombreux, Orsini a réuni plusieurs portraits de peintres et surtout d'humanistes du xv° et du xvi° siècle, qui donnent à sa collection un caractère particulier. On y trouve Bessarion, Bembo, Pic de la Mirandole, Alde Manuce, et, parmi les contemporains, Gentile Delfini, Antonio Agustin, Sigonio, les savants cardinaux Maffei et Sirleto, et l'aimable érudit qui fut pape vingt et un jours sous le nom de Marcel II [1]. Les grands seigneurs même, à part les Farnèse qui tiennent au cœur d'Orsini pour d'autres motifs, semblent ne trouver place dans cette galerie qu'autant qu'ils ont été lettrés et amis des lettrés. C'est à ce titre qu'on y rencontre le portrait de Louis Rodomont de Gonzague, par Daniele da Volterra, de sa sœur, la belle Julia, par Sebastiano del Piombo, et celui d'Andrea Matteo d'Acquaviva, attribué à Raphaël [2]. »

Les antiquités sont décrites d'une manière assez détaillée dans l'inventaire [3]. On peut se fier, dans une certaine mesure du moins, au goût et à la sagacité de celui qui a réuni ces magnifiques séries. Orsini est célèbre en effet pour l'habileté qu'il mettait à distinguer les objets vraiment antiques des objets de fabrication moderne qu'on commençait à faire circuler de son temps. Je choisis parmi les nombreux jugements contemporains, un seul témoignage, mais des plus autorisés : *Fulvius Ursinus*, écrit Baronius, *rerum antiquarum solertissimus explorator, ad*

---

1. Ces portraits, qu'il serait si intéressant de retrouver, occupent dans l'inventaire les nos 40, 45, 52, 53, 54, 56, 95, 96, 102, 194. Le portrait de Bembo est indiqué comme « di mano d'uno scolare di Titiano », qui pourrait être le Teoscopoli, auteur du portrait de Clovio identifié plus haut, p. 16. Celui de Pic est un dessin à l'aquarelle de Léonard de Vinci ; celui de Vinci lui-même par Bandinelli est au n° 92. On remarquera également un portrait de la Laure de Pétrarque, dont personne que je sache n'a parlé (n° 109) ; c'était peut-être celui qui figurait chez Pietro Bembo selon l'anonyme de Morelli (M. A. Michiel), et qui aurait pu venir par son fils Torquato chez Orsini ; cf. le chap. III et E. Müntz, *Les peint. de Sim. Martini à Avignon*, Paris, 1885, p. 25. (*Extr. des Mém. de la Soc. des Antiquaires de France*, t. XLV.) — Une collection romaine de portraits de savants est signalée par M. Tamizey de Larroque (*Deux testaments inédits*. Extr. du *Bulletin crit.*, 1886) : c'est celle de J.-J. Bouchard, dont il légua une partie à Giambatt. Doni en 1641.
2. P. de Nolhac, *Une galerie de peinture au xvie siècle. Les coll. de F. Orsini*, dans la *Gazette des Beaux-Arts* (2ᵉ pér., t. XXIX), 1884, vol. I, pp. 427-436.
3. J'ai pu essayer quelques identifications, même de pierres gravées et de médailles ; on en rapprochera utilement les études de M. V. Poggi à la suite des *Lettere ai Farnesi*. Le travail mériterait d'être continué.

quem velut Lydium lapidem quaeque vetera monumenta probanda elucidandaque afferri solent; cuius et apud me auctoritas plurimum valet[1]. De nos jours même, un des plus dignes successeurs d'Orsini, Ennio-Quirino Visconti, fait de lui un admirable éloge : « On ne trouve pas, dit-il, dans l'histoire de la littérature, un homme qui égale cet Ursinus par le savoir, par l'expérience, par le jugement qu'il déployait en examinant et en recueillant des antiquités[2]. »

Orsini était consulté de tous côtés sur l'authenticité ou la valeur des objets antiques, des médailles particulièrement, aussi bien que sur celle des manuscrits[3]. Personne ne savait comme lui rabattre les prétentions ou démasquer les fraudes des marchands[4]. Il fut pourtant dupe quelquefois, et quand il achetait sans voir, il lui arrivait de faire de mauvaises affaires. Un homme en qui il avait confiance, Giulio-Cesare Veli, se trouvant à Bologne en 1598, lui fait conclure un marché avec un certain Alessandro Borgianni, pour une médaille des Magnésiens, la plus belle chose qu'il y ait en Italie au dire du possesseur ; la tête est celle de Cicéron, et du plus merveilleux travail grec qu'on puisse voir. L'achat est décidé au prix de cent ducatons de Florence ; Orsini envoie l'argent et reçoit la médaille : ce n'est pas du tout Cicéron et l'œuvre d'art n'a rien d'extraordinaire. Orsini se plaint ; Borgianni répond qu'on a tort de ne pas apprécier sa médaille, et se tire d'affaire par un trait d'esprit : « La somme donnée n'a pas été excessive, car elle ne payerait même pas le port de-

---

1. *Ann. eccles. sub a.* 324, éd. de Rome, vol. III, 1596, p. 232. — Il y avait cependant à Rome, si l'on en croit Castiglione, un amateur plus habile qu'Orsini : « Maximos quidem sumptus in coemendis vetustioribus signis, simulacrisque marmoreis, tabulisque aereis, numismatis, gemmis insculptis, annulis signatoriis faciebat [Ursinus] : quo tamen in studio superabatur, qua discernendi vera a conflictis usu et peritia, qua numero et raritate earum rerum incomparabili a viro clarissimo Laelio Pasqualino qui Pompeio optime merito eruditissimo fratris filio haeredi instituto thesaurum antiquitatis moriens reliquit, canonicatu S. Mariae Maioris eidem prius resignato. »

2. *Musée Pie-Clémentin*, éd. française, Milan, 1819, p. 88 (p. 82 de l'éd. Labus).

3. Le savant Henri de Mesmes (*Memmius*) lui envoyait de Paris en 1589 une médaille d'argent à examiner ; c'était M. de Vulcob, alors à Venise, qui devait la lui faire tenir (lettre à Pinelli du 17 nov. ; *Ambros. D.* 422). Nous voyons dans une autre lettre d'Orsini, du 5 janv. 1590, qu'il a reconnu la médaille fausse et pour quelles raisons.

4. Il s'en occupait encore quelques jours avant de mourir, comme le montre son billet du 21 avril 1600 resté dans ses papiers : « [Le pietre] sono in mano della maggior bestia di Campo-di-fiore ; colla quale bisogna andare di passo in passo. » (*Vat.* 4105, f. 339.)

puis Magnésie jusqu'à Rome [1]. » Orsini avait eu une mésaventure plus désagréable encore ; on lui avait dérobé ses médailles en 1582, et, pour retrouver le voleur et les objets volés, la diplomatie elle-même avait été mise en mouvement : Granvelle en avait écrit de Madrid au vice-roi des Pays-Bas [2]. Le coupable fut saisi dans les États du duc d'Urbin, et celui-ci prit la peine de l'écrire lui-même à Orsini, l'assurant que la prison ne s'ouvrirait pas avant qu'on eût retrouvé ces précieuses médailles dont le savant faisait un si bon usage [3].

L'épigraphie n'est pas moins redevable aux collections d'Orsini que la numismatique elle-même [4]. Il avait pris auprès de Delfini le goût des inscriptions, que développèrent sa fréquentation des jardins de Colocci et les découvertes nombreuses faites de son temps. La recherche des monuments de ce genre l'occupa toute sa vie. Il avait rapporté lui-même du *Monte-Cavo* son inscription des féries latines [5]. C'est à lui qu'on doit la conservation des dix-neuf premiers fragments connus des actes des frères Arvales, qu'on avait déterrés en 1570 hors de la porte Portese, et qui, selon les témoignages contemporains, avaient été dispersés dans Rome [6]. Outre les inscriptions dont il possédait les originaux et qu'on retrouve presque toutes au musée de Naples, il avait pris copie d'un assez grand nombre d'autres. Il écrivait à Pinelli en 1589 : « Jean Moretus, gendre de Plantin, m'a informé qu'en Allemagne on va imprimer un recueil d'inscriptions antiques plus abondant que celui qu'il a imprimé à

---

1. Il dit encore que si l'on ne reconnaît pas Cicéron, c'est que le portrait a été fait du temps de son gouvernement d'Asie ! (Bologne, 20 mars 1598 ; *Vat.* 4105, f. 332.) Les autres lettres sont du 28 janv. et 11 fév., ff. 330 et 86. Le paiement eut lieu par l'entremise du banquier bolonais, Antonio Maria Rossini. (Cf. la pièce du f. 337.)
2. Cf. *Lettere ined. del Granvelle*, pp. 22 et 27 (lettres XV et XVIII).
3. « Mi è parso anco che se sià fatto maggior torto a V. S. con levarle quelle medaglie che non sarebbe stato con altri. » (Pesaro, 26 nov. 1584 : *Vat.* 4104, f. 211.) En 1571, nous voyons qu'Orsini était consulté par le duc d'Urbin sur la forme des navires antiques. (*Lett. ai Farn.*, p. 19, l. IV.)
4. V. dans le *Corpus inscr. lat.* les notices sur Orsini, et les renvois à M. Mommsen (*Ephem. epigr.*), dans les volumes VI, *Index auctorum*, p. LV, et IX, X, p. LXVII.
5. Lettre à Vettori du 23 nov. 1570 : « Il fragmento delle ferie latine... quale io portai questi giorni da monte Albano circa xij miglia lontano da Roma, dove si facevano le ferie latine. » (*Vat.* 9063, f. 174 c.) Cf. les *Notae in omnia op. Ciceronis*, Anvers, 1581, p. 106 et le n° 29 de l'Inventaire d'Orsini.
6. Cf. Henzen, *Scavi nel bosco sacro dei fratelli Arvali*, Rome, 1868, pp. VI-X ; Nolhac, *Les coll. d'ant. de F. Orsini*, pp. 44-45, et les notes, et dans les *Mélanges Renier* (*Notes sur P. Ligorio*).

Anvers. Je voudrais savoir si vous avez connaissance de la chose, parce que, comme je vous l'ai dit d'autres fois, j'ai en ordre une collection de deux cents inscriptions qui ne figurent pas dans le volume d'Anvers [1]. » Cette collection et d'autres furent mises généreusement par Orsini à la disposition de Gruter et de ses amis, pour la préparation de son *Corpus* [2]. Le savant allemand lui a, du reste, rendu un juste hommage de reconnaissance [3]. Ajoutons que les études d'épigraphie paraissent avoir particulièrement occupé Orsini dans la dernière époque de sa vie [4]. Cette science était alors dans sa période de formation la plus active ; la précision de ses renseignements plaisait sans doute à l'esprit du vieux savant, dont la vie entière avait été consacrée à rechercher et à connaître l'antiquité. Ce fut au nom de l'épigraphie que Conrad Rittershuys consacra, dans le *Corpus* même, une élégie latine à la mémoire de celui qui avait tant aidé à l'œuvre et qui n'eut pas la joie de la voir accomplie [5]. En voici quelques vers, qui donnent sur Orsini le sentiment de l'Europe savante de son temps :

> Ursinum quo vix probior, vix doctior alter,
> Vix senior domina vixit in Urbe viro...
> Communem ire viam postquam mors impia adegit
> Nec potuere virum tot merita eripere...
> Quod facis, huic, Velsere, operique viroque faveto,
> Praebet cui liquidum et Scaliger auspicium.
> Sint modo patroni studiis, artesque vigebunt ;
> Ursinosque etiam Teutonis ora dabit.

1. *Ambros. D.* 422 ; lettre du 17 nov. 1589.
2. *Inscriptiones antiquae totius orbis Romani in corpus absol. redactae... cura Iani Gruteri... Ex offic. Commeliniana*, 1602. Très souvent: « Gruterus ex Ursini schedis, ex autographo Ursini. »
3. *Ad lectorem*: « Fulvius Ursinus... minime contentus schedas suas plerasque aut sponte obtulisse Romae describendas, aut ipsasmet per Velserum mihi transmisisse, copiam quoque fecit voluminis Smetiani manuscripti, quod servabatur in interiore bibliotheca Ill. cardinalis Farnesii. » Ce recueil de Smetius, communiqué à Gruter par Orsini est identifié aujourd'hui avec le vol. de la bibliothèque de Naples *V. E.* 4, attribué longtemps à la main d'Orsini. (Cf. *C. I. L.*, volume VI, p. xlix, et la dissertation probante de M. de Rossi dans les *Ann. dell' Ist. di corr. archeol.*, t. XXXIV, 1862 pp. 220 sqq.) Outre le recueil de Smetius, Orsini procura à Léonard Gutenstein, mandataire de Gruter, les collections de Metellus et de Giulio Giacoboni, qui étaient chez Orazio della Valle, et ce qu'il avait lui-même de Ligorio. (*C. I. L.*, vol. X, pp. xlv-lxvii.)
4. Parmi les manuscrits portés à l'Appendice I du présent travail, et qu'il serait logique de chercher dans les collections des Farnèse, figurent plusieurs recueils d'inscriptions, formés ou possédés par Orsini ; ce sont les n°s 43, 44, 55, 68, 88, 89. Orsini a-t-il recueilli les *schedae* d'Alde le jeune ? L'argument apporté pour cette hypothèse dans le vol. X du *Corpus*, p. lxvii, a quelque valeur.
5. *De obitu Fulvii Ursini Romani, ad illustr. Marcum Velserum Reip. August. IIvirum*. Aux pièces liminaires.

CHAPITRE II

TRAVAUX ET AMITIÉS DE FULVIO ORSINI

Les collections de Fulvio Orsini semblent avoir été son unique passion ; ce sont elles qui remplissent la plus grande partie de sa correspondance. Mais il ne se contentait point du simple plaisir de réunir des livres rares et des objets précieux ; son ambition ne se bornait pas non plus à sauver de l'oubli et à grouper pour l'avenir ces restes du passé ; Orsini savait exploiter lui-même sa richesse et tirer parti de ses propres trouvailles. Il l'a fait pour ses manuscrits ; il l'a fait aussi pour ses antiquités. Celles-ci lui ont permis d'introduire dans l'érudition philologique, avec beaucoup plus d'abondance et de précision qu'on ne l'avait fait avant lui, les informations archéologiques. Tel est même le caractère distinctif des publications de Fulvio Orsini. Il y en a qui sont entièrement relatives aux monuments figurés ; dans les autres, ses annotations d'auteurs anciens par exemple, il fait appel à tout instant aux inscriptions, aux médailles, etc., il renvoie sans cesse aux pièces de sa collection ou des collections de ses amis.

L'étude critique des ouvrages d'Orsini serait instructive : il a exercé son activité et marqué son rang dans tant de domaines, qu'un pareil travail, avec tous les développements qu'il comporte, rendrait des services très variés à l'histoire de l'érudition. On pourrait peut-être tracer utilement le tableau d'ensemble du mouvement philologique en Italie au xvie siècle, en prenant pour centre l'œuvre du savant romain. Je ne puis aborder ici un sujet qu'il vaut mieux ne pas traiter brièvement. Cependant l'esquisse de la vie d'Orsini serait incomplète, si elle n'était accompagnée de la liste analytique de ses ouvrages[1].

---

1. Il ne s'agit pas d'une bibliographie complète d'Orsini. La plupart de ses travaux ont été réimprimés très fréquemment, soit intégralement, soit en partie, aussi bien après sa mort que de son vivant. Je ne parlerai, sauf exception, que de la première édition de chaque ouvrage, la seule dont la

Cette liste seule suffit à indiquer l'ordre d'idées dans lequel il a fait progresser la science et les études qui ont tenu leur place dans sa carrière.

Ses premiers livres ont paru chez Plantin, grâce, comme on l'a vu, au cardinal de Granvelle [1], et ce début, qui fut brillant, dans une des premières librairies d'Europe, a beaucoup contribué à sa prompte renommée hors d'Italie. On s'aperçoit, en lisant ces deux volumes, qu'Orsini n'a pas encore réuni ses collections, et qu'il cherche avec hésitation sa voie personnelle de travail. Son *Virgilius illustratus* est cependant une œuvre fort précieuse et très nouvelle [2]. L'utilité en est suffisamment indiquée par les réimpressions et les imitations nombreuses qu'elle a provoquées [3]. Les renvois marginaux de l'édition de 1567, se rapportent au Virgile imprimé par Plantin en 1566 sur le texte de Paul Manuce ; les deux volumes ont le même format et se vendaient souvent reliés ensemble [4]. Après la dédicace de

publication ait un intérêt biographique. Millin (*Magasin encyclop.* 1811, t. III), donne quelques autres renseignements ; ils sont malheureusement sujets à caution, par exemple lorsque, parlant de l'imprimerie de J. Commelin (*officina Santandreana*) qui a plus d'une fois en effet réimprimé des travaux d'Orsini, il indique une édition faite à Santander !

1. V. plus haut p. 19. Cf. également les lettres de Plantin à Granvelle dans la *Correspond. de Chr. Plantin* p. p. Max Rooses. Dans le vol. I, il est question du *Virgile* aux pp. 98, 113, 136, 199, 206. des *Poëtesses* aux pp. 194, 222, 228, 243, du *César* aux pp. 249, 281, 295. Y joindre les lettres à Orsini indiquées plus loin.

2. VIRGILIVS COLLATIONE SCRIPTORVM GRAECORVM ILLVSTRATVS OPERA ET INDVSTRIA FVLVII VRSINI. *Antverpiae ex officina Christophori Plantini anno CIƆ. IƆ. LXVII. Cum privilegio.* In-8. Orsini hésita longtemps sur le titre de ce célèbre recueil ; il y a trace de ces hésitations dans nos lettres de Bagatto et de Guido Lolgi. C'est Paul Manuce, à qui le livre avait été d'abord promis, qui en trouva le titre ; Lolgi écrit de Rome à Orsini, le 9 juin 1565 : « Del Vergilio vederò messer Paolo et dirolli quanto ella mi scrive, et appunto havevo havuto carico da esso di scrivere a V. S. che desse aviso quando pensava d'esser in ordine, perche egli disegnava di ottenere il privilegio per stampar l'opera di V. S. et insieme l'opera di suo figlio dell' Ortographia, et le inscrittione antiche et il suo commento, che spera finirlo in pochi mesi, che gia è nel XI e camina avanti gagliardemente. Si che V. S. potrà scrivergli quanto lo occorrerà sopra ciò, et quanto al titulo, non ha molto che se ne ragionò tra il P. [Bagatto] et lui et me, et quello che dissi messer Paolo piacque à tutti, il che fù questo : *Vergilius collatione scriptorum graecorum illustratus.* V. S. lo considererà. » — Les bibliographes citent d'ordinaire le tirage de 1568 comme donnant la date du Virgile ; MM. C. Ruelens et A. de Backer ont rappelé les premiers que l'ouvrage est bien de 1567 (*Annales Plantiniennes*, Paris, Tross, 1866, pp. 67-68.) C'est bien entendu la date adoptée par M. Degeorge. (*La maison Plantin*, 3e éd. Paris, 1886).

3. La plus célèbre est celle de L.-G. Valckenaer (Leeuwarden, 1747, in-8).

4. L'exemplaire de la Bibl. Nationale de Paris, qui a l'ex-libris de Claude Dupuy, en offre un exemple.

Plantin à Granvelle, [on trouve des vers liminaires grecs de Geraart Falckenburg [1].

Par cet ouvrage, Orsini montrait que les poètes grecs lui étaient familiers, et qu'il avait pratiqué depuis de longues années le *Nocturna versate manu*. Sa seconde publication, les *Carmina IX illustrium feminarum* [2] (1568), en est une nouvelle preuve. C'est une anthologie en partie recueillie dans les auteurs anciens déjà publiés, en partie inédite. Orsini s'est servi, dans les deux cas, de nombreux manuscrits de la Vaticane et de la bibliothèque Farnèse; à celle-ci est emprunté, entre autres fragments inédits, l'*Hymne à Zeus* de Cléanthe. L'annotation critique et exégétique achève d'attester l'immense lecture d'Orsini et sa compétence d'helléniste. Il y a joint une traduction en vers latins des fragments de Bion et de Moschos, due à son ami Lorenzo Gambara [3]. La dédicace est au cardinal Al. Farnèse; Orsini y saisit l'occasion de remercier son maître de lui avoir non seulement ouvert, mais confié sa bibliothèque après la mort du cardinal Ranuccio.

C'est encore chez Plantin que paraît en 1570 l'édition de César préparée par Orsini [4]. La dédicace est datée de Rome, le 21 mai 1569; elle est adressée à Fabio Farnèse, chevalier de Malte, bibliophile fort instruit, qu'Orsini avait connu à Rome et Bologne à la cour de son parent le cardinal Ranuccio. Le livre comprend les fragments de César recueillis par Orsini sur l'exemple de son ami Antonio Agustin, quelques corrections au texte des *Commentaires*, dues en partie à Faerno et à Bagatto, et enfin le texte lui-même. Orsini dit s'être servi, pour ses corrections, d'un manuscrit de César de près de six cents ans, qui lui était tombé entre les mains et qu'il avait reconnu excel-

---

1. V. la lettre I de l'Appendice IV.
2. CARMINA NOVEM ILLVSTRIVM FEMINARVM *Sapphus Erinnae Myrus Myrtidis Corinnae Telesillae Praxillae Nossidis Anytae*. ET LYRICORVM *Alcmanis Stesichori Alcaei Ibyci Anacreontis Simonidis Bacchylidis*. ELEGIAE *Tyrtaei et Mimnermi*. BVCOLICA *Bionis et Moschi. Latino versu a Laurentio Gambara expressa. Cleanthis, Moschionis, aliorumque fragmenta nunc primum edita. Ex bibliotheca Fulvii Ursini Romani. Antverpiae. Ex officina Christophori Plantini*, CIƆ. IƆ. LXVIII. In-8. Le privilège de Philippe II, signé de J. de Witte, est du 30 oct. 1566.
3. Cette traduction commence à la p. 355; elle est précédée d'une douzaine de lignes de présentation au lecteur par Orsini.
4. C. IVLII CAESARIS COMMENTARII, *novis emendationibus illustrati. Eiusdem librorum qui desiderantur fragmenta. Ex bibliotheca Fulvi Ursini Romani... Antverpiae. Ex officina Christoph. Plantini*, CIƆ. D. LXXV. In-8. Après la

lent [1]. L'édition d'Orsini fut immédiatement contrefaite à Venise, avec la date de 1571, par Alde Manuce le jeune, qui supprima la dédicace à Fabio Farnèse et ajouta un livret de ses propres notes ; en 1574, Plantin réimprimait le *César*, y mettant à son tour, entre autres adjonctions, le livret de Manuce [2].

En 1570, paraît à Rome la première édition du livre qui a valu à Orsini le titre de « père de l'iconographie antique [3]. » Il explique lui-même dans sa préface l'intérêt des *Imagines et Elogia* [4] ; il parle des collections de portraits dont le souvenir nous a été conservé dans l'antiquité, des livres de Pomponius Atticus et de Varron : ces portraits étaient empruntés pour la plupart aux monnaies que faisaient frapper les villes à l'effigie de leurs citoyens illustres ; Orsini rappelle aussi les statues placées dans les bibliothèques et sur les places publiques. Dans les ruines du forum de Trajan, on avait trouvé au siècle précédent une base de la statue de Claudien, qu'on transporta dans la maison de Pomponius Laetus, où Orsini la voyait encore [5] ; beaucoup des hermès reproduits dans le livre viennent de la villa Hadriana, et Orsini fait remarquer qu'un grand nombre, ayant perdu leur tête, ont été complétés sans aucune certitude. Le très curieux recueil qui suit comprend, en 111 pages, une collection de monuments iconographiques de toute sorte, statues, bustes,

---

dédicace d'Orsini est réimprimée celle de l'édition de Paul Manuce ; viennent ensuite les gravures sur bois de l'Aldine avec les explications de fra Giocondo de Vérone. A la fin de l'édition est reproduit l'index géographique de Raymond Marliani, puis un livret de notes critiques de Jean-Michel Brutus. L'achevé d'imprimer est du 25 février. Plantin s'excusait du retard mis à l'impression dans une lettre latine à Orsini du 26 mars 1569. (*Vat.* 4103 ff. 41-42 ; publiée sans date dans la *Corresp. de Plantin*, t. II, 1885, p. 45.)

1. Cf. le n° 18 de l'Inventaire (mss. latins), auj. *Vat.* 3324.
2. Et des *variae lectiones* de Sambucus. L'achevé d'imprimer est du 7 mars 1574. La même année les notes d'Orsini sont reproduites dans l'édition de Lyon, avec celles d'Hotman et de Manuce ; à partir de ce moment, on ne compte plus les réimpressions.
3. E.-Q. Visconti, *Iconogr. gr.*, éd. Labus, t. I, p. 324. Cf. le discours préliminaire où Visconti fait l'éloge d'Orsini, pp. 27-30.
4. IMAGINES ET ELOGIA VIRORVM ILLVSTRIVM ET ERVDITOR. EX ANTIQVIS LAPIDIBVS ET NOMISMATIB. EXPRESSA CVM ANNOTATIONIB. EX BIBLIOTHECA FVLVI VRSINI. M.D. LXX. (Dans un fontispice gravé. Au bas :) *Romae, Ant. Lafrerij formeis*, in-fol. Quelques exemplaires portent tout au bas : *Ioannis Orlandi formis romae*, 1602 [sic]. Une pièce liminaire en hexamètres est dédiée à Antonio Elio, évêque de Pola et patriarche de Jérusalem, par Lorenzo Gambara : « Quelle gloire, dit-il, ne mérite pas Fulvio Orsini, qui a réuni les portraits de tant de grands hommes et leur a donné la vie pour la troisième fois ! » Suit l'éloge de l'évêque, estimé du cardinal Farnèse et digne naturellement d'être placé parmi tous ces grands hommes.
5. Cf. sur la translation par Laetus lui-même, ce que dit Fulvio, p. 48.

médailles, pierres gravées, beaucoup d'hermès, la plupart munis d'inscriptions, et enfin quelques monuments épigraphiques relatifs aux bibliothécaires de l'empereur [1]. Certaines pages ont des gravures sur bois avec leur texte imprimé, d'autres des gravures sur cuivre avec leur texte gravé sur la même planche ; l'aspect matériel du volume est très curieux ; on voit que la partie en typographie a été exécutée à Venise, chez Pierre Duchemin [2]; les planches sortent de chez Antoine Lafréry, le Bourguignon établi à Rome, l'éditeur fameux de tant d'importantes gravures.

Le goût pour les collections iconographiques était alors fort développé [3]. Pour nous en tenir à la maison de Lafréry, elle avait donné les années précédentes plusieurs recueils de ce genre [4], et en 1569, elle en avait imprimé un, dont on a fait, sans preuves suffisantes, je crois, une première édition de celui d'Orsini [5]. Il est dû à Achille Estaço et dédié à Granvelle ; il contient 52 planches sans texte explicatif, ne comprenant que des bustes et des hermès. Beaucoup d'objets évidemment se retrouvent dans le second recueil, puisque les deux auteurs ont utilisé les mêmes collections. On voit qu'ils travaillaient en même temps et isolément. Mais Estaço, s'il est arrivé le premier, n'a ni la compétence ni l'étendue d'informations d'Orsini ; celui-ci ne fait même pas allusion à son prédécesseur, si ce n'est par une leçon indirecte : il déclare qu'il s'est abstenu de citer les maisons privées où se trouvent les objets reproduits, car il arrive à chaque instant que ceux-ci sont vendus ou échangés, et les renseignements deviennent alors inutiles ; Estaço avait été très prodigue de ces indications. Orsini a fait

---

1. Le petit travail d'Orsini sur les bibliothèques romaines et les bibliothécaires (*a bibliothecis*) est à la p. 102. Il a été reproduit par J.-J. Mader, dans les *De biblioth. et archivis virorum clariss. libelli*, Helmstædt, 1666, pp. 24-28 de l'éd. de 1702); les compilateurs ont toujours cru à tort que c'était un ouvrage distinct.

2. Alde y veilla; cf. lettre d'Orsini du 22 déc. 1569 (*Ambros.* E. 34, f. 12).

3. En 1559 paraissaient à Lyon les *Insignium aliquot virorum icones;* en 1565 à Bâle, *Henrici Pantaleonis Prosopographia*... (Cf. Cicognara, *Catal. di libri d'arte e d'antichità*, t. I, pp. 365-366.)

4. *Illustrium iureconsultorum imagines quae inveniri potuerunt... Ex Musaeo Marci Mantuae Benavidii Patavinii iurec. clar.* Rome, 1566. — *Onuphrii Panvinii Veronensis... XXVII pontificum max. elogia et imagines...* Rome, 1568.

5. *Inlustrium virorum ut exstant in urbe expressi vultus*, Rome, 1569, in-fol. L'opinion que c'est la première édition du recueil d'Orsini est soutenue par Visconti, dans son discours préliminaire à l'*Iconographie grecque*. Malgré l'identité de certaines planches je crois qu'il y aurait à réviser son jugement.

du reste exception pour les collections importantes : il cite les palais Capranica, Maffei, Cesi, Farnèse, la maison de Colocci, de Pomponius Laetus, de Gentile Delfini, du chanoine de Lateran Girolamo Ganimberti, la vigne et le musée du cardinal de Carpi, les jardins du cardinal Ferdinand de Médicis, les musées du cardinal Hippolyte d'Este et d'Alphonse, duc de Ferrare. Il a tiré le portrait de Térence du manuscrit de la Vaticane, et donne le profil d'Aristote d'après un bas-relief de marbre que le cardinal du Bellay avait emporté en France[1]. Il mentionne, bien entendu, sa propre collection, et chez lui comme chez les autres il accepte souvent des attributions douteuses. Quant aux reproductions, elles ne sont pas toujours exactes et l'exécution matérielle laisse à désirer. Orsini n'en a pas moins le mérite d'avoir groupé le premier avec méthode les renseignements iconographiques et d'avoir créé cette branche importante de l'archéologie figurée.

Les *Imagines* eurent un grand succès ; une édition beaucoup plus complète et plus exacte fut faite à Anvers en 1598, par le graveur Théodore Galle, qui avait travaillé à Rome d'après les originaux ; elle fut ensuite réimprimée en 1606 avec un intéressant commentaire, rédigé en partie sur les notes d'Orsini, par Jean Lefebvre (*Faber*), de Bamberg, professeur à la Sapienza[2]. J'ai parlé ailleurs de ces éditions et me permets d'y renvoyer le lecteur[3].

Le second ouvrage dans lequel Orsini mit en œuvre les monuments, fut son grand livre de numismatique, les *Familiae*

---

1. P. 56 : « Ea vero quam nos edendam curavimus Aristotelis imaginem, expressa diligenter est e tabella quadam e marmore, e Neapoli superioribus annis Romam allata, et in Galliam deinde a Ioanne Cardinali Bellaio translata ; de cuius quidem antiquitate cum alii plerique rerum antiquarum periti fidem faciunt, tum imprimis Hieronymus Ganimbertus, cuius apud me auctoritas plurimum, ut debet, valet. »

2. Gaspard Scioppius avait été désigné par Orsini, déjà vieux, pour illustrer les planches de Galle ; mais celui-ci n'ayant pu s'en charger, confia ce soin, après la mort d'Orsini, à ce Jean Lefebvre ou Fabri, *Medicinae doctor ac professor in Romana Academia*. Lefebvre a mis en latin les notes d'Orsini et compilé celles que Scioppius avait prises, alors qu'ils étudiaient ensemble les collections romaines.

3. Cf. *Les collections d'antiquités de F. Orsini*, p. 12. — Voici le titre exact des deux parties de l'édition de 1606 : ILLVSTRIVM IMAGINES, *ex antiquis marmoribus, nomismatibus, et gemmis expresse : quae extant Romae, maior pars apud Fulvium Ursinum*, EDITIO ALTERA, *aliquot imaginibus, et I. Fabri ad singula Commentario, auctior atque illustrior. Theodorus Gallaeus delineabat Romae ex Archetypis, incidebat Antverpiae CIƆ.IƆ XCIIX. Antverpiae, ex officina Plantiniana M. IƆ. VI.* — *Ioannis Fabri*

Romanae, paru en 1577[1]. Là encore il avait des précurseurs nombreux ; mais son travail était le premier à offrir un caractère assez complet et assez scientifique pour servir de base solide au développement des études [2]. « *Fulvii Ursini Familiae*, disait Scaliger, *liber divinus, ex quo multa didici* [3]. » De nombreuses gravures de monnaies consulaires, sont placées en tête des articles, qui sont rangés dans l'ordre alphabétique des familles. La dédicace au cardinal Farnèse renferme des détails historiques qui ont leur prix. Chose curieuse, Orsini commence par s'y plaindre de la décadence des études archéologiques : « Elles florissaient dans ma jeunesse, dit-il ; elles sont aujourd'hui entièrement éteintes. Il y a quelques années vivaient à Rome des savants illustres, qui, occupés de faire connaître l'antiquité, recherchaient activement les monnaies et les inscriptions, et même les interprétaient ingénieusement. Le premier, le romain Gentile Delfini étudia les médailles depuis les origines de Rome jusqu'à la mort d'Auguste, tandis qu'Achille Maffei, frère du cardinal, s'occupait des monuments de l'époque impériale. Ils ont laissé l'un et l'autre des notes fort imparfaites, il est vrai, mais qui sont du moins les fondements d'un édifice qu'on pourrait construire tel qu'ils l'ont conçu. J'ai suivi leur exemple, encouragé surtout par Delfini, protecteur de mes

---

Bambergensis, Medici Romani IN IMAGINES ILLVSTRIVM, *ex Fulvii Vrsini Bibliotheca, Antverpiae a Theodoro Gallaeo expressas*, COMMENTARIVS *ad illmum... Cynthium Aldobrandinum, Cardinalem S. Georgii... Antverpiae, ex officina Plantiniana, apud Ioannem Moretum*. CIꞮ. IꞮC. VI. In-4.

1. FAMILIAE ROMANAE QUAE REPERIVNTVR IN ANTIQVIS NVMISMATIBVS AB VRBE CONDITA AD TEMPORA DIVI AVGVSTI, EX BIBLIOTHECA FVLVI VRSINI. ADIVNCTIS FAMILIIS XXX EX LIBRO ANTONI AVGVSTINI EP. ILERDENSIS. (Ce titre est au milieu d'un frontispice gravé. Au bas :) *Romae cum privilegio curantibus heredib. Francisci Tramezini*. In-fol. 403 pp. et les index. A la fin : *Romae impensis haeredum Francisci Tramezini. Apud Iosephum de Angelis. M. D. LXXVII.*

2. Orsini avait été précédé par Goltzius en 1566. Mais c'est lui qui est considéré comme le fondateur de l'étude des monnaies consulaires. Je rappelle pour mémoire les jugements de Patin (Paris, 1663), et de Vaillant (Amsterdam, 1703), dans la préface de leurs recueils. Il suffit de citer le maître par excellence, Eckhel: « Opus [Ursini] Scaligero et Spanhemio iure dictum aureum et divinum, nimirum quale a tantae eruditionis viro debebat exspectari. Modum quem is in disponendis explicandisque familiarum nummis tenuit sedulo retinuere posteri, atque iidem pauca scitu digna attulere, quae non ante a summo viro fuissent praemansa. Vellem tamen non pauca absurda ac frivola abessent, quae praeclarum hoc opus dedecorant. » (*Doctrina nummorum veterum*, part. II, Vienne, 1795, p. 114 ; v. part. I, p. CLIV). Cf. E. Babelon, *Descript. hist. des monnaies de la rép. rom.*, Paris, 1885.

3. Il ajoutait : *Ursinus simia mea*, faisant allusion au Festus. (*Scaligerana*, éd. Colomiès. Amsterdam, 1740, t. II, p. 618.)

études ; j'ai été aidé par Antonio Agustin, le seul peut-être qui excelle en cette matière spéciale ; j'ai entrepris de faire le travail commencé par Delfini et de mettre dans l'ordre que voici les monnaies antiques. Sollicité depuis longtemps par mes amis et ne pouvant leur faire attendre davantage ce livre, j'ai rédigé en quelques mois, et malgré ma mauvaise santé, l'explication des médailles et les notes sur les familles ; j'y ai joint un commentaire d'Agustin, que ses importantes occupations l'ont empêché d'achever, mais qu'il m'a envoyé cependant pour être publié en même temps que mon travail. » Orsini termine en rappelant les richesses archéologiques accumulées dans le palais Farnèse, le plus magnifique de Rome (*quibus aedibus in Urbe nullae nec structura magnificentiores nec bibliothecis, omnisque antiquitatis suppellectile ornatiores*) ; il supplie le cardinal de continuer à favoriser les études et de prendre résolument le rôle presque abandonné de protecteur de l'antiquité [1].

Avec son *Festus*, Orsini rencontrait encore les travaux d'Agustin, qui avait donné en 1559 une édition du fragment farnésien, tiré de la bibliothèque du cardinal Ranuccio [2]. La réimpression d'Orsini devait d'abord avoir lieu chez les Giunta à Florence et Vettori s'en était occupé activement [3] ; le travail fut même poussé fort loin, mais Orsini, mécontent des incorrections et du manque de docilité des typographes florentins, se décida pour Rome et l'imprimerie de Giorgio Ferrari [4]. La publica-

---

1. On ne peut pas oublier de rappeler la belle édition des *Familiae* donnée avec additions par Charles Patin (Paris, 1663, in-fol.). Il y a à Milan, à la bibliothèque de Brera (*AD. XI*, 49, 2), un petit travail ms. d'Albert Haller sur cette édition.

2. A Venise, chez Bonelli (avec les fragm. de Verrius Flaccus).

3. Il y a des renseignements sur la publication du Festus dans les lettres d'Orsini à Pinelli (*Ambros. D.* 423) : 17 déc. 1579 (annonce du travail); 29 janv. 1580 : « Il fragmento di Festo è quell'istesso di che fà mentione il Politiano nelle centurie et che monsig. Ant. Augustino nel stamparlo fece molti errori lui, et diede causa di farne molti al Scaligero. Hora ristampandosi s'haverà notitia di più di mille luoghi belli d'eruditione, etc. ; » 28 janv. 1581 (Vettori vient d'envoyer à Orsini les premières feuilles imprimées à Florence) ; 24 juin (le *Festus* est plein de fautes ; Orsini n'y veut pas mettre son nom, quoi qu'en pense Vettori) ; 16 sept. (on le réimprime à Rome, les Giunta n'ayant pas tenu compte des observations). Je ne sache pas qu'on ait signalé cet essai d'impression chez les Giunta. Cf. le travail sur les lettres d'Orsini, que je vais publier d'après les originaux du British Museum ; la question y sera traitée en détail.

4. SEX. POMPEI FESTI *de verborum significatione fragmentum, ex vetustissimo exemplari bibliothecae Farnesianae descriptum. Permissu superiorum. Impressum Romae apud Georgium Ferrarium. M. D. LXXXI.* Immédiatement au dos et sans titre commence le fragment : *mutum dicimus*... P. 166 est le

tion comprend trois parties : 1° le fragment farnésien ; 2° *Schedae quae Festi fragmento detractae apud Pomponium Laetum exstabant* ; 3° des notes. Orsini n'a mis son nom nulle part, sauf au titre de la seconde partie, où on lit : *ex bibliotheca Fulvi Ursini*. On ne reconnaît l'éditeur que dans la préface, quand il parle des livres des Farnèse qui lui sont confiés. Il rappelle l'édition d'Agustin, publiée « opera Caroli Sigonii [1], » mais dans de trop mauvaises conditions pour être parfaite ; il ne peut s'empêcher de rendre hommage, sans le nommer, au génie de Scaliger, qui, privé de leçons de manuscrit, a apporté cependant tant de lumière au texte de Festus [2]. Il explique l'intérêt qu'il a trouvé à reproduire à son tour le fragment avec une correction plus grande, et à en donner comme un fac-similé, une page de l'édition correspondant exactement à une colonne du manuscrit. Les morceaux échappés au feu de chaque colonne paire sont accompagnés de restitutions imprimées en italiques. En publiant les *schedae*, Orsini n'a pas reconnu qu'elles correspondent exactement à des quaternions détachés autrefois du manuscrit farnésien ; personne, il est vrai, ne s'en est aperçu avant Otfried Müller. Malgré cette inadvertance et un index défectueux, le texte d'Orsini a été fait avec soin et a été la base, comme on sait, de tous les travaux postérieurs [3].

---

titre des *Schedae*, qui s'arrêtent à la p. 196. Puis vient sur une page le titre : *Notae in Sex. Pompei Festi fragmentum schedas et epitomam ;* au verso commence la petite préface non signée ; puis les notes, l'index et les *errata ;* cette partie n'a aucune pagination. A la fin : *Romae, apud Vincentium Accoltum, M. D. LXXXII.* In-8.

1. Sur la part prise par Sigonio à l'édition, v. les lettres d'Augustin.
2. « Quam quidem editionem doctissimi viri postea secuti tam multa in ea restituerunt, ut ex iis quae Lutetiae vulgarunt [1575], intelligi facile possit quid facturi fuissent si emendatiorem codicem nacti essent. » — Voici par contre l'opinion de Scaliger sur le *Festus* d'Orsini. Dans *Yvo Villiomarus in locos controversos Rob. Titii*, il prétend que l'édition d'Orsini n'a fait que copier la sienne, et qu'on pourrait les confondre si Orsini n'avait pas eu soin d'y ôter le nom. Dans ses lettres intimes, Scaliger écrit à Dupuy : « C'est toujours le mien, sauf quelque peu de ses devinations, lesquelles il a entremeslé parmi les miennes, pour déguiser mon labeur et se l'attribuer. Aux annotations il y a faict de mesmes. Bref, il se fait très bien aider *di travaigli di Huguenoti et Tramontani*, sans les nommer toutesfois. Je suis bien aise que ce peu que je fais soit si bon, que nos adversaires mesmes s'en servent. » (Poitiers, 21 juin 1582 ; dans les *Lettres françaises inédites de Joseph Scaliger*, p. p. Ph. Tamizey de Larroque, Agen et Paris, 1881, p. 123.) Le jugement de l'irascible Scaliger est plus partial que ne le croit le savant éditeur. Son génie même a pu lui nuire. Avec une édition fautive sous les yeux, il a deviné quelques leçons du ms. Farnèse ; Orsini, imprimant le texte même du ms., ne s'est pas cru obligé de citer ces heureuses conjectures. *Inde irae*.
3. Il a été reproduit par Emile Egger dans *M. Verrii Flacci fragm. post*

En même temps que le *Festus* se publiait à Rome, Orsini faisait imprimer deux autres ouvrages chez Plantin. Ils étaient prêts l'un et l'autre depuis longtemps [1]; les guerres de Flandre avaient empêché Plantin de s'en occuper plus tôt. Les Notes sur les œuvres complètes de Cicéron, dont une partie avait déjà paru en 1579 [2], furent données entières au public en 1581 [3]. Orsini fait de nombreux emprunts à ses manuscrits et à ses inscriptions. C'est peut-être celui de ses ouvrages où l'on voit le mieux à quel point il était peu porté à quoi que ce soit qui ressemblât au plagiat. Il cite à chaque page et plusieurs fois par page les conjectures et les observations de ses amis, Faerno, Bagatto, Agustin, Chacon, et très souvent même celles d'amis qu'il ne nomme pas (*amicus quidam doctissimus*). Il cite jusqu'aux annotations marginales anonymes des livres de sa bibliothèque. C'est une habitude constante dans tous les ouvrages de notre savant; partout il se montre préoccupé jusqu'au scrupule de ne s'attribuer rien qui ne soit bien à lui. Il y a des parties entières où il ne fait que recueillir l'opinion d'autrui, s'effaçant modestement et suffisamment satisfait d'apporter de nouvelles lumières, sans réclamer pour lui-même le moindre mérite.

Le *De Legationibus*, qui parut l'année suivante (1582), lui avait été fourni par Antonio Agustin [4]. « L'archevêque de Tarragone », dit Orsini dans sa lettre-préface à Granvelle, « le vengeur et le restaurateur de la vraie science, m'a envoyé, il y a quelques années, des fragments de Polybe intitulés περὶ πρεσβειῶν et réunis

---

edit. Aug...*S. Pompeii Festi fragmentum ad fid. Urs. exemplaris*... Paris, 1838. Je reviens plus loin sur la question de Festus à propos des mss. possédés par Orsini; v. l'index.

1. Orsini à Pinelli : « Io ho condotto a fine le mie emendationi sopra tutte le opre di Cicerone, e resta solo che'l Plantino si possa rihavere da queste disgratie per poterle stamparle. » (26 fév. 1577 ; *Ambros.* D. 423.)

2. Avec l'édition du *De officiis, de amicitia*, etc., parue chez Plantin. Réimpression dans l'éd. de 1586.

3. FVLVII VRSINI IN OMNIA OPERA CICERONIS NOTAE. *Antverpiae, Ex officina Christophori Plantini, Architypographi Regii.* M. D. LXXXI. In-8.

. ΕΚ ΤΩΝ ΠΟΛΥΒΙΟΥ ΤΟΥ ΜΕΓΑΛΟΠΟΛΙΤΟΥ ΕΚΛΟΓΑΙ ΠΕΡΙ ΠΡΕΣΒΕΙΩΝ. EX LIBRIS POLYBII MEGALOPOLITANI SELECTA DE LEGATIONIBVS; *Et alia quae sequenti pagina indicantur, nunc primum in lucem edita.* EX BIBLIOTHECA FVLVI VRSINI. *Antverpiae, ex officina Christophori Plantini.* M. D. LXXXII. (Au dos :) *Fragmenta ex historiis quae non extant : Dionysii Halicarnassei. Diodori Siculi. Appiani Alexandrini. Dionys. Cassii Nicaei de legationibus. Dionys. lib. LXXIX et LXXX imperfectus. Emendationes in Polybium impressum Basileae per Ioannem Hervagium anno* M. D. XXIX. (V. plus haut, p. 19, un fragment de la dédicace.)

par un certain Jean de Constantinople, qui avait classé l'antiquité romaine en chapitres et en lieux communs. Je les avais reçus pour corriger les innombrables fautes qui en corrompaient le texte, et en faire part, si je le jugeais bon, au public savant. Autant que mes nombreuses occupations me l'ont permis, j'ai lu l'ouvrage avec attention et, suivant mes faibles forces, je me suis efforcé de le remettre en bon état. » M. Ernest Schulze a fait le classement des manuscrits de cet important recueil, et Charles Graux a contribué à en éclaircir l'histoire [1]. L'unique exemplaire, d'où dérivent tous les autres, est le fameux manuscrit de Juan Paez de Castro, qui contenait le vingt-septième livre de la grande compilation historique de Constantin Porphyrogénète, et qui périt dans l'incendie de l'Escurial, en 1671. Dès 1566, Agustin avait connaissance du trésor que possédait Paez; en 1574, il en faisait prendre copie par son scribe ordinaire, André Darmarius, et il écrivait à Orsini au mois de septembre : « En un certain lieu d'Espagne, on a trouvé un livre grec, où sont de très beaux fragments d'historiens antiques; j'en ai une bonne part en main; on achève de me copier le reste. Ce seraient autant de perles, de rubis ou de diamants que je les estimerais moins [2]. » Orsini, alléché, demande à les voir, et Agustin, avec un désintéressement méritoire, lui envoie aussitôt ces précieux textes, l'autorisant même à les donner à l'impression [3]. Bien qu'il ait

1. Schulze, *De excerptis Constantinianis quaestiones criticae*, Bonn, 1866; Graux, *Essai sur les origines du fonds grec de l'Escurial*, Paris, 1880; particulièrement les pp. 93-97.
2. A. *Augustini opera omnia*, Lucques, 8 vol. in-fol., 1765-1774 ; t. VII, p. 256 (de Lérida, 26 sept. 1574).
3. Orsini à Pinelli, 14 janvier 1575 : « Monsr Antonio Agostino serà fra pochi giorni in Roma, chiamato per un breve di N. S^{re} et mi portarà il restante di un libro grecho, del quale ho la maggior parte già in mano. L'argumento del libro è questo : a tempo di Constantino Porphyrogeneta fù divisa la historia Romana in LIII luoghi communi : questo era il XVII, che trattava *de legationibus*... Et in somma io lo stimo un thesoro. Ho scritto a Plantino... » (*Ambros. D.* 422.) Le 9 avril nous apprenons que le départ d'Agustin a été retardé, mais qu'il a envoyé le reste du recueil, avec ses corections personnelles. Enfin, dans une lettre du 24 juin 1581, Orsini expose avec détail la manière dont il conçoit sa publication : il ne veut donner que de l'inédit et il joindra les fragments des livres LXXIX et LXXX de Dion, tirés de sa collection (cf. n° 1 de son Inventaire). Le 6 juin, Plantin écrivait qu'il attendait de jour en jour la commodité de se mettre aux « fragments grecs » (Orsini à Pinelli, le 12 août). Au mois de mars de l'année suivante, le volume était achevé d'imprimer et l'auteur en recevait la première feuille ; il devait avoir ses exemplaires, vers le 15 juillet, dans une balle de librairie expédiée le 1er avril. (Lettres du 13 avril 1582 et du 5 mai. *Ambros. D.* 423.)

tardé dans la publication d'un ouvrage dont d'autres copies couraient en Espagne, Orsini a eu pourtant l'honneur de donner l'édition princeps ; mais le texte qui lui fut envoyé ayant été pris sur la transcription de Darmarius, copiste peu scrupuleux et peu exact, il n'y a pas lieu de s'étonner qu'il ait eu tant de corrections à faire [1]. Afin de publier ensemble une masse plus considérable d'inédit, il y joignit un important fragment de Dion Cassius d'après un manuscrit de sa bibliothèque [2].

L'année 1583 compte deux publications d'Orsini faites à Rome, l'édition d'Arnobe et Minutius Félix [3], et les notes au *De legibus et senatusconsultis* d'Agustin. L'œuvre des deux auteurs chrétiens avait déjà été donnée à Rome : « Il y a quarante ans », dit Orsini dans sa dédicace à Grégoire XIII, « le pieux écrivain Arnobe a été publié pour la première fois, d'après un texte de la Vaticane qui fourmillait de fautes et que des savants ont corrigé avec soin... Je crois, à ce propos, devoir me plaindre de la manière dont certains corrigent les auteurs. A la place de la leçon antique, ils en mettent souvent une à eux. Quand c'est pour les auteurs profanes, les honnêtes gens ont le cœur soulevé du procédé ; on le tolère cependant. Mais pour les livres qui contiennent la doctrine de salut, comment supporter qu'un critique, fût-il sagace et perspicace, rejette la leçon originale pour y substituer une leçon arbitraire ? » Pedro Chacon, espagnol d'un grand sens et fort instruit, avait remarqué dans Arnobe des erreurs de ce genre ; sur l'avis du cardinal Antonio Caraffa, qui aime beaucoup tout ce qui sert à éclaircir les auteurs sacrés, Chacon s'était mis à réunir et à reviser les textes de celui-ci. Il allait publier le livre avec d'excellentes et nombreuses corrections quand la mort l'a emporté, son œuvre presque finie. Il laissait par testament au cardinal le soin de la publier s'il le jugeait

---

1. M. Schulze signale un *Schottanus*, à chercher en Belgique ; il suppose que c'est la propre copie faite pour lui, qu'Agustin aurait donnée au P. André Schott. Ce ms. aurait la plus grande conformité avec celui dont se serait servi Orsini pour sa publication (cf. Graux, p. 96). J'imagine, pour ma part, que ce *Schottanus* pourrait être tout simplement l'exemplaire qu'Orsini prépara pour l'impression et qu'il envoya à Plantin. Le *Vat. gr.* 1418 sera décrit parmi les ms. d'Orsini.

2. On parlera plus loin de ce ms., le *Vat. gr.* 1300.

3. ARNOBII DISPVTATIONVM ADVERSVS GENTES LIBRI SEPTEM. M. MINVCII FELICIS OCTAVIVS : *Romana editio posterior et emendatior. De licentia superiorum. Romae. Ex typographia Dominici Basae. M. D. LXXXIII*. In-8. Cf. *Lettere ined. del Granvelle*, p. 26 (l. XVII).

utile ; j'ai été chargé de terminer l'édition et de la donner au public. »

Ce travail nous rappelle la part d'Orsini dans les travaux de l'érudition catholique, qui marquèrent à Rome la seconde moitié du xvie siècle [1]. Il se soumit de bon cœur et avec dévouement à collaborer assidûment aux commissions pontificales. Cela lui rapportait moins d'honneur que de fatigue. On trouve parmi les papiers de Sirleto un billet d'Orsini qui se montre accablé de besogne : « Ce matin, des neuf heures aux douze, j'ai revu des épreuves et il faudra les revoir encore aujourd'hui ; de plus, je relis mes notes et celles du P. Antonio [Agellio] à *Josué*, aux *Juges* et à *Ruth*, afin qu'on puisse transcrire sur ces trois livres celles du sieur Pierre Morin... Il faut en outre que j'aille revoir de nouveau le manuscrit du Vatican, pour beaucoup de choses qui ont été omises, que je communique cette revision à la commission, puis que je mette le texte au net pour l'imprimeur. Tout cela fait que je ne puis penser à commencer la traduction des décrets de la Réformation. Je supplie donc V. S. Illustrissime de surseoir avec le Saint-Père, jusqu'à ce que je vous aie parlé [2]. » La traduction en grec des décrets du Concile de

---

1. Cf. sur la question générale la *Bibliotheca sacra* du P. Lelong ; les *Prolegomena* de Friedberg à l'éd. de Gratien, Leipzig, 1879 ; Ch. Dejob, *De l'influence du concile de Trente...* Paris, 1884 ; P. de Nolhac, *Jacques Amyot et le Décret de Gratien*, Rome, 1885 (Extr. des *Mélanges d'arch. et d'hist.*); etc. Sur les travaux ecclésiastiques d'Orsini, il y a une lettre instructive de lui à Pinelli, écrite le 30 octobre 1582, au moment où il achevait l'Arnobe ; en voici la substance :
« L'Arnobe est fini, grâce à Dieu ; vous en aurez un exemplaire. Le cardinal Caraffa m'a dit qu'on allait imprimer Tertullien de la même manière ; c'est moi qui en serai chargé ; trouvez-moi donc à Padoue ou à Venise quelques bons mss. Le cardinal m'a fait part aussi de la résolution du Saint-Père d'imprimer la Bible grecque ; ce sera encore mon affaire. » (*Ambros. D.* 423.) Le 14 février 1583, Orsini empruntait à la Vaticane un ms. de Tertullien ; nous avons le reçu fait par lui pour Sirleto (*Vat. Reg.* 2023, f. 386.) Il y a des observations d'Orsini sur ce texte dans le *Vat.* 5398 ; mais c'est Latini qui, à Rome, s'est le plus occupé de Tertullien.

2. Ce billet se trouve dans le *Reg.* 2023, f. 393, parmi d'autres lettres d'Orsini à Sirleto et à Caraffa, se rapportant toutes au même ordre de travaux. M. Dejob l'a déjà donné (*l. c.* pp. 26 et 382) ; mais j'ai cru devoir le reproduire, ma copie et ma traduction n'étant pas entièrement conformes aux siennes :

+ Illmo et R[mo] S[r] mio Col[mo].
Questa matina dalle nove hore insino alle dodeci, sono stato intorno alla revisione d'una stampa, et hoggi me converrà rivederla di nuovo. Oltre questa diligenza, rivedo le note mie, et del padre D. Antonio sopra Iosue, Iudici et Ruth, accioche si possino sopra questi tre libri trascrivere le notatione del Sr Pietro Morino, le quali doveranno venire in mano di V. S. Illma et oltre

Trente, à laquelle Orsini fait allusion, fut confiée à Mathieu Devaris et Orsini n'eut qu'à la revoir; elle parut en 1583 [1]. Quant au travail dont il est occupé, on voit que c'est la révision de la Bible des Septante à laquelle le cardinal Caraffa l'avait préposé; le rôle considérable qu'il remplit dans cette grande édition collective, décidée depuis le règne de Pie V, est attesté par la préface au lecteur qu'il fut chargé de rédiger [2]. En dehors même d'une collaboration effective, la haute compétence d'Orsini comme helléniste lui valait de donner des conseils pour un grand nombre de publications romaines. Il vint même un temps où, la décadence des études grecques se faisant sentir à Rome comme ailleurs, l'auteur du *Virgilius illustratus* resta presque seul à le représenter.

Malgré ces excursions fréquentes et un peu obligatoires dans le domaine des sciences ecclésiastiques, Fulvio Orsini revenait bien vite à ses travaux préférés sur l'antiquité classique. Il en était de même d'Antonio Agustin. Sa première collaboration avec Orsini remontait aux *Familiae romanae*. En 1583, Orsini joignit des documents et des notes au livre sur les lois romaines

---

questa ancora, m'è necessario dar di nuovo una revisione al testo Vaticano per molte cose tralasciate, et questa revisione communicarla con la congregatione, et poi mettere in netto il texto per il stampatore. Onde per tutti questi rispetti non posso pensare, non che cominciare la traduttione delli Decreti della riformatione. Però supplico V. S. Ill.ma di soprasedere con N. S.re finche io le parli a bocca, che serà in breve. Et intanto le bacio humiliss.te la mano.

Di V. S. Ill.ma et R.ma.

Obligatiss° ser.re, *Ful° Orsino.*

1. Cf. l'index au mot Devaris.
2. Voici le titre de cette grande édition critique : Η ΠΑΛΑΙΑ ΔΙΑΘΗΚΗ ΚΑΤΑ ΤΟΥΣ ΕΒΔΟΜΗΚΟΝΤΑ... *ex auctoritate Sixti V. Pont. Max. editum.* Rome, typ. Fr. Zannetti, 1587 (privilège concédé à G. Ferrari le 9 mai). In-fol. En tête est la dédicace d'Ant. Caraffa à Sixte-Quint, puis vient la préface non signée et le bref du pape daté du 8 octobre 1586. On apprend que la préface est d'Orsini uniquement par ce qu'il dit dans sa dédicace des *Notae ad Catonem* etc., adressée au cardinal Caraffa. Le P. Lelong la croit à tort de Pierre Morin. — Sur la conduite et la valeur de l'édition, cf. Lelong, *Bibl. sacra*, Paris, 1723, t. I, pp. 187-190. Il cite, d'après une lettre de Morin et le témoignage oculaire de Michel Ghisler, le nom des autres collaborateurs de l'œuvre. Il m'a semblé intéressant de donner cette liste de savants et théologiens travaillant avec Orsini. Ce sont : Lelio [Landi], Francesco Turriano, P. Chacon, Mariano Vittorio, Antonio Agellio ; Pietro Comitolo, Roberto Bellarmino, Francesco Toledo, tous trois jésuites ; Morin, Jean Maldonat (+ 1583), Jean Liévens (Livineius), Bart. de Valverde. Sous Pie V, il y avait eu Emman. Sa, Parra, L. Latini. La collaboration de Fl. Nobili n'est bien attestée que pour l'édition de la Vulgate qui suivit (Lelong, pp. 264 sqq.) et à laquelle Orsini ne prit aucune part.

et les sénatusconsultes [1], qu'Agustin avait envoyé à Rome dès 1581 pour l'y faire imprimer [2]. La contribution d'Orsini au travail de son ami fut considérable. Il fit tirer en fac-similés typographiques, trente-cinq inscriptions ou fragments d'inscriptions, existant pour la plupart dans sa collection [3]; il les accompagna de notes importantes. Ce fut Domenico Basa, le Vénitien établi à Rome, qui imprima ce volume comme il avait imprimé l'Arnobe; il fut dès l'année suivante reproduit en France [4].

Un recueil fort curieux et d'une composition assez bizarre, qui parut en 1587, mérite quelques détails [5]. Orsini raconte dans sa préface adressée au cardinal Caraffa, comment il l'a composé. Alors qu'il travaillait à la Bible grecque chez le cardinal, en compagnie de Pedro Chacon [6], afin de se reposer d'une étude par une autre, les deux amis terminaient leurs discussions sur le texte des Septante par l'examen de quelques passages des au-

1. ANTONII AVGVSTINI ARCHIEPISCOPI TARRACONENSIS DE LEGIBVS ET SENATVS CONSVLTIS LIBER. *Adiunctis legum antiquarum et Senatusconsultorum fragmentis, cum notis* FVLVI VRSINI. *Romae, Ex Typographia Dominici Basae, CIƆ. IƆ. XXCIII. De licentia superiorum.* In-8, 8 ff., prél. 339 pp. du texte d'Agustin, 54 pp. numérotées séparément, avec titre spécial, pour les notes d'Orsini, enfin 10 planches contenant 35 inscriptions ou fragments.

2. Lettre-préface d'Agustin à Orsini : « Proximis tuis litteris intellexi esse Romae qui cupiant in vulgus edi quas amico nostro Pyrrho Taro I. C. legendas istic dederam nostras de legibus... lucubrationes... Illud Pyrrhi nostri exemplar Bononiae cum essem scripsi ; hoc alterum, quod nunc mitto, post octo aut novem annos Romae inchoaveram... » Orsini à Pinelli : « Monsr. Antº. Augº. m' ha scritto et ha mandato qua un suo volume *De legibus et senatusconsultis* da stamparsi in Roma a sue spese, bellissimo libro et pieno d'antichità; piacerà a V. S. (18 mars 1581 ; *Ambros. D.* 423.)

3. Cf. *Les collect. d'antiq. de F. Orsini*, pp. 43-45 (*Inscr.* n°s 1 à 14 et 19.)

4. Cette contrefaçon est in-folio, infiniment plus belle que l'édition romaine ; elle porte à la fin du titre précédent l'adjonction suivante : *multo quam antea emendatius, additis etiam locorum quorundam notis, cum duobus indicibus locupletissimis. Adiectus est Iusti Lipsii libellus de legibus regiis et XViralibus. Parisiis, apud Ioannem Richerium... MD. XCIV. Cum privilegio regis.* La préface du libraire est curieuse, et fort honorable pour Agustin et Orsini ; il raconte qu'étant entré dans la bibliothèque d'un conseiller au Parlement (qui pourrait être Dupuy), il y a vu ce livre récemment arrivé de Rome, et qu'il en a été tellement enthousiasmé, qu'il l'a emprunté sur l'heure et s'est mis à l'imprimer. Cette préface est datée du 15 juin 1584. A propos des jugements portés sur le livre, cf. *Mélanges Graux*, p. 401. (Nolhac, *Lettres inéd. de Muret.*)

5. NOTAE AD M. CATONEM M. VARRONEM L. COLVMELLAM *de re rustica. Ad Kalend. Rusticum Farnesianum et veteres inscriptiones Fratrum Arvalium.* IVNIVS PHILARGYRIVS *in Bucolica et Georgica Virgilii. Notae ad Servium in Bucol. Georg. et Aeneid. Virg.* VELIVS LONGVS *de orthographia. Ex bibliotheca Fulvi Ursini. Romae in aedib.* S. P. Q. R. MDLXXXVII. *Apud Georgium Ferrarium. Permissu superiorum.* In-8.

6. Et Flaminio Nobili, dit Castiglione, p. 557.

teurs païens. Ils s'étaient occupés spécialement du *De re rustica* de Varron, et avaient rédigé sous forme d'*adversaria* le résultat de leurs conjectures et de leurs collations de manuscrits. C'est ce travail commun qu'Orsini a remanié et offert au public. Il y a réuni des observations sur Caton et Columelle, provenant en partie de Giambattista Sighicelli. Pour mettre ensemble tout ce qu'il avait sur les matières d'agriculture, Orsini a ajouté des notes sur le calendrier rustique de la collection Farnèse, sur les inscriptions des Frères Arvales[1], et sur la partie du commentaire de Servius relative aux *Bucoliques* et aux *Géorgiques*[2]. Toute occasion étant bonne d'être utile aux gens studieux, Orsini a joint le *De Orthographia* de Velius Longus, corrigé avec soin; mais, dit-il, ce qui forme la partie principale de son recueil, c'est le commentaire de Junius Philargyrius sur les *Bucoliques* et les *Géorgiques*, qu'il a découvert inséré dans un manuscrit de Servius et qu'il donne pour la première fois[3]. Le motif véritable de la publication est même, de l'aveu d'Orsini, ce dernier document dont les savants français lui ont demandé avec instance communication[4].

En 1588, Orsini rendait un nouvel hommage à la mémoire de son ami Chacon en publiant la dissertation qu'il avait laissée sur la manière dont les anciens se mettaient à table et sur les repas

---

1. Le calendrier Farnèse est lui-même publié aux pp. 194-199, et les dix-neuf fragments des Arvales aux pp. 213-223; cf. plus haut, p. 35.
2. Il y a aussi quelques corrections sur le commentaire de l'*Énéide*. Sur les mss. de Servius qu'Orsini a utilisés et qu'il désigne par *v. c.* ou *vv. cc.*; voir l'index du présent volume, et la p. 284 de son recueil.
3. Ce ne sont, dit-il, que des extraits du commentaire plus complet de Philargyrius : « quae [excerpta] cum ego primum legissem inserta fragmento vetustissimo Serviano (quod olim mihi litteris Longobardicis exaratum dono dederat Paulus Manutius favente Aldo filio) nullius autem interposito nomine auctoris discreta, sed a Servianis expositionibus tantum his notis disiuncta et *aliter* (qua formula, id est καὶ ἄλλως, utuntur etiam Graeci ad indicandas expositionum varietates), suspicatus aliquando sum, id quod erat, ea scripta non esse supplementum ad Servium, ut multi opinabantur, sed additamentum potius quoddam ad eius commentarium. Quae cum repererim deinde in margine codicis Virgiliani, quem item domi habeo, exscripta manu Angeli Politiani, et quidem diserte sub nomine Iunii Philargyrii, illam dubitationem penitus sustulerunt, eoque magis quod idem Politianus hunc ipsum scriptorem sub hoc titulo non solum exscripsit et agnovit, sed in suis etiam *Miscellaneis* [1489] nominavit. » — Le fragment de Servius en écriture lombarde ne peut être que le n° 27 des mss. latins de l'Inventaire d'Orsini (auj. *Vat.* 3317), et le Virgile annoté par Politien, l'imprimé latin n° 1 du même inventaire. Nous retrouverons ces deux volumes à leur place dans l'étude de la Bibliothèque.
4. Cf. l'index au mot *Philargyrius* et l'Appendice III.

dans l'antiquité[1]. Le *De triclinio* est précédé, dans l'édition originale, d'une longue dédicace d'Orsini à Sixte-Quint, consacrée en partie à plaider la cause des travaux sur l'antiquité païenne, au milieu du courant qui se manifestait alors si fortement en faveur des travaux sacrés. Il semble qu'au milieu des préoccupations nouvelles de la curie romaine et des savants, Orsini veuille faire excuser ses chères études, en les rattachant à la religion. La question du *Triclinium*, dit-il, comme exemple, n'a-t-elle pas son importance pour éclaircir certains textes de l'Écriture? Orsini apprend ensuite que le travail de Chacon était demeuré incomplet et qu'on le publie sur l'avis du cardinal Caraffa, aux mains de qui le manuscrit est resté. L'appendice d'Orsini est plus considérable que le livre lui-même et fournit comme celui-ci une abondante collection de textes grecs et latins et même quelques gravures sur bois[2]. Il est dédié au cardinal Peretti, neveu du pape, en témoignage de l'estime qu'Orsini a été heureux de constater chez lui pour les études antiques.

La dernière publication d'Orsini (je ne compte pas les réimpressions, ni la nouvelle édition des *Imagines*) nous montre encore une fois son nom uni à celui de son ami Agustin[3]. Celui-ci était mort en 1586 et Orsini l'avait pleuré publiquement dans sa préface aux *Notae ad Catonem*. Il fit paraître à Anvers, en 1595, les fragments des anciens historiens romains, à commencer par Fabius Pictor, qui avaient été recueillis et mis en ordre par Agustin. Mais la partie la plus considérable de ce gros volume comprend les notes d'Orsini sur les historiens romains, qui ont été si souvent réimprimées ou utilisées dans les éditions isolées de chacun d'eux. Comme toujours, il appuie sans cesse ses leçons ou ses observations sur des inscriptions, des médailles, etc.

---

1. PETRVS CIACCONIVS TOLETANVS *de triclinio Romano*, FVLVI VRSINI *appendix*. Romae, in aedibus S. P. Q. R. M.D.LXXXVIII. Apud Georgium Ferrarium. In-8. L'appendice commence à la p. 53; le livre entier a 192 pages, plus les préfaces et les index.
2. Un bas-relief provenant des Farnèse, celui de la page 123, est au musée de Naples. A la p. 66, Orsini mentionne la clochette de bains qu'on trouve à la fin de l'inventaire de ses collections (*Coll. d'ant.*, p. 93; p. 165 du ms.); il nous apprend ici qu'elle fut trouvée en 1548 aux Thermes de Dioclétien.
3. FRAGMENTA HISTORICORVM COLLECTA AB ANTONIO AVGVSTIÑO, *emendata a Fulvio Ursino*. FVLVI VRSINI NOTAE *Ad Sallustium, Caesarem, Livium, Vellium, Ad Tacitum, Suetonium, Spartianum et alios*. Antverpiae, ex officina Plantiniana, apud viduam et Ioannem Moretum M.D.XCV. In-8. (Le privilège est daté d'Anvers, 15 février.) La moitié du volume est consacrée à César. Contrairement aux habitudes d'Orsini, il n'y a ni tables ni index.

Comme toujours aussi, il cite le témoignage de ses amis[1]. Au verso du titre il y a même une note bien apparente indiquant les principaux érudits qui ont pris part aux corrections et annotations publiées dans le livre : Orsini y compte Agustin, Bagatto, Faerno, Pedro Chacon, Muret et Latini. Ce ne fut pas sans tristesse qu'il dut envoyer à l'impression cette liste de ses confrères : tous étaient morts.

A cette dernière publication d'Orsini se rattache l'accusation de plagiat qu'on a fait peser sur sa mémoire et qui n'a jamais été discutée. Il est utile de voir de près sur quoi elle repose. Disons d'abord que les compilateurs qui ont invoqué, après Teissier[2], le témoignage de Casaubon, ont montré qu'ils ne l'avaient pas lu; Casaubon a reproché à Orsini d'être mal informé des travaux des philologues étrangers à l'Italie et de refaire des observations qu'ils avaient déjà faites; mais son texte ne comporte pas la nature d'ironie qu'on lui prête[3]. Il y a un fait plus grave et que Thomasius s'est empressé d'accueillir et de mettre en lumière dans son traité *De plagio*[4]. Orsini se serait approprié sans rien dire, dans son recueil relatif aux historiens latins, les notes de Pedro Chacon sur César. Jean Brant, d'Anvers, ayant reçu le manuscrit de Chacon rapporté de Rome par André Schott, l'a publié à Francfort en 1606; il a reproduit aussi les notes de Fulvio, mais en distinguant nettement la part de chacun des deux savants[5]. Schott lui-même affirme, dans sa petite biographie de Chacon, que celui-ci a fait des annotations à César;

---

1. P. 415, Orsini signale un ms. de Velleius Paterculus portant des leçons de la main de Bernardino Rutilio.

2. *Eloges des hommes savans...* t. IV, p. 365. Niceron a parlé des plaintes de Scaliger, *Mémoires pour servir à l'hist. des hommes illustres*, t. XXIV, Paris, 1733, p. 350; il a été copié par Millin. Niceron n'a du reste rien ajouté à la biographie d'Orsini.

3. Voici tout le passage; il s'agit des *Fragmenta historicorum*, que Casaubon remercie Bongars de lui avoir envoyés : « Ego iam per annum integrum et amplius cruciabar exspectatione eius libri : noram enim ante quadriennium fere missum fuisse ab Ursino ad Plantinianos; beasti igitur me et sane iuvabunt me nonnihil notae Ursini, etsi de Italis hodie quod sit meum iudicium non exspectas. Ursinus quidem doctissimus vir est, et de literis si quis alius optime meritus. Sed ego miror eum toties nostras Transalpinorum ignorare : emendat enim fere ea tantum, quae pridem sunt Turnebo aliisque Transalpinis, ut ipsi appellant, animadversa. » (*Isaaci Casauboni epistolae... curante Th. Janson ab Almeloveen*, Rotterdam, 1709.) La lettre, qui est de 1595, est datée du 20 mai 1594 (?).

4. *Dissert. philosophica de plagio literario... sub praesidio D. Iacobi Thomasii.*, Leipzig, Christoph. Enoch [1673], §§ 583-584.

5. *C. Iulii Caesaris quae exstant... editio adornata opera et studio Gothofredi Iungermanni Lipsiensis*, Francfort, 1606, in-4. Les notes de Rhel-

toutefois il n'adresse aucun reproche direct à Orsini, qu'il énumère parmi les amis du savant espagnol [1]. Brant, moins réservé rapproche le cas d'Orsini de celui d'Alde le jeune, qui s'était attribué impudemment les notes sur César de l'Allemand Jean Rhellicanus.

Il n'y a pourtant, à y regarder de près, aucune analogie à établir. Il est faux de dire qu'Orsini a pris le travail de son ami, *tacito Ciaconii nomine parum verecunde*, puisqu'il a fait précisément figurer Chacon dans la liste préliminaire des six érudits qui lui ont servi. L'auteur paye ainsi en une fois une dette qu'il eût été sans doute dans l'impuissance de reconnaitre en détail. Nous savons en effet, par la préface des *Notae ad Catonem*, que Chacon et Orsini travaillaient en commun sur le même texte [2]; ils rédigeaient leurs *adversaria* sans distinguer ce qui appartenait à l'un ou à l'autre, et cette distinction, souvent impossible sur le moment, le devenait plus encore après dix ou quinze années. Il est même probable que, dans la copie gardée par Chacon et retrouvée par Schott après la mort d'Orsini, une partie des notes appartient à celui-ci ; en le publiant sous le nom de Chacon seul, les deux Flamands ont dû commettre plus d'un vol inconscient au préjudice d'Orsini. Ainsi tombe, croyons-nous, cette accusation, contre laquelle protestaient déjà le caractère du savant romain, son zèle pour la gloire posthume de ses amis et de Chacon en particulier, enfin les habitudes d'esprit dont tous ses livres témoignent.

En résumé, de toutes les œuvres échelonnées le long de la vie de Fulvio Orsini, aucune n'a été tout à fait inutile ; plusieurs ont ouvert à la science des voies nouvelles. Elles valurent à leur auteur une renommée considérable dans toute l'Europe. Ses précieuses collections et sa bibliothèque ne firent pas moins pour sa gloire. Comme elles comptaient parmi les curiosités de

---

licanus, Glareanus et de tous les commentateurs du XVIe siècle jusqu'à Brant ont une pagination spéciale ; c'est à la p. 427, qu'il faut chercher l'accusation de Brant en tête de ses *Notae politicae*. Les notes d'Orsini occupent les pp. 231-261, celles de Chacon les pp. 265-337.

1. Pages 262-265. Cette vie anonyme, reproduite avec modification dans *Hispaniae bibliotheca*, est attribuée ici au P. Schott par la préface de Jungermann. Schott mentionne Chacon comme l'éditeur d'Arnobe sans nommer Orsini ; mais ce qui est plus curieux, c'est qu'il fait également du savant espagnol l'auteur du *Festus* (attribué par erreur à l'année 1589) et ne semble mentionner Orsini que comme éditeur d'un travail de Chacon. Il y a évidemment chez lui la préoccupation de grossir l'œuvre de son personnage.

2. Cf. plus haut, pp. 46, 51 et 52.

Rome, aucun étranger instruit et homme de goût n'aurait voulu partir sans avoir visité le *studio* d'Orsini [1]. Beaucoup le prenaient pour guide dans les autres collections ou pour la visite des monuments romains. Orsini faisait accueil à tous les gens d'étude, même quand ils lui arrivaient, comme Jacques Bongars, sans recommandation aucune [2]. La réception devait être, il est vrai, plus cordiale quand le voyageur lui était envoyé par un de ses nombreux amis. Sambucus de Vienne, par exemple, adressait en 1564 à Orsini un jeune homme nommé Philippe Apianus, fils du médecin honoré par Charles-Quint, avec prière instante de lui ouvrir les collections Farnèse et de le guider dans ses études à Rome : « Amabo te... doctissime Fulvi, da operam videat bibliothecam vestram, videat antiquitates; commendatione tua quod dignum inspectione atque perpetuo sermone dignum putas istic observet, si qui libri aut manu factae demonstrationes mathematicae sunt ostendas [3]. » Le jeune homme fut sans doute bien accueilli, car la recommandation de Sambucus était précieuse pour notre Fulvio ; mais, dans la suite, les faits de ce genre se multiplièrent au point de lui faire perdre beaucoup de temps. Il s'en plaignait surtout quand il s'agissait de montrer des tableaux ou des antiquités à des profanes ; il confiait sa mauvaise humeur à Pinelli : « Je déteste ces étrangers qui n'entendent rien à la peinture, rien aux livres ni aux statues, et qui me font perdre mon temps à les leur montrer ou à leur faire visiter les curiosités de Rome, comme si j'étais l'homme le moins occupé de la terre [4]. »

Tous les « forestieri » de distinction, venant à Rome, entamaient avec Fulvio Orsini des relations, qui plus d'une fois se

---

1. Ce terme, fort usité au XVIe siècle, comprenait les musées de tableaux, de statues, de manuscrits, de médailles et d'armes historiques. Cf. P.-G. Molmenti, *La vie privée à Venise*, p. 266 de la trad. franç. Venise, 1882. On peut le traduire, faute de mieux, par le mot de *cabinet*.
2. V. la lettre de Bongars, n° III de l'Appendice III ; elle est certainement de 1586. M. Hagen place vers l'an 1580 le premier voyage de Bongars à Rome ; il y retourna en 1585 ; alors protestant déclaré, il est probable qu'il fut moins bien reçu.
3. *Vat.* 4103, f. 44.
4. « E ben vero che io horamai abhorrisco certi humoristi che, senza cognitione d'historia o doctrina alcuna antica, m'importunano alle volte come ancora certi forastieri, che non intendono ne artificio di pitture, ne antichità di libri o statue, me consumano in mostrarli, o farli vedere le cose di Roma, che sono una chaos, et se ne vengono alla volta mia come io fosse lo piu sfaccendato huomo del mondo ; questi tali sò che alcuni partono mal sodisfatti. » (Orsini à Pinelli, 16 juin 1582 ; *Ambros. D.* 423.)

changèrent en amitié. On en trouve les témoignages dans sa correspondance latine[1], et dans plus d'un livre imprimé du XVIe siècle. Je me borne à indiquer ici ses principales liaisons.

Aux Pays-Bas, Orsini compta trois amis sincères : Juste Lipse, Charles Lange et Liévin van der Becke (*Laevinus Torrentius*), qui mourut archevêque de Malines. Lipse avait connu Orsini à Rome, alors qu'il était lui-même secrétaire de Granvelle ; il le voyait sans cesse et s'instruisait auprès de lui ; il avoue que c'est la conversation d'Orsini, jointe à la vue des monuments qu'elle interprétait, qui développa en lui le goût des études antiques[2] ; cette part dans la formation de Juste Lipse n'est pas un des moindres services qu'Orsini ait rendus à la science. Toutefois, malgré la reconnaissance que le savant flamand gardait pour son initiateur, il ne paraît pas lui avoir écrit régulièrement ; je ne connais de lui que deux lettres à Orsini, l'une de 1570, l'autre de 1597[3].

Charles Lange (*Langius*) ne vint pas à Rome, et c'est probablement par Lipse qu'Orsini le connut ; leur passion commune pour la numismatique en fit bien vite des amis. Orsini passait pour le premier numismate de l'Europe et Lange l'admirait comme tel. Leur correspondance roulait presque entièrement sur les médailles antiques. Lange renseignait Orsini sur ce qu'il achetait à Liège ou dans les environs et sur la concurrence des marchands allemands ; il lui envoyait des légendes dont il lui demandait l'explication, lui faisait des dons ou lui proposait des échanges, etc.[4]. C'était Liévin van der Becke qui, dans ses voyages à Rome, transmettait les commissions des deux savants.

---

1. V. particulièrement le *Vat.* 4103. J'ai réuni quelques spécimens dans l'Appendice IV.

2. Cf. la lettre de Lipse de 1570 (n° II de l'Appendice IV) et Castiglione, *Vita Urs.*, p. 559 : « [Cum] Fulvius apud eum cardinalem interdum seu pranderet seu cenaret, is [Lipsius] pincernae munus Fulvio libens praestabat. » On constate les rapports d'Orsini avec Lipse dans la correspondance entre celui-ci et Francesco Benci (Burmann, *Sylloges epistolarum*, t. I, Leyde, 1727, pp. 70 et 75 ; lettres de 1590-92), et dans une lettre du cardinal Francesco Sforza. (*Syll. epist.*, t. I, p. 39 ; lettre de 1598.) Le 5 sept. 1573, sur une fausse nouvelle, Orsini écrivait à Pinelli : « Son avvisato di Fiandra ch'el Iusto Lipsio è morto, cosa che mi dispiace grandemente per le correttioni ch'egli aveva nel Tacito che disegnava di stampare. » (*Ambros.* D. 422.)

3. Celle-ci dans les *Opera omnia*, Anvers, 1637, in-fol. p. 293 (Lovanii, XVI Kal. Iunias 1597.)

4. Voir quatre lettres latines de Lange, *Vat.* 4104, ff. 43, 56, 60 et 116. La dernière est datée du 13 avril 1573. Celle du f. 56 est imprimée à l'Appendice IV, n° III.

Il était lui-même un numismate aussi passionné qu'eux[1]. Après la mort de Lange, Orsini se montra fort préoccupé, au milieu des troubles du pays, du sort de ses collections, et surtout de sa bibliothèque, la plus belle des Pays-Bas[2]. Il apprit avec joie que Liévin avait acquis le tout et il en reçut même quelques objets ; il manifesta aussi le désir de posséder le portrait de l'ami qu'il n'avait pas connu et Liévin le fit exécuter pour lui[3].

A Anvers, Orsini eut des rapports suivis avec Plantin et plusieurs des savants de la maison, à commencer par Geraart Falkenburg en 1567, pour finir en 1600 par André Schott[4]. Orsini

---

1. Les lettres de Van der Becke à Orsini, que celui-ci a conservées, sont les suivantes : *Vat.* 4105 (en italien), f. 51, Liège, 14 nov. 1573 ; f. 49, Liège, 2 janv. 1574 ; f. 53, Bruxelles, 22 avril 1577 ; *Vat.* 4103, f. 58, Leod. X Kal. octob. 1581 ; f. 96, Leod. VI Kal. sept. 1583. Dans la lettre de 1581, Van der Becke envoie à Orsini ses poèmes réédités par Plantin, en le priant d'en remettre un exemplaire à Sirleto et un autre à Gambara ; dans celle de 1583, il demande à Orsini de ne pas l'oublier, de lui envoyer copie de ce qu'on trouverait d'inédit en fait de textes anciens, etc. — J'ai noté deux lettres du même personnage dans la correspondance de Sirleto : *Vat.* 6191, part. II, f. 626, Leod. Idib. nov. 1573 ; *Vat.* 6195, part. I, 255, Leod. VIII Kal. sept. 1583. — Dans les lettres de 1573 à Sirleto et à Orsini, Van der Becke recommande un livre de son neveu Jean Lievens (Livineius) ; celui-ci écrit *Ursinus noster* (*Syll. epist.*, t. I, p. 637) et son séjour à Rome l'a certainement lié avec Orsini.

2. Cf. les lettres d'Orsini à Pinelli, *Ambros. D. 422 inf.* 29 août 1573, 2 janv. 1574.

3. La lettre, qui est celle du 14 nov. 1573, vaut la peine d'être transcrite : « Il studio del sig.r Langio sta ancora in quelli medesimi termini che prima. Il sig.r dottor Arias Montanus desiderava ogni cosa insieme, tanto le medaglie che li libri ; ma per li cattivi tempi che corrino, adesso pare che è refredato. Se Anversa fosse almeno la metà di quel che è stata, non si metteria tanto difficoltà. Hora conviene di haver patientia. Io mosso di misericordia et affettione grandissima alla memoria di esso Langio, se ben non ho troppo il modo e li tempi cattivi tanto mi toccano che li altri, ho proferto quattro cento scudi d'oro tanto per la libraria che per le medaglie et, se tra un mese di tempo non troviano meglior conditione, credo di haver ogni cosa á quel pretio, che in effetto mi pare assai per me per aver quasi ogni cosa prima. Ma bisogna esser amico anco alli morti. Questo mentre staremo à vedere quel che la fortuna noi mandarà, et spero di puoter servir à V. S. d'una parte di queste bellezze. » (Cf. lettre de 1574.) — Suit l'annonce du portrait que Van der Becke a commandé à un peintre. On peut encore relever cette note significative sur les entraves que le gouvernement pontifical mettait au commerce des livres : « Il male è che havemo pocha commodità di mandar libri in Italia, massime a Roma, per che li mercanti non li vogliono metter tra lor mercantie per paura del Sacri Palatii, e la via delle poste costa troppo, oltra che fanno difficoltà di ricever pieghi grandi. »

4. Selon Foppens (*Biblioth. Belgica*, Bruxelles, 1739, p. 394), Guillaume Canter, dans son voyage en Italie, s'était lié avec Sigonio, Muret et Orsini. Je crois trouver aussi un témoignage des relations d'Orsini avec Abraham

connut le P. Schott pendant son professorat au Collège Romain [1] ; quant à Falkenburg, ce fut un des savants qu'il accueillit si libéralement à Rome et celui-ci lui témoigna sa reconnaissance en s'occupant de lui trouver aux Pays-Bas un imprimeur pour ses *Carmina IX feminarum* ; il n'en vit pas de meilleur que Plantin, qui s'occupait déjà du *Virgilius illustratus* [2]. Les lettres d'Orsini à Plantin n'ont pas été conservées, mais celles de Plantin à Orsini sont assez nombreuses ; on les trouvera dans la correspondance du grand imprimeur [3]. Dans l'une d'elles, il l'invite à ne pas être trop pressé pour l'apparition de ses livres : « Les auteurs, dit-il, aussitôt leurs manuscrits remis, ne veulent qu'une chose, paraître ; ils ne regardent point si c'est commode aux imprimeurs, qui ne savent comment tout faire marcher, surtout avec les autorités, qui sont la plupart du temps déraisonnables. Cette hâte des auteurs fait souvent que les livres paraissent imparfaits et tout différents de ce que projetaient les imprimeurs [4]. » On a vu combien de fois Orsini eut affaire à Plantin ; les livres de compte de celui-ci renferment des mentions de livres qui lui sont envoyés comme honoraires de ses travaux [5].

Ortell dans le titre d'un ms. de copies de la bibliothèque de Cheltenham : 10431. *Epistolae Fulvii Ursini, Sylburgii, etc., ad Ortelium, etc.* (*Catal. librorum manuscriptorum in biblioth. D. Thomae Phillipps, Bart.*, 1837, p. 169.)

1. La lettre d'André Schott à Orsini (Antverpiae, Kal. mart. 1600) est au *Vat.* 4103, f. 114 ; il cherche à réconcilier le savant avec le graveur Théodore Galle et demande pour lui les notes qu'Orsini avait promis de joindre à la nouvelle édition des *Imagines*. Sur Schott à Rome, v. *Ios. Castalionis observ. in criticos*, éd. de 1608, p. 215.
2. V. la lettre I de l'Appendice IV.
3. *Correspondance de Christophe Plantin*, publ. par Max Rooses ; les vol. I et II ont paru, Anvers et Gand, 1883-85. (*Uitgaven der Antwerpsche Bibliophilen*, nos 12 et 15.) Dès maintenant je dois à l'obligeance de l'éditeur de cette précieuse publication la date de toutes les lettres qu'on trouve adressées à Orsini dans les Archives du Musée Plantin-Moretus : année 1567, oct. ; 1568, 23 janv., 21 fév., 8 mars, 13 juin, 24 juillet ; 1560, avril, 18 juin ; 1570, 2 mars ; 1581, 12 févr., 22 avril, sept. ; 1593, 19 nov. ; 1594, 21 mai. J'ai trouvé moi-même les originaux de trois lettres de Christophe Plantin à Orsini : *Vat.* 4103, f. 41, 26 mars 1569 ; *Vat.* 4105, f. 59, 6 nov. 1574 ; *Vat.* 4104, f. 239, 22 mars 1587. Cette dernière semble indiquer qu'Orsini avait songé à Plantin pour imprimer le *De triclinio* de Pedro Chacon. — Les lettres de Plantin à Orsini de 1567 à 1570 sont publiées dans le volume I de la *Correspondance*, aux pp. 203, 224, 242, 248, 282, 313, dans le volume II aux pp. 45, 55, 126 ; on voit par les dates à quelles publications elles se rapportent.
4. Lettre de 1574 (v. la note précédente).
5. C'est encore M. Max Rooses qui m'a donné ce détail.

En Espagne, outre Granvelle, Orsini avait pour correspondants Arias Montano, bibliothécaire de l'Escurial[1], et surtout Antonio Agustin, son collaborateur et l'un de ses meilleurs amis. Si les lettres d'Orsini ont été conservées, il faudrait les chercher en Espagne ; en tous cas, nous en avons près de soixante d'Agustin, qui ont été jugées assez intéressantes par les éditeurs de ses œuvres complètes pour être presque toutes données au public[2]. Les premières sont du commencement de 1559 et se rapportent en grande partie à l'impression du *Festus* de Venise : Agustin venait de se mettre en voyage et ne pouvait s'occuper de la chose ; c'est Orsini qui la dirigeait de Rome. Le 6 avril, Agustin, croyant le volume en vente, chargeait son ami de la distribution des exemplaires à Rome ; on voit qu'il y en avait pour Ranuccio Farnèse, Orazio Orsini, Faerno, Bagatto, Egio, Latini, « Mgr de Massa » et Achille Maffei. Agustin désirait vivement revenir auprès d'eux ; le 28 janvier 1560, il écrivait de Palerme : « Voilà notre ami Faerno bien placé au Vatican ; à toute heure, il sera à la bibliothèque[3]. Il m'écrit de revenir bien vite et d'autres ont parlé pour moi à Sa Sainteté. Elle a daigné me rappeler par un bref ; il m'a semblé, en le recevant, voir la loi qui rappelait Cicéron de l'exil ; je vous arrive sans retard et je pense que voici un bon pontificat pour les lettrés[4]. » Agustin est encore à Palerme à la fin de juillet, et son séjour à Rome n'est

---

1. La liaison intime d'Orsini avec Montano m'est attestée par une seule lettre écrite par celui-ci de la cour de Madrid, le 29 déc. 1576. Il se recommande chaudement par l'entremise d'Orsini, à don Giulio [Clovio] et à Gambara (*Vat.* 4105, f. 75).

2. *Ant. Augustini archiep. Tarrac. opera omnia*, Lucques, 1765-1774, in-fol., au tome VII. Les originaux des lettres à Orsini sont dans le *Vat.* 4105 et surtout dans le 4104. La publication de Lucques est incomplète et très fautive. On a publié deux autres lettres de la même collection dans les *Anecdota litt. ex mss. cod. eruta*, Rome, 1773 sqq. t. II ; elles sont tirées du *Vat.* 4104, f. 327, et du 4105, f. 70. D'intéressantes correspondances ont été publiées par Uztarroz et Dormer à Saragosse, en 1680, et par J. Andres à Parme, en 1804 ; les premières, qui sont en espagnol, renferment de fréquentes mentions des *Familiae romanae* et des « libros viejos de Fulvio Ursino. » (V. *Progresos de la historia...* pp. 392, 399, 404, 406, etc.) — Je note en passant une lettre d'Agustin à Sirleto dans le *Vat.* 6194, part. I, f. 3 (6 janv. 1581), deux au cardinal Alciato dans le 4913, deux à Panvinio dans le 6412, ff. 81 et 247 (1563 et 1567), etc. Je signale aussi ses lettres à Vettori, British Museum, *Add. ms.* 10263. Avec tous ces documents, il y aurait une étude attachante et fort instructive à consacrer à Agustin : Charles Graux l'a mis en lumière avec justice et a donné sur lui des détails différents des nôtres dans son *Essai sur les orig. du fond grec de l'Escurial*, Paris, 1880, pp. 280-306.

3. Faerno venait d'être nommé correcteur à la Vaticane.

4. *August. op.*, t. VII, p. 243.

pas de longue durée ; on l'envoie à Trente dans l'été de 1561 ; il n'a que le temps d'embrasser Orsini à Ronciglione, sur le chemin, son ami étant en villégiature chez le cardinal Ranuccio [1]. En revanche, « de Venise, reine des gondoles », il lui envoie de longues lettres pour décrire les médailles grecques d'Andrea Loredano[2]. A Trente même, les travaux du concile ne l'absorbent pas au point de l'empêcher de rechercher des monnaies et de se livrer à ses goûts favoris ; Orsini est informé de tout, consulté sur tout, et cette correspondance est un perpétuel échange de renseignements archéologiques et particulièrement numismatiques.

La nomination d'Agustin à l'évêché de Lerida, puis à celui de Tarragone l'empêcha de voir aussi souvent ses amis de Rome. Il se plaint un peu, comme Granvelle, de vivre en pays barbare ; à Lerida, il y avait bien un imprimeur, qu'il avait amené, et une toute petite université, « de quoi causer un peu » ; mais il n'y trouve personne de son goût et il a plus besoin que jamais, dit-il, de recevoir des lettres d'Orsini. Pour l'y encourager, il allonge les siennes, il expédie les collections qu'il fait des fragments d'historiens et de poètes perdus ; en envoyant Cinna et Calvus, il annonce qu'il en cherche d'autres, et que plus Orsini lui écrira de lettres, plus il recevra en retour de ces bons compagnons[3]. Une seule fois, Agustin fut sur le point de se brouiller avec Rome ; Latini avait fait contre lui une épigramme qui portait, à ce qu'on peut comprendre, sur son amour immodéré des médailles ; de deux ans Agustin n'écrivit plus[4]. Il y avait, on le voit, chez ce grand homme, une sensibilité très vive ; elle s'alliait avec une grande gaieté et une verve toute espagnole. Il offre ainsi à Orsini ses précieux textes inédits *De legationibus* : « Croyez-moi, cela vaut la peine qu'on l'imprime, qu'on le traduise, qu'on en fasse du bouilli, du rôti, des *pasticci*, tout ce que vous voudrez[5]. » Sous cette forme familière, il exprime souvent des

---

1. *L. c.*, p. 245.
2. *L. c.*, p. 245 (1er oct. 1561).
3. *L. c.*, p. 318 et *Vat.* 4105, f. 245 (12 nov. 1566).
4. Agustin parle avec amertume de Latini, *l. c.* p. 261 (2 mai 1577). Orsini écrit à Pinelli le 16 janv. 1580 : « Di monsigr A. Augustino non havemo lettere e più di due anni, sdegnato per certi versi che li fece messer Latino, benche non doveriamo patire noi altri ; ma quell' huomo sic πέφυκεν. » (*Ambros. D.* 423.)
5. *L. c.*, p. 258. (Il y avait beaucoup de désintéressement dans cette boutade.) Le 20 nov. 1559, pendant le conclave, il écrit de Palerme (p. 242) : « Pourquoi donc vos Très Révérends ne nous font-ils pas un beau pape ? j'entends un bon pape, car un beau, c'est bon pour les portraits. » Ailleurs

idées fort graves, et je veux citer encore ce qu'il écrit à Orsini à propos des découvertes d'antiques faites par Ligorio : « Pour moi, je doute que ce soit bien la peine de déterrer toutes les statues nues ; nous n'en tirons aucune information nouvelle, et cela fait mauvais effet de voir ces dieux termes si mâles de la vigne Cesi, de la vigne Carpi, et cet Hermaphrodite avec le Satyre dans la chapelle, et la vigne du pape Jules avec toutes ces Vénus et autres légèretés. Sans doute cela sert aux savants et aux artistes ; mais les étrangers s'en scandalisent bêtement (*li Oltramontani si scandalizzano bestialmente*) et *fama malum vires acquirit eundo*. C'est ainsi que votre *Urbs alma Regina provinciarum* laisse perdre ses provinces[1]. » Ainsi raisonnait l'évêque de Tarragone qui avait voyagé et qui connaissait mieux que nos érudits romains le monde troublé du XVIe siècle.

On sait la défiance qui régnait chez eux pour les pays où dominait la Réforme ; ils avaient toujours peur d'entrer en correspondance avec des gens peu sûrs et d'avoir affaire à des protestants. Les rapports d'Orsini avec l'Allemagne étaient donc fort réservés. S'il accueillit Gaspard Scioppius avec tant de familiarité et lui ouvrit sa bibliothèque, c'est que celui-ci venait de se convertir au catholicisme[2]. Il recevait du reste des lettres écrites de Cologne par Jean Metellus[3], de Bâle par Talmann, d'Augsbourg par le médecin Adolf Occo[4], de Nuremberg par

---

p. 252) : « Je reçois le *Thesaurus* grec de Henri Estienne ; c'est un grand *cicalone* qui blâme les autres et n'est pas parfait. » Les mots piquants d'Agustin éclatent brusquement au milieu des discussions de numismatique ; parfois même il fait servir l'archéologie à des parodies amusantes, comme dans la lettre où il établit ses titres au droit de cité (p. 233).

1. Dans la lettre du 12 nov. 1566.
2. Il était à Rome en 1599 ; il y a à la bibliothèque de Berne une lettre où il explique les motifs de sa conversion à Jacques Bongars : « Romae, in aula cardinalis Madrucii a. d. 30 oct. 99. » V. plus haut, p. 42.
3. V. plus haut p. 6. Le *Vat.* 4103, f. 112, contient une lettre à Orsini (VIII Kal. Iun. 1578) où Metellus se réclame de son amitié étroite avec Agustin et des souvenirs de Panvinio et d'Egio, très liés avec lui quand il était à Rome. Il parle des écrits de Panvinio « quorum, ut audio, es haeres », et demande, pour ses travaux de chronologie, la collection des éclipses antérieures à l'ère chrétienne, que Panvinio avait faite et devait lui envoyer. Il a su par Agustin l'apparition des *Familiae Romanae*, mais il ne les a pas vues : « quae enim istic eduntur nunquam huc perveniunt. » Cf. *Corresp. de Plantin*, p. p. M. Rooses, t. II, p. 127. — V. de Metellus une grande lettre à Sirleto sur les affaires religieuses des Pays-Bas (Colon. VIII. Kal. maias 79) dans le *Vat.* 6193, part. II, f. 411.
4. Avec Talmann et Occo, Orsini entretenait une correspondance exclu-

Paul Melissus [1]. Il fut aussi extrêmement serviable pour Jean Gruter et pour ses amis, Marc Velser, Gutenstein, etc., et nous avons constaté déjà sa part de collaboration dans la préparation du *Corpus* [2].

Parmi les érudits allemands liés avec Orsini, Jean Sambucus et Sylburg méritent une mention spéciale. Le savant viennois avait visité Rome en 1563 [3]. Il y avait fait de nombreuses relations, notamment avec Achille Estaço, Paul Manuce et le cardinal Sirleto. Dès 1564 commençait sa correspondance avec Rome ; les médailles et les manuscrits y jouaient un grand rôle [4] ; il envoyait des inscriptions à Orsini et lui demandait en échange, ainsi qu'à Sirleto, des secours et des collations pour son *Dioscoride* [5]. En 1583, Frédéric Sylburg fut mis en rapport avec Orsini par Sambucus ; il préparait alors à Francfort, chez Wechel, son édition de Denys d'Halicarnasse, et désirait se servir des corrections qu'Orsini avait faites sur ce texte. Après avoir tardé

---

sivement numismatique, comme le prouve la lettre de ce dernier au *Vat.* 4103, f. 9 (Aug. Vind. postr. Kal. nov. 1590).

1. Lettre V de l'Appendice IV.
2. V. p. 36. Scioppius parle en janvier 1600 des services qu'Orsini rend au recueil de Gruter : « ... alias quoque plures [inscriptiones] a Fulvio et Horatio de Valle ICto Romano et Iosepho Castalione impetrarem, ut sperem Gruterum magnum libro illo facturum operae pretio. » (Burmann, *Syll. epist.*, t. II, p. 49.)
3. Le ms. théologique grec 96 de la bibliothèque impériale de Vienne (commentaire de Nicétas sur seize discours de S. Grégoire de Nazianze) a été acheté de Fulvio Orsini par Sambucus en 1563, comme l'indique à la fin une note autographe de celui-ci signalée par Lambecius. *Comment. de Aug. Biblioth. Caesarea Vindobon.*, éd. Kollar, l. III, p. 495.
4. Voici la date des lettres à Orsini : *Vat.* 4103, f. 44, idib. apr. 1564 (v. plus haut p. 55) ; *Vat.* 4105, f. 90, 16 Kal. oct. 1575 ; f. 91, 8 déc. 1575 ; *Vat.* 4104, f. 155, 6 août 1578 ; *Vat.* 4103, f. 102, Kal. sept. 1582 ; *Vat.* 4104, f. 113, 15 nov. 1583. Dans cette dernière lettre, il dit qu'il envoie le *De legationibus* d'Orsini jusqu'en Pologne, pour offrir à des gentilshommes ; à voir aussi pour Henri Estienne, qui abandonne presque l'imprimerie et « suo se genio solo iam oblectet ».
5. *Vat.* 6191, part. II. f. 448 (Vienne, 9 fév. 1573) :.... « Cuius autem praecipue causa ad. V. Ill. A. scribo, est ut suppliciter exorem aliquod subsidium in editionem Dioscorideam, qua de re saepe Fulvium Ursinum... impetravi. Quartus instat annus, cum id consilium ceperim ; coepta collatione aliquot manuscriptorum vetustissimorum codicum, a multis adiutus sum viris doctis, qui lectiones suas indicibus perscriptas ad me miserunt. Sola Roma deest, hoc est commoditas bibliothecarum et aliquorum amicorum, qui cum scriptis editione graecolatina parisiana per paginas collatis observationes submittant. Obsecro, Doctiss. Card..... da negocium Fulvio vel aliis... (En post-scriptum :) Paullo Manutio ternas de ipso hoc negocio scripsi ; nihil respondet. » — Le 8 déc. 1575, c'est à Orsini que Sambucus s'adresse (*Vat.* 4105, f. 91) : « Mando per il R^{mo} Vescovo Delphino Nonsio di S. Sta quelli rami di lege Thoria... Solamente priego che mi mandiate

assez longtemps, Orsini se décida à envoyer son manuscrit par l'entremise de Pinelli [1] ; mais il arriva un peu tard, quand l'impression était assez avancée, et on ne put en utiliser qu'une petite partie. Sylburg offrit un exemplaire au cardinal Farnèse, un autre à Orsini, et demanda d'autres notes réunies par Orsini sur les auteurs de l'*Histoire Auguste* ; il comptait aussi sur lui pour l'aider à publier Zosime, dont il n'avait pu se procurer en Allemagne qu'un texte tronqué [2]. Orsini se souciait peu, je crois, de collaborer à l'édition d'un historien aussi suspect pour l'orthodoxie qu'était alors Zosime [3] ; il trouva pour prétexte qu'on avait fait trop peu de cas à Francfort de ce qu'il avait envoyé sur Denys pour qu'il prît la peine de faire d'autres envois [4]. Sylburg ne se laissa pas décourager par ce refus ; nous le retrouvons plus tard en 1593, obtenant d'Orsini des notes sur Théodoret, et renouvelant ses instances pour chacune de ses nombreuses publications sacrées ou profanes [5].

Si Fulvio Orsini se méfiait des Allemands, il aimait moins encore les Français [6]. Le plus célèbre des Français résidant à Rome, Muret, ne paraît pas avoir eu son entière sympathie [7]. Il avait cependant avec lui une certaine intimité [8] ; et peut-être lui

quelle osservatione in Dioscoride. Et benche il mio Dioscoride ho già mandato alla stampa correto per 7 copie antiche e miei altre osservatione rare delle plante e notis adjectis de Controversiis Herbariorum καὶ ῥιζοτόμων, tamen si mandarete e si sarà qualche cosa digna, subito manderò al Henrico Stephano, che li metta in el termio. Io ho trovato molti capi legitimi non visti del Dioscoride, etc... Salutate il nostro Statio dottissimo et Fonteio, ante omnes R^{mum} cardinalem Schirlettum [*sic*] patronum literatorum literatissimum. »

1. Lettre d'Orsini à Pinelli, 26 janv. 1585 (*Ambros. D. 422*).
2. Cf. Lettre VI de l'Appendice IV.
3. V. les *Lettres inédites de Muret* publiées dans les *Mélanges Graux*, Paris, 1884, pp. 390, 392, 394. Je reviendrai très prochainement sur la question de Zosime en publiant la *Correspondance entre Claude Dupuy et Gianv. Pinelli.*
4. Une copie de la lettre d'Orsini (Rome, 7 fév. 1588) a été envoyée à Pinelli et se trouve dans l'*Ambros. D. 423 inf.* f. 234. De même une copie d'une lettre de Sylburg (Francfort, 2 nov. 1587) se trouve au f. 230 du même manuscrit.
5. Cf. lettres VII et VIII de l'Appendice IV.
6. La plus ancienne relation française d'Orsini dont je trouve trace est avec Joachim du Bellay ; le fait est rendu au moins vraisemblable par leur liaison commune avec Possevino (v. plus haut p. 7) et aussi avec Annibal Caro, Basilio Zanchi et Lorenzo Gambara ; on verra en effet des épigrammes dédiées à tous ces amis d'Orsini dans les *Ioachimi Bellaii Andini poematum libri quatuor*, Paris, F. Morel, 1558, ff. 17 et 18.
7. Lettre à Pinelli du 14 octobre 1580 : « Dal Mureto non bisogna pensare haver cortesia, perche è huomo troppo interessato. » (*Ambros. D. 423.*)
8. Il y a deux billets de Muret à Orsini, indiqués par M. Dejob (*De l'in-*

devait-il la connaissance de ces « gentilshommes limousins », qui, vers 1583, donnaient à notre Romain, curieux de toutes choses, des leçons de provençal [1]. Il travailla aux côtés de Pierre Morin, dans les commissions pontificales ; quant à Paul Vialard, qui occupait à la Sapienza la chaire de Camozzi, nous avons aussi le témoignage de ses relations avec Orsini [2]. L'œuvre la plus importante peut-être faite à Rome par un Français, au XVIe siècle, l'a été avec la collaboration de notre savant ; je veux dire la restitution idéale de la Rome antique, exécutée par le graveur et architecte Etienne Dupérac, en 1574 ; on sait l'intérêt qu'offre encore aujourd'hui cette grande planche, pour laquelle l'archéologue a constamment guidé le travail de l'artiste [3].

Je parlerai ailleurs du voyage à Rome de Claude Dupuy, dans l'hiver de 1570-1571, et de l'accueil excellent que lui fit Orsini, en mettant sa bibliothèque à sa disposition, en lui prêtant des livres, en facilitant de toutes manières ses travaux [4]. Le jeune savant ne fut pas ingrat puisqu'il fit don à Orsini, à son retour en France, de deux importants fragments paléographiques ; toutefois Orsini parut plus mécontent de ses retards que

fluence du Concile de Trente... p. 379) ; l'un est relatif au mot *ecloga*, l'autre est une recommandation pour un des anciens élèves de Muret à Venise, Gabriele Bartolucci. Les noms que je trouve dans ces billets montrent qu'ils sont, l'un antérieur à 1565, l'autre antérieur à 1567. (*Vat.* 4104, f. 95 ; 4105, f. 72).

1. Cf. lettre d'Orsini à Pinelli du 11 juin 1583 (*Ambros.* D. 422).
2. Lettres à Pinelli du 24 juin et du 2 juillet 1583. Cf. la lettre de Nicolas Audebert du 13 oct. 1583.
3. La part d'Orsini dans le travail est attestée par Giov.-Giac. de Rossi (*de Rubeis*), au texte qui accompagne le tirage de F. Villamena, 1674. Dans sa dédicace à Charles IX (*Romae Kal. april.* CIƆ. IƆ. LXXIIII), Dupérac ne mentionne pas Orsini ; il parle seulement des secours qu'il a reçus du cardinal Farnèse et de plusieurs savants, pour cette œuvre considérable, où furent utilisés les fragments du plan Capitolin découverts sous Pie IV. Voici le titre qui court dans le haut de la planche : *Urbis Romae sciographia ex antiquis monumentis accuratiss. delineata.* Au cartouche de la dédicace : *Excudebat Romae Laurentius della Vacherie.*
4. Le récit de ce voyage, d'après les documents des bibliothèques italiennes et françaises, accompagnera ma publication de la correspondance entre Dupuy et Pinelli. Je me contente de citer d'avance comme témoignage des bons souvenirs laissés à Rome par Dupuy la lettre d'Orazio Amaduzzi (*H. Amadutius Ravennas*) écrite à Rome, le 24 mars 1571 ; on y voit qu'Orsini avait l'érudition de Dupuy en grande estime. (Bibl. Nat. de Paris, Dupuy 699, f. 22.)

touché de sa générosité [1]. Au reste, volontiers il parle mal des Français ; les documents, il est vrai, se taisent sur les griefs qu'il eut contre nos compatriotes ; mais leur légèreté toujours proverbiale suffit à expliquer qu'ils n'aient pu plaire à sa gravité romaine. Quelques-uns cependant lui ont payé un beau tribut d'hommage [2]. Il y avait à Orléans un singulier écrivain, nommé Germain Audebert. Ce savant homme, « le Virgile orléanais », a écrit trois poèmes sur trois grandes villes d'Italie, Venise, Rome et Naples [3]. Le poème *Roma* fut dédié au cardinal Farnèse ; après lui, chaque grand personnage de la ville était loué en dix ou quinze hexamètres et les savants avaient aussi leur petit éloge. Orsini est certainement le mieux traité :

> ... Quantumvis fulvo late resplendeat auro
> FARNESI alta domus, signis decorata vetustis,
> Regifico luxu, tamen hanc mage FVLVIVS ornat
> Per totum chartis scintillans aureus orbem [4].

Pour être sûr qu'il n'y aurait pas de maladresses et qu'il dirait bien ce qui pouvait être le plus agréable au cardinal et à tous les Farnèse, Audebert avait envoyé son manuscrit à Orsini. Celui-ci le lut, ainsi que Pietro Angeli da Barga (*Bargaeus*), et le mit sous les yeux du cardinal ; on attendit les corrections d'Orsini pour imprimer le livre à Paris ; elles arrivèrent par l'intermédiaire de Jacopo Corbinelli, qui résidait alors à la cour de Henri III. L'ouvrage valut à son auteur, entre autres avantages, d'être fait chevalier par le roi ; les lettres flatteuses qu'Orsini recevait du père et du fils laissent un peu trop sentir qu'ils comptaient sur lui pour réveiller à son tour

---

1. V. les détails au chap. III.
2. Dans le grand *Cicéron* de Lyon (1577-78), Orsini figure en bonne place dans l'énumération de Lambin, au milieu de sa préface au lecteur, où il n'est pas question de Cicéron : Orsini ne publia qu'en 1579, chez Plantin, une partie de ses notes sur cet auteur.
3. Il avait visité l'Italie autrefois, et son fils Nicolas Audebert était part à la fin de 1574 pour y faire un long voyage d'instruction. (*Ambros.* T. 167, f. 204 ; Paris, Bibl. Nat., *Dup.* 712, f. 7, 10, etc.)
4. Je cite d'après le ms. ; on retrouve les mêmes vers dans *Germani Audeberti Aurel. Roma. Ad illustr... card. Al. Farnesium...* Paris, Jacques du Puys, 1585, p. 4. Les autres savants loués sont Sigonio, Pompilio Amaseo, Gianangelo Papio, Vettori, Corbinelli, Muret, Orsini, P. Angeli da Barga, en général tous ceux que le fils d'Audebert a vus en Italie ou dont il a suivi les leçons. G. Audebert rappelle son propre voyage (p. 2) et surtout dans sa *Parthenope* parue la même année chez le même libraire (p. 33, sqq.). Son poème *Venetiae* avait été imprimé à Venise, chez Alde, en 1583.

la générosité du cardinal Farnèse : « Sa Seigneurie Illustrissime fait grand compte, nous le savons, des savants éminents comme vous, si tant est qu'il y ait à présent des savants comme vous à Rome, après les grandes pertes de ces dernières années ; pour nous, nous ne connaissons plus en Italie que vous et le signor Pietro da Barga, les autres érudits n'ayant pas encore fait voler leur renommée jusqu'en France [1]. » Je manque de renseignements sur la suite des rapports d'Orsini avec les Audebert ; mais j'ai retrouvé l'exemplaire manuscrit du poème qui fut envoyé à Rome et qui est certainement un des chefs-d'œuvre de la calligraphie française au xvie siècle [2].

Parmi les Français qui visitèrent Orsini à Rome, au temps de sa gloire, je dois citer encore le conseiller Jacques Gillot [3], François Garrault [4], Le Jay, l'un des imprimeurs Nivelle [5], Jean Courtier [6], etc. Il eut des relations assez étroites avec Louis d'Abain de la Rochepozay, le savant ambassadeur ami de Scaliger, qui correspondait avec Vettori et prenait à Rome les

---

1. Lettre en italien du 27 mai 1586. Je consacrerai prochainement une étude aux deux Audebert et aurai occasion de revenir sur leurs rapports avec Orsini. — Sur la pénurie de savants en Italie, à ce moment du siècle, v. le remarquable témoignage de Fr. Modius dans une lettre de 1583 à Juste Lipse : ...Italiae hoc genere effoeta iam videtur (Syllog. epist. de Burmann, I, p. 107). On doit remarquer que cet épuisement n'était pas seulement senti à l'étranger ; cf. les lettres de Latini et de Camillo Paleotti, qui s'en plaignent l'un à l'autre en 1584. (Lat. Lat. Viterb. epistolae... Rome, 1659, p. 277). En réalité, cela n'est juste que pour l'érudition classique.
2. A la bibliothèque de Naples, V. E. 42. Un exemplaire de la Roma d'Audebert figure à notre Appendice I, sous le n° 26, parmi les livres d'Orsini ; il est évident que le premier, qui porte un ancien n° 45, était destiné au cardinal. Les encres d'or et de couleur apparaissent à chaque instant. A la fin sont plusieurs pièces composées par les amis de l'auteur sur la magnifique écriture de son fils.
3. V. la lettre II de l'Appendice III. Sur Jacques Bongars, v. plus haut, p. 56.
4. V. la lettre IV de l'Appendice III. Garrault était revenu de Rome au printemps de 1584 apportant des commissions pour Nicolas Audebert.
5. Nicolas ou Robert, l'un des fils de Sébastien.
6. La lettre du théologien Courtier (J. Curterius) écrite de Paris le 1er août 1583, accuse réception d'une lettre d'Orsini du mois d'avril précédent, que lui avaient remise les gentilshommes français Arnaldus et Samerus à leur retour de Rome. Il se félicite du souvenir que gardent de lui Orsini et les cardinaux : « Et quoniam operam meam denegare tantis viris duxi iniquum atque impium, Nivellii F. typographum, qui te Romae superioribus annis convenit, ad me statim eo fine evocavi, ut si libellum Basilii, quem postulat illustriss. card. Carafa, excusurum se reciperet, ad eius versionem me statim accingerem. Novi enim in Gallia etiam frigere literarum graecarum studium, nec sine dispendio typographorum excudi rursus quae semel in lucem graece prodierunt. Sed illustriss. cardinalium nomine, quorum favore iactura ista pensari alias queat, excusurum se recepit. Ego igitur,

leçons de Muret [1]. Orsini avait peut-être connu autrefois Scaliger lui-même [2]; et on peut croire, avec grande vraisemblance, qu'il vit Montaigne, si bien accueilli à Rome dans le monde ecclésiastique et érudit [3]. En 1574, vint en Italie cette fameuse ambassade de Paul de Foix, qui comptait tant d'érudits distingués, Arnauld d'Ossat, Charles Utenhove, Hubert van Giffen [4] et celui qui devait être le plus illustre, Jacques-Auguste de Thou. A Rome, Paul de Foix et sa suite furent logés à l'*Araceli*, et De Thou, dans ses *Mémoires*, énumère les savants qu'il fréquenta pendant les six mois de son séjour : Muret d'abord, qu'il quittait à peine et qui lui fit connaître Paul Manuce ; puis Latino Latini,

qui totus in Eusebio adversus Marcellum versabar, ad *Basilii Ethica* me iam converto, ut quam citissime fieri queat, iisdem plane characteribus et forma etiam elegantiore quam postulas, in lucem prodeant. — Mittam brevi et Hieroclem in Pythagoreorum versus, graece nunquam editum et latine nuper a me factum multisque locis emendatum. » (*Vat.* 4103, f. 50.) Il y a une lettre du même savant à Sirleto, où il parle de son travail critique sur Hiéroclès ; elle est datée de Bologne, avril 1581, et se trouve au Vat. 6194, f. 25.

1. J'ai trouvé un témoignage, assez intéressant pour Orsini, de ses relations avec notre ambassadeur. Voici ce qu'écrit Nicolas Audebert à Dupuy, d'Orléans, le 13 janv. 1579 : « Monsieur, je receuz hier lettres de Rome de la part de mons[r] l'Ambassadeur d'Abins lequel me mande vous avoir depuis nagueres escript, dont il attend vostre reponce de jour a aultre : et me charge vous en advertir, affin que le plus tost qu'il vous sera possible, il entende de voz nouvelles : et au cas que ses lettres ne vous eussent encores esté rendues, il me mande qu'il vous a prié par ses dernières au nom du Sg[r] Fulvio Ursino luy addresser par dela quelque homme de bien d'Imprimeur qui veille [sic] entreprendre d'imprimer quelques œuvres siens en beaux charactaires, et entre les aultres d'en parler a Patisson. » [Orsini est pressé d'avoir la réponse et, si Dupuy ne peut écrire, Audebert s'offre à la lui transmettre]. Paris, Bibl. Nat., *Dup.* 712, f. 2. Sur des présents de livres de Louis d'Abain à Orsini, cf. lettre XI de l'Appendice II.

2. Scaliger a été à Rome en 1565 et en 1566, dit-il dans les *Scaligerana*. A propos du *Carmina IX feminarum* d'Orsini, qu'il demande à Pierre Pithou dans une lettre du 8 nov. 1571, il dit : « Desja moi estant à Rome je fus adverti de Paulus Manutius touchant ledict livre et ce qu'il contient. » Il en reparle le 13 févr. 1572. (*Lettres franç. inéd. de Jos. Scaliger*, p. p. Tamizey de Larroque, pp. 13 et 18.) Il est possible que Manuce ou Panvinio ait fait connaître Scaliger à Orsini.

3. Montaigne connaissait à Rome Muret et Vialard, de qui il parle dans son journal ; il était reçu chez Louis d'Abain ; or ces trois personnages étaient liés avec Orsini. Il y a un passage connu de Montaigne qui pourrait regarder ce dernier : « Disnant un jour à Rome avec notre Ambassadeur, où estoit Muret et autres sçavans, je me mis sur le propos de la traduction françoise de Plutarche... » (*Journal du voyage de Michel de Montaigne en Italie... en 1580 et 1581* (note de Querlon), nouv. éd., Rome et Paris, 1774, t. II, p. 9 (sur Vialard, p. 28).

4. Il est question d'Orsini dans une lettre de Van Giffen (*Giphanius*) à Muret, publ. par Lazeri, *Miscellanea ex mss. libris Collegii Romani*, Rome, 1757, t. II, p. 466.

Gambara et Fulvio Orsini [1]. C'est même Orsini que De Thou vit le plus souvent après Muret, et il se souvint plus tard de cette précieuse intimité, quand il inséra dans son *Histoire* l'éloge du grand archéologue [2].

A la fin de 1584, Pierre Daniel, d'Orléans, se mit en relations avec Orsini. Il préparait alors sa célèbre édition de Virgile et de Servius, à laquelle s'intéressa si longtemps l'érudition contemporaine [3]. Il croyait qu'Orsini avait en mains une partie du manuscrit de Servius qu'il possédait lui-même, et il le pria de lui en faire part. C'était le fragment qui contenait aussi Philargyrius, comme Orsini l'avait déjà constaté [4]; celui-ci ne se souciait pas d'en faire part à des étrangers. De toutes parts cependant les lettres lui arrivèrent : beaucoup de gens qu'il avait connus à Rome, Gillot qui avait vu son manuscrit, Garrault, Bongars, lui écrivirent pour appuyer la requête de Daniel; les Italiens en résidence à Paris, Guido Lolgi, Corbinelli, Pietro del Bene, s'en occupèrent également [5]. On lui demandait de prêter son texte dans l'intérêt général de la république des lettres; on lui promettait qu'on l'éditerait exactement suivant ses avis; on le suppliait tout au moins de le faire imprimer à Rome, afin que les savants parisiens pussent l'étudier. C'est à ce dernier

---

1. On ne résiste pas au plaisir de citer le latin de De Thou : « Heic crebro ventitare Muretus, qui et inde Thuanum semel atque iterum ad Paulum Manutium iam decumbentem deduxit. Vidit et in urbe Latinum Latinium, Laurentium Gambaram, et omnium secundum Muretum familiarissime Fulvium Ursinum, qui in Farnesianis aedibus habitabat. Iam Octavianus Pantagathus ad meliorem vitam migraverat, cuius magnum in literis nomen; et dignus tanto magistro discipulus Onuphrius Panvinius, Scaligero cum Romae esset ob raram in omni antiquitate Romana seu profana sive sacra doctrinam et patriae ratione percharus, Panhormi in Sicilia nuper fatis decesserat. » (*De Vita sua*, lib. I, au t. VII, de l'éd. de Londres, 1733, pp. 22-23).

2. « Fulvius Ursinus patria Romanus vir graecé latineque doctissimus ac purioris antiquitatis indagator diligentissimus qui complura veterum utriusque linguae scriptorum monumenta aut primus edidit aut edita dedit meliora. Arcta cum O. Pantagatho, G. Faerno, L. Latinio, Paulo Manutio studiorum consensione coniunctus, ac praecipue cum Antonio Augustino, quamdiu Romae fuit: cuius, postquam in Hispaniam discessit, plurimas lucubrationes sua industria publicavit... Ineunte maio obiit. » (*Jac. Augusti Thuani historiarum sui temporis tomus V*, éd. de Londres, 1733, p. 847; s. a. 1600.) Cf. *Eloges des hommes savans tirez de l'hist. de M. de Thou, avec des additions... par A. Teissier*, t. IV, Leyde, 1715, pp. 364-369.

3. L. Jarry, *Pierre Daniel... et les érudits de son temps*, Orléans, 1876, p. 81.

4. Cf. p. 52 et la lettre V de l'Appendice III.

5. J'ai réuni dans l'Appendice III ce qui reste de cette correspondance caractéristique et ignorée.

parti qu'Orsini se résolut; il publia son *Philargyrius* dans le recueil de 1587; il rappela dans sa préface les prières répétées qu'il avait reçues de Paris et s'excusa du retard mis à y satisfaire par les travaux absorbants qu'il venait d'avoir pour la Bible grecque [1].

Par les nombreuses correspondances que je viens d'indiquer entre Fulvio Orsini et les étrangers, on peut juger de l'étendue de celles qu'il entretenait avec l'Italie [2]. Ce sont pour la plupart des lettres savantes consacrées à l'examen et à la discussion d'une question érudite, ou bien des lettres d'affaires, relatives aux achats ou aux échanges de livres et d'objets de collection. Orsini n'écrit jamais quand il n'a rien à dire; aussi ses lettres nous apprennent-elles toujours quelque chose; cela les distingue de ces productions épistolaires, imprimées ou non, que les derniers cicéroniens multipliaient encore de son temps. Il préfère se servir de l'italien, qui exclut pour lui toute préoccupation littéraire. Ses amis imitent d'ordinaire son exemple. Parmi les correspondances que j'ai recueillies, trois plus étendues méritent d'être signalées à part, celles de Piero Vettori, de Carlo Sigonio et de Gianvincenzo Pinelli. Ce sont précisément les trois meilleurs amis que Fulvio eut en Italie, hors de Rome, et ceux dont le commerce fut le plus intime et le plus suivi. Le souvenir de sa liaison avec ces grands hommes fournira quelques traits de plus au portrait de notre savant et au tableau de la société contemporaine.

Les relations d'Orsini avec Vettori remontaient au moins à 1559: celui-ci le faisait remercier, dans une lettre à un ami commun, de la courtoisie qu'il mettait à lui envoyer des leçons et des collations de manuscrits [3]. Vers le même temps, il écrivait dans ses *Variae lectiones* ce beau témoignage sur le jeune romain: « Auxilio autem mihi fuit ad hunc locum restituendum magni ingenii raraeque eruditionis iuvenis, Fulvius Ursinus,

---

1. « Nam superiore anno cum multi et quidem nobiles et eruditi viri ex Gallia pluribus ad me diligentesque scriptis litteris, eius libri exemplum, ut Lutetiae ederetur, paene convitio efflagitassent... »

2. La liste de ses correspondances en Italie serait toujours incomplète. J'en ai indiqué ou utilisé un grand nombre dans les diverses parties de ce livre; le lecteur, désireux de se renseigner sur tel ou tel nom, peut se reporter à l'index.

3. *Vat.* 4104, f. 302 (Florence, 16 mars 1559): « ...Io hebbi con questa seconda quelle correttioni sopra questo libro della Poetica [d'Aristote] et ne ringratio assai et voi et messer Fulvio, il quale mele manda, et certo è stata gran cortesia et gentilezza questa sua. »

qui cum hanc fabulam contulisset cum antico et eodem fideli libro, quaecumque illic repperit a pervulgata lectione variata ad me amanter misit, ut est humanissimus et optimorum auctorum omni ratione expoliendorum studiosissimus; quam etiam ipsius laudem naturaeque bonitatem celebravit vir doctissimus et de omni vetere memoria egregie meritus, Carolus Sigonius, cum et ipse, in re quae faceret ad institutum quoddam veterum Romanorum cognoscendum, liberaliter ab eo adiutus fuisset[1]. »

A son passage en Toscane, en 1565, Orsini alla voir le savant florentin à sa maison de campagne sur la route de Rome ; cette visite resserra leurs liens ; quoique habitué à recevoir beaucoup d'hommages de toute l'Italie lettrée, Vettori parut particulièrement sensible à celui d'Orsini, et c'est de cette époque que date leur correspondance[2]. Elle fut assez régulière et dura jusqu'à la mort de Vettori en 1584[3]. Ce qui nous en reste témoigne des services que les deux érudits se rendaient l'un à l'autre. Vettori faisait pour Orsini des recherches dans la bibliothèque Laurentienne, auxquelles le Romain répondait en envoyant des renseignements pris à la Vaticane ou chez le cardinal Farnèse. Ils se communiquaient par voie sûre leurs plus précieux manuscrits : Vettori, ne pouvant envoyer son vieux Térence, qu'il avait offert au grand-duc, envoyait du moins celui qui lui venait de Politien et qui portait des notes de Colocci[4]. Il apprenait à Orsini,

---

1. *Variae lectiones,* éd. avec treize nouveaux livres, Florence, 1569; p. 201. Vettori parle d'Orsini à propos de la restitution d'un passage très corrompu de l'*Hécube* d'Euripide, dans son livre XXVI, ch. xxii ; c'est le livre qu'il a ajouté le premier à l'édition de Lyon (1554), qui en comptait seulement vingt-cinq.

2. Cf. *Petri Victorii epistolarum libri X, orationes XIIII...* Florence, Giunta, 1586, in-fol., p. 137. Lettre datée *Flor. V. Kal. mai* 1566. C'est, à ma connaissance, la seule lettre à Orsini qui ait été imprimée. L'original est en double exemplaire au *Vat.* 4103, ff. 4 et 46 (le premier daté *VI Non. mai.* 1566). Vettori remercie Orsini d'être venu le saluer à la campagne, comme font les érudits, en septembre spécialement ; il envoie sa lettre par Angelo Gucciardini, neveu de l'historien Francesco, ambassadeur du grand duc de Toscane près du pape.

3. Pas une seule des lettres d'Orsini à Vettori n'a été recueillie dans la correspondance publiée par A. M. Bandini dans les *Clarorum Ital. et Germ. epistolae ad P. Victorium,* Florence, 1758-60, 2 vol. in-4. Cela vient sans doute de ce que la plupart étaient en italien. Il y a dans le *Vat.* 9063, f. 171 *a b c d,* deux minutes de lettres latines adressées par Orsini à Vettori, en 1570 et 1571, sur des matières épigraphiques (signalées au *Corpus,* vol. VI). La grande série des lettres d'Orsini au savant florentin est dans les papiers de celui-ci ; on les trouve au British Museum, *Addit. ms.* 10270 ; elles vont de 1567 à 1582, et figureront dans la publication annoncée plus bas.

4. *Vat.* 4105, f. 263 ; Vettori à Orsini (Florence, 19 avril 1567). British Mus., *Add. ms.* 10270, f. 17 ; Orsini à Vettori (Rome, 29 juin 1567).

ou moment où celui-ci préparait ses *Imagines,* dans lesquelles les hermès tiennent tant de place, ce qu'on pouvait trouver à Florence en objets de ce genre [1]. Au moment de ses grandes acquisitions d'autographes de Pétrarque, Orsini, sur une indication de Pinelli, demandait s'il y avait en Toscane des manuscrits analogues ; Vettori rassurait son ami sur la rareté de ses trésors [2]. Ils s'offraient réciproquement leurs ouvrages, échangeaient leurs lumières sur des points douteux de critique, se communiquaient des textes. Orsini envoyait à Vettori des inscriptions de sa collection pour utiliser dans ses ouvrages, et le tenait au courant de ce qu'on découvrait à Rome en monuments épigraphiques [3]. On a vu que Vettori s'était occupé personnellement de faire imprimer le *Festus* d'Orsini chez les Giunta, ses imprimeurs attitrés. Le vénérable Florentin n'est pas seulement un des premiers philologues du XVI° siècle ; c'est encore, comme on sait, un grand écrivain italien ; son style nerveux, précis, allant droit au but, se retrouve dans ses lettres inédites à Orsini [4].

La correspondance de Sigonio avec Orsini avait commencé un peu plus tôt que la précédente. Orsini avait bien moins de différence d'âge avec le savant de Modène qu'avec Vettori ; il en résulta tout de suite dans leurs rapports une familiarité plus grande [5]. La plus ancienne lettre que j'aie trouvée de Sigonio à Orsini est datée de Venise, le 12 mai 1559 [6] ; Orsini avait demandé où en était le *Festus* d'Agustin qu'on y imprimait, et prié Sigonio de surveiller lui-même le tirage. Celui-ci répondait qu'on pouvait compter sur lui et dans plusieurs lettres suivantes tenait au courant de l'impression et de l'expédition du volume [7]. En 1563, Sigonio, qui est à Padoue, se félicite de la

---

1. *Vat.* 4104, f. 241 ; id. (6 nov. 1568).
2. *Vat.* 4105, f. 92 ; id. (22 avril 1581).
3. British Mus., *Add. ms.* 10270. (Lettres du 10 oct. 1570, 27 juillet et 22 sept. 1574, 24 juillet et 4 nov. 1575, etc.).
4. Les lettres de Vettori et celles de Sigonio à Orsini sont sous presse et vont paraître avec une annotation sous ce titre : *Correspondance inédite de Piero Vettori et de Carlo Sigonio avec Fulvio Orsini.* J'y renvoie pour les détails des sujets que je ne puis qu'effleurer ici.
5. V. la note précédente. On vient de voir qu'Orsini rendit de bonne heure à Sigonio, comme à Vettori, des services philologiques ; il lui communiqua, entre autres mss., un *Fronton* de la bibliothèque du cardinal Ranuccio. (*C. Sigonii opera omnia,* éd. Argelati, Milan, 1732-37, in-fol., t. VI, col. 671).
6. *Vat.* 4105, f. 36. Sigonio s'occupait déjà du *Festus* depuis plusieurs mois. (Cf. *Augustini opera,* t. VII).
7. Cf. *Vat.* 4105, *passim* et *Sigonii opera,* t. VI, col. 999 sqq. (Lettres à Panvinio).

nouvelle que vient de lui apprendre son ami, la découverte des *Sassi trionfali,* qui vont éclaircir ses propres travaux : « En vérité, dit-il, quand je m'occupais de ces études, je ne faisais à Dieu qu'une seule prière, c'est qu'on découvrît de mon vivant tout ce qui doit être découvert sur l'antiquité romaine, et qu'après moi on ne trouvât plus rien[1]. » Et le bon Sigonio est heureux que les inscriptions nouvelles lui fournissent l'occasion de rectifier les erreurs qu'il a commises : « Cependant, ajoute-t-il, je croyais qu'un fragment si considérable nous aurait apporté encore plus de renseignements. » Peu de temps après, Orsini voit Sigonio à Bologne, et il écrit à ses amis de Rome le plaisir et le profit qu'il trouve à fréquenter un homme d'un si aimable caractère et d'une érudition si prodigieuse : « Il a décidé, à ce que je vois, répond Bagatto, de ne laisser aucun petit morceau d'antiquité sans en faire l'anatomie[2]. » A partir de ce moment, Sigonio écrit plus fréquemment : la bonhomie de sa nature se montre dans son style ; il s'intéresse en toute amitié à ce qui arrive à Orsini ; il lui parle avec abandon des grands travaux qu'il entreprend sur l'histoire romaine ou italienne : « Je vois, dit-il, tout le monde écrire des *variae lectiones,* ce qui équivaut à dire *quicquid in buccam ;* c'est bien autre chose de s'attaquer à un sujet où les anciens ne nous guident pas, de le traiter méthodiquement et à fond[3]... » En 1579, Orsini cherche à obtenir le portrait de Sigonio, dont la modestie se refuse à le faire exécuter ; on le décide enfin à poser devant Lavinia Fontana Zappi, la femme-peintre bolonaise, et Orsini peut enrichir de l'image d'un ami sa collection de portraits illustres[4]. En 1565, Sigonio tient Orsini au courant de sa polémique avec Grouchy, bataille courtoise, *more maiorum,* comme on en voit peu dans les guerres érudites du temps. En 1583, il lui parle à plusieurs reprises de la trop fameuse *Consolatio,* qu'il a mise lui-même en circulation : « Je la crois de Cicéron, écrit-il ; je suis obligé de défendre cette opinion pour l'honneur de la chaire de Bologne, celle de Padoue ayant émis l'avis que c'est l'œuvre d'un faussaire[5]. » A Rome on pen-

---

1. *Vat.* 4105, f. 219 (Padoue, 24 janv. 1563).
2. V. plus haut, p. 10, note 3.
3. *Vat.* 4105, f. 239 (Bologne, 9 janv. 1567).
4. N° 104 de son Inventaire. Cf. ma note dans la *Gazette des Beaux-Arts,* 1884, t. II, p. 435.
5. *Vat.* 4104, f. 149 (Bologne, 25 juin 1583).

chait pour l'opinion de Ricoboni et de l'université de Padoue; aux instances curieuses de Sigonio, Orsini répondait tout simplement qu'on demandait à voir l'original; celui-ci bien entendu ne fut jamais montré [1].

Moins célèbre peut-être que Vettori et Sigonio, mais non moins intéressant pour nos recherches est Gianvincenzo Pinelli [2]. Il semble que Fulvio l'ait aimé plus que tous ses autres amis. La similitude complète des études et des goûts les unissait étroitement, et la grande quantité de lettres qui nous restent témoignent de l'active correspondance qui s'échangeait entre Rome et Padoue. Orsini n'a gardé qu'un petit nombre de lettres de Pinelli [3], mais celui-ci a conservé celles de son ami, au moins depuis 1573. Il y en a plus de cinq cents réparties sur dix-sept années, et cette immense correspondance d'Orsini est la plus importante source de renseignements qu'on puisse consulter sur son compte [4]. Le caractère rapide de l'écriture, les défauts

1. On rapprochera avec intérêt des demandes de Sigonio la lettre de Muret à Jacques Gillot du 22 fév. 1584 (*Mélanges Graux*, p. 400), et surtout le fragment suivant d'une lettre d'Orsini à Pinelli, du 30 juillet 1583 : « Il Sigonio mi scrive di nuovo due lettere in materia della *Consolatione* et dice di voler pigliare la defensione di quel titulo. Mi pare che ci habbia passione grande, et credo che ne sia interessato, come me disse, il Latino. Io non l'ho detto altro, senon che volentiere intenderei apud quem extet l'originale, et mi nomina nella ultima lettera essere il Sr Francesco Vianello secretario di Venetia. Io non voglio interpormi in questa dissensione. V. S. per amor mio tenghi appresso di se quello che soprà cio le confidai, per che sapevo à chi. » (*Ambros: D.* 422.)

2. Je rappelle sa belle biographie par Paolo Gualdo (Augsbourg, 1607; reproduite dans les *Vitae* de Gryphius, pp. 295-433), à cause des renseignements curieux qu'elle contient sur sa célèbre bibliothèque; on sait qu'elle eut après la mort de Pinelli une fâcheuse destinée et que les débris en furent recueillis par le cardinal Borromeo pour l'Ambrosienne.

3. En voici la liste : Padoue, 21 janv. 1566 (*Vat.* 4103, f. 79), 25 août 1575 (4104, f. 231), 9 avril 1579 (f. 263), 22 juin 1582 (f. 168), 27 juillet (f. 131), 10 août (f. 104), 25 fév. 1583 (f. 97), 8 juin 1584 (f. 253), 4 juillet 1585 (f. 172), 24 janv. 1586. (*Ambros. D.* 422 f. 193.) Plusieurs, étant intéressantes pour l'histoire de la bibliothèque d'Orsini, sont reproduites à l'Appendice II. Les lettres de Pinelli sont extrêmement nombreuses, sa correspondance ayant rayonné sur tout le monde savant : de grandes séries sont à Florence, Bibliothèque Riccardi, 2438, ff. 157-176 (lettres à Lorenzo Giacomini), à l'Ambrosienne, *E.* 30 *inf.*, ff. 112 sqq., *E.* 34 *inf.*, ff. 64 sqq. (aux deux Manuce), au British Museum, *Addit. ms.* 10270 (à Vettori), etc. J'utiliserai les lettres à Dupuy conservées à la Bibl. Nationale de Paris (*Dup.* 704); il serait à désirer qu'on pût consacrer à ce grand homme oublié des travaux analogues au monument qu'élève M. Tamizey de Larroque à notre Peiresc.

4. Milan, Bibliothèque Ambrosienne, 2 gros volumes cotés *D.* 422 *inf.* et *D.* 423 *inf.* J'y renvoie par la date des lettres. Celles-ci, en effet, sont rangées par ordre chronologique, la série contenue dans le 423 (1577 à janv. 1583) devant se placer au milieu du 422. Il y a 281 lettres dans le premier volume, 233 dans le second, en tout 514.

de l'encre pâlie ont probablement éloigné les travailleurs de cette masse énorme de papier noirci ; on ne la trouve citée nulle part ; elle constitue cependant un document de premier ordre pour l'histoire des mœurs romaines et de l'érudition au XVIe siècle. Pour ce qui regarde Orsini, elle forme une sorte de journal de ses actes et de ses acquisitions pendant la période la plus intéressante de sa vie. J'ai dépouillé les deux recueils de l'Ambrosienne, mais surtout au point de vue de l'histoire de notre bibliothèque et de la provenance de nos volumes ; je souhaite qu'on en tire parti d'une manière plus complète.

Pinelli connut Orsini en 1565 durant le séjour de Bologne : « Quand j'ai vu Votre Seigneurie à Bologne, écrivait-il, ce ne fut qu'un instant ; mais il m'a semblé que nous avions noué une amitié si étroite qu'on devait la considérer comme une vieille amitié [1]. » Ils s'étaient fait des offres réciproques de service. C'est Pinelli qui recourut le premier à son nouvel ami, par une lettre du 21 janvier 1566 [2]. Je ne trouve plus rien jusqu'à celle d'Orsini du 2 février 1572 [3]. Le voyage de Pinelli à Naples, sa ville natale, dans l'hiver de 1573 [4], lui fit voir Orsini à Rome, dans son milieu naturel, entouré de ses livres et de ses amis, et, à partir de son retour à Padoue, leur commerce épistolaire se continua sans interruption. Il paraît s'être ralenti vers la fin de leur vie ; ils étaient alors obligés l'un et l'autre depuis longtemps d'employer des secrétaires, ce qui ne laisse plus la même place à l'intimité ; la dernière pièce conservée vient d'Orsini et porte la date du 21 janvier 1593.

Pendant les dix-sept ans de leur correspondance la plus active, les deux savants échangeaient plusieurs lettres par mois, et une telle fréquence donne à ces documents intimes un

---

1. « Quando io viddi V. S. Rda a Bologna, se ben fù per poco tempo, mi parve che facessimo un' amicitia tanto stretta che non si dovesse reputar se non antica. » (21 janv. 1566.)

2. J'en cite un passage qui intéresse les collections de nos bibliophiles : « Mi ricordo ch'ella mi disse d'haver la tavola greca che fece gia M. Ubaldino sopra Aristotele, la quale sono 7 anni passati che viddi in mano del Possno [Possevino], et come che non pensava attendere alla filosofia, non me ne curai ne di vederla nonche di trascriverla. Hora la desidero quanto cosa alcuna per potere aggiutare qualche poco la mia memoria, et perche tengo in casa un greco diligente la vorrei haver qui in Padoa. » Ce grec me paraît être Michel Sophianos. Cf. Montfaucon, *Pal. gr.*, p. 90, et Miller, *Cat. des mss. grecs de l'Escurial*, p. 97.

3. *Ambros. D. 422 inf.* C'est la première lettre du recueil de Milan et la seule de 1572.

4. Paris, Bibl. Nat., *Dup.* 704, f. 24.

abandon et une familiarité qu'on rencontre rarement ailleurs. Pinelli et Orsini, tous deux grands épistoliers, ont réservé leur meilleure plume l'un pour l'autre. Le Romain, assez réservé dans ses autres lettres, n'a rien de caché pour Pinelli. Il parle très librement des hommes et des événements, même de leurs amis communs et de ceux qu'ils aiment le mieux. Les petites intrigues du monde romain et leurs anecdotes piquantes égaient les discussions sur les textes classiques et la critique des livres nouveaux. La jalousie d'Achille Estaço [1], l'égoïsme de Muret [2], la susceptibilité d'Agustin [3], la manie poétique de Gambara [4], se retrouvent tour à tour. Alde le jeune n'est pas épargné, et son caractère versatile et déloyal fournit matière à mainte allusion [5]. Orsini nous paraîtrait même bien méchante langue, si le caractère absolument confidentiel de cette correspondance n'en excusait la liberté [6].

Pour les achats de livres, Pinelli avait un compte ouvert chez Orsini, et réciproquement [7]. Le premier achetait pour le second sur les marchés de Venise et de Francfort; celui-ci, de son côté,

---

1. *D. 422 inf.*, 31 oct. 1573. Estaço ne pardonnait pas à Latini la pension de 160 ducats de chambre que le pape venait d'assigner à celui-ci pour sa collaboration au *Décret* de Gratien ; l'anecdote est racontée par Fulvio avec une grande verve.

2. V. plus haut, p. 64, note 7.

3. 20 janvier 1680 : « Di monsignor A. Augustino non so che dirvi se non che io non ho colpa in questo suo humoraccio, del qual vedo che egli hormai si sia avveduto, et tuttavia il Sr Latino fà de'versi dove lo chiama *dubium amicum.* » Cf. *passim* et ci-dessus p. 61.

4. 8 janvier 1575 : « Del Gambara vedo che lei non è instrutto dell' humore dell' huomo al quale s'aggiungono quei bicchieri di vino et li 78 anni. » Cf. *passim* et la lettre du 27 fév. 1574.

5. Cf. lettre d'Ercole Ciofano à Vettori (Sulmone, 1582) dans *Clar. Ital. ep. ad Vict.*, t. II, p. 152. Dans le recueil épistolaire insignifiant qu'Alde le jeune n'a pas craint d'imprimer pour singer son père, il y a une courte lettre à Orsini, écrite de Pise le 1er juillet 1587, et apportée à Rome avec d'autres par Lelio Gavardi, cousin d'Alde ; celui-ci le prie de reprendre sa correspondance et l'assure « quanto mi doglia il dubbitar di non esserle in quel termine di gratia che vorrei. » (*Lettere volgari di Aldo Manuzio*, Roma, 1592, p. 141).

6. Deux exemples : « Il [Paolo] Manutio si morse Martedì, come V. S. deve haver inteso, et il suo male non è stato altro che quel suo morbo gallico arradicato di molti anni ; Dio li doni pace all'anima. » (10 avril 1574.) « Qui s'intende che'l Mureto sta male con pericolo della vita d'un morbo gallico vecchio ; Dio li dia sanità. Il suo Seneca è quasi finito. » (25 mai 1585).

7. On trouve ces notes dispersées dans la correspondance. Chacun devait payer à l'arrivée le port des lettres de son ami ; Orsini les porte en compte le 23 septembre 1581 : « levandosi 56 lettere che V. S. scrive a me, che sono giulii 17. » (*Ambros. D. 423 inf.*).

lui fournissait la librairie romaine ; afin que les envois fussent mieux assurés, on les faisait passer souvent par les ballots des marchands vénitiens, ou sous le couvert de l'ambassadeur de Venise[1]. En s'écrivant, ils se chargeaient l'un l'autre de remettre des lettres aux amis communs ; Pinelli, par exemple, les transmettait à Mercuriale, Fulvio à Latini, etc. Ils s'envoyaient des visiteurs : la recommandation de Pinelli suffit pour qu'Orsini s'intéressât vivement au Grec Jean Bonafé, qui venait chercher fortune à Rome, et pour qu'il l'aidât à se faire une belle situation au Vatican[2]. Plusieurs jeunes gens furent adressés à Pinelli par Orsini ; à propos de l'un d'eux, Ercole Ciofano, Orsini disait en 1580 : « Il veut vous connaître, mon ami, pour connaître la plus noble chose qui soit à Padoue[3]. » Le compliment était aussi sincère que mérité. Les deux amis songèrent plus d'une fois à se réunir : dès 1574, Pinelli faisait rechercher par Orsini un appartement à Rome, où il pût installer sa bibliothèque[4]. Il changea bientôt d'avis, et ce fut Orsini qui, en 1583, rêva d'aller s'établir à Padoue ; il voulait, disait-il, achever la Bible grecque, puis quitter Rome pour se reposer, le plus loin possible, de ses interminables travaux d'obligation, et s'occuper librement des choses de son goût[5]. Ce projet du Romain ne fut jamais bien sérieux ; cependant il demandait à Pinelli des renseignements complets sur les dépenses domestiques de Padoue. C'est ainsi

---

1. Cf. *passim*; c'est en 1582 que paraissent avoir commencé leurs relations intéressées avec les ambassadeurs de la République ; Orsini écrit en effet en novembre : « Io pigliarò un poco di domestichezza col s^r Ambr^o Veneto per potermene valere in servit.o di V. S. et mio, per conto de mandar libri. » (*D.* 423.)
2. Jean Bonafé fut recommandé à Orsini et à Sirleto par une double lettre de Pinelli du 5 janv. 1583 ; Mercuriale écrivait à Sirleto le 4 janvier dans le même but. (Cf. *Vat.* 6195, partie I, f. 6.) Bonafé retourna à Padoue, puis revint à Rome et y réussit : quelques années plus tard, Orsini annonçait à Pinelli qu'on allait exécuter à l'imprimerie Vaticane les *Conciles généraux* en grec et en latin ; le cardinal Caraffa venait de donner à Orsini tous les détails de l'édition, et c'était Bonafé qu'on avait chargé du grec. (7 juillet 1589 ; *D.* 422.)
3. Ciofano part « per stare in compagnia di messer Aldo, et venendo a Padova desidera vedere V. S. come la più nobile cosa che sia in Padoa [sic]. » (27 sept. 1580; *D.* 423.)
4. Orsini s'en occupe dès le 2 janv. 1574 ; le 16 avril, il dit qu'il a trouvé une maison dans la rue qui va du Campo-Marzio à Monte-Citorio ; il la décrit tout au long ; on en demande 150 écus, mais pour en avoir 120. Dans la lettre du 26 juin, on voit que Pinelli a changé d'avis et ne viendra pas habiter Rome. (*D.* 422.)
5. Lettre du 30 juillet 1583 (*D.* 422) ; cf. plus haut p. 30, n. 3.

que les détails de la vie quotidienne viennent animer sans cesse les lettres de nos deux savants.

Mais ce qui fait le fond de cette correspondance, ce qui lui donne son unité, c'est la question des bibliothèques, et surtout des collections de manuscrits. Orsini travaille pour Pinelli, fait pour lui des collations et lui procure des copies[1]. Pinelli s'occupe plus activement encore d'enrichir son ami; on va le voir à l'œuvre au chapitre suivant à propos des manuscrits de Bembo qu'Orsini veut acheter : ce sont les plus beaux trésors bibliographiques de Padoue qui vont partir pour Rome ; on peut admirer en vérité le désintéressement de Pinelli, qui renseigne son ami sur leur valeur, se prête à toutes ses ruses d'acquéreur, et se réjouit de son succès. Il n'y avait entre eux aucune trace de rivalité d'écrivain, puisque le savant de Padoue, ce Peiresc du XVIe siècle, ne publiait point d'ouvrages, et qu'il avait acquis seulement pour son plaisir et pour être utile aux autres son immense érudition. Mais, comme bibliophile, Pinelli pouvait trouver son intérêt en lutte avec son affection pour Orsini ; cependant nous n'avons pas rencontré un seul point sur lequel se soit produit le moindre froissement entre les deux érudits et le spectacle d'une amitié semblable a été l'une des plus vives satisfactions de nos études.

---

[1]. Cf. *passim*, et les lettres d'Orsini de l'Appendice II. Le copiste grec qu'il employait pour Pinelli était Pierre Devaris, fils de Mathieu, désigné sous le nom de *Bary* ou Βαρύ.

CHAPITRE III

PRINCIPALES ACQUISITIONS D'ORSINI

L'histoire des principales acquisitions faites par Fulvio Orsini pour sa bibliothèque repose presque entièrement sur nos correspondances inédites. Le dépouillement parallèle de ces dossiers intimes, dans les divers dépôts où ils sont dispersés, a permis de fixer la date de l'entrée d'un grand nombre de volumes chez notre savant, et nous a fait connaître leur provenance. Les renseignements isolés fournis par ces sources précieuses seront utilisés au cours du travail descriptif; on a réuni ici ceux qui portent sur des séries ou sur des volumes particulièrement intéressants. Quant aux négociations même d'Orsini, elles ont paru contenir assez de faits curieux sur la bibliophilie au xvie siècle pour mériter d'être mises en lumière, au moins par un récit abrégé. On y trouvera également des détails nouveaux sur plusieurs manuscrits illustres : le bibliographe ne peut négliger ce qui regarde l'histoire de volumes tels que le Virgile du Vatican, l'*Augusteus*, le Térence de Bembo ou les autographes de Pétrarque, pour ne citer que les plus connus de notre collection. La biographie des manuscrits peut être écrite; elle n'est souvent pas moins instructive que celle de leurs possesseurs[1].

La plus ancienne des acquisitions que nous puissions constater est relative à la bibliothèque d'Angelo Colocci, mort en 1549. Cette collection, fort belle en un temps, avait été très réduite : elle est du nombre de celles qui furent pillées pendant le sac de Rome de 1537, où périrent tant de trésors littéraires. Les impri-

---

1. Il n'y a point dans ce chapitre de renvois aux mss. eux-mêmes ; je renverrai au contraire aux renseignements qu'il contient, en décrivant plus loin les volumes.

més et les manuscrits de Colocci furent déchirés, jetés dans la boue, employés par les soldats aux plus vils usages, sous les yeux même de leur propriétaire [1]. Après sa mort, Orsini recueillit pieusement les débris de cette bibliothèque mutilée, en souvenir du vieillard qui avait encouragé ses premiers travaux [2]. Il le raconte lui-même un peu plus tard dans une lettre adressée à Michele Fortiguerra, de Pistoia [3] : « Les jours passés, dit-il, sont venus me trouver les héritiers de Mgr Angelo Colocci, autrefois évêque de Nocera et grand ami de votre oncle Scipione Cartéromachos; ils m'ont prié de réunir toutes ses compositions, qui ont été dispersées après sa mort, et de les imprimer si elles en sont dignes [4]. J'avais une grande affection pour Mgr Colocci, et j'ai accepté volontiers cette charge. J'ai cherché dans la « guardarobba » du Saint-Père, où l'on a porté avec ses livres beaucoup de choses de lui et d'autres lettrés, de Cartéromachos par exemple; il n'y avait rien. J'ai vu aussi la bibliothèque du pape Marcel, qui eut en main ces compositions; je n'y ai pas recueilli grand'chose relativement à tant de beaux écrits qu'a faits Colocci. Cependant, grâce à Dieu, j'étais devenu possesseur, après sa mort, de plusieurs de ses livres : c'est là que j'ai trouvé par hasard deux cents épigrammes latines fort belles; je les ai réunies selon le désir des héritiers et suis résolu à les faire imprimer. Mais comme les épigrammes surtout demandent la perfection, je les ai communiquées à des lettrés, qui n'en ont gardé que cent; celles-ci peuvent, il est vrai, soutenir la comparaison avec n'importe quelle œuvre antique. »

Nous retrouverons plusieurs livres de Colocci en étudiant le fonds latin d'Orsini [5]; mais la lettre de 1556 nous met sur la trace

---

1. Cf. F. Ubaldini, *Vita Angeli Colotii ep. Nucerini*, Rome, 1673, p. 55, d'après le *De infelicitate litteratorum*, de Lilio Giraldi.
2. Ubaldini, p. 31, dit que c'est à la mort de Marcantonio Colocci, fils d'Angelo, qu'une partie des livres de celui-ci passa à Orsini. Orsini, dans sa lettre de 1556, semble indiquer que c'est aussitôt après la mort d'Angelo lui-même; en ce cas, il aurait eu seulement une vingtaine d'années.
3. Rome, 20 juin 1556. Cette lettre n'est pas inédite : elle a été publiée en son entier par le *Giornale de' letterati d'Italia* (t. XXVI, Venise, 1716, pp. 327-334), et Seb. Ciampi en a reproduit un fragment. (*Memorie di Sc. Carteromaco*, Pise, 1811, p. 48.) Nulle part la provenance de la lettre n'est indiquée.
4. Ces héritiers étaient, après la mort de Marcantonio, Giacomo et Ippolito Colocci. (Ubaldini, p. 69.)
5. Un recueil du fonds Vatican, très utile pour nos études, le 3958, contient du f. 184 au f. 196 un inventaire complet de la bibliothèque de Colocci, dressé peu de temps après la lettre d'Orsini et probablement au Vatican.

d'une nouvelle série de recherches du jeune bibliophile. Laissons-lui encore la parole [1] : « Le livre des épigrammes de Colocci étant si réduit, nous sommes décidés à en joindre quelques autres d'hommes illustres de ses amis, afin de faire du tout un noble recueil. Je n'ai jamais connu ni vu votre oncle Cartéromachos, étant né une quinzaine d'années après sa mort, mais j'ai vu beaucoup de livres et d'écrits de lui chez des lettrés, surtout chez Colocci ; j'ai conçu une telle affection pour son souvenir que, dans mes études grecques ou latines, j'ai tâché d'imiter un homme qui a été l'admiration de son temps et l'est encore du nôtre. Il se présente pour moi une bonne occasion d'honorer sa mémoire : j'ai en effet une demi-douzaine de belles épigrammes latines, qu'on imprimera avec les autres, et qui le feront vivre au moins par ses écrits [2]. » Orsini prie qu'on lui envoie tout ce qu'il peut y avoir à Pistoia d'œuvres de Cartéromachos, surtout en épigrammes grecques ; Colocci en possédait beaucoup et Orsini ne les a pas retrouvées. Il demande aussi quelques renseignements

il pourrait être le point de départ de recherches spéciales. Il est intitulé : *Inventario delli libri del Colotio di sacra scriptura fatto alli 27 d'ottobre* 1558, et divisé en dix *casse* ; en réalité, il n'y a que les deux premières qui renferment des ouvrages théologiques. Les manuscrits et les imprimés sont catalogués ensemble et s'élèvent au chiffre de 558 ou 559 numéros. — Ce document est précédé d'un petit inventaire, original également, des livres consignés au Palais Apostolique comme provenant de la succession du cardinal Aleandro (*Die xx martii* 1542 *Dominus Claudius Aleander consignavit nobis infrascriptos libros olim bonae memoriae cardinalis Brundusini*). Il y a encore d'autres pièces intéressant les bibliothèques du xvie siècle, qui paraissent avoir été centralisées à cette époque par l'administration de la Vaticane. Je citerai : un catalogue grec des manuscrits de l'Escurial, rédigé en 1579 ; un double et une traduction latine du même catalogue, et d'autres se rapportant à la même bibliothèque, notamment un index latin de la collection de Diego Hurtado de Mendoza (f. 76) ; un inventaire des livres du cardinal Sforza (f. 103) ; un *Index librorum ex Bibl. Antonii Augustini archiep. Tarraconensis ad conciliorum et epistolarum pontificiarum editionem pertinentia* (f. 165) ; etc. Il faut surtout attirer l'attention sur les documents relatifs à l'Escurial, qui sont demeurés inconnus à Charles Graux, et qui serviront peut-être à combler la lacune du catalogue original de Philippe II, qu'il a regretté de laisser dans son beau livre (p. 161).

1. Ma traduction abrège ce passage comme le précédent : Orsini est un peu prolixe, soit qu'il s'excuse près de Fortiguerra de s'adresser à lui sans le connaître, soit qu'il témoigne son admiration pour le grand homme de la famille.

2. « Questo dico, perche dopo l'orazione, che egli tradusse di Aristide e qualche epigramma greco ovvero epistola che messer Aldo Manuzio stampò nelle prime carte di alcuni libri, non si trova altra memoria di quest' uomo ; e i suoi libri, i quali egli studiò e scrisse, non gli vedrà ognuno, come gli ho visti io ; e se pure alcuno gli vedrà, non conoscerà che quella sia sua mano. » Orsini a été bon prophète ; c'est seulement grâce à son inventaire que nous avons pu identifier sur les livres l'écriture de Cartéromachos.

biographiques sur la personne et la famille de Cartéromachos, afin de rédiger sa notice dans le recueil projeté. Celui-ci n'a point paru [1] ; soit qu'Orsini ait conçu plus tard un plan trop vaste, soit qu'il ait été absorbé tout de suite par des études plus graves, il n'a pas donné cette anthologie des poètes latins du commencement du xvi⁰ siècle ; mais on retrouve dans ses papiers une bonne part des matériaux qu'il avait réunis [2].

Les relations d'Orsini avec la famille de Cartéromachos ne s'en tinrent pas là. En 1565, se rendant à Bologne avec le cardinal Ranuccio, il profita d'un arrêt à Pistoia pour aller voir Michele Fortiguerra avec Fabio Farnèse. Les deux amateurs se firent montrer la bibliothèque formée par l'humaniste, qui n'avait pas encore subi de dispersion sérieuse ; ils prirent une note rapide de ce qui paraissait le plus intéressant [3]. Pendant son séjour à Bologne, Orsini écrivit à Michele pour lui demander huit volumes imprimés, annotés par Cartéromachos, qu'il avait remarqués ; les autres livres de même provenance, qu'il avait eu occasion d'étudier à Rome longtemps auparavant, lui donnaient, disait-il, grande envie d'avoir ceux-là [4]. La famille Fortiguerra paraît avoir été ruinée à cette époque, et une grave maladie de son chef achevait de jeter le trouble dans ses affaires. La protection et les secours pécuniaires d'un homme comme le bibliothécaire d'un cardinal, qui était de plus dignitaire ecclésiastique, ne pouvaient être dédaignés de ces pauvres gens. Aussi faut-il

---

1. Le projet a été repris et exécuté en partie par l'abbé Gianfrancesco Lancelotti au xviii⁰ siècle.

2. Plus tard, Francesco Patrizi lui demandait de tirer de son cabinet les vers qu'il avait de Molza ; je cite cette lettre, intéressante par son sujet et par le nom de son auteur : « ...La signora Tarquinia Molza, miracolo di tutte le donne e per la incomparabile dottrina della lingua volgare, latina e greca e per la filosofia e poesie sue et per la musica et per la bontà et altre virtù singolari dell' animo e per le bellezze et gratie corporali, arde di desiderio di rinovare et di mandare a posteri la memoria dell' avolo suo Fr. Maria Molza che fù gia si caro servitore a casa Farnese. Et ha raccolte molte sue compositioni con animo di farle stampare. Habbiamo pensato che V. S., come quella che è, potrà favorire questo suo nobile e pio desiderio col mandarle alcuna cosa di detto Molza, cosi delle raccolte dello suo studio, come di quello dello Ill.mo suo card.le. Spera ella che V. S. per la sua nobiltà et cortesia non vorra marcarle, et io la supplico quanto posso... » Patrizi rappelle ensuite la générosité qu'a eue Orsini en lui prêtant un Stobée et un Damascius (Modène, 27 juillet 1577 ; Vat. 4105, f. 47.)

3. Cf. la lettre VI de l'Appendice II.

4. Ces livres devaient être ceux qui se trouvaient en la possession de Colocci, de Niccolò Maggiorani et de Settimio Orsini et qui passèrent plus tard dans la bibliothèque de Fulvio. V. l'index.

voir avec quel empressement Scipione Fortiguerra, fils de Michele, répond, au nom de son père, à la demande d'Orsini [1]. Le savant veut huit volumes : Scipione en envoie vingt-deux, tous apostillés, dit-il, par son grand-oncle. Il a mis la main, dans ses recherches, sur une lettre latine de Cartéromachos et sur plusieurs autres des littérateurs de son temps ; il les envoie de même, pensant être agréable, et commence ainsi cette intéressante série d'autographes à laquelle Orsini plus tard attachera tant de prix.

Le désir excessif de plaire avait égaré les yeux de Scipione. Il avait envoyé plusieurs volumes, un Pline, un Ovide, qui n'étaient nullement, disait Orsini, annotés par Cartéromachos [2]. Orsini garde les volumes sur lesquels il ne comptait pas : il les considère comme de bonne prise ; mais il n'en réclame pas moins un dédommagement. Scipione se confond en excuses et se met à explorer à fond la bibliothèque paternelle [3]. Il envoie alors un Marsile Ficin (*De triplici vita*) sur lequel la main de Cartéromachos n'est pas douteuse, l'Aldine des œuvres de Politien, et un *Textus summularum Petri Hispani* où se voit la même main que sur le Pline [4]. Pour reconnaître ces dons, Orsini débourse vingt-cinq écus, qui arrivent fort à propos au pauvre Scipione dont le père vient de mourir [5]. Mais les exigences du bibliophile ne connaissent plus de bornes : il veut avoir tout ce qui reste des livres de Cartéromachos. Son correspondant à Pistoia, un capitaine au service du duc de Parme, nommé Conversini, transmet ses ordres à Scipione. Celui-ci annonce un nouvel envoi : six volumes annotés par Cartéromachos et un septième, qui est un manuscrit d'Ovide, abondamment scholié d'une autre main [6].

Après cela Scipione a vidé les rayons : il ne lui reste plus que quelques correspondances de Cartéromachos en italien, aux-

---

1. Lettre I de l'Appendice II.
2. On cite Pline, *Métamorphoses* d'Ovide, opuscules de Plutarque, Eusèbe, Strabon, Lactance. Orsini y reconnut la main de Giambattista Fortiguerra.
3. Lettres II-IV de l'App. II.
4. Et qui n'est autre que celle de Cartéromachos (v. l'Inventaire, au n° 86 des imprimés latins).
5. *Vat.* 4104, f. 247 (lettre de Scipione du 15 fév. 1566).
6. Lettre VI de l'App. II. Les livres sont : 1° La *Logique* d'Aristote; 2° Théocrite et le *Plutus* d'Aristophane ; 3° un lexique grec ; 4° Hippocrate ; 5° *Proverbiorum libellus* (avec 20 ff. écrits par Cartéromachos) ; 6° *Arithmetica Boetii* ; 7° ms. d'Ovide (*Sine titulo*).

quelles il attache peu de valeur; il les met cependant à la disposition d'Orsini, dans sa lettre du 14 mars 1566[1]. Orsini les demanda sans doute, puisqu'on les retrouve chez lui : il estimait qu'il n'y a pas de petits profits pour un collectionneur, et que ces lettres intimes dédaignées d'un ignorant auraient pour lui beaucoup d'intérêt. C'est ainsi qu'il réunit tout ce qui restait des livres et des papiers du savant collaborateur d'Alde Manuce.

C'est précisément vers cette époque qu'Orsini conçut l'idée d'avoir une véritable bibliothèque. Il nous l'apprend par une lettre à Vettori, du 29 juin 1567 : « Si vous trouvez, écrit-il, quelque autographe de Politien, et si vous ne voulez pas le garder, envoyez-le moi, car je prends fantaisie à présent de me faire une bibliothèque[2]. » Les séries bibliographiques d'Orsini n'étaient pas encore bien considérables en 1570, au moment où elles furent visitées par notre compatriote Claude Dupuy, avocat au parlement de Paris. En écrivant deux ans plus tard, dans toute la fraîcheur de ses souvenirs, à son ami Pietro del Bene, qui venait d'arriver à Rome, il lui donne de curieux détails sur les collections romaines, « ... en quoi le sieur Fulvio Orsino vous servira comme de registre pour estre curieux rechercheur de toute antiquité. Il vous fera voir la librairie du cardinal Farnese dont il est garde, et de la Vaticane il vous insigniera les meilleurs exemplaires... Lui-mesme a quelques bons livres grecs et latins, tant escrits que conferez avec les escrits, et aucuns notez et corrigez de la main de quelques hommes sçavans comme de Politian, Carteromachus, Gentilis Delfinius, Pantagathus, Faerne, Onuphre et autres, qu'il a de tout temps curieusement recherchés et s'en a bien sceu faire honneur[3]. »

Ce passage nous renseigne sur l'état de la bibliothèque d'Orsini en 1570. Les volumes de Cartéromachos en formaient, au moins par le nombre, une des séries principales, et on y voyait ceux qui portaient des annotations des amis déjà morts

---

1. Lettre VI.
2. British Mus., *Add. ms.* 10270, f. 17.
3. Dupuy continue : « Bien est vrai, *quae est hominis ambitio*, qu'il non les monstre qu'a diverses fois, et s'il vous offre ou promet quelque chose, comm' il est courtois et liberal de parole pour en tirer de vous un autre peut estre meilleur, vous le devez prendre au mot et ne vous asseurer trop de ses promesses. » (*Ambros.* G. 77, f. 31 v°.) L'ensemble de cette lettre à Del Bene, intéressant pour les bibliothèques de Rome, va être publié avec la correspondance entre Claude Dupuy et Pinelli.

d'Orsini, Bagatto, Faerno, Panvinio[1]. Le Virgile annoté par Politien y figurait déjà[2]. On peut y joindre avec certitude le vieux Porphyrion et un Tite-Live, prêtés tous deux à Dupuy[3], et les manuscrits latins provenant d'Achille Estaço[4]. Il y a loin, on le voit, de cette bibliothèque naissante, à la collection célèbre que Rocca décrira comme supérieure à certains égards à celle du pape, et qui entrera plus tard avec tant d'éclat au Vatican.

Un des accroissements les plus précieux vint à Orsini de Dupuy lui-même. Celui-ci avait à cœur de reconnaître les services qu'il avait reçus de l'archéologue romain et la libéralité avec laquelle celui-ci avait mis à sa disposition ses livres et ses lumières. Il lui avait promis un beau présent ; cependant ce ne fut que trois ans après son retour à Paris, qu'il s'acquitta envers Fulvio par l'entremise de Pinelli, avec qui il était resté en correspondance régulière ; il envoya un double feuillet d'un manuscrit devenu fameux, et sur la provenance duquel sa correspondance jette pour la première fois la lumière. Il s'agit du fragment qui est connu sous le nom d'*Augusteus* de Virgile, depuis que Pertz a émis l'idée singulière que le manuscrit pourrait remonter au temps même de l'empereur Auguste. Dupuy nous apprend qu'il vient de Saint-Denis : « l'ai mis parmi vos livres, écrit-il à Pinelli, une feuille d'un Virgile fort ancien et escrit en lettres capitales, *quas unciales vocabant*, lequel a esté autresfois en l'Abbaie de Saint-Denis en France, et maintenant est espars çà et là *tanquam Sibyllae folia* ; laquelle ie lui [à Fulvio] ai promis longtemps a ; et aiant receu vosdits livres vous la lui envoierez en mon nom, s'il vous plaist. C'estoit bien autre chose que le

---

1. Je n'ai pas retrouvé ceux qui venaient de Delfini ; ils ne portaient sans doute point d'*ex-libris*.
2. Orsini à Vettori : « A me è capitato un Virgilio tutto studiato di mano d'A. Politiano, e fra le molte buone cose che vi sono v'è copiato nele margine un commento sopra la Bucolica di Junio Philargyrio... » (Lettre du mois de mars 1567 ; British Mus., Add. ms. 10270, f. 12.) V. cette lettre et une autre du 22 mars 1567, dans la publication annoncée p. 72, note 3.
3. Dans une lettre de Dupuy à Pinelli écrite de Rome, le 23 déc. 1570, je trouve des détails qui intéressent ces deux manuscrits : « Ursinus et Latinius nullum finem faciunt bene de me merendi, nec modo sermones eruditos, sed libros etiam mihi impertiunt. Ab illo praeter alia *Porphyrionis* in Horatium exemplar antiquissimum atque optimum habui, quod, ut otii huius Romani ratio mihi ex aliqua parte constaret, diligenter contuli. In *Livio* quoque aliquid operae superioribus diebus posui atque etiam hunc pono, cuius codicem mediae vetustatis ab eodem utendum accepi. » (*Ambros.* G. 77 *inf.*, f. 3.) Le Tite-Live avait été déjà collationné par Sigonio ; cf. G. 77, f. 5.
4. Même lettre à Del Bene.

Virgile de Carpi ou celui de Bembe, *vestrorum hominum sermone et litteris tam valde celebrati. Tarde, inquies, fidem tuam liberas.* A la vérité ce n'est pas mon naturel que de faillir à ma parolle, mesmement si c'est chose qui soit en ma puissance; mais qui a fait que i'aie accompli si tard ma promesse envers lui, c'a esté que ie me sentois piqué d'un refus qu'il me fit, un peu avant mon partement de Romme, de certaine chose, laquelle il m'avoit offert et promis par plusieurs fois, comm'il est homme fort liberal de promesses, à la Romaine. *Sed haec alias...* De Paris, 28 de mars MDLXXIIII[1]. »

Le manuscrit paraît séjourner longtemps chez notre Pinelli, qui ne manque pas de l'étudier au passage ; parti de Paris le 28 mars 1574, il n'arrive à Orsini qu'au milieu de juillet. Dupuy l'a revêtu de la dédicace qu'on y lit encore : **CLAVDIVS PVTEANVS FVLVIO VRSINO D. D.** Orsini est enchanté, il ne s'attendait pas à un don si beau[2]; mais il a cru s'apercevoir que le feuillet double qu'il a reçu contient seulement les pages 1, 2, 7, 8 d'un fragment plus complet ; Dupuy veut donc garder, comme spécimen d'un texte unique, les pages 3, 4, 5, 6. Orsini n'est pas satisfait ; il insiste pour réunir dans ses mains tous les débris du précieux volume. Il demande l'intervention de Pinelli[3], de

---

1. *Ambros.* G 77, f. 55 (lettre de Dupuy à Pinelli, 28 mars 1574). — L'*Augusteus*, qu'il serait mieux d'appeler à présent le *Dionysianus*, est en deux parties, qui contiennent à peine, comme on sait, un fragment du livre Ier des *Géorgiques* (v. 41-280) et du livre III (v. 181-220). L'une est à Rome, *Vat.* 3256, c'est le fragment de Dupuy qui comprend quatre feuillets ; l'autre est à la Bibl. de Berlin et comprend trois feuillets achetés à La Haye en 1862. Cf. surtout Ribbeck, *Prolegomena critica*, Leipzig, 1866, p. 227. et Chatelain, *Paléogr. des classiques latins*, 5e livr, Paris, 1886. Il y avait au moins un autre feuillet du même ms., aujourd'hui perdu, qui contenait un fragment du livre IV de l'*Énéide* et faisait partie de la bibliothèque de Pithou ; il a été mentionné par Mabillon et Ruinart, *De re diplomatica*, 2e éd. Paris, 1709, p. 635-637 (avec fac-similé de quatre vers). Cf. les deux travaux de Pertz cités par M. Léopold Delisle, *Le cabinet des mss.*, t. I, Paris, 1868, p. 262. Rappelons que le Virgile à peintures, *Vat.* 3867, qui figurait depuis le XVe siècle dans la Bibliothèque Vaticane, provient également de Saint-Denis. (Nolhac, *Les peintures des mss. de Virgile*, Rome, 1884 ; extr. des *Mél. d'arch. et d'hist.*)

2. Orsini à Pinelli : « Il foglio del Vergilio m'è riuscito maggiore dell' espettatione, che era grandissima, et voglio scriverne al Puteano et ringratiarlo. Ma non sò se sarà bene inviare la lettera à V. S. o à messer Guido Lolgio in Parigi. » (27 juillet 1574 ; *Ambros.* D. 422). Cf. ce que dit Pinelli à Dupuy dans sa lettre du 9 juillet. (Paris, Bibl. Nat. *Dup.* 704, f. 28.)

3. Pinelli à Dupuy : « Già ho detto à V. S. quanto care siino state al sr Fulvio Orsino le due carte di Virgilio che V. S. gl' ha mandate, et già egli le ha scritto il desiderio ch' harebbe di unirle con le due che vanno dentro di quelle che V. S. gl' ha mandate, pensando che V. S. n'habbia molte ; et

Guido Lolgi, qui réside à Paris, de l'abbé Del Bene, Italien qu'il voit à Rome et dont l'influence amicale est grande sur Dupuy. Toutes ses lettres sont pleines de prières[1]. Claude Dupuy se laisse toucher[2], et, malheureusement pour la France, son dernier morceau du grand Virgile prend le chemin de l'Italie[3]. Le 4 septembre 1575, Dupuy annonce à Pinelli qu'il trouvera le nouveau feuillet destiné à Orsini dans un autre envoi de livres adressé à Padoue : le 28 janvier 1576, Orsini dit à Pinelli l'avoir reçu des mains de Giorgio Gozzi et avoir envoyé à Paris ses remerciements[4].

Malgré ses protestations de reconnaissance, l'érudit romain ne sut aucun gré à son confrère de Paris d'avoir dépouillé généreusement sa bibliothèque d'une pièce de cette valeur. Sa correspondance avec Pinelli montre à l'égard de Dupuy cette mauvaise humeur qu'il manifestait généralement contre les Français.

mi priegha perche prièghi V. S. à compiacernelo potendo ; come faccio con tutto il mio caldo, et stimarò che V. S. habbia fatto tal gratia a me proprio. » (Padoue, 2 sept. 1574 ; *Dup.* 704, f. 27.)

1. Lettre à Pinelli du 7 août 1574 : « Al Puteano hò scritto et al Lolgio, et mi pento di non haverlo fatto col mezzo di V. S., che son certo m'harebbe favorito di due paroline, à disporlo che mi volesse compiacere del foglio 3. 4. 5. 6. che và dentro questo 1. 2. 7. 8. che m' hà mandato ; perche il libro era distinto in duernioni, et io per conservare questa reliquia vorrei questo continuato, poiche lui mi dice haverne dell' altri. Siche V. S. vede quanto sia lontano à permettere all' amico, che ne tagliasse qualche foglio... Al Puteano hò scritto di questo mio desiderio e credo che V. S. harria ancora à tempo d'aiutarlo. » Lettre du 26 août : « Non potrei ringratiare V. S. à bastanza dell' officio che l'è piaciuto di fare per me col s[r] Puteano, per quel foglio di Virgilio che entra nel mandatomi ; et voglio sperare hora di poter conseguire il mio desiderio favorito della raccomandatione de V. S. Ne dissi anco una parola hiersera col s[r] Abbate del Bene, che fù a vedermi per cortesia sua... » Cf. lettres du 23 oct. 1574, du 31 janv. et du 17 juin 1575, et *passim* (*Ambros.* 422).
2. Dupuy à Pinelli : « J'accorde pour l'amour de vous au s[r] Fulvio la feuille du Virgile qu'il demande, combien que je n'aie plus que celle-là, et je la lui ferai tenir parmi quelques livres que j'envoierai en brief à M. Muret, car en un pacquet de lettres elles s'eust peu gaster par les plis. Mais ie le requiers en récompense d'une autre faveur, c'est qu'il me donne ou preste, comme il voudra, un exemplaire des Panégyristes escrit en papier assez recentement, lequel il m'a presté autrefois... Il n'en doit pas faire grand compte comme n'estant chose de son humeur. » (17 janv. 1575.)
3. Le feuillet double, envoyé à Orsini la seconde fois, entrait en effet dans le précédent ; mais il ne comblait qu'une partie de la lacune ; un autre était nécessaire ; on le retrouve aujourd'hui à Berlin. Les ff. de Berlin ne paraissent pas avoir appartenu à Dupuy (celui-ci déclare formellement n'avoir possédé que ceux qu'il envoie à Rome) ; ils étaient peut-être à Pithou. En tous cas c'est aux guerres civiles du xvie siècle, dont l'abbaye de Saint-Denis eut tant à souffrir, que l'on doit la dispersion et la perte d'un des plus rares monuments de la paléographie antique.
4. *Ambros. D.* 422 et *T.* 167.

En octobre 1579, vient à Rome un gentilhomme français, nommé D'Houlier ; il est recommandé chaudement à Pinelli par Dupuy, à Fulvio par Pinelli [1]. Orsini, après l'avoir fort bien reçu et l'avoir trouvé d'une courtoisie parfaite, lui confie à son départ une lettre pour Dupuy [2]. Il le charge d'insister pour obtenir une Décade de Tite-Live en lettres majuscules [3], que Dupuy possède et lui a presque promise ; il offre du reste une compensation honnête, comme il est d'usage entre gentilshommes [4]. D'Houlier emporte la lettre, promet d'appuyer la demande ; mais il tarde à faire la commission, il n'écrit pas, Orsini s'inquiète, croit que D'Houlier manque à sa promesse, comme tous les Français qu'il a bien reçus à Rome et qui se sont moqués de lui une fois rentrés chez eux : « Pourvu que Mgr d'Houlier (Olerio) ne me fasse pas comme les autres Français, tout ira bien ; je veux l'espérer, car il m'a paru un homme accompli, et il n'a aucune autre peine à prendre que celle de m'écrire [5]. » Six mois après, ne recevant rien, Orsini change de ton : « Ce D'Houlier ne m'a rien écrit ; il devait pourtant le faire, quelque impoli qu'il fût. Veuillez vous en plaindre de ma part, quand vous écrirez à Paris ; car en vérité, bien que les Français se soient tous moqués de moi jusqu'à présent, celui-ci pour la moquerie est encore plus fort que les autres [6]. » S'il ne s'agissait de manuscrits, Orsini serait sans doute moins en colère.

---

1. Il sera question de ce voyage dans la *Correspondance entre Dupuy et Pinelli* : j'insiste ici de préférence sur les détails qui ont un intérêt bibliographique.

2. Lettre VII de l'Appendice II.

3. Je rappelle qu'au XVIe siècle la distinction entre la capitale et l'onciale n'existe pas.

4. Orsini à Pinelli : « Questa settimana è venuto a trovarmi quel sig^{re} Franzese [D'Houlier], col quale io hò sentito tanto gusto, quanto non potria dire à V. S. siche sarà questo uno dell' obligli principali, che io dovero haver à V. S... Egli haverà da me una lettera al s^r Puteano per disporlo a compiacermi d'una Deca di Livio, che mi disce gia haver in maiuscule, quale hora havendo riscontrata, me dice questo sig^{re} che non l'hà ritrovato buona come pensava. Basta mi, io l'harei cara per l'antichità e per accompagnarla con quest' altri e darei ricompensa honesta, come si fà fra gentilhuomini. Questo signore me ne dà speranza, e dice che ci interporrà l'offici suoi ; et io ci desidero una lettera di V. S.... » (31 oct. 1579 ; *Ambros. D.* 422. La lettre d'Orsini pour Dupuy est datée du 4 nov.) D'Houlier quitta Rome vers le 20 nov. ; il devait être à Paris pour la Noël (lettres du 21 nov. et du 5 déc.)

5. Lettre du 29 janv. 1580. (*Ambros. D.* 423.) D'Houlier écrit le 31 déc., mais sans satisfaire l'irascible Romain. (Orsini à Pinelli, 20 fév. 1580.)

6. Pinelli, qui n'a pas non plus de lettres de D'Houlier, exprime en ces termes à Dupuy le mécontentement d'Orsini et le sien : « Il s^r Fulvio Orsino sta aspettando con desiderio quel foglio del Livio di lettere maiuscole... »

Pour comble de malheur, Dupuy, après avoir commencé par dire que le volume offre un mauvais texte et ne vaut pas la peine d'être envoyé, avoue qu'il s'est trouvé du goût de Cheverny, garde des sceaux de France, et qu'on n'a pu se refuser à lui en faire hommage[1]. Ces explications, transmises par Pinelli, impatientent Fulvio : il y voit des faux-fuyants et des mensonges, et la promesse que lui fait Dupuy du seul feuillet du Tite-Live qu'il ait gardé, n'arrive pas à le désarmer. Il venait d'expédier d'avance un manuscrit des *Panegyrici veteres* que Dupuy lui demandait[2] ; mais il ne comptait, déclarait-il avec mépris, rien recevoir en échange[3]. Malgré ces injustes défiances, il eut le fragment quelques mois après[4]. Ce feuillet tant désiré d'Orsini paraît aujourd'hui perdu. Son origine n'est pas

« [Havendo] questo foglio imprima potrà tenerne migliore speranza. Esso sʳ Fulvio (per dirla a V. S.) si duole assai del sʳ D'Houlier, come che non ne sia venuto meco a particolari, V. S. come mediatore ne potrà intendere qual che n'è. Io poi... posso bene dire questo a V. S. che lo conobbi cosi gentile per quelle poche hore che fummo qui insieme che mi stimava degno d'una sua litterina al meno dopo della sua partita di Roma. » (Padoue, 16 sept. 1580 ; Paris, Bibl. Nat. *Dup.* 704, f. 83.)

1. Dupuy à Pinelli : « ...Surtout n'oubliez l'exemplaire des *Panégyriques* du sʳ Fulvio Orsino lequel, à mon grand regret, ie ne puis gratifier du viel livre de T. Live qu'il me demande, dautant que ie l'ai donné il y a environ quatre mois à M. de Cheverni [Ph. Hurault], garde des sceaux de France, lequel fit demonstration de le trouver bien lui aiant esté monstré par M. du Bois (Simeo Bosius), auquel ie l'avois presté ; mais il m'en est demeuré un feuillet, lequel ie donne de bon cœur audit sʳ Fulvio ne pouvant mieux. » 21 janv. 1580). « Si d'aventure M. de Cheverni ne me somme de ma promesse, comme aisément ces seigneurs oublient telles choses, ledit sʳ Orsino se peut asseurer de l'avoir. » (15 févr. 1580. — *Ambros.* T. 167 *inf.*, ff. 214, 217.)

2. Il lui avait déjà donné l'édition imprimée par Froben, qui à Rome était rare. Cf. lettres à Pinelli du 5 février 1580, du 12 fév., du 25 mars, du 9 avril, etc. Dans la première, Orsini fait une remarque malicieuse sur Dupuy : « Molto volentiere mandarò a V. S. quelli Panegyrici che desidera il sʳ Puteano, il quale dicami V. S. per gratia s'è in fine di 20 mesi è ritornato a scrivere et ha cominciato col chiedere li panegyrici ; perche questo è passo di consideratione. » Le 22 avril : « Li Panegyrici sono in mano del sʳ Abate [Del Bene]. »

3. « Del foglio del Puteano credo che sarà come della deca intera. Quell' Olerio [Houlier] mi è riuscito archibuciardo a fretto. » (Lettre à Pinelli du 30 juillet 1580.)

4. Dupuy à Pinelli : « J'ai aussi receu le pacquet de livres dedans lequel estoient les Panégyriques du sʳ Fulvio, auquel ie vous prie faire tenir le feuillet de Tite-Live, que ie lui ai promis. » (17 janv. 1581 ; *Ambros.* T. 167, f. 222.) Pinelli à Dupuy : « Mandai al sʳ Fulvio il foglio di T. Livio che V. S. m'ha mandato per lui ; gli è stato carissimo, ma per quanto m' è parso di conoscere, gliene ha ecertato maggior voglia. » (3 mars 1581 ; Bibl. Nat. *Dup.* 704, f. 79). Où est ce feuillet de Tite-Live enlevé au ms. de Dupuy ? Orsini ne le fait pas figurer à son Inventaire et personne jusqu'ici ne s'était douté que le *Puteaneus* eût subi une mutilation en sa faveur.

douteuse : il a été détaché du célèbre *Puteaneus* en onciales, et il doit se rapporter au commencement du livre XXI ou à la fin du livre XXX, qui manquent dans le manuscrit de Paris [1].

Orsini vient de se montrer à nous comme ombrageux et quelque peu avide ; ce sont des défauts dont il n'est pas coutumier, mais il faut reconnaitre qu'il les laisse apparaître assez souvent quand sa passion dominante est en jeu. Je ne peux rapporter ici les faits nombreux qui ont éclairé pour moi ce côté de son caractère ; voici seulement deux exemples. Muret avait emprunté à Orsini un manuscrit auquel celui-ci tenait beaucoup ; le manuscrit fut rendu, mais l'ami qui servait d'intermédiaire le retint au passage sans rien dire. Muret affirma qu'il ne l'avait plus ; Orsini n'en crut rien et pendant dix ans demeura persuadé que le professeur français se jouait de lui. Plus tard, parcourant les livres qui provenaient de l'ami infidèle, il retrouva son volume ; en attendant, il avoue lui-même avoir fait sentir à Muret les effets de sa rancune [2]. Une autre fois, Estaço a prêté au cardinal Ranuccio un manuscrit des *Commentaires* de César. Au bout de quelque temps, il en a besoin et le réclame. Fulvio, qui est alors à Bologne avec le cardinal, a envie de garder le César pour son compte ; il écrit à un officier du palais Farnèse de faire toutes les recherches possibles dans les deux bibliothèques de la ville et de la campagne, pour satisfaire le désir du propriétaire ; mais en même temps, par une lettre confidentielle, il l'avertit qu'il est inutile de chercher et qu'il suffit de dire à Estaço qu'on n'a rien trouvé. Il recommandait instamment de brûler sa lettre secrète ; le destinataire n'en

---

1. Bibl. Nat., *Lat.* 5730. Source principale du texte pour la 3ᵉ décade. A la p. 1, est la signature *Claudii Puteanj*, et Dupuy a noté avec soin le nombre des feuillets manquants. Le f. final 470, qui est du livre XXX, est venu rejoindre un peu plus tard l'ensemble du manuscrit.

2. Orsini à Pinelli : « Mi dispiace haver a dire male de morti, ma in effetto io ho trovato che quel Theti et il Avanzati in materia di libri havevano la conscienza fatta a lor modo, et un mio libro rarissimo che havevo gia prestato dieci anni sono al Mureto per le mani del Theti, ho trovato hora nelli libri dell' Avanzati, con tutto che io me ne sia doluto molte volte con l'uno e col l'altro, ma particolarmente col Theti, il quale mi diceva sapere che'l Mureto havea quel libro tralli suoi, con tutto che affermasse havermelo restituito, siche tutto questo tempo son stato in quest'errore e resentimento ancora in qualche occasione contra il Mureto. Ho poi trovato che... alla sua morte (del Theti), l'havea fatto suo l'Avanzati con molti altri di esso Theti che ho poi ritrovato in questo numero de libri, et hanno verificato il proverbio che un barbiere rade l'altro... » (Lettre du 5 juin 1573 : *Ambros.* D. 422.) Le *Theti* d'Orsini est certainement Scipione Tetti ; quant à Davanzati, ce ne peut être Bernardo, le traducteur de Tacite, mort seulement en 1606.

a rien fait, et, dans un volume de correspondances oubliées, nous trouvons aujourd'hui le témoignage de cette petite perfidie à l'égard d'un ami et d'un confrère[1].

On verra, dans les importantes négociations qui vont suivre, que ce n'est pas non plus par l'entière franchise qu'Orsini s'est distingué; il est vrai qu'il avait affaire à un personnage rusé, Torquato Bembo, contre qui il n'avait pas trop de toutes ses armes. Ajoutons qu'il est suffisamment absous par la connivence du loyal Pinelli. Il ne sera pas sans intérêt de suivre dans leurs détails les rapports d'Orsini avec le fils de Pietro Bembo; on y apprendra comment les précieux manuscrits de l'illustre secrétaire de Léon X ont passé dans les mains du savant romain, et comment celui-ci est parvenu, par des efforts prolongés et habiles, à reconstituer chez lui la partie principale de la célèbre collection.

L'histoire de la bibliothèque de Bembo est encore à faire. M. Vittorio Cian, qui a résumé les connaissances sur ce point, en y ajoutant par ses propres recherches, n'a pas fait avancer autant qu'on le voudrait une question que les préjugés et les fausses indications répétées de livre en livre ont embrouillée outre mesure[2]. J'ai pu être plus heureux que mes devanciers

---

1. Bibliothèque Barberini, LXI, 37, f. 233 (parmi des lettres au card. Ant. Caraffa) :

« *Al molto R^{do} et mag^{co} s^{or} mi^o oss^{mo} il s^{or} Cavalier Ugolino, Roma.*

« Molto mag^{co} s^{or} mio, Verrà il s^{or} Achille Statio à V. S. con una mia qui inclusa che à lui dara Monsig^r Cannobio per rihavere certi suoi commentarii di Cesare à penna et farà ogni istanza perche si ritrovino o à la villa, o in libraria. V. S. potrà risponderli che farà cercato dal Florido se fossero fra quelli libri dela villa, et non trovandosi, come credo, fatta questa diligenza, V. S. li dice poi chez lei cercarà nela libraria di Monsig^r Il^{mo}, dove senza pure entrarvi, li responderà d'haver cercato diligentemente ogni cosa, e la sodisffacia à parole piu che potrà, mostrando di maravigliarsi che per tanta diligenza non l'habbia potuti trovare. Et avverta di non menar seco ne lui ne altri in libraria. Questa è solo per avvisare innanzi V. S. come la si habbia da governare in questo negotio, et l'abbruci subito rendendogli l'anima che n'è dentro. Et le bacio le mani. Da Bologna, à V di maggio 1565.

« Di V. S. R. Servitore aff^{mo} *Fulvio Orsino*. »

Voici maintenant un extrait de la lettre officielle : « Il s^{or} Achille Statio diede molti giorni sono al Cardinale certi commentarij di Cesare à penna, in carta pergamena, in foglio, quali furono allhora portati alla villa, et poi alla partita di Monsig^r Il^{ma} si dubita che fussero riportati con altre cose in libraria. Hora perche il s^{or} Achille desidera di servirsi di questo libro, et n'hà scritto al Cardinale. S. S^{ria} Il^{ma} si contenta che V. S. cerchi il detto libro dove lo serà, et lo restituisca in mani del s^r Achille.... V. S. ci scriva di gratia qual che fà Taddeo [Zuccaro] nela sala [au Palais Farnèse] et lo soleciti a lavorare quando lo vede. »

2. M. V. Cian a eu le mérite de réagir sur ce point contre les opinions

en retrouvant, soit par la correspondance d'Orsini, soit par le dépouillement direct de sa bibliothèque, un nombre assez considérable de manuscrits qui ont appartenu au cardinal Bembo. La première source de mes indications est résumée ici ; la seconde trouvera place dans les chapitres suivants.

On répète depuis longtemps qu'à la mort du cardinal Bembo, arrivée le 18 janvier 1547, sa bibliothèque, qui se trouvait à Rome, fut dispersée dans des collections particulières [1]. Apostolo Zeno cite le duc d'Urbin comme en ayant recueilli une grande part [2]. J'ignore si le fait est exact pour les livres imprimés que possédait le cardinal ; mais pour les manuscrits, on peut affirmer le contraire. La collection de Bembo n'a pas été dispersée à sa mort ; elle est restée intacte dans sa maison de Padoue, et a passé, avec le reste de son héritage, au premier fils qu'il avait eu de la Morosina, Torquato Bembo [3].

Ce Torquato est un personnage assez singulier : son père l'avait fait élever avec un grand soin, surveillant lui-même ses études, lui écrivant de Rome les lettres les plus pressantes pour l'encourager au travail et aux bonnes mœurs [4]. Les exhortations paternelles furent vaines : Bembo s'est plaint plus d'une

courantes ; mais dans le détail il leur accorde encore trop de créance. Il consacre aux études de Bembo sept chapitres de son livre, excellent à tant d'égards, intitulé : *Un decennio della vita di M. Pietro Bembo (1521-1531)*, Turin, 1885. J'y renvoie pour les détails déjà connus, étant obligé de me borner ici aux renseignements inédits.

1. C'est ce qu'a dit par exemple Rinaldo Fulin, dans l'ouvrage collectif : *I codici di Dante Alighieri in Venezia*, Venise, 1865, p. 25.

2. Ce renseignement a été répété sans contrôle sur l'autorité du grand érudit vénitien, par exemple par Mazzuchelli, *Scrittori d'Italia*, vol. II. part. II, Brescia, 1760, p. 743 ; par Bossi, dans les notes à sa traduction de Roscoe, *Vitae pontif. di Leone X*, Milan, 1816-17, vol. X. pp. 43 et 99 ; etc. Je ne connais, pour ma part, dans le fonds d'Urbin au Vatican, qu'un seul ms. provenant de Bembo ; c'est l'*Urb.* 1030 : *Vita di Guido Ubaldo I° duca di Urbino tradotto dal latino in volgare dal Bembo et scritta de sua mano*, selon l'indication du catalogue. Il y a peut-être autre chose, mais en tous cas rien de bien important ; pour ce ms. même, rien n'indique qu'il fît partie de la bibliothèque de Bembo, bien au contraire. Quant à la tradition, j'ignore où Zeno l'a recueillie : il dit dans ses notes à la biographie de Bembo par Giov. della Casa : « Bibliothecam... codicibus... instructissimam Bembus paraverat, quorum non pauci in Vaticanam bibliothecam ex Urbinate sunt translati. » (*Degl'istorici delle cose Veneziane... tomo II*, Venise, 1718, p. xv.) Il cite ensuite le Virgile et le Térence, et le passage serait parfaitement exact, si, au lieu d'*Urbinate*, il y avait *Ursiniana*. Je me demande s'il n'y a pas eu, à l'origine, confusion entre les deux noms d'*Urbino* et d'*Ursino*.

3. Né en 1525, mort le 1er mars 1595, enseveli à Padoue. Il a une courte notice dans Mazzuchelli, *l. c.*, pp. 769-770.

4. Sur l'éducation de Torquato, voir, outre les *Lettere volgari* de Bembo,

bois du caractère léger et insoumis de son fils, et cette épreuve paraît avoir été vivement ressentie par le cœur délicat de ce grand homme. Arrivé à l'âge adulte, Torquato était ignorant et vaniteux, violent et mobile, sournois et menteur; tel nous le trouvons dans ses rapports avec Orsini.

Après la mort de Pietro Bembo, Torquato avait une position fort honorable : il était chanoine de Padoue et prieur de Coniolo, près de Brescia[1]. Il avait hérité d'une partie des goûts de collectionneur de son père et de son grand'père Bernardo, dont il serait injuste d'omettre ici le souvenir. Mais Torquato s'intéressait de préférence aux objets d'art, aux médailles, aux statues, choses qui flattent plus les yeux que ne font les manuscrits et les vieux livres. Malgré les volontés formelles exprimées par le testament du cardinal[2], il songea de bonne heure à se débarrasser de ces derniers et commença par les échanger contre des marbres[3]. Qu'aurait-il fait de ces trésors bibliographiques, de ces beaux textes classiques, de ces recueils provençaux si rares alors en Italie, de ces précieux autographes, rassemblés de partout pendant deux vies studieuses, de cette bibliothèque, en un mot, formée par les dons des savants et des princes, par les achats intelligents et le travail personnel du grand cardinal et de son père? Assurément Torquato aurait donné le tout pour un bénéfice. En 1555, il vint à Rome pour ses affaires : il exhiba quelques-uns de ses manuscrits, entre autres le Virgile à peintures écrit en capitales[4]; il se para de la gloire paternelle, fit étalage de ses collections, et se laissa dédier à Venise une édition de Virgile par Paul Manuce[5]. Il ne vendit, à ce qu'il semble, aucun manuscrit dans ce voyage et n'entra pas en relations avec Fulvio Orsini alors fort jeune ; celui-ci ne vit même pas le Virgile qui devait être plus tard l'objet de ses ardentes convoitises. Mais

celles que lui adressait de Padoue Cola Bruni, dans le ms. LXI, 3, de la Bibliothèque Barberini.
1. Son père avait renoncé en sa faveur à ce prieuré dès 1537.
2. Publié par M. Cian, l. c., p. 203.
3. Un peu plus tard les collections artistiques eurent le sort de la bibliothèque.
4. Cf. lettre XIV de l'Appendice II. D'après Torquato, le cardinal de Carpi aurait jugé le ms. plus ancien que le *Carpensis* lui-même.
5. C'est même cette dédicace (du Virgile de 1556), qui atteste le voyage de Torquato en 1555. Inutile de faire observer que les formules laudatives de Paul Manuce n'ont aucune valeur pour l'appréciation exacte du caractère du fils de Bembo. On trouve la pièce reproduite dans les *Epistolae* de P. Manuce (éd. d'Alde le jeune, pp. 73-77 des *Praefationes*). Cf. la lettre à Muret, p. 141 de la même édition.

le souvenir des collections un moment apparues à Rome ne se perdit point, et quand Orsini s'occupa de réunir des manuscrits pour sa bibliothèque personnelle, il songea bien vite à se mettre en rapport avec l'héritier des Bembo.

Les premières relations dont je trouve trace remontent à la fin de 1574; le 4 décembre, Orsini écrit à Pinelli, lié lui-même avec Torquato, qu'il est en affaire avec celui-ci : « Je lui dois donner certains bustes de marbre en échange de son Térence et de son Virgile en majuscules. Nous sommes en discussion pour une vétille ; cependant les marbres que je lui cède me coûtent trois cents écus et je ne les revendrais pas pour quatre cents ; écrivez-moi de grâce la valeur des deux livres, leur état de conservation, pour que, si l'affaire se conclut, on n'enlève pas après coup certains feuillets des manuscrits. Vous les connaissez et pouvez me donner conseil. Du reste, ne parlez de la chose à personne[1]. » Pinelli, en effet, doit être à Orsini d'un grand secours, habitant Padoue, familier comme il est avec Bembo, et à portée de voir facilement sa bibliothèque. Mais Orsini ne tarde pas à s'apercevoir qu'il n'aboutira pas facilement avec un homme tel que Torquato Bembo[2]. Le 4 février 1575, il se plaint de la déloyauté que celui-ci a montrée déjà dans un échange de médailles[3], et dont il vient de donner une nouvelle preuve en rompant les négociations. Tout ce qu'a gagné Orsini, c'est que si jamais Bembo se décide à se priver de ses deux volumes, il ne les cédera à personne qu'à lui. « Après tout, ajoute-t-il, mes bustes me coûtent plusieurs centaines d'écus et sont d'une bonne exécution, tandis que ses livres ne sont que des fragments. » On sent pourtant chez lui le dépit d'une affaire manquée : il tenait plus aux manuscrits qu'aux bustes[4].

Bientôt Bembo se ravise : « La grosse fourmi commence à sortir », écrit Orsini le 12 mars; il a fait savoir à un marchand

---

1. *Ambros. D.* 422. Ce renvoi s'applique à toutes les lettres d'Orsini sur cette affaire. IV. p. 74, note 4.
2. « Perche questo è un huomo troppo capriccioso o per dir meglio troppo avantagioso. » (Lettre du 27 janv. 1575.)
3. Cf. lettre du 28 janv. 1576; Orsini y rappelle qu'après avoir envoyé à Torquato deux médailles d'argent, il ne reçut en échange qu'une médaille de bronze.
4. Au contraire de Torquato, Orsini est avant tout bibliophile. Parmi les antiquités, ce qu'il préfère, ce sont les inscriptions, parce que l'inscription se rapproche du livre. Dans une lettre à Pinelli du 30 janv. 1574, il dit qu'il échangerait volontiers, avec le patriarche Grimani, des bustes pour des inscriptions : « V.S. sà l'humor mio, vo più à torno à cose dove sia scrittura. »

omain, Targone, qu'il attend les marbres pour envoyer les
livres ; mais, comme il doit venir lui-même à Rome dans l'année,
Orsini ne veut pas courir les chances de l'expédition et préfère
retarder jusqu'à ce voyage pour régler l'affaire [1]. Il comptait
alors sur le dernier feuillet du Virgile de Dupuy et prenait plus
facilement patience; l'essentiel pour lui était que les volumes
ne sortissent pas d'Italie ; il se croyait toujours sûr de les avoir
un jour ou l'autre. De plus, il n'était pas fâché d'attendre pour
recevoir de Sigonio [2], de Pinelli, de Mercuriale, des renseignements complémentaires sur les deux manuscrits et sur un troisième pour lequel il offrait un nouvel échange. Ce dernier était
connu, sous le nom de *Lusi* de Virgile, par un passage du dialogue *De Culice Virgilii* du cardinal Bembo, où celui-ci proposait des corrections d'après un texte de sa bibliothèque contenant
les *Catalectes*, les *Bucoliques*, et une partie du livre I des
Géorgiques[3]. Torquato, qui connaissait mal sa collection ou fei-
gnait de la mal connaître, cherchait en vain ce recueil[4]. Il ne
mettait pas non plus la main sur le grand Virgile; lorsqu'il était
à Padoue, il écrivait à Orsini que le manuscrit était à Coniolo,
et lorsqu'il arrivait à Coniolo, le manuscrit était à Padoue;
quant au voyage de Rome, « il allait en fumée ».

Les amis de Fulvio ne perdaient point leur temps[5] : ils le ren-

1. Cf. lettre VIII de l'Appendice II. Les curieux du détail, que je ne puis
satisfaire ici, sont renvoyés une fois pour toutes à cet Appendice.
2. Sigonio écrivait de Bologne le 9 fév. 1575, à Camillo Bosio : « Il Virgilio del Bembo è antico in lettere maiuscole e credo intiero (?); perchè non
era al proposito mio, gli diedi solo una occhiata e però non ne posso dir
altro. » (Ceruti, *Lettere ined. di dotti ital. del sec. XVI*, Milan, per nozze, 1867,
p. 104.)
3. Déjà le 22 janv. 1575, Orsini écrivait à Pinelli, confondant les *Lusi*
avec le Virgile à peintures : « La supplico mi faccia gratia quanto prima
farmi sapere se'l Virgilio del Bembo ha l'Eneide e la Georgica, overo è un
fragmento che'l Card. Bembo nomina in un suo dialogo, nel quale corregge
alcuni luoghi delli Lusi di Virgilio, e dice cavare queste correttioni da un
fragmento che egli haveva di Virgilio, dove non erano altro che li Lusi,
la Bucolica et parte del primo della Georgica. Sebene io son certo che con
Monsignor Bembo non sarà permuta alcuna.... » Le 9 avril : « Del negotio
Bembino, come diceva il Faerno, giache le cose di Francia vanno quiete,
lasciarò che facci la natura poiche l'adoperarci l'arte non si giova. Ma per
ogni rispetto non sera male che'l s^r Mercuriale s'informi con destrezza
della integrità del Virgilio, acciocho non sia colto all' improviso. »
4. Cf. la lettre de Torquato (IX de l'Appendice II), et une autre écrite de
Venise à Orsini, le 27 août 1575 (*Vat.* 4104, f. 173.)
5. Lui-même tâchait d'avoir de tous côtés des renseignements. Il s'adressait à Vettori, le 24 juillet : « Desidero sapere s'ella ha veduto in faccia il
Terentio del Bembo et di che antichità lo giudice, et se lo di V. S. che
donò alla libraria di S. Lorenzo sia simile cosi di forme di carattere.

seignaient sur les trois volumes, puis sur des autographes latins de Pétrarque, que son ami Anselmi lui avait signalés chez Bembo, et sur un nouveau manuscrit, un Pindare, qui était venu s'ajouter à la liste demandée. De plus, une longue lettre de Pinelli, du 21 août 1575[1], donnait des détails circonstanciés sur les manuscrits principaux qui se trouvaient dans le *studio* de Padoue : il y avait, outre les *Lusi* de Virgile en lettres lombardes[2], des scholies latines sur Théocrite, les dix premiers livres de Strabon, les *Halieutica* d'Oppien, l'*Archéologie* de Denys d'Halicarnasse, excellent livre *da farci l'amore*, un Aristide scholié, un Synésius complet contenant les hymnes que venait de publier Canter, le Pindare qui était incomplet, mais très ancien et scholié, enfin le *Carmen Bucolicum* de Pétrarque, autographe avec lequel Bembo prouvait l'authenticité du *Canzoniere* qu'il possédait écrit de la main de l'auteur[3].

Pendant les années 1576 et 1577, les négociations sont entièrement suspendues. Au mois d'octobre de l'année suivante, Fulvio Orsini est repris du désir d'avoir quelques manuscrits de Bembo, et surtout les *Lusi*; Achille Estaço lui a donné, croit-il, le reste de ce volume en écriture lombarde; s'il peut obtenir le fragment de Padoue, il aura, à ce qu'on lui dit, un Virgile complet, où il ne manquera pas un feuillet[4]. Pour ne pas éveiller les soupçons de Torquato, qui ferait payer cher cette coïncidence, Pinelli devrait le lui demander en même temps que le Pindare et le Denys d'Halicarnasse, les deux plus importants des manuscrits grecs. Pour le prix, c'est à Pinelli d'estimer la chose; Orsini pense que vingt-cinq écus pour les trois volumes, c'est bien assez; mais il n'y regarde pas à cinq écus près, et ce que fera son ami sera bien fait. Pour ménager la susceptibilité de Torquato, on pourrait faire traiter avec lui par une autre personne que Pinelli ou Mercuriale ; peut-être serait-il gêné de s'occuper avec eux d'une vente si minime. Il y a encore un autre

---

M'importa da sapere questo dalla S. V. per certo mio capriccio. » (British Mus., *Add. ms.* 10270, f. 9.)

1. Lettre X de l'Appendice II.
2. θ' de sa liste. Il y avait chez Bembo un autre volume du *Lusus Virgilii*, in-8 (apparemment le ζ' de Pinelli), dont Orsini ne voulait pas ; il en parle le 11 oct. 1578.
3. Quelques autres volumes étaient portés sur une note qui est perdue. La plupart de ces mss. et des suivants se retrouveront dans la description de la Bibliothèque.
4. Lettre du 11 octobre 1578 : Orsini décrit exactement le « libro lunghetto » des *Lusi*, avec l'*ex-libris* de Bernardo Bembo.

lot de manuscrits que voudrait Orsini, c'est celui du Virgile et du Térence, pour lesquels il débourserait bien cent cinquante écus[1].

A cette lettre, Pinelli répond qu'il convient d'attendre, que Bembo n'est pas disposé à entrer en affaires avec Orsini. Mais celui-ci insiste : on a eu vent de son désir immodéré des *Lusi*; il y a à Rome des gens qui veulent les lui enlever; le marchand Targone, « un terrible homme », compte les acheter et les lui revendre après « pour un trésor[2] ». Au mois de décembre, les inquiétudes du pauvre savant sont bien plus graves. Ce n'est plus un marchand qui est son concurrent, c'est un prince souverain : le duc de Bavière doit, dit-on, acheter tout le cabinet de Bembo; mais Orsini, plutôt que de laisser sortir les livres de l'Italie et perdre ainsi sa dernière espérance de les avoir, est décidé à tenter tous les moyens ($\pi\acute{\alpha}\nu\tau\alpha$ $\lambda\acute{\iota}\theta o\nu$ $\kappa\iota\nu\epsilon\tilde{\iota}\nu$). Il veut au moins sauver ceux auxquels il tient le plus et dont il a envoyé la liste, avant tout les *Lusi*; il offre de ces manuscrits deux cents écus; quand même on les distrairait de l'ensemble des collections, s'écrie-t-il, le duc de Bavière n'y ferait aucune attention et donnerait bien la même somme à Torquato. Au besoin, Orsini écrira à l'agent du duc à Venise, qui est de ses amis, et le cardinal Farnèse s'adressera au duc en personne[3].

Notre bibliophile se disposait donc à livrer une bataille décisive pour ses chers manuscrits. La chose fut moins difficile qu'il ne pensait. Il se décida, au sujet des *Lusi*, à mettre en avant le cardinal Farnèse; celui-ci se prêta de bon cœur à une petite ruse et écrivit à Bembo qu'il désirait le livre pour sa bibliothèque[4]. La réponse arriva aussitôt : Bembo adressait au prélat une lettre pleine d'humbles protestations : le volume, disait-il, était déjà entre les mains de Pinelli, qui le ferait tenir; pour lui, il ne voulait d'autre récompense que les bonnes grâces de Son Éminence[5]. Le 28 février 1579, les *Lusi* sont arrivés à Rome; mais Bembo

---

1. Lettre du 7 nov. 1578 (XI de l'Append. II).
2. Lettre du 29 nov.
3. Lettre du 12 déc. M. Ronchini a publié en note aux *Lett. di F. Orsini ai Farnesi*, p. 19, une requête adressée en 1570 au cardinal Farnèse par le duc de Bavière, Albert III le Magnanime : le duc demandait précisément des antiquités ou des objets d'art pour sa collection.
4. Le 27 décembre, à 4 heures de nuit, le secrétaire du cardinal apporte à Fulvio la lettre de son maître pour Bembo; Orsini l'envoie aussitôt à Pinelli, lui laissant le choix de la remettre ou de la garder, suivant ce qu'il jugera le plus utile pour les négociations.
5. La copie de la lettre de Bembo au cardinal est à l'*Ambros. D. 423*, p. 118.

se fâche : c'est au cardinal Farnèse qu'il a offert le manuscrit, et il s'étonne de le savoir entre les mains de Fulvio; en vain celui-ci prétend qu'il a offert en échange deux figurines à son maître[1]; Bembo voit très bien qu'il a été joué. Il voudrait alors refuser le Térence et le Virgile; mais Orsini le tient par un autre côté : Bembo a des affaires engagées à la cour pontificale; ses parents qui habitent Rome sont fort mal disposés pour lui; Orsini ne néglige pas de lui faire savoir que, seul, il peut utilement le servir pour l'expédition de bulle dont il a besoin[2]; de plus, il connait intimement le dataire[3] et fera diminuer vingt écus sur les frais; comme il offre cent écus sur les trois volumes, Térence, Virgile et Pindare, c'est en réalité cent vingt écus qui reviendront à Torquato[4]. En attendant, et non sans inquiétude pour le remboursement, Orsini avance l'argent de l'expédition; quelqu'un, qui lui paraît bien informé, achève de le troubler en lui disant « qu'il perdra l'argent, les livres et l'ami tout ensemble[5] ». Ces fâcheux pressentiments sont cependant démentis, car, le 9 avril, Pinelli écrit : « Sur Bembo, peu de paroles, mais de bonnes : le Virgile et le Térence en majuscules sont entre mes mains; pour vous le faire bien voir, je vous envoie un peu d'anatomie. » Et le bon Pinelli, qui sait l'impatience de son ami, lui donne mille détails délicieux pour un bibliophile, se met à compter les vers et à mesurer les pages[6].

Les précieux volumes sont confiés à l'ambassadeur de la Sérénissime République. Le 16 mai, Orsini en accuse réception[7]; mais, comme il n'a pas encore payé, il ne veut pas paraître trop content de l'acquisition : « Passe encore pour le Térence; mais le Virgile! c'est un fragment, non point un livre. Le Pindare et le Denys ne sont pas des ouvrages si rares, et les quatre manuscrits ensemble ne valent pas plus de cent cinquante écus. » On peut s'étonner du mépris que manifestait Orsini pour les volumes dont il enrichissait sa bibliothèque, quand on songe que ce n'était rien moins que le *Bembinus* de Térence et le manuscrit si célèbre aujourd'hui sous le nom de Virgile du Va-

---

1. Lettres du 20 mars et du 25 avril 1579.
2. Lettre du 20 février 1579.
3. C'était Matteo Contarelli.
4. Lettre du 25 avril.
5. Lettre du 28 mars.
6. Cf. lettre XII de l'Append. II. Pinelli fit du Virgile en particulier une étude paléographique approfondie : j'ai trouvé ces observations à l'Ambrosienne, parmi ses papiers, dans *I. 223 inf*.
7. Lettre XIII.

tican; ce dernier, qu'il traite dédaigneusement de fragment, parce qu'il ne contient guère en effet qu'un cinquième de l'œuvre de Virgile, valait à lui seul, non pas les cent cinquante écus, mais toute la fortune du savant[1]. Ajoutons à sa décharge qu'une fois les volumes installés chez lui et le compte réglé avec l'ancien possesseur, son dédain tombe subitement : l'orgueil du propriétaire lui ouvre les yeux; et c'est en tête de son inventaire qu'il place triomphalement, avec les formules les plus laudatives, le Virgile et le Térence[2].

Les pourparlers continuent avec Bembo pour le Pindare et le Denys d'Halicarnasse, qui n'ont pas accompagné les deux manuscrits latins. Le rusé Vénitien les promet toujours et ne répond pas clairement qu'il se contente des cent cinquante écus : il prétend que le Denys est gros de la charge d'un mulet, qu'il est, dans ces conditions, difficile de l'expédier, etc.[3] En revanche, les belles paroles ne lui coûtent pas : « son cher Orsini sait la valeur des manuscrits ; il ne peut vouloir que ce qui est raisonnable ; les payât-il mille écus, Bembo lui serait toujours redevable pour toute la peine qu'il prend dans ses affaires[4] ». Au fond il est de mauvaise humeur de s'être défait de deux précieux volumes, la gloire de son cabinet. Que dira-t-on si l'on apprend que c'est pour de l'argent qu'il a donné les manuscrits si chers

---

1. Remarquons, à propos de ce dernier volume, que Pinelli estime quatre fois plus le Térence : ni lui, ni Orsini ne paraissent attacher la moindre importance aux cinquante peintures du Virgile.
2. V. les n°s 1 et 2 de nos mss. latins. Cf. ce qu'en disait Orsini, le 27 nov. 1582 : « ... in tutta Europa non si trovano li più antichi. » (Lettre à Pinelli, *Ambros.* D. 413.) — A propos du Térence, Rossi (*Pinacoth. imag. ill.*, Cologne, 1643, p. 10) raconte une anecdote trop souvent mentionnée pour que je puisse me dispenser de la rapporter ici : « Pervetustis codicibus, quorum multos in sua bibliotheca habebat, immania pretia faciebat [Ursinus]. Atque illud accidit perridicule, quod cum die quodam Francisco cardinali Toleto, Terentii comoedias ostendisset easque affirmasset ante annos mille fuisse conscriptas, ac re vera essent antiquae, sed mire depravatae atque corruptae, atque addidisset nullam esse pecuniam quae antiquissimi illius codicis aestimationi par esset : Proh Deus, cardinalis inquit, quid audio? equidem mallem codicem unum quantumvis recens impressum, sed castigatum emendatumque, quam decem alios mendosos et corruptos, quamvis Sibyllae manu exaratos! Risus omnium qui aderant est factus, cum viderent rerum earum pretia, quae ille in caelum efferebat, cardinalis aestimatione sic concidisse. » — Il n'y a rien de spirituel à préférer une édition moderne de Térence au ms. d'Orsini ; le premier ignorant venu en ferait autant. L'hilarité que se transmettent les auteurs avec l'anecdote, aux dépens de notre bibliophile, n'a donc aucune raison d'être ; c'est lui qui est dans le vrai et c'est le cardinal qui a parlé en sot.
3. Orsini à Pinelli, 4 et 26 juin 1579.
4. V. lettre XIV de l'Append. II (1er juin).

à son père? il supplie du moins qu'on n'en dise rien, et Orsini, qui n'y tient guère, laisse courir le bruit qu'il a envoyé en échange à Bembo quelques beaux objets d'art de son goût[1]. Enfin, en juillet 1579, le Pindare arrive[2], et, en septembre, le Denys[3]; cette fois, Orsini se réjouit sans réserve de ces deux belles acquisitions pour son fonds grec.

Cette première série d'achats était à peine terminée, qu'Orsini songeait à en commencer une autre. Il s'agissait d'avoir de Torquato Bembo ces manuscrits autographes de Pétrarque recueillis si pieusement par son père[4]. Le voyage de leur possesseur à Rome, pendant l'hiver et le printemps de 1581, offrit à Orsini l'occasion de traiter la chose de vive voix. Ce voyage avait un double but : Bembo venait terminer ses affaires ecclésiastiques, qui traînaient en longueur, et il comptait se défaire en même temps des collections paternelles. Il avait avec lui, outre les livres, des médailles, des marbres, des tableaux[5]. La pièce principale était cette fameuse *Table Iliaque*, qu'on croyait un prodige d'antiquité et qui est conservée aujourd'hui, dépouillée de son prestige, au musée royal de Turin[6]. Torquato négociait avec le cardinal Sirleto, qui lui offrait deux cents écus de pension et voulait avoir la *Table* pour le pape, et avec le cardinal de Médicis, qui tenait à l'acheter pour le grand-duc de Toscane. Orsini, dont l'avis fut demandé comme celui du

---

1. Lettre du 22 mai.
2. Lettre du 25 juillet : « Venne il Pindaro : è tale quale V. S. m'haveva descritto, cioè venerandae antiquitatis, et se bene in qualche luogo è manco è pero libro da tenerne conto. » Orsini se plaint ensuite à Pinelli d'avoir payé trois écus le port du Pindare; le courrier en voulait même six, parce que le livre pesait soixante onces et qu'il était manuscrit! Orsini aurait mieux aimé qu'on fît une convention au départ et qu'on payât d'avance. Il y revient le 8 août, Pinelli n'ayant pas voulu croire à un port aussi excessif.
3. Lettre du 4 septembre : « Comincia nel sesto libro e finisse nel decimo... A me pare più antico il Pindaro. » Orsini dut avoir aussi l'Aristide vers le même temps. (Cf. l. XIV de l'Append. II.)
4. Il en était déjà question dans la lettre du 25 juillet. L'affaire des mss. réglée, Bembo se trouvait encore débiteur de soixante écus à Orsini, sur les avances qu'il avait faites pour son expédition de bulle : « N'y aurait-il pas moyen d'avoir quelques livres pour cette somme? » écrivait Orsini à Pinelli, le 21 novembre 1579; il nommait le *Carmen Bucolicum* de Pétrarque, dont on lui avait parlé en 1575.
5. V. sur ce voyage la lettre de Teobaldi, XVI de l'Append. II.
6. Découverte sous Paul III dans la villa Caffarelli. Cf. Cian, *l. c.*, p. 107, et la lettre d'Ercole Basso, écrite à Niccolò Gaddi, le 6 mai 1583, et commençant ainsi : « Monsig.r Bembo è qua in Roma, dove ha fatto esito d'una gran parte del suo studio. Gli resta quella bella e rarissima tavola di bronzo... » (Bottari, *Lett. pittoriche*, éd. de Milan, 1822, t. III, p. 291.)

premier archéologue de Rome, envoya au grand-duc une copie de la *Table*, qu'il avait fait faire pour son usage, avec une consultation en règle sur les mérites de l'objet ; nous y lisons qu'il est « le plus antique et le plus rare monument qui existe et qu'Auguste ait rapporté d'Égypte avec l'obélisque[1]. » De telles merveilles n'étaient pas faites pour lui ; c'étaient morceaux de prince ; mais il se consolait par des acquisitions plus modestes, qui avaient bien leur prix, comme on va en juger.

Torquato avait apporté bon nombre de livres ; Orsini n'eut garde de laisser échapper cette aubaine ; c'est à sa ténacité dans cette circonstance que les principaux volumes de Bembo doivent de n'avoir pas été dispersés. Il fallait tout d'abord s'assurer des manuscrits de Pétrarque ; ce qui tentait le plus Orsini, c'était le *Canzoniere* autographe complet écrit sur parchemin et dix-neuf feuillets sur papier qui contenaient des minutes de vers italiens de Pétrarque, et portaient ses ratures et ses annotations[2]. Torquato remit d'abord ces derniers à Orsini, avec le *Carmen Bucolicum* sur parchemin[3]. Quelques jours plus tard, le 4 mars 1581, il entrait en possession du fameux *Canzoniere*, qui avait servi à Bembo pour établir le texte de l'Aldine de 1501[4]. En échange de ces trois volumes, auxquels s'adjoignirent une médaille d'argent et les papyrus égyptiens provenant du cardinal, Orsini offrit à Bembo un magnifique buste de marbre représentant Hadrien jeune[5].

1. V. ma note sur la lettre de Teobaldi.
2. Dans sa lettre à Pinelli du 25 février 1581, Orsini demande quel compte on fait à Padoue des livres écrits de la main de Pétrarque qui sont chez Bembo, « perche a me non piaciono punto, eccetto da 19 fogli archetypi, delli quali si vede il modo di fare di quell' huomo... [et le *Canzoniere* complet] il quale dice il Bembo che il cardinale suo lo pagò scudi cento. » Dans la lettre du 2 mars : « Desidero sapere ancora se è vero che'l volume che s'aspetta delle poesie in stampa fosse pagato dal car.te suddetto ottanta zecchini, come m'è detto... ; V. S. de gratia mene scriva quello che ne sà ò ne puo intendere à pieno e la stima che si fà costà de detti libri, accioche io sappia governarmi in donare ad esso Bembo qualche cosa come hò animo di fare. » Cf. P. de Nolhac, *Le Canzoniere autographe de Pétrarque*, Paris, 1886, p. 20.
3. Cf. la lettre du 2 mars, publiée dans les appendices à mon travail sur le *Canzoniere*. Il y parle de « 20 fogli archetypi. »
4. Dans *Le Canzoniere autographe de Pétrarque*, p. 21, j'ai indiqué par erreur le 2 mars 1581 comme la date de la prise de possession du volume par Orsini : le post-scriptum de la lettre du 2 mars, dans lequel se trouve la mention de l'arrivée du ms. à Rome, est du 4 mars. Qu'on m'excuse de rectifier cette minutie.
5. Lettre XV de l'Appendice II (du 10 mars). Bembo a fait promettre à Orsini de n'en rien dire à Pinelli ; mais Orsini ne se considère jamais comme

La bonne fortune d'Orsini fit un certain bruit dans le monde des amateurs et des lettrés. Granvelle lui envoyait de Madrid ses félicitations : « C'est un grand trésor que ces autographes des œuvres de Pétrarque que vous avez eus du neveu de Bembo ; c'est un trésor nouveau ajouté à votre bibliothèque[1]. » On ne tarda pas à envier ces acquisitions à Orsini : un correspondant du grand-duc de Toscane se fit fort de procurer à celui-ci la plus précieuse, le *Canzoniere* sur parchemin : « C'est une trop belle chose, écrivait-il à Ferdinand Ier, pour que Votre Altesse ne l'ait pas. J'espère que le s[r] Fulvio Orsini vous en fera hommage quelque jour, tant parce qu'un tel joyau convient au souverain de la Toscane, que par suite du dévouement qu'il porte au cardinal de Médicis et à Votre Altesse. Pour moi, qui suis son voisin dans le chœur de Saint-Jean-de-Lateran, je ne manque pas de lui en parler souvent et de le pousser à faire la chose. » Ce personnage indiscret était en effet un chanoine de Lateran nommé Teobaldi. Malgré les instances de ce collègue, Orsini préféra son Pétrarque à la faveur du grand-duc et garda le manuscrit[2].

Torquato, toujours à court d'argent et pressé d'en finir avec ses collections, avait déjà vendu le 14 avril tous les objets qu'il avait apportés. Ces transactions n'avaient pas eu lieu sans que plus d'un Romain n'eût à lui reprocher « sa mauvaise foi vénitienne » ; il était parti le 18 mai, laissant à Rome les plus fâcheux souvenirs[3]. Orsini s'était presque brouillé avec lui sur la

engagé avec son ami, et il lui envoie tous les détails. — Outre les manuscrits, on voit que divers objets antiques des collections de Padoue ont passé chez notre érudit. On trouve une pierre gravée montée en bague, dans *Les Coll. d'ant. de F. Orsini*, p. 18 (n° 23), avec cette mention : *dal Bembo*. Plusieurs fragments d'inscriptions extrêmement importants avaient, chez Orsini, la même provenance. Cf. *Coll. d'ant.*, p. 44 (n°s 3-4) ; le fait est révélé par une lettre du propriétaire à Vettori, écrite le 4 nov. 1575 : il parle de « questi fragmenti, quali sono in potere mio trasferiti nel mio studio da quello che fù gia del Car[le] Bembo. » (British Mus., Add. ms., 10270, f. 33.)

1. *Lett. ined. del Granvelle*, Rome, 1834, p. 18 (dans les *Studi e docum.*, année V, p. 362). La note mise à ce passage est incomplète. On peut remarquer la discrétion avec laquelle Granvelle fait de Torquato « il nipote del Bembo. »

2. Cf. lettre XVI. Selon le même document, Orsini aurait eu encore de Bembo, dans ce voyage, un ms. de Politien. Il dut acquérir alors divers mss. que nous retrouverons chez lui, et dont sa correspondance ne parle pas : il écrit lui-même à Pinelli, le 14 avril : « Io, oltre il cose del Petrarca, ho havuto qualche altra cosa degna. » — Peu après (juillet 1581), se placent, dans l'ordre chronologique, les acquisitions d'Orsini provenant de Jean Lascaris. V. le chapitre v.

3. V. une lettre d'Orsini à Pinelli du 6 mai, où il y a tout un portrait de Torquato Bembo.

fin de son séjour ; il s'estimait heureux d'avoir fait ses grandes acquisitions avant que Bembo n'eût terminé ses affaires ecclésiastiques, et alors que celui-ci avait encore besoin de le ménager. Depuis qu'il avait sa bulle en mains, il ne regardait plus Fulvio et se riait des promesses faites[1]. Cependant notre savant avait pris copie de l'inventaire des livres restés à Coniolo et à Padoue ; il avait pu faire son choix et dresser sa liste de *desiderata*[2]. Pinelli continue à lui servir d'intermédiaire ; c'est par lui qu'il obtient de Torquato, en mars 1582, le Dante et le Pétrarque écrits de la main du cardinal Bembo, avec un feuillet de Sextus Empiricus[3] ; au mois de mai, Torquato, de retour à Rome, lui apporte un autographe de Pétrarque depuis longtemps promis, le *De sui ipsius et multorum ignorantia*[4] ; il l'autorise enfin à faire prendre par Pinelli dans la bibliothèque plusieurs autres séries de volumes.

La première comprenait le commentaire de saint Augustin sur les Psaumes[5], un Isidore de Séville, et les *Lettres* de Pétrarque[6]. Pour ce dernier volume, Orsini espérait un nouvel

---

1. Lettre du 29 avril : « Mi sono mezzo rotto col Bembo e non è possibile altramente : è huomo impraticabile, et fà quel conto della sua parola che io mi vergogno per lui à dirlo... Credo certo che s'egli non havesse sperato da me quelli servitij, che l'ho fatto in farle spedire le cose sue, mai harrei hauto quello che m'ha dato. Hora che è spedito, à pena mi compiace di quello che io offerirei ad altri per niente. Et egli à me non vuol darlo, ne con danari. Οὕτω πέφυκεν. Quanto me dispiace che me resta debitore d'un libretto di prosa latina del Petrarca *De sui ipsius et aliorum ignorantia*, che Dio sà quando me la darà. Pure hò buon pegno in mani d'una medaglia d'oro da lui desiratissima. » — Lettre du 19 mai : « Il Bembo partî hieri con havermi promesso, subito che sia à Coniolo, mandarmi il libretto in carta pecora di mano del Petrarca col titulo *De sui ipsius*, etc., et se non serà in Coniolo, che mandarà subito un servitore à Padova per ritrovare questo et un altro libro di cose volgare del Petrarca di mano del Cardinale Bembo. » Orsini prie Pinelli d'être présent à la recherche.
2. L'envoi de cette liste est daté du 9 déc. 1581. — Quant à l'existence de l'inventaire des manuscrits de Bembo, document dont on ne saurait trop regretter la perte, elle est formellement attestée par Orsini. (V. par exemple lettre XIX : *nell' indice di Monsig.r Bembo...*)
3. Lettre à Pinelli du 23 mars. Le Dante et le Pétrarque étaient déjà demandés dans la lettre du 14 octobre 1581, citée plus loin ; Orsini priait de les remettre avec les *Cent nouvelles* au jeune Marcello Tosone, qui faisait le voyage de Rome à Padoue. (Cf. lettre du 11 novembre.)
4. « È bellissima cosa à gusto mio. » (Orsini à Pinelli, le 19 mai.)
5. Ce volume fut offert par Orsini au cardinal Sirleto ; v. lettre XX de l'Append. II.
6. Lettre du 19 mai : « 17. *S. Agostino sopra Psalmi, in-4*. 5. *Isidori etymologiae, in-f°*. 12. *Petrarchae epistolae, in-f°* ; et me gli mandi dirette al Basa in qualche cassa, se non ci è meglio commodità. » Au bas de la lettre est cette indication isolée : 3. *Metoch. astronomia, in-f°*. Orsini manifeste déjà son désir des trois premiers mss. dans la lettre du 13 avril.

autographe ; ce ne fut qu'une copie fort ordinaire[1]. La deuxième série, plus considérable, demandée le 9 juin 1582, comptait : 1° sept manuscrits grecs : Hérodote, Nicandre et Oppien, Lucien, Synésius, Xénophon et deux ouvrages de mathématiques ; 2° trois manuscrits latins : la *Cité de Dieu* de saint Augustin, Sénèque et Tite-Live ; 3° trois manuscrits en langue moderne (*libri volgari*) : un Dante, les *Cent nouvelles* et un recueil de poètes provençaux[2]. Enfin, quelques jours plus tard, Orsini demande un troisième recueil mathématique, un Aristote, d'autres *Lettres* de Pétrarque et un manuscrit de Brunetto Latini « in lingua provenzale[3] ». Tous les volumes portaient un numéro ; ce numéro leur correspondait dans l'inventaire de Bembo, dont se servait Orsini ; on les désignait ainsi facilement aux recherches[4]. Pinelli et Mercuriale y conduisaient quelquefois d'autres amis[5] ; sous

---

1. Cf. lettres du 23 mars et du 10 mai : « V. S. veda di gratia pigliarli quanto prima, senza dire altro à M. Livio [l'agent de Torquato], se l'Epistole sono ò non sono di mano, etc. »
2. Voici la liste écrite par Orsini (*Ambros. D.* 423, f. 264) ; elle est suivie d'une note qui est le n° XVII de l'Appendice II :
   GRECI.
   Herodoto, n° 8 ;
   Nicandro, con Oppiano, n° 13 ;
   Luciano, n° 32 ;
   Synesio, n° 36 ;
   Xenophonte, n° 49 ;
   Libro astronomico che hora V. S. chiede, n° 30 ;
   Theone che V. S. hebbe gia nelle mani, n° 37.
   LATINI.
   Augustino de civitate Dei, n° 19 ;
   Senecae opera, n° 2 ;
   Livij decas prima et fere tertia, n° 8.
   VOLGARI.
   Dante coverto de velluto rosso [sans numéro] ;
   Cento novelle, n° 30 ;
   Poeti provenzali [au crayon : n° 29].
   La réponse à la note d'Orsini est dans la lettre XVIII (du 22 juin).
3. Désignés ainsi dans la lettre XIX, du 28 juin : « *Liber astronomiae* [*Metochitae*] *in membranis in corio romano*, n° 3... *Aristotelis opera plura, in corio viridi*, n° 33... *Il Tesoretto* in lingua provenzale [sic], n° 29. » L'envoi du premier et du troisième est annoncé par Pinelli le 27 juillet, (lettre XXI). La lettre XXII montre qu'il s'agit évidemment du *Trésor*.
4. Orsini a pu donner quelquefois des indications plus précises ; voici, par exemple, dans sa lettre du 14 octobre 1581, comment il a demandé trois importants mss. italiens : « Nella scanza quarta di sotto à mano manca, verso il Cupido : n° 30, Cento novelle antiche, con alcune rime di sonetti toscani antichi, in cartone. — Nella scanza sesta à mano destra di sopra, verso il Mercurio : n° 5, Terze rime di Dante di mano del car[le] Bembo ; n° 6, Cose volgare del Petrarca di mano del car[le] Bembo. »
5. Particulièrement un « messer Paolo, » qui ne peut être que P. Aicardo, ami intime de Pinelli. (Gualdo, *Vita I. V. Pinelli*, pp. 55 sqq.) Voici un

la surveillance de l'homme d'affaires de Torquato[1], ils exécutaient les commissions ; puis ils confiaient les volumes au neveu de Basa, le libraire vénitien établi à Rome, qui les recevait dans ses ballots.

Durant ces heures de chasse aux manuscrits, dans un cabinet en grand désordre[2], Pinelli faisait parfois des découvertes intéressantes. A la place d'un texte en vain cherché, il mettait la main sur un autre plus curieux, et, au lieu de se le réserver, il en avertissait loyalement son ami. Il dressait ainsi des listes de livres que je n'ai malheureusement pas retrouvées, et qui achèveraient de nous renseigner sur l'état de la bibliothèque de Bembo. Orsini choisissait sur les listes de Pinelli ; c'est ainsi qu'il put acquérir la minute des brefs de Léon X rédigés par Bembo, puis le *Trésor* de Brunetto Latini, auteur dont il ne savait rien du tout, et que Pinelli, plus versé que lui dans les lettres françaises, signala à son attention[3].

Parmi les manuscrits importants qu'Orsini acheta en 1582, il convient de citer la *Consolatio* de Boèce écrite par Boccace et

autre ami qui écrit la chose de son côté à l'évêque de Tarragone, Agustin, (*Ambros. R.* 97 *sup.*) : « De Marsella escrivi a V. S. Illma do estuve, de dos meses, no so si se dieron ; escrivo agora de Padua, que ni ella, ni su escuela me plaze mucho, pero en fin borra se todo contener en ella el señor J. Vincentio Pinello y sus libros, que tiene hartos y buenos ; fuymos el otro dia los dos a la libreria del Bembo, por que se avian de sacar de lla algunos libros para imbiar a M. Fulvio por orden de Torquato Bembo, que esta en Roma haziendo negociacion ahun con los libros de su padre... M. Fulvio ha representado como dize los fragmentos de Festo del cardenal Farnes... De Padua ij setiembre 1582. *P. Gales.* »
1. Livio Barisone.
2. Cf. lettre XVIII de l'Append. II. Pour la description du *studio* de Bembo, v. un passage de la lettre XXIV. — Aux divers témoignages connus sur les célèbres collections de Padoue, et qui sont malheureusement trop rares, j'en ajouterai un ici, qui mentionne incidemment deux de nos volumes grecs. Il est demeuré inaperçu, bien qu'une phrase en ait été citée par Graux (*Escurial*, p. 170.) On le lit dans une lettre de Juan Paez de Castro à Geronimo Zurita, écrite de Trente, le 8 juin 1546 : « La Historia de Bembo no ay memoria que se estampe ; dezir a v. m. que tiene in Padua una cosa muy buena, en que tiene su libreria muy copiosa y de muchas antiguallas de estatuas y tablas, principalmente una Tabla de bronce con ciertas pinturas de animales, que dizen fer de letras hieroglyphycas. Tiene tambien un huerto con muchas herbas y arboles exquisitos, a imitacion del que la Señoria de Venecia haze agora uro en Padua para la Universidad, que dizen sera la major cosa del mundo. Tiene entre sus libros unos Aristoteles y un Xénophon de mano, los quales quisiera prestados el señor Don Diego [Mendoza], y no se los quisieron dar ; pagase en dezir mal de su estudio, y antiguallas, y huerto, non sé con quanta razon. » (*Progresos de la historia en el reyno de Aragon*... par Uztarroz et Dormer. Saragosse, 1680, p. 472.)
3. Cf. lettres XVIII, XIX, XXI, XXII et les lettres d'Orsini du 31 juillet, du 2 août, etc. ; cf. aussi l'index.

provenant de Bernardo Bembo[1]. Torquato faisait chercher en même temps dans la bibliothèque un *Decameron* sur lequel on ne put mettre la main[2]; il fut remplacé par l'autographe des *Prose* de Pietro Bembo[3]. Fulvio déclare en avoir été pour sa honte, puisqu'il avait obtenu d'avance et à grand peine, en importunant Sirleto et le maître des Palais Apostoliques, la permission de recevoir chez lui le livre prohibé de Boccace[4]. D'autres volumes, contenant des œuvres de Pétrarque, arrivés en décembre 1582, contentèrent moins Orsini que les précédents[5]. Le 26 février 1583, il fit demander les *Commentaires* de Francesco Contarini, autographe de Bernardo Bembo, et les poésies de Cristoforo Landino[6]. Enfin, le 11 février 1584, il accusait

1. Le volume était relié en velours vert : Orsini en parle dans sa lettre à Pinelli du 25 août 1582, et voici ce qu'il dit dans celle du 15 septembre : « Di quelli ligati in velluto, uno solamente me potria piacere, quando fosse scritto in volgare, cioè il Boethio del Boccacio. Et mi meraviglia come bisognassero tante prove al padre del Bembo per provare quella mano, poiche hoggidì si conosce benissimo et, poiche sonno sù le mani dell' autori, dicami V. S. se l'ha veduto in quel studio, overo altrove, scrittura di mano di Dante, et se il Thesoretto è archetypo, ò pure libro che sia passato per mani d'huomo intelligente. » Orsini accuse réception du Boèce le 4 décembre.
2. V. la lettre du 4 novembre. Bembo voulait aller en personne à Padoue chercher le volume, car il était sûr qu'il avait un *Decameron* « in-4, foglio, coperto di cartone bianco. »
3. Lettre du 19 novembre 1582. Dans celle du 27, on voit qu'il y avait deux volumes du même genre : « Delli dui volumini di *Prose*, che scrive il s^r Paolo [Aicardo] desidero mesi mandi il migliore à gusto di V. S., et per gratia mesi mandi per le mani del Clar^{mo} Donato. »
4. Lettre du 15 octobre : « O questa si che la se' bela ! per dire come dice il Bembo, che'l Decamerone non sia per ritrovarsi. E peggiore la vergogna che'l danno, havendone io ottenuto licenza dal Carl^e Sirleto con molti stenti et straccatone il Maestro Sacri Pal. più volte. Il Bembo ne scrive al figliolo, caso che lui non l'havesse; dice che è necessario sia nello studio à ogni modo, perche lui non l'ha dato à persona alcuna. »
5. Dans la lettre d'Orsini du 24 décembre, on voit que les deux livres de Pétrarque qu'il vient de recevoir l'ont médiocrement satisfait, spécialement le *De remedio utriusque fortunae*. C'est dans la même lettre qu'il accuse réception du ms. des brefs de Léon X par Bembo, et du *Tesoro de Brunetto Latini*, qui lui ont fait tous les deux grand plaisir, quoique le second manque d'un cahier. Il y avait en effet, huit feuillets absents, et nous voyons, par la lettre XXVI de l'Appendice II, que Pinelli parvint à les retrouver en 1585.
6. « Monsig^r Bembo m'ha promesso di scrivere hoggi al s^r Livio, che lasci pigliare à V. S. dal studio il libro coverto di velluto cremesino, scritto di mano di Bernardo Bembo, che è *Franciscus Contarenus de Etruria*, et il libro di velluto violato ò verde, dove sono alcuni versi di Christophoro Landino con l'epistola à Bern^o B^o. Se tal ordine sarà venuto, prego per mezzo di V. S. il s^r Paolo mio che me favorisca de pigliarli quanto prima, senz'entrare col s^r Livio in altri particulari per conto di questi dui libri, perche l'amico non pigliasse ombra, come fece in quelle epistole del Petrarca; se ci sarà poi occasione d'inviarmeli... »

réception d'un second recueil provençal tiré du cabinet de Bembo[1] ; au mois de décembre suivant, celui-ci, devenu tout à fait aimable, lui accordait encore un manuscrit français[2]. Ce fut sa dernière affaire avec Torquato. Il avait fini, on le voit, par obtenir de lui tout ce qui avait une véritable valeur parmi les manuscrits de son père.

Les négociations avec Torquato Bembo ont un épilogue, qui intéresse l'histoire d'un précieux manuscrit de poésie provençale de la Bibliothèque Nationale de Paris. Fulvio Orsini n'avait pas été content de celui que lui avait envoyé Pinelli en 1582 ; il n'y avait pas trouvé d'œuvre d'Arnaut Daniel, cité, dit-il, par Pétrarque dans ses feuillets autographes. Or, il en avait existé, chez Pietro Bembo, un exemplaire beaucoup plus complet : il était couvert de velours rouge, écrit sur parchemin, à deux colonnes, in-folio, haut de trois doigts ; il contenait, outre les poésies des troubadours, une biographie abrégée de chacun d'eux[3]. Pinelli avait dit « à l'oreille » à son ami, dans sa lettre du 22 juin 1582, que ce volume était sorti de chez Bembo depuis longtemps, peut-être depuis des dizaines d'années ; il était, avait-il ajouté, entre les mains d'une personne qu'il ne pouvait dire, mais qui certainement ne le laisserait pas échapper.

Il n'en fallait pas tant pour achever de dégoûter Orsini du manuscrit qu'il venait de recevoir et le mettre en quête de celui qu'on lui refusait. En vain Pinelli l'invite à se contenter de ce qu'il a et à renoncer à tout autre espoir[4]; Fulvio tient bon et finit par découvrir où se cache le mystérieux volume[5]. Il ne peut être que chez un noble Vénitien, le magnifique Alvise Mocenigo, qui

1. Par la lettre du 10 septembre 1583, on voit que Bembo avait écrit à son fils Carlo de donner les clefs à Livio Barisone pour rechercher dans la bibliothèque : 1° un Tertullien, que le cardinal Sirleto attendait avec impatience ; 2° un livre provençal pour Orsini. Le 11 février, Orsini, recevant ce livre, y trouve douze canzones d'Arnaut Daniel, des expositions et d'autres choses encore qu'il n'avait pas. On voit qu'il en est beaucoup plus satisfait que du recueil qu'il avait reçu en 1582. — A signaler aussi, pour les mss. provençaux chez Pietro Bembo, la lettre d'Orsini du 15 octobre 1582 : Torquato affirmait qu'il y avait alors dans la bibliothèque plusieurs recueils en cette langue, et que Mercuriale et Mocenigo les avaient vus un jour.
2. C'était un ms. « di rime francese » ; Pinelli l'avait mis de côté avec le ms. provençal (lettre d'Orsini du 22 décembre 1584). La correspondance n'apprend rien de plus sur ce volume.
3. V. les lettres de Pinelli, XVIII et XXII de l'Appendice II.
4. Lettre XXI.
5. Lettre du 21 juillet 1582 : « Il libro de poeti provenzali non m'è piaciuto punto, non essendovi l'Arnaldus Daniel che molte volte cita il Petrarca in questi fogli archetypi e volentieri applicarei l'animo à quello in

a un domicile à Padoue et qui a puisé, lui aussi, dans la collection du cardinal. Mocenigo n'est pas facile à séduire : il s'entend à la littérature provençale, et, par tradition de famille, comme par goût personnel, il se plait aux beaux manuscrits. Cependant Orsini n'est point pour lui un inconnu ; en 1577, il a aidé le patricien à se défaire de sa collection d'intailles [1] ; puis, dit-il, il obtiendra peut-être plus facilement la cession du volume, en offrant la transcription des biographies qui s'y trouvent, avec une copie qu'il a du recueil provençal du Vatican [2].

Pinelli et Mercuriale interviennent habilement auprès du « magnifique », qui finit par se rendre à leurs instances [3]. Reste à régler le prix : Orsini en offre, dit-il, trente écus avec joie, quarante avec ennui, cinquante de très mauvais gré ; mais il ne veut en aucun cas débourser davantage [4]. « Le livre est un bijou, c'est vrai, écrit-il le 27 novembre ; mais c'est un bijou ignoré, qui ne trouverait pas facilement acquéreur ; » on ne peut en dire autant des quatre fameux manuscrits qu'il a payés à Bembo cent cinquante écus ; le Virgile et le Térence, par exemple, qui lui reviennent à cinquante écus chacun, sont des livres de premier ordre, et qui n'ont pas leur pareil en Europe pour l'antiquité [5].

---

cremesino, si qual Mocenigo fosse tale che io ci potesse sperare per qualche via. » Lettre du 2 août : « Questi Provenzali di quà tuttavia non mi piaceno per il mancamento di molti, et in specie d'Arnaldo, et è anco libro molto mal trattato. Io hò copia d'uno che è qui nella Vaticana, che fù del Colotio, molto antico et molto copioso, et la copia fù ancora del Colotio, et con questo me starò, finche non venisse meglior occasione. » (Ambros. D. 423.) Tous ces manuscrits seront identifiés au chapitre VIII.

1. Cf. une lettre du 14 décembre 1577. Orsini demandait des empreintes de soufre, pour faire acheter les intailles par les cardinaux Farnèse et Granvelle et en prendre pour lui-même. Le 11 octobre et le 9 novembre, il était en pourparlers avec Mocenigo pour acheter un anneau antique et une améthyste gravée. (V. toutes ces lettres dans l'Ambros. D. 422.) Dès 1573, on trouve Orsini en relations avec Mocenigo au nom du cardinal Farnèse (Ronchini, Lett. ai Farn., p. 24, l. X.)

2. Lettre à Pinelli du 1er septembre 1582. Cette copie, possédée par Orsini, avait appartenu à Colocci comme le recueil Vatican. A la fin de celui-ci, Orsini signale une lettre de Bembo à Colocci, envoyant les noms de tous les poètes provençaux contenus dans un exemplaire de sa bibliothèque ; il y en a soixante-six. (Lettre du 19 novembre ; cf. lett. du 4 décembre.)

3. Lettre d'Orsini du 7 novembre.
4. Lettre du 24 décembre.
5. « Io non niego che'l libro non sia da stimare come gioia, ma è gioia non conosciuta, ne sene trovaria cosi facilmente il comprato. Il che non si può dire delli quattro libri che io pagai 150 scuti, perche in essi erano li dui di maiuscule, che in tutta Europa non si trovano li più antichi ; sono poi libri gustevoli da ogni uno. »

Ces raisons ne suffisent pas à Mocenigo, qui ne compte pas se priver sans un bon dédommagement d'un de ses volumes favoris ; il demande cent écus d'or[1], et comme Orsini tient au recueil et qu'il ne veut pas mourir « avec cette envie dans le corps », il est bien obligé d'accepter ces conditions et de boire le « calice »[2]. Mais sa mauvaise humeur s'exhale avec Pinelli : « En vérité, si ces Provençaux n'avaient appartenu au cardinal Bembo et ne portaient des notes de sa main, il n'y a pas un Romain qui dépenserait un sou pour les avoir ; il n'y a même personne à Rome qui comprenne leur langue et qui ait vu le nom de ces poètes ailleurs que dans les œuvres de Bembo[3] ». Le 16 juillet 1583, en recevant le volume de Mocenigo, Orsini dit l'avoir décidément payé cinquante écus trop cher. C'était en effet le manuscrit de sa bibliothèque pour lequel il dépensait le plus, et ce ne fut pas un de ceux qu'il eut le plus de plaisir à posséder.

En 1584, grâce à sa patience et au zèle de ses amis, Orsini avait réuni dans ses mains tous les trésors de la bibliothèque de Bembo. Après de telles acquisitions, la sienne n'était plus reconnaissable ; elle était sans conteste la première des collections privées d'Italie, et méritait dès lors le jugement qu'en a porté Angelo Rocca. Voici dans son entier ce témoignage contemporain, le plus intéressant qui nous soit parvenu sur le développement complet de la bibliothèque d'Orsini[4] :

« Fulvius Ursinus, vir quidem eruditissimus et omnium anti-

---

1. Lettre XXIII de l'Appendice II (25 février 1583). Orsini marchande dans les lettres suivantes; v. par ex. celle du 9 avril : «... si possa redurre il Magnifico da scuti d'oro a scuti di moneta, et levare qualche cosa dal prezzo delli 100, quando veramente il libro non le vaglia, perche io non voglio se non le cose honeste. [Ou, s'il ne diminue rien, qu'il lui donne en sus un Dante avec gloses latines, que Pinelli lui a signalé ; le 11 juin, Orsini parle d'un Uc Faidit chez Mocenigo]. Perche io desidero questo libro de Provenzali a ogni modo, et sono risoluto non morir con questa voglia in corpo. »
2. Lettres du 23 avril et du 7 mai.
3. Lettre du 11 juin : «... che io per me non conosco huomo che habbia mai sentito nominare questi poeti, senon inquanto si leggono nelle Prose del car.le Bembo. » Le 9 juillet, Orsini demande à Pinelli la traduction d'une grammaire provençale. Ces petits détails, qu'il est facile de contrôler et de compléter sur les originaux de l'Ambrosienne, peuvent avoir quelque intérêt pour l'histoire des études romanes en Italie.
4. *Bibliotheca Apostolica Vaticana... a fratre Angelo Roccha a Camerino... illustrata*. Rome, typogr. Vatic., 1591, pp. 400-402. Passage déjà cité par Blume, avec quelques coupures, dans son chapitre sur la Vaticane. (*Iter Italicum*, t. III, pp. 39-41.) L'annotation de ce document ferait double em-

quitatum notitia clarissimus, Bibliothecam habet nobilissimam, tum librorum varietate et bonitate, tum multarum etiam rerum antiquitate; quamvis enim admodum numerosa libris non sit, codices tamen ii selectissimi sunt fere omnes, et vere singulares, tum Graeci tum Latini. Nam inter Graecos libros sunt quaedam scripta maiusculis litteris exarata, et praesertim celebre Dionis historici fragmentum, Bibliis Graecis quae in Bibliotheca Vaticana reperiuntur antiquius. Extant etiam in ea libri aliquot a Theodoro Gaza, Constantino et Ioanne Lascare, a Scipione Cartaromacho, et ab aliis huius generis doctissimis et insignibus viris conscripta. Sunt item inter Latinos libros aliquot codices litteris quoque maiusculis manuscripti, et praesertim Terentius, quem Petrus Bembus Cardinalis olim possedit, tempore Alexandri Severi imperatoris conscriptus... Extat inibi Virgilius, quem prius Pontanus, deinde Bembus possederunt. De hoc libro manuscripto mentionem facit Pierius... Hic codex antiquior est Virgilio, qui extat in Bibliotheca Vaticana, nec non Virgilio, qui olim fuit Pomponii Laeti, deinde Angeli Colotii Episcopi Nucerini, et in bibliotheca extat Medicea. Asservantur praeterea in hac Fulviana Bibliotheca libri Italica et politiori quidem lingua, quam Hetruscam novam appellant, conscripti : qui partim ex Bibliotheca Petri Bembi, partim ex aliis desumpti sunt, et praesertim Petrarca, hoc est liber ille insignis non nisi versibus rhytmicis constans, et ipsius auctoris manu conscriptus, quae res singularis est. Quaedam etiam hic asservantur lingua illa, quam vulgo Provenzalem vocant, conscripta, in quibus Petrarcae manus apparet. Quaedam item Ioannis Boccacii et aliorum viro-

---

ploi avec la notice des mss. qu'on trouvera aux chapitres suivants. — J'ai rencontré un témoignage postérieur de quelques années, dans le curieux itinéraire d'Italie de François Schott. Il parle d'Orsini en deux passages, la première fois en décrivant le palais Farnèse, la seconde à propos de la Vaticane : « In superiore contignatione Cardinalis Bibliotheca est quae et scriptos calamo libros habet plurimos ; Musaeum item est Fulvii Ursini romani, hominis doctissimi, qui non urbis sed orbis rara κειμήλια numismatum, gemmarum ac librorum incredibili sumptu collegit communicavitque magnam partem cum posteris, editis variis ingenii monumentis, cum Graecis tum Latinis... nuper vero imagines illustrium amplius CLII Antverpiae typis Theod. Gallaei Phil. F. evulgavit. » — « Taceo innumeras privatorum bibliothecas rarorum librorum rerumque pretiosarum : qualis est Fulvii Ursini Romani, homines utriusque linguae doctissimi et altera Aldi Manutii... qui nuper in medio vitae cursu vita decedens, octoginta millium librorum bibliothecam a se collectam Pisanae Academiae in Etruria, ut audio, testamento legavit. » *Itinerari Italiae... libri tres, a Fr. Schotto... ad R. Bellarminum card.*, Anvers, J. Moretus, 1600, pp. 207 et 219.

rum insignium manu exarata inibi videre est. Haec denique Bibliotheca... a Fulvio Ursino quadraginta abhinc annis, ac plurimo ad id efficiendum ex patrimonio aere collato, insigniter constructa est, multis aliis rebus antiquis exornata, ob magnam codicum antiquitatem et raritatem et (quod caput est) bonitatem insignis ac ditissima ab omnibus qui eam viderunt existimatur, atque hisce tribus in rebus praesertim alias excellit Bibliothecas, atque item Vaticanam, quae aliis de causis non solum Fulvianam, sed ceteras omnes superare iudicatur. »

Bien que Rocca parle ici de quarante ans, la période active des acquisitions d'Orsini n'a guère duré, comme le montre notre récit, qu'une vingtaine d'années, de 1565 à 1584. La bibliothèque ainsi formée se maintint jusqu'à la fin du siècle à l'état de collection isolée, mais elle ne survécut pas à son possesseur.

CHAPITRE IV

ÉTAT ACTUEL DE LA BIBLIOTHÈQUE D'ORSINI

Cette bibliothèque tant célébrée, et qui, pour la rareté et l'excellence de ses volumes, passait pour supérieure à la Vaticane elle-même, était destinée à enrichir sa glorieuse rivale. Sa fusion avec la Vaticane a été pour celle-ci une acquisition de premier ordre; elle semble avoir donné le signal des grands accroissements successifs qui marquent son histoire au xvii° siècle. Aujourd'hui encore, les plus précieux manuscrits du fonds Vatican proprement dit viennent d'Orsini; et, bien que la collection détruite n'ait pas été explorée dans son ensemble, ces quelques volumes suffisent à la recommander aux savants et à en consacrer le souvenir.

La bibliothèque de Fulvio Orsini est entrée dans la bibliothèque Apostolique après la mort de son propriétaire et, comme on le sait, par son testament. Ce qu'on connaît moins, ce sont les négociations qui ont précédé et motivé ce legs. J'ai pu en suivre les traces dans la correspondance de Granvelle et je vais tâcher d'éclaircir l'histoire de cette importante donation[1].

Par la lettre du 22 mars 1581, on voit qu'Orsini avait eu envie d'offrir l'ensemble de ses collections à Philippe II, qui réunissait alors, sans épargner ni les hommes ni l'argent, les fonds de

---

1. Dans les *Memorie istoriche degli archivi della Santa Sede e della biblioteca Ottoboniana* (Rome, typ. Vatic., 1825, in-8 de 51 pp.), ouvrage publié par A. Mai et aujourd'hui introuvable, l'abbé Costantino Ruggieri a eu le mérite de deviner l'intérêt, pour la question, des lettres de Granvelle qu'il avait vues manuscrites. (Cf. sa page 42). — J'emprunte à la p. 43 un mot qui justifie ce que je viens de dire de l'importance des volumes d'Orsini dans la Vaticane : « [Si conservano] in oggi nella biblioteca Vaticana con tanta riputazione della medesima, *essendo forse i più belli e i più preziosi che vi sieno.* »

l'Escurial. Le savant romain avait prié son ami, le premier ministre, d'en parler à Arias Montano, bibliothécaire du roi. Granvelle sans doute ne pouvait lui refuser son office ; mais, comme il savait que les cardinaux Sirleto et Caraffa avaient décidé d'offrir d'abord l'acquisition à Grégoire XIII, il conseillait à Orsini d'attendre la réponse du pape : « Je serais beaucoup plus content, écrivait-il, de voir vos collections rester à Rome. Je vous ai dit quelquefois mon regret qu'on en ait enlevé déjà tant de statues et d'antiquités, aujourd'hui dispersées en Europe... Si tout cela demeurait dans Rome, elle serait l'école publique du monde et les érudits et les artistes de tout genre y accourraient [1]. »

Au commencement de mai, le pape paraissait décidé en principe à l'acquisition de la bibliothèque d'Orsini, qui s'accordait avec ses grands projets relatifs à la Vaticane. Le 13 juin 1581, Granvelle écrivait, revenant sur ses idées favorites : « J'ai lu avec un très grand plaisir votre lettre du 12 mai, où j'ai appris la libérale résolution prise par Sa Sainteté d'annexer à la Vaticane les livres que vous avez recueillis avec tant de soin et de compétence. Il faut tâcher que cette école de l'univers s'enrichisse de tout ce qui peut servir à y attirer les savants. Je suis particulièrement obligé à mes collègues les cardinaux, et surtout à l'Illmo Sirleto, de l'appui qu'ils donnent à cette œuvre sainte. Sans aucun doute, je désire tout ce qui peut être utile aux projets du Roi mon maître pour l'Escurial ; mais j'aime beaucoup mieux que votre bibliothèque et ses ornements restent à Rome : on les y goûte et on les y estime mieux qu'on ne ferait ici, où peu de gens se plaisent à ces choses et où plus rares encore sont ceux qui savent les apprécier [2]. »

Bientôt après, Orsini était nommé correcteur grec à la Vaticane [3];

---

[1]. *Lettere ined. del card. de Granvelle*, p. 11 (lettre V). Pourquoi Orsini voulait-il se défaire de ses collections? Ruggieri suppose qu'il désirait en tirer une somme d'argent comptant destinée à manifester sa reconnaissance à la famille Delfini ; c'est du reste le but qu'il atteignit, à sa mort, par son legs au cardinal Odoardo.
[2]. *Id.*, p. 13 (l. VII).
[3]. V. plus haut, p. 30. Mgr Ciccolini a bien voulu me communiquer, avec sa bienveillance ordinaire, le dossier marqué C des archives privées de la Vaticane. Ce dossier contient toutes les pièces relatives au legs d'Orsini et m'a été fort utile. J'y ai trouvé (f. 182) un petit reçu autographe témoignant des relations d'Orsini avec la Bibliothèque, longtemps avant l'époque qui nous occupe ; le voici : « Io Fulvio Orsino ho ricevuto da M. Federico Ranaldi scuti due et soldi 50, per tanti che havevo sborsato del mio al scrittore greco che trascrisse l'indice greco sopra Aristophane, Demosthene, epistole

mais le règlement définitif de l'affaire de sa bibliothèque se fit assez longtemps attendre ; une maladie de Sirleto le retarda encore [1]. Notre savant était occupé pendant ce temps à ses acquisitions chez Torquato Bembo. Il avait aussi reçu d'autres propositions, dès qu'on avait appris son désir de se défaire de ses livres : « Un prince voisin », écrivait-il à Granvelle, lui offrait titres et dignités, et il est facile de voir que c'était le grand-duc de Toscane [2]. Granvelle l'engageait instamment à tout réserver pour le pape ; il écrivait lettre sur lettre à Sirleto pour réchauffer sa bonne volonté, et il le fit même une fois d'après une minute qu'Orsini avait rédigée et envoyée de Rome à Madrid. Il mettait en lumière toute la peine que se donnait leur ami pour servir les desseins du pape, pour revoir la Bible grecque, les décrets du Concile de Trente, etc. ; il montrait que le savant avait besoin de songer un peu à sa santé, qu'il avait déjà les infirmités de l'âge et du travail, et qu'on devait bien lui tenir compte de ses fatigues passées. Le cardinal Farnèse s'occupait aussi des intérêts de Fulvio ; il écrivait de Caprarola que tout ce qu'on accordait au serviteur était considéré par le maître comme une faveur personnelle [3].

Toutes ces lettres à Sirleto étaient faites pour être montrées au pape : elles ne furent pas inutiles, et c'est alors que Grégoire XIII décida qu'Orsini toucherait une pension de deux cents ducats sur les revenus de l'évêché d'Aversa [4]; il lui promettait

---

greche et Luciano, per servitio della libraria del PP., et in fede di questo ho scritto la presente di mia mano, questo giorno xiv d'Aprile 1573. »
« Fulvio Orsino, come di sopra. »

C'est ici le cas de protester contre la tradition qui fait d'Orsini un *préfet* de la Vaticane ; le *cui bibliothecae praeerat*, que se transmettent les préfaces philologiques, repose sur une confusion facile à comprendre. Orsini, comme bien d'autres savants, a été attaché à la Vaticane seulement comme *correcteur*.

1. *Lettere ined.*, pp. 16 et 19 (l. IX et XI).
2. *Lettere ined.*, p. 19 (l. XI, du 14 janv. 1582) : « Non intendo che sai quel vicino che tratta, come V. S. scrive, d'intrare in prattica della detta libreria con offerirli grado e dignità, et credo che sia meglio per ogni rispetto attacarsi alla prattica con S. Stà per honorare et accrescere la libreria Vaticana. »
3. *Lettere ined.*, pp. 23 et 25 (l. XV). Voir en note la lettre de remerciements du cardinal Farnèse à Sirleto, du 18 août 1582.
4. V. p. 29. La pension est mentionnée par Granvelle (*l. c.*, p. 29), et Orsini en parle dans une lettre à Pinelli du 7 juillet 1582, qui en donne à peu près la date : « Il vescovo che mi paga la pensione è il sr Giorgio Manzolo bolognese, figliolo d'una sorella del carle Paleotto e del sr Camillo [Paleotti], et è un giovine gentilissimo. » (*Ambros. D.* 423).

en outre de l'employer à divers travaux rémunérés[1]. Cette pension était, en quelque sorte, une rente viagère dont la valeur de la bibliothèque constituait le capital ; mais ce capital restait entre les mains d'Orsini tant qu'il vivrait. L'inventaire des livres fut dressé : le savant demeura en possession de ses chers volumes, et prit seulement l'engagement de les léguer au Vatican. Voilà au moins ce qu'on peut conclure de nos documents. C'est donc à Sirleto, à Caraffa et à Granvelle que Rome doit de posséder encore la collection de Fulvio Orsini ; et, s'il est vrai qu'elle est entrée au Vatican sous Clément VIII, c'est à Grégoire XIII, vingt ans plus tôt, que revient le mérite d'en avoir assuré la possession à la Bibliothèque Apostolique[2].

Dans son testament, dressé, comme on l'a vu, peu de mois avant sa mort, le 21 janvier 1600, Orsini consacre à sa bibliothèque un passage vraiment intéressant. On y voit que l'un des sentiments qui l'ont déterminé à léguer ses livres à la Vaticane pour l'usage des travailleurs, c'est sa propre reconnaissance des secours qu'il en a retirés durant ses premières études. Voici du reste le texte complet[3] :

« Quoniam... patrimonialia bona mihi non sunt, quorum causa consanguineorum meorum, si qui sunt, rationem habere debeam, idcirco volens ea bona, quae mihi sunt a Deo collata et industria mea parta et acquisita, in pias causas et in personas bene de me meritas distribui, iure legati do et dono bibliothecae Palatinae, quae dicitur Vaticana, omnes et singulos meos libros, tam Graecos quam Latinos, manuscriptos et impressos, in quibus licet impressis est aliqua in marginibus notatio manu doctorum virorum; et omnes alias praeterea scripturas, quae cum dictorum librorum nominibus descriptae sunt in Indice seu inventario a me subscripto meoque sigillo signato. Quos quidem libros, qui magni sunt nominis et pretii, et scripturas volo ad communem studiosorum utilitatem servari in ea bibliotheca, quae magno mihi olim adiumento fuit, cum iuvenis ibi graecis litteris et latinis operam darem, tum etiam ut extet perpetuum quoddam quasi monumentum meae erga Sedem Apostolicam de-

---

1. *Lettere ined.*, pp. 25-26, 29 (l. XVII et XX).
2. C'est en 1602 seulement, ainsi qu'on le verra plus loin, que les livres d'Orsini ont été consignés à la Vaticane. Mais le legs d'Orsini doit être considéré, dans l'histoire de la Bibliothèque, comme l'événement capital du vi[e] siècle.
3. On en trouve une copie dans le dossier *C*. Le texte de Castiglione (pp. 568-569) collationné, sur l'original, est plus correct.

votionis, cum qua cupio huiusmodi legato conscientiam meam exonerare, si quos fructus ex reditibus meis ecclesiasticis, dum vixi, male forsan perceperim. Volo autem, et a Bibliothecario Cardinali, qui erit pro tempore, enixe peto, ut per Custodes Bibliothecae curet in singulis meis libris inscribi : « *Fulvius Ursinus huic bibliothecae donavit* ». Et si contigerit aliquos libros et scripturas in consignatione huius legati non reperiri, admoneat idem bibliothecarius eos, qui libros huiusmodi aut scripturas clam detinuerint, incidisse in eam excommunicationem a qua non possint absolvi nisi a Romano Pontifice, iuxta privilegium Vaticanae Bibliothecae, ad quam spectare et pertinere debebunt dicti libri et scripturae huius legati iure. Curent igitur tam custodes Vaticani, quam alii, ne scheda quidem aliqua ex iis libris et scripturis depereat. — S^{mo} D. N. Clementi Papae VIII grati animi monumentum licet exiguum do, dono dicoque, memoriae causa, duo insignia numismata aerea magna theca rubea inclusa, quorum alterum habet caput Constantini imp. alterum Crispi Caesaris, itemque duo aerea parva numismata eiusdem Constantini, in quorum unius antiqua parte caput est ipsius Constantini galeatum, cum celebri illo signo Christi nomen significante, in alterius autem postica labarum cum eodem signo ; quae quidem quatuor numismata cupio, et ab eodem S^{mo} humiliter peto, ut post eius obitum mandet servari in bibliotheca Vaticana, ut omnibus in promptu sint ecclesiasticae antiquitatis curiosis [1]. »

Pour nous en tenir à la première partie de ce passage, celle qui regarde les livres de Fulvio Orsini, nous voyons que celui-ci parle d'un Inventaire signé de sa main et scellé de son sceau, donnant la notice de tous les manuscrits et de tous les imprimés annotés par des savants qui doivent entrer après sa mort à la bibliothèque Vaticane. Cet Inventaire original est celui-là même qui a été le point de départ de tout notre travail, et qui est conservé dans le *Vat. lat.* 7205.

Il a été relié sous Grégoire XVI avec deux autres inventaires du même temps [2]. Il ouvre le volume et se trouve précédé d'un

---

1. Ces monnaies, dit M. de Rossi, ont dû se perdre dans la dispersion des trésors numismatiques du Vatican, qui a eu lieu pendant la république romaine, à la fin du siècle dernier. (*La Biblioteca della Sede Apostolica... I gabinetti... annessi alla Bibl. Vat.*, Rome, 1884, p. 61).
2. Du f. 53 au f. 96 : *Inventario de libri e robbe di fr. Onofrio Panvino* (sic) *veronese*. Je reparlerai plus loin de cette bibliothèque. L'inventaire des effets commence ici au f. 86 ; il est suivi d'une sorte de registre des dettes et des créances de Panvinio, arrêté à 1550. Du f. 97 au f. 105 : *Index*

euillet préliminaire portant : INVENTARIVM LIBRORVM FVLVI
ORSINI ; le texte occupe cinquante-deux feuillets numérotés,
en papier, contenant dix-neuf lignes à la page [1]. Le format
22×15 cent.) et la disposition ont été imités dans les copies qui
en existent à la Bibliothèque Ambrosienne ; ils devaient être les
mêmes dans l'inventaire original des collections d'antiquités,
qu'on est en droit de croire perdu [2]. A la fin est la souscription
autographe d'Orsini et un cachet à ses armes. Le premier mot
de chaque article, quel qu'il soit, est en capitale d'imprimerie ;
dans les articles qui contiennent plusieurs ouvrages, le premier
mot de la description de chacun d'eux est écrit assez souvent de
la même manière, sans qu'il y ait sur ce point aucune régularité.
Le copiste, dont l'écriture élégante n'a rien de caractéristique,
a laissé partout la place des mots grecs, qui ont été ajoutés après
coup.

Cet inventaire, qui est publié intégralement à la suite de notre
dernier chapitre, comprend six parties, portant chacune une
numérotation distincte :

1° *Libri greci scritti a mano* (162 mss. grecs).

2° *Libri greci stampati che sono tocchi di mano d'huomini
dotti* (101 imprimés grecs).

3° *Libri latini scritti a penna* (300 mss. latins).

4° *Libri latini stampati che sono tocchi di mano d'huomini
dotti* (128 imprimés latins).

5° *Libri vulgari scritti in penna* (33 mss.).

6° Papyrus et papiers (non numérotés).

Le texte est très défectueux ; le scribe est d'une ignorance
extrême et les fautes d'orthographe abondent dans sa transcription. Il ne connaît pas les auteurs anciens et donne leur nom
d'une manière bizarre et inconstante : il fait d'un titre d'ouvrage un nom d'auteur, et réciproquement. Les majuscules
initiales et la ponctuation sont mises arbitrairement. Heureuse-

---

librorum R^{mi} *et* Ill^{mi} *D. Episcopi Faventini*. (Il ne comprend que des livres
grecs.)

1. Les ff. 20 v° à 24 v°, 41 v° et 51 v° ne sont pas écrits.
2. Deux copies de l'inventaire de la bibliothèque d'Orsini, sauf la 6e partie,
se trouvent dans les papiers de Pinelli avec celles de l'inventaire des
collections (*Ambros. 1. 223 inf.*). Cf. *Les Collect. d'ant.*, p. 4. L'une de ces
copies a dû être envoyée à Pinelli par le propriétaire lui-même ; la rareté
des publications bibliographiques au XVIe siècle rendait très précieux les
catalogues manuscrits des bibliothèques privées ; nous pouvons constater
que nos deux savants s'envoyaient tout ce qu'ils trouvaient de documents
de cette nature.

ment la plupart de ces fautes sont assez grossières pour être d'une correction facile. J'imagine que le scribe a eu à copier un brouillon d'inventaire, écrit rapidement par Fulvio Orsini lui-même [1], et exécuté, à ce qu'il semble, vers l'époque de son engagement envers la Vaticane, au commencement de 1582 [2].

On se rendra compte, en parcourant ce document, de l'intérêt qu'il offre par les mentions de provenance et l'identification des écritures de savants qu'on voit aux gardes ou aux marges des volumes. Il s'en faut cependant que ces indications soient toujours exactes, non plus du reste que le dépouillement des manuscrits : Orsini paraît avoir rédigé très vite, après un examen superficiel ; une telle négligence étonne d'un bibliophile comme lui et qui n'en était pas à son premier inventaire [3]. On a peine à comprendre aussi qu'il n'ait pas reconnu dans certains numéros la même main qu'il a signalé dans d'autres [4] ; s'il l'a reconnue, on ne s'explique pas qu'il ait oublié de la mentionner, alors qu'il le fait dans des cas moins intéressants. Sur beaucoup d'écritures, il se trompe, quelquefois par son désir d'ajouter du prix à ses volumes, d'autres fois par une confiance excessive dans le témoignage d'autrui. Ce sont des questions qui seront discutées en leur lieu. L'ensemble des renseignements ne constitue pas moins un document extrêmement précieux et, à ce que je crois, unique en son genre au XVI° siècle [5].

1. Certaines fautes, telles que *Theocinto* pour *Theocrito*, ne s'expliqueraient pas si le scribe avait écrit sous la dictée.
2. Voici sur quoi je fonde cette supposition : Orsini s'engagea en 1582 à léguer sa bibliothèque dans l'état où elle se trouvait alors ; ses acquisitions postérieures ne pouvaient évidemment pas y être comprises. De fait, dans un petit inventaire de mss. trouvés chez lui après sa mort et dont il sera question plus loin, nous voyons figurer bon nombre de mss. non destinés à la Vaticane ; or plusieurs d'entre eux ont été certainement acquis en 1583 et même dès 1582 ; et ils auraient été dignes de prendre place dans le grand Inventaire. (Cf. Appendice I, n°s 16, 26, 61, 63...) Il y a pourtant quelques livres, entrés chez Orsini en 1583 et 1584, qui figurent dans l'Inventaire dressé pour le Vatican ; mais ce sont surtout des mss. provenant de la bibliothèque de Bembo (v. p. 106) ; il me paraît clair qu'Orsini, par un scrupule louable, n'a pas voulu séparer les volumes importants de cette collection, et qu'il les a ajoutés plus tard.
3. Il doit avoir fait celui des manuscrits de Grottaferrata, ainsi qu'il l'écrivait au cardinal Farnèse le 11 sept. 1571 (*Lett. ai Farn.*, p. 17). Les récents éditeurs du catalogue des *Codices Cryptenses* ne mentionnent pas ce souvenir. Comme témoignage du séjour d'Orsini à Grottaferrata, v. sa lettre à Vettori du 21 sept. 1569 (British Mus., *Add. ms.* 10270, f. 19).
4. Par exemple l'écriture de Bernardo Bembo, qu'Orsini indique dans son ms. latin 149 et n'a pas reconnue au 75 et au 119. De même pour Panormita, Pomponius Laetus, etc.
5. Aussi l'intérêt du catalogue d'Orsini a-t-il été signalé depuis longtemps :

L'attribution de bien des textes à des siècles reculés nous parait aujourd'hui bizarre. Il n'y entrait pas seulement la vanité du propriétaire, mais encore l'ignorance du temps. La paléographie n'existait pas encore à l'état de science, et, longtemps après Orsini, la fantaisie préside à la date qu'on assigne aux manuscrits. Notre savant a du moins le mérite d'être arrivé empiriquement à une connaissance assez juste de l'âge des écritures les unes par rapport aux autres. Entre plusieurs volumes anciens, il devine aisément quel est le plus ancien, et le mot *antichissimo* n'a pas tout à fait dans sa bouche le sens du mot *antico* : celui-ci se rapporte assez souvent aux manuscrits antérieurs au xve siècle, celui-là aux manuscrits antérieurs au xive [1]. A partir du xiie siècle, Orsini n'y voit plus clair du tout, et, quand il se met à évaluer en centaines d'années l'âge de ses volumes, il se trompe généralement de trois à cinq siècles. Les remarques sur ce point ne manqueront pas à propos de son inventaire grec et latin. Pour le mot *antico* lui-même, en latin *vetus codex* ou *v. c.*, il est assez important pour nos recherches de ne pas lui attribuer une signification étroite. Les philologues ont été si souvent trompés par des indications de ce genre, qu'on doit attirer leur attention sur la valeur exacte de cette formule. Notre Orsini s'en est servi, par exemple, quand il a mentionné, dans ses *Fragmenta historicorum*, un Tite-Live de sa bibliothèque : *v. c. qui est apud me scriptus manu doctissimi viri Poggii Florentini*. Or, nous retrouvons le manuscrit de Poggio dont parle Orsini ; il est en deux volumes, datés de 1453 et 1455 [2]. Il faut donc conclure qu'un texte écrit au milieu du xve siècle est considéré au xvie comme *vetus codex*.

le cardinal Quirini le mentionne déjà dans la lettre IX de sa *Decas epistoarum quas desumptis argum. ex Vat. Bibl...* Rome, 1743, p. xii; Gaetano Marini, Mai, MM. de Rossi, Monaci, V. Cian, etc., s'en sont servis ou ont attiré l'attention sur le ms. qui le renferme et dont E. G. Vogel donnait en 1845 une cote inexacte (*Serapeum*, XII, p. 304). Il vient même d'être publié par M. Giov. Beltrani sous ce titre : *I libri di F. Orsini nella biblioteca Vaticana*, Rome, 1886. Malheureusement cette publication, faite très rapidement et sans aucune connaissance du sujet, fourmille de fautes de lecture et d'impression : l'éditeur a reproduit servilement toutes les erreurs du copiste en y ajoutant les siennes. Il a transcrit l'essai d'identification qu'on trouve sur une partie des marges du ms. et qui est souvent de nature à égarer le lecteur. Cf., au surplus, la *Revue critique* (nouv. sér. XXIV, 1886, vol. II, p. 467), si l'on veut être renseigné sur cette brochure et savoir pour quels motifs il est impossible d'en tenir compte dans un travail sérieux.

1. *Vat.* 3330 et 3331. Cf. *Fragm. hist.*, p. 390, et le début de notre chapitre vi.
2. Il n'est nullement question pour Orsini de la *littera antica,* qui figure

L'inventaire original d'Orsini devait servir de base aux réclamations des custodes de la Vaticane; il fut utilisé pour le récolement exécuté non pas, comme on pourrait le croire, aussitôt après la mort d'Orsini, mais seulement dix-neuf mois plus tard. Les séries diverses de l'inventaire furent alors successivement consignées au Vatican, entre les mains de Domenico Rainaldi, les quatre premières et la sixième le 20 janvier 1602, la cinquième le 22 janvier [1]. Ces listes de consignation, que j'ai pu comparer avec l'inventaire, sont presque partout dans l'ordre même des numéros de celui-ci. Il n'y a d'exception que pour les manuscrits latins qui sont classés à peu près suivant les matières qu'ils contiennent; ils se rencontrent, dans ce dernier cas, généralement dans l'ordre des numéros qu'ils ont reçus un peu plus tard au fonds Vatican[2]. A la fin des listes, sont ajoutés plusieurs volumes qui manquent à leur rang, soit qu'ils aient été retrouvés postérieurement chez Orsini, soit que, sous la menace dont parle le testament, les détenteurs soient venus les rapporter au Vatican[3].

Cet état de la bibliothèque d'Orsini en 1602 est précieux, non seulement par le témoignage certain qu'elle fournit de l'annexion de chaque numéro au Vatican, mais encore par les observations personnelles de Rainaldi et ses rectifications, dont j'ai fait quelquefois usage dans mon travail. Il constate la condition des volumes et les différences qu'ils offrent avec leur description

---

si souvent dans l'inventaire d'Eugène IV; celle-ci désigne une forme de lettre renouvelée de l'antiquité et mise en vogue par Niccolò Niccoli, au commencement du xv⁰ siècle. Cf. De Rossi, *De origine, historia, indicibus, scrinii et biblioth. Sedis Apost.*, Rome, typ. Vat., 1886, p. cviii.

1. Dans le dossier *C* cité plus haut. Chaque liste est suivie d'une formule de ce genre : « Io Consalvo Duranti ho consegnato li sopradetti libri greci manuscritti di num. — al sig^r Dom^o Rinaldi per le libri del sig^r Fulvio Ursino, questo dì 20 di genaro 1602. Io Consalvo Duranti. » L'extrait du testament dans le dossier *C* est de l'écriture du même Duranti.
2. V. pp. 125-126.
3. Quelques mss. d'Orsini reçurent immédiatement les honneurs de la partie réservée de la bibliothèque, qui existait alors à la Vaticane et qui était d'un accès plus difficile. Dupuy nous en parle dans sa lettre à Pietro del Bene, citée p. 84: « *In interiore* il y a plusieurs bons exemplaires, lesquels je n'ai peu *tractare arbitratu meo* »; il l'oppose à « la Vaticane ouverte. » Pour le Térence d'Orsini, je tire le renseignement du livre *Iosephi Castalionis ICti observationum in criticos decas I*, [Genève], 1608, p. 14; il s'agit d'un texte de Térence : « Ubinam gentium vetustiores codices Vaticanis, addito praesertim Bembino ex testamento Fulvii Ursini, asservari putemus? At in his omnibus, *qui forulis conditi in secretiore Bibliotheca Vaticana custodiuntur*... »

dans l'inventaire[1]. Pour les livres imprimés, il donne le format plus exactement et plus complètement qu'Orsini, et aussi, ce qui est utile, la date de l'édition[2]. La rédaction est fort incorrecte et la copie est due à un scribe aussi mal préparé que celui d'Orsini à cette besogne délicate. Peut-être le double gardé par Duranti était-il moins fautif; en tous cas, les erreurs du récolement sont rarement les mêmes que celles de l'Inventaire et on peut souvent les corriger l'un par l'autre.

Il y a quelques manuscrits marqués manquants dans le récolement de 1602. J'en ai retrouvé plusieurs, qui avaient échappé à Rainaldi; cependant l'ensemble de ces numéros peut être considéré comme n'étant probablement pas entré à la Vaticane. Il n'est pas sans intérêt de les connaître pour les chercher, soit dans cette bibliothèque, soit dans d'autres; je vais donc dresser ici l'état des absences du récolement qui concordent avec les lacunes de mes recherches[3]:

MANUSCRITS MANQUANTS

Manuscrits Grecs: *6*, Démosthène scholié; *29*, Euripide et Hésiode scholiés; *44*, Aristote (*Organon*), etc.; *54*, Rhéteurs grecs, Cornutus, etc.; *87*, Xénophon (*Cyrop.*, *Anab.*, *Hell.*); *89*, Poétesses grecques, ms. de G. Onorio; *90*, Polémon et Mélampode, id.; *102*, Chrysoloras, etc.; notes de P. Candido; *103*, *Gregorii Thaumat. dialogus*; *104*, Commentaire sur l'*Iliade*; *116*, Paraphrase sur la sophistique, avec un C. Lascaris imprimé; *119*, *Epistola Petosiris*, etc.; à la fin, des imprimés annotés par Cartéromachos; *120*, Pléthon sur Zoroastre; notes de J. Lascaris; *121*, Porphyre (*Introd.*); Simplicius imprimé avec notes de Cartéromachos; *132*, Théocrite et Hésiode scholiés; notes de P. Bembo; *135*, Denys d'Alex. (*De situ orbis*); *137*, Isocrate, etc.; autogr. de Chrysoloras; *142*, Aleandro, notes autogr.; *147*, Décrets du concile de Trente; *155*, Lexique grec lat., autogr. de P. Chacon; *159*, Plutarque; notes de J. Lasca-

---

1. Même les différences de reliure, qui abondent.
2. En publiant ces parties de l'Inventaire, je donne, entre crochets et sous toutes réserves, ces indications de Dom. Rainaldi.
3. Je prie le lecteur de se reporter pour les détails au texte même de notre Inventaire. Les mss. de cette liste sont sur papier, sauf mention contraire.

ris ; *161*, Index de la bibliothèque du cardinal Ridolfi, en partie autogr. de Devaris [1].

Manuscrits Latins[2] : *44*, Ovide (*Metam.*) ; *71*, *Placidi glossae* ; *88*, Cicéron (*Tuscul.*) ; *95*, Térence « di 400 anni » ; *106*, Cicéron (*Tuscul.*) ; *137*, Platon, trad. de Leonardo Bruni ; *155*, Poésies latines autographes d'Ange Politien[3] ; *169*, Martianus Capella, avec comment. ; notes de Panormita. Parchemin ; *215*, Cicéron (*Orationes*). Parch. ; *216*, S. Jean Chrysostome (*De patientia* et *De eleemosyna*). Parch. ; *227*, Lettres de Niccolò Judeco à J. Lascaris et Aleandro ; lettres au même ; *229*, Traités d'astrologie, avec fig. Parch. ; *234*, Commentaire d'Alanus sur la *Rhétor.* de Cicéron. Parch. ; *235*, Comment. sur Horace. Parch. ; *236*, Traité philosophique. Parch. ; *237*, Écrit adressé à Sixte IV ; *242*, Cicéron (*De oratore*). Parch. ; *239*, *240*, *245 sqq.*, Index des mots de divers auteurs latins ; *274*, Cahier autogr. de B. Rutilio (*Nomenclatura historicorum*) ; *278*, Trad. du *Prométhée* d'Eschyle ; *285*, Invective contre Gaza [4].

Manuscrits en langues modernes : *17*, Lettres de Porcaro, etc. ; *29*, Poésies, abrégé du *Trésor* de Brunetto Latini ; *32*, Traduction italienne de la *Castramétation* de Polybe par J. Lascaris. Parchemin.

Telle est à peu près la liste de nos *desiderata* [5] ; on voit qu'elle

---

1. J'ai retrouvé les n°s 47, 118, 154. que le récolement laisse croire perdus. Il est à remarquer que les n°s 6, 142, 147, 155, 159 sont portés à l'Appendice I sous les n°s 103-107.

2. D'autres mss. latins, en dehors des index d'auteurs, sont portés manquants à la mort d'Orsini dans la liste indiquée à la fin de l'Appendice I ; mais, tout en me servant de cette liste, je l'ai prise en faute à chaque instant. Dans le cas présent, comme les mss. ont été retrouvés au Vatican, et qu'ils figurent déjà au récolement de 1602, je suppose qu'ils sont revenus dans l'intervalle et juge inutile de les mentionner. — Le récolement marque absents les n°s 66, 202 et 263 : je ne crois pas à l'existence du premier manuscrit ; quant aux deux autres, il me semble les avoir retrouvés. (V. les renvois de l'Inventaire.)

3. V. au chap. VI.

4. Ces deux derniers opuscules, vus par Rainaldi, doivent être reliés dans des *Miscellanea* qui m'ont échappé.

5. Y ajouter les imprimés grecs, qui, d'après le récolement, ne sont pas entrés à la Vaticane : n°s 12, 26, 32, 35, 41, 72, 81, 93 ; et les imprimés latins : n°s 31, 112, 121. — Les mss. 1 et 2 de la série moderne (Pétrarque) ne figurent pas au récolement, non plus que quelques autres mss. latins, qu'on retrouve comme eux au Vatican, et qui sont par conséquent entrés isolément. Peut-être les deux autographes des vers italiens de Pétrarque ont-ils été retirés, aussitôt après la mort d'Orsini, et mis à part, comme plus particulièrement précieux, dans la partie réservée de la Vaticane.

n'est pas très considérable, eu égard à l'étendue de la bibliothèque, et peu de manuscrits y paraissent très intéressants. L'administration de la Vaticane n'a pas eu trop à se plaindre de la transmission [1]. Les manuscrits grecs d'Orsini, malgré les volumes restés en chemin, ont fait monter les cotes du *fonds Vatican grec* du n° 1287, où elles s'arrêtaient alors au n° 1421. Ils ont pris place immédiatement après les manuscrits légués par le cardinal Antonio Caraffa [2], et ont été suivis de ceux qui avaient été achetés dans la bibliothèque de Sirleto [3]. Le gros des manuscrits latins, et les manuscrits en langues modernes, qui sont une trentaine, ont formé une série unique qui a été versée au fonds latin, aucune division spéciale n'existant à la Vaticane pour les langues modernes. Cependant on ne les a point mêlés, et les manuscrits italiens, provençaux et français, où l'on reconnaît la provenance d'Orsini, vont du n° 3195 au n° 3224 du *fonds Vatican latin*, tandis que les latins vont du n° 3225 au n° 3453 [4]. Les volumes d'Orsini ont été cotés après une série de provenance variée [5] et avant le legs du cardinal

1. Quel était l'état de la Bibliothèque Vaticane avant le legs d'Orsini ? L'inventaire dressé sous Sixte-Quint, qui paraît perdu aujourd'hui, répondrait avec précision. Pour ce qui est du commencement du xvii° siècle et de la rédaction des grands inventaires des Rainaldi et d'Allacci, on est renseigné par les beaux travaux de M. de Rossi. Les détails que nous ajoutons ici aideront à se rendre compte du point où en étaient les collections grecques et latines à la fin du xvi° siècle.
2. Ils portent sur leur reliure et en tête du volume les armes du cardinal († 1591), ainsi que cette mention : *Antonii card. Carafae bibliothecarii munus ex testamento.*
3. Les n°s 1423 sqq. ont la note : *Emptum ex libris cardinalis Sirleti*. Il n'est pas douteux que le 1422 (*Catenae* sur les Psaumes), avant d'être relié à nouveau sous Pie IX, ne la portât aussi.
4. Quelques autres de nos manuscrits latins ont été classés en dehors de ces limites ; ce sont les n°s 3191, 4048, 4609. Il faut y joindre 4103-4105, 5398, peut-être 3617, 5390 et d'autres. Les trois premiers sont précisément de ceux qui sont portés absents à la fin de notre Appendice I et qui sont rentrés après coup. — Le n° 3452 est dans les mêmes conditions et a été ajouté au classement, car c'est un Aulu-Gelle qui n'est pas à sa place normale parmi les auteurs latins. Le 3453, un Aulu-Gelle aussi, n'était pas destiné à la Vaticane et il a accompagné par erreur le précédent. — Je serais presque porté à croire que les 3454 et 3455 proviennent d'Orsini (Cf. Appendice I, n°s 60 et 50.) — En tous cas, le premier classement des mss. latins d'Orsini, de ceux qui sont entrés ensemble au Vatican et ont reçu un rang méthodique, s'arrête au n° 3451 inclusivement. Cf. ce que dit sur la question M. de Rossi, *De origine... biblioth. Sedis Apost.*, p. vi et p. cxii; nos tableaux précisent ses indications.
5. Le 3190 provient de la bibliothèque de Léon X ; le 3192 (Juvénal), acheté à Ferrare en 1466, avait un nom de propriétaire qui a été gratté ; le 3193 (*Annotationi nel Dante fatte con M. Triphon Gabriele in Bassano*)

Caraffa¹. Dans le fonds latin comme dans le fonds grec, le classement d'Orsini a été rejeté : on a réuni les volumes autant que possible par ordre de matières, en groupant ensemble les manuscrits d'un même auteur.

L'examen de chacun des volumes, au point de vue de leur identification, a permis de dresser les deux tableaux des pages suivantes².

---

n'a pas d'indication de provenance; le 3194 (Miscellanées connues du xv⁰ siècle : Panormita, Philelphe, Guarino, etc.) porte au bas de la première page : *Ex libris Aldi Manutii* (évidemment Alde le jeune).

1. A partir du 3456 inclusivement, les mss. offrent la mention de ce legs Cf. Forcella, *Catalogo dei mss. relativi alla storia di Roma*, t. I, pp. 20 sqq. Il est assez remarquable que ce bibliographe, dans son utile ouvrage, mentionnant une quinzaine de nos manuscrits, les attribue au legs du *cardinal Fulvio Orsini* (!). Dans sa préface (p. vii), il donne même la date de ce prétendu legs. L'erreur singulière de M. Forcella montre que notre travail ne sera pas inutile, même à Rome, puisqu'on peut encore y commettre de pareilles confusions. — Il y a eu, en effet, un cardinal Flavio Orsini; c'est à lui que s'adresse U. Foglietta, en 1569, dans sa description de la villa du cardinal Ippolito d'Este, à Tivoli (Cf. la note de Lagomarsini, *Iulii Pogiani epist. et orat.*, Rome, 1756, t. I, p. 13.) Alonzo Chacon l'appelle *Flavius Ursinus*. (*Vita pontif.*, t. III. Rome, 1677, col. 371.) — Il y a un autre prélat qu'il est plus facile encore de confondre avec notre Fulvio, parce qu'il porte le même prénom que lui; ce Fulvio Orsini figure aussitôt après Flavio dans l'*Istoria della casa Orsina* de Sansovino (Venise; 1565, ff. 6 et 7); il a une dédicace dans *Laurentii Gambarae rerum sacr. liber*, Anvers, 1577, p. 38. (*Ad Fulvium Urs., Iulii f. episc. Spolet.*). Caro correspond avec lui. J'ai aussi vu de lui une lettre écrite au cardinal A. Caraffa comme évêque de Spolète, en 1569, et signée *Fulvio Orsino* (Bibl. Barberini, *LXI*, 37).

2. Ces tableaux montreront d'un coup d'œil quels numéros ont fait partie de la collection d'Orsini; en se reportant à l'Inventaire, on sera renvoyé au passage du volume où il est question du manuscrit.

FONDS VATICAN GREC

Cote actuelle.	Numéro de l'Inventaire d'Orsini.	Cote actuelle.	Numéro de l'Inventaire d'Orsini.	Cote actuelle.	Numéro de l'Inventaire d'Orsini.
1288 =	1	1334 =	36	1380 =	95
1289 =	2	1335 =	124	1381 =	101
1290 =	46	1336 =	80	1382 =	99
1291 =	3	1337 =	122	1383 =	100
1292 =	4	1338 =	133	1384 =	107
1293 =	86	1339 =	10	1385 =	106
1294 =	5	1340 =	65	1386 =	96
1295 =	19	1341 =	34	1387 =	92
1296 =	15	1342 =	40	1388 =	84
1297 =	9	1343 =	93	1389 =	82
1298 =	123	1344 =	70	1390 =	130
1299 =	129	1345 =	31	1391 =	42
1300 =	14	1346 =	33	1392 =	111
1301 =	8	1347 =	71	1393 =	143
1302 =	17	1348 =	78	1394 =	128
1303 =	22	1349 =	41	1395 =	138
1304 =	23	1350 =	158	1396 =	7
1305 =	24	1351 =	149	1397 =	157
1306 =	67	1352 =	153	1398 =	156
1307 =	21	1353 =	28	1399 =	162
1308 =	98	1354 =	27	1400 =	105
1309 =	37	1355 =	48	1401 =	108
1310 =	12	1356 =	57	1402 =	117
1311 =	59	1357 =	64	1403 =	50
1312 =	13	1358 =	26	1404 =	49
1313 =	94	1359 =	25	1405 =	69
1314 =	30	1360 =	114	1406 =	109
1315 =	18	1361 =	181	1407 =	52
1316 =	73	1362 =	79	1408 =	56
1317 =	51 ou 68	1363 =	66	1409 =	131
1318 =	51 ou 68	1364 =	45	1410 =	139
1319 =	61	1365 =	125	1411 =	134
1320 =	63	1366 =	85	1412 =	150
1321 =	20	1367 =	32	1413 =	151
1322 =	127	1368 =	136	1414 =	152
1323 =	76	1369 =	60	1415 =	88
1324 =	62	1370 =	58	1416 =	100, 115, 145, 148, 91
1325 =	126	1371 =	55		
1326 =	16	1372 =	53	1417 =	144
1327 =	11	1373 =	72	1418 =	113
1328 =	75	1374 =	43	1419 =	Id.
1329 =	77	1375 =	141	1420 =	112
1330 =	146	1376 =	39	1421 =	35
1331 =	83	1377 =	140	......	....
1332 =	74	1378 =	110	1948 =	Impr. 55
1333 =	38	1379 =	97		

FONDS VATICAN LATIN

Cote actuelle.	Numéro de l'Inventaire d'Orsini.	Cote actuelle.	Numéro de l'Inventaire d'Orsini.	Cote actuelle.	Numéro de l'Inventaire d'Orsini.
3191 =	184	3234 =	29	3275 =	124
....	....	3235 =	43	3276 =	168
3195 =	M.M.[1] 1	3236 =	63	3277 =	8
3196 =	M.M. 2	3237 =	89	3278 =	52
3197 =	M.M. 6	3238 =	109	3279 =	187
3198 =	M.M. 19	3239 =	42	3280 =	243
3199 =	M.M. 3	3240 =	133	3281 =	53
3200 =	M.M. 15	3241 =	87	3282 =	172
3201 =	M.M. 14	3242 =	103	3283 =	75
3202 =	M.M. 33	3243 =	107	3284 =	33
3203 =	M.M. 5	3244 =	214	3285 =	186
....	............[2]	3245 =	152	3286 =	31
3205 =	M.M. 25	3246 =	163	3287 =	56
3206 =	M.M. 24	3247 =	112	3288 =	62
3207 =	M.M. 23	3248 =	195	3289 =	14
3208 =	M.M. 22	3249 =	80	3290 =	96
3209 =	M.M. 21	3250 =	81	3291 =	16
3210 =	M.M. 7	3251 =	4	3292 =	58
3211 =	M.M. 8	3252 =	7	3293 =	91
3212 =	M.M. 9	3253 =	36	3294 =	6
3213 =	M.M. 11	3254 =	46	3295 =	105
3214 =	M.M. 10	3255 =	154	3296 =	228
3215 =	M.M. 16	3256 =	3	3297 =	194
3216 =	M.M. 18	3257 =	9	3298 =	153
3217 =	M.M. 30	3258 =	38	3299 =	198
3218 =	M.M. 13	3259 =	39	3300 =	171
3219 =	M.M. 12	3260 =	40	3301 =	178
3220 =	M.M. 20	3261 =	41	3302 =	188
3221 =	M.M. 27	3262 =	32	3303 =	136
3222 =	M.M. 31	3263 =	179	3304 =	196
3223 =	M.M. 26	3264 =	189	3305 =	17
3224 =	M.M. 28	3265 =	190	3306 =	45
3225 =	2	3266 =	48	3307 =	15
3226 =	1	3267 =	125	3308 =	265
3227 =	23	3268 =	115	3309 =	131
3228 =	24	3269 =	185	3310 =	132
3229 =	182	3270 =	165	3311 =	181
3230 =	98	3271 =	72	3312 =	128
3231 =	99	3272 =	51	3313 =	26
3232 =	119	3273 =	164	3314 =	5
3233 =	183	3274 =	50	3315 =	70

1. Les lettres M. M. indiquent les nos de l'Inventaire qui se rapportent à la série des mss. en langues modernes.
2. L'ancien *Vat.* 3204 (M.M. 4) est à la Bibliothèque Nationale de Paris, *Fr.* 12473.

TABLES DE CONCORDANCE

Cote actuelle.	Numéro de l'Inventaire d'Orsini.	Cote actuelle.	Numéro de l'Inventaire d'Orsini.	Cote actuelle.	Numéro de l'Inventaire d'Orsini.
3316 =	233	3367 =	224	3418 =	197
3317 =	27	3368 =	223	3419 =	193
3318 =	34	3369 =	65	3420 =	192
3319 =	177	3370 =	222	3421 =	12
3320 =	161	3371 =	156	3422 =	213
3321 =	162	3372 =	157	3423 =	220
3322 =	138	3373 =	158	3424 =	225, 289
3323 =	300	3374 =	159	3425 =	221
3324 =	18	3375 =	160	3426 =	135
3325 =	19	3376 =	217	3427 =	199
3326 =	22	3377 =	218	3428 =	54
3327 =	20	3378 =	134	3429 =	232
3328 =	21	3379 =	231	3430 =	210
3329 =	28	3380 =	230	3431 =	209
3330 =	76	3381 =	73	3432 =	208
3331 =	77	3382 =	211	3433 =	299
3332 =	100	3383 =	212	3434 =	Id.
3333 =	180	3384 =	102	3435 =	Id.
3334 =	13	3385 =	166	3436 =	122, 244, 275 à 277, 279 à 284, 286, 287, 293 à 295
3335 =	74	3386 =	116		
3336 =	86	3387 =	114		
3337 =	111	3388 =	60	3437 =	205
3338 =	110	3389 =	61	3438 =	206
3339 =	25	3390 =	97	3439 =	201
3340 =	30	3391 =	101	3440 =	219
3341 =	170	3392 =	94	3441 =	121, 288, 267, 264, 268 à 273, 296, 297
3342 =	10	3393 =	82		
3343 =	11	3394 =	83		
3344 =	173	3395 =	84	3442 =	226
3345 =	207	3396 =	85	3443 =	142
3346 =	175	3397 =	92	3444 =	143
3347 =	120	3398 =	93	3445 =	249
3348 =	117	3399 =	118	3446 =	238
3349 =	176	3400 =	129	3447 =	241
3350 =	55	3401 =	174	3448 =	256
3351 =	113	3402 =	67	3449 =	290
3352 =	78	3403 =	68	3450 =	291
3353 =	37	3404 =	69	3451 =	200, 263, 266
3354 =	204	3405 =	79	3452 =	47
3355 =	203	3406 =	49	3453	
3356 =	147	3407 =	104	......	....
3357 =	146	3408 =	108	4048 =	252
3358 =	144	3409 =	123	......	....
3359 =	145	3410 =	126	4103	
3360 =	298	3411 =	127	4104	
3361 =	59	3412 =	130	4105	
3362 =	150	3413 =	139	......	....
3363 =	35	3414 =	140	4609 =	64
3364 =	148	3415 =	141	......	....
3365 =	149	3416 =	90	5398	
3366 =	151	3417 =	167		

Un certain nombre de numéros de ces listes ont été compris dans la série de manuscrits cédés par Pie VI au gouvernement du Directoire. On retrouve sur presque tous le chiffre de la Bibliothèque Nationale de Paris, dont ils ont fait partie jusqu'en 1815, époque où ils ont repris au Vatican leur place naturelle. Les commissaires français qui ont présidé, en 1797, à l'exécution de cette déplorable clause du traité de Tolentino, avaient puisé largement dans la partie de la Vaticane qui représente pour nous la collection de Fulvio Orsini; ils y avaient fait un choix fort intelligent et pris plusieurs des meilleurs volumes. Je les ai relevés dans la note officielle imprimée à Leipzig en 1803[1]. L'opuscule étant extrêmement rare, on me saura peut-être gré de donner ici une liste, qui constitue un document de plus pour l'histoire de notre bibliothèque. Les volumes provenant d'Orsini, qui ont été demandés par les commissaires du Directoire, sont les suivants :

FONDS GREC

1288[2].	1341 (n° 280).	1379 (n° 285)[5].
*1302 (n° 277 de la note officielle)[3].	1353 (n° 281).	1410 (n° 286).
	*1357 (n° 282)[4].	1418 (n° 287).
1306 (n° 278).	1365 (n° 283).	1420 (n° 288)[6].
1335 (n° 279).	1373 (n° 284).	

FONDS LATIN

3199 (n° 344).	3260 (n° 351).	3334 (n° 358).
3202 (n° 345).	3262 (n° 352).	3339 (n° 359)[8].
3203 (n° 346).	3277 (n° 353).	3343 (n° 360)[9].
3204 (n° 347)[7].	3289 (n° 354).	3357 (n° 361).
*3211 (n° 348).	3297 (n° 355).	*3393 (n° 362).
*3214 (n° 349).	3298 (n° 356).	
3227 (n° 350).	3318 (n° 357).	

1. *Recensio manuscriptorum codicum qui ex universa Bibliotheca Vaticana selecti iussu Dni. Nri. Pii VI pont. m. prid. id. iul. an. MD.CCLXXXXVII procuratoribus Gallorum iure belli seu pactarum induciarum ergo et initae pacis traditi fuere... Lipsiae, impensis Paul Gotthelf Kummeri, MDCCCIII.* Les manuscrits d'Orsini sont décrits aux pp. 71-75 et 92-96.
2. Ce volume figure dans une note à part, à la fin de la *Recensio*, p. 145. Il y est coté *Vat.* 1279 ; mais ce qui prouve bien que c'est le nôtre, c'est que le 1288 (fragment de Dion Cassius) porte le timbre français.
3, 4, 5. Compté comme double. (*Recensio*, p. 132.)
6. Le Vat. 1437 est ainsi décrit, p. 75 : « 289. Cod. chartac. in-f. constans pp. 392 exarat. saec. xvi. Continet Annae Comnenae Alexiadem. Praeit notula Fulvii Ursini, qua monet hoc in codice pleraque occurrere quae in editis frustra quaeras. » Je n'ai pas vu ce volume, qui ne figure à aucun de nos inventaires d'Orsini.
7. Ce manuscrit est le seul des nôtres qui soit resté à la Bibliothèque Nationale. (V. le chap. viii). Sur la loyauté de la restitution de 1815, injustement attaquée par Mai et Angeloni, cf. le rapport de Mar. Marini, en tête du *Regestum Clementis papae V*, Rome, typ. Vatic., 1885.
8, 9. Compté comme double. (*Recensio*, p. 132.)

Dans cette liste, les volumes marqués d'un astérisque n'ont pas fait le voyage de Paris. Comme la note primitivement dressée par les commissaires excédait le nombre de cinq cents manuscrits convenu par le traité de Tolentino, il en a été rendu quelques-uns à l'administration de la Vaticane, et, parmi eux, cinq des nôtres [1]. En revanche, plusieurs de nos imprimés les plus précieux ont subi le sort des vingt-huit autres manuscrits, et il m'a été facile de les reconnaître, en comparant les cotes annulées qu'on trouve encore sur les volumes avec celles qui sont notées dans une liste spéciale annexée à la *Recensio* des manuscrits [2].

Nos identifications, qui seront discutées, lorsqu'il y aura doute, au cours du travail descriptif, auraient été rendues très faciles, si tous les volumes avaient conservé la note que leur avait mise Orsini : sur beaucoup, en effet, au feuillet de garde ou à la première page, on retrouve encore le numéro et la petite notice de l'Inventaire en italien, quelquefois en latin, avec la signature *Ful. Urs.* [3]. Mais la plupart ont perdu leur reliure ancienne [4]; quelques-uns même ont passé à plusieurs reprises dans l'atelier du relieur [5]. Dans les opérations de ce genre,

---

1. L'*Elenchus redditorum* est aux pp. 133-135 de la R*e*censio.
2. En voici quelques-uns qui ne laissent point de doute : exemplaires de l'*Anthologie* de 1494, anciennement cotés 11401 sqq. (n°s 4, 5, 6, 44, 45 des imprimés grecs de l'Inventaire d'Orsini), Homère 10647 (n° 1 ?), Catulle et Stace 10876 (imprimés latins d'Orsini, n° 35), Ammien Marcellin 7901 (n° 75), Festus 11803 (n° 72), deux Virgile 10884 et 10885 (n°s 2 et 1), etc. (Cf. *Recensio*, pp. 137-141.) Sauf le dernier Virgile, tout paraît avoir été restitué.
3. On en voit un exemple aux planches, n° VIII. Il paraît certain que l'ensemble de ces notes a été mis par Orsini sur les volumes après la rédaction de son Inventaire : j'ai trouvé en effet des indications de reliure et autres, laissées deux ou trois fois par inadvertance, et qui montrent qu'il empruntait le texte de la note à l'Inventaire. Il avait sans doute jugé plus prudent de fixer lui-même son souvenir, et ne s'était pas fié à la demande qu'il faisait pour cela, dans son testament, à l'administration de la Vaticane. Celle-ci, il faut bien le reconnaître, a perdu de vue la volonté formelle d'Orsini ; elle n'a point inscrit la mention qu'il demandait sur chaque volume, et a même laissé perdre trop souvent celle que le donateur avait mise de sa main.
4. L'Inventaire en mentionne quelques-uns. Il y avait un grand nombre de reliures en bois, *alla greca*, formées de deux planchettes de bois avec le dos en cuir. — Plusieurs mss. recouverts de cuir rouge, portent encore sur les plats les armes des Orsini et aux angles ou au dos leur rose d'or comme motif d'ornement. C'est ce modèle qui semble être le modèle caractéristique de la bibliothèque d'Orsini. Les plus intéressantes particularités de reliure seront notées dans la description des volumes.
5. Ainsi, beaucoup de manuscrits ont sur les plats les armes de Paul V, et au dos celles de Pie IX, ce qui indique qu'ils ont été maniés par le relieur au moins deux fois. C'est pour cela qu'on a jugé utile d'indiquer, dans la des-

exécutées autrefois avec moins de soin qu'aujourd'hui, il est arrivé souvent que les gardes anciennes ont été enlevées et jetées comme n'ayant pas de valeur et ne faisant pas partie intégrante du volume. La note d'Orsini, et des indications plus anciennes ont disparu ainsi sur beaucoup de volumes, et leur provenance s'est trouvée par cela même oubliée. De là, des confusions, des hésitations, par exemple entre deux volumes répondent au même signalement; de là aussi, l'intérêt d'une identification complète de tous les manuscrits de notre Inventaire avec ceux du Vatican.

J'ai été guidé, pour le fonds latin, par le récolement de 1602, qui a mis d'avance les manuscrits, comme je l'ai dit, à peu près dans l'ordre qu'ils allaient occuper lors du classement définitif. Il y a aussi sur les marges du *Vat.* 7205, des cotes relativement modernes qui m'ont été fort précieuses; mais elles ont été inscrites sans plan arrêté; elles manquent, on ne sait pourquoi, à certains numéros et donnent quelquefois des chiffres modifiés depuis; je n'ai accordé à l'ensemble qu'une valeur d'orientation. Pour le fonds grec, j'ai été d'abord privé de tout secours, les marges de l'Inventaire ne portant que deux identifications, dont une fausse. Il a fallu retrouver les volumes un par un, d'après les indications du document, au moyen de l'index sommaire du fonds grec rédigé par Leone Allacci et mis à la disposition des travailleurs de la Vaticane. Après quelques tâtonnements, j'ai reconnu que les manuscrits grecs de notre collection avaient été également cotés à la suite les uns des autres, et j'ai retrouvé les limites extrêmes du classement. Comme j'avais, de plus, par le récolement, la liste des manuscrits manquants en 1602, je ne me suis pas attardé à chercher des manuscrits qui ne sont probablement pas entrés au Vatican.

Le travail devait se borner dans l'origine aux manuscrits, qui constituaient la partie la plus importante de la bibliothèque d'Orsini; mais j'ai eu le désir d'y comprendre certains imprimés annotés, qui se rattachaient étroitement aux séries de manuscrits provenant de savants de la Renaissance. Cette étude de la deuxième et de la quatrième partie de l'inventaire était fort différente de la précédente; toute base manquait, puisque les cotes marquées sur le manuscrit ne correspondent plus à rien,

cription, si la reliure est l'ancienne ou de quel pontificat elle date; dans le cas de deux retouches, comme la première est quelquefois douteuse, on a pris alors le parti, pour abréger, d'indiquer seulement la seconde.

les imprimés ayant subi à la Vaticane, depuis le commencement du xviie siècle, plusieurs remaniements. Au moment où je travaillais, ce département de la Bibliothèque était même dans une nouvelle période de transition, pour des raisons d'ordre intérieur [1]. Il existe un catalogue manuscrit, rédigé avec une compétence bibliographique indiscutable par M. le chanoine Zappelli; il porte sur les incunables et les aldines, et le plus grand nombre des livres que je désirais voir appartiennent à l'une de ces deux catégories. Mais comment les reconnaître dans les multiples exemplaires d'un même ouvrage? Comment savoir si tel volume porte ou ne porte pas l'écriture du savant que je cherchais? J'avais fait, avec une difficulté extrême, quelques sondages dans ces immenses collections d'imprimés rares de la Vaticane, que le public ne soupçonne pas, quand j'ai pu obtenir la permission de visiter moi-même quelques armoires. Le caractère des reliures ou le numéro conservé d'Orsini [2], d'autres fois l'aspect d'une écriture familière à mes yeux, ont suffi pour me faire retrouver promptement la plupart des imprimés importants de notre Inventaire. Il en a été noté quelques autres chemin faisant, qui seront indiqués à leur place ; mais ces recherches n'ont pas été poussées jusqu'à identifier tous les imprimés d'Orsini [3]. Pour beaucoup, du reste, la poursuite eut été inutile, car j'ai acquis la certitude que cette partie des collections a subi des mutilations auxquelles les fonds de manuscrits ont heureusement échappé.

La sixième partie de l'Inventaire, la moins considérable, n'a pas reçu de numéros du propriétaire, et n'a été classée dans les séries de la Vaticane que longtemps après le reste de sa bibliothèque. Elle comprend deux séries de pièces : 1° les papyrus; 2° les papiers modernes [4]. Les premiers documents, réunis en

---

1. Malgré les modifications survenues dans les catalogues, je me suis assuré que les cotes que je fournis au lecteur pour les imprimés permettent toujours de les retrouver facilement.
2. La reliure moderne a moins sévi sur les imprimés que sur les mss. ; en revanche la note initiale d'Orsini y a été mise rarement.
3. Il ne serait pas difficile à un employé de la Bibliothèque, pouvant étudier et comparer à loisir tous les volumes des armoires, de compléter cette partie de mon travail d'identification. Pour moi, je ne puis que remercier l'administration de la faveur qui m'a été faite et qui m'a permis de joindre un supplément vraiment utile à mes recherches sur les manuscrits.
4. L'Inventaire d'Orsini est pour cette partie plus confus et plus inexact que pour les autres. Le récolement de Rainaldi au contraire offre une précision assez grande pour la série des correspondances, et demande à être

petit nombre par Orsini, et plutôt à titre de curiosités que comme objets d'étude, font partie aujourd'hui de la collection des *papiri diplomatici* étudiée par Gaetano Marini [1]. La correspondance d'Orsini m'a fait retrouver quelques renseignements sur leur provenance [2].

Les papiers modernes recueillis par Fulvio Orsini ont un véritable intérêt au point de vue spécial où nous nous plaçons dans ce livre. Il y avait des vers autographes de lettrés de la Renaissance [3]. Mais l'ensemble était formé de correspondances

rapporté ici : « *Diverse scritture consignate.* — Tre papiri. — Alcune tavolette larghe un dito, di n° diecenove, nelle quali vi è scritto, et posto in una saccoccetta di broccato. — Un mazzo di lettere scritte dal Carteromacho, et sono n° 46. — Un mazzo di lettere al Colocio, sono n° 39. — Un altro mazzo di lettere di diversi, sono n° 40. — Alcune copie di lettere scritte dal Carteromacho ad Aldo, in fog. gr. sono carte sei. — Lettere n° 3 scritte a Berardino Rutilio. — Lettere n° 3 scritte al Colotio. — Lettere n° 3 scritte al card. Ridolfi. — Un mazzo di lettere volgari scritte a Fulvio Ursino. — Un altro mazzo di lettere volgari scritte al medemo. — Lettere latine n° 20 scritte al medemo. — Lettere volgari che vanno a diversi. — Lettere di diversi scritte al Colotio. — Lettere n° 16 scritte da Papa Marcello a diversi quando fù creato Papa. — Alcune lettere scritte ad Aldo Manutio. — Un mazzo di fragmenti di diverse poesie del Bembo, Sadoleto, Pietro Curtio et altri. — Diversi fragmenti tagliati di varie inscrittioni. — Tre mazze di diverse scritture poste insieme et di diverse cose et fragmenti, de quali il primo mazzo comincia *De quadrante*, il secondo *De repentinis sideribus*, il terzo *De ponderibus et mensuris*. » (Suit la formule de consignation de Duranti.)

1. Dans le beau livre, *I papiri diplom. racc. et illustr. dall' ab. G. Marini, primo cust. della Bibliot. Vat.* etc., Rome, 1805, p. 243, se trouve cité le passage de l'Inventaire d'Orsini relatif aux papyrus. Il est malheureusement impossible d'identifier les trois premiers. Le quatrième, le papyrus de Ravenne, avait été cherché en vain par Marini ; le cardinal Mai l'a retrouvé et publié, en rappelant le souvenir d'Orsini, dans le tome V, p. 362, de ses *Classici auctores e Vaticanis codd. editi* (Rome, 1833).

2. Le 31 janv. 1575, Orsini écrit à Pinelli : « Mi sono capitati qua certi papiri scritti di lettera longobarda antica, della quale si referrariano alla fine il significato, quando che fusse integri. Se V. S. ne desidera qualche pezzo, che sono tre, mene avvisi. » Le 21 janv. 1576 : « Io non me ricordai di ringraziarla di quelli papiri ch' ella m' offerse ; voglio ben dirle, che io saro sforzato à valermi della cortesia sua in privarnela d'uno, poiche 'l padrone di questi che ho io pensa che sia scrittura di tre mille anni et che non sene trovano altri al mondo !... » Et le propriétaire les remporte à Arezzo. Orsini observe ensuite qu'ils présentent la même orthographe que le fragment de Dupuy : *subscribsi, sublabsa.* (Bibl. Ambrosienne, *D.* 422 *inf.*). En 1581, Orsini acquiert des papyrus provenant de Bembo. (V. p. 101 et Appendice II, lettre XV.)

3. Toutefois l'inexactitude des renseignements d'Orsini se montre dans ce fait qu'il indique des *vers autographes* d'Aleandro et de Lazare de Baïf, là où il s'agit évidemment de *lettres autographes* des mêmes personnages. (Je vais publier et illustrer les lettres d'Aleandro ; celle de Baïf a paru à la suite de *l'Inventaire des mss. grecs de J. Lascaris*, Rome, 1886.) Les vers autographes ou non, réunis par Orsini, et dont il a été question plus haut,

originales d'ordre littéraire [1]. La réunion des autographes d'hommes illustres était un des goûts dominants d'Orsini; il avait recherché ceux de Dante, déjà disparus de son temps [2]; il avait été assez heureux pour mettre la main sur beaucoup de volumes écrits par Pétrarque et par les grands Italiens du xve siècle; il possédait aussi quelques lettres du même temps [3]; mais il s'était enrichi surtout pour les premières années du *cinquecento*. Les deux collections qui ont formé la sienne sont celles de Cartéromachos et de Colocci, à qui sont adressées la plupart de nos lettres du commencement du siècle [4]. Les lettres à Alde l'ancien, qui en sont une des séries les plus curieuses, proviennent, au moins en partie, de Cartéromachos; peut-être en vient-il quelques-unes d'Alde le jeune. Ces autographes grecs, latins ou italiens sont restés jusqu'ici inaperçus des historiens du grand imprimeur; on en trouvera le texte dans le recueil intitulé : *Les correspondants d'Alde Manuce* [5]. Ne comptant pas utiliser les autres et sachant l'intérêt de ces documents d'histoire littéraire pour une époque où ils sont moins nombreux qu'on ne croirait, je crois utile d'en publier ici une liste alphabétique; plusieurs sont d'humanistes assez connus qui paraissent ailleurs dans notre livre.

p. 82, ont dû être dispersés dans les recueils du Vatican ; nous n'en avons ici que de Cartéromachos et de Corsi. Je suis tenté de croire que, le *Vat.* 5390, relié sous Pie VI, contient quelque chose de la collection d'Orsini : il y a des vers latins antiques et modernes, et, parmi ceux-ci, des œuvres de Bembo, Molza, Fracastor, Tebaldeo, etc. Cf. ma note au n° 202 de l'Inventaire. — On a réuni, dans le *Vat.* 2836, des cahiers de provenance diverse contenant des vers de la fin du xve siècle et du commencement du xvie : il y en a de l'écriture de Colocci et beaucoup dédiés à lui : une partie au moins du ms. a été chez Colocci, mais non chez Orsini.

1. L'usage des collections de ce genre est trop connu au xvie siècle pour que j'y insiste. Je crois pourtant intéressant de signaler un passage de Sambucus écrivant à Alde le jeune. Paul Manuce, dont la mort est l'occasion de cette lettre, avait été l'un des éditeurs, comme on sait, du célèbre recueil intitulé *Lettere di uomini illustri;* le savant viennois dit à son fils : « Si clarorum virorum epistolas aliquando formis recusaris, fac sciam ; augebo editionem multis clarorum virorum epistolis, Pontani, Sannazarii, Sadoleti, Bembi et aliorum, quorum sylva habeo rara καὶ ἰδιόγραφα. » (1er mai 1574 ; *Ambros. E.* 37 *inf.*, f. 115.)

2. On a vu, p. 106, note 1, Orsini demander à Pinelli, en 1582, s'il n'y avait pas dans le cabinet de Bembo des autographes de Dante.

3. Par exemple *Jules II*, comme cardinal, du 27 déc. 1471 (*Vat.* 4103, f. 68), et *Sixte IV*, comme pape, au cardinal commandant la flotte, de Bracciano, 23 sept. 1481. (*Id.* 2e vol., en tête.)

4. V. pp. 80-83.

5. Ce travail, annoncé par les revues depuis 1883, paraîtra aussitôt après celui-ci.

Rom. Amaseo à Cartéromachos, Bologne, 1512 ; à Bern. Rutilio, Bologne, 1532 et 1533 ; à Aless. Farnese, Rimini, 1547 ; au roi d'Espagne, 1546 (4103, ff. 34, 91, 92, 110, 140)[1]. — *Vincenzo Baldo* à Cartéromachos, Rome, 1512 (4105, ff. 210, 314, 317). — *Giorgio Bernardo* à Cartéromachos, Venise, s. d. (4103, f. 64). — *Denis [Briçonnet], évêque de Toulon*, à Cartéromachos et à Franc. Piacentino, Pise, etc. 1511 (4103, ff. 25 sqq., 95)[2]. — *Le cardinal de Carpi* à Colocci, Rome, 1542 (4105, f. 180). — *Giambattista Casali* à Colocci, Rome, 1523 (4104, ff. 72, 74, 195)[3]. — *Clarelius Lupus* à Colocci, Spoleto, 1509 (4103, f. 22). — *Angelus Cospus*, à Cartéromachos, Bologne, 1511 et 1512 (4103, ff. 62, 63). — *Gianpietro Crasso* à Rutilio ; au card. Ridolfi, Rome, 1533 (4105, ff. 97 et 281 ; 4103, ff. 85, 87). — *Pietro Corsi, Cursius*, vers latins aux ff. 75 et 77 du même ms., et des lettres à lui adressées aux ff. 71, 73, 81, 82[4]. — *Giammatteo Giberti* à Jean de Médicis (sur Colocci), Rome, 1524 ; à Colocci, Bologne 1533, Venise, 1534, Vérone, 1536 ; au card. Trivulzio, Venise, 1534 ; à Rutilio, Vérone, 1536 ; (4104, f. 89 ; 4105, ff. 178, 170, 138 ; f. 90 ; f. 95)[5]. — *Le cardinal Grimani* à Colocci, 1538 (4105, f. 128). — *Paolo Giovio*[6]. — *Lampridio* à Colocci, Venise, 1526 (4104, f. 82)[7]. — *Bernardino Maffei, Maphaeus*, à Ant. Tebaldeo, Venise, s. d. ; à Colocci,

---

1. V. d'autres lettres d'Amaseo au cardinal Farnèse dans les archives de Parme (papiers des Farnèse, carton A). Cf. British Museum, *Add. ms.* 10263, et à l'Ambrosienne, le cahier des minutes d'Amaseo, *D.* 275 *inf.*, etc.
2. Cf. f. 67, un brouillon de Cartéromachos destiné au savant prélat français.
3. Cf. *Ambros. E.* 36 *inf.*, ff. 104-105.
4. Ajoutons une lettre de Corsi à Paul Manuce publiée en note à mes *Lettres inéd. de P. Manuce*. La lettre I sans date de ce petit recueil doit être datée de 1539, comme le montre celle de l'imprimeur vénitien Gius. Tramezzini à Corsi (f. 73).
5. Je connais d'autres lettres de l'illustre évêque de Vérone, dans le *Vat.* 3435 (au pape, 1543), l'*Ambros. D.* 191 *inf.* (à R. Amaseo, copies), au British Mus., *Add. ms.* 10273 (à Vettori), dans les *carte Strozziane* aux archives de Florence (corresp. de Salviati), à la Bibl. Barberini, *LXI*, 3 (six lettres, dont une à Bembo, une à Vittoria Colonna, etc., etc.
6. Voici un billet du célèbre historien à Colocci qu'on peut citer, car il est court : « Vigil [Fabius], Blosius [Palladius] et Maphaeus [Bern.] cras' prandebunt mecum in paradiso, ut veteris Academiae laeta sodalitas renovetur. Te maxime omnium doctissimum exspectamus. Si per chirargram potes ut venias te etiam atque etiam precamur. Vale et responde quia si obsequi non potes mavult Blosius ut cenemus. » Une copie s'en trouve au *Vat.* 9066, f. 339, qui contient, ainsi que les n[os] voisins, plusieurs transcriptions des documents de notre collection. — De nombreuses lettres de Giovio à B. Maffei sont dans l'*Ambros. E.* 31 *inf.*
7. Il y a trois lettres du même à P. Bembo à la Bibl. Barberini, *LXI*, 3, d'autres à Vettori au British Mus., *Add. ms.* 10267.

Vérone, 1532, (4103, f. 88; 4104, f. 78). — *Alfonso Marchisio*, à Cartéromachos, Florence, 1512 (4105, f. 322). — *Francesco Marchisio Elio* à Colocci, Naples, 1510 (4105, f. 276). — *Girolamo Menochio* à Cartéromachos, Lucques, 1511 (4105, f. 311). — *Marzotto Pacini* à Cartéromachos, Rome, 1512 (4105, ff. 313, 316). — *Bernardino Pellini* à Cartéromachos, Rome, 1512, (4105, ff. 318-320). — *Io. Franc. Philonius praepositus Pisaurensis* à Colocci, Pesaro, 1510, (4105, f. 283). — *Giuliano Pietini* à Cartéromachos, Rome, 1512 (4105, f. 321). — [*Tommaso*] *Pietrasanta* à Colocci, Rome, 1530, (4104, f. 76). — *Franc. Placentinus* (*Piacentino*) *scriptor Archivi Rom. Curiae* à Cartéromachos, Rome, 1511 (4105, f. 308). — *Le cardinal Ridolfi* à Rutilio, Bologne, 1537, (4105, f. 99). — *Antonio Tebaldeo*, à Cartéromachos, Lucques, 1512; à Colocci, Rome 1527 (4103, f. 24; 4104, f. 79). — *Giacomo Tebaldeo* à Ant. Tebaldeo, Venise 1546 (4103, f, 69). Cf. l'index. — *Michelangelo Tonti* à Cartéromachos, Pistoia, 1510 (4105, f. 312). — *Le cardinal A. Trivulzio* à Colocci, Rome, 1542 (4105, ff. 121, 140). — [*Gianluigi*] *Vopisco* à Colocci, Naples, 1517, 1519, 1535 (4104, ff. 67, 63, 65)[1].

Un grand nombre de lettres de Marcello Cervini (Marcel II), comme cardinal de Santa-Croce, sont écrites à Colocci, à Lodovico Beccadelli, et à Ranuccio Farnese[2]. Elles seront une mine intéressante de renseignements sur la cour romaine avant et pendant le concile de Trente. Quelques copies de lettres de Paul III se rattachent à la même époque[3]. Enfin nous arrivons à la correspondance d'Orsini lui-même; il a éliminé ce qu'il jugeait indigne d'être conservé, et ce qu'il a gardé est cité sans cesse

---

1. En rapprocher les deux lettres du même au même, *Reg.* 2023, ff. 383 384. Ces documents et d'autres de la correspondance de Colocci ont été utilisés par Lancelotti. — J'ai omis quelques lettres de prélats qui m'ont paru moins intéressantes, et d'autres, d'ordre littéraire, à Colocci ou à Cartéromachos, qui seront indiquées dans *Les correspondants d'Alde Manuce ;* il est inutile de les mentionner deux fois ; il suffit d'avertir les savants que cette époque intéresse.

2. Quelque érudit ne sera-t-il pas tenté de s'attacher à ce noble esprit dont le pontificat éphémère a été immortalisé par la messe de Palestrina? La correspondance que je signale se trouve au *Vat.* 4104, ff. 1 à 40. Il y aurait à voir une série de lettres du même temps à Sirleto, écrites de Trente en 1546-47, dans le *Vat.* 6189, ff. 3 sqq., une à Panvinio, *Vat.* 6412, f. 1, et beaucoup dans les autres dépôts de Rome. Au British Museum, *Add. ms.* 10274, les lettres de Cervini à Vettori vont de 1550 à 1554. — Les renseignements sur Cervini, épars dans notre livre, peuvent être groupés par l'index.

3. Elles sont dans le second volume du 4103, ff. 123-136, la plupart relatives au protestantisme.

au cours de ce livre [1]. Orsini avait en outre réuni une bonne part des lettres reçues par Paul Manuce; la plupart se rapportent à la période du séjour de l'imprimeur à Rome. Notre collectionneur les eut sans doute de son fils Alde. Elles remplissent aujourd'hui trois volumes du fonds Vatican, 3433 à 3435, et peuvent être d'un secours considérable à qui s'occupe de cette époque. On y trouve la réponse à un grand nombre de lettres, qui figurent dans les recueils italiens ou latins de Paul Manuce. Je ne les indique pas ici, les documents sur la seconde moitié du XVIe siècle n'ayant pas, à beaucoup près, l'intérêt de rareté qui s'attache à ceux des premières années [2].

Outre la bibliothèque destinée à la Vaticane et décrite dans l'Inventaire dont nous venons d'examiner les diverses parties, Orsini en a possédé une autre. Celle-ci comprenait de même des manuscrits et des imprimés. Les imprimés étaient naturellement des livres usuels et ordinaires, ou qui ne portaient pas d'annotations particulièrement précieuses ; ce sont ceux qui furent légués à O. Lancelotti; on les retrouve un peu partout, quelques-uns revêtus de l'ex-libris d'Orsini ou avec des notes de sa main [3]. Les manuscrits étaient : 1° ceux qui offraient un trop

---

1. Les séries de lettres à Orsini qui ont été publiées sont celles d'Agustin, de Caro, de Manuce, de Granvelle. Ajoutons celles de Pinelli (Appendice II), de Vettori et de Sigonio (v. p. 72). Il y a des lettres isolées dont je n'ai pas fait usage et que je note ici pour être complet et conserver ces noms : Cirillo, Pietro Magno, Giov. Fr. Cannobio, écrivent à Orsini de Rome (4104, f. 269 ; 4105, ff. 19, 268); Vinc. Surari lui adresse une supplique de Reggio (4105, f. 5) ; Sidio Roselli, de Vicovaro, parle de lui à Greg. Florestano (4104, f. 284).

2. Il est à remarquer que ce sont des lettres *latines*; les lettres italiennes adressées à Manuce doivent être cherchées à l'Ambrosienne, dans *E*. 30 *inf.* (ff. 35 sqq.) et les n[os] qui suivent. Il y en a aussi de latines dans *E*. 35 (ff. 28 sqq.). — Le savant Fontanini a pris quelques copies sur les originaux de la correspondance de Manuce; je les ai trouvées à Venise, dans le *Marc. Lat. XI*, 96. — G.-C. Amatuzzi en a tiré des lettres de C. Paleotti imprimées dans les *Anecdota litteraria* de Rome, t. I et III.

3. J'en signalerai quelques-uns à l'occasion. Un ancien catalogue, que m'a communiqué mon ami M. Henri Omont, se recommande comme portant des livres annotés par divers savants dont, Orsini. (*Catalogus librorum... Coll. a Iano Albino... Dordraci, apud Corn. Willegaerts*, 1696.) Il en vient de Parrasio, Scaliger, Saumaise, Nic. Rigault, Dan. et Nic. Heinsius. Le n° 747 des in-4 (*Porphyrii introd. Aristotelis praed. etc.* Florence, Junta, 1521) aurait eu quelques notes d'Orsini. Cf. encore notre Inventaire au n° 49 des imprimés grecs. — Graevius, en tête de sa préface au tome III des *Antiquit. Rom.* (Utrecht et Leyde, 1696), parle d'un *Marliani Urbis Romae topogr.*, acheté à Rome par J. de Witte, avec des notes marginales qu'on disait être d'Orsini. Il publie ces notes avec le texte de B. Marliani, pp. 54 sqq.

médiocre intérêt pour être portés à l'Inventaire; 2° ceux qui furent acquis après la rédaction. Ils ne tardèrent pas à former une collection nouvelle et d'une certaine valeur, comprenant près d'une centaine de manuscrits, dont vingt-cinq grecs. L'état de ce petit supplément est conservé dans un document des archives de Naples intitulé : *Libri... che non sono descritti nell' indice de libri lasciati dal sig' F. Ursini alla Libraria Vaticana*[1]. La présence de cette sorte d'inventaire dans les papiers des Farnèse et le fait que j'en ai retrouvé un assez grand nombre de numéros dans la Bibliothèque nationale de Naples montrent que l'ensemble de ces manuscrits d'Orsini a fait partie des collections du cardinal Odoardo. Il n'entrait pas dans mon plan d'identifier ces volumes, décrits du reste avec moins de précision encore que ceux du Vatican; mais il pouvait y avoir quelque utilité à donner le document : il forme notre *Appendice I*.

Ce petit inventaire et le grand ont un caractère commun qui frappe au premier regard, c'est l'absence presque complète d'ouvrages ecclésiastiques[2]. Après ce que nous avons dit des goûts d'Orsini et de ses travaux préférés, il n'y a rien d'étonnant à constater dans sa bibliothèque la prédominance des auteurs classiques, grecs ou latins; mais l'exclusion systématique des auteurs sacrés est tout à fait digne de remarque pour un homme d'église et qui a travaillé dans les commissions romaines. Nous voyons du reste Orsini se défaire des ouvrages des Pères dont il devient possesseur : il cède un Saint-Grégoire à Sambucus, il offre un Saint-Augustin à Sirleto[3]. Il est volontiers généreux de ces objets, qui trop évidemment l'attirent peu; il semble ne les conserver que lorsqu'ils offrent un intérêt de provenance, comme son Eusèbe, ou d'antiquité, comme son Sidoine[4]. Ce choix et cette concentration de recherches sur un seul domaine ont permis à Orsini de compléter plus aisément ses séries; et l'unité

---

1. C'est le n° 1313 des *Carte Farnesiane*; j'en dois l'indication à un article de M. Beltrani dans l'*Archivio della Soc. rom. di storia patria*, année 1879, p. 186.
2. Aussi n'est-il point question de la bibliothèque d'Orsini dans l'*Apparatus sacer* de Possevino, Venise, 1606.
3. V. pp. 63 et 103. Quant à la *Cité de Dieu* provenant de Bembo (p. 104), Orsini a dû également s'en défaire ; je n'en trouve aucune trace chez lui.
4. Je ne vois nulle part dans les livres d'Orsini le ms. dont parle Scaliger en 1603, à propos de l'éditeur de Tertullien, J. van der Wouwere : « Contulit totum Tertullianum cum Vaticanis, quibus usus est Latinus Latinius, postea cum eximio Fulvii Ursini. » (Dans Bernays, *J.-J. Scaliger*, Berlin, 1855, p. 315.)

de sa bibliothèque fait que, pour les études se rattachant à l'antiquité classique, ses manuscrits ont presque tous une valeur.

La bibliothèque d'Orsini a un second caractère, plus important à signaler : elle a cherché à recueillir les collections des principaux humanistes de l'âge précédent, et n'est presque formée que de leurs débris. Orsini professait un respect sincère pour ces révélateurs de l'antiquité. Il appartenait à une génération de savants plus réfléchie et plus méthodique; il marchait même des premiers parmi les archéologues et les philologues de son temps; mais il se rattachait aux humanistes par une tradition de sentiment dont on voit les traces dans toute notre étude, il les vénérait comme des ancêtres et s'intéressait à tout ce qui venait d'eux. Il avait réuni quelques-uns de leurs portraits; il s'était procuré la biographie de beaucoup d'entre eux[1]. Il voulut aussi avoir leurs livres et ne négligea rien pour les retrouver.

On sait qu'à l'époque de la première Renaissance, et même plus tard, les livres étaient rares encore et devenaient par cela même, pour leur propriétaire, des objets de prix, auxquels il lui plaisait d'attacher de mille façons son souvenir. Outre son nom, il y inscrivait souvent des mentions d'événements de sa vie et plus souvent encore les notes et les réflexions que lui suggérait la lecture du texte. Orsini paraît avoir senti le premier l'intérêt qui s'attacherait à une bibliothèque entièrement formée de manuscrits et d'imprimés ayant appartenu aux savants des générations précédentes et portant sur les gardes ou sur les marges des traces plus ou moins nombreuses de leur possession. Il a manifestement cherché, comme le prouve sa correspondance et la rédaction même de son Inventaire, à recueillir dans toute l'Italie les livres d'une telle provenance, et presque tous ceux qui viennent de lui sont ennoblis encore par le souvenir de plus anciens propriétaires.

L'existence de collections de livres aujourd'hui oubliées est attestée par les ex-libris qu'Orsini conservait avec soin sur ses volumes ou par son témoignage personnel. Il y a un véritable intérêt pour l'histoire littéraire à mettre en lumière ces rensei-

---

[1]. Je parle du recueil de Vespasiano da Bisticci publié par Mai. Le Vat. 3224, qui vient d'Orsini et qui est un ms. de petit format de 680 ff. (relié sous Pie IX), en est une copie anonyme; il porte sur la garde une note de renseignements sur l'auteur, tirée du texte même et écrite en plusieurs fois au cours de la lecture. C'est sans doute un des mss. dont s'est servi Mai pour sa publication de 1839 dans le volume I du *Spicilegium romanum*; cf. la p. xxv de l'éd. de M. Ad. Bartoli, Florence, 1859.

gnements, ne serait-ce que pour permettre d'en grouper d'autres autour d'eux, et compléter ce qu'on sait déjà sur le nombre et la formation des anciennes bibliothèques italiennes. L'intérêt est plus grand encore pour ces collections illustres du xv° et du xvi° siècle, qui sont venues se fondre dans celle d'Orsini ou tout au moins y déposer quelques volumes de choix. Celle de Constantin Lascaris y est représentée par un petit fonds intéressant et qui pourra faire figure auprès de celui dont s'enorgueillit la bibliothèque de Madrid. Les livres copiés, annotés ou possédés par Jean Lascaris sont très nombreux. Ceux d'Antonio Panormita, de Pomponius Laetus, d'Angelo Colocci, de Cartéromachos, forment d'abondantes séries; il y en a de moins nombreuses provenant d'Ermolao Barbaro, d'Ange Politien, etc.; quant à la bibliothèque du cardinal Bembo, si célèbre, mais si peu connue, elle a laissé sa fleur dans celle d'Orsini, et faire l'histoire de l'une est faire en même temps celle de l'autre [1].

J'ai groupé dans les chapitres suivants mes renseignements relatifs à ces diverses bibliothèques, qui peuvent être considérées comme formant de petits fonds distincts dans la bibliothèque d'Orsini; j'ai fait de même pour celles qui n'y sont représentées que par un plus petit nombre de volumes ou même un seul. Mais il n'y a pas seulement, dans cette étude, à considérer l'intérêt qu'elle peut offrir pour l'histoire littéraire et bibliographique de la Renaissance [2]. Dans un grand nombre de textes classiques de nos bibliothèques d'humanistes, la philologie aura souvent quelque chose à prendre. Le xv° et le xvi° siècle ne possédaient point d'éditions critiques, et l'étude raisonnée et méthodique de l'antiquité n'avait pas encore pris naissance. Ce n'est point dire que les érudits n'étaient pas préoccupés de la pureté des textes mis sous leurs yeux par un éditeur quelquefois peu instruit, souvent par un simple libraire, et qu'ils n'attachaient pas une grande importance à la différence des leçons. On aurait tort de croire trop vite que le dilettantisme et le désir de goûter les nouvelles découvertes, à mesure qu'elles se produisaient, aient empêché entièrement les humanistes de contrôler les textes

---

1. On trouvera au chapitre viii un essai de restitution de la bibliothèque de Bembo.
2. Beaucoup de nos mss. ont été vus et utilisés par des philologues, comme on le verra par les renvois bibliographiques; mais on avait généralement négligé les indications se rapportant à la Renaissance, de sorte que, même en parlant de mss. connus, il m'a été possible d'apporter des faits nouveaux.

qui leur étaient offerts par les derniers copistes ou par l'imprimerie naissante. Nous avons la preuve du contraire dans ces nombreux volumes, sortis des anciennes presses d'Italie, de France et d'Allemagne, et que des mains savantes ont tant de fois feuilletés et annotés avant qu'ils vinssent s'enfouir dans les armoires du Vatican.

On y trouve souvent de véritables éditions critiques, et qui en disent long sur la manière de travailler de l'humaniste. Chaque manuscrit qu'il rencontre dans le cloître voisin, dans la bibliothèque d'un ami, est mis à profit par lui sur les marges de son texte; les variantes sont accompagnées des deux lettres *v. c.* (*vetus codex*), et la différence d'encre ou de main témoigne souvent que plusieurs manuscrits ont été successivement consultés. Il n'y a pas que des leçons empruntées aux manuscrits; dans les réunions érudites, dans les lectures en commun où chacun apporte le tribut de sa science personnelle, on échange des discussions sur le texte; quand on ne comprend pas ou que l'on comprend mal, on cède volontiers au désir de corriger ce que l'on a sous les yeux. Le propriétaire du livre ne manque pas de transcrire en marge les corrections de ses amis et les siennes propres. Ce sont des corrections sans méthode, je le veux bien; Ritschl ni Cobet ne les avoueraient; on est fort loin même des Lambin et des Scaliger. Mais dans ces efforts des générations passées pour interpréter et établir des textes qui arrêtent encore aujourd'hui le philologue, n'y a-t-il rien à recueillir? Doit-on passer entièrement indifférent devant ces trouvailles et dédaigner d'y jeter un regard?

L'exploration, il est vrai, n'est pas sans difficulté. Les diverses écritures courantes de cette époque sont fort difficiles à lire; il faut se faire un alphabet pour chaque personnage, trouver la clef d'abréviations qui lui sont quelquefois tout à fait personnelles. Laetus, par exception, a une belle écriture calme et large; mais celles de Colocci, de Cartéromachos et de bien d'autres sont assez confuses, et Lascaris trace quelquefois son grec d'un caractère menu qui fatigue les yeux. C'est une paléographie spéciale à laquelle il faut se rompre; toutefois, chaque philologue n'ayant à examiner que le volume qui l'intéresse, peut se mettre facilement au courant de l'une de ces écritures. Sa peine sera rarement tout à fait vaine. Plusieurs fois déjà, des volumes, annotés d'après un manuscrit perdu depuis, ont rendu service aux éditeurs modernes et sont considérés comme ayant la valeur du manuscrit lui-même. On trouvera certainement, dans les livres d'Orsini que j'ai pu classer et décrire, quelques documents du même genre. On sait le grand nombre de manuscrits qui se sont perdus pendant les guerres d'Italie, avant qu'une critique méthodique ait pu leur être appliquée. Si beaucoup des leçons de nos volumes sont empruntées à des exemplaires conservés, il en est certainement d'autres que leurs maîtres ont tirées de textes égarés ou détruits. Chaque spécialiste pourra rechercher l'origine de ces leçons, et peut-être trouvera-t-on dans la bibliothèque d'Orsini une petite source d'informations nouvelles pour la philologie classique.

Outre ces annotations, où la critique des textes a probablement quelque chose à prendre, tout au moins dans celles qui portent des leçons certaines de manuscrits, il y a sur les volumes une autre série de notes dont l'intérêt n'est pas moindre pour la connaissance exacte des sentiments qui présidaient à l'œuvre des premiers érudits. On ne saura bien précisément quelles idées ils se faisaient de cette antiquité païenne restaurée par eux avec tant d'amour, qu'en compulsant, outre leurs préfaces souvent diffuses et déclamatoires, leurs notes au jour le jour jetées sur les marges des livres dans l'émotion de la lecture. Du reste, les auteurs des préfaces dont je parle, les Leonardo Bruni par exemple ou les Pomponius Laetus, ne sont pas les seuls à avoir étudié l'antiquité, et tel volume possédé par un professeur moins illustre, par un prélat simplement ami des belles-lettres, pourra nous renseigner mieux encore sur les opinions du public lettré du XVe siècle.

On parle surtout ici des incunables et des autres livres imprimés, parce que Fulvio Orsini est le premier qui semble avoir attaché du prix à ceux qu'avaient étudiés ou annotés les autres savants, et qui les ait assidûment collectionnés. Mais ce qui est vrai pour les imprimés s'applique au même degré à ceux de nos manuscrits qui portent des notes critiques ou exégétiques. La différence entre le livre transcrit et l'imprimé n'était pas très grande au début de l'imprimerie. Ce dernier coûtait moins cher, il est vrai, et le pauvre humaniste, dans sa chaire d'université, pouvait acquérir, en quelques années, une bibliothèque d'auteurs anciens aussi riche que les « librairies » réservées autrefois aux princes ou aux couvents. Beaucoup cependant avaient des manuscrits et plusieurs, fort connus, les copiaient eux-mêmes. Tantôt ils trouvaient moins coûteux encore de les écrire de leur main sur grossier papier; tantôt ils éprouvaient une joie particulière à mettre sur beau parchemin et avec soin, — trop de soin quelquefois, — l'ouvrage qui les avait charmés; peut-être aussi jugeaient-ils nécessaire, pour se mieux pénétrer des formes du grec ou du latin classique, de s'astreindre à transcrire des textes entiers. Ce qu'avaient fait si souvent Pétrarque et Boccace, leurs successeurs le faisaient à leur tour. C'est ainsi que nous trouvons tant de manuscrits, parmi ceux d'Orsini, qui ont été exécutés, au xve siècle et même au commencement du xvie, par les principaux humanistes d'Italie. Pomponius Laetus, à lui seul, nous offre une vingtaine d'auteurs latins des plus divers, la plupart entourés de scholies, sans compter celles de ses copies qui se sont perdues ou qu'on retrouverait ailleurs.

Les volumes qu'on va décrire peuvent donc fournir trois sortes de renseignements. Les uns se rapportent à la biographie des humanistes et à l'histoire des bibliothèques; les autres, à la philologie et aux recherches directes sur les textes anciens; d'autres enfin servent à faire mieux connaître l'état des esprits et la direction des études pendant la Renaissance.

CHAPITRE V

DESCRIPTION DE LA BIBLIOTHÈQUE
LE FONDS GREC

Dans les chapitres suivants, les manuscrits grecs *sont désignés par les lettres M. G., les* imprimés grecs *par I. G., les* manuscrits latins *par M. L., les* imprimés latins *par I. L., les* manuscrits en langues modernes *par M. M. Les numéros qui suivent les lettres correspondent par conséquent à celle des cinq séries de la Bibliothèque qu'elles désignent. Pour éviter de répéter deux fois les mêmes renseignements, les notices de l'Inventaire n'ont pas été reproduites; le lecteur est prié de s'y reporter, car elles sont parfois nécessaires pour établir nos identifications. On a également supprimé, devant les cotes du Vatican, les indications* Vat. gr. *et* Vat. lat. ; *mais, après avoir jeté un coup d'œil sur les tableaux du chapitre précédent, il sera facile de se rappeler que les cotes au-dessus de 1000, se rapportent, dans notre travail, au* fonds Vatican grec *et les cotes au-dessus de 3000 au* fonds Vatican latin.

Nous commençons la description de la Bibliothèque d'Orsini par le petit fonds grec, qui forme la première série de numéros de l'Inventaire. Quelques manuscrits isolés seront décrits plus tard à propos des bibliothèques latines auxquelles ils se rattachent; les renvois, mis au bas des pages du texte de l'Inventaire, permettent de retrouver facilement dans le volume le passage qui les intéresse.

Deux collections du xive siècle sont représentées dans notre fonds grec [1] : celle de Ciriaco Pizzicolli, le célèbre humaniste d'Ancone, et celle de Manuel Chrysoloras, le premier hellène qui ait fait refleurir en Italie l'étude de sa langue. Le manuscrit de Pizzicolli est le 1309 < M. G. 37 >, transcrit par deux mains du xiv° siècle. La première partie contient treize des œuvres morales de Plutarque ; la seconde, les épîtres apocryphes de Phalaris, Anacharsis, Brutus, etc. ; entre les deux est une longue note latine du siècle suivant, qui indique la provenance du volume et donne les détails les plus curieux sur les voyages et les acquisitions de Ciriaco [2].

Deux manuscrits dûs à la plume de Manuel Chrysoloras figuraient dans la bibliothèque d'Orsini. Je n'ai pu retrouver le premier qui contenait Isocrate < M. G. 137 > [3], mais le second

---

1. Orsini affirme avoir dans sa bibliothèque un ms. écrit par le célèbre scholiaste Démétrios Triclinios et qui serait aujourd'hui le *Vat.* 1294 < M. G. 5 >. Triclinios est du xiv° siècle et même de la fin du xiii°, puisqu'on possède à Oxford un ms. de sa main daté de 1298 et un autre à Venise daté de 1315; M. V. Gardthausen met un point d'interrogation pour quelques autres. (*Griechische Palaeographie*, Leipzig, 1879, p. 319.) Je ne serai pas plus affirmatif pour le ms. d'Orsini; le commencement et la fin manquent et rien ne confirme, dans le texte des scholies qui se rapportent à Aristophane, l'attribution de l'érudit romain. A *priori*, je l'avoue, la date de l'écriture ne s'y oppose pas, et l'on sait que Triclinios a composé sur Aristophane des scholies dont s'est servi Musurus. (Fabricius, *Biblioth. Gr.*, éd. Harles, vol. II, p. 380.) — Le 1294 a 279 ff. pap. (Pie IX) et comprend trois mss. distincts : *a*) f. 4, Aristophane, *Plutus*, *Nuées*, *Grenouilles*, *Chevaliers*. xiv° s.; *b*) f. 144, Aristote, *Organon* précédé de l'Εἰσαγωγη de Porphyre. xv° s.; *c*) f. 249, Etienne de Byzance, Περὶ πόλεων, s'arrêtant au mot Ἀσκῖται, xv° siècle.

2. 318 ff. pap. (Pie IX, 2 vol.) F. 1, Plutarque, précédé d'un index; ff. 210-211, note latine du xv° siècle; f. 213, épîtres grecques. Voici quelques pasages qui donneront une idée de l'intérêt de cette note : *Kiriacus Anconitanus, a cuius nepote in Ancona librum hunc mercati fuimus, dicit se magno exemisse Plutarchum hunc et epistolas cclvj hic descriptas a quodam abbate cuiusdam monasterie Hyberie.* [Suivent la table des épîtres et l'indication de divers mss. grecs que Ciriaco disait avoir trouvé dans d'autres bibliothèques espagnoles et dont il avait transcrit les premiers mots]. *Item dicit se non longe ab hoc monasterio aliud subiisse ubi nobilem repperit bibliothecam, in qua dicit se legisse in greco Homeri antiquam Iliadem...* [Liste des manuscrits. La fin de la note est assez curieuse :] *Dicit se repperisse Ovidium Metamorph. e latino in grecum transductum, et scribit multos versus grecos de eius principio et fine, et nos etiam legimus. Nota quod dicit se repperisse in Laureano monasterio greco in vertice Athei montis* [Lavra] *corpus beati Athanasii sepultum, ubi multis lampadibus dies atque noctes multis cum laudibus ipsi monachi religiosissime psallunt.* — En attendant le travail complet qu'a fait espérer M. de Rossi sur Ciriaco d'Ancona, il faut recourir aux notices du *Corpus inscr. lat.*

3. Il est plus que probable que c'est le ms. acquis en 1573, cf. l'index, au mot *Davanzati*.

peut facilement s'identifier avec le 1368 < M. G. 136 >[1] : il contient quatre discours de Démosthène, avec quelques leçons marginales, et deux épîtres sur des questions de grammaire adressées à Coluccio Salutati. La seconde lettre est signée ὁ σὸς ὁ Χρυσολωρᾶς Μανουὴλ ὁ ἀπὸ τῆς Κωνσταντίνου πόλεως ; on y trouve cette belle phrase : μικρὰ μὲν οὐδὲ ταῦτα, οὐδὲν γὰρ τῶν ἀπὸ τῆς τέχνης φαῦλον... C'est un principe sage et fécond qu'invoque ici le savant grec pour justifier les minuties de son enseignement grammatical : il n'y a rien de petit dans la science.

Nous allons décrire tous les manuscrits d'Orsini copiés ou possédés par d'autres grecs et nous passerons ensuite aux bibliothèques exclusivement italiennes. Bien que nous ne voulions pas nous astreindre à l'ordre rigoureux des temps, la suite chronologique des Grecs illustres du xv siècle appelle, après Chrysoloras, le nom de Théodore Gaza. Un précieux volume, le 1334 < M. G. 36 >[2], est en partie écrit par lui. On y trouve quatre opuscules de Xénophon, le *De perturbationibus* d'Andronic Calliste, trois opuscules de Synésius, et le *De insomniis* d'Aristote abondamment glosé. Une épigramme de Gaza, publiée, d'après Allacci, par M. Legrand[3], fixe sur l'histoire du manuscrit : Gaza l'avait copié pour Philelphe, comme sa célèbre *Iliade* ; il avait eu pour collaborateur Georges Chrysococcès, qui a écrit les opuscules de Xénophon[4]. Tout le reste

---

1. 127 ff. parch. fin (Léon XIII). F. 1, περὶ Στεφάνου ; f. 85 v°, κατὰ Φιλίππου α' f. 97, β' ; f. 104 v° περὶ εἰρήνης ; f. 111, épîtres (sans le nom de Salutati).
2. 104 ff. parch. rel. ant. estampée. Ornements et lettres init. Je transcris l'index contemporain qui est sur la première garde, en ajoutant l'indication des folios : *Xenophontis Hipparchicus* [1] ; *de equitatione liber* [10 v°] ; *Tyrannicus vel Hiero eiusdem* [22] ; *Lacedemoniorum resp. eiusdem* [33] ; *Andronici Peripatetici de perturbationibus* [43] ; *Synesii Aegyptii vel de providentia* [49] ; *de insomniis eiusdem* [71] ; *Dionis. institutio eiusdem* [84] ; *Aristotelis de insomniis et divinatione quae fit per somnum* [98] ; *Gazae glossemata in libr. Aristotelis de insomniis* [dans les marges] ; *epigramma eiusdem* [104 v°].
3. *Bibliographie hellénique*, Paris, 1885, t. I, p. xlvii. Le ms. est indiqué par erreur sous le n° 1347. Il est inutile de reproduire ici l'épigramme donnée deux fois ; elle est précédée dans l'original du nom ὁ Γαζῆς et suivie de divers signes et monogrammes, dont PH. Au point de vue philologique, rappelons que le ms. a été utilisé par J.-G. Krabinger, *Synesii quae exstant omn.*, t. I, p. xxi.
4. Le ms. a dû être acquis par Orsini vers 1581, car, dans une lettre de cette année-là, qu'on trouvera dans la correspondance annoncée p. 72, Orsini demande à Vettori s'il a entendu parler de ce Chrysococcès, ami de Philelphe et contemporain de Gaza. Ajoutons, comme détail oublié, que le grec a été employé avec Gaza à la Bibliothèque Vaticane, et qu'un Homère en partie de sa main figure au Vatican, *Palat. gr.* 7. (Cf. Stevenson, *Codd. mss. Palatini graeci*, Rome, 1885, p. 4).

est de sa main, ainsi que les notes et sommaires grecs à l'encre rouge. On reconnaît aussi dans les marges l'écriture de Philelphe ; au-dessus du premier titre, est peint deux fois le blason de celui-ci, avec deux monogrammes représentant le nom de *messer Francesco Filelfo* [1].

Nous trouverons un manuscrit annoté par Gaza dans la description du fonds latin. Un texte grec d'Hérodote, le 1359 < M. G. 25 > [2], provient d'une bibliothèque contemporaine de ce savant. Le copiste est fort inconnu, et nos observations sur les manuscrits d'Orsini précisent pour la première fois les renseignements sur ce personnage. M. Gardthausen mentionne un *Demetrius Rhaul Kabakes* dans sa liste des copistes grecs, et c'est à propos de notre manuscrit dont il ne donne pas l'époque [3]. Les adjonctions assez nombreuses du copiste, en tête et surtout à la fin, ôtent cependant tout doute à cet égard. J'y relève ce qui peut servir à la date : (f. 486 v°) Δημητρίου ῥαοὺλ καβάκη σπαρτιάτου καὶ βυζαντίου· ἐγράφη ἐν ῥώμη ἐν ᾧ ἔτει ὄτροντω τούρκοι κατέλαβων. (f. 491 v°) Πληρουμένου τοῦ τρίτου ἔτους τοῦ πάπα ἠντζενσίου, ἔχωμεν ἐν τῇ ῥώμη χρόνους κα (sic). Ce manuscrit est donc de 1480, année de la prise d'Otrante par les Turcs, et nous apprenons de plus que le copiste spartiate Démétrius Rhallès Cabacès, en 1487, troisième année du pontificat d'Innocent VIII, se trouvait à Rome depuis vingt et un ans ; il s'y était, par conséquent, établi en 1466 [4]. Un autre manuscrit du même

---

1. Joignons à cet important autographe de Théodore Gaza une lettre originale de lui insérée par Orsini dans un intéressant recueil de lettres et opuscules du xv° s., aujourd'hui Vat. 1393 < M. G. 143 >. La lettre est au f. 40 et adressée en 1451 aux frères de Gaza, Georges et Démétrius ; son texte n'est pas inconnu (Legrand, *l. c.*, t. I, p. xlvi). Le ms. a 133 ff. pap. (Pie VI) et ne contient, à part cette lettre, que des copies du xvi° s., notamment : les correspondances de 1462 sur le pamphlet de Michel Apostolios contre Gaza et Aristote, publiées par Boissonade dans ses *Anecdota gr.*, t. V, p. 377 sqq. (Besssarion, Nic. Secundinus, Andronic Calliste, etc.); opuscules et autres lettres de Th. Gaza (ff. 39 sqq.), une de Nicolas V (f. 59); description de Sainte-Sophie de Constantinople ; Chronologie des empereurs romains et byzantins, *Tactica* d'Elien, etc.

2. 491 ff. pap. (Pie IX, 2 vol.), titres et lettres init. en rouge. F. 1, περὶ Ἡροδότου de Lucien; f. 4, Hérodote. Au f. 3 v°, la signature grecque d'Orsini, et au f. 491 : τὸ παρὸν βιβλίον κτῆμά ἐστι Φουλβίου Ὀυρσίνου Ῥωμαίου. Au f. 1 se trouve un prix marqué : *Iulij* 20. Cf. l'éd. Stein, Berlin, 1869.

3. *Griech. Palaeogr.*, p. 319. — V. les renseignements de Hodius complétés par M. Sathas dans sa Νεοελληνικὴ φιλολογία, Athènes, 1868, p. 76, art. sur Δημήτριος Ῥάλλης, ὁ ἐπιλεγόμενος Καβάκης.

4. MM. Eugène Müntz et Paul Fabre ayant bien voulu me communiquer les bonnes feuilles de leur livre intitulé : *La Bibliothèque du Vatican*

Rhallès, le 1293 < M. G. 86 >, porte aussi une date, la vingt-septième année après la prise de Constantinople, soit 1479 [1]. Il contient Thucydide et les *Helléniques* de Xénophon, avec une carte géographique muette assez singulière. L'*Ethique à Nicomaque* et d'autres traités d'Aristote, renfermés dans le 1343 < M. G. 93 >, offrent sur les premiers feuillets divers extraits d'auteurs grecs et, à la fin, plusieurs souscriptions, qui donnent le nom du même copiste [2].

Le manuscrit de Tzetzès 1369 < M. G. 60 >[3] porte sur les gardes des notes de différentes mains, parmi lesquelles j'ai relevé, en marge d'un compte, les noms de Ῥαοὺλ K. et de Κaβάκης répétés plusieurs fois ; cela suffit à indiquer que le livre s'est trouvé entre les mains d'un personnage de la même famille que notre Démétrius. Il y a, en effet, à Rome, au commencement du XVIe siècle, un poète latin d'une certaine célébrité, qui est son fils. Ce poète fut archevêque de Monembasie et latinisait son nom en *Manilius Cabacius Rallus* ; c'est ainsi qu'il figure dans les recueils de vers du temps et notamment dans les *Coryciana*. En grec, il s'appelait simplement Manuel. Un de nos manuscrits de miscellanées, le 1378 < M. G. 110 >[4], contient des notes marginales de sa main, avec quelques extraits latins et grecs ; il a signé sur la garde dans les deux langues : Τοῦτο τὸ βιβλίον ἐστιν ἐμοῦ ἐμανουηλ' καβάκες τοῦ ραλη. *Hic liber est mei emanuelis graeci et cetera* (sic). Il offre un exemple de cette seconde génération de Grecs établis en Italie, qui est déjà plus qu'à moitié latine [5].

au XVe siècle, j'y relève, à la p. 288, l'emprunt d'un Strabon fait à la Vaticane, en 1482, par notre Démétrius.

1. 420 ff. pap., rel. ant. estampée. F. 1, Thucydide ; ff. 277 v° et 278, carte ; f. 281, Xénophon. F. 419, souscription : Δημητρίου ῥαουλκαβάκη σπαρτιάτου καὶ βυζαντίου εγράφη μετὰ τὴν βυζαντίου ἅλωσιν ἔτος κ'ζ' : — οὐ καληγράφος ἀλ' ἐξαρχωντικῆς τάξεος συκλητικῆς : ἐν Ῥώμη : ἐγράφη. Suit un court fragment de Pléthon.

2. 183 ff. pap. (Pie VI). F. 1, extraits grecs ; f. 6, Ethique ; f. 134, οἰκονομικῶν α' ; f. 150, περὶ ἀρετῶν ; f. 155, π. ἀρ. de Pléthon ; f. 167, περὶ παντὸς κόσμου. Titres et scholies à l'encre rouge, gloses marginales.

3. 356 ff. pap. (Pie IX). XIVe s. Titres et scholies à l'encre rouge.

4. 192 ff. pap., de plusieurs mains, xve-xvie s. F. 1, traité de la préposition ; f. 9, grammaire de Gaza ; f. 124, extraits d'Aristote ; f. 138, Ζωροαστρίων δόξαι τοῦ Ψελλοῦ ; f. 141, Théod. Prodrome, *In posteriora analytica Aristotelis* ; f. 145, lettre de Bessarion à Michel Apostolios (Viterbe, 1462) ; f. 150, les *Grenouilles* d'Aristophane.

5. Il y a à la Bibliothèque Nationale de Paris, *Dupuy* 699 (ff. 21 sqq.), deux lettres d'un certain Marcus Manilius au cardinal du Bellay, écrites de Rome en 1550. Il ne s'agit pas de notre personnage, qui mourut en 1517.

MICHEL APOSTOLIOS a copié de sa main un magnifique Eusèbe (*De praeparatione evangelica*), qui fut acheté à Venise par Giovanni Parrasio (*Ianus Parrhasius*). Celui-ci, qui fut le gendre de Démétrius Chalcondyle, a rempli les marges de scholies et de sommaires. Le volume fut légué à Antonio Seripandi, depuis cardinal, avec les autres manuscrits de Parrasio ; l'ensemble de la collection de Seripandi passa presque entière aux Farnèse et se trouve à la Bibliothèque nationale de Naples [1]. L'Eusèbe en fut peut-être distrait en faveur d'Orsini ; en tous cas, grâce aux ex-libris qu'il porte, son histoire est assez complète. C'est aujourd'hui au Vatican le 1303 < M. G. 22 > [2].

Guidé par l'Inventaire d'Orsini, j'ai mis la main sur une précieuse collection de lettres de Michel Apostolios, transcrite dans le 1395 < M. G. 138 > [3]. Elles sont au nombre de 122, et les manuscrits les plus complets connus jusqu'ici n'en donnent que

---

M. Sathas, d'après Hodius, le mentionne dans l'article de son père, *l. c.* Nous le retrouverons aussi plusieurs fois dans notre livre.

1. Cf. Cataldo Jannelli, *De vita et scriptis Auli Iani Parrhasii...*, Naples, 1844, et le catalogue des manuscrits latins de la Bibliothèque de Naples par le même savant. — Il y a, dans la correspondance d'Agustin, un passage intéressant sur cette collection ; il écrit de Naples à Orsini, le 3 mars 1559, « qu'il vient de trouver une bonne bibliothèque (*una brava libreria*) chez les moines de San-Giovanni-di-Carbonara : elle est toute composée de livres de Parrasio, de Seripandi, d'une infinité d'auteurs classiques grecs et latins, avec beaucoup de mss. anciens. Il y a des mss. de Parrasio, des travaux de lui sur un grand nombre d'auteurs, des index, etc. Ce fonds mériterait qu'on vînt passer deux mois à Naples, sans s'occuper d'autre chose. » Pour les détails, voir *Ant. Augustini opera*, t. VII, p. 234. Cf. Rocca, *Biblioth. Apost. Vat.*, p. 397.

2. 380 ff. pap. encarté de parch. (Pie IX). Souscription au bas du f. 379 : Μιχαῆλος ἀποστόλης βυζάντιος μετὰ τὴν τῆς ἑαυτοῦ πατρίδος ἅλωσιν ἐσχάτῃ πενίᾳ συζῶν καὶ τήνδε τὴν βίβλον ἔγραψε μισθῷ ἐς τὰ πάντα ἀγαθὴν οὖσαν. Au f. 380, sont deux mentions à demi effacées : *Est Iani Parrhasii et amicorum Venetiae quae ...tiae civitas est. Emptus aureis XX. — Hic deinde ex Iani testamento factus est Antonii Seripandi.* (Orsini a transcrit à nouveau la seconde phrase). Il est question de ce ms. en 1582, dans la lettre XX de l'Appendice II.

3. 67 ff. pap. (Pie IX). Toutes les lettres sont numérotées en grec ; les numéros vont jusqu'à 124 (v. fol. 63, où les chiffres κδ et κγ doivent équivaloir à ρκδ et ρκγ) ; mais les numéros 112, 118 et 122 manquent. D'autre part une lettre est sans indication numérique (f. 67 v°, Ἀλκινόῳ) ; il y a donc en somme, selon le calcul qu'a bien voulu faire pour moi M. Desrousseaux, cent-vingt-deux lettres dans la collection. Il y figure les quarante-sept lettres qu'a publiées M. E. Legrand, dans cette importante *Bibliographie hellénique* que nous sommes obligés de citer si souvent (t. II, pp. 234 sqq.) ; cela porterait à 75 le nombre des pièces inédites. Il convient de citer la souscription en vers politiques de notre recueil : Λέλοιπε Μιχαῆλος μνήματ᾽ ἐν βίῳ — ἐπιστολῶν πλῆθός τε καὶ κάλλη λόγων.

46 ou 47[1]; les principaux destinataires sont Gémiste Pléthon, Emmanuel Chrysaphès, Bessarion, Pierre Callergi, Jean Moschus, Jean Argyropoulos, Chalcondyle. L'intérêt littéraire de ce manuscrit est considérable. Un autre opuscule, qui paraît ignoré, du même Apostolios, se trouve dans le 1396 <M. G. 7>[2]; il n'est pas impossible qu'il soit autographe ; le titre est ainsi conçu : Λόγος ἐπιστολιμαῖος ἡ περὶ δικαιοσύνης, πρὸς τὴν θεόσωστην καὶ πολύμνητον ἀρχὴν τῶν ἐνετῶν Μιχαήλου Ἀποστολίου τοῦ Βυζαντίου καὶ τῶν ξυσσίτων αὐτοῦ. (sic). La souscription de cette épître est de 1472. Sur les trois autres manuscrits de mains diverses que contient le 1396, l'un est dû au crétois Antoine Damilas[3], l'autre à un personnage moins connu comme copiste, et qui n'est autre qu'Aristobule Apostolios, le propre fils de Michel[4]. Voici la souscription : Ἀριστόβουλος Ἀποστολίδης σὺν μισθῷ καὶ ταύτην τὴν βίβλον ἐν Κρίτῃ ἐξέγραψεν. Χριστῷ τῷ δόντι ἀρχὴν καὶ τέλος δόξα. Le texte transcrit est l'*Éthique à Nicomaque*. Les *Olympiques* de Pindare sont du même copiste dans le 1311 <M. G. 59>[5]. Il s'intitule seulement *diacre* (Ἀριστόβουλος ἀπόστολος ἱεροδιάκονος ἐν κρήτῃ ἐξέγραψα, sic); les deux manuscrits sont donc antérieurs à l'année 1514, époque où notre Apostolios succéda à Manilius Rhallès comme archevêque de Monembasie ; ils sont très probablement de la fin du xve siècle et contemporains de la collaboration d'Apostolios aux premiers travaux d'Alde Manuce.

A la même époque paraît se rattacher un copiste, qui manque également aux listes de M. Gardthausen ; c'est Alexandre Aga-

1. Il faut faire exception pour le ms. *Palat.* 275, qui emprunte à l'autographie une importance spéciale et qui contient 65 lettres ; il vient d'être signalé par M. Stevenson, pp. 150-151 du récent catalogue du fonds Palatin.
2. 144 ff. pap. (Pie IX). Quatre mss. distincts : *a*), f. 1, Epître d'Apostolios et de ses compagnons ; *b*) f. 11, Ethique à Nicomaque (f. 98, souscription d'Aristobule Apostolios) ; *c*) f. 101, Problèmes d'Alexandre d'Aphrodise, xve s. ; *d*) f. 115, Questions romaines de Plutarque (f. 144, souscription d'Antoine Damilas). Gloses et sommaires latins à la marge des deux derniers manuscrits.
3. La souscription donne une forme nouvelle du nom de ce copiste : Ἀντώνιος μεδιολαίνιος καὶ ταύτην τὴν βίβλον ἐν κρήτῃ ἐξέγραψε οὐκ ἄνευ μέντοι γε μισθοῦ [sic].
4. Appelé quelquefois *Arsène* depuis sa promotion à l'épiscopat (Legrand, *l. c.*, t. I, p. CLXVI). Cf. à l'Inventaire M. G. 115. — On trouvera la liste des mss. du fonds Palatin, copiés ou possédés par les deux Apostolios, dans le catalogue de M. Stevenson. Sur le *Paris.* 1744, v. Legrand, p. LXVIII.
5. 237 ff. pap. (Pie IX). Trois mss. du xve siècle, paginés séparément : *a*) f. 1, *Olympiques* de Pindare, avec *Catenae* ; titres et ornements à l'encre rouge ; *b*) f. 33, Hésiode, *Œuvres et jours*, avec le commentaire de

théméros, qui a transcrit la troisième partie du manuscrit 1410 <M. G. 139>[1]. Le 1384 < M. G. 107> est tout entier de la main d'un érudit assez intéressant, que je n'ai pas identifié ; il contient Phocylide, les *Argonautiques orphiques*, la 1ʳᵉ olympique de Pindare, les *Œuvres et Jours* d'Hésiode avec le commentaire de Tzetzès en forme de *catena*[2]. A la fin de la dernière scholie se lit en marge la date de sa transcription, τέλος αδξϛ ιε ιουλίου [*sic*, pour αυξϛ' = 1466]. Sur les dernières gardes est une date presque effacée (*die 6 april*.) et au-dessous, de la main du copiste : Κόσμος ἐγώ φιλέω. Plus bas deux vers que voici :

Οὐρανίην ποθέοντες ὁδὸν διαφεύγετε κόσμου
χάρματα· καὶ τηρεῖτε θεοῦ προστάγματα φῶτες.

Les gloses et scholies personnelles du copiste sont nombreuses au commencement ; les derniers feuillets sont remplis par quelques courtes pièces de vers grecs, et les gardes par des extraits d'auteurs grecs et latins relevés au courant de la lecture[3].

Le manuscrit 1336 < M. G. 80>[4], qui commence par les *Mémorables* de Xénophon, porte sur la garde l'ex-libris daté de Marc Musurus : Μουσούρου καὶ τῶν χρωμένων. *Florentiae*, 1493. — *Xenophontis de Socratis dictis. Dionis os aurei moralia*. Dans la marge supérieure du feuillet 199, on lit l'inscription *Candd. 1491*, qui se rapporte peut-être au Florentin Pietro Candido. Les scholies marginales sont extrêmement nombreuses ; celles de Musurus n'ont pas toujours beaucoup d'importance ; le véritable intérêt du manuscrit est d'être lui-même un autographe de

---

Tzetzès et des gloses interlin.; *c*) f. 144, Théocrite. Les trois mss. portent des notes latines du xvᵉ siècle.

1. Pap. rel. ant. Timbre de la Bibl. Nationale. Quatre mss. xvᵉ-xviᵉ s.: *a*) f. 1, lexique alphab.; f. 53, noms des jeux de la Grèce, des dix orateurs, etc.; f. 54, Thomas Magister, lexique alphab. des mots attiques ; *b*) f. 82, *Georgii Lecapeni diversorum dictionum interpretationes et constructiones*; *c*) f. 122, Vie d'Apollonius d'Alexandrie ; f. 123, grammaire d'Apollonius : f. 193, Hérodien, *De numeris* ; *d*) f. 195, Phrynichos, *De nominibus sive dictionibus atticis*, avec d'autres morceaux. A la fin du manuscrit *c*, au f. 194, souscription : Ἀλέξανδρος Ἀγαθήμερος πᾶν τὸ παρὸν βιβλίον ἐξέγραψα.

2. 80 ff. pap. (Pie VI). F. 1, Phocylide ; f. 5, Pythagore ; f. 7, Argonautiques ; f. 34 v°, Pindare ; f. 36, prolégomènes de Tzetzès à Hésiode ; f. 45 v°, Hésiode. Cf. *Hesiodi carmina*, recens. C. Goetlingius, éd. J. Flach, Leipzig, 1878, p. LXVII.

3. Au f. 65, le copiste a dessiné les instruments aratoires décrits par Hésiode, avec leur nom au-dessus ; au f. 7, sont deux miniatures dans les marges, représentant Eros et Orphée, une guitare dans la main, au milieu d'animaux.

4. 206 ff. pap. (Pie VI). F. 1, Xénophon ; f. 51, épîtres grecques ; f. 79, Dion Chrysostome ; f. 199, prolégomènes à Aristide.

Musurus, malgré le silence d'Orsini à cet égard et quelques différences assez sensibles entre les diverses parties de la copie [1]. Une brève souscription à l'encre rouge à la fin du Dion Chrysostome (ἐν Φλωρεντίᾳ) montre que cette partie du moins est contemporaine de l'ex-libris, c'est-à-dire du séjour du savant professeur à Florence [2].

Faut-il rapprocher de Manoussos Sacellarios, neveu de Musurus, le Manoussos dont on trouve le nom au 1400 <M. G. 105> [3]? Une première main a écrit dans ce manuscrit les *Stratagèmes* de Polyen, une seconde la *Poétique* d'Aristote ; celle-ci a jeté sur la dernière garde les mots Μανουσος ἐγραψε (*sic*). Ce personnage reste fort douteux. Nous identifions au contraire sans difficulté le copiste des *Hymnes* de Callimaque du 1379 <M. G. 97> [4] avec le frère de Démétrius Moschus, le corfiote Georges Moschus. On lit en effet à la fin : *Corcyrae conscripsit m. Georgius Moschius Callimachi hymnos hosce anno Domini* 1496 *iij cal. maias*. Cette note n'est pas une souscription du copiste; elle est de la main de Pietro Candido, qui a mis d'autres annotations curieuses et des variantes dans le reste du volume [5].

Le grand propagateur de l'hellénisme en Italie au xv° siècle Constantin Lascaris, a laissé dans la bibliothèque d'Orsini des

---

1. Cf. les scholies sur Sophocle transcrites par Musurus dans le *Parisinus gr.* 2799 et qui ont fait partie des livres du cardinal Ridolfi.
2. Les annotations et les corrections de Musurus au texte de l'Anthologie, qui sont dans le 1416 < n° 5, M. G. 148 >, avec quelques épigrammes supplémentaires, sont, si mes notes ne me trompent point, de la main d'Orsini.
3. 284 ff. pap., rel. ant. estampée. F. 1, Polyen ; f. 251, Aristote ; xvi° s. Sur la garde, au-dessous du numéro d'Orsini, s'en lit un plus ancien et en gros caractères : *XXVI*. Sur ce Polyen, cf. une lettre de Latini à Vettori (1583) dans *Lat. Lat. epist.*, t. II, p. 179.
4. 114 ff. pap., rel. ant. Timbre de la Bibliothèque Nationale. Cinq mss. distincts du xv° siècle ; *a*) f. 1, Théocrite (*con un edyllio di più*, Orsini) avec variantes marg., divisions marquées par des traits à la plume et une notice métrique en tête de chaque pièce; *b*) f. 25, Βαβρίου ἕλληνος τετράστιχα; f. 30, fragment de Planude : f. 32, Ἑρμοῦ τοῦ τρισμεγίστου περὶ σεισμῶν. Ἐν ἄλλῳ Ὀρφέως ; f. 33, Σόλωνος ἐλεγεία ; *c*) f. 35, Callimaque ; *d*) f. 59, Κανονίσματα πάνυ ἀναγκαῖα ῥημάτων ὡς ἐπὶ τὸ πολὺ ἐμφερομένων παρά τε ποιηταῖς καὶ ῥήτορσιν; *e*) f. 104 v°, Extraits d'Hypéride et de Dinarque; f. 111, lettre de Petosiris au roi Necepsos (avec fig.).
5. Aux noms grecs du xv° s. paraît se rattacher celui de Démétrius Grypsus, que je trouve au bas du f. 211 v° du 1390 < M. G. 130 >, écrit de plusieurs mains du xiv°-xv° siècle. Le ms. a 247 ff. pap. (Pie IX) et contient un grand nombre d'ouvrages : Julien (*Panégyrique de Constance*), Saint Basile, Alcinoos, Aristide, etc. L'inscription d'un copiste, propriétaire ou simple lecteur, a la forme commune ✝ Σῶσον με κύριε ὁ θεός μου τὸν ἁμαρτωλὸν Δημήτριον τὸν γρύψον.

manuscrits dont la provenance jusqu'à présent n'a point été signalée. Tout le monde connaît la précieuse série de manuscrits écrits et datés par Lascaris qui, légués par lui à la ville de Messine, font aujourd'hui l'honneur de la bibliothèque de Madrid [1]. Quatre manuscrits analogues se retrouvent dans notre collection, et l'un ou l'autre peut avoir été détaché au xvie siècle de la série de Messine. Le plus ancien, le 1353 < M. G. 28 >, contient les Epistolographes grecs, Phalaris, Abaris, Pythagore, Anacharsis, etc.[2]. Aux feuillets préliminaires sont les prolégomènes de Lascaris, une lettre de Bessarion aux enfants de Gémiste Pléthon, l'index, etc. Au-dessous de l'index, on lit de la main du transcripteur : Κωνσταντίνου τοῦ Λασκάρεως κτῆμα καὶ πόνος. La date approximative est fournie par une mention de propriétaire sur la première garde : *Emi... di 6 dixembre 1464*; l'exécution du manuscrit n'est donc pas postérieure au séjour de Lascaris à Milan. Deux autres sont contemporains de son professorat à Messine et offrent des dates qui ne figurent pas dans la série des manuscrits de Madrid. Le 1401 < M. G. 108 > est la grammaire de Lascaris; les dernières parties de l'ouvrage et les notes grecques ou latines des marges sont de la main de l'auteur [3]. Ces notes témoignent avec certitude que le livre a servi à son enseignement. A la fin de la grammaire proprement dite (f. 164), on trouve la souscription : ἐν μεσσήνη τῆς σικελίας ,α υ π θ [1489], et au bas de la page, à l'encre rouge : 1494 ·∴ 25 *novembris*. Le manuscrit se termine par des appendices toujours autographes; diverses mentions, exemples grammaticaux, etc., ont été mis par l'auteur sur le feuillet préliminaire qui contient aussi une table des matières. On a relié en tête six feuillets contenant des vers grecs et latins, qui sont autographes pour la plupart et signés de noms obscurs, peut-être de disciples de Lascaris. Ce manuscrit pourrait être celui que les jeunes Vénitiens, Angelo Gabrielli et Pietro Bembo, avaient rapporté de Messine, où ils étaient allés étudier le grec

---

1. Cf. Iriarte, *Reg. biblioth. Matrit. codd. gr. mss., passim*, et Legrand, *l. c.*, t. I, pp. lxxv-lxxvi. Il y a un fac-similé d'une page de l'écriture de C. Lascaris, d'après un ms. de cette collection, *Matrit. N.* 72, dans la récente publication posthume de Graux : *Les textes grecs publiés par Ch. Graux*, Paris, 1886. On y trouvera une note intéressante sur Lascaris. — Le *Paris*. 2590 est un autographe de Lascaris.

2. 241 ff. pap. plus 8 ff. prélim. numérotés A à H (Pie IX). Les épîtres de Libanius vont du f. 181 au f. 223. Etudié par Imm. Bekker, *Platonis dial.*, vol. I, Berlin, 1816, p. xii.

3. 167 ff. pap. (Pie IX). Les 6 ff. reliés avant le ms. contiennent des vers grecs et latins signés *Frater Benedictus Rictius, Albinus*, etc.

sous Constantin Lascaris ; cette possession, assez vraisemblable à mes yeux, lui ajouterait un nouveau prix [1].

Le 1351 < M. G. 149 > [2] n'a que onze feuillets : il contient l'*Enlèvement d'Hélène* de Colluthus, précédé d'une notice sur le poète et muni de quelques variantes marginales. La souscription, qui est de 1498, est intéressante: Τέλος τῆς ἁρπαγῆς Ἑλένης Κολούθου Θηβαίου τοῦ ἐποποιοῦ, ὃν ἔπεμψεν ὁ σπουδαῖος Σέργιος ἐκ Ταράντου Κωνσταντίνῳ τῷ Λασκάρει [3]. Ἐν Μεσσήνῃ τῆς Σικελίας · τοῖς Λευκαλοῖς γνώριμον καὶ συνήθη ἡμῖν δ' ἄγνωστον· μηνός αὐγούστου ἡμέρᾳ δευτέρᾳ ἔτει ἀπὸ θεογονίας α^ω υ^ω ϟ η· πάντα τὰ νέα ἀρέσκει. Notre quatrième manuscrit autographe de Constantin Lascaris ne porte pas de souscription; c'est la *Destruction d'Ilion* par Tryphiodore, accompagnée d'une note sur l'auteur et ses ouvrages. On peut rapporter cette copie du poème à la même époque que la copie faite à Milan en 1465 [4]; elle forme la troisième partie du curieux recueil coté 1406 < M. G. 109 > [5].

---

1. Alde fit sur cet exemplaire son édition des *Erotemata* de Lascaris (1494-95). Voici en effet ce qu'il dit dans la préface de la première partie : « Ita vero emendatum manu ipsius Constantini librum nobis dedere commodo Petrus Bembus et Angelus Gabriel, patritii veneti, adeo nobiles praestantique ingenio iuvenes, qui nuper in insula Sicilia graecas litteras ab eo ipso Lascari didicerunt, et nunc Patavii incumbunt una liberalibus disciplinis. »

2. 11 ff. pap. recouvert de soie verte. Ce ms., à beaucoup de titres, aurait mérité d'être signalé par le dernier éditeur de Colluthus, M. Eug. Abel (Berlin, 1880).

3. Le Sergios dont il est ici question et qui a envoyé de Tarente à Constantin Lascaris le ms. de Colluthus, est évidemment celui que mentionne un des catalogues de mss. de Jean Lascaris publiés par M. K.-K. Müller (*Vat. gr.* 1412, f. 80). Parmi les livres qui se trouvent indiqués chez ce personnage (ἐν τοῖς Σεργ. τὰ εἰς τὴν Ἀπουλίαν), figure précisément un manuscrit de Colluthus.

4. Aujourd'hui le ms. grec *LXI* de la bibliothèque de Madrid. Cf. Iriarte, *l. c.*, p. 214.

5. 201 ff. pap., rel. ant. Ce volume est formé de mss. et d'imprimés particulièrement précieux, recueillis par Orsini, ou par Cartéromachos suivant S. Ciampi (*Memorie di Scipione Carteromaco*, Pise, 1811, p. 54). Il comprend six opuscules :
a) Imprimé, f. 1, la trad. latine de l'*Enlèvement d'Hélène* par Dém. Moschus, due à Lodovico Pontico Virunio et dédiée à Louis XII. M. Legrand attribue à cette rare plaquette, parue à Reggio, la date de 1499; v. *Bibliogr. hellén.*, t. I, p. 66;
b) Ms., f. 13, prolégomènes aux *Argonautiques* ; f. 19, *Argonautiques* orphiques;
c) Impr., f. 49, Callimaque publié par Jean Lascaris à Florence, vers 1494 ; v. Legrand, t. I, p. 39 (ici 24 ff. seulement);
d) Ms., ff. 84 à 100, Tryphiodore;
e) Impr., f. 103, *Batrachomyomachie*, texte en noir et gloses interlinéaires

Un manuscrit possédé seulement par Lascaris peut être joint à ceux qui précèdent. C'est le 1296 < M. G. 15 >, un gros Suidas du xiii° siècle, accompagné de quelques annotations, qui, d'après Orsini, sont de Lascaris, et offrent du reste peu d'intérêt[1]. Le 1415 < M. G. 88 >, qui est de la main d'Orsini lui-même, contient des scholies sur Aristide, Polémon, l'abrégé géographique d'Agathéméros et le fragment de l'Ἀνάπλους Βοσπόρου de Denys de Byzance. Je le citerai parce que la souscription intéresse la bibliothèque de Constantin Lascaris : Ἦσαν ἐν τῷ ἀντιγράφῳ καὶ αἱ βιβλίων ὑποθέσεις ὑπὸ Κωνσταντίνου συνταχθεῖσαι, ἃς παρ᾽ ἔλιπον. Ἦν δὲ καὶ τὸ βιβλίον ἀφ᾽ οὗ ἐξέγραψα Κωνσταντίνου αὐτόγραφον[2].

On doit encore noter le 1420 < M. G. 112 >[3], pour le nom de copiste qu'il révèle et la répétition d'une partie de souscription de Lascaris lui-même dans son manuscrit de Quintus de Smyrne[4]. Voici la souscription du nôtre : Τέλος τῆς δυσευρέτου ποιήσεως τοῦ Κοΐντου ἣν Φακίσκος ὁ Ἰωαννῆλλος ἐξέγραψεν ἐν Μεσσήνῃ τῆς Σικελίας ἐξ ἀντιγράφων τοῦ λογιωτάτου καὶ σοφωτάτου Κωνσταντίνου τοῦ Λασκάρεως τοῦ αὐτοῦ διδασκάλου· ἃ ἐκεῖνος ἐξέγραψεν ἔτη δύο καὶ ἑξήκοντα γεγονὼς ἐν τῇ αὐτῇ Μεσσήνῃ ἐξ ἀντιγράφων σφαλερωτάτων· ταῦτά τοι διορθωτέον τὰ μὴ ὀρθῶς γεγραμμένα ἔτει ἀπὸ θεογονίας ᾳυϟε ἡμ[έρᾳ...] τοῦ Ἰανουαρίου μηνός. Malgré la similitude de millésime, il est aisé de voir que la copie de Lascaris est de juin 1496, tandis que celle de son élève, Francesco Joannelli ou Giovanelli, se rapporte au mois de janvier 1497 (nouveau style)[5].

Le rôle de JEAN LASCARIS dans le développement de la Renais-

---

en rouge, publiée à Venise en 1486 (24 ff.); v. Legrand, t. I, p. 6. Quelques gloses manuscrites;

f) Ms., f. 127, traité de métrique grecque (xv° s.).

1. 556 ff. parch. (Léon XIII, 3 vol.), à deux col., xiii° s. Les gardes sont des fragments de mss. ecclésiastiques des x° et xii° s. Le *Palat. gr.* 111 s'est trouvé entre les mains de Constantin Lascaris. (Cf. Stevenson, *Codd. Pal. graeci*, Rome, 1885, p. 53).

2. 93 ff. pap. (Paul V, dos Pie IX). F. 1, scholies sur Aristide; f. 23, Polémon; f. 52 v°, Agathéméros; f. 85, Denys de Byzance. L'éditeur de Polémon, M. Hugo Hinck (Leipzig, 1873), utilise ce ms. sans mentionner la souscription et en le croyant du xv° siècle.

3. 197 ff. pap. (Paul V). Timbre de la Bibliothèque Nationale. Sur la première garde, on lit ce début de transcription : *Inventum Syracusis*. Ἐπίγραμμα τῆς γυναικὸς τοῦ Δίωνος. — Σάλβια Σαβίνα γλυκυτάτη σύμβιε τῷ Δίωνι χαῖρε.

4. Aujourd'hui *Matritensis LVII*. Cf. Iriarte, *l. c.*, p. 192, et Legrand, *l. c.*, t. I, p. LXXXVII, qui donnent la souscription de Lascaris. On s'appuie sur cette date pour fixer l'année de sa naissance.

5. Le nom est à ajouter aux listes de copistes.

sance n'a pas été moindre que celui de son illustre homonyme. Le supplément que je puis ajouter à une biographie déjà tant de fois écrite, renseignera avec quelque précision sur la bibliothèque personnelle de cet important personnage politique et littéraire. Les acquisitions de manuscrits grecs faites en Italie et en Grèce par Jean Lascaris, pour le compte de Laurent le Magnifique [1], ont été l'objet de recherches spéciales qui s'appuient sur l'un de nos mss. le 1412 < M. G. 150 > : on trouvera la description complète de ce curieux recueil et la transcription intégrale des plus intéressantes parties dans le consciencieux travail de M. K.-K. Müller [2]. C'est le carnet de voyage de Lascaris, et voici le résumé de ce qu'il renferme : quelques inscriptions latines transcrites, des textes grecs antiques, des extraits de l'*Anthologie*, des épigrammes grecques et latines de Lascaris lui-même ; puis trois longues listes de manuscrits qui, d'après M. Müller, sont un catalogue de *desiderata* ; l'inventaire de la bibliothèque de Laurent de Médicis, la note de manuscrits vus ou acquis par Lascaris dans ses voyages, avec de précieuses indications de provenance, enfin un inventaire de livres grecs qui se sont trouvés entre les mains de Lascaris et que je crois avoir été possédés par lui. Le volume est aujourd'hui trop connu pour s'y attarder ; je dois toutefois y rattacher un autre souvenir que celui de Lascaris ; la main moderne que signale M. Müller comme ayant écrit en grec, au premier feuillet, le contenu du manuscrit, et l'ayant fait suivre de la cote *n° 6*, est celle de Mathieu Devaris [3].

Si le savant professeur avait poussé plus loin ses investigations, il aurait trouvé, dans les manuscrits 1413 et 1414, un

---

1. De précieux renseignements sur ces acquisitions et sur le rôle de Jean Lascaris à Florence sont disséminés dans le travail de M. Enea Piccolomini : *Intorno alle condizioni ed alle vicende della Libreria Medicea privata*, Florence, 1875 (extr. de l'*Archivio storico ital.*, années 1874-75). Cf. le contrat de vente signé à Candie en 1492 et la lettre de Lascaris à Chalcondyle publiée par le même savant dans la *Riv. di filologia*, t. II, pp. 401-423.

2. *Neue Mittheilungen über Janos Lascaris und die Mediceische Bibliothek* (*Centralblatt für Bibliothekswesen* de Leipzig, 1re année, 1884, pp. 333-412). Page 343, une faute d'impression attribue au ms. la cote *501* d'Orsini au lieu de *150* ; p. 345, M. Müller exprime l'espoir que l'examen des autres livres de Lascaris passés chez Orsini pourrait apporter des éclaircissements sur les achats faits à Byzance et en Crète ; j'ai le regret de lui apprendre que je n'ai rien rencontré à ce sujet. Pour ce qui est de la transmission des livres de Jean Lascaris à Orsini, v. plus loin sur Mathieu Devaris.

3. La pagination et l'index grec-latin des termes de botanique (ff. 92-107) sont aussi de la main de Devaris, qui a eu le volume en sa possession.

intéressant appendice à ses recherches. Le 1413 <M. G. 151>[1] est un cahier de notes et minutes de Jean Lascaris. On y trouve divers extraits, notamment de Gémiste Pléthon, des vers grecs et latins, enfin le brouillon de quatorze lettres latines, grecques et italiennes, plusieurs écrites de France[2].

La partie la plus curieuse est l'inventaire, écrit par Lascaris, d'une bibliothèque italienne encore inconnue et postérieure à 1523[3]. Elle est classée en cinq coffres dont les quatre premiers sont marqués *A, B, C, D;* les manuscrits et les imprimés sont mêlés, mais les livres grecs qui sont dans les trois premiers coffres, sont distingués des livres latins contenus dans les deux derniers. Le reste du cahier paraît avoir servi à tous les usages courants de Lascaris; il y marquait par exemple les ouvrages qu'il prêtait avec le nom de l'emprunteur; une fois le volume rendu, la note était rayée. On trouve ainsi un Giovanni Villani (*Zuan Villano*) prêté à *messer Angelo Colotio*, un Xénophon au cardinal Ridolfi, etc. Ces noms indiquent à peu près qu'on doit rapporter le manuscrit à la dernière partie de la vie de Lascaris, celle de son séjour prolongé à Rome sous Léon X et Clément VII.

A la même époque se rattache le 1414 <M. G. 152>[4]. C'est un autographe de Lascaris et de Mathieu Devaris, son élève, qui paraît lui avoir servi de secrétaire. La première partie est le brouillon très corrigé d'un discours latin de Lascaris[5]; la seconde est la minute en italien de Devaris, revue en certains endroits par Lascaris, d'un mémoire ainsi désigné : *Iani Lascaris informatio pertinens ad provinciam contra Turcas ad Clementem VII, Pont. Max. N° IX*. Ce mémoire diffère de celui

---

1. 81 ff. pap. dont beaucoup de blancs çà et là; rel. ant. L'inventaire dont je parle occupe les ff. 65-69.
2. Ces lettres ne sont indiquées nulle part; cependant j'en ai vu une copie à Venise dans le *Marc. Ital.* XI, 181. Elles sont adressées au pape Alexandre VI, à Arsène Apostolis, à Angelo Lascaris, etc. De pareils documents sont assez rares et assez précieux pour qu'on n'en oublie aucun : M. Legrand se propose de les publier prochainement.
3. Il se trouve imprimé pp. 11-16 de mon *Invent. des mss. grecs de J. Lascaris*, Rome, 1884. Cf. l'introduction.
4. 137 ff. pap. (Pie IX). Plusieurs mss. distincts : *a*) f. 1, minute de Lascaris; *b*) f. 46, minute de Devaris; *c*) f. 98, feuillet contenant une liste intitulée *Libri d'osservationi...*; *d*) f. 99, catalogue de la bibliothèque de Lascaris; *e*) f. 106, cahier de minutes de Devaris, qui sera décrit plus loin.
5. *Oratio habita in Gymnasio Florentino (de litteris graecis)*, analysée par M. H. Vast (*De vita et operibus Iani Lascaris*, Paris, 1878, p. 10 et pp. 26-31), d'après le *Riccardianus* 3193.

qu'on connait de 1508 [1], et il est d'un intérêt historique considérable pour les renseignements précis qu'il renferme. Au point de vue bibliographique, la véritable valeur du 1414 lui vient d'un catalogue des manuscrits grecs de Lascaris, dont le titre est celui-ci : *Lista de libri che furon del S*^{or} *Lascheri* [2]. Ce catalogue, écrit par Devaris après la mort du propriétaire, est précédé d'une liste du même copiste, intitulée : *Libri d'osservationi e annotationi che faceva fare il S*^{or} *Lascheri per uso suo proprio* [3]. Cette liste nous intéresse particulièrement : sur les onze volumes qu'elle décrit, cinq au moins se retrouvent dans la bibliothèque d'Orsini, et plusieurs ont conservé leur numéro, par exemple le mémoire à Clément VII, dont le n° *IX* correspond à cette liste, et le ms. 1412 qui porte à son premier feuillet la cote n° *6*. Ces manuscrits sont probablement venus à Orsini par le canal de Mathieu Devaris, et peut-être la plupart des volumes de Lascaris que nous retrouvons dans notre fonds ont-ils la même provenance. En tous cas, nous savons par les lettres de notre bibliophile, qu'après la mort de Devaris, ses manuscrits furent mis en vente, et il devait y figurer ceux qu'il tenait de son illustre maître [4].

Parmi les manuscrits possédés par celui-ci, les n°s 120 et 159 de l'Inventaire d'Orsini, qui étaient des œuvres de Pléthon et de Plutarque, paraissent n'être point entrés à la Vaticane. Le 1366

1. *Informazione ad impresa contro a Turchi data per Jano Lascaris nel MDVIII*, dans le *Magliabecchianus XXV*. 9. 655 ; analysé par M. Vast (*l. c.*, p. 11).
2. Cf. *Inventaire des mss. grecs de Jean Lascaris*, publié dans les *Mélanges d'arch. et d'hist.* et tiré à part ; Rome, 1886. J'y ai joint deux lettres inédites de Lascaris à Giovanni Ruccellai et à Anne de Montmorency, deux billets de Colocci et une lettre grecque de Lazare de Baïf à Lascaris. — Une obligeante communication de M. A. Elter, m'apprend qu'une autre rédaction de l'inventaire est à la Bibliothèque Vallicellane, *C*. 46, f. 219.
3. Voici un spécimen et un abrégé de cette liste : N° *1. Un libro lungo in foglio piegato in mezo per lungo contiene : Vocabula ex Cornelio Celso. Ex C. Caesare. Ex Salustio, Macrobio et multis aliis auctoribus cum expositione graeca nonnulla*. N° 2. *Un altro nel modo sopra detto* [OEuvres philosophiques de Cicéron, Apulée, César, Boèce, Firmicus Maternus]. N° 3. [id. Théophraste (*de plantis*), Aristote, Cicéron (mots grecs), Saluste, Pline]. N° *4.* Ἐκλογαὶ ἐνθυμηματικαὶ αἷς Δημοσθένης ἔχρησε, etc. N° *5.* Ἀποφθέγματα καὶ γνῶμαι διάφοροι παλαιαί· ἐπιστολαί τινες τοῦ Λασκάρεως καὶ ἄλλαι τινες· παρασημειώσεις διάφοροι. N° *6* [Décrit le *Vat*. 1412]. N° 7. [2e partie du *Vat*. 1412, index de noms de plantes avec trad. latine]. N° *8. N° 9.* [Décrivent le discours latin et le mémoire de Lascaris contenus dans le présent 1414]. N° *10. Iani Lascaris de figura litterarum graec. epist. lat. ad Petrum Medicem*. [Peut-être les ff. de la préface imprimée de l'Anthologie qu'on trouve chez Orsini]. N° *XI*. [*sic*. Décrit le 1413].
4. Orsini avait envoyé à Pinelli la liste des compositions de Devaris et de ses mss. à vendre, dans une lettre du 29 juillet 1581 (*Ambros. D*. 423).

<M. G. 85> [1], contenant les dix orateurs attiques, a été plus heureux ; mais les rares gloses et leçons qui sont en marge, en supposant qu'elles soient bien de Lascaris, n'offrent qu'un médiocre intérêt. La souscription est anonyme et datée seulement du 18 mars 1453. Nous sommes plus riches en livres imprimés annotés par Jean Lascaris. Le plus important est l'*Homère* édité à Florence par Chalcondyle en 1488 ; il est coté aujourd'hui, aux armoires réservées de la Vaticane, *Inc.* 548ᵇ < I. G. 1 > [2]. Les marges de cet exemplaire sont couvertes d'un commentaire perpétuel de Lascaris, dans lequel figurent quelques leçons de manuscrits. Il y a souvent dans les interlignes des gloses empruntées à la langue classique ; aux feuillets blancs qui suivent la vie d'Homère et à ceux qui terminent le volume sont des notes plus étendues. Il y aurait certainement à faire une étude profitable sur cet énorme commentaire, soit qu'on y recherchât des fragments aujourd'hui perdus de scholiastes ou d'écrivains grecs connus de Lascaris, soit qu'on y recueillît seulement des renseignements sur l'interprétation d'Homère à la fin du xvᵉ siècle[3].

Trois exemplaires du célèbre texte florentin de l'*Anthologie* de Planude (1494) portaient des notes autographes de l'éditeur et se trouvaient chez Orsini < I. G. 4, 5, 6 >. Je crois les avoir retrouvés parmi les incunables du Vatican, sous les nᵒˢ 813ᵇ, 813ᶜ, 813ᵈ [4]. Une partie seulement des annotations du 813ᵈ est

---

1. 111 ff pap. (Léon XIII). Index grec en tête ; le ms. s'ouvre sur Lysias et se ferme sur Démade ; des séries de lignes sont laissées en blanc par le copiste, qui lisait sans doute un manuscrit taché ou mutilé.
2. Rel. mod. ; les 1ᵉʳˢ ff. manquent. Sur la dernière garde, Lascaris a noté deux rêves, l'un du 13 sept. 1507, à Padoue, l'autre du 22 juillet 1508 : — ἐν τῇ νυκτὶ τῆς πρὸ τῆς κβ' τοῦ Ἰου. — 1508. εἶδον κατ' ὄναρ τὴν μητέρα μου τεθνηκυῖαν.
3. L'écriture grecque de Jean Lascaris n'ayant jamais été donnée en fac-similé, j'ai cru intéressant d'en reproduire quelques lignes aux planches, nᵒ VI. Elles sont précisément tirées d'une des marges de notre Homère.
4. Pour en finir avec tous nos exemplaires de cette édition, je signalerai les incunables *813* et *813*ᵃ ; le premier, qui porte des annotations sans intérêt d'Angelo Colocci, doit s'identifier avec l'imprimé grec d'Orsini nᵒ 44 ; le second pourrait bien être identifié avec le nᵒ 45, que l'Inventaire dit à tort avoir été possédé par l'évêque d'Aléria ; on y rencontre le monogramme ⒶⒷ.

— Observation curieuse, tous les exemplaires de l'*Anthologie* de Florence possédés par Orsini sont incomplets de la fin ; il a ajouté lui-même, dans le *813*, l'épigramme de Lascaris aux typographes, l'épître à Pierre de Médicis, et l'achevé d'imprimer de Laurent d'Alopa du 11 août 1494. V. la description de ce précieux monument de la première époque de l'imprimerie grecque chez M. Legrand, *l. c.*, t. I, pp. 29 sqq. Nos exemplaires ont fait partie du

le Lascaris ; l'autre pourrait être rapportée au propriétaire, dont l'ex-libris gratté avec soin laisse apparaître les mots suivants : .....πίσκου τοῦ Ἰουστιανοῦ καὶ τῶν φίλων (probablement Franœsco Giustiniani). Le 813ᵇ est le plus intéressant des trois ; il est véritablement surchargé de notes grecques ; au commencement sont interfoliées dix-huit pages blanches, et à la fin seize autres entièrement couvertes de l'écriture de Jean Lascaris ; ce sont des scholies et des additions à l'*Anthologie* de 1494[1]. L'énorme Suidas de Milan, publié en 1499 par Démétrius Chalcondyle, a appartenu à Lascaris ; c'est l'*Inc.* 1025 < I. G. 7 > ; l'annotation consiste surtout en mots renvoyés dans les marges. Le Plutarque d'Alde, publié en 1509 en deux tomes, aujourd'hui coté A.21ᵃ < I. G. 17 >, offre plus d'intérêt : les notes de Lascaris ont un caractère critique[2].

Trois ou quatre livres latins annotés par Lascaris sont portés à l'Inventaire d'Orsini. Une édition vénitienne de Cléonide, Vitruve, etc., de 1497, aujourd'hui *Inc.* 927 < I. L. 23 >, n'a de sa main que deux mots dans une marge. Si le Cicéron de Venise, 1502, < I. L. 123 >, avait aussi peu d'intérêt, il n'y a pas lieu d'en regretter l'absence, non plus que de l'Hermès Trismégiste traduit par Ficin (Venise, 1491), qui se trouvait, à l'époque d'Orsini, relié dans l'imprimé latin 124, à la suite des *Hymni et epigrammata Marulli* imprimés à Florence en 1497. J'ai retrouvé seulement le Marulle dans l'*Inc.* 956 ; les notes de Lascaris sont insignifiantes ; il a transcrit au verso du titre neuf distiques intitulés : *Epitaphium Marulli poetae. Iovianus Pontanus loquitur*.

Le corfiote MATHIEU DEVARIS, que j'ai déjà plusieurs fois mentionné, fut l'élève de Lascaris au collège grec du Quirinal. Attaché plus tard comme correcteur grec à la Bibliothèque Vaticane, il passa à Rome toute sa carrière. On l'appelait vulgairement *Matteo Greco* ; les documents manuscrits dont je me sers ne le désignent jamais autrement. La dernière partie du 1414[3] se rap-

petit nombre d'imprimés pris à la Vaticane par les Français en 1797 ; les anciennes cotes que portent encore les volumes sont celles qu'indique la *Recensio*, imprimée en 1803 (v. plus haut, p. 129, note 2).

1. C'est évidemment le M. G. 118. Le récolement de 1602, ne l'ayant pas trouvé parmi les mss., l'a considéré comme manquant.
2. Le classement nouveau en cours à la Vaticane ne m'a pas permis de rechercher les deux éditions de la grammaire de Th. Gaza, qu'avait possédées et revues Lascaris < I. G. 3, 101 >. La première, d'après l'inventaire de Rainaldi, était l'aldine in-folio de 1495.
3. Décrit p. 156.

porte entièrement à ce personnage. C'est un de ses cahiers de minutes, écrit, comme l'indiquent les dates, au courant de sa vie[1]. Outre trois lettres en grec[2], il contient des épigrammes grecques à Jules II et Pie IV, et à divers cardinaux, notamment Reginald Pole, Marcello Cervini, Ranuccio et Alessandro Farnèse ; il y en a sur Paul III, sur Giulio Clovio, sur Niccolò Ardinghelli, etc. Une part seulement de ces poèmes a été publiée par Pierre Devaris, neveu de l'auteur, en 1588 ; ce sont ceux qui intéressent plus directement les Farnèse[3]. C'est en grande partie par l'intermédiaire de Mathieu Devaris, soit après sa mort, soit de son vivant, que Fulvio Orsini est devenu possesseur de restes assez importants de la bibliothèque de Lascaris[4]. Ils fréquentaient tous les deux le palais Farnèse, et rédigèrent ensemble la traduction grecque des Décrets du Concile de Trente, qui fut dédiée à Grégoire XIII et imprimée à Rome en 1583. La rédaction principale fut confiée à Devaris, comme en témoigne la copie contenue dans le 1330 < M. G. 146 >, qui est entièrement de sa main[5]. Elle est corrigée à toutes les pages par Orsini et porte à la fin l'*imprimatur* du maître des Palais Apostoliques.

Devaris avait rédigé avec Nicolas Sophianos le catalogue de

---

1. Du f. 106 au f. 137. Ce pourrait être le n° 154 des mss. grecs d'Orsini, qui aurait par erreur dédoublé le 152. Rainaldi, dans son récolement rapide, n'a pas songé à cette confusion assez vraisemblable et a marqué absent le 154 intitulé : *Libro di varii epigrammi et alcune epistole di Matteo Greco scritto di mano sua in papiro in 4° foglio*. Cette description, avec les lettres de Devaris, correspond plus exactement à la seconde partie du 1414 que celle du 152.

2. L'une d'elles, de 1564, est adressée à Hermodore Lestarchos. Une autre fort intéressante, de 1556, est à Ange Vergèce (ἐκ Ῥώμης ϛ΄ φθίνοντος μουνυχιῶνος τοῦ ,αφγϛ΄ ἔτους). — Il y a d'autres documents sur Devaris : dans le *Vat*. 4105, ff. 55-59, des billets de Colocci de 1540 et années suivantes, portent les réponses autographes de notre grec. Aux archives de Parme, dans la correspondance des Farnèse (carton G), est une série de lettres au cardinal Farnèse, rangée sous le nom de *Matteo Greco*; la dernière est de 1572. Je signalerai encore la pièce de 1541 publiée par M. E. Müntz dans *La Bibl. du Vatic. au XVIe siècle*, p. 99. Tous ces renseignements permettront à l'occasion de compléter la notice de M. E. Legrand (*Bibliogr. hellén.*, t. I, pp. cxcv-cxcviii).

3. *Matthaei Devarii liber de graecae linguae particulis. Ad Alexandrum Farnesium cardinalem...* Rome, 1588 (Cf. Legrand, *l. c.*, t. II. pp. 52 et sqq.).

4. La correspondance d'Orsini avec Pinelli nous apprend la date de la mort de Devaris, le 13 juin 1581. (Lettre du 24 juin, *Ambros. D. 423*). Sur la vente, après la mort de Devaris, v. p. 157, note 4.

5. 91 ff. pap. recouvert de soie verte. Il est à remarquer qu'Orsini a rayé sur le titre le nom du véritable traducteur. Cet exemplaire est celui qui a servi pour l'impression. (Cf. Legrand, *l. c.*, t. II, p. 33.) Le 29 sept. 1583,

la bibliothèque grecque du cardinal Ridolfi [1]. Ce catalogue, autographe en partie de notre copiste, est décrit par Orsini sous le n° 161 ; il ne s'est pas retrouvé après sa mort. Un exemplaire, de la main de Devaris, se trouve à la Bibliothèque Nationale de Paris, avec une partie considérable des livres grecs de Ridolfi : c'est le 3074 du fonds grec ; cet exemplaire, qui est de petit format, ne peut s'identifier avec celui d'Orsini *in folio longo*, mais il empêche d'en regretter la perte [2]. Le *Vat.* 1338 <M. G. 133> a appartenu à Devaris ; c'est un Sextus Empiricus de trois mains du xvi° siècle, dont la sienne (ff. 26 à 146) ; il est relié aujourd'hui en trois volumes [3]. Les marges portent un grand nombre de corrections de Devaris, ordinairement précédées de l'un des signes $\overset{\tau}{M}$ ou $\overset{\theta}{M}$ ou du double signe $\overset{\theta}{M}$ ∠B, quelquefois avec le mot *puto*.

Un condisciple de Devaris au collège grec de Léon X, Christophe Contoléon, a laissé dans le 1352 <M. G. 153> un grand nombre d'opuscules inédits [4]. La fin du manuscrit contient un commentaire sur les épigrammes de Jean Lascaris, composé τῇ πρὸς τοὺς φιλομαθεῖς στοργῇ ; ce n'est plus seulement un texte autographe, mais la minute même de l'auteur. Un autre grec de la même génération, Balsamon, a pu être lié avec Orsini ; un exemplaire, annoté par lui, du Théocrite imprimé à Rome

---

Orsini envoyait un spécimen au cardinal Farnèse ; on devait commencer à imprimer huit jours après. (*Lett. ai Farn.*, XVIII, p. 31).

1. « Est et hodie qui fuit discipulus Lascharis, Matthaeus Avarius Corcyrensis, vir bene litteratus et eruditus, cuius rei gratia amplissimus card. Rodulphus eum inter chariss. familiares domi habet, et cum eo simul Constantinum Graecum. » *Lilii Greg. Gyraldi Ferrariensis operum, tom. II*. Bâle, 1580, p. 402.

2. Ancien *Colbertinus 3769* ; ancien *Regius 3392*. 5. 88 ff. pap. Le ms. contient également le catalogue des livres latins du cardinal Niccolò Ridolfi et de 64 volumes rangés sous ce titre : *Libri diversarum annotationum quondam R^{mi} Car^{lis} Aegidii Viterbiensis. Item plerique alii libri tum latini tum hebraici, qui fuerunt eiusdem R^{mi} D^{ni} Aegidii Car^{lis}* (f. 74 v°). V. Léopold Delisle. *Le Cabinet des manuscrits*, t. I, pp. 207 et sqq. On peut aussi renvoyer d'avance, pour l'intéressante collection de Ridolfi, au travail que prépare M. Omont sur les origines du fonds grec de Paris.

3. 700 ff. pap. (Léon XIII). Sextus commence au f. 26 ; Devaris indique une forte lacune dans son exemplaire au f. 507. Les ff. 1-17 sont de la main d'Orsini et intitulés : Ματθαίου Δεβαρῆ παρασημειώσεις τῶν ἰδιωμάτων τῆς φράσεως τῶν Σέξτου ἐμπειρικοῦ ὑποτυπώσεων καὶ ἄλλων τινῶν ἀπορουμένων περὶ τὴν γραφὴν τῶν ἀντιγράφων. Cf. Legrand, *l. c.*, t. I, p. cxcvii, et nos *Addenda*.

4. 234 ff. pap. (Pie IX). Du f. 218 au f. 234 texte en minute. Les scholies homériques ont été publiées par Matranga. (*Anecdota graeca*, pp. 479-520).

par Callergi, se trouvait dans notre bibliothèque <I. G. 8>. Pour Georges Corinthios, nous avons un témoignage plus précis de ses relations avec Fulvio : la dernière partie du 1370 <M. G. 58>[1] est un autographe de lui ; c'est une lettre de Georges de Trébizonde à l'empereur Jean Paléologue. Orsini a ajouté la note suivante : Γεώργιος ὁ Κορίνθιος ἐκ τοῦ παλαιοῦ ὑπομνήματος τοῦ Βησσαρίωνος μετήνεγκεν. Au feuillet 210 du 1371 <M. G. 55>[2] se trouve insérée une lettre relative à l'auteur du περὶ συντάξεως qui suit, Michel Syncelle; la lettre est signée par un monogramme où se lisent les lettres Γ. Κᴹ. Κορ. et dont Orsini donne la clef par la mention : Γεώργιος κόμης ὁ Κορίνθιος ; le savant grec portait en effet le titre de comte. La lettre est adressée à Orsini et permet de reconnaître facilement la main de Corinthios dans le 1370 [3].

Un calligraphe né à Otrante, établi à Rome et attaché au service de la Vaticane, Giovanni Onorio, fut employé très souvent par Orsini pour copier ou réparer des manuscrits [4]. Sa fille avait aussi une belle écriture, et il y a des détails assez précis sur les deux copistes dans une lettre romaine d'Annibal Caro, adressée le 31 août 1561, à Felice Paciotto, qui lui avait demandé,

---

1. 218 ff. pap., rel. ant. aux armes d'Orsini. Quatre mss. réunis (xvᵉ-xviᵉ s.) : *a*) f. 1, comm. sur l'*Iliade* et les *Olympiques* de Pindare (cf. Resler dans le *Philologus*, IV, p. 526); *b*) f. 89, Théodose d'Alexandrie, œuvres grammat.); *c*) f. 171, feuillet de garde du ms. suivant, contenant un index ainsi conçu : *Sebastus de constructione verborum. 1. Michel Singellus. De constructione orationis. 37. Paraphrasis Pindari Olympicorum. 63.* Il n'y a que la première partie de l'ancien manuscrit, paginée de 1 à 34, qu'on retrouve dans celui-ci; *d*) f. 211, lettre de Georges de Trébizonde.

2. 265 ff. pap. rel. aux armes d'Orsini. Cinq mss. distincts; *a*) f. 1, Ὀρφέως περὶ σεισμῶν; f. 2, ἐκ τῆς Ἥρωνος γεωδεσίας; *b*) f. 8, *Phénomènes* d'Aratus avec la vie du poète; scholies et gloses à l'encre rouge ; *c*) f. 40 Théocrite; scholies et gloses; f. 80, *Hymnes orphiques* ; f. 126, *Plutus* d'Aristophane ; *d*) f. 166. Planude, *Dialogue sur la grammaire;* *e*) f. 211, M. Syncelle, περὶ συντάξεως, qui n'est certainement pas l'exemplaire manquant au 1370.

3. Sur les mss. ayant appartenu à G. Corinthios, cf. Omont, *Notes sur les mss. grecs du British Museum*, Paris, 1882, p. 17 (Extr. de la *Bibl. de l'Ec. des Chartes*), Stevenson, *Codd. mss. Palat. graeci*, Rome, 1885, pp. 215 et 236. La Biblioth. Nat. de Paris en possède quatre. M. Gardthausen croit à tort ce copiste du xvᵉ siècle. (*Griech. Palaeogr.*, p. 322).

4. M. Gardthausen cite *Ioannes Honorius* comme copiste des *Vat. gr.* 275 et 323; il oublie de l'identifier avec l'*Hydruntinus* qu'il signale plus loin (*Griech. Palaeogr.*, pp. 327-328). M. Müntz le rencontre dans les documents sur la Vaticane qu'il a dépouillés aux archives d'Etat de Rome, à partir de l'année 1535; il est qualifié de *custos*, de *stampator*, de *cartarius*, et rend à la Vaticane les mêmes services que nous lui voyons rendre plus tard à

au nom du duc d'Urbin, des copistes grecs pour travailler à la Vaticane : « Scrittori ci sono pochi, e quelli la più parte servono alla Libraria sopradetta [Vaticana], e non è lor lecito scriver per altri. Pure n' ho trovato fino a tre, di due de' quali vi mando mostra sotto questa.... La mostra grande è d'una putta figliuola di M. Giovanni Onorio, il quale è il migliore scrittore greco che sia oggidì. Non può scriver esso proprio, perche è occupato da N. Signore, ma piglierà cura di correggere tutto quello che la figliuola scrive. Dice voler dare 10 carte a scudo della medesima misura de' versi e di quantità de' versi e di margine che questa... ma io spero che ce ne darà ancora 12 carte a scudo. » La fille de « Jean d'Otrante » avait aidé son père dans l'exécution d'un bel exemplaire des *Poétesses grecques* qu'Orsini destinait à son maître Ranuccio Farnèse; le cardinal étant mort avant l'achèvement du volume, celui-ci resta dans la bibliothèque d'Orsini <M. G. 89>. Il n'est pas entré, je crois, à la Vaticane [1]; mais quelques autres de nos volumes, entièrement écrits par Onorio, nous permettent de juger de l'élégance et de la netteté de sa plume. Ce sont : les *Problèmes* d'Alexandre d'Aphrodise, à la fin du 1416 <n° 6, M. G. 91> [2], la première partie du 1371 [3], la dernière du 1357 < M. G. 64 > [4], et les romans d'Eumathios,

---

Orsini. (*La Biblioth. du Vatican au* xvie *siècle*, Paris, 1886, pp. 101-104). — Je le trouve également parmi les copistes grecs portés sur le registre des dépenses de la Vaticane de 1548 à 1555 (*Vat. 3963*) : les principaux copistes de cette période sont, avec Onorio, Emanuele greco, Pietro greco et Gianfrancesco di Candia.

1. Non plus que Polémon et Mélampode, volume décrit sous le n° 90. — Dans l'Appendice I, on trouvera deux volumes dont la description rappelle ceux qui manquent ici : ce sont les n°s 20 et 21.

2. 308 ff. pap. (Pie VI). Six mss. de divers formats, paginés isolément, sont réunis arbitrairement dans la nouvelle reliure. Ils sont tous du xvie siècle et plusieurs écrits par Orsini lui-même. Voici les n^{os} de l'Inventaire auxquels ils correspondent : *a*) f. 1, M. G. 160 (autographe d'Orsini); *b*) f. 120, M. G. 115 (1re partie), Διαθήκη τοῦ μεγάλου Κωνσταντίνου, avec quelques extraits historiques; *c*) f. 136, M. G. 145 (autogr. d'Orsini), Extraits de Pléthon, correspondance de Pléthon avec Bessarion, lettre de Georges Améroutzès (rien de Th. Gaza); *d*) f. 170, M. G. 115 (2e partie), Ἀρσενίου Α παροιμιῶν συνθήκης; d'après l'Inventaire, ce ms. serait peut-être un autographe d'Arsène Apostolios : il n'y a que les proverbes de la lettre A avec leur commentaire et aucune des épîtres annoncées dans l'Inventaire (v. ci-dessus, p. 149, n. 4); *e*) f. 236, M. G. 148 (v. ci-dessus, p. 151 n. 2; autogr. d'Orsini); *f*) f. 271, M. G. 91; ce ms. de la main d'Onorio a une pagination de 59 pages. Le récolement d'entrée dressé par Rainaldi le mentionne comme « scritto per Gio. Ammonio (?). »

3. Décrit p. 162.

4. Décrit sous le n° 64 de l'Inventaire.

Achille Tatios et Longus, réunis avec leur pagination distincte dans le 1350 <M. G. 158>[1]. Les titres sont ordinairement à l'encre rouge, en capitale accentuée ; la place pour la lettre initiale est laissée en blanc ; l'ensemble est d'une régularité et d'une perfection telles qu'on croirait voir un texte imprimé.

Les manuscrits réparés et complétés par Onorio étaient fort nombreux chez Orsini : il restituait, dans l'un le titre, dans l'autre une page absente ; il réunissait les feuillets épars, refaisait les marges et donnait à des manuscrits fragmentaires une valeur et un intérêt plus grands, tout au moins aux yeux des bibliophiles du xvi⁰ siècle. Parmi les restaurations, je citerai : un texte du roman d'Achille Tatios du xii⁰ siècle, dans le 1349 <M. G. 41>[2] ; un beau Thucydide du xiv⁰ siècle, aujourd'hui relié en trois volumes sous le n⁰ 1292 <M. G. 4>[3] ; quatre comédies d'Aristophane avec scholies, dans le 1294 <M. G. 5>[4] ; un Strabon de plusieurs mains du xiv⁰ siècle, le 1329 <M. G. 77>[5] ; une suite de poètes classiques à l'état fragmentaire, glosés et scholiés, transcrite également en plusieurs fois au xiv⁰ siècle, le 1332 <M. G. 74>[6] ; la *Rhétorique* d'Aristote et les commentaires d'Étienne de Byzance, deux manuscrits distincts du xiv⁰ siècle, réunis dans le 1340 <M. G. 65>[7] ; les *Vies* de Diogène Laërce

---

1. Pap. couverture ant. de parch. Quelques leçons et additions sont dans les marges ; sur la garde une liste des écrivains érotiques grecs. — Il y avait chez Orsini une autre copie du xvi⁰ siècle du texte de Longus et de celui d'Achille Tatios, ayant aux marges des variantes et des indications diverses, notamment (f. 102) un rapprochement avec Musée. C'est le 1348 <M. G. 78> : 297 ff. pap., rel. ant. portant sur le plat antérieur les mots *Longus et Achilles*, imprimés en capitales d'argent. Au titre du f. 96, devant Τάτιος, on a ajouté un Σ, qui fait du nom du romancier grec celui de l'ami d'Orsini, Achille Statius. C'est du reste le nom sous lequel le désigne Gesner dans sa *Bibliotheca Universalis* (1545). — C'est apparemment de ce ms. ou de M. G. 71 qu'ont été prises les variantes sur Longus d'un ms. collationné du xvi⁰ siècle, *Paris. gr.* 2913. M. Omont m'y signale, au f. 53, cette souscription : *Romae ad Fulvii Ursini exemplar emendatus. 1597.* — Nos mss. d'Achille Tatios sont cités par Fr. Jacobs, dans les prolégomènes à son édition, Leipzig, 1821, p. LXXXIII.
2. V. à la fin du chapitre, p. 190, pour Achille Tatios.
3. 371 ff. pap. (Léon XIII). Scholies.
4. Sur ce ms. du commencement du xiv⁰ s., voir plus haut, p. 144, note 1.
5. 160 ff. pap. (Pie IX). Incomplet du commencement et de la fin.
6. 230 ff. pap. (Pie IX). Tous les feuillets sont rongés au bord et la restauration d'Onorio n'a pas été inutile. La description de l'Inventaire me paraît inexacte : je n'ai trouvé que la fin des *Phénic.* d'Euripide, Sophocle (f. 9), Eschyle (f. 65) et Hésiode avec Tzetzès (f. 125). Le ms. est cité pour Hésiode dans l'édition Göttling et Flach, Leipzig, 1878, p. LXVI.
7. 199 ff. pap. (Pie IX). *a)* f. 7, Aristote ; *b)* f. 43, Étienne de Byzance ;

suivies de quelques autres ouvrages et des six premiers chants de l'*Odyssée*, dans le 1302 <M. G. 17>[1]; l'*Iliade* de Giorgio Valla dont je parle plus loin (1316); trois autres manuscrits de l'*Iliade*, du XIV° et du XV° siècle, les 1317 <M. G. 51 ou 68>[2], 1318 <M. G. 51 ou 68>[3], 1319 <M. G. 61>[4]; enfin un manuscrit de l'*Odyssée*, le 1320 <M. G. 63>[5]. Les réparations d'Onorio s'étendaient aux livres imprimés : une aldine des *Moralia* de Plutarque, aujourd'hui au Vatican *A. 20 in-fol.* <I. G. 16>, porte en tête un *index verborum*, de 105 feuillets, écrit de sa main. Il copiait des scholies aux marges des volumes[6]; il collationnait les textes ; les travaux les plus variés relatifs aux bibliothèques grecques rentraient dans sa profession[7].

Avant de quitter les Grecs, il faut rappeler qu'Orsini croyait posséder un ou plusieurs autographes du grand cardinal Bessarion. Nous regrettons de n'en trouver mention ni dans l'Inventaire, ni sur les volumes de sa collection; mais le fait paraît bien attesté par une lettre à Baccio Valori, à qui Orsini parle de son goût pour les livres comme du trait dominant de son caractère : « Spetialmente ho hauto amori alli libri, delli quali posso dire haver conseguito quello che da molti curiosi e in molto

---

adjonctions diverses sur les gardes. Utilisé après Bekker par M. Adolf Römer dans son éd.: *Arist. ars rhetorica*, Leipzig, 1885.

1. 218 ff. pap. Cinq mains distinctes : *a*) f. 1, Diog. Laërce (XIV° s.); *b*) f. 83, Théophraste, *De igne*, etc.; f. 148 v°, Aristote, *De mirabilibus historiis* (XIV° s.); *c*) f. 169, Odyssée I-VI, incomplet (XIV° s.); *d*) f. 195, Marcellinos, *Vie de Thucydide*; Denys d'Halic., *De Thucydidis proprietatibus*; extraits de Thucyd. (XIV° s.); *e*) f. 203, Alex. d'Aphrodise, *De mixtione et augmento* (XV° s.). Les parties *a*, *c*, *d* ont beaucoup souffert. Sur ce ms. on lira une lettre d'Orsini à Vettori, du 15 janv. 1580, dans la correspondance annoncée ci-dessus, p. 72, note 3.
2. 265 ff. pap. (2 vol., Pie IX). Scholies marg., gloses interl. (XIV° s.) ; les deux premiers chants ont été suppléés par Onorio.
3. 241 ff. pap. (Pie IX). Texte sur deux colonnes, avec très nombreuses scholies aux encres rouge et noire (XIV° s.). Les 26 premiers feuillets paraissent avoir disparu depuis Orsini.
4. 221 ff. pap. (Léon XIII). Le corps du ms. est du XV° s. Beaucoup de pages et particulièrement les ff. 1 à 24 sont dus à Onorio.
5. 199 ff. pap. (Pie IX). Gloses et scholies surtout au début et à la fin de l'Odyssée (XIV°-XV° s.). La dernière garde est un f. de parch. d'un ms. ecclésiastique du XI° s. Dans la marge du haut du premier feuillet, qui est une restauration, on lit ce nom : + Δημιτριος ο τραχανιοτις (*sic*). Ce Trachaniotès ou Tarchaniotès paraît être de la même famille que le poète Marulle. V. l'art. de M. Sathas, Νεολλ. φιλολ., p. 77, sur Μιχαήλ Μάρουλος ὁ Ταρχανιώτης.
6. Cf. I. G. 47 et 48.
7. Cf. une lettre d'Onorio à Vettori au British Museum, *Add. ms.* 10270, f. 5.

tempo era stato ragunato... Non tanto nelle cose latine quanto nelle greche ancora, havendo io segnalatissimi libri scritti anticamente et modernamente di mano di essi autori, come di Bessarione, di Gaza, dell'uno et l'altro Lascari, et de' latini et volgari principalissimi [1]. »

Un assez grand nombre de bibliothèques d'Italiens illustres ont laissé des volumes dans celle d'Orsini. ERMOLAO BARBARO a mis des scholies grecques et latines et suppléé quelques feuillets dans le 1304 < M. G. 23 >, qui est un Josèphe [2], dans le 1361 < M. G. 81 >, qui est un Alexandre d'Aphrodise [3]. Tous ces manuscrits sont à peu près contemporains du possesseur. Le 1341 < M. G. 34 >, qui est un peu plus ancien, contient, de deux copistes différents, les *Topiques* d'Aristote avec divers traités de logique et de musique [4] ; les gloses et scholies sont de plusieurs mains, dont celle de Barbaro [5]. Le Théophraste 1305 < M. G. 24 >

---

1. Cette intéressante lettre, du 4 juillet 1587, vient d'être imprimée par M. S. Morpurgo, dans la *Rivista critica della letter. ital.*, t. III, p. 178. Cf. peut-être le nº 31 de notre Appendice I. — Orsini avait un portrait de Bessarion (*Les Coll. d'ant.*, p. 39, nº 45 des *Tableaux*) ; c'était une copie. Pour l'iconographie des grecs du xvº siècle, j'ai noté un passage d'Orsini dans une lettre à Pinelli : « Quanto al ritratto del Gaza, io non conosco persona che l'habbia. Ben me ricordo havere inteso del card. S. Agnolo che Papa Paolo III li mostrava nella cappella di Sixto IV uno di quei quadroni di mano del Cortone, dove era il Bessarione con cinque de suoi, fra quali nominava l'Argyropulo, il Gaza, il Sipontino [Perotti] etc., et che 'l Gaza haveva un cappello in testa. » (*Ambros. D. 422* ; 16 mars 1585).

2. 261 ff. parch. rel. ant.

3. 236 ff. pap. (Pie IX). Corrections au texte. A partir du f. 179, le texte est de la main de Barbaro.

4. 207 ff. pap. (Pie VI). xivº siècle.

5. Dans le 1421 < M. G. 35 > sont cinq mss. fragmentaires du xvº s. : *a)* f. 1, Lucien, opuscules ; *b)* f. 33, Hésiode ; *c)* f. 68, Pindare, *Olympiques* ; *d)* f. 137, Euripide ; *e)* f. 200, Lycophron avec Tzetzès. 243 ff. pap. (Pie IX). Sur les gardes, on déchiffre deux noms à demi-effacés : *Francisci Barbari senensis patricii. Alvixi Barbari*. Il ne s'agit pas de Francesco Barbaro, l'auteur du *De re uxoria*, ni de la famille vénitienne à laquelle appartenait Ermolao. — Puisque je parle du *De re uxoria*, je dois signaler le texte que nous en avons dans l'un de nos mss., le *Vat. lat.* 3407 < M. L. 104 > : 89 ff. parch. (Pie IX). Ecusson mutilé. Deux mains du xvº s. *a)* f. 1, *Peripauli* (sic) *Iustinop. de ingen. moribus* ; f. 21 vº, Trad. de saint Basile par Leonardo Bruni, dédiée à Salutati ; f. 31, Trad. du *Phèdre* de Platon, par le même, dédiée à Ant. Loschi ; f. 41 vº, *Homeri orationes*, trad. par le même ; f. 48, *De scriptoribus artium*. Inc. : Theologus apud graecos Linus fuit, apud latinos Varro et nostri temporis Ioan. Scotus... ; *b)* f. 51, *Fr. Barbari liber de re uxoria*. — Le 3440 < M. L. 219 > intéresse le même humaniste : 133 ff. pap. (Pie IX). F. 1, *Fr. Barbari eq. ord. viri et orat. summi... Brixiae... oratio ed. ad cives... a. 1438*; suivent des lettres du même temps. Au f. 52, commencent onze lettres de Poggio et plusieurs traités, dont le *De infelicitate principum*. A la fin des lettres de Barbaro est

serait même en partie autographe[1]. Toutefois je dois dire que ces attributions reposent sur le seul témoignage d'Orsini. Nous n'avons pas non plus d'autre autorité pour rattacher le 1316 < M. G. 73 > à la bibliothèque de GIORGIO VALLA[2]. C'est une *Iliade* sur deux colonnes, l'une portant le texte, l'autre la paraphrase d'une main plus récente (xiv°-xv° s.)[3]. Le volume a conservé l'ex-libris authentique d'ALBERTO PIO, prince de Carpi, l'illustre protecteur d'Alde et l'ambassadeur de Maximilien. L'attribution à la collection de Giorgio Valla paraît assez vraisemblable, si l'on songe qu'un manuscrit d'Archimède, qui venait de Valla, se trouvait avant 1523 chez le prince de Carpi[4]. Les traces de l'humaniste de Piacenza ont dû disparaître dans les reliures successives. On les retrouve sur le 1314 < M. G. 30 >[5],

une souscription indiquant que le volume a été exécuté à Otrante : *Expliciunt foeliciter per me Thomam Constantinopolitanum in civitate Ydronti in ede divi Nicholai de Casulis. Anno Dni M·CCCC·LXVIJ. XV. ind. XXJ iulij.*

1. 207 ff. pap. Une 2° main commence au f. 21. A la suite du *De plantis* de Théophraste se trouve celui d'Aristote (f. 193 v°). La seconde main serait celle de Barbaro, d'après Orsini qui en parle à Vettori dans une lettre de 1581 (British. Mus., Add. ms. 10270, f. 77).
2. Cf. sur cette bibliothèque, les renvois à Heiberg et autres, dans le travail cité de M. K.-K. Müller, p. 354, et le document de sa p. 382.
3. 331 ff. parch., plus 5 ff. blancs, plus les ff. 337-352 parch., contenant Euclide, et les ff. 353-354 pap., contenant un fragment d'Archimède (2 vol. Pie IX). Marges refaites. La paraphrase de l'*Iliade* ne dépasse pas le chant P; les chants Λ, M, N manquent aussi; là où la paraphrase est absente, les gloses interlin. sont nombreuses. Le ms. est cité par Tycho Mommsen, seulement d'après les *Schedae* de d'Orville, *Pindari carm. rec. T. M.*, Berlin, 1864, p. XL. On lit au f. 332 : Ἀλβέρτου Πίου Καρπαίων ἄρχοντος κτῆμα. *Homeri Ilias vetus.*
4. Bibl. Nat. de Paris, *Gr. 2360;* cf. le *Catal. codicum graec.*, p. 488. D'autres mss. de Giorgio Valla sont signalés chez le prince de Carpi; l'*Escoriulensis* Ω. I. 1, ms. de l'*Almageste* de Ptolémée, a été copié sur un *Carpensis* de cette provenance. V. la souscription dans Miller, *Catal. des mss. grecs de l'Escurial*, Paris, 1848, p. 454. — La bibliothèque d'Alberto Pio se rattache trop directement à plusieurs autres mentionnées dans notre livre pour que nous ne renseignions pas le lecteur sur son sort. Stefano Borgia, parlant de la bibliothèque d'Ascanio Colonna, dit : « Eius initium primum est ab Alberto Pio Carpensium duce, qui, teste Ambrogio Morandio (In Vit. Aug. Steuchii, t. I Operum, Venet., 1591), suam bibliothecam dono dedit Augustino Steuchio, Eugubino Can. Reg. S. Salvatoris Episcopo Kisamo, et Sedis Apost. bibliothecario; hanc dein magna ex parte Fabius Steuchii frater Marcello Cervinio Iguinae Urbis iam episcopo, sed tunc Cardinali amplissimo... largitus est; tum ipsam Mss. Codicum monasterii Avillanensis apographis, ceterisque aliunde quaesitis amplificatam, Marcellus Pontifex cardinali Guillelmo Sirletio, qui eidem fuerat a secretis ex testamento legavit... » (*Anecdota litteraria ex mss. eruta*, vol. I, Rome 1773, p. 81.) Son histoire se confond alors avec celle de la bibliothèque de Sirleto.
5. 270 ff. pap. (Pie IX). Recueil de 19 opuscules de toute sorte, qui

manuscrit du xv⁵ siècle écrit en plusieurs fois, et qui porte en tête et à la fin l'ex-libris : Γεωργίου τοῦ Βάλλα ἔστι τὸ βιβλίον[1]. Je joindrai à ces renseignements un passage d'une lettre d'Orsini, pouvant servir à identifier un Plotin qui n'est pas resté dans sa bibliothèque : « Mi è stato portato un Plotino scritto à mano di antichità di un cento anni, ma corretta scrittura et riveduta da Giorgio Valla di chi fù il libro. Sono 300 carte in foglio, che non doverrebbono valere più di 15 scuti, et se ne dimanda trenta. Il libro è raro ne si trova altrove. Se V. S. li vuole, scriva quello che hò da fare, perche è in mano mia, et questi della libraria del Papa mi dicono che non l'hanno. Il libro è ligato alla Greca, la scrittura buona et polita, come ho detto; è distinto in sei tomi, et ciascuno tomo in Enneade, siche il titulo è Πλωτίνου ἐννεάδες, con la vita di esso Plotino scritta da Porphyrio[2]. »

Un magnifique manuscrit d'Orsini, le 1291 < M. G. 3 >, contenant les *Tables* de Ptolémée[3], a été la propriété d'un prélat du même temps, Domenico Domenici, évêque de Brescia[4], et même de son prédécesseur Bartolommeo Malipiero. Au verso du feuillet 4, le dernier des feuillets préliminaires, on lit : *Hic liber est mei Dominici de Dominicis Veneti episcopi Brixiensis, et fuit ex libris*

---

commence sur la *Batrachomyomachie* et finit sur les *Vers dorés* de Pythagore. Un index latin du xvᵉ siècle précède le recueil; on a omis le 2ᵉ livre des *Physica*.

1. Il faut sans doute rattacher à Lorenzo Valla le 1388 <M. G. 84>, ou tout au moins la seconde partie de ce manuscrit. Il a 92 ff. pap. rel. ant., surchargée des armes de Paul V. Trois mains du xvᵉ siècle : *a*) f. 1, Théognis; *b*) f. 51, *Poétique* d'Aristote; *c*) f. 80, opuscules grammaticaux. Les mains *b* et *c* forment un ms. unique. — Au f. 79 est écrit : *Egregio viro dño Laurentio Vallensi* (le nom dans un grattage); au verso, de la même main, quatre distiques sur la grammaire : *Ianua sum rudibus primam cupientibus artem...* (le grec dans l'interligne); au-dessous, un essai de traduction latine du début de la grammaire. Sur le nom de Lorenzo Valla (di Valle, Vallensis), v. une note de Fr. Fiorentino, citée dans le *Giorn. stor. della letterat. ital.*, 1886, vol. I, p. 410.
2. *Ambros. D. 422 inf.* Lettre à Pinelli du 26 juin 1573.
3. 95 ff. parch. (Léon XIII). Trace de pagination antique aux ff. 20 et 92; blason au bas de la première page. F. 17, canon des règnes depuis Nabonassar; ff. 17 v°-21 v°, canon des villes. Des mains grecques et latines de toutes les époques ont annoté le manuscrit.
4. Ughelli et Quirini renseignent sur sa bibliothèque : « [Canonici Regulares Salvatoris Bononienses] paulo post eiusdem excessum insignem manuscriptorum codicum copiam, quam ipse sibi paraverat, coemerunt eiusque partem diligentissime adhuc asservant... alteram vero partem intulere in Vaticanam... » [A.-M. Quirini], *Decas epistolarum quas sub praelo sudante Fr. Barbari epist. collectione harum editor... in lucem emisit*, Brescia, 1742, p. 30.

bone memorie domini Bartolomij episcopi predecessoris mei, et allatus est mihi ex Brixia Romam 1465 *de mense septembris.* 14⊖65.
La première page du texte (f. 5) porte en gros caractères l'ancien numéro ιε̄. Le recueil est en belle onciale; les tableaux astronomiques sont entourés d'un double trait, qui est à l'encre rouge comme les lignes qui se croisent sur les pages. D'intéressantes miniatures ajoutent du prix au volume[1]. La date est donnée par la table chronologique des règnes qui se trouve au feuillet 17; une première main, celle du copiste du manuscrit, a écrit toute la partie de la liste qui va jusqu'au règne de Michel le Rhangabé, mort en 812; les mots ΛΕΩΝ ΚΑΙ ΚΩΝΣΤΑΝΤΙΝΟΣ, qui suivent, sont d'une autre main et sur un grattage; on voit que le copiste avait mis à cette place le nom de Léon seul, précédé d'une épithète indiquant que Léon l'Arménien était l'empereur sous lequel il écrivait[2]. Ces observations permettent de dater approximativement le manuscrit; mais mon confrère et ami, M. Desrousseaux, qui va lui consacrer une étude spéciale, démontrera qu'on peut le rapporter exactement à l'année 814[3].

Est-ce à la famille vénitienne du peintre ou à la famille milanaise de l'historien qu'il faut rattacher le copiste Giorgio Crivelli? Je n'ai pu trouver aucun renseignement sur ce personnage, non plus que sur l'Antoniano, qui acheta le beau manuscrit transcrit par lui; c'est le 1289 < M. G. 2 >, contenant l'abrégé de l'histoire romaine de Dion Cassius par Jean Xiphilin[4].

---

1. La plus belle des miniatures est au f. 9, et représente Hélios et son quadrige, entourés des douze heures, des douze mois et des douze signes du zodiaque, inscrits dans des cercles concentriques; le tout sur fond d'or. Les signes du zodiaque, reproduits en tête des douze colonnes des ff. 22 et 23, sont peints sur fond bleu : aux ff. qui suivent, les mêmes sujets sont plusieurs fois répétés, mais sans fond; au contraire, les miniatures relatives aux mouvements de la lune sont sur fond d'or (ff. 45-47). On sent, dans les représentations mythologiques, l'influence très proche des œuvres classiques.
2. La date de la fin du règne est de deuxième main. La liste du reste ne s'arrête pas là; elle a été mise au courant en plusieurs fois, par des lecteurs du volume, jusqu'au règne de Léon le philosophe.
3. Dans les *Mélanges d'archéol. et d'histoire* de l'Ecole de Rome.
4. 188 ff. pap. (Pie IX). Souscription : Γεώργιος Κρίβελλος ἔγραψε σὺν θεῷ. En tête du ms., en lettres majuscules, DIONIS ROMANOR HISTORIA GEORGI¹ CRIBELLI (d'une autre main :) QVEM CVM LYCOPHRONIS INTERPRETE XII MNIS DOMNINVS ANTONIANVS EMIT. L'inscription est répétée presque dans les mêmes termes. Sommaires grecs en marge de la main de Crivelli. — Je suis parfaitement sûr de l'identification de ce ms. avec le n° 2 d'Orsini; toutefois le numéro et la note de garde manquent au volume, et celle-ci se retrouve

Ce copiste d'Italie manque aux listes de M. Gardthausen, ainsi que Lianori de Bologne, probablement parent du peintre Pietro Lianori. Cinq opuscules de Plutarque ont été écrits par Lianori dans le 1308 < M. G. 98 > [1] ; la souscription porte : Δόξα θεῷ πάντων εἵνεκα (sic). Λιάνωρος ὁ Βονωνιεὺς μεταγεγραφώς (f. 216); en tête est un index du volume avec le prix en grec (στατήρων ε'). On trouvera peut-être d'autres manuscrits grecs souscrits par ce copiste : il met une certaine affectation à signer en grec, dans les deux manuscrits latins que j'ai vus chez Orsini, et dont l'un a l'avantage de nous offrir une souscription datée : *Ego Lianorus Bononiensis transcripsi hunc librum. Laus Deo. Amen. Explicit Suetonius de duodecim Caesaribus per me Lianorum de Lianorijs civem Bononiensem M°CCCC°LX°. Ego Lianorus. Te Deum laudamus. Te Deum laudamus*. Ce manuscrit, le 3336 < M. L. 86 >, est, comme on voit, un Suétone [2]; l'autre, le 3310 < M. L. 132 >, contient le *De lingua latina* de Varron, le *De re rustica* de Caton et celui de Varron [3]; dans le *De lingua*, le copiste note avec soin, en feuillets et en lignes, les lacunes de l'exemplaire qu'il avait sous les yeux.

La transcription des *Olympiques* de Pindare du 1313 < M. G. 94 >, avec quelques gloses et d'abondantes *catenae* [4], est l'œuvre d'un poète des Médicis, Giglio da Tiferno (de Città-di-Castello), qui n'a pas été jusqu'ici signalé comme copiste [5]. L'ex-libris

sur le n° 145 du fonds Vat. grec. Elle y a été placée évidemment par suite d'une confusion postérieure et a causé ainsi l'erreur de l'annotateur de notre Inventaire qui marque *Vat.* 145, en face du n° 2. Disons en passant que ce ms. 145, dont le contenu est signalé par E. Gros, porte sur sa reliure la fleur de lis et la salamandre. Ni Dion Cassius, ni Xiphilin ne figurent parmi les manuscrits grecs de Blois (Omont, *Catalogues des mss. grecs de la bibl. de François Ier au château de Blois*, 1518-1544, Paris, 1886); cependant la provenance du ms. ne paraît pas douteuse. Comment cette épave de la collection de François Ier est-elle venue s'égarer dans la Bibliothèque Apostolique ?

1. 223 ff. pap. encarté de parch. gratté (Pie IX).
2. 140 ff. parch. (Pie IX). Lettres ornées. Au f. de garde : ∴ Λιάνωρος ὁ Βονωνιεὺς τούτου βιβλίου ὁ κεκτήμενος (sic).
3. 170 ff. pap. (Pie IX). F. 1 : Λιανώρου τοῦ Βονωνιέως. Titre : « M. Terentii Varronis de lingua latina, de disciplina originum verborum ad Ciceronem liber quartus explicit. Incipit quintus manu mei Lianori Bononiensis ἀνάγνωθι εὐτυχῶς. » F. 81, Caton; f. 113, Varron, *de Agricultura, lib. I.*
4. 57 ff. écrits, pap. rel. ant. qui devrait être décrite par l'Inventaire *in corame rosso*. Au f. 62, sont des vers latins modernes.
5. Il était l'élève de son compatriote, *Gregorius Tifernas*, helléniste plus connu que lui, et avait vécu à Constantinople. V. Tiraboschi, éd. de Milan, t. VI, p. 1220. La souscription de notre ms. nous apprend son nom de famille. Cf. Müntz et Fabre, *l. c.*, pp. 276 et 283.

(f. 61) est ainsi conçu : *Iste liber Pindarus est mei Lilij de Archilibellis de Civitate Castelli legum doctoris cognomento Tyfernatis mea propria scriptus manu. Deo gratias.* Le fonds latin d'Orsini contient, sous le n° 296, le second livre des poésies de Giglio da Tiferno intitulé : *Secundum quodlibetum*; le texte grec et le texte latin sont en regard sur deux pages [1]. Un helléniste du même temps, le camaldule Pietro Candido, avait possédé, scholié et collationné avec d'autres textes un manuscrit de Théocrite, accompagné de plusieurs autres du xv⁰ siècle que j'ai déjà décrits [2]. La main du même annotateur se retrouve sur le 1381 < M. G. 101 >, recueil de traités de grammaire de Grégoire de Corinthe, Michel Apostolios et Chéroboscos [3]. Les observations de Candido sur la grammaire de Chrysoloras < M. G. 102 > n'ont pas été retrouvées à la mort d'Orsini [4].

Niccolò Leonico Tomeo a mis son ex-libris sur la première page d'un bel Aristide du xi-xiiᵉ siècle, le 1298 < M. G. 123 > [5]: Λεωνίκου τοῦ Θωμαίου βιβλίον καὶ τῶν φίλων. Au-dessous est une mention plus ancienne : *MCCCCXXI° Nonis Novembribus* ἀπὸ τοῦ Μαχαρίου Καλοπέρου. Les premiers feuillets sont des prolégomènes écrits au xvᵉ siècle et en partie inédits, ainsi que les scholies marginales plus intéressantes encore, puisqu'elles sont contemporaines du texte [6]. Le dernier quart du manuscrit est palimpseste, et le cardinal Mai y a mis à découvert une *Politique* d'Aristote du xᵉ siècle. Tomeo possédait encore l'aldine in-folio des *Vies* de Plutarque < I. G. 19 >; les leçons qu'il avait relevées sur cet exemplaire sont probablement perdues avec lui ; mais on retrouve celles qu'il avait recueillies sur les

---

1. N° 12 du 3441, ff. 180-192. Il y a une lettre : « Meliorus Crescius et Lilius Tyfernatis domino Aciarolo [Acciajuoli], Florentiae, X kal. Nov. 1469. »
2. V. p. 151, sur le 1379 < M. G. 97 >.
3. 87 ff. pap. (Léon XIII). F. 1, Gr. de Corinthe, *De dialectis*; f. 41, Apostolios; f. 65, Chéroboscos. Marges entièrement couvertes de notes grecques et latines. Au bas du f. 3 v°, signature : *Monasterij Angelorum Petrus Candidus*.
4. Un témoignage des travaux de Candido sur Chrysoloras se retrouve au f. 65 du ms. précédent, où il dit de Chéroboscos : *Contuli cum Theodori [Gazae] commentariis Chrysolorae nec non Lascareos*. — L'inventaire des imprimés grecs d'Orsini indique sous le n° 15 un lexique grec-latin in-4°, incunable, revu par Candido. — Les *Palat. gr.* 168 et 169 sont annotés par Candido. (Stevenson, *Codd. mss. Palat. graeci*, p. 89).
5. 354 ff. parch. (Léon XIII, 2 vol.). F. 1, proleg.; f. 8, index; f. 9, Παναθηναϊκός. — On verra plus loin que le ms. a appartenu aussi à Bembo.
6. Ces scholies ont été étudiées par mon regretté confrère Charles Poisnel, dont le travail est resté inachevé.

Œuvres morales dans l'aldine de 1509, annotée par Orsini lui-même <I. G. 18>. Orsini met en effet la note suivante : *Conlatus est cum codice quem Nicolaus Leonicus castigarat : hic codex littera L significatur; littera R notantur antiquissimi codices, tum ex Vaticano, tum ex Car*[lis] *Rodulphi bibliotheca; Δ littera Donati Poli codicem significat... Hanc autem castigationum copiam mihi fecit Donatus Iannoctus Florentinus*[1]... *His autem adiecimus castigationes quae erant in Petri Victorii codice et notantur littera V*. Cette précieuse édition critique est aujourd'hui cotée *A. 21 in-f°*. Notre Leonico Tomeo a encore annoté l'*Anthologie* aldine de 1503, aujourd'hui *A. 18 in-8°*, <I. G. 62>, exemplaire orné de deux curieuses miniatures, et le Lucien in-folio de Florence (1496)[2]. Sur la garde de ce volume est le même ex-libris grec que sur le manuscrit 1298 ; les corrections au texte sont rares; les passages remarquables sont indiqués en marge par des fleurs ou des branches dessinées à la plume.

On n'a pas retrouvé, à la mort de Fulvio Orsini, un manuscrit de notes diverses du savant archevêque de Brindisi, le cardinal Girolamo Aleandro <M. G. 142>; il est peut-être entré plus tard au Vatican[3]. Je n'ai pas identifié non plus un manuscrit de Pindare, qui paraît avoir appartenu au cardinal Egidio de Viterbe, et qui est porté à nos imprimés sous le n° 42. Un

---

1. Donato Giannotti avait appartenu au groupe érudit qui se réunissait chez le cardinal Ridolfi. V. la préface de P. Devaris au recueil cité, p. 160, note 3.

2. Auj. coté *Inc.* 864. Ce volume porte, par une interversion d'Orsini, le n° 20, au lieu du n° 21, qui est sur le 864 ª ; ce dernier volume est annoté par Cartéromachos. Les deux exemplaires ont gardé leur reliure ancienne estampée; le second a les plats ornés de petites médailles antiques représentant une tête laurée; deux feuillets d'un beau ms. ecclésiastique du xıe siècle lui servent de gardes.

3. Beaucoup de mss. autographes d'Aleandro se trouvent à la Vaticane, dont il fut bibliothécaire. Aucun, je crois, ne peut se rattacher sûrement à la bibliothèque d'Orsini. Un inventaire ms. de 1542, cité par nous en note, page 81, pourra renseigner directement sur la partie de la collection du grand helléniste passée au Vatican. J'ai vu à la *Chigiana* sous la cote *R. II. 49*, un ms. du xvıe siècle qui contient des extraits des propres notes d'Aleandro. Elles sont dans le plus grand désordre et n'ont guère entre elles qu'un lien alphabétique; les questions d'histoire, la philologie, la théologie s'y mêlent; les citations hébraïques sont fréquentes. Dans la deuxième pagination, on trouve au f. 12, à la suite de notes sur la langue et les antiquités grecques et romaines, une date intéressant la carrière universitaire d'Aleandro : *M.D.VIII. V Idib. VIIBr. Parisiorum Lutetiae*. Voir mon prochain travail sur Aleandro, et, pour sa bibliothèque, Valentinelli, *Catal. Bibl. S. Marci*, t. I, p. 58.

petit psautier du xvᵉ siècle, le 1399 < M. G. 162 >[1], resté dans sa reliure estampée avec la fleur de lis italienne, porte sur sa couverture la date suivante : *Die 4 oct.* 1498 [?]. *Die Mercurii circa horam* 1 1/2 *diei*. Cette date mystérieuse n'a rien d'étonnant sur un livre de piété; mais l'imagination aimerait à chercher dans cet élégant volume le psautier grec de la docte Lucrezia Borgia. On lit en effet, sur l'une des gardes, un distique un peu profane répété plusieurs fois par une main inhabile :

Οἷα θεαῖς ἴση τρίσιν εὔκλης Βοργία μῆλον
πρόσλαβε, δικάζειν οὐχ' ἄρα δεῖ Πάριδα.

Plusieurs autres manuscrits isolés rappelaient, chez Orsini, le souvenir de collections peut-être importantes. Le fameux condottière Giacomo Piccinino avait fait mettre son blason (IA. PIC. RAG⁸ DE ⊕ CASTELLA POSVIT), sur la première page d'un magnifique recueil des œuvres naturelles d'Aristote ; ce volume, le 1339 < M. G. 10 >, a la souscription : διὰ χειρὸς τοῦ ἐν μοναχοῖς ἐκτροτάτου[2]. — Le 1322 < M. G. 127 >, presque entièrement rempli par des œuvres de Lucien, est du xivᵉ siècle[3]; l'annotateur appartient à la fin du xvᵉ ou au commencement du xviᵉ, et Orsini nous apprend que c'est le célèbre Raffaello Regio, professeur à l'Université de Padoue depuis 1482. — La copie qui a servi à imprimer l'édition princeps d'Elien, parue à Rome en 1545 et dédiée à Paul III, n'est autre que le 1375 < M. G. 141 >[4]; la transcription est entièrement de la main de Camillo Perusco, auteur de l'édition[5].

Quelques autres renseignements sur les manuscrits grecs d'Orsini nous sont fournis par sa correspondance. Le 23 mars

---

1. 249 ff. pap.
2. 460 ff. pap. (Pie VI). Cf. *Aristoteles Thierkunde*, édit. critique H. Aubert et Fr. Wimmer, Leipzig, 1868, t. I, p. 18 : d'après Foggini, ce serait un ms. du xiiᵉ siècle; il pourrait être cependant bien plus moderne.
3. 231 ff. pap. Au f. 220, commence une seconde main. Sur Regio, v. Tiraboschi, éd. de Milan, t. VI, pp. 1573 sqq.
4. 258 ff. pap. (Pie IX). Malgré des titres et initiales d'or, le ms. n'est évidemment pas une œuvre de luxe; les surcharges, ratures, additions marginales témoignent que cette copie est préparée pour l'impression.
5. Je dois indiquer ici un ex-libris du xvᵉ siècle, d'origine vénitienne, que je n'identifie pas : *Zuni de Zuene de Bottinelis clericus Bitliricenus*. Il est à la fin du 1363 < M. G. 66 > : 377 ff. pap. (2 vol., Pie IX). F. 2, Euripide; f. 143, Sophocle; f. 273, Théocrite; f. 312, Hésiode; f. 339, Pindare; f. 370, *Batrach*. Scholies nombreuses, vies des poètes, etc., de mains diverses, xivᵉ-xvᵉ siècle).

1582, il écrit à Pinelli : « Il Podiano m'ha donato quel Onosandro et Mauritio che fù del Matarantio, che è libro da farci l'amore¹. » Le recueil venait d'un professeur pérugin du xvᵉ siècle, Francesco Matarazzo ; il ne figure pas à l'Inventaire et doit être cherché, sous le numéro 16, parmi les volumes de notre Appendice. — Orsini s'était procuré un certain nombre de volumes provenant de la succession du philologue flamand ARNOLD ARLENIUS². Il est plusieurs fois question de cette acquisition dans ses lettres à Pinelli; à la date du 24 décembre 1582, il lui annonce la conclusion de l'affaire avec l'héritier d'Arlenius, qui reçoit en échange des livres et objets de prix : « Quanto alli libri della permuta, io ho donato al carᵉ Sirleto tutti li sacri; me sono riserbato certi mathematici et philosophi, con alcuni libri originali, et di tutti mandarò nota alla S. V., accioche se lei ovvero il sʳ. Paolo [Aicardo] vi conoscessero qualche cosa che meglio stesse in mano loro che mia, se ne possino servire³. » Il serai difficile aujourd'hui de reconnaître nos manuscrits de cette provenance et d'en savoir le nombre ; on peut croire qu'Orsini avait choisi dans la collection, suivant son habitude, ce qu'il y avait de meilleur⁴.

Une vente de bibliothèque faite à Rome en 1573, la bibliothèque Davanzati, a fourni à Orsini l'occasion de quelques achats, notamment d'un « excellent » Isocrate⁵. Il y a même acheté pour

---

1. *Ambros. D.* 423 *inf.* — Le Podiano dont parle Orsini est certainement celui dont Rocca mentionne la bibliothèque (*l. c.*, p. 396). « Prosper Podianus, civis Perusinus... exstruxit Bibliothecam Perusiae mira mss. codicum omniumque librorum, qui ad hanc diem in lucem prodierunt, varietate refertissimam. »

2. La seule notice un peu complète donnée sur cet érudit est due à mon cher maître et ami, Charles Graux (*Essai sur les origines du fonds grec de l'Escurial*, pp. 185-189). Les travaux du savant de Bois-le-Duc, comme copiste, comme bibliothécaire de Diego de Mendoza, comme imprimeur à Florence, sont mis en lumière par de nombreux renseignements; je suis heureux d'avoir à y ajouter quelque chose.

3. *Ambros. D.* 423. Cf. lettres du 7 juillet 1582 (première mention des mss. grecs d'Arlenius), et du mois de novembre de la même année. Pinelli en parle dans la lettre XXII de notre Appendice II.

4. J'ai trouvé, dans le ms. cité, p. 80, note 5, un inventaire des livres d'*Arsenio Arlenio fiamengo*. Arlenius était donc quelquefois nommé *Arsenius*, probablement par corruption, car il ne prend jamais ce nom dans ses livres. Par le titre de cet inventaire, E. Miller se trouve justifié de l'inexactitude que lui reproche Graux (*l. c.*, p. 186), sur le nom d'*Arsenius*, non toutefois de celle qu'il a commise sur la nationalité de notre personnage, dont il fait un Grec. (Miller, *Catalogue des mss. grecs de l'Escurial*, pp. III-IV.)

5. *Ambros. D.* 422. Lettre du 5 juin 1573. On voit que c'est Pinelli qui avait signalé le ms. à Orsini. Pour l'identification, v. plus haut, p.144.

Pinelli six volumes imprimés, tous intéressants par leurs annotations manuscrites et qui peuvent être cherchés à l'Ambrosienne[1]. En revanche, je ne puis affirmer aucune acquisition de notre savant parmi les manuscrits grecs, dont Antoine Éparque lui envoyait la liste en 1566. Ce copiste les avait recueillis en Grèce, à grands frais, sur la demande du pape Pie IV ; Pie V, moins ami des livres que son prédécesseur, refusait de les acquérir pour la Vaticane. Le malheureux Grec, endetté, s'adressa, sur l'invitation de Mercuriale, à Fulvio Orsini ; il est probable tout au moins que celui-ci, aidé de Sirleto et du cardinal Farnèse, s'occupa de le tirer d'embarras[2].

Plusieurs bibliothèques d'humanistes plus ou moins connus ne sont représentées, chez Orsini, que par des volumes imprimés ; il y a cependant intérêt à en prendre note[3]. — ZANOBI ACCIAJUOLI : I. G. 46, aujourd'hui coté A. 2. in-f°, Philostrate vita Apollonii) et Eusèbe (contra Hieroclem), imprimés par Alde, avec la traduction du second ouvrage par Acciajuoli lui-même. Au titre la signature : F. Zenobij Acciolj. — BENEDETTO EGIO : I. G. 64, Anthologie aldine de 1503, cotée A. 16. in-8°, avec

1. Ils furent expédiés à Pinelli par l'entremise ordinaire de Domenico Basa. En voici la liste telle que la donne Orsini, dans une lettre du mois d'août 1573 (D. 422) : *Ulpiano in Demosth. in-foglio. — Euripide, in-8° d'Aldo, ligato alla greca. — Pindaro, in-4°* [Collationné avec un Pindare de François Portus]. *— Diogene Laertio, di Basilea, in-4°. — Philostrato* Vie d'Apollonius] *toccato da monsr* Ubaldino [Bandinelli]. — *Catullo che fù del Postumo* [Guido Postumo, le poète de la cour de Léon X], *tocco. — Tutti sei per giulii 34.*
2. La longue lettre grecque où Éparque fait ses confidences à Orsini et lui demande son appui, est publiée par M. E. Legrand, d'après le Φιλίστωρ, dans le t. II, p. 372, de sa *Bibliographie*. Elle est sans date, mais les lettres d'Éparque aux cardinaux, qui se rapportent à la même négociation, sont datées de Venise, juillet-août 1566. On attend de M. Legrand un travail supplémentaire sur cet intéressant fournisseur de manuscrits grecs, dont la collection fut achetée après sa mort pour l'Escurial. (Graux, p. 115).
3. Pour *Codrus Urceus*, la bonne foi d'Orsini a été surprise et sa science en défaut. Il a admis dans sa bibliothèque, comme annotés par le grand professeur bolonais, deux livres parus plusieurs années après sa mort. (Cf. le livre récent de M. Carlo Malagola, *Antonio Urceo detto Codro*, Bologne, 1878). Ces volumes ont, du reste, de l'intérêt et valent d'être décrits : — I. G. 61, aujourd'hui coté au Vatican A. 18 *in-8°*, est l'*Anthologie* aldine de 1503, littéralement surchargée de notes grecques d'une très fine et très nette écriture ; les deux épigrammes du dernier f. ont le mot Ἄδηλον barré et remplacé par Κυρίου Ἰω. τοῦ Λασκάρεως. Reliure intéressante ; — I. L. 38, auj. coté VII. A. VII. J., est l'édition d'Ausone, *per Hieron. Avantium Veron. impressum Venetiis per Ioannem Tacuinum de Tridino. Anno Dni MCCCCVII. Die VII aprilis).* Les notes d'un premier annotateur donnent des leçons de mss.; elles sont peu nombreuses ; j'ai reconnu aussi çà et là la main d'Angelo Colocci.

la signature B. Ἀιγίου; — I. L. 28, Pline le jeune d'Alde (1508), coté *A*. 46. *in-8º*, signé *B. Aegii**... [*sic*]; gardes et marges chargées de notes de toute espèce, extraits latins et grecs, sommaires; quelques corrections; — I. L. 101, Quintilien des Alde (1522), coté *A*. 13. *in-4º*; même signature, abondante annotation. Ce sont les seuls ouvrages provenant d'Egio que j'aie pu retrouver; l'Inventaire en mentionne une dizaine[1]. — Pier-Matteo Ercolani : I. G. 70, l'*Ethique* d'Aristote et la *Politique*, d'Alde (1498); — I. L. 18, les *Métamorphoses* d'Ovide, imprimées à Florence en 1489, in-folio, et corrigées à la main[2]. — Rossi (*Erythraeus*) : I. G. 58, le grand Homère de 1488, imprimé à Florence, aujourd'hui coté *Inc*. 548ᵃ [3]. Il est signé à la fin : Ἐρυθραίου τοῦ φιλομήρου. Seize feuillets manuscrits sont en tête, remplis de textes anciens relatifs à Homère; les marges sont pleines de scholies, et le début de plusieurs chants offre un essai de traduction latine interlinéaire. Un petit carré de parchemin sort des tranches à chaque livre, pour la commodité du propriétaire.

Niccolò Maggiorani : I. G. 29, édition princeps d'Euripide, imprimée à Florence, in-4º, cotée au Vatican, *Inc*. 1212[4]; — I. G. 43, Philostrate d'Alde (1503), coté *A*. 3. *in-fº*; — I. G. 55, édition princeps de Théocrite, reliée dans le *Vat. gr*. 1948, sur lequel j'aurai à revenir. Tous ces volumes ont appartenu à Cartéromachos et sont annotés par lui; des inscriptions indiquent qu'ils ont été offerts à Orsini par son ami Niccolò Maggiorani, celui-là même qui fut correcteur à la Vaticane, puis évêque de Molfetta, de 1553 à 1556[5]. Voici la plus complète, qui est sur la

---

1. Cf. dans l'Inventaire I. G. 100; I. L. 110, 113, 114, 117, 118, 119. J'a eu occasion de voir un *Plaute* des Alde (1522), signé en tête *B. Aegii*viij*, avec leçons et notes, qui a dû entrer au Vatican par une autre voie que celle d'Orsini. Il est coté *A*. 14. *in-4º*.
2. Rainaldi a vu les volumes; il indique le premier comme portant en tête le nom d'Ercolani. Je n'ai pas eu le loisir de les rechercher.
3. La reliure moderne a conservé la note d'Orsini. Quant au possesseur, je ne puis l'identifier : est-ce le bibliophile florentin *Antonius Rossius*, cité dans le catalogue de la Laurentienne, par ex. *Cod. lat*., t. III col. 443?
4. Il y a une double erreur sur ce volume 29 dans le catalogue, ordinairement excellent, que l'abbé Zappelli a rédigé pour l'usage intérieur de la Vaticane. Il a lu Μαιοραγίου au lieu de Μαιοράνου sur la note manuscrite, et l'attribue à Marcantonio Maioragio. Il se demande ensuite si les scholies grecques, très abondantes aux trois premières tragédies, sont d'Orsini ou de Maioragio. Elles ne sont ni de l'un, ni de l'autre, ni même de Maggiorani, mais bien de Cartéromachos. La reliure estampée est magnifique et porte une médaille antique au centre des plats.
5. Il y a une lettre de l'évêque de Molfetta à Orsini, dans le 4104, f. 265.

garde du Philostrate : Φουλβίου τοῦ 'Ουρσίνου 'Ρωμαίου δῶρον Νικολάου Μαϊοράνου τοῦ τῆς Μολφέττου ἐπισκόπου ἀξιωτάτου. — Lodovico da Fano : I. G. 57, l'édition aldine d'Homère (1517), en deux volumes cotés *A*. 21 et *A*. 21ª ; il y a de nombreuses notes et corrections au texte ; quelques pages du chant Σ de l'Iliade sont suppléées à la main. — Sirleto : I. G. 28 ; probablement par suite d'un don personnel, Orsini possédait le Xénophon d'André d'Asola (1525), enrichi de quelques annotations du célèbre cardinal bibliothécaire ; il est aujourd'hui coté *A*. 45 *in-f°*. Au dernier feuillet est la date du 23 août 1564 ; on a joint à l'exemplaire la copie d'une dédicace de Leonardo Bruni [1]. Il est parlé des manuscrits de Sirleto et de ses rapports avec Orsini en divers endroits de ce livre [2].

Elle est du 16 août 1568, c'est-à-dire postérieure à la résignation de son évêché ; on en trouve d'autres dans la correspondance de Sirleto, par exemple *Vat.* 6189, f. 606, 6193, f. 385. Cf. *La Bibliothèque d'un humaniste*, p. 17 (n° XVIII).

1. Un catalogue de la bibliothèque de Sirleto est au *Vat.* 3970. — Philippe II, à la mort du cardinal, avait songé à l'acheter (Graux, *Essai sur les orig. du fonds gr. de l'Escurial*, p. 307). M. Ch. Dejob a publié un intéressant rapport adressé à cette occasion au roi, par Alonzo Chacon, avec une estimation des diverses parties de la collection. (*De l'influence du Concile de Trente*, pp. 356-361.) Les mss. grecs du cardinal Sirleto, qui sont entrés à la Vaticane, par voie d'achat, ont été classés immédiatement après ceux du legs d'Orsini, qui s'arrêtent au n° 1421. V. plus haut, p. 123.

L'ensemble de la collection fut acheté par le cardinal Ascanio Colonna pour le prix de douze mille écus, comme le prouve la lettre inédite d'Orsini citée plus loin. On sait les destinées des livres de Sirleto après Colonna ; ils passèrent au duc Giov.-Ang. Altemps, puis à Alexandre VIII, et sont aujourd'hui dans le fonds Ottoboni (cf. plus haut, p. 167, note 4, Rocca, *Bibl. Vat.*, p. 400, Fr. Schott, *Itiner.*, page citée, et Cost. Ruggieri, dans les *Memorie istoriche*, p. p. Mai, Rome, 1825). — Sur le sort de la bibliothèque de Sirleto entre les mains du cardinal Colonna, on lira peut-être avec plaisir un passage de la correspondance d'Orsini : « Hier mattina, fui col cardinale Ascanio un buon pezzo, il quale mi fece vedere le stanze che lui adorna per la biblioteca publica de libri stampati et per la secreta de libri scritti a mano in casa sua. Veramente credo che V. S. gustarebbe la conversatione di questo signore, perche, oltra il bello ingegno e la molta eruditione della quale è ornato, ha poi maniere tanto cortese nel procedere, che s'obliga ogn' huomo. Della sua libreria, che è quella del cardinale Sirleto comprata 12^m scuti, sarà il bibliothecario Pompeo Ugonio, giovine Romano et assai bene incaminato nelle lettere. » (Lettre du 7 juillet 1589, *Ambros.* D. 422.)

2. Aux renseignements de M. Dejob et aux miens, auxquels renvoie la note 1 de la p. 17, je crois utile, ne devant plus revenir sur la question, d'en ajouter quelques autres recueillis postérieurement. Le *Vat.* 9064 contient des lettres à Sirleto et une de lui (f. 311). J'en ai vu une autre à Florence, à la Bibliothèque Riccardi, et des lettres grecques à lui adressées dans une copie de la Marucelliana. V. encore au British Museum, *Add. ms.* 10275, et le *Catalogo dei mss. posseduti dal march. G. Capponi*, Florence, 1845 (n°s 1466-67).

L'imprimé grec 78 a appartenu à un certain Settimio Orsini parent de Fulvio [1]. Ce sont les belles *Argonautiques* d'Apollonius de Rhodes, imprimées à Florence en 1496, avec les *catenae* autour du texte en capitale (aujourd'hui *Inc.* 895); il n'a guère dans les marges que des renvois aux mots remarqués, mais l'inscription finale est à noter : Σκιπίων ὁ Καρτερόμαχος πρῶτος ἔκτησεν τὸν δὲ τὸν βίβλον · ἔπειτα Ἀγγέλου τοῦ Κωλλοτίου Σκιπίωνος τελευτήσαντος ἐφεξῆς. Λ. τοῦ Σεπτιμίου Ὀυρσοίνου τελευτήσαντος τοῦ Κωλλοτίου (*sic*)[2]. Nous apprenons ici un double fait intéressant : la transmission d'un volume de Cartéromachos à Colocci, et, après la mort de celui-ci, à Settimio Orsini ; de Settimio, le volume est allé chez Fulvio. Il y a des chances pour que cette transmission n'ait pas été isolée, et nous allons trouver tout au moins quelques autres livres qui, de la bibliothèque de Cartéromachos, sont passés à sa mort dans celle de Colocci.

Nous retrouverons, en étudiant le fonds latin, ces deux importantes collections, et on a déjà vu au chapitre III, comment une partie en est venue à Orsini. J'ai dressé la liste des livres grecs de Cartéromachos qui se rencontrent dans notre fonds. Son nom, comme copiste grec, n'a été signalé que pour un manuscrit de Paris[3] ; il est cependant certain que les volumes suivants sont de sa main : 1354 <M. G. 27>, Epistolographes grecs (Brutus, Apollonius, Anacharsis.... Platon), avec des marges pleines de renvois[4] ; — 1374 <M. G. 43>, manuscrit double, dont l'un con-

---

1. Je ne trouve que deux Settimio Orsini ; l'un de la branche de Pitigliano, qui fut fait chevalier de Malte, le 31 mars 1588 (Litta, *Famiglie celebri, Orsini di Roma*, tav. XVIII), l'autre, dont j'ai parlé p. 4, note 1. Je crois qu'il s'agit de celui-ci, et que c'est le même personnage qui écrit à Sirleto pour lui demander de le faire sortir sous caution de la prison de Tor-di-Nona, où le gouverneur de Rome l'avait fait jeter (janvier et février 1579, *Vat. lat.* 6193, ff. 326 et 330). Cf. une minute de lettre de Sirleto à S. Orsini, du 31 décembre 1572 (*Vat. lat.* 6946). Je n'ai, du reste, aucun témoignage des relations personnelles avec Fulvio de l'un ou l'autre des deux Settimio.

2. Notons encore au commencement : *Respondet tabulae Scipionis Carteromachi graece conscriptae singulis foliis*. La pagination est marquée à la main en chiffres arabes et en chiffres grecs.

3. Le n° 1045 du fonds grec, écrit à Venise en 1501. Il provient du cardinal Ridolfi, car une de ses cotes du XVIe siècle (n° 82 gratté) se retrouve dans le catalogue de Devaris (*Paris. gr.* 3074, f. 8). Cf. *Catalogus codd. mss. bibl. regiae*, tome II, p. 207.

4. 160 ff. pap. (Léon XIII). Les ff. 113 sqq. ont été utilisés par M. Hugo Hinck, dans son édition de Polémon, Leipzig, 1873. Cf. sa p. VIII ; l'éditeur ne pouvait connaître le nom du copiste, et il désigne simplement le ms. comme étant du XVe siècle).

tient plusieurs ouvrages grecs, l'autre, des notes et extraits divers de Cartéromachos, et une traduction latine du commentaire d'Ammonios sur Porphyre, imprimé à Venise en 1500, qui est due probablement à notre érudit [1]; — 1405 <M. G. 69>, manuscrit double, composé comme le précédent, et dont la seconde partie est une grammaire de Gaza, non écrite, mais seulement annotée par Cartéromachos [2]; — 1948, qui commence par l'édition princeps de Théocrite, glosée, scholiée et annotée par Cartéromachos <I. G. 55>; le manuscrit, composé de plusieurs parties distinctes, est presque entièrement de sa main <M. G. 118> [3]; — 1331 < M. G. 83> [4], quatre de ces *indices auctorum* qui ont tant servi à la rédaction des premiers diction-

---

1. 216 ff. pap. (Léon XIII). *a)* f. 1, *Heliodori Larissaei optica;* f. 4 v°, *Plutarchi de musica;* f. 15, Περὶ τῆς τῶν ἁπλῶν φαρμάκων δυνάμεως (inc. : "Ἄγρωστις λίθους...) ; f. 38, Extraits pharmaceutiques ; f. 48, Synésius, Πρὸς Παιώνιον περὶ δώρου; f. 50 v°, Τοῦ σοφ. ἐπισκ. Καριχλείου ἀντιθετικὸς πρὸς Πλωτῖνον; f. 59 v°, Nicéphore Grégoras, préface de la grammaire (transcrite dans les papiers d'Amati au *Vat. lat.* 9781); f. 61, Tzetzès, περὶ κωμῳδίας; f. 65, Extraits divers, Eudocia, texte des Entretiens d'Epictète traduits en partie de la main de Cartéromachos (ff. 130-140); f. 151 v°, Μαρίνου Νεαπολίτου Πρόκλος ἢ περὶ εὐδαιμονίας; f. 166, Τοῦ Σταφιδάκη μονῳδία ἐπὶ τῷ αὐτοκράτορι Παλαιολόγῳ; *b)*, f. 170, cahier de notes de Cartéromachos, d'un format plus grand que le ms. *a*.

2. 420 ff. pap. rel. ant. aux armes d'Orsini. *a)* f. 1, Denys d'Halic., *De panegyricis,* etc. (une collation de ce ms. se trouve dans les papiers d'Amati cités ci-dessus, f. 95); f. 57, Ἀλεξάνδρου [Νουμενίου] περὶ... σχημάτων; f. 70 v°, scholies, opuscules de rhétorique, etc., dont: f. 86, Γεωργίου τοῦ Χοιροβόσκου περὶ τρόπων ποιητικῶν; f. 128, Cicéron, *De Senectute,* ἑρμηνείᾳ Θεοδώρου [Γαζέω]; f. 149, Μενάνδρου ῥήτορος γενεθλίων διαίρεσις τῶν ἐπιδεικτικῶν; f. 234, Tzetzès, scholies sur le bouclier d'Hésiode, sur l'Iliade ; f. 318 v°, Hérodien, *De dialectis; b)* f. 330, grammaire de Gaza (xvᵉ siècle). Dans une lettre du 24 septembre 1811 (*Vat. lat.* 6781, f. 186), Amati décrit cet autogr. de Cartéromachos et dit lui devoir la découverte du nom du copiste de deux mss. du Vatican; le premier, resté inconnu des savants, contenait un texte de la *Cyropédie* et de l'*Anabase* différent de la vulgate; le second est certainement le Théocrite annoté contenu dans le 1948.

3. Rainaldi, dans son récolement des imprimés, ajoute en face du n° 55: *Con alcuni opusculi msti.* Il ne s'est pas aperçu que la partie manuscrite correspond à M. G. 118, qu'il porte absent au récolement des mss., et dont voici la description : 229 ff. pap. (Pie IX). [f. 1, Théocrite imprimé avec les Œuvres et jours d'Hésiode]. *a)* f. 48, *Théogonie* d'Hésiode avec *catenae* et ἐξήγησις, autogr. de Cartéromachos, resté ignoré aux éditeurs; cf. l'édit. Göttling et Flach, Leipzig, 1878, p. LXVII; *b)* f. 88, Denys le Périégète, autogr. ; *c)* f. 118, Sophocle, *Philoctète,* glosé et scholié, autogr; *d)* f. 168, Ἀριστείδου λόγος παναθηναϊκός (xvᵉ siècle); *e)* f. 220, Φανοκλέους ἐπίγραμμα ἐκ Στοβ. ξβ. (xvIᵉ siècle). De plus, quelques transcriptions de Cartéromachos, parmi lesquelles la *Syrinx* de Théocrite, avec commentaire (copié par Amati, ms. *c*. f. 88).

4. 113 ff. pap. (Pie IX). L'Inventaire met par erreur *Epistolario greco,* comme si le recueil existait vraiment dans le manuscrit.

naires classiques. Cartéromachos en a fait beaucoup : les mots remarqués, qu'il soulignait sur ses livres manuscrits ou imprimés et qu'il reportait d'ordinaire à la marge, se retrouvent dans ses index. Les index 1, 2 et 4 du 1331 se rapportent à Aristophane (f. 1), Lucien (f. 42) et Démosthène (f. 96 v°) ; le 3° a pour titre (f. 69 v°) : Ἀρχὴ τῶν παρὰ ταῖς τῶν διαφόρων ἐπιστολαῖς σημειώσεως ἀξίων εὑρεθέντων ἐν τῷ ἐντυπωθέντι βιβλίῳ παρ' Ἄλδου τοῦ Μανουκίου τοῦ τὰ τοιαῦτα μάλιστα φιλοπονοῦντος ; — 1402 <M. G. 117>, un index des mots de Thucydide, des corrections au texte de Plutarque, des extraits de saint Grégoire de Nazianze, etc., et une copie non autographe, mais corrigée en beaucoup d'endroits, de l'épître latine de Cartéromachos à Colocci sur la rage[1] ; — 1389 <M. G. 82>[2], quatre index, le premier (f. 1) des quatre tragédies d'abord connues d'Euripide ; le second (f. 5 v°) de dix autres tragédies, d'après deux manuscrits appartenant à Cartéromachos ; le troisième (f. 17 v°) d'Apollonius de Rhodes, d'après un manuscrit de la même bibliothèque ; le dernier (f. 58 v°) de Nicandre. Beaucoup de feuillets sont restés blancs et Orsini y a transcrit l'ode de Sappho à Aphrodite ; avant lui des moines d'un couvent de Rome avaient utilisé les premières pages blanches (ff. 78 et 79) pour donner des reçus de barils de vin aux héritiers de Mgr Colocci, évêque de Nocera, à la date du mois de septembre 1549. Voilà donc un autre volume de Cartéromachos qui, sans aucun doute, se trouvait chez Colocci.

Les manuscrits simplement possédés ou annotés par Cartéromachos sont les suivants : 1301 <M. G. 8>[3], Procope de plusieurs mains du xiv° siècle, avec des renvois et sommaires marginaux de notre savant ; un propriétaire plus ancien et non sans gloire est indiqué à la première page par son ex-libris : + τὸ παρὸν βιβλίον Γεωργίου τοῦ Καντακουζηνοῦ ; — 1299 <M. G. 129>, 36 opuscules d'Aristide datés en souscription de l'an du monde 6868

---

1. 44 ff. pap. Le *De rabie canum* occupe les ff. 33-43. Beaucoup de blancs et mentions insignifiantes.
2. 79 ff. écrits, 143 numérotés, pap. (Pie IX). A la fin du premier index est cette souscription, d'abord à l'encre rouge, puis à l'encre noire dont je respecte l'accentuation : Τελος τῶν σημειώσεων ἀξιωθέντων παρ' Εὐριπίδου τέσσαρσι τραγῳδίαις Μηδεια, Φαιδρα, Ἀλκηστις καὶ Ἀνδρομαχη. Ἔτι δὲ καὶ παρὰ Μουσαίῳ εἰς τὰ κατὰ Ἥρω καὶ Λεανδρον. Ἅπαντα γὰρ ταῦτα ἐν μῖα βιβλῳ συνέχονται παρ' ἐμοὶ Σκιπίωνι τῷ Καρτερομαχῳ. — Ἄρχεται δὲ ἀπὸ τούτου πίναξ τις τῶν σημειώσεων ὡσαύτως ἀξιωθέντων παρα Εὐριπίδου δεκα τραγῳδιαις αἵτινες ἐν ἑνὶ κατέχονται βιβλίῳ παρὰ τῷ αὐτῷ Σκιπίωνι [sic].
3. 307 ff. pap. (Paul V).

ind. 13, soit 1360 [1] ; — 1295 <M. G. 19>, Euclide du xve siècle, avec les figures et le commentaire de Théon, annoté par Cartéromachos [2] ; — 1326 <M. G. 16> [3], 1370 <M. G. 58>, 3e partie [4], 1386 <M. G. 99>, manuscrits du xve siècle, contenant surtout des traités de rhétorique et de grammaire, avec des annotations de peu d'intérêt [5].

Parmi les livres imprimés grecs provenant de Cartéromachos [6], je citerai, outre l'édition princeps de Théocrite <I. G. 55> :
— I. G. 13, Suidas imprimé à Milan en 1499, aujourd'hui coté *Inc.* 1024, où l'annotation manuscrite consiste surtout en mots renvoyés ou traduits avec des extraits grecs fort nombreux au verso de la dernière page; — I. G. 78, Apollonius de Rhodes (1496), déjà décrit à propos de Settimio Orsini; — I. G. 20, Lucien (1496), déjà décrit à propos de l'exemplaire de Leonico Tomeo; — I. G. 29, Euripide, décrit comme ayant appartenu à Niccolò Maggiorani, ainsi que le Philostrate <I. G. 43> [7]; — I. G. 30, Euripide d'Alde (1503), auj. coté *A.* 20 *in*-8°; — I. G. 31 Sophocle d'Alde (1502), auj. *A.* 11[a] *in*-8°; — I. G. 51, Quintus de Smyrne d'Alde, auj. *A.* 196 *in*-8°; — I. G. 38, Esope d'Alde (1505), auj. *A.* 16 *in*-4°, avec une page de notes manuscrites de Cartéromachos, et une note d'Orsini mentionnant la possession par

1. 254 ff. parch. (Pie IX). A la fin est l'estimation vénale du volume : *Aristides ducat. ciij.* La seule marque de possession de Cartéromachos est un passage qu'il a rajouté en marge au f. 58.
2. 158 ff. parch. rel. ant. estampée.
3. 415 ff. pap. rel. ant. estampée. F. 1, Sopater, Διαίρεσις ζητημάτων; f. 153, Rhétorique d'Aristote; ff. 231 et 386 v°, Commentaire d'Etienne de Byzance. Cartéromachos a écrit sur un f. de garde : *Carte 413. Retores Greci* [*sic*].
4. Cf. plus haut, p. 162. Il n'y a que la troisième partie du ms. qui soit sûrement de Cartéromachos; l'index est de sa main.
5. 193 ff. pap. (Paul V). F. 1, Πορφυρίου εἰσαγωγή; f. 19, épigrammes grecques: f. 34, manuel d'Héphestion; f. 94, traité de gramm.; f. 112, *Gregorii Corinthi de dialectis*; f. 138, recueil de tropes poétiques, autre traité des dialectes; f. 169, tableaux de conjugaison des verbes contractés et en μι (xvie siècle); exécuté, à ce qu'il semble, pour Cartéromachos. — Le 1406 est indiqué, je ne sais pourquoi, par Ciampi (*l. c.*) comme contenant des œuvres inédites de Cartéromachos.
6. Un certain nombre d'imprimés de Cartéromachos ne sont jamais entrés au Vatican et ont été portés manquants par Rainaldi; ce sont, pour les grecs, les n°s 12, 32, 35 et 41 d'Orsini. On trouvera dans l'Inventaire d'autres volumes que je n'ai pas pris le loisir de retrouver; l'intérêt médiocre qu'offrent d'ordinaire les imprimés annotés par notre érudit n'aurait point compensé les difficultés de la recherche. V. sous les n°s 10, 11, 14, 22, 24, 25, 33, 36, 37, 39, 40, 49, 50, 52.
7. Les n°s 13, 18, 20, 29 présentent de beaux spécimens de reliure estampée; j'ai déjà fait remarquer que les deux derniers ont une médaille antique dans leurs ornements.

Colocci (Σκιπίωνος τοῦ Καρτερομάχου. Ἀγγέλου τοῦ Κωλοκίου. Φουλβίου τοῦ Οὐρσίνου). — La quantité des éditions aldines possédées par Cartéromachos, en beaux exemplaires, s'explique par ses rapports bien connus avec l'imprimerie d'Alde ; comme il prenait directement part à beaucoup de publications, on trouvait juste sans doute de lui réserver des volumes de choix [1].

La bibliothèque de Colocci semble avoir été très importante pour les livres latins, fort peu pour les livres grecs. Je ne trouve à citer, comme ayant appartenu à Colocci, que le manuscrit 1389 <M. G.33> ; il lui venait, comme nous l'avons vu, de Cartéromachos, ainsi que deux au moins des trois volumes imprimés, 38, 44 et 78 [2]. Nous savons cependant qu'il y avait chez lui d'autres manuscrits, notamment un recueil d'écrivains militaires, passé plus tard à la Vaticane [3], et un Héron d'Alexandrie, qui y est peut-être aussi [4]. On s'explique cette rareté d'ouvrages grecs chez Colocci, puisque cet humaniste, malgré l'étendue de ses connaissances et l'usage répandu de son temps, ne savait pas le grec [5].

L'idée qu'on avait jusqu'ici de la bibliothèque du cardinal

---

1. Les rapports de Cartéromachos avec la maison d'Alde seront mis en lumière dans la publication annoncée p. 133.
2. V. p. 154, note 8, pour l'*Anthologie* possédée par Colocci <I. G. 44>.
3. V. p. 5, note 1.
4. Il est peu probable que ce soit le n° 15 de l'Appendice I ou le n° 45 du grand Inventaire. Celui-ci correspond au 1364 : 221 ff. pap. rel. ant. Musicographes; f. 1. Manuel Bryennius ; f. 85, Aristide Quintilien; f. 143, Bacchius; f. 150, Porphyre; f. 194, Héron d'Alexandrie (avec figures), xvie siècle. Il est intéressant d'extraire de la correspondance de Marcello Cervini, à propos de ce dernier auteur, un passage adressé à Colocci, alors secrétaire apostolique :

« Per Alexandro mio fratello rimando à V. S. Herone greco suo, et quella parte che io ne ho bozando traducta; il resto per molti fastidii non ho finito, ma se piacera a Dio, ritrovandoci insieme, si potra finire in pochi giorni. Io stando in forse di cavalcare qualche giornata, non ho voluto tenendolo, che quella per caso alcuno se lo potesse perdere. Quando si potra disegno trarne copia, che non l'ho tracta... Ci resta che si degna raccomandarmi al s[or] Lascari et al Tebaldeo, con tutti li altri amici... *Castigni alli 20 di septembre MDXXXIII*. Scordavami advisarla come ho ritrovato in un loco Leonardo Pisano et certe altre belle cose di misurare monti, valli, piani, et distantie per proportione et via mathematica solo vedendoli. Item in Firenze in la libraria de Medici ho visto Hipparco sopra Arato, un bel libro. Et messer Palla si racommanda a V. S. » (*Vat.* 4104, 17). — Le 13 juillet (f. 23), Cervini disait déjà qu'il avait traduit presque tout le livre I de Héron, et plus loin : « Credo havere investigato un altro volume di Leonardo Pisano, in Firenze, in la libraria di San Marco. »

5. Il se faisait traduire le grec par Lascaris, Sirleto, Cervini. Cf. Nolhac, *Invent. des mss. grecs de J. Lascaris*, p. 20, et ci-dessus, p. 5.

Bembo nous la représentait aussi comme fort pauvre en livres grecs. A côté de précieux manuscrits latins ou italiens, on ne citait guère, pour le grec, qu'une *Géographie* de Ptolémée[1]. Les renseignements recueillis dans notre chapitre III permettent d'affirmer qu'il y avait chez Bembo un nombre déjà respectable de manuscrits grecs, puisqu'il en est passé chez Fulvio Orsini au moins une douzaine. Malheureusement il n'est pas facile de retrouver les traces de tous, à cause du silence de l'Inventaire et de la brièveté des indications qui nous viennent d'un autre côté. Voici toutefois quelques identifications que le lecteur pourra contrôler lui-même par les documents de l'Appendice II et un examen plus minutieux des volumes[2].

Le Pindare de Bembo est le 1312 <M. G. 13>, dont la valeur philologique est bien connue[3]. Voici les raisons qui me font faire un *Bembinus* de ce précieux *Ursinianus* : d'abord, c'est le seul manuscrit d'Orsini, qui contienne plus qu'une partie de Pindare ; c'est le seul également qui puisse justifier l'estime extrême de Pinelli ; enfin il répond au signalement que fournit le savant de Padoue : il contient en entier l'*Isthmique IV* (V), Μῆτερ ἀελίου, que Pinelli signale vers la fin, évidemment sans s'être aperçu qu'il y a encore quelque chose après, et il est, comme le manuscrit de Bembo, incomplet du dernier feuillet[4]. L'Hérodote de Bembo

---

1. V. Apostolo Zeno dans les notes à la Vie de Bembo par Giov. della Casa *l. c.*, p. xv. — M. Cian (*l. c.*, p. 104) conclut à tort du texte de Zeno que le ms. de Ptolémée est au Vatican. Après avoir cité le Virgile et le Térence, Zeno passe à une autre phrase : « Ipse [peut-être *ipsi*] fuit etiam Ptolemaei Geographiae codex, graphice et emendatissime manu exaratus, a quo descripsit quidam ea, quae ad Hiberniam spectantia exstant in codice CXXXX, n° 14, bibliothecae collegii e S^{mae} Trinitati Dublinensis, ut cernere est in *Catalogo mss. librorum Angliae et Hyberniae*, vol. II, parte II, p. 24. » Si l'on se reporte à l'ouvrage cité (Oxford, 1697), on trouve à la page indiquée la simple description que voici : « Excerpta ex eiusdem [Ptolemaei] Geographia de Hibernia ; e M. S. Pet. Bembi card. » C'est le 16° opuscule contenu dans le ms. 140 du collège de la Trinité. Je ne sais où Zeno a pris ses autres indications.

2. Peut-être retrouvera-t-on, aux gardes de l'un ou de l'autre des volumes, la cote de la bibliothèque de Bembo que j'ai donnée p. 104, note 2. Cette partie de mon travail reste incomplète, car je n'ai pu revoir les mss. grecs du Vatican après avoir dépouillé les lettres d'Orsini et de Pinelli. On n'a aucune trace chez Orsini d'un *feuillet* de Sextus Empiricus, acquis en 1582 (v. p. 103).

3. 282 ff. pap. (2 vol. Pie IX). Texte à peu près complet, *catenae* abondantes. Tycho Mommsen, qui attribue le ms. à la fin du XII° siècle, en fait un des plus importants pour le texte de Pindare ; cf. son édition critique, Berlin, 1864, pp. xii-xiii.

4. Lettre X de l'Appendice II.

est apparemment le 1359 <M. G. 26>, le seul qui existât dans la bibliothèque d'Orsini ; il est, nous l'avons vu, du temps de Théodore Gaza [1]. L'Aristide décrit en 1575 par Pinelli comme se trouvant chez Bembo est, sans hésitation, le 1298 <M. G. 123> ; ce manuscrit est encore un texte de haute valeur, et il offre cette particularité qu'il a été possédé avant Bembo par Niccolò Leonico Tomeo, chez qui nous l'avons rencontré déjà [2]. Le Strabon incomplet mentionné à la même époque, doit être le 1329 <M. G. 77>[3]. Orsini marque dans sa demande à Torquato Bembo, en 1582, un Oppien et un Synésius, deux recueils qui pourraient être identifiés avec 1345 <M. G. 31>[4] et 1394 <M. G. 128>[5]. Le Xénophon, acquis à la même date, me paraît être le 1335 <M. G. 124>[6] ; je me fonde, pour cette hypothèse,

---

1. Cf. p. 146.
2. V. plus haut, p. 171. Ce qui me permet d'identifier le ms. de Leonico Tomeo avec celui de Bembo, c'est la description heureusement assez précise que nous avons de ce dernier. Pinelli, dans la lettre X de l'Appendice II, nous apprend qu'il est plein de scholies jusqu'au delà de la moitié ; le nôtre, qui a 354 ff., en est plein jusqu'au f. 215. Pinelli nous dit que le dernier tiers du volume a beaucoup souffert ; c'est le cas pour le 1298, où beaucoup de ff. sont réparés dans cette partie. Enfin, les indications que Pinelli donne à la fin de la lettre, sur la table du ms., correspondent à celle du nôtre avec la plus grande précision.
3. 160 ff. pap. (Pie IX). Le texte commence vers la fin du livre XII. G. Kramer y a compté treize mains du xive siècle. (Cf. *De codic. qui Strab. geogr. continent*, Berlin, 1840, p. 11). « Non unam ob causam maxime memorabilis, » disait Kramer ; « Iniuria neglectus, » dit L. Dindorf dans son édition de Polybe, Leipzig, 1866, t. I, p. xvii.
4. Il contient Oppien seulement (f. 1), et quelques pièces d'Euripide (f. 95), le tout glosé et scholié. Outre l'ex-libris grec et latin d'Orsini, on lit en tête du ms. : Χριστὲ προηγοῦ τῶν Θεοδώρου πόνων. Je ne sais à quel Théodore il faut rattacher ce manuscrit. En tous cas, c'est le seul Oppien qui soit chez Orsini, et il paraît bien être celui dont parle Pinelli dans la lettre X de l'Appendice II : « Non s'è trovato altramente Appianus, ma Oppianus, Ἁλιευτ. καὶ κυνηγετικά. » Orsini a pu faire une confusion en 1582, en demandant Nicandre avec Oppien.
5. Décrit comme venant de Giovanni Lorenzi (v. ce nom à l'index). — Pour le Théon sur parchemin dont il est question dans la correspondance (par exemple, lettre XIX de l'Appendice II), on ne trouve à l'Inventaire que M. G. 19 qui puisse s'y rapporter. Nous avons vu qu'il est annoté par Cartéromachos ; il n'y a rien d'invraisemblable à ce qu'un manuscrit de ce savant ait passé chez Bembo, qui était lié avec lui et avec les Alde. — Orsini demandait encore à Pinelli (lettre XIX) un recueil astronomique, qu'on peut rapprocher d'un seul ms. de l'Inventaire, M. G. 134. Ce volume du xve siècle, aujourd'hui coté 1411, commence par les Φυσιογνωμικά d'Adamantios et contient divers traités mathématiques ; mais il a 179 ff. de papier (Pie IX), et il faudrait admettre une erreur dans l'index de Bembo qui décrivait le sien *in membranis*.
6. Sera décrit à la fin du chapitre. Sur ce ms. de Xénophon chez Bembo, et sur l'Aristote, v. plus haut, p. 105, note 2.

ur la présence du 124 dans l'Inventaire au milieu de manuscrits
qui viennent certainement de Bembo et particulièrement entre
deux volumes importants, l'Aristide et le Métochita. Si cette
supposition est exacte, comme l'importance philologique de ce
texte est analogue à celle du Pindare, on voit quelle magnifique collection grecque figurait chez le cardinal Bembo.

Pour le Lucien et l'Aristote de Bembo entrés chez Orsini, je ne
peux les reconnaître avec certitude parmi les divers manuscrits
de ces auteurs [1]. Un volume qu'il serait intéressant de retrouver,
porte chez Orsini le n° 132; il contient Théocrite et Hésiode
scholiés, avec des notes autographes de Bembo; il n'est pas
entré à la Vaticane [2]. Enfin, deux manuscrits, dont l'un surtout
était des plus considérables de Bembo, peuvent être identifiés avec
certitude. Un très gros in-folio de Denys d'Halicarnasse, le 1300
<M. G. 14>, est évidemment celui dont il est question dans les
négociations entre Torquato Bembo et Orsini : il a les titres en
onciales et doit être rapporté au ıx^e ou au xe siècle [3]. Le 1365
<M. G. 125> porte à la fin la signature autographe *Petri
Bembi*; il contient les éléments astronomiques de Théodore
Métochita avec des scholies de Jean Chortasmène, et figure aussi
dans la correspondance [4].

---

1. Je ferai toutefois, à propos de Lucien, une observation analogue à
celle qui vient d'être faite pour le Xénophon. Si l'on examine les numéros
de l'Inventaire qui suivent le n° 122, on s'aperçoit qu'il y a toute une série de
manuscrits correspondant à celle que nous savons avoir figuré chez
Bembo, et qui a été acquise par Orsini en 1582. De plus, nous identifions
presque avec certitude les n°s 123 et 125, et même 124 et 128. Les n°s 126-
127 qui comblent les vides sont des mss. de Lucien; l'un d'eux vient de
Bembo, peut-être tous les deux. Ce sont aujourd'hui les 1325 et 1322. —
Sur le 1322 < M. G. 127 >, v. plus haut, p. 173. Le 1325 < M. G. 126 >
est un ms. du xve siècle, de 329 ff. pap. (2 vol., Pie IX), et contient cinquante opuscules de Lucien, en commençant par le *Parasite* et finissant
par le *Lucius*, sans aucune des grandes séries de dialogues; il y a des
scholies marginales de main récente, plus abondantes dans le premier volume
que dans le second.
2. Il faut peut-être rapprocher de ce ms. des scholies latines sur Théocrite décrites par Pinelli, sous le n° α', le 21 août 1575 (lettre X de l'Appendice II), et pour lesquelles, du reste, je n'ai pas constaté l'entrée chez
Orsini.
3. 319 ff. parch. mesurant 32 × 23 cent. (Pie IX).
4. 386 ff. parch. (Paul V). Timbre de la Bibliothèque Nationale. Le f. de
garde est tiré d'un ms. juridique du xıv^e siècle. En tête est un feuillet de
papier contenant un éloge de Ptolémée et de Métochita (ταυτά σοι παρ' ἐμοῦ
Ἰωάννου διδασκάλου τοῦ Χορτασμένου); f. 5, *Theodori Metochitae elementorum
astronomicorum epitome cum notis et interpretationibus Ioannis Chortasmeni sive Saturi* (figures marginales et tableaux). xve-xvı^o siècle. Acquis
en 1582; cf. les lettres XVIII et XIX de l'Appendice II.

Il nous reste, dans le 1347 <M. G. 71>[1], un témoignage plus précis des travaux d'helléniste du cardinal Bembo, peu porté d'ordinaire aux études grecques; il s'agit d'un dictionnaire géographique en cette langue, avec renvois aux passages des auteurs, composé sur les notes de Bembo par Fulvio Orsini lui-même, en 1554. C'est du moins ce qu'atteste la souscription autographe : Τέλος τοῦ πρώτου τμήματος τῆς τοπογραφίας καὶ λεξικοῦ τῶν ὀνομάτων ἐθνῶν πόλεων δήμων ποταμῶν... συλλεχθέντων πρῶτον ἐκ διαφόρων βιβλίων λατίνων τε καὶ ἑλληνικῶν ὑπὸ Πέτρου τοῦ Βέμβου καρδινάλεως, ὕστερον δὲ ταχθέντων κατὰ στοιχεῖον πρὸς τὸ εὐπορώτερον τῆς εὑρέσεως παρ' ἐμοῦ Φουλβίου τοῦ Οὐρσίνου Ῥωμαίου σπουδάζοντος ἐπὶ φιλοσοφίᾳ ἔτει ἀπὸ τῆς Κυρίου γενέσεως χιλιοστῷ πεντακοσιοστῷ πεντηκοστῷ τετάρτῳ, μηνὸς μουνυχιῶνος τετάρτῃ ἐπὶ δέκα ..'. Ἰστέον ὅτι τὰ ὀνόματα σοφῶν ἀφ' ὧν συναγήοχεν ταῦτα ὁ Βέμβος κατέλιπεν διὰ τὸ συνοπτικὸν καὶ τὸ εὐληπτότερον. La copie d'Orsini est très élégante. Le reste du manuscrit est aussi de sa main : c'est une série de transcriptions de textes grecs, où plusieurs apocryphes gardent le titre qu'on leur attribuait encore au xvie siècle. Il y a le fragment du livre XV d'Athénée, découvert chez le cardinal Farnèse. Orsini fit sans doute connaître ce fragment à Muret et Muret en transmit le texte à Guillaume Canter. Celui-ci le publia en 1564, dans ses *Novae lectiones*[2]; la copie d'Orsini et probablement l'ensemble de notre recueil ne sont pas postérieurs cette date.

---

1. 254 ff. pap. rel. ant. aux armes d'Orsini (avec quatre fleurs de lis aux coins des plats. Miscellanées formant des cahiers distincts, tous de la main d'Orsini : f. 1, Περὶ μέτρων καὶ σταθμῶν Σωρανοῦ ; f. 7, Ἀρχιμήδους περὶ τῶν ὕδατι ἐφισταμένων ; f. 12, Λαμπρίου Πλουτάρχου βιβλίων πίναξ ; f. 20, Ἀθηναίου ιε'. Puis viennent un grand nombre de textes grecs, les *Pastorales* de Longus (f. 51), l'Hymne de Cléanthe (f. 84) [cf. notre p. 39], des scholies sur Gorgias (f. 101), un fac-similé de calendrier antique (f. 222), les épîtres de Diogène le Cynique (f. 233), la lettre d'Isocrate à Archidamos (f. 252 v°), etc. Au milieu de ces transcriptions figurent sept feuillets imprimés contenant l'épître de Jean Lescaris à Pierre de Médicis, détachés probablement de l'un des exemplaires de l'Anthologie de 1494. Le Dictionnaire géographique occupe les ff. 116-177 ; les têtes d'articles sont à l'encre rouge. — Le ms. est cité dans les papiers d'Amati dont j'ai eu occasion de parler, *Vat. lat.* 9781, f. 271. Une bonne part est tirée de Stobée, et, suivant le témoignage même d'Orsini dans les *Carmina IX fem.*, c'est au *Farnesianus* de Stobée qu'il aurait emprunté. Mais il a pu avoir communication du *Leidensis*, ms. d'Agustin. (V. Fabricius, éd. Harles, t. IX, p. 571 ; Graux, *Escurial*, pp. 295-296).

2. V. Nolhac, *La Bibliothèque d'un Humaniste*, p. 33 (n° XLVII). Muret remit le fragment à Canter pendant son voyage à Paris. Sur un autre ms. d'Athénée, montré à Canter par Orsini, cf. Fabricius, t. VI, p. 607.

Le 1347 suffit à assurer à Orsini une place dans les tables de copistes grecs[1]; mais il y a d'autres manuscrits de sa main, par exemple une partie du 1346 < M. G. 33>, collection d'ouvrages astronomiques[2], et tout le 1344 < M. G. 70>, index ingénieusement construit pour les œuvres complètes d'Aristote[3]. Rappelons encore les corrections autographes aux Décrets du Concile de Trente, par Devaris, dans le 1330, la plus grande partie du 1393 et du 1415, déjà signalés en parlant de Gaza et de Constantin Lascaris, enfin les manuscrits 1, 3, 5 du 1416, qui a été décrit à propos du copiste Onorio. Les 1418 et 1419 correspondent à deux parties du n° 113 de l'Inventaire[4] : la première est une copie du fragment de Dion Cassius d'Orsini, et du fameux texte *De legationibus* envoyé à Orsini par Antonio Agustin[5]; dans les marges et les interlignes sont des corrections et, pour deux auteurs, des rapprochements faits par notre savant; sur Polybe ces rapprochements sont des passages de Denys d'Halicarnasse et de Tite-Live; sur Dion Cassius, de Tite-Live seulement. La seconde partie, le 1419 contient le manuscrit autographe des notes d'Orsini, qui ont été imprimées par Plantin dans l'édition de 1582[6].

---

1. Sur ses premières études d'helléniste, cf. ce passage de la lettre à Valori, citée p. 166 : « Nelle [cose] greche ho hauto maestri della natione istessa et de' primi. »
2. 222 ff. pap. rel. ant. aux armes d'Orsini. F. 1, *Phénomènes* d'Aratus (avec un commencement de collation); f. 180, Aristarque; f. 207, *Harmonie* d'Euclide (avec corrections nombreuses et collation d'un ms.).
3. 537 ff. pap. (et non 555 ff. comme dit l'Inventaire) rel. ant. aux armes d'Orsini. Cet index est en deux parties : la première (ff. 1-50) comprend tous les mots de la langue d'Aristote par ordre alphabétique, avec des renvois aux ouvrages par des lettres conventionnelles correspondant à une table spéciale; la seconde partie contient un index particulier pour chaque ouvrage d'Aristote avec l'indication de tous les passages où figure le mot. Les deux tables se complètent : on cherche le mot dans la première pour savoir s'il est dans Aristote, puis on se reporte à l'index spécial du traité ou des traités indiqués.
4. 239 et 108 ff. pap. (Pie VII).
5. V. pp. 46-48. Cf. pour la copie de Dion et les corrections d'Orsini, l'édition critique d'E. Gros, Paris, 1845 sqq.
6. Aux travaux grecs d'Orsini se rattache le *Parisinus gr.* 1751, que m'a signalé M. Legrand; la première partie du ms., due à Jean de Sainte-Maure, copiste qui travaillait à Rome en 1593 et 1594, porte la souscription suivante : Ἐξισώθη ἐξ ἄλλοιν ἀντιγράφοιν παρὰ τῷ κυρίῳ Φουλβίῳ τῷ Ὀυρσίνῳ διασωζομένοιν ὁμοίοιν τῷδε, ὡς ὁρᾷς. Ἰωάννης ὁ Σανκταμαύρας Κύπριος ὁ ἀντιγράψας. Le texte est le catalogue des œuvres de Plutarque, par Lamprias [cf. *Vat.* 1347, f. 12]. Le copiste a mis en marge des corrections d'Orsini, indiquées ainsi : *D. Fulvius* ἐν ἄλλῳ γράφει; cf. Fabricius, *Biblioth. gr.*, éd. Harles, vol. V, pp. 159 sqq. — Montfaucon qui donne la souscription

Quant aux imprimés grecs corrigés ou annotés par Orsini, ils sont extrêmement nombreux, et l'Inventaire ne les a pas tous notés[1]. Voici ceux dont je peux indiquer la cote actuelle : I. G. 18 (auj. *A. 21 in-fol.*), qui est le Plutarque dont il a été question au sujet de Leonico Tomeo ; — I. G. 60 (*A. 10 in-8°*), Sophocle d'Alde ; — I. G. 63 (*A. 18ᵇ in-8°*), Anthologie d'Alde avec l'ex-libris : Φουλβίου τοῦ Ὀυρσίνου κτῆμα καὶ πόνος [2]; — I, G. 75 (*A. 40 et 40ᵃ in-8°*), *Iliade* et *Odyssée* d'Alde, surchargées de scholies et de gloses latines interlinéaires ; — I. G. 76 (*A. 20ᵃ in-8°*), second volume de l'Euripide d'Alde, ne portant des notes qu'au *Rhésus* et aux *Troyennes* ; — I. G. 77 (*A. 19 in-8°*), les deux volumes de la même édition, avec corrections et variantes de mss.; — I. G. 80 (*VIII. R. 4. 39*), Pindare de Callergi, imprimé à Rome en 1515 ; le texte porte des variantes manuscrites, les *catenae*, de simples renvois marginaux ; au titre l'ex-libris d'Orsini[3] ; — I. G. 83 (*A.197ᵃ in-8°*), Quintus de Smyrne d'Alde[4]; — I. G. 90 (*armoire 343, n° 73*), Diodore de Sicile de Henri Estienne (1559) ; — I. G. 98 (*VIII. R. 4. 14*), Aristophane des Giunta (1525)[5].

En terminant la description du fonds grec d'Orsini, je dois parler des manuscrits les plus anciens de sa collection et de ceux auxquels, à ce titre, il attachait le plus de prix. L'Inventaire nous apprend à ce propos que la science paléographique d'Orsini était beaucoup moins assurée pour les manuscrits grecs que pour les latins. Il date sans hésitation un très grand nombre de ces derniers ; pour les premiers, il est moins affirmatif. Il risque bien çà et là quelque opinion précise, comme pour cette *Rhétorique* [d'Aristote du 1340 <M. G. 65>, qu'il déclare âgée « *di più di* 500 *anni* », et qui n'est pas antérieure au xɪᴠᵉ siècle[6]; mais, en général, il se borne à dire « *libro anti-*

(*Palaeogr. graeca*, p. 91), lisait un ex-libris d'Emm. Margounios, qui a dû disparaître à la reliure sous Louis-Philippe, car je ne le retrouve plus.

1. Lire l'Inventaire sous les nᵒˢ 26, 59, 60, 63, 67, 68, 73 à 77, 79, 80, 82 à 99. D'après Rainaldi, les nᵒˢ 26 et 93 ne sont pas entrés à la Vaticane. non plus que le n° 81, qui était peut-être dans la série annotée par Orsini.

2. Reliure mosaïque très fine.

3. Sur la garde est collée une épigramme : Εἰς ῥοδόσταγμα πάνυ εὐῶδες.

4. La même édition cotée *A.* 197 à la Vaticane a appartenu à Sirleto, qui avait légué par testament à cette bibliothèque tous ceux de ses livres qu'elle n'avait pas.

5. Belle reliure. En tête de l'épître dédicatoire, je distingue une signature effacée : *Antonij Milesij*.

6. 199 ff. pap. (Pie IX). Deux mss. distincts : *a*) f. 7, Aristote (de deux mains); *b*) f. 43, commentaire sur la *Rhétorique*, d'Etienne de Byzance.

chissimo », et l'on ne saurait trouver à reprendre dans cette vague qualification.

Au n° 1 de sa bibliothèque, Orsini assigne douze cents ans, et au n° 3, mille ans. Ici, l'écart entre son appréciation et la vérité n'est pas excessif. Les deux manuscrits sont en belle onciale : il est facile, je crois, de dater l'un d'eux, le 1291 < M. G. 3 >, et l'on ne s'explique pas qu'Orsini n'ait pas vu la liste d'empereurs byzantins qui aurait rabattu quelque peu de ses prétentions ; il appartient, sans aucun doute possible, aux premières années du xe siècle [1]. Le 1288 < M. G. 1 >, qui a l'honneur d'être exposé dans les vitrines de la Vaticane, est d'une écriture plus ancienne encore [2]. C'est un célèbre fragment de Dion Cassius, commençant au livre LXXVIII, 2, et finissant sur un passage du livre LXXIX, 3 [3]. Je ne m'attarderai pas à décrire ce manuscrit ; on sait qu'il a trois colonnes, mais il a été rogné de telle manière, qu'il manque dans chaque feuillet, au *recto* la moitié de la troisième colonne, au *verso* la moitié de la première. L'encre, en beaucoup d'endroits, a rongé les lettres, qui semblent découpées à jour, et l'aspect du manuscrit est tellement vénérable qu'on comprend aisément le respect avec lequel Orsini l'avait mis en tête de sa collection grecque. Nous avons vu dans le Denys de Bembo (Vat. 1300), du xe siècle, un beau spécimen de très ancienne minuscule. Notons enfin quelques autres manuscrits antérieurs au xiiie siècle que nous n'avons pas eu l'occasion de mentionner : 324 < M. G. 62 >, Lucien du xie-xiie siècle [4] ; — 1391 < M. G. 42 >, œuvres diverses de Libanius et de Théophylactos Simocatta, transcrites au xiie siècle et d'une main fort élégante [5] ; —

---

1. V. p. 169.
2. 12 ff. parch. avec un 13e écrit d'un seul côté et d'une autre main ; reliure ant. de cuir vert, fermoirs perdus. Timbre de la Bibliothèque Nationale. Collationné par I. Bekker ; cf. l'édition d'E. Gros, t. I, p. XLII.
3. Orsini dit que son fragment contient les livres 79 et 80 incomplets ; or, le titre et le sommaire du livre 79, sont au bas de la page 20.
4. 129 ff parch. rel. ant. Au dernier feuillet, mentions grattées. J'ai décrit ce ms., incomplet du début, dans la *Revue de Philologie*, année 1884, p. 149.
5. 24 ff. parch. couvert d'une feuille de parch. Ornements, titres et init. à l'encre rouge. F. 1, Libanius, Βούλευμα τοῦ σινίτου f. 6 v°. Ἐπιστολιαῖοι χαρακτῆρες ; f. 10, Théophylactos, Ἡ διάλεξις τοῦ διαλόγου ; f. 14, Ἡ δ. ἧς δευτέρας ἀκροάσεως ; f. 14 v°, Ἐπιστολαὶ ἠθικαί, ἀγροικικαί, ἑταιρικαί. Ce joli petit volume (182 × 135 mill.) n'est qu'un fragment d'un ms. plus complet ; en effet, une pagination récente dans la marge inférieure, va de 6 à 89.

1297 < M. G. 9 >, un Aristide entouré de scholies [1] ; — 1349 <M. G. 41 >, Achille Tatios, du xii° siècle, restauré par Onorio [2] — 1335 <M. G. 124>, un Xénophon donnant l'un des deux meilleurs textes de la *Cyropédie* [3].

1. 413 ff. parch. rel. ant. estampée avec fleur de lis : *a*) f. 1 Eloge de saint Grégoire, par Th. Métochita (xii° siècle); *b*) f. 11, *Gorgias* de Platon (xv° siècle); *c*) f. 34, discours d'Aristide (xii° siècle). Des scholies en forme de *catenae* accompagnent le ms. *c*, le plus intéressant du recueil ; elles sont rares et ordinairement de main postérieure à partir du f. 282 ; f. 384, dans un blanc, une main moderne a ajouté le Πρεσβευτικὸς πρὸς 'Αχιλλέα. Titres et ornements à l'encre rouge, comme pour le ms. *a* ; 47 quaternions numérotés à l'angle du haut; le dernier a été rempli au xv° siècle, par Πολέμωνος εἰς Κυναίγειρον καὶ Καλλίμαχον (f. 408 v°, texte utilisé par M. H. Hinck).
2. 69 ff. parch. (Léon XIII). Lettres et ornements rouges rehaussés d'or. Quelques scholies en petite onciale. Premières marges refaites. Cf. les Prolégomènes de Fr. Jacobs, pp. lxxxiii-iv. — C'est, sans doute, d'après ce ms. qu'Orsini songea à publier le texte alors inédit du roman grec. Le fait nous est révélé par la *Correspondance de Plantin* (t. II, p. 45); l'imprimeur anversois écrit à Orsini : « Achillem Statium (*sic*) de Amoribus Leucipes et Clitophontis, si descriptus est, velim cum tua prefatione nostris sumptibus ferendum cures. Quod si feceris, dabo primo quoque die operam ne tuae honestissimae voluntati defuisse videar. » (Mars 1569. Cf. t. I, p. 313, lettre du 4 juillet 1568.) L'édition princeps est seulement de 1601 (Heidelberg, *ex. off. Commeliniana*).
3. 246 ff. parch. (2 vol., Léon XIII). Il y a des suppléments du xiv° et du xv° siècle ; la partie du xii° siècle commence au f. 69 ; elle porte quelques scholies contemporaines en onciale. V. le travail de M. Schenkl, cité par Graux (*Escurial*, p. 169). Il n'est pas impossible que ce soit le Xénophon de Bembo, que nous cherchions p. 184.

CHAPITRE VI

LE FONDS LATIN

BIBLIOTHÈQUES ANTÉRIEURES AU XVIe SIÈCLE

Le fonds latin de Fulvio Orsini renferme, en plus grand nombre que le fonds grec, de ces manuscrits que leur beauté, leur antiquité ou leur valeur philologique rendent célèbres parmi les lettrés. Quant à l'illustration de la provenance, les séries latines recueillies par le bibliophile romain ne le cèdent en rien aux séries grecques. Sans parler des restes précieux de la bibliothèque de Pétrarque, les principales collections que nous allons rencontrer sont celles de Poggio, de Philelphe, de Pomponius Laetus, d'Ange Politien, d'Antonio Panormita, de Colocci, de Bernardo et Pietro Bembo. Sur ces grands érudits et sur d'autres moins illustres, on trouvera chemin faisant des renseignements inédits.

La plus ancienne bibliothèque qui soit mentionnée par Orsini remonterait au xiiie siècle. C'est celle de Nicolas III, qui fut pape de 1277 à 1280; c'était Giangaetano Orsini, et l'on ne peut douter que Fulvio n'ait recherché avec soin tout ce qui se rapportait à ce glorieux membre de sa famille. Malheureusement il n'y a pas apporté toute la critique désirable. Voici, par exemple, un manuscrit qui est certainement du xive siècle et qu'il n'hésite pas à attribuer à la bibliothèque d'un pape du xiiie siècle [1]. C'est le Vat. 3247 < M. L. 112 > contenant les lettres *Ad familiares* de Cicéron, copie qui doit être rapprochée, pour la date, de celle qui fut faite pour Coluccio Salutati. La première page est enca-

---

[1]. Le lecteur est prié de se reporter, pour chaque manuscrit, aux indications de l'Inventaire et de se rappeler les observations générales en tête du chapitre V.

drée d'un ornement d'or riche et très artistique; au bas sont les armes des Orsini, surmontées du chapeau cardinalice qui a trompé Fulvio; elles sont répétées trois fois, en plus petit, dans l'encadrement où figurent aussi les ours. Le manuscrit doit avoir appartenu au cardinal Giordano Orsini[2]; en tout cas, il ne saurait remonter à Nicolas III. Le 3242 correspond à un manuscrit de Cicéron <M. L. 103> indiqué dans l'Inventaire comme ayant appartenu à Nicolas III[3]; une observation semblable s'y applique : il est du xive siècle seulement, et tout souvenir d'un Orsini, et même de Fulvio en a disparu. Ce qui semble pourtant autoriser à rattacher ce volume à la bibliothèque du cardinal Giordano, c'est qu'il paraît figurer, comme le précédent, dans l'inventaire fort ancien que nous en possédons et qui a été publié par Cancellieri; on y trouve en effet : *Epistole Tulii* et *Tulius de natura deorum*[4].

Les bibliothèques latines du xive siècle que je puis nommer ici sont celles de Benvenuto d'Imola, de Pétrarque et de Boccace. Le célèbre commentateur de Dante à Bologne, BENVENUTO RAMBALDI, d'Imola, mort en 1391, aurait, suivant Orsini, annoté un Apulée complet du xive siècle, le 3384 <M. L. 102>[5]. Outre les marges qui contiennent des scholies et des leçons, les gardes ont des notes de deux mains distinctes; l'une d'elles serait celle de Benvenuto, d'après cette tradition qu'il ne m'a pas été possible de contrôler. En témoignage du goût d'Orsini pour cet écrivain, observons qu'il posséda sur la *Divine Comédie* (*Purgatoire* et

---

1. 175 ff. parch. (Pie IX). Quelques lacunes çà et là indiquent un déchiffrement insuffisant; on sait que la question des premiers mss. connus des lettres de Cicéron a été traitée par Thurot et MM. G. Voigt, Viertel et Rühl.

2. Ce prélat († 1438) fut un bibliophile distingué; il légua, pour l'usage public, ses livres estimés 8000 ducats (Alonzo Chacon, *Vitae pontif. ed. nova*, t. II, col. 720, Marini, *Archiatri*, t. II, p. 132). C'était le propriétaire du célèbre *Codex Ursinianus* de Plaute, auj. *Vat.* 3870.

3. 77 ff. parch. (Pie IX). F. 1, *De natura deorum*; f. 44, *De divinatione*; quelques lettres ornées, accompagnées de demi-fleurs de lis superposées et alternativement d'or et d'azur.

4. *De secretariis veteris Basilicae Vaticanae liber I*, Rome, 1786, pp. 910 (col. 2) et 913 (col. 2). Le Plaute est désigné ainsi à la p. 912 : *Plautus comicus et sunt comedie*. Le Térence de la basilique de Saint-Pierre est probablement indiqué par *Terentius in comediis* (p. 907). C'est dans le travail de Cancellieri qu'on trouve le plus de renseignements précis sur la collection du cardinal Orsini, qui fut annexée, à sa mort, à celle de la basilique de Saint-Pierre (pp. 891-895). Elles ont subi depuis diverses mutilations, qui expliqueraient la présence de ces volumes chez Fulvio.

5. 127 ff. pap. (Pie IX.) Note du xvie s. : *Liber Benvenuti Imolensis*. Ms. vu par Scioppius en 1600 (cf. Burmann, *Syll. epist.*, t. II, p. 52).

Paradis) dans le texte latin, et en double exemplaire, deux parties de son Commentaire; on les trouve aujourd'hui dans les manuscrits 3437 et 3438 <M. L. 205 et 206>[1]. Fulvio parle aussi de Benvenuto, dans une lettre à Pinelli, à propos d'une acquisition de ce commentaire faite en 1584, et qui pourrait se rapporter à nos volumes[2].

Je renvoie au chapitre des manuscrits en langues modernes l'examen de plusieurs volumes latins venant de Pétrarque et de Boccace, pour classer dès à présent ceux qui proviennent des humanistes du xv° siècle. Trois manuscrits d'Orsini ont été écrits par Poggio Bracciolini. Le premier, de petit format, exécuté sous l'antipape Jean XXIII, c'est-à-dire de 1410 à 1415, contient les *Académiques (II)* et le *De legibus* de Cicéron; c'est le 3245 <M. L. 152>[3]. Il fut offert à Bernardo Bembo, lorsque Poggio exilé vint lui demander l'hospitalité, et ce fait historique intéressant est attesté par une curieuse lettre de Giacomo Poggio, le fils du grand humaniste, placée à la fin du manuscrit, et dont la transcription suivante respecte l'orthographe : « *Quereretur haud iniuria Poggius pater se patrijs privari laribus et asilio pientissimo destitui, nisi facile perciperet se in amplissimam rem per nobilissimam familiam a prestantissimo equite Bernardo Bembo cooptari. Quod cum equo animo ferat, suscipe eum ut te dignum est. Hospes erit non ingratus : presertim cum phylosophiam et leges a Cicerone editas, a se vero Iohannis XXIII pont. tempore scriptas, afferat. Vale. — Tuus Iacobus Poggius Florentinus.* » — Le texte a été revu par Poggio Bracciolini lui-même, qui a mis aux marges ses corrections[4]. On voit aussi quelques notes de Bernardo Bembo; mais c'est surtout la fine écriture

---

1. 120 ff. et 116 ff. pap. (Pie IX). Incomplets l'un et l'autre; dans le 3437, le 8° f. doit être mis en tête (fin du xvi° s.). Cf. pour le second exemplaire, les n°s 59 et 64 de l'Appendice I.
2. *Ambros. D. 422 inf.* Lettre du 14 septembre 1584 : « M'è capitato qui un volume di Benvenuto da Imola latino sopra il Purgatorio et Paradiso di Dante. Et se il Gadaldino, che hà sopra l'Inferno, mene accommodasse, poiche lui hà il volgare integro, harrei questo commento integro et di scrittura di quelli tempi. » La date de l'acquisition me laisse croire qu'on peut identifier cet exemplaire aussi bien avec celui de l'Appendice I, qu'avec nos volumes du Vatican.
3. 70 ff. parch. (Pie VI). Titre ancien sur la garde : DE. LAU. PHIE. DE. LEGIB. F. 1, *Acad. post. Lucullus.* (sans titre) ; f. 34, *De legibus.* Après le dernier mot du livre III : *Deficit finis.*
4. Le fac-similé de l'écriture de Poggio, que je donne aux planches (n° II) et qui est emprunté au f. 63 du manuscrit, offre une correction originale ; les autres sont de Pietro Bembo.

du cardinal Bembo qui s'est glissée dans toutes les marges, relevant les termes du vocabulaire de Cicéron, ou transcrivant en caractères grecs les mots de cette langue écrits par Poggio en caractères latins.

Les deux autres autographes de Poggio, contenant la troisième et la quatrième décade de Tite-Live, sont de grands et magnifiques volumes de parchemin, avec la première page richement encadrée dans le goût florentin et ornée de fines miniatures. Ils comptent parmi les plus riches d'Orsini, et rappellent beaucoup les beaux manuscrits exécutés pour les Médicis, qui font l'orgueil de la Bibliothèque Laurentienne[1]. Le blason qui figurait au bas de l'encadrement a reçu une épaisse couche d'or qui le rend tout à fait illisible; tout ce qu'on peut constater, c'est qu'il est le même dans les deux frontispices, au 3330 <M. L. 76>[2] comme au 3331 <M. L. 77>[3]. Celui-ci a quelques notes marginales où je reconnais l'écriture de Bernardo Bembo; les manuscrits doivent donc provenir de sa bibliothèque. Remarquons que Poggio a copié la quatrième décade en 1454 [1453], par conséquent avant la troisième qui l'a été en 1455, comme l'indiquent les souscriptions[4]. On peut supposer sans invraisemblance que ces manuscrits sont ceux-là même que Poggio vendit pour s'acheter une villa à Florence[5].

Nous avons déjà rencontré dans le fonds grec la bibliothèque de FRANÇOIS PHILELPHE (F. FILELFO), à propos d'un Xénophon exécuté pour lui[6]; nous devons y joindre, d'abord un autre

---

1. Ils sont plus beaux que la 1re Décade de Tite-Live exécutée pour les Médicis (auj. exposée dans les vitrines de la Laurentienne), et comparables à la *Cité de Dieu* de saint Augustin (id.).
2. 253 ff. parch. (Pie IX). Sur la garde, une note postérieure indique qu'il aurait été vendu ou estimé treize écus.
3. 196 ff. parch. (Pie IX).
4. Le format des mss. a engagé Poggio à écrire en caractère très gros, au lieu que celui du 3245 est très fin; à part cette différence, l'écriture est bien la même. Voici les souscriptions, qui sont en lettres capitales : — 3331 : *Deo gratias.* NB. *Explicit Titi Livii Patavini historiographi de bello Macedonico. Die III*ª*i anuarii M*°*. 1453* [sic]; — 3330 : *Finis. Deo gratias. VI*ª *idus iunij. M*°*. CCCC*° *LV.* NB. — *T.L.P. hist. de bello Carthagin. liber X explicit.*
5. Le fait est rapporté par Panormita, dans une lettre au roi Alphonse : « Is [Poggius] ut villam Florentiae emeret, Livium vendidit quem sua manu pulcherrime scripserat. » V. l'anecdote mise en lumière par Bayle dans son *Dictionnaire*, à l'article *Panormita* (note F), et par Drakenborch, éd. de Tite-Live, t. VII (1746), p. xlvi. — Orsini cite le ms. dans ses *Fragmenta historicorum*; v. plus haut, p. 119.
6. Cf. p. 145. Je signalerai dans un autre travail des manuscrits origi-

Xénophon, le 1337 <M. G. 122>, qui a été transcrit par Philelphe lui-même, et qui porte sur les gardes et sur la première page des notes latines de sa main[1], puis l'intéressant Servius 3251 <M. L. 4>. C'est un beau manuscrit du commencement du xiie siècle, qui contient aussi le texte de Virgile et sur lequel, çà et là, l'auteur de la *Sforziade* a écrit des vers grecs d'Homère, de Musée, d'Orphée, etc. Après le dernier vers de l'*Enéide*, se lit cette mention autographe : *Francisci Philelphi liber*[2]. C'est par une erreur d'Orsini que le 3317 <M. L. 27> porte sur sa garde la note de l'Inventaire relative au 3251 : *Virgilio con Servio antichissimo, che fù de Filelpho, in pergamena in foglio*. Ce second Servius ne contient pas le texte de Virgile et n'a jamais appartenu à Philelphe ; c'est du reste un manuscrit d'une haute valeur ; en écriture lombarde, qu'on peut faire remonter au début du xe siècle, et qui s'arrête malheureusement au vers 417 du livre II de l'*Enéide*[3]. Il fut prêté par Orsini à Girolamo Colonna, pour servir à ses commentaires sur Ennius[4]. Orsini en parle aussi parmi ses notes à Servius, dans son recueil imprimé en 1587 : il y signale trois manuscrits de Servius, l'un à la Vaticane, provenant de Colocci, les deux autres chez lui, l'un provenant de Philelphe, qui est certainement le 3251, l'autre écrit en

naux de Philelphe. — Une bonne part de la collection du célèbre professeur est à la Laurentienne ; cf [Anziani], *Della Biblioteca Mediceo-Laurenziana*, Florence, 1872, p. 7, Bandini, *Catal. codd. graec.*, Florence, 1764-70, et les recherches citées ailleurs de M. Enea Piccolomini.

1. 157 ff. pap. (Léon XIII). Lettres ornées. F. 1, *République des Lacéd.*; f. 11, *Cyropédie*. On a collé sur la garde un papier portant les mots *Francesco Maria* [*Filelfo*]. Rappelons que Philelphe est un des traducteurs de Xénophon. Cf. [D'Adda], *Indagini*, *Append.*, 1879, p. 10.

2. 179 ff. parch. (Pie IX). Le ms. est du xiie siècle ; 8 ff. tombés ont été suppléés, deux au xive siècle (130-131), six au xiiie (84-85, 137 à 140), et ceux-ci sont récrits sur un Isidore du ixe siècle (*Origines*, II et III), lavé et lu par Mai. La marge assignée aux scholies de Servius, et qui comprend la bonne moitié de la page, n'est pas toujours remplie ; le copiste du xiiie siècle y a placé des ouvrages moins étendus ; Priscien (*Partitiones XII versuum Aen.*), les invectives apocryphes de Cicéron et de Salluste, les *Catilinaires*, l'*Eunuchus* de Térence et le début de l'*Andria*, quelques chants liturgiques avec notation. Trois miniatures grossières aux premiers feuillets.

3. lxxxix ff. parch. rel. ant. de bois à la rose d'Orsini. Le n° 27 de l'Inventaire est bien sur la garde. Les ff. iv-v ont été rajoutés au xive siècle. Les XI quaternions sont numérotés. Les mots du texte de Virgile sont à l'encre rouge, et il y a des scholies marginales contemporaines.

4. Cité par Burmann, préface à son édition de Virgile, t. I (cf. aussi sa p. 131). Burmann résume mal, du reste, le texte d'Orsini, qui ne parle que de trois mss. de Servius et non de quatre.

lettres lombardes, le 3317[1]. Celui-ci est venu à Orsini de la bibliothèque des Manuce; en effet, M. Keil a déjà remarqué que le 3317 est bien le manuscrit de Servius, dont Orsini a tiré les fragments de Philargyrius sur les *Géorgiques* qu'il a publiés en 1587, et dont il affirme dans sa préface la provenance de Paul Manuce[2]. C'est d'Alde le jeune qu'il avait reçu le manuscrit en 1580, ainsi que l'établit une de nos lettres à Vettori du 26 février[3].

Deux volumes latins attribués à la plume de Niccolò Perotti sont chez Orsini sous les numéros 3334 <M. L. 13>[4] et 3403 <M. L. 68>[5]. Le premier commence par un abrégé de Tite-Live portant aux encres rouge et verte la souscription : *Vocabis nomen meum Nicolaus Perottus*. Le second manuscrit est moins soigné; il contient quelques grammairiens latins et Pétrone, avec des extraits d'auteurs grecs dans les marges et sur le feuillet de garde. Un autre autographe de l'évêque de Siponto figure dans la collection d'Orsini; c'est une lettre écrite de Pérouse, le 22 juin 1476[6]. — La main de Leonardo Bruni n'est pas aussi sûre que le croit Orsini dans un fragment de ses traductions du grec qui se trouve à la fin du 3441 <n° 13, M. L. 297>[7]; mais il

---

1. Cf. plus haut, p. 52, note 3. Voici le passage d'Orsini intéressant nos recherches : « Servius in duobus apud me codicibus emendatissimis, uno litteris Longobardicis exarato, altero vetustissimo qui fuit Francisci Philelphi... — Quam lectionem, ut veram putamus, adducit nos primum libri pervetusti auctoritas [les *Lusi*], confirmata praesertim testimonio Servii manuscripti, qui fuit olim Angeli Colotii, nunc Bibliothecae Vaticanae... » (*Not. ad Catonem*, p. 284).

2. Sur le 3251, et surtout le 3317, cf. H. Keil, dans la *Zeitschrift für die Alterthumswiss.*, 1848, col. 548 sqq.; Thilo, *Beitr. zur kritik der Scholiasten des Vergilius*, dans le *Rhein. Mus.* XV (1860), p. 219, et la préface à la grande édition de Servius, par MM. Thilo et Hagen, Leipzig, 1881, t. I, p. lxxxix. On ne saurait reprocher à M. Keil de n'avoir pas discuté la provenance de Philelphe, tout à fait étrangère à son sujet.

3. On la trouvera dans la correspondance annoncée p. 72. Il sera intéressant d'y comparer une lettre du 17 mars 1580.

4. clv ff. parch., rel. ant., marges refaites. F. cxxxix v°, Julius Grammaticus [Exsuperantius], *De Mario et Sylla*; f. cxlviii, *Epist. C. Iulii Caesaris* (4); f. cl v°, lettre de Bessarion à Fr. Foscari. (*Bonon. iij id. Iul.*)

5. 67 ff. pap. encarté de parch (Pie VI). F. 1, *P. Rutilii Lupi schemata Dianoeas ex graeco versa Prosapodosis* (Hoc schema duobus modis); f. 16 v°, *Romani Aquilae Rhetoricos*; f. 31 v°, extraits du *Satyricon*; f. 62, *L. Appuleii Peri Hermenias* [sic], avec beaucoup de blancs. Lettres ornées.

6. *Vat. lat.* 4404, fol. 88 : *N. Sypontinus Ioanni Perotto comiti Insulae*.

7. ff. 205-222 du ms. pap. Belle écr. florent. du xv° siècle. Incomplet, contient la fin de la trad. du *Hiéron* de Xénophon, et (f. 220) le commence-

n'y a aucun doute pour un autre célèbre Arétin, Giovanni Tortelli (*Ioannes de Tortellis, I. Torrentius, I. Aretinus*). Il a transcrit, dans le 3237 <M. L. 89>[1], le *De oratore* et l'*Orator* de Cicéron, en y ajoutant plusieurs variantes. La souscription dit : *Ioannes Arretinus absolvit viij. Kal. Ianuarias. MCCCCXXII Salvatoris anno. Venetiis*[2].

Je ne sais si Orsini est bien en droit d'attribuer, comme il le fait, à la bibliothèque de Giov.-Ant. Campano [3], le Suétone annoté 3335 <M. L. 74>[4]. Une épitre de l'érudit prélat au cardinal de Sienne, c'est-à-dire à Fr. Piccolomini, se trouve, il est vrai, sur le feuillet de garde ; Campano y parle du charme qu'il a éprouvé à relire Suétone ; mais les armes qui figurent au frontispice ne sont ni les siennes, ni celles de Piccolomini. Le même écusson se retrouve sur un autre de nos manuscrits, le 3405 < M. L. 79 >, qui contient les lettres de Pline le jeune, le *De viris illustribus* avec l'attribution à Pline, et une *Brevis annotatio de duobus Pliniis Veronensibus oratoribus ex multis hinc collecta per Ioannem Mansionarium Veronensem*[5]. Ce Mansionari de Vérone parait être le copiste du volume, peut-être le propriétaire. Le

ment du discours de Démosthène à Alexandre. En tête, de la main d'Orsini, je crois : *Excerptum puto ex libro quae manu sua scripsit Leonardus Aretinus ad L. Vulscium, ut extat apud A. Colotium num haec ipsa folia extant ex ipsius librorum reliquiis.* Ce fragment vient donc de Colocci, et c'est Colocci qui est l'autorité d'Orsini.

1. 193 ff. parch. fin (Pie IX). La souscr. est en lettres rouges et noires alternées.

2. La correspondance du savant secrétaire pontifical serait étudiée avec fruit dans le *Vat. lat.* 3908 (lettres autographes de Lorenzo Valla, Guarino de Vérone, Gregorio Corraro, N. Perotti, etc.). Des copies de ces pièces se trouvent dans les *Vat.* 9065 et suivants.

3. Il l'appelle à tort cardinal ; Campano fut seulement évêque de Teramo.

4. 150 ff. numér., plus 80 ff. non num. parch. (Pie IX). Au f. de garde : *Campanus F. card. Senensi. Repetii nuper C. Suetonium...*; au dernier f. : *Sidonii versus in XII Caes.* Sommaires et notes aux encres de couleur dans les marges. Le frontispice, assez lourdement orné, porte l'écusson : De gueules à l'ours d'argent (?) grimpant sur une échelle d'or. — Est-ce le *vetus codex* de sa bibliothèque, dont Orsini invoque si souvent les leçons dans ses *Fragmenta historicorum*? On sait que l'épithète, dans sa bouche, est fort vague. L'autre Suétone de la collection, le n° 86, n'est pas plus ancien. En tous cas, il n'y a aucune raison de douter de la bonne foi d'Orsini, comme le fait C.-L. Roth (éd. de Suétone, Leipzig, 1871, p. xxvi), qui traite ses variantes de *commenticia*.

5. 252 ff. parch. (Pie IX), rel. ant., tranches dorées et gaufrées. Écusson au bas du frontispice. F. 1, Lettres ; f. 212, *De viris* ; f. 250, *Brevis annotatio*, qui se trouve déjà sur les premières gardes du volume et de la main du scholiaste des marges. Celui-ci, parfois abondant, semble pouvoir s'identifier avec le copiste lui-même et avec le scholiaste du 3335.

nom de Campano appelle celui d'un autre ami de Pomponius Laetus, Bartolommeo Platina. Nous avons l'original même de l'intéressante vie du cardinal Giovanni Mellini, dédiée à Celso Mellini par l'historien des papes; il est dans le 3406 <M. L. 49>[1]. Parmi les autographes du même savant, qui n'appartiennent pas à la bibliothèque d'Orsini, je me permets de signaler en passant un manuscrit fort important pour l'histoire de la Vaticane, le 3964; c'est le registre des prêts de cette bibliothèque, inauguré par Platina et portant les reçus originaux datés de tous les emprunteurs, prélats, humanistes ou officiers de la cour pontificale. Les dernières pages sont du temps du bibliothécariat d'Aleandro, et contiennent, à la date de 1531, des reçus de notre Colocci et de notre Jean Lascaris. Dans la partie du xve siècle, on trouve mention de divers volumes prêtés au grand professeur romain dont nous allons parler[2].

Pomponius Laetus fut exclusivement latiniste[3]. En un temps où l'étude du grec attirait les esprits les plus cultivés d'Italie, les travaux de ce *grand pontife* des humanistes se portèrent uniquement sur l'antiquité romaine. Les textes qu'il a édités suffisent à indiquer ce fait; mais la composition de sa bibliothèque, exclusivement latine, en fournit une preuve nouvelle. J'ai été assez heureux pour retrouver une bonne partie de ses livres, la plupart mentionnés dans l'Inventaire. Ils doivent être rangés en trois catégories : 1° les manuscrits de luxe, écrits et scholiés de sa main; 2° les manuscrits de travail, écrits et ordinairement annotés de sa main; 3° les manuscrits et éditions contemporaines annotés.

Les manuscrits de luxe de Pomponius Laetus ont été trans-

---

1. 27 ff. non numér. parch., rel. ant. Les ff. 1 et 3 ont des encadrements ornés. Sommaires marginaux à l'encre rouge.
2. Pendant que ce travail s'imprime, le registre de Platina est utilisé dans deux importantes publications sur la Vaticane : E. Müntz et Paul Fabre, *La Bibliothèque du Vatican au xve siècle*, Paris, 1887; E. Müntz, *La Biblioth. du Vatican au xvie siècle*, Paris, 1886. Les documents du temps d'Aleandro sont textuellement reproduits dans ce dernier volume, pp. 67 sqq. Le corps du registre l'est aux pp. 269 sqq. du premier travail; v. p. 272, pour les reçus donnés par Pomponius.
3. On sait que les travaux de Pomponius Laetus, sur l'épigraphie et la topographie romaine, ont été étudiés par MM. de Rossi, Mommsen, Jordan, etc. Voir une bibliographie sur le personnage dans la *Roma soterranea*, de M. de Rossi, t. I, p. 7; disons, en passant, que le ms. *Ambros. G. 285 inf.*, qui y est indiqué, ne tient guère les promesses du titre : *Memorie di P. Leto e della sua accademia... raccolte dal card. Federico Borromeo*. Il y est, en revanche, plusieurs fois question d'Orsini.

crits probablement dans sa jeunesse, à une époque où il avait besoin de gagner quelque argent par le métier de copiste. Ils sont d'une extrême élégance, d'un petit format, sur un parchemin fin et bien réglé, avec lettres ornées ou miniatures, enrichis presque tous de scholies marginales et de gloses interlinéaires, où les encres différentes se combinent d'une façon agréable à l'œil. Le plus petit et non le moins soigné, le 3255 < M. L. 154 >, s'ouvre sur une jolie scène de labour, exécutée d'après une représentation antique; elle sert de frontispice aux *Géorgiques*, dont les marges sont couvertes de commentaires aux encres rouge, jaune et noire. Puis viennent les *Catalecta*, la vie de Virgile par Pomponius Laetus, les distiques en l'honneur de Virgile, l'*Aetna* et le *Maecenas* mis sous son nom, etc.[1]. L'examen de cette collection ne manque pas d'intérêt pour se rendre compte de l'idée qu'on se faisait au xve siècle de l'œuvre et de la personne du poète[2].

Le 3295 < M. L. 105 >[3] contient Martial avec quelques scholies de première main. Pomponius l'a exécuté, à mon avis, pour un membre de l'ancienne famille romaine des Vespi, dont le blason est peint au frontispice dans une couronne de laurier[4].

---

1. 100 ff. parch. (Pie IX). F. 1, *Georgica*; f. 47 v°, *Catalecta* (*Culex*, etc.); f. 76 v°, *Iulii. Pomponii de vita P. Vergilii Maronis succincta collectio*; f. 78, *Oct. Caes. Augusti... Aeneidos commentatio et approbatio*; f. 79, distiques de Palladius, Asclepiades, Eusebius... Aemilius, et *P. Euryalo suo idem Aemilius*; f. 81, *P. Vergilii Maronis Aetna*; f. 95 v°, *P. V. M. Maecenas*; f. 98 v°, *Commendatio sui hortuli*; f. 99, *Rosae vernae laudantur*. Miniature à chaque lettre initiale. Au v° du f. 100 : *Hic liber est Henrici Bussey infrascripti D. Claudij filij*; au-dessous un grattage, puis *Hic liber est Henrici Bussey Romani* (écr. du xvie siècle). Cf. Ribbeck, *Appendix Vergiliana*, p. 37, et Baehrens, *Poetae lat. minores*, vol. II, Leipzig, 1880, p. 18, qui observe que Pomponius devait, en outre, posséder un ms. contenant l'*Aetna*, la *Ciris* et incomplètement les *Catalecta* (cf. la lettre-préface adressée à Laetus dans l'éd. romaine de Virgile de 1471).

2. Un fac-similé de l'écriture sur parchemin de Pomponius, tiré de ce Virgile, figure aux planches, n° IV. *Georg.* I, v. 467-471 (f. 11).

3. 161 ff. parch. (Léon XIII). Anc. tranches dorées. Init. des livres rehaussées d'or; init. des pièces à l'encre bleue. Quelques scholies marginales. — Dans la bibliothèque de Lorenzo Pignoria, léguée par lui au sénateur vénitien Domenico Molini, il y avait, au xviie siècle, un volume que Tommasini décrit ainsi : « Pomponii Laeti autographum in Quintilianum, Martialem et alia eiusdem. » (*Bibliothecae Patavinae mstae... Udine*, 1639, p. 86.)

4. Bibl. Nat. de Paris, *Ital. 1394* (anc. ms. de Gaignières), f. 104 : D'azur à trois croissants de gueules et une étoile de même. Dans notre écusson, il y a seulement, dans une disposition pareille : d'azur à quatre croissants de gueules. Pour qui sait la facilité avec laquelle les pièces secondaires des blasons tombent ou se modifient, l'identification ne semblera pas douteuse.

Les quatre autres volumes de luxe que j'ai étudiés forment une série distincte et proviennent d'une même bibliothèque. Le caractère de l'ornementation est identique dans les lettres au début des livres, dans les enroulements de branches qui encadrent soit trois marges, soit deux de la première page et enserrent l'initiale d'or. Les mêmes figures ornementales ou allégoriques entrent dans cette décoration, notamment un perroquet et un lapin. Au bas du frontispice, dans une couronne soutenue par deux amours sans ailes, est un écusson octogone portant : d'azur au lion d'or à la massue de même [1]. Ce blason serait celui de la famille romaine des Mazzatosti. Je ne connais, je l'avoue, aucun membre de cette famille cité au xv⁰ siècle ; qu'il s'y rattache ou non, le possesseur de ces volumes fut un bibliophile distingué et un ami, probablement aussi un protecteur de Pomponius.

Les ouvrages transcrits pour ce personnage sont les suivants : les *Fastes* d'Ovide dans le 3264 < M. L. 189 >[2], Lucain dans le 3285 < M. L. 186 >[3], la *Thébaïde* de Stace dans le 3279 < M. L. 187 >[4],

---

1. Gratté dans deux des ms., mais reconnaissable par comparaison. V. Bibl. Nat., *Ital. 1394*. f. 74 (indique, par erreur probablement, un fonds de gueules) ; cf. n° 443 du recueil manuscrit de blasons romains de la Biblioth. de la Minerve, à Rome.

2. 96 ff. parch. (Pie IX). F. 1, *Germanico Caes. Drusi Caes. F. P. Ovidius Naso Temporacum causis Latium digesta per annum*; f. 86 v°, calendrier romain ; f. 90, un second avec le titre : *Columellae annus*.

3. 139 ff. parch. (Pie IX). F. 135 v°, *Epitaphium Lucani M. Anei per Pomponium* [sic]; suit une vie de Lucain et une table des guerres civiles de Rome. La vie de Lucain a été imprimée dans l'édition princeps donnée à Rome en 1469 par l'évêque d'Aléria et Pomponius, sous le nom de *Pomponius Infortunatus;* elle se termine ici par ces mots : « Haec habui, mi Fabi, quae de Lucani ac patris nece ad te scriberem; copiosius scribent multi, sed diligentius pro tuo studio nulli; quare mihi satis est si tibi profuero. » Ce Fabius est Fabio Ambusto, comme nous l'apprend la dédicace du ms. suivant.

4. 198 ff. parch. (Pie IX), le plus petit de la série. En tête, une vie de Stace et de son père, insérée plus tard par Lilio Giraldi dans ses biographies de poètes. Elle est ici dédiée à un fils de Flavio Biondo, évidemment Gasparo, indiqué par la lettre G. En voici le commencement et la fin, qui contiennent des détails intéressants : « *Pomponius G. Sal.* Nuper de Papinii Statii vita sermo fuit quae ignota est ut aliorum fere poetarum... Blondus pater tuus summa diligentia multorum saeculorum historias in lucem reduxit; ipse vero si non adeo diligens, eo quo potui labore de qua locuti sumus vitam perquisivi, nec patre in silentio dato in haec verba digessi. [Vie des deux Stace; Pomponius y mentionne les *Silves* :]... Hos ex omni parte corruptos multa vigilia et laudabili industria Nicolaus Perotta Pontifex Sipontinus, in quo, ut mea fert opinio, tantum acuminis atque doctrinae ad interpretandum est quantum veteres habuerunt, emendat aperitque. Habes

Silius Italicus dans le 3302 < M. L. 188 >[1]. Le manuscrit des *Fastes* ne porte de scholies qu'aux cinq premières pages; celles de Silius s'arrêtent au feuillet 28. Le travail a été poussé beaucoup plus loin pour le Lucain, complètement achevé pour le Stace; ces deux derniers ont aussi des gloses interlinéaires à l'encre rouge. Il ne serait pas inutile de les dépouiller. Les notes marginales d'encres diverses sont historiques, mythologiques, géographiques, éclaircissent les institutions, font des rapprochements littéraires. Au Lucain surtout, sont relevés des textes d'une grande étendue, tirés des historiens latins et grecs, ceux-ci traduits en latin. La beauté des manuscrits en fait des éditions de luxe et leur annotation a tout à fait le caractère d'un « commentaire perpétuel ».

Le Silius offre des particularités intéressantes; il est le seul de la série qui ait conservé sa reliure ancienne, une des plus belles de la collection d'Orsini. Elle est en cuir vert plein, à tranches dorées et gaufrées; le dos est à quatre nervures sans ornements d'or, et les plats sont décorés d'arabesques d'or posées aux petits fers; quatre fermoirs s'adaptaient aux trois côtés ouverts du volume, qui paraît encore plus soigné que les autres. Ce qui appelle surtout l'attention, c'est une suite de dessins à la plume sur un cahier préliminaire de quatre feuillets, en tout semblable aux autres cahiers du manuscrit, et apparemment rempli à la même époque[2]. Les compositions

---

non de filio tantum, sed et de patre quae legi; perquire tu, forte aliquid amplius adicies, nam elucubratio duorum maior est quam unius. Interea non minus hoc legentibus suprobaveris quam quod de Lucano superiore anno Fabio Ambusto scripsimus gratum fore spero. Vale. » Suivent quatre distiques sur les Stace et un tableau de la descendance d'Inachus.

1. 4 ff. prélim. et 184 ff. parch., rayé de 33 lignes à la p., rel. ant. Le plus grand de la série. Aux marges, scholies et sommaires à l'encre noire; vers omis et leçons à l'encre noire. Pomponius a publié les *Puniques* avec une notice terminée par les mots : « ... opus iam neglectum Pomponius recognovit, anno Domini MCCCCLXXI VI calendas Mai. Rome . » Cf. Delisle, *Anc. impressions de la libr. roy. de Naples*, dans les *Mélanges Graux*, p. 288.

2. Voici la description sommaire de ces dessins : f. A r°, blanc; A v°, Annibal à cheval; B r°, Scipion à cheval, dans une attitude oratoire, bien plus soigné que l'Annibal et le meilleur des sept morceaux; B v°, un ange sans ailes, les cheveux flottants, à genoux et paraissant supplier; C v°, une femme sur un char à deux chevaux, richement harnachés et sous un pavillon conique; elle porte une cuirasse et tient une sorte de javelot; C v°, Hercule avec la peau de lion appuyé sur la massue; D r°, copie d'un buste antique lauré, apparemment Scipion; D v°, l'écusson au lion, dans une couronne de fleurs et de fruits (inachevé).

sont relatives au sujet des *Puniques* et s'inspirent de l'antiquité à la façon des œuvres florentines du xve siècle, de Ghirlandaio par exemple ou de Botticelli. Je n'ose prononcer le nom d'un de ces maîtres pour les dessins de notre volume, mais je crois que le goût florentin n'y est pas contestable, non plus que dans l'ornementation générale de tous ces manuscrits, et qu'ils mériteraient d'être étudiés au point de vue artistique[1].

De la collection de poètes anciens que Pomponius Laetus avait formée pour son usage personnel et pour ses cours, il ne nous reste qu'une traduction de l'*Odyssée*, 3299 <M. L. 198>[2], et un manuscrit des *Fastes* d'Ovide, 3263 < M. L. 179 >, intéressant par son commentaire[3]. Les prosateurs sont mieux représentés. La vie d'Homère par Hérodote, dans la traduction de Pellegrino de Florence, a été transcrite par Pomponius, avec des extraits de Cicéron, de Poggio et d'autres traductions du grec, dans le 3441 < n° 1, M. L. 121 >[4]. Après avoir écrit de sa main deux manuscrits des discours de Cicéron, Pomponius les a munis d'un abondant commentaire marginal, formé par adjonctions successives aux encres rouge et noire : l'un, le 3229 < M. L. 182 >, contient les *Philippiques*, avec quelques prolégomènes de notre humaniste[5]; l'autre, le 3233 < M. L. 183 >, exécuté en plusieurs fois, commence au *Pro Ligario* et finit au *Pro Cecina*[6]. Nous avons témoignage d'un autre texte de Cicé-

---

1. A la série des mss. de luxe écrits par Pomponius Laetus se rattachent deux autres mss. de poètes latins, copiés par un de ses élèves, l'un de ses compagnons dans la visite des catacombes, *Parthenius Minutius Paulinus*. Ce sont les *Élégies* de Properce 3274 < M. L. 50 > et les *Silves* de Stace 3595 (ms. qui n'est pas d'Orsini). L'aspect des volumes, la nature des gloses et des scholies font songer tout à fait à ceux de Pomponius : on les a décrits en détail et on a identifié leur auteur, Parthenius, avec un Pallini, dans quelques pages intitulées : *Recherche sur un compagnon de Pomponius Laetus*, par P. de Nolhac, Rome, 1886. (Extr. des *Mélanges d'arch. et d'hist.*, t. VI, pp. 139-146.) Je rappelle que le Properce porte un autre ex-libris : *Vincentis Amerini et amicorum*.

2. 257 ff. pap. (Paul V, Pie IX). Autographe; au début, sommaires insignifiants d'une autre main.

3. 119 ff. pap. (Léon XIII). Autographe; très abondant commentaire marginal de Pomponius, à rapprocher du 3264, cité plus haut p. 20; corrections au texte. Aux gardes, deux listes *en grec* (épithètes des dieux, étymologie des noms de Néréides).

4. ff. 2-8 du ms. pap. En tête : *Peregrinus cognomento Allius Florentinus transtulit*.

5. 170 ff. pap. (Pie VI).

6. 161 ff. pap. (Pie IX). Sur 2 ff. préliminaires, Pomponius a relevé des inscriptions trouvées par lui et qui me paraissent avoir échappé aux savantes recherches de M. de Rossi : 1° l'inscription donnée par Gruter

ron écrit de la main de Pomponius, le *De Senectute*[1]. Un Florus, également autographe, le 3333 < M. L. 180 >, a un commentaire historique perpétuel plus considérable encore[2]. La *Vie d'Agricola*, écrite par Pomponius et reliée à la suite de l'édition princeps de Tacite, dans le 3429 < M. L. 232 >, ne contient que quelques corrections et sommaires dans la marge; mais la petite copie de l'humaniste est bien connue et extrêmement précieuse : c'est aujourd'hui la principale source du texte de l'*Agricola*[3].

Un volume important pour l'étude de Pomponius est le 3311 < M. L. 181 >[4], qui comprend plusieurs manuscrits dis-

---

comme venant de Salerne, p. xciv, n° 11; Pomponius : *In Vaticano*; 2° l'inscr. donnée par Gruter comme étant au xvi° siècle chez le cardinal Cesi, p. dclv, n°3; Pomponius : *Via Appia. Initio secundi lapidis sinistra*, et cette note : *In marmore non erant diphtonghi* [sic]; 3° l'inscription du *Corpus Inscr. Lat.*, t. VI, 1928, donnée seulement d'après Giocondo de Vérone; Pomponius : *Via Appia ad primum lapidem*. — Ces mêmes ff. prélim. contiennent des extraits et des notes de toute espèce, par ex. : une liste de mots grecs avec leur transcription latine, indiquant les efforts que faisait Pomponius pour apprendre le grec, et une transcription de vers de Lucilius (*Terricolas*...), avec des variantes qui manquent à l'édition [de M. Luc. Müller, XV, 2. Aux ff. 4-6 est une table des noms des destinataires des lettres de Pline. Pomponius s'est servi le premier du Pline et des fragments de Salluste contenus dans le 3864 (x° siècle); sur ce point et sur l'édition de Pline donnée par Pomponius en 1490, v. l'édition Keil, Leipzig, 1870, p. xix.

1. A propos du passage du *De Senectute* cité à la p. 74 de ses *Notae in Cic. opera*, Orsini mentionne ce ms. : « Post hunc versum in libro qui est apud me, scriptus manu Pomponii Laeti, legitur alius versus, cuius prior pars reperitur in vetustissimo etiam alio penes me codice. » Le ms. annoté par Laetus n'est pas signalé à l'Inventaire; il n'y a que deux volumes contenant le *De Senectute*, et je n'y ai pas remarqué sa main. V. les n°s 133 et 142 de l'Inventaire.

2. 20 ff. blancs, 145 ff. écrits, 35 ff. blancs. Pap. rel. ant. estampée. Les *Catenae* occupent parfois la page entière ou presque entière. Sur la garde, au coin du bas : *Ut hereditatem librum hunc 28 martij 1528 dedi pro bibalibus vel quinque. Ego P. C.* [Est-ce *Petrus Cursius*, Pietro Corsi?]

3. L'édition imprimée à Venise, sans doute par Vindelin de Spire, commence au livre XI des *Annales* et comprend le *Dial. des orateurs* et la *Germanie*; l'exemplaire de Pomponius a des corrections marginales et des sommaires. Le ms. de l'*Agricola*, qui a 14 ff. pap. (Paul V, Pie IX), a été reproduit en fac-similé typographique par M. C.-L. Urlichs dans son édition très soignée parue à Wurzbourg en 1875. L'éditeur a distingué dans les marges trois signes fréquents de Pomponius : } *ad locos illustres*, + *ad difficiliores*, || *ad difficiles et corruptos locos*. Le ms. est Γ de Wex, *g* de Halm.

4. 181 ff. pap. (Pie IX) : *a*), f. 1, Varron (Je ne vois pas ce ms. signalé par les éditeurs de Varron, Spengel ou Otfried Müller; il a pourtant, ainsi que le suivant, au moins un intérêt historique.); *b*), f. 43, Tite-Live, coté xxxvii; *c*) f. 99, Claudien; f. 100 v°, *Christe potens..., Per cineres Paulli...*;

tincts, glosés et scholiés, tous autographes. Le Varron renferme, avec des titres spéciaux pour les divers fragments, presque toute l'édition des œuvres grammaticales de Varron donnée à Rome par Laetus lui-même. Puis viennent le livre V de Tite-Live, une partie des œuvres de Claudien, quelques antiques vers chrétiens, et des fragments de l'*Histoire Auguste*. Suit un petit cahier, en format d'agenda, aux pages déchiquetées et maculées de vin, où M. de Rossi a reconnu un fragment du *Sylloge* d'inscriptions recueillies par Pomponius.

Le 3415 <M. L. 141>[1] contient surtout des compositions originales. Il est daté de 1484 et porte pour titre : *Pomponii viri clarissimi in Varronem dictata*. On dirait les éléments d'une explication de Varron, préparée pour un cours[2]. Outre la vie de Varron, il y a de tout dans ce commentaire, étymologie, antiquités, topographie ; beaucoup de mots renvoyés à la marge permettent de s'y reconnaître ; pour mieux fixer les yeux, Pomponius s'est amusé à esquisser, en quelques traits de plume, de grossiers croquis des lieux ou des objets dont il parle. C'est ainsi qu'il représente le *ficus ruminalis*, le pont Sublicius, les Thermes de Dioclétien, etc.[3]. Ce volume est tout à fait instructif

---

f. 170, Julius Capitolinus, Lampridius, etc. (Cf. l'éd. de l'*Histoire Auguste* de M. Jordan, Berlin, p. x, et l'édition de M. H. Peter, Leipzig, 1884, p. xxx : « Continet Diadumenum, Opilium, Macrinum, Alexandrum. »); *d*) f. 173, inscriptions (cf. Henzen, *C. I. L.*, t. VI, p. xliii; De Rossi, *Studi e docum. di storia e diritto*, 1882, p. 66).

1. 184 ff. pap., dont beaucoup sont restés blancs ; ff. 2-119, *in Varronem* ; ff. 129-148, *Oratio Lepidi* (des *Histoires* de Salluste); ff. 153-168, le *Pro Milone*, sans titre et incomplet, avec un commencement de *catena*. Nous avons ici l'original du commentaire de Pomponius sur Varron, dont une copie est signalée par Bandini, *Catal. codd. lat.*, t. II, p. 398.

2. L'édition princeps de Varron, par Pomponius, figure parmi les imprimés d'Orsini < I. L. 80 > avec des particularités intéressant l'éditeur lui-même ; elle est aujourd'hui cotée *Arm. 367, Inc. 1209*, rel. ant., lettres init. coloriées à la main, pagination mste. Au f. 44, qui est blanc, notes sur Varron, avec ce titre : *Sub Pomponio*, indiquant qu'elles proviennent des cours de Pomponius. Il y a plus loin d'autres annotations et gloses, qui sont d'une main antérieure à Colocci, propriétaire du volume. L'étendue des lacunes du ms. sur lequel Pomponius a imprimé est notée avec soin dans les marges : « Parce qui legeris », disait celui-ci dans sa souscription, « si aliqua minus polita inveneris; nam ita ex omni parte, sive seculum fecerit, sive librarii, volumen quodvis corruptum erat ut necesse fuerit aucupari hinc inde sententias. » Cf. la description de l'édition par Spengel, p. xviii de sa préface (*M. Ter. Varronis de lingua lat.*, Berlin, 1826).

3. Sur un manuscrit précédemment cité, j'ai trouvé en marge une statue de Jupiter Stator de meilleur dessin, mais qui témoigne d'une véritable habitude chez Pomponius; cf. 3233, f. 53 (l'illustration porte sur la péroraison de la première *Catilinaire*).

sur ce qu'on pensait, au xv⁰ siècle, de l'antiquité latine, et sur les erreurs qui avaient cours dans l'enseignement de Pomponius.

On est surpris, en étudiant la bibliothèque manuscrite du grand humaniste romain, de l'abondance et de la variété de son érudition. Prenons par exemple le commentaire aux discours de Cicéron (3233)[1]. Rien n'y manque de ce qui peut éclairer le texte : arguments, remarques de grammaire ou de rhétorique, renvois d'un passage ou d'un discours à l'autre. Ajoutons des rapprochements historiques ou littéraires avec des textes de toute espèce : l'annotation historique des *Catilinaires* par exemple est presque entièrement empruntée aux lettres de Cicéron lui-même et à Salluste. Les discours sont divisés en leurs diverses parties d'après les préceptes de la rhétorique ; des notes marginales justifient ces divisions. Bien plus, certaines pages ont été annotées au point de vue spécial de la prosodie [2] : les derniers mots des phrases de Cicéron portent l'indication des pieds métriques qu'ils forment à l'oreille. Probablement, arrivé en cet endroit, le professeur traitait devant ses auditeurs la question de l'harmonie du style, leur faisait une démonstration tirée du passage même qu'ils avaient sous les yeux [3]. Les allusions aux institutions, à la topographie antique de Rome et de l'Italie sont l'objet de scholies fort étudiées ; quelle que soit la valeur de ces explications, elles devaient donner une vie singulière aux cours du maître. Nous voyons en outre qu'il n'hésitait jamais à faire appel à l'archéologie pour l'illustration des textes ; il renvoyait ses élèves aux monuments qui les entouraient et dans lesquels se réchauffait leur enthousiasme pour la vieille Rome. On comprend que l'enseignement de Pomponius soit resté fameux et qu'il ait laissé des traces durables. Ses manuscrits montrent quel soin il y apportait, à quelles sources il savait le puiser, et quel intérêt il y aurait peut-être encore à recourir à ces *schedae* oubliées.

Qui voudra connaître à fond la science et les méthodes de Pomponius Laetus devra examiner encore quelques autres volumes,

---

1. Dans ce ms., le texte est établi ; il n'y a presque point de variantes marginales. Au f. 142, Pomponius dit qu'un feuillet manquait dans le ms. qu'il a copié ; il en laisse un en blanc dans son texte.
2. Par exemple, ff. 73 sqq. et le long passage du f. 7, inspiré de Quintilien, sur les pieds métriques employés par Cicéron.
3. Cf. toute l'illustration du 3415, avec le texte, la note sur les *Tropea Drusi* (3333, f. 139), etc.

manuscrits ou éditions, que je vais indiquer. On sait que le 3394 < M. L. 83 >[1] contient les *Regiones*, rédaction autographe de Pomponius, étudiée et publiée par M. de Rossi[2]. Le 3191 < M. L. 191 >, qui a les *Regiones* avec le nom de Publius Victor, a été rapproché du précédent manuscrit[3] ; mais, s'il a appartenu à Pomponius, il n'est pas de son écriture et l'attribution d'Orsini doit être regardée comme inexacte. Toutefois, par certains côtés extérieurs, le volume indique bien les préoccupations néo-païennes du temps : le texte est dédié *Iovi vetustissimo* ; le frontispice, assez grossièrement dessiné, est un petit autel antique avec une inscription d'offrande à Jupiter[4] ; au verso, quatre vers caractéristiques expriment énergiquement le mépris porté à la Rome nouvelle au nom de l'antiquité idéale des humanistes. Voici ces deux distiques, qui semblent un écho des Rienzi (1347) et des Stefano Porcari (1453) :

> Roma vetus veteres dum te rexere Quirites,
>   Nec bonus inmunis nec malus unus erat.
> Extinctis patribus successit prava iuventus,
>   Cuius consiliis debilitata ruis.

Le *De officiis* 4609 < M. L. 64 >[5], écrit en 1440, est annoté par Pomponius ; sur les gardes il a mis, entre autres choses, une table de prononciation des diphtongues grecques, et aux derniers feuillets une table alphabétique des matières. N'oublions pas

---

1. 47 ff. pap. (Léon XIII). Les *Regiones* sont suivies de fragments de Frontin, Rufus Festus, Censorinus, etc. Autographe de Laetus jusqu'au f. 42. Puis vient un éloge funèbre de Girolamo Altieri, écrit par un élève de Pomponius (ff. 43-47). A la dernière page, le jeune copiste a écrit : *Pomponi, pater optime, feci quod potui et ea celeritate ut ne postea quidem relegerim ; quare cum ego discipuli, tu praeceptoris officium age*. Plus bas : *Remitte quanto citius tanto melius*. Au-dessous, en ligne verticale, Pomponius a répondu : *Omnia circumcise et eleganter*.
2. *Studi e doc. di storia e diritto*, année 1882, pp. 74-86 ; cf. Urlichs, *Cod. Urbis Romae topogr.*, p. 30, Jordan, *Hermes*, II, pp. 414 sqq. et *Topogr.*, p. 303.
3. 13 ff. pap. (Pie VI) ; pagin. plus anc. effacée : le f. de garde était numéroté 15, le f. 1, 16, et ainsi de suite jusqu'au f. 13 numéroté 28. M. de Rossi, *l. c.*, p. 66, a déjà observé que le ms. n'est pas autographe. M. Forcella le décrit avec deux erreurs ; il le place au xvie siècle et le fait venir du cardinal (?) Fulvio Orsini (*Catal. dei manoscritti relat. alla storia di Roma*, t. I, p. 20).
4. Iovi antiquiss. | opusculum in | quo omnia urbis | romae memoria | digna inscribū | tur et praeser | tim ea tempesta | te qua magis | florebat | foeliciter | incipit.
5. 152 ff. pap. (Pie IX). Souscription : *Ferrariae XV Kal. Iulias Franciscus Alcardus transcripsi 1440*.

un autre manuscrit de Cicéron, d'un grand format et très élégant, le 3238 < M. L. 109 >[1], contenant le *Brutus*, l'*Orator* et le *De Oratore*; il porte aux premières pages quelques notes où je reconnais la main de l'humaniste; mais l'ensemble des corrections et des leçons qu'on y trouve, quoique du même temps, ne saurait lui être attribué[2]. Aucun de nos volumes ne paraît se rattacher au voyage de Pomponius en Allemagne, qu'atteste son biographe Sabellico et qu'il aurait fait, sur l'ordre d'Alexandre VI, pour rechercher des textes anciens[3].

Parmi les éditions imprimées annotées par Pomponius Laetus, outre le Tacite mentionné plus haut[4], j'en ai pu retrouver deux autres[5]. Le Salluste vénitien de 1481, coté au Vatican *Inc.* 359 < I. L. 19 >, est précédé de quatre pages contenant une dissertation de Pomponius en beau latin sur les historiens de l'antiquité; aux marges du texte, il a jeté des notes et des variantes qui paraissent intéressantes[6]. L'édition sans date du *Panégyrique* de Pline le jeune et de onze autres panégyriques, dédiée par Francesco de Pouzzoles à Jacopo Antiquario, porte aussi des notes et des corrections de Laetus; c'est l'*Inc.* 1215 < I. L. 127 >[7]. A la fin sont imprimés la vie d'Agricola et ce qu'on possédait

---

1. 204 ff. parch. (Pie IX); lettres ornées ; xvᵉ siècle. Imitation de l'ancienne minuscule. F. 1, *Brutus*, f. 45, *Orator* ; f. 77, *De Oratore*.
2. J'établirai, au chapitre suivant, la possession du *Mediceus* de Virgile par Pomponius Laetus, et je vais rappeler dans celui-ci ses fragments de Festus. Nous avons trace de quelques autres mss. de sa collection. Giambattista Pio (*Pius*) dit, dans la préface à son Lucrèce (Bologne, 1511), s'être servi, entre autres mss. de ce poète, d'un *codex Pomponii Romani*. Cf. Munro, 4ᵉ éd. de Lucrèce, 1886, Cambridge, p. 4. L'index de la bibliothèque Altieri signale un ms. coté V. F. 8, qui pourrait provenir du même savant : « P. Laeti compendium historiae ab interitu Gordiani. Sta con Sexti Rufi epitome. » (Blume, *Bibliotheca libr. mstorum italica*, Gœttingue, 1834, p. 163.)
3. Cf. Müntz et Fabre, *l. c.*, p. 311. Zavarranoni, qui mentionne le fait, donne toute l'ancienne bibliographie sur Pomponius, *Bibliotheca Calabra*, Naples, 1753, pp. 59 sqq.
4. V. p. 203.
5. Il reste à retrouver : la traduction imprimée d'Hérodien, par Politien < I. L. 126 >, où les notes de Pomponius, selon Rainaldi, qui les a vues, sont de peu d'importance, — une édition des grammairiens latins (cf. ma note sous le nº 125 de l'Inventaire), — et deux volumes d'éphémérides pour lesquels l'attribution d'Orsini à la bibliothèque de Laetus paraît plus que douteuse (cf. ma note sous les nᵒˢ 120 et 121).
6. Beaucoup de leçons manquent à l'édition critique de Dietsch. On trouve une autre main d'annotateur, celle qui a écrit à la fin une épigramme *Ad Pomponium*.
7. La rognure nouvelle a mutilé les notes de Laetus. Aux ff. 113 et 114, il avait transcrit deux grandes inscriptions relatives à Maximien.

alors du *Satyricon;* l'enthousiaste humaniste paraît n'avoir étudié, dans ce dernier ouvrage, que le grand panégyrique de Rome mis dans la bouche d'Eumolpe; c'est le seul passage de Pétrone qui soit corrigé et annoté.

Ce que Pomponius fut à Rome, le représentant le plus autorisé de la science de l'antiquité, Ange Politien le fut à Florence dans le même temps, et d'une manière moins exclusive. Les deux littératures lui furent également familières. Beaucoup de ses livres, comme on sait, sont restés dans sa ville d'adoption [1]. Quelques autres sont allés chez Orsini et ont subi des fortunes diverses. L'un de ses manuscrits autographes non signalés jusqu'à présent est une sorte d'anthologie d'épigrammes grecques, qu'il avait réunie pour son usage, et qui forme aujourd'hui au Vatican le *Gr.* 1373 < M. G. 72 > [2]. En haut de la première page est le double ex-libris bien connu : *Ang. Politiani et amicorum.* Ἀγγέλου Πωλιτιανοῦ καὶ τῶν φίλων. Les pièces ont été recueillies à diverses époques par l'illustre humaniste; la plupart sont antiques; il y en a quelques-unes de Politien lui-même ou de ses amis, parmi lesquelles l'épigramme d'Andronic Calliste sur le livre de Bessarion *De calumniatore Platonis* (f. 4), un distique de Bessarion sur son propre tombeau (f. 5), une épigramme de Politien traduite en grec par Calliste (f. 26), etc. L'ensemble de ce recueil est intéressant [3].

Parmi les manuscrits latins de Politien, la traduction des deuxième et troisième livres de l'*Iliade*, dédiée à Laurent le Magnifique, a été acquise par Orsini en 1574, comme sa corres-

---

1. Sur ces livres, et particulièrement le *Térence*, v. Bandini, *pass.* et *Cat. codd. lat. bibl. Mediceae-Laurentianae*, t. II, col. 264. Sur l'exemplaire de l'édition princeps des *Silves* de Stace, annoté par Politien d'après le ms. de Poggio, et qui est à la bibliothèque Corsini, à Rome, cf. l'édition des *Silves* de M. Baehrens, Leipzig, 1876, p. i, et surtout Enea Piccolomini, *Intorno alle condiz. ed alle vic. della libr. Medic. privata*, Florence, 1875. L'index de cet important travail renvoie à beaucoup de renseignements sur les livres de Politien restés à Florence. La note de la p. 96 en mentionne plusieurs, et, aux pp. 106-108, est reproduit (après Bossi et Bonafous) le petit inventaire de 35 mss. ayant appartenu à Politien, qui ont été choisis en 1495 pour la bibliothèque des Médicis. Aucune de ces indications ne fait double emploi avec les nôtres.

2. 63 ff. pap. rel. ant à la rose d'Orsini. Sur la garde est une ancienne cote avec *N° XXV.* Timbre de la Bibl. Nationale.

3. Sur Politien, je n'ai pas besoin de renvoyer aux publications du savant qui connaît le mieux les détails du sujet, M. Isidoro Del Lungo. Je rappelle seulement ici l'une d'elles, *Prose volgari inedite e poesie latine e greche... di Angelo Ambrogini Poliziano*, racc. e ill. da I. D. L., Florence, 1867; il est à regretter que notre ms. n'y ait pas été utilisé.

pondance l'atteste[1]. Elle est contenue dans le 3298 < M. L. 153 >[2]. On savait, par Politien lui-même, qu'il avait fait dans sa jeunesse un travail de ce genre, mais on le croyait perdu, quand Angelo Mai en retrouva la première partie dans notre manuscrit et le publia. Il l'a fait précéder d'une préface assez nourrie pour qu'on m'excuse de ne pas revenir sur ce sujet connu[3]. Il a imprimé également le livre III et le livre V de la même traduction, d'après le 3617, qu'il dit venir d'Orsini comme le précédent[4]. Ce manuscrit est autographe, mais sur papier et moins soigné que le 3298. Je ne le trouve point marqué à l'Inventaire : en revanche, nous lisons dans notre document, sous le n° 155, la description suivante : *Politiani varia poemata di mano sua in papiro, in-4° foglio, et coperto di cremisino*; de plus, nous savons qu'Orsini acquit de Torquato Bembo, en 1581, un autographe de Politien dédié à Laurent de Médicis[5], qui est évidemment notre M. L. 155. Comme le 3617 débute par une dédicace à Laurent et que les indications de matière et de format se rapportent assez bien au 155, j'étais d'abord tenté de croire qu'on pouvait identifier ces manuscrits. Mais le caractère de la reliure s'y oppose, et il n'est pas vraisemblable de supposer qu'Orsini aurait décrit sous le titre de *Varia poemata* la seconde partie de la traduction de l'*Iliade*. On devra donc continuer à chercher le n° 155, qui du reste n'est pas entré au Vatican en 1602[6].

---

1. *Ambros. D. 422 inf.* Lettre d'Orsini à Pinelli du 9 juillet 1574 : « M'è capitato alle mani un libretto saporile del Politiano, che è la tradottione in verso hexametro del secondo et terzo libro di Homero, et è l'originale istesso. »
2. 33 ff. parch., rel. ant. bois et cuir rouge à la rose d'Orsini. Timbres de la Bibl. Nationale. Quelques sommaires, notes, rapprochements historiques, dans les marges ; en beaucoup d'endroits, Politien a gratté le parchemin et récrit soit des mots, soit des vers entiers ; ces retouches sont grossières et me font croire que l'exemplaire n'a peut-être pas été offert à Laurent, bien qu'il porte en tête l'épître dédicatoire. Sur la garde, en capitale : ILIADOS NOSTRE II ET III.
3. *Spicilegium rom.*, t. II, Rome, 1839, pp. v sqq., et dans la publication ci-dessus de M. I. del Lungo, p. xxxiv.
4. 51 ff. pap. non numér. (A été à la Bibliothèque de Paris; cf. ma notice p. 128, et la *Recensio*, p. 96.) Simple couverture de parchemin. Sur une carte collée au parch. on lit : *Homeri Iliados iiij et v^s liber ab Ant. Pol. in lat. conversus. 37*. Au-dessus, sur le parch. : *Iliados nostrae lib. IIII et V liber*. Cette dernière note, qui est originale, indique bien que la couverture est ancienne. Aucune trace de possession par Orsini.
5. Cf. la lettre XVI de l'Append. II.
6. Il manque au récolement de Rainaldi. — Dans le ms. indiqué p. 161, n° 2, on voit au f. 87 v° que Ridolfi possédait : *In cussa 22. N° 112. A.*

Il faut joindre à nos précieux originaux d'Ange Politien le 3442 < M. L. 226 >, qui lui a seulement appartenu. C'est l'apocryphe longtemps connu sous le nom de Lucius Fenestella. Le nom de l'auteur a été coupé sur le titre, qui est réduit à celui-ci : ...*de Romanorum magistratibus feliciter incipit*; il a aussi disparu un nom de lieu de la souscription : *Expletum... die viiij° mensis novembris mccclxx° de mane hora xvij*ª. Nous sommes en présence d'un fait curieux qui se rattache très probablement à la falsification[1]. En haut de la troisième page est l'ex-libris : *Ang. Politiani* καὶ τῶν φίλων, et au bas, un écusson assez grossier.

Pour montrer le prix qu'il y attache, Orsini catalogue le Virgile de Politien en tête de ses imprimés latins, < I. L. 1 >. Cet incunable, pris à la Vaticane en 1797, est demeuré à la Bibliothèque Nationale de Paris, où personne ne l'a signalé et où il porte, parmi les livres imprimés de la Réserve, la cote Y + 808. A. a, *in-folio*[2]. C'est la seconde édition de Virgile, celle qu'ont imprimée à Rome Sweynheim et Pannartz; en tête du premier feuillet de garde, on lit : *Angeli Politiani et amicorum*. Ἀγγέλου τοῦ Πωλιτιανοῦ κτῆμα καὶ τῶν φίλων[3]. A ce livre se rattache un intéressant problème de l'histoire de la philologie.

Politiani liber annotationem diversarum... Cop. in perg. in foglio. C'est peut-être un autre autographe à chercher.

1. 35 ff. pap. Au bas de la première page, écusson : D'azur à un chevron renversé d'or, accompagné de 6 étoiles de même, 3 en chef et 3 en pointe; je n'ai pu savoir si ce sont là les armes de Politien. A la garde est la note de l'Inventaire : *Antonio Lusco de sacerdotibus et mag. che va stampando sotto nome di Fenestella, tocco dal Politiano. Ful. Urs.* — La première impression est de Milan, 1477. Sur les auteurs qui ont traité la question de Fenestella, cf. G. Voigt, *Die Wiederbeleb. des class. Alterth.*, t. II, p. 39. On s'accorde à attribuer ce traité à Andrea Fiocco, secrétaire d'Eugène IV, et à lui enlever la responsabilité du faux. Mais voici qu'Orsini prononce le nom d'un autre secrétaire pontifical du même temps et à qui les indices tirés du texte et de la dédicace conviennent également, Antonio Loschi (*Luscus* † 1441); à mon avis cependant, le témoignage de Flavio Biondo en faveur de Fiocco a plus de poids que celui d'Orsini en faveur de Loschi. Ajoutons que le consciencieux travail du biographe de Loschi ne fait aucune allusion à une attribution de ce genre. (Giov. da Schio, *Sulla vita e sugli scritti di A. Loschi*, Padoue, 1858.)

2. On trouve encore la cote n° *3*, et deux chiffres correspondant à d'anciens classements de la Vaticane (2466 et 10885), comme en portent tous nos imprimés; la note d'Orsini est également conservée. Timbre de la Bibl. Impériale.

3. L'ex-libris latin est reproduit en tête du *Culex*, après les pièces liminaires (dédicace d'Andrea d'Aleria à Paul II, lettre à Pomponius Infortunatus [Laetus], tables, etc.) L'ex-libris grec se retrouve en tête des *Bucoliques*,

Orsini dit s'être servi, en publiant Philargyrius, en 1587, d'un *codex* dont les marges portaient des scholies écrites de la main de Politien[1]. Ce manuscrit, a-t-on supposé, n'a fourni à Fulvio que les scholies sur les *Bucoliques* et il devait avoir le titre donné par Orsini : *Iunius Philargyrius in bucolica Virgilii ad Valentinianum*. Mais il n'a été vu par personne : M. Keil l'a cherché en vain, et M. Thilo n'a pas été plus heureux[2]. La recherche, il est vrai, a perdu toute utilité philologique depuis que ce dernier savant a retrouvé le manuscrit de la Laurentienne dont Politien a tiré ses scholies de Philargyrius. Toutefois, il n'est pas sans intérêt d'identifier, comme nous pouvons le faire aujourd'hui, le texte de Politien avec le Virgile de la Bibliothèque Nationale. On lit en effet, parmi les scholies manuscrites de la première page, le titre qu'Orsini a imprimé, et toutes celles qui sont précédées de la mention de Philargyrius se retrouvent dans la publication de 1587. Orsini a égaré les chercheurs par le mot *codex* qui, dans sa bouche, a un sens beaucoup plus large que le mot *manuscrit* et désigne souvent des imprimés annotés. On aurait pu chercher longtemps encore le manuscrit écrit ou scholié par Politien, sans les conditions spéciales qui ont favorisé notre travail[3].

Ce volume, acquis par Orsini en 1567[4], est certainement l'un des plus précieux livres annotés du xve siècle. Il est extrêmement instructif sur la manière dont on comprenait alors l'exégèse du texte de Virgile. Pour les *Bucoliques* et les *Géorgiques*, les marges sont couvertes de l'écriture, souvent très fine et très serrée, de Politien, qui est revenu bien des fois sur la même page. L'*Enéide* a des notes plus rares ; les *Catalecta* et les *Priapea* n'en ont presque aucune[5]. Dans les *Bucoliques* seules, on trouve cités,

---

sur une page à grand frontispice orné avec le T initial d'or et au bas la place vide d'un écusson. Des lettres d'or figurent en tête des *Géorgiques* (f. 30 v°) et de l'*Enéide* (f. 60 v°).

1. Voir le passage de la préface des *Notae ad Catonem*, cité plus haut, p. 52, note 3. Pour la partie des scholies sur les *Géorgiques*, cf. p. 196.
2. V. les renvois p. 196, note 2.
3. C'est M. Léopold Delisle qui m'a appris l'existence de ce volume dans la bibliothèque qu'il connaît si bien.
4. V. p. 82. Les personnes qui peuvent s'intéresser à cette question trouveront des détails nouveaux dans les lettres d'Orsini à Vettori indiquées dans la note 2.
5. Dans les trois pages blanches qui précèdent les *Bucoliques*, Politien a transcrit un long passage de Valerius Probus et réuni tous les jugements et témoignages qu'il a pu trouver dans les auteurs anciens sur l'œuvre

outre Philargyrius, les auteurs suivants : Nonius Marcellus (indiqué *N. M.*), Servius, Macrobe, Columelle, Probus, Donat, Priscien, Porphyrion, Acron, Aulu-Gelle, Varron, Cicéron, César, Pline, Suétone, Vopiscus; en grec, Plutarque, Pausanias, Alexandre d'Aphrodise. Il y a des rapprochements avec Plaute, Horace, Juvénal, Perse, Martial, Calpurnius, Catulle, Ovide, etc., avec Aratus, Théognis, Sophocle et Théocrite [1]. Dans l'*Enéide*, les passages, souvent très longs, cités en marge sont pris à Hésiode, à Apollonius, à Euripide, surtout à Homère. Politien n'ignore pas non plus les emprunts de Virgile à Ennius, à Névius, à Lucrèce, etc. Il a fait déjà, avant Orsini, un véritable *Virgilius illustratus*, et l'on reste confondu de l'immense lecture de l'humaniste florentin et du profit qu'avait su en tirer son puissant et lumineux esprit. Il semble avoir attaché de la valeur à plusieurs de ses scholies; il les a marquées du mot *Ang.*, qui désigne évidemment des observations personnelles ou des rapprochements qu'il avait eu quelque satisfaction à trouver lui-même. Cette annotation si étendue et si variée est un beau témoignage de l'amour de Politien pour Virgile et un monument, important à plus d'un titre, des études virgiliennes au xve siècle [2].

Il y a parmi les livres d'Orsini un manuscrit qui a une importance considérable pour la bibliothèque de Politien. Comme la question intéresse plusieurs des personnages dont il est souvent parlé dans ce livre, on me permettra de ne pas abréger ici mes observations [3]. Il n'est parvenu aux érudits de la Renaissance qu'un seul manuscrit de Festus, le même qui est aujourd'hui coté à la bibliothèque de Naples *IV. A. 3.* Il est sur deux colonnes, comme on sait; la colonne de droite de chaque recto

---

de Virgile. On les reconnaîtra facilement ; il cite Macrobe, Quintilien, Horace, Martial, Properce, Pline, Tacite (*Dialogus*), Sidoine Apollinaire, Christodore.

1. On rencontre sans cesse : *Theo. in thalysiis, in cyclope*, etc. On voit que Politien connaissait aussi bien Théocrite que Virgile et, en général, les auteurs grecs que les auteurs latins.

2. Le spécimen d'écriture grecque et latine de Politien, qui est à nos planches le n° VI, offre précisément un exemple, peu intéressant il est vrai, des annotations précédées de l'indication *Ang.* Le rapprochement est avec es vers 790 sqq. du livre IX de l'*Enéide* ; sur l'autre marge, Politien n'a pas oublié le rapprochement avec Lucrèce : *Asper acerba tuens immani corpore serpens*. Tiré du f. 155 v°.

3. Elles ont été données déjà, un peu moins complètes, dans la *Revue de Philologie*, année 1886, X, pp. 145-148.

et celle de gauche de chaque verso ont été en grande partie dévorées par le feu. Otfried Müller a constaté que le manuscrit primitif avait seize quaternions, et que, dans l'état où on l'a vu pour la première fois, au xve siècle, il avait encore les quaternions VIII à XVI[1]. Les quaternions IX et XI à XV sont seuls conservés et forment le manuscrit de Naples. C'est cette partie qui se trouvait dans la bibliothèque du cardinal Ranuccio Farnèse, en 1559, époque où Agustin l'a publiée à Venise[2]. Orsini en a donné en 1581, à Rome, une édition célèbre[3]. Il y a joint, d'après une copie, quelques fragments que le poète Marulle, dit-il, avait donnés à Pomponius Laetus et qui provenaient du même manuscrit[4]. O. Müller a justement observé que ces « schedae Laeti » complètent le fragment Farnésien et reproduisent les quaternions VIII, X et XVI du manuscrit primitif.

Précisons les renseignements qu'on a sur ce manuscrit : on ne sait rien de sûr à son sujet avant 1485[5]. A cette date, Ange

---

1. Dans sa grande édition de Festus, donnée à Leipzig en 1839 ; v. spécialement les pp. II-VII de l'introduction.
2. V. plus haut, pp. 44 et 60. — Le ms. provenait du cardinal Silvio. Agustin dit en effet : « Habuimus... hoc monumentum antiquitatis ex locupletissima bibliotheca amplissimi viri Rainutii Farnesii cardinalis, cui propter singularem bonarum literarum amorem, ingeniumque praeclarum atque in utraque lingua maximos progressus et non vulgarem eruditionem a Michaele Silvio cardinali ex testamento relictum est. » Cf. la note de l'Appendice V.
3. V. pp. 44-45.
4. La copie sur laquelle Orsini imprimait ces fragments, et où l'on n'avait pas tenu compte des colonnes rongées par le feu, avait été faite sur le manuscrit de Pomponius. C'est ainsi, du moins, que je traduis cette phrase de la préface de 1581 : « Quas autem non edidimus, sunt illae quidem e doctissimi viri [Laeti] exscriptae chirographo... » (Cf. au contraire O. Müller, l. c., p. VII ; Mommsen, l. c., p. 60). — Je n'ai pas le loisir de vérifier si le 3369 ne serait pas par hasard cette copie sur laquelle Orsini fit son édition ; ce manuscrit, non encore signalé, dont l'écriture est un peu postérieure au temps de Laetus, contient à partir du f. 99 les « schedae Laeti », et je puis assurer qu'il appartenait à Orsini. — Le 3369 < M. L. 65 > a 24 ff. prélim. non numérotés contenant l'index alphab., plus 157 ff. de beau parchemin ; rel. ant. estampée, frontisp. orné. F. 1, Excerpta du prêtre Paul (Augustus locus...); f. 99, Festus, quat. VIII (Manubiae Iovis...). Une autre main que celle du copiste a dressé l'index alphabétique, fait quelques corrections au texte et ajouté des mots en marge ; au f. de garde final est un fragment de Columelle. Le déchiffrement a été partout très incomplet.
5. On répète que le ms. avait été apporté d'Illyrie par Manilius Rhallès : le ms., en 1485, était entre les mains de ce grec, rien de plus. Quant à la provenance d'Illyrie, elle est attestée par Agustin et Orsini d'après un auteur contemporain de Politien, Giambattista Pio, qui n'est malheureusement pas tout à fait exact en parlant de Festus (O. Müller, l. c., p. II, note 2). On a fait peut-être une confusion entre Manilius Rhallès et Marulle, fort liés, suivant Hodius. (De graecis illustr., Londres, 1742, p. 291). Mais il ne me

Politien le voit dans son voyage à Rome : il est alors en deux parties, l'une chez Manilius Rhallès, l'autre, moins considérable, chez Pomponius Laetus qui en avait gardé quelques pages (*pagellas retinuerat*). Politien prend copie du tout[1]. — Au XVIe siècle, quand la seconde partie était déjà perdue, Piero Vettori, dans une boutique de livres de Florence, rencontre des fragments de Festus; il reconnaît la main de Politien et les achète. La copie du grand humaniste avait été très rapide, d'un caractère fort menu, les mots écrits souvent en abrégé[2]. Malgré la difficulté qu'il eut pour la lire, Vettori put s'en servir et il en tira des leçons assez nombreuses qu'il mit en marge d'une édition Aldine de 1513 qui lui appartenait. On retrouve le volume ainsi annoté à la bibliothèque de Munich, parmi les livres de Vettori, coté *V. B. 86*. O. Müller l'a signalé, mais M. Mommsen est le premier à l'avoir utilisé[3].

Les leçons prises par Vettori partent seulement du commen-

semble pas qu'on puisse tirer des textes autre chose que ceci : le ms. a *peut-être* été apporté d'Illyrie, Rhallès l'a possédé, Marulle en aurait offert des *schedae* à Laetus. — Un autre fait qui pourra peut-être apporter quelque lumière, c'est l'édition de Festus, donnée à Rome, en 1475, par *Manilius Romanus* et précédée d'une lettre-dédicace de quatorze lignes à Pomponius Laetus. V. [Audiffredi], *Catalogus historico-criticus Roman. edit...* Rome, 1783, p. 198 ; cf. p. 222. C'est évidemment Rhallès.

1. Politien, *Opera omnia*, Bâle, 1553, p. 284. (*Miscell. LXXIII*) : « Ostendit mihi Romae abhinc quadriennium Manilius Rallus, Graecus homo sed latinis litteris apprime excultus, fragmentum quoddam Sex. Pompeii Festi, nam [*Müller à tort :* non] ita erat in titulo, sanequam vetustum, sed pleraque mutilatum praerosumque a muribus... » [Politien dit avoir pu faire alors la différence avec le mauvais abrégé en circulation, celui du prêtre Paul]. « Nonnullas quoque ex eodem fragmento Pomponius Laetus, vir antiquitatis et literarum bonarum consultissimus, sibi pagellas retinuerat, quas itidem legendas mihi describendasque dedit. »

2. Vettori, *Variae lectiones*, l. XVII, 2 : « Cum supra ipse affirmarim me librum habere Sex. Pompeii exscriptum de antiquissimo exemplari, totam rem accuratius, ut fides eius auctoritasque augeatur, commemorare volo. Angelus Politianus in LXXIII capite Miscellaneorum narrat se Romae accepisse a Manilio Rallo fragmentum quoddam Sex. Pompeii sanequam vetustum, nonnullasque itidem pagellas eiusdem exemplaris a Pomponio Laeto, quae omnia, ut ostendit illic, cum descripsisset, paucis abhinc annis ego incidi in adversaria quaedam ipsius in taberna libraria, quibus continebantur etiam hae reliquiae Festi, atque emi, manu Politiani cognita. Tanta tamen ille celeritate in scribendo usus fuerat litterisque adeo minutis, ac saepe etiam per notas totis vocibus indicatis, quod suum propriumque hominis erat, cum huiuscemodi aliquid quod ipsius tantum usibus serviret in commentariis adnotaret, ut vix intelligi possint. » (Cf. l. XVIII, 7.) Tout ce témoignage est curieux sur Politien.

3. Dans son importante édition partielle de Festus : *Festi codicis quaternionem XVI* (*Abhandl. der kön. Akad. der Wiss. zu Berlin*, 1864, pp. 57-86).

cement du quaternion XI et vont jusqu'à la fin du quaternion XVI, ce qui laisse supposer que la copie de Politien, parvenue à Vettori, ne comprenait pas le commencement du fragment de Festus. La plus grande partie de ces leçons est du reste sans utilité, puisque nous avons le manuscrit original jusqu'au quaternion XV; mais il n'en est pas de même pour celles du quaternion XVI, dont l'original est perdu. M. Mommsen attache justement du prix au texte de Politien et il s'appuie sur sa mauvaise écriture présumée et l'insuffisance du déchiffrement de Vettori pour conclure que le silence de celui-ci n'indique rien sur ce que lisait Politien.

Il y avait donc quelque intérêt à retrouver la copie de celui-ci. J'ai pu l'identifier avec le 3368 < M. L. 223 >, qui n'a pas été signalé par les éditeurs de Festus et qui correspond à la petite description de l'Inventaire [1]. Il a perdu la garde où se trouvaient répétées les indications d'Orsini; mais la main de Politien n'est pas douteuse. Les autographes que je connaissais de lui m'avaient habitué à une écriture plus régulière et plus précise que celle de notre manuscrit; celui-ci est d'une main extrêmement fine et courante, qui déroutait au premier abord mes souvenirs; les titres d'articles transportés à la marge, écrits un peu plus gros et un peu plus posément, permettent d'identifier l'écriture : c'est tout à fait celle qu'on trouve sur le Virgile annoté dont il a été question. En vérité, Vettori a fait du manuscrit une description fort exacte : Politien a écrit très vite, laissant beaucoup de blancs, transcrivant des groupes de lettres souvent fort étendus sans se donner le loisir de les comprendre; aucun déchiffrement de texte de la Renaissance n'offre une meilleure occasion de se fatiguer les yeux. Les philologues qui s'intéressent au quaternion XVI devront pourtant y recourir et je leur laisse le soin d'examiner le parti qu'ils en pourront tirer.

Le manuscrit, dans son état actuel, compte 17 feuillets de papier. Il s'ouvre précisément avec les premiers mots du quaternion XI (*est cum ait cum magistratus*) et va jusqu'à la fin du quaternion XVI; le texte de celui-ci commence au recto du feuillet 16. Ce sont bien les feuillets possédés par Vettori; mais

---

1. *Festo Pompeio scritto di mano del Politiano in papiro, in-4°*. Rel. mod. sans armes. En tête : *Ex fragmento Festi Pompeii*. Le premier mot porté en marge est *Perihodos*, le dernier *Vindiciae*.

sa trouvaille n'a peut-être porté que sur la dernière partie de la copie de Politien[1]; celui-ci semble indiquer qu'il avait copié tout ce qui existait de Festus à Rome (*itidem... describendas*); de plus, au bas des pages de notre manuscrit est une pagination ancienne qui va de 13 à 29 et paraît prouver que la copie d'Ange Politien était plus étendue que ce que nous en retrouvons[2]. Quant à la transmission du fragment à Orsini, nous sommes en mesure d'en fixer la date : dans une lettre du 15 janvier 1580, le romain remercie Vettori de l'envoi que celui-ci vient de lui faire d'un autographe de Politien, qui est évidemment le nôtre. On constate, par le même document, que les leçons de Politien ont été, dans une certaine mesure, utilisées par Orsini pour son texte de 1581[3].

En quittant la bibliothèque de Politien, nous rencontrons une autre collection florentine très connue, celle des Gaddi[4]. On se demandera comment Orsini a pu en avoir plusieurs volumes. Mais nous trouvons notre savant en correspondance avec Niccolò Gaddi, à qui il offrait des marbres antiques[5]. Cette correspondance est constatée pour les années 1572 et 1575, précisé-

---

1. M. Mommsen (*l. c.*, p. 59) avait conclu du témoignage de l'Aldine annotée par Vettori, que Politien avait pris copie des seuls quaternions XI-XVI. — A quelle époque remonte l'acquisition de Vettori ? Évidemment avant 1553, puisqu'il cite plusieurs fois la copie de Politien aux premiers livres de ses *Variae lectiones*, dont la 1re éd. est de Florence, 1553.

2. Je dois signaler sous le n° 66 de l'Inventaire un autre *Festo Pompeio non epitomato scritto di mano del Politiano*. Comme ce numéro n'est pas porté présent sur l'inventaire d'entrée de Rainaldi, et que je n'ai pu en trouver trace, je suis porté à croire à une erreur d'Orsini ; dans mon hypothèse, justifiée par d'autres exemples, il ferait double emploi avec le 223. — Il y a à la Bibliothèque Nat. de Paris un Festus incunable signalé par M. Thewrewk de Ponor dans les *Mélanges Graux*, p. 669 (Rés. Y 553 A.) et relié sous Louis XIV ; il contient à la fin 32 pages manuscrites intitulées : *Haec sunt fragmenta quaedam Pompei Festi ex vetusto codice collecta*. L'écriture est bien d'une main italienne du xve siècle, mais je ne la connais pas.

3. British Mus., Add. ms. 10270, f. 36. La lettre sera intégralement publiée, ainsi que plusieurs autres intéressant Festus, dans la *Correspondance de P. Vettori et C. Sigonio avec F. Orsini*.

4. Voir la préface de Bandini au t. IV du Catalogue des mss. latins de la Laurentienne, et [Anziani] *Della Bibl. Mediceo-Laurenziana*, Florence, 1872, p. 18. Si je mentionne parmi les collections du xve siècle celle du plus célèbre lettré du nom de Gaddi, Giovanni, doyen de la chambre apostolique, mort en 1542, c'est qu'on peut supposer qu'il tenait de famille une part de ses manuscrits.

5. Par l'intermédiaire de Giampiero Giampieri et de l'architecte Giantonio Dosi (Bottari, *Lett. pittoriche*, éd. de Milan, 1822, t. III, pp. 295, 296, 314).

ment à l'époque où il s'occupait activement de former sa collection de manuscrits ; le noble florentin dut sans doute lui en donner quelques-uns en échange de ses présents artistiques. Trois de nos numéros proviennent en effet de Giovanni Gaddi et portent dans le haut de leur première page la signature : *Ioannis Gaddj*. L'un d'eux, le Paul Orose 3340 < M. L. 30 >, était un des plus beaux échantillons de paléographie lombarde que possédât Orsini. L'écriture est du xi-xiie siècle et ses 28 premiers feuillets ont les marges couvertes de dessins à la plume représentant les scènes de la chronique avec les costumes du xiie siècle. Fulvio en fait un manuscrit « di 600 anni »; c'est son exagération ordinaire [1]. Le 3292 < M. L. 58 > porte des scholies de Gaddi lui-même et de plusieurs autres mains; il contient, en deux volumes distincts, les satires de Perse et les *Pontiques* d'Ovide, copiées en plusieurs fois au xiie ou au xiiie siècle [2]. Le 3293 < M. L. 91 >, est seulement du xve siècle [3] : le *Liber medicinalis* de Serenus et Aratus en latin y sont accompagnés de quelques notes de peu de valeur [4]. Les livres acquis par Francesco Gaddi, fils d'Angelo, sont représentés par un fort beau Juvénal, le 3286 < M. L. 31 > [5], d'une écriture lombarde du xie siècle, avec gloses et scholies contemporaines; la satire XI

1. 95 ff. parch. (Pie IX). Incomplet du commencement et de la fin.
2. 52 ff. parch. (Paul V). En tête : *Salarium victus unius diei. Io. Gaddj*; au feuillet de garde final : (n° 61°). — *a*) f. 1, Perse ; *b*) f. 10, Ovide, sans annotations de Gaddi.
3. 64 ff. parch. (Pie VI). Trois mss. entièrement distincts : *a*) f. 1, Serenus (sans titre); *b*) f. 29, *Germanici Aratea* (id.); *c*) f. 46, *Priapea*. Au v° du f. 64, Orsini a mis une note se rapportant seulement au ms. *c* : *Dono mihi dedit Ant. Maria Paccius*. Ce Pacci était un médecin de Rome, dont la bibliothèque fut en vente en 1573; en même temps que sa lettre du 29 novembre, Orsini en mandait l'index à Pinelli. Cf. *Ambros. D.* 422.
4. J'ai noté la signature de Giovanni Gaddi, en parcourant les armoires d'incunables de la Vaticane, sur une *Grammaire* de Gaza (Alde, 1495), qui avait encore l'ancienne cote 11805. Elle se retrouve sur deux volumes latins de la Bibliothèque de Naples (*IV. D.* 28, *IV. G.* 45), dont le second au moins, le *De finibus* de Cicéron, écrit en 1478, a peut-être appartenu à Orsini ; un Virgile de la même bibliothèque (*IV. E.* 14) a l'ex-libris d'Alessandro Gaddi. Cf. le catalogue de Jannelli, pp. 132, 234. 155. — Pour les mss. de la Laurentienne, voir l'index du catalogue de Bandini; pour les mss. grecs qui sont à Paris, le passage de Boivin cité par M. Léopold Delisle, *Le cabinet des manuscrits*, t. I, p. 158.
5. 92 ff. parch. (Pie IX). Au recto du f. 65 finit le recueil primitif, sur le dernier vers de la satire X ; au-dessous le mot FINIS ; au verso commence la satire XI d'une écriture imitant l'ancienne. Au-dessous : *Est Francisci Angeli de Gaddis et amicorum benemeritorum*. Ce dernier mot est ajouté après coup par le propriétaire devenu méfiant.

a été ajoutée au xv° siècle ; les lettres initiales de la partie ancienne sont ornées de figures. Ce manuscrit a encore pour nous un autre prix : il vient du célèbre Giovanni Aurispa, comme l'indique au premier feuillet l'inscription : *Hic liber A/rispae est*. La main qui a tracé cet ex-libris se reconnaît dans certaines annotations récentes du manuscrit.

Un autre volume provenant d'Aurispa, suivant Orsini, le 3276 < M. L. 168 >, faisait partie de la bibliothèque d'Antonio Beccatelli, élève d'Aurispa et plus connu sous le nom de Panormita. C'est un Lucrèce écrit à Naples en 1442 et annoté par les deux savants. L'annotation a un caractère critique et offre des corrections au texte et des suppléments aux lacunes nombreuses de la copie, exécutée sans doute sur un exemplaire en mauvais état[1]. Si nous y joignons le Plaute 3304 < M. L. 196 > de l'an 1449[2], nous aurons indiqué les seuls manuscrits datés ayant appartenu à Panormita, que nous ayons rencontrés. L'identification du second pourra avoir quelque intérêt pour l'histoire du texte de Plaute : on sait, en effet, qu'après la découverte du manuscrit du cardinal Giordano Orsini, le roi Alphonse de Naples fit faire une recension des vingt comédies désormais connues ; ce texte, du reste fort arbitraire, fut établi par Panormita, et nous avons précisément dans le 3304 un texte de Plaute qui est postérieur de vingt ans à la découverte, et qui est revu et annoté par Panormita lui-même[3]. Ce recueil ne comprend d'ailleurs que les huit premières comédies.

---

1. 208 ff. pap. encarté de parch. (Paul V, Pie IX). Souscription : *1442. mense uno post captam Neapolim ab Alphonso Rege invictissimo*. Ce ms. a été vu pour le texte par M. Munro, qui n'a fait aucune de nos observations ; cf. sa 4° édition de Lucrèce, Cambridge, 1886, p. 24. — Un autre ms. de Lucrèce, provenant, comme le précédent, du texte découvert par Poggio, se trouve dans notre collection. C'est le 3275 < M. L. 124 >: 142 ff. pap. (Paul V, Pie IX). Sur la garde : *N° 56. Titus Lucretius*. Le texte est divisé çà et là par des titres partiels à l'encre rouge. C'est encore un autographe d'humaniste, avec annotations critiques, mais je n'en ai pas reconnu l'écriture.

2. 97 ff. parch. (Paul V, Pie IX). La souscription est au f. 96 v°, avec le fragment de Nigidius, etc. : *1449, nono Kal. mart*. Gloses interlinéaires du copiste. Les annotations de Panormita sont quelques gloses latines ou italiennes, des *nota* et un petit nombre de leçons marquées *al* ou *l*. Lettres ornées ; un frontispice avec le portrait de Plaute et un écusson soutenu par deux anges (est-ce celui de la famille Corona ?). Un des ff. de garde porte un nom de propriétaire soigneusement gratté et au-dessous : *Iste Plautus est Pauli Francisci Palavicini Apostolici Protonotarii et cet*. Ancienne notation : *n° 21*.

3. Nous savons, par les lettres de Guarino de Vérone, que le ms. du car-

Le fameux humaniste avait dirigé à Naples l'exécution d'un
certain nombre de manuscrits, contenant pour la plupart des
textes classiques, et il avait pris lui-même la peine de faire
quelques copies, dont je ne sache point qu'on ait parlé[1]. La
petite collection que j'ai pu reconstituer, avec l'aide de notre
inventaire, est assez considérable pour offrir quelque intérêt. Plusieurs volumes sont d'un même format moyen ; ils
offrent les mêmes signes extérieurs, les mêmes ornements en
couleurs ou par hachures à la plume, et la main des scribes
indique au premier coup d'œil la provenance napolitaine[2]. On
y trouve des corrections ou des sommaires de la main de
Panormita ; quelques signes qui lui sont familiers se rencontrent
aux passages notables ($\S$ et $\overset{\mathrm{IO}}{\underset{\mathrm{A}}{\mathrm{N}}}$). Orsini n'indique pas tous les
volumes venant de Panormita, mais je crois pouvoir affirmer
cette origine au moins pour les suivants, tous manuscrits du
xve siècle :

3270 < M. L. 165 >, Tibulle et le *Remedium* d'Ovide, rares
notes de Panormita[3]. — 3273 <M. L. 164>, Properce, entièrement autographe, avec la division en quatre livres et suivi d'une
élégie du transcripteur[4]. — 3276 < M. L. 168 >, Lucrèce décrit

---

[...]inal Orsini, dont la découverte était annoncée par Poggio le 26 février 1429,
resta entre les mains de Panormita, malgré les réclamations de Guarino,
depuis 1434 jusqu'en 1443. Cf. Rem. Sabbadini, *Guarino Veronese e gli
archetipi di Celso e Plauto*, Livourne, 1886, pp. 57-58. Sur la recension
d'Alphonse le Magnanime, cf. Ritschl, *Opuscula*, Leipzig, 1868, t. II,
pp. 1-34, et surtout la partie du travail de M. F. Ramorino cité ci-dessous,
qui est intitulé : *Studii su Plauto di Antonio il Panormita*.

1. Le travail d'ensemble le plus complet sur Panormita est aujourd'hui
celui de M. G. Voigt, au t. II de la *Wiederbelebung des class. Alterthums*,
Berlin, 1881 ; mais celui qui intéresse le plus nos travaux est dû à M. Felice
Ramorino, *Contributi alla storia biografica e critica di Ant. Beccatelli*,
Palerme, 1883. Je l'ai lu dans l'*Archivio storico siciliano*, années VI (1881),
pp. 432 sqq., VII (1883), pp. 213 sqq. L'auteur n'a eu connaissance d'aucun
de nos mss., et les renseignements que nous apportons sont, par conséquent,
tout à fait nouveaux. Puissent-ils engager le savant silicien à donner bientôt
un livre définitif sur son célèbre compatriote !

2. Un des scribes a laissé son nom à la fin du ms. 3401 : *Manu Virgilii
Ursuleorum*. Quelques-uns de ces volumes, qui sont en papier, ont un
feuillet de parchemin encartant chaque cahier, pour donner plus de solidité
à l'ensemble. Presque tous ont été reliés à nouveau sous Paul V.

3. 55 ff. pap. Gloses et scholies d'une autre main. Le rubricateur a fait
suivre du mot *rubrica* le titre de chaque pièce, écrit en noir à côté, avec
la mention R[ca]. Cf. le passage de Panormita cité par M. Ramorino, *Arch.
stor. sic.*, VII, p. 238.

4. 83 ff. parch. Le récolement de 1602 remarque déjà qu'Orsini a indiqué

plus haut. — 3282 <M. L. 172>, *Silves* de Stace, précédées d'une épigramme : *Panormita in statuam Statii*; le copiste a relevé en marge, avec le plus grand soin, tout ce qui touche Naples ou ses environs [1]. — 3296 <M. L. 228>, Martial, où l'on peut observer la même préoccupation; leçons marginales de première main; notes rares de Panormita [2]. — 3300 <M. L. 171>, Silius Italicus, avec un assez grand nombre de leçons; noms propres reportés à la marge par Panormita [3]. — 3304 <M. L. 196>, Plaute décrit plus haut. — 3316 <M. L. 233>, Acron; une partie des renvois et des leçons est du copiste, l'autre est de Panormita [4]. — 3341 <M. L. 170>, Ammien Marcellin, à peine annoté, et presque point par Panormita [5]. — 3418 <M. L. 197>, Nonius complet avec l'ex-libris : ANTONII PANHORMITE [6].

Six volumes d'importantes traductions du grec doivent être joints à cette série : 3344 <M. L. 173>, six livres de Diodore de Sicile, les livres fabuleux, traduits par Poggio, mais sans nom d'auteur, avec de nombreuses corrections marginales de la main de Panormita et d'autres lecteurs [7]. — 3345 <M. L. 207>,

à tort Tibulle avec Properce. F. 1 (lettre ornée), *Incipit monobyblos Propertii Aurelii Nautae ad Tullum feliciter.* (Addition dans la marge en ligne verticale :) *Vel Elegiarum secundum Nonium Marcellum*. La plupart des élégies ont des titres (*Verba ianuae conquerentis*, *Ad amicam iratam*, *Intimatio animi*, etc.). Quelques scholies aux premières pages. Du f. 81 au f. 83 : *Antonii Panormitae elegia ad Lamolam, quod lacrimis elegiae motus fractusque ex Bononia nequierit recedere*. Cf. Frédéric Plessis, *Etudes critiques sur Properce et ses élégies*, 1884, p. 22, et Ramorino, *l. c.*, p. 238, qui cite une lettre de Panormita à Cambio Zambeccari : « Propertium iocondissimum poetam recepi... Albium Tibullum, quum primum invenero qui deferre non gravetur, ad te mittam. »

1. 91 ff. pap. (Paul V, Pie IX). F. 1, épigr. et : *P. P. Statii Neapolitani poetae liber I Silvarum*; f. 88 v°, vers, extraits, etc.
2. 229 ff. pap. (Paul V, Pie IX). En tête, la lettre de Pline sur la mort de Martial. Pour la provenance de cet exemplaire, cf. les textes rappelés par M. Ramorino, *l. c.*, p. 242.
3. 173 ff. pap. (Pie IX). Très grand format; ornement au frontispice et aux initiales.
4. 138 ff. pap. (Paul V, Pie IX). F. 62, le commentateur d'Horace parle de Moïse ; Panormita : « Non erat christianus tam inepte sentiens de Moysi. »
5. 222 ff. pap. (Paul V, Pie IX). Je reconnais la provenance à la similitude d'écriture avec le 3300. M. V. Gardthausen a indiqué la place du ms. parmi les textes d'Ammien Marcellin, dans les *Jahrbücher für class. philol.* de Fleckeisen, an. 1871, p. 850.
6. 114 ff. pap. (Pie IX). Inc. : *Index earum rerum quae in hoc codice continentur Nonii Marcelli peripatetici Tiburticensis compendiosa doctrina per litteras*, etc. Senium est...
7. 245 ff. pap. (Paul V, Pie IX). Lettres init. et frontispice décorés à la plume ; on y voit le blason d'Aragon, à peine rehaussé de couleur.

les *Lois* de Platon, traduites par Georges de Trébizonde[1]. — 3346 < M. L. 175 >, la *République* de Platon, traduite par Antonio Cassarino, de Palerme, avec des sommaires de Panormita[2]. — 3349 < M. L. 176 >, huit opuscules des œuvres morales de Plutarque, traduits par Cassarino, ainsi que l'*Axiochus* de Platon; les marges d'une bonne partie du volume sont chargées de notes, additions ou corrections de Panormita, qui a refait en plusieurs endroits la traduction de son compatriote[3]. — 3401 < M. L. 174 >, la *Cyropédie* de Xénophon, traduite par Poggio, avec dédicace à Alphonse d'Aragon[4]. — 3422 < M. L. 243 >, les discours II et III d'Isocrate, traduits par Lapo da Castiglionchio le jeune, avec une dédicace à Panormita[5].

1. 233 ff. pap. (Paul V, Pie IX). Ornements or et couleur au début des livres. L'identification est certaine, malgré la perte des gardes, de même que l'attribution à Panormita, malgré l'absence d'annotations, à cause de la ressemblance avec le ms. suivant. C'est une erreur de l'Inventaire d'attribuer cette traduction à Cassarino.
2. 227 ff. pap. (Paul V). Orn. à la plume. Il y a encore une erreur d'Orsini dans l'Inventaire, où il fait du n₀ 175 une traduction des *Lois*. Au contraire, il est exact dans la note conservée sur la garde. F. 1, *Antonii Cassarini Siculi isagogicon in Platonis vitam ac disciplinam*; f. 27, Traduction. Souscription finale : *Platonis rerum publicarum liber decimus et ultimus explicit e graeco in latinum conversus ab Antonio Cassarino Siculo tamen nondum editus ab eo neque emendatus quod immatura morte praeventus est*. Cf. Voigt, *Wiederbelebung*, t. II, p. 177, note 2.
3. 205 ff. pap. (Paul V, Pie IX). Au f. 184 v° et sur la dernière garde ex-libris de P. (ANT . PANHORMITAE LIBER s̈). Trois parties distinctes : *a*) f. 1, *Quomodo quis se laudare possit*, et autres opusc.; f. 101, Apophtegmes; f. 142 v°, souscr. : Τέλος τῶν ἀποφθεγμάτων τοῦ Πλουτάρχου ἅπερ Ἀντώνιος ὁ Σικελὸς μετέφρασε οὐ διὰ τὴν ἄλλην αἰτίαν ἢ μὴ διὰ τὴν ἄσκησιν. *b*) f. 147, *Apophthegmata Laconica*; partie la plus surchargée par Panormita : *c*) f. 186, Platon (sans titre). — Les dédicaces de Cassarino précèdent chaque traduction. Les notes de Panormita ont de l'intérêt, par ex. cette anecdote sur Guarino de Vérone, à propos de la femme Spartiate qui se montra à une luxueuse Ionienne avec ses quatre fils pour seule parure : « Hoc imitatus Guarinus noster; Kiriacho Anconitano gemmas exhibenti filios ostendit. » (f. 183 v°).
4. 138 ff. pap. (Paul V, Pie IX). Souscription citée p. 219, note 2, et plus bas *Antonii Panhormitae est*, le tout en capitales rouges. Initiales or et couleur. Quelques sommaires et corrections de Panormita. — Il a comparé un jour la *Cyropédie* à la *République* de Platon (Ramorino, *Archivio stor. ic.*, VII, p. 228); c'était évidemment d'après nos manuscrits.
5. 36 ff., parch. belle rel. ant. estampée, la seule conservée de cette bibliothèque. Sur les gardes sont des épigrammes latines que je crois de la main de Panormita. L'ouvrage lui est dédié, mais après coup, et par des grattages et des surcharges au titre et dans le corps de la préface. Voici le titre, récrit jusqu'à *clarissimum : Ad doctissimum et eloquentissimum virum dominum Antonium Panhormitam poetam clarissimum Lapi Castelliunculi prefatio in Isocratis orationes incipit feliciter*.

Outre les manuscrits contemporains, Panormita en avait une collection de plus anciens, fort intéressante si nous en jugeons par ce qui reste : 3246 <M. L. 163 >, Cicéron, *Tusculanes* sur deux colonnes, qu'on pourrait faire remonter jusqu'au ix° siècle et qu'Orsini, avec son assurance ordinaire, n'hésitait pas à rejeter au vii°. Ils portent quelques notes marginales de Panormita qui n'ajoutent aucun prix à un manuscrit de cette valeur [1]. — 3385 <M. L. 166>, Apulée, *De deo Socratis*, du xii° siècle [2]. — 3417 <M. L. 167 >, Macrobe, *Saturnales*, touché par plusieurs mains du xv° siècle, surtout par celle de notre humaniste; le manuscrit est de deux mains du xii° siècle [3]. — 3425 <M. L. 221 >, Julius Firmicus Maternus, fragment de la *Mathesis*, annoté par Panormita, du xiii° siècle [4]. — 3321 <M. L. 162>, entièrement en onciale et de plusieurs mains; c'est un livre scolaire du viii° siècle dont la composition est fort intéressante, et qui contient notamment un *Curiosum Urbis*, le plus ancien manuscrit de cette rédaction des *Regiones* [5]. Panormita n'a point annoté et s'est borné à mettre son nom sur la dernière page sous cette forme : ANT. PANHORMITAE.

J'ai retrouvé enfin chez Orsini quatre manuscrits se rapportant directement à la vie et aux œuvres de Panormita et sur lesquels j'appelle l'attention. Le premier, le 3371 <M. L. 156>, contient ses lettres latines; il est entièrement autographe et préparé, à ce qu'il semble, pour être publié; plusieurs lettres sont barrées transversalement [6]. Il a évidemment plus d'importance que

---

1. 99 ff. parch. rel. ant.
2. 74 ff. parch. (Paul V, Pie IX). Copie incomplète.
3. 129 ff. parch. (Pie IX). Sommaires contemp. La fin du v° 90 et les pp. suiv. jusqu'à 92 r°, sont occupés par un texte du xiii° siècle, *De sancto Nicholao lectio nova*. Panormita indique en marge : « Hic deest liber fere unus Macrobi cuius loco interferuntur divi Nicolai miracula. » Le v° du f. 92 est blanc; f. 93, le livre VII de Macrobe reprend, d'une autre main du xii° siècle, jusqu'à la fin.
4. 33 ff. parch. (Léon XIII). Incomplet; les pages des ff. 5 v°-9 v°, contenant la fin du livre I, sont de main moderne. Au titre du ms. écrit par Panormita en capitales, il n'a point oublié l'épithète de *Siculus*.
5. 234 ff. parch. (Pie IX). Décrit par Bethmann, dans l'*Archiv* de Pertz, vol. XII, part. I, p. 235; utilisé par M. C.-L. Urlichs, *Codex Urbis Romae topogr.*, Wurzbourg, 1871. J.-J. Bouchard avait vu le ms. en 1633, y relevant pour Peiresc les deux pages *de Ponderibus et Mensuris* qui s'y trouvent (*Lettres inéd. de B. écrites de Rome à Peiresc*, p.p. Tamizey de Larroque, Paris, 1881, pp. 19 et 27).
6. 205 ff. pap. a conservé rel. ant. en velours rouge. Sur les lettres de Panormita, cf. Voigt, *l. c.*, t. I, p. 489. Les lettres barrées offrent plus d'intérêt que les autres, car elles doivent être inédites. Voici la disposition du

les manuscrits connus jusqu'à présent[1]. Le 3372 <M. L. 157> est également autographe et a pour titre : *Epistolae diversorum illustrium virorum ad dominum Antonium Panhormitam*. Le savant a pris la peine de classer en groupes et de recopier toutes les lettres importantes qu'il a reçues des érudits de son temps, et l'ensemble forme une des plus curieuses correspondances qu'on ait à dépouiller pour l'histoire littéraire du xve siècle[2]. Infiniment moins intéressant est le livre *De factis et dictis Alphonsi Regis* composé par Panormita et écrit par un scribe napolitain dans le 3373 <M. L. 158>; je ne sais pourquoi Orsini en a fait un « libro originale[3] ». Observons enfin à propos du 3374 <M. L. 159>, contenant l'*Hermaphroditus*, que le bon Orsini, qui demandait des permissions ecclésiastiques pour avoir chez lui le *Decameron*, paraît sacrifier beaucoup à l'humanisme en installant dans sa bibliothèque un poème beaucoup moins innocent; il est vrai qu'il n'a pas osé en transcrire le titre dans son inventaire et qu'il l'a voilé sous celui-ci : *Panormitae varia poemata*[4].

---

recueil qui est en deux parties : *a*) f. 1, *Ant. Panorm. in librum familiarium prologus*; *b*) ms. de LXXII ff. paginé par l'auteur : f. 1, *A. P. Campanurum epist. prologus*; f. 134, *A. P. quintum epist. volumen ad Oliverium archiepisc. Neap.*; f. 136, *Ferdinandi regis epist. et orationes per Ant. Panormitam.*

1. Sur le *Riccardianus* et l'*Ambrosianus*, cf. Ramorino, *Arch. stor. sic.*, VI, pp. 437 sqq. V. aussi l'art. de M. A. Gaspary dans la *Vierteljahrschrift* de M. L. Geiger, I, p. 474.

2. 115 ff. pap. (Pie IX). Voici quelques notes prises dans ce recueil, qu'un travailleur plus heureux que moi aura le loisir de dépouiller. Lettres de Guarino de Vérone, commençant au f. 1 et *passim*; Aurispa, f. 4 et *passim*; François Philelphe (4 lettres) et Mario, son fils (2 lettres), f. 16; Bart. Fazio (7 lettres), f. 22; Poggio (3 lettres), f. 26; Lorenzo Valla, f. 30; Ant. Cassarino, f. 31 ; Francesco Barbaro, f. 41 ; Théodore Gaza (4 lettres), f. 61 ; Georges de Trébizonde, f. 94; Elisio Calenzio, f. 90; Giovanni Toscanella, f. 82; Francesco Pontano, f. 30; Gioviano Pontano, f. 113 ; Enea Silvio Piccolomini, f. 109; etc.

3. 75 ff. pap. (Pie IX). F.1, *Ant. Pan... prohemium incipit*; f. 68 v°, *Alphonsi Regis Dicteria expliciunt. Incipit eiusdem triumphus*. Orsini a cru ce livre original, peut-être parce qu'il lui est venu avec les autres mss. de Panormita. Au bas de la première page, deux anges soutiennent, dans une couronne de lauriers, le blason suivant que je n'ai pas identifié : D'azur à une bande d'or, accompagné de deux étoiles et en pointe d'une montagne de même.

4. 50 ff. pap. (Pie IX). F. 3, *Guarini iudicium in Hermaphrodito* (sous forme de lettre à Giovanni Lamola); f. 4 v°, *Herm. lib. I* (à Cosme de Médicis); f. 17 v°, *lib. II*; f. 30, la discussion épistolaire entre Poggio et Panormita, au sujet des « turpiuscula » du livre; f. 35 v°, *P. Virgilii Maronis priapeia maior* (au-dessus, ajouté après coup, le titre *Elephantidos*). Aux gardes, plusieurs épigrammes latines.

Parmi les humanistes de second ordre, amis ou correspondants de Panormita, plusieurs doivent être rappelés à propos des livres d'Orsini. Giovanni Lamola a transcrit Aulu-Gelle de sa main, en 1432, et il a mis dans les marges des sommaires et des leçons. Le manuscrit a de curieux pour nous que, bien qu'il ait appartenu à Orsini, il ne figure point à l'Inventaire. C'est une acquisition postérieure qui devait aller chez les Farnèse et qui, par erreur, est entrée au Vatican, où il a le numéro 3453[1]. Cette erreur a été causée par Orsini lui-même, qui a inscrit sur la garde la même note et le même numéro que sur un autre Aulu-Gelle, bien plus précieux à tous égards, et qui figure régulièrement à l'Inventaire, le 3452 <M. L. 47>[2]. Ce dernier est du XIIIe siècle et provient de la bibliothèque du collège Capranica à Rome[3]. Il est très connu et Martin Hertz a examiné toutes les questions qu'il soulève[4].

Un grec latinisé, Georges de Trébizonde, le « calomniateur de Platon », a annoté un *De natura deorum* de Cicéron, manuscrit du XVe siècle qui lui a appartenu, aujourd'hui 3243

---

1. 159 ff. parch. (Pie VI). Lettres ornées sur la garde : *Iste liber est mei Iohannis Lamolae quem propria manu transcripsi*. Souscription, de la même main : *Auli Gellii Noctium Atticarum liber vigesimus et ultimus feliciter explicit M.CCCC.XXXII pridie kalendas novembrias*. C'est évidemment le n° 60 de l'Appendice I; peut-être le chiffre *360* de la garde, avec le *3* effacé, se rapporte-t-il à cette numérotation. Quoi qu'il en soit, ce ms. a été catalogué le dernier de toute la série entrée au Vatican en 1602 ; peut-être l'hésitation, indiquée par ce classement, montre-t-elle qu'on avait déjà des doutes sur la validité de la possession.

2. 134 ff. parch. (Pie IX). Au f. 132 v° commence un second ms. du XVe siècle. Au f. 49 v°, note signée de Mai. Sur la garde : *Bibliothecae Collegii Capranicensis*, et plus haut, le n° *360* où le *3* est effacé. Le même chiffre et la même particularité se retrouvent sur le 3453, ainsi que la note autographe de l'Inventaire: *Aulo Gellio antichiss°*... et le n° *47* ; la note et le numéro ont été barrés dans le 3453 et conservés dans le 3452; mais en voilà assez pour expliquer une confusion. — Ce sont ces mss. que Scioppius vit dans l'hiver de 1600 chez Orsini : « [Agellius] cuius mss. in Vaticano sunt boni, apud Fulvium optimi. » (Burmann, *Syll. epist.*, t. II, p. 51.) Muret cite une leçon « in vetere libro F. Ursini » (*Var. lect.*, XI, 17), et Martin Hertz (p. LXX-XI) s'étonne de ne pas la retrouver dans les deux seuls *codices Fulviani* qu'il connaisse, le 3307 et le 3452 ; elle est peut-être dans le 3453.

3. Bibliothèque fondée par le cardinal Domenico Capranica. (Rocca, *Bibl. Apost. Vat.*, p. 391.)

4. Dans sa magistrale édition d'Aulu-Gelle, Berlin, 1885, au t. II, pp. LV, LXVI, LXX, LXXX. On verra, au dernier renvoi, l'hypothèse que Martin Hertz essaie de soutenir, à savoir que notre ms. d'Orsini pourrait être le fameux exemplaire dont la découverte, annoncée en 1429, excita tant d'émotion dans le monde des humanistes, et que Poggio regrettait ensuite de trouver « truncus et mancus. »

<M. L. 107>[1]. Giovanni Toscanella a mis son ex-libris sur un Frontin du même temps, le 3408 <M. L. 108>, dont le texte, corrigé et complété dans les marges, est éclairci par des rapprochements variés[2]. Un copiste, qui se fait honneur d'avoir servi Toscanella, a transcrit, pour la bibliothèque du cardinal Marco Barbo, les commentaires de Giovanni Tortelli sur l'orthographe grecque; on les trouve dans le 3319 <M. L. 177>[3].

Tous ces souvenirs sont effacés par celui de GIOVANNI-GIOVIANO PONTANO, qui continua l'Académie napolitaine fondée par Panormita et le fit même avec assez d'éclat pour lui laisser son nom[4]. Il n'y a de cette provenance chez Orsini qu'un seul manuscrit, mais d'une incomparable valeur. Il s'agit du Virgile en capitales, connu sous le nom de *Virgile du Vatican*, qui a passé dans la bibliothèque des Bembo, et de là, comme on l'a vu au chapitre III, dans celle d'Orsini <M. L. 2>[5]. On n'a en réalité, pour attribuer la possession du manuscrit à Pontano ou à l'Académie pontanienne, qu'un témoignage unique, celui d'Orsini, et je n'ai pu jusqu'à présent en découvrir l'origine. En tout cas, si Pontano a eu entre les mains ce vénérable volume, il en a, comme les

---

1. 104 ff. parch. (Pie IX). Ecusson : D'azur au pélican d'argent. Note du propriétaire sur les gardes.
2. 74 ff. parch. (Pie IX). A la fin : *Hic Frontinus est Iohannis Tuscanellae et amicorum.*
3. Pap. rel. ant. Au r° du dernier f. : *Comment. Ioannis Aretini V. C. de orthographia dictionum graecarum finis. Theodorus Buckinck olim Io. Tuscanelle famulus iussu Dni Marci Barbo Veneti incliti raptim scripsit.* Au v° : *Liber Rdi Dni M. Barbo* ^{clis} *S. Marci.* Il n'y a aucune trace de l'épître originale de l'auteur au pape Martin V. Déjà Rainaldi, après avoir remarqué que l'Inventaire indique une pièce de ce genre, ajoute: « Ma in questo (177) m'è consignato, non vi è epistoletta de Tortellio, ma di Andrea Contrario a Pietro Grammatico. » Cette lettre de Contrario est sur parchemin, en tête du volume. (Quanti ego facio v. cl. atque praest. Ioan. Aretinum... Romae id. nov.).
4. Le *Bembinus* de Térence porte, comme on le verra plus loin, une mention d'un autre napolitain, le poète lauréat Porcello. Pour les mss. d'un autre illustre napolitain, Sannazar, v. le chap. VIII.
5. Il se prépare un travail complet sur le 3225, dont six planches ont été données dans : P. de Nolhac, *Les Peintures des mss. de Virgile*, Rome, 1884. (Extr. des *Mélanges d'arch. et d'hist.*) Le seul témoignage qui nous parle, à ma connaissance, de la provenance napolitaine du ms. de Bembo est celui d'Orsini lui-même dans son recueil de 1587, *Notae ad Catonem*, etc., p. 284 : « [Virgilius] quem ex Academia Pontani, grandioribus litteris exaratum habuisse Bembum *dicunt*. » M. Cian a fait sur ce point des rapprochements utiles. (*Decennio*, p. 103.) Je rappellerai aussi, à propos des relations de Bembo avec Pontano, le magnifique éloge de celui-ci à la fin du petit poème de Bembo intitulé *Sarca* et publié par Mai (*Spicil. rom.*, t. VIII, Rome, 1842, p. 503).

propriétaires postérieurs, respecté les marges, et l'on n'y trouve aucune trace de sa plume. En revanche, deux imprimés d'Orsini ont été annotés par lui. Je n'en ai pu retrouver qu'un, l'*Inc.* 502 <I. L. 10>, Catulle et Tibulle de Brescia, 1486; mais il est d'un réel intérêt par les curieuses scholies qu'il renferme, surtout sur Tibulle, de la large et ferme écriture de Pontano[1]. Une autre main apparaît çà et là dans les marges du Tibulle; c'est celle de Colocci et nous apprenons ainsi que ce volume avait, avant d'arriver à Orsini, passé par la bibliothèque de l'évêque de Nocera[2].

D'autres manuscrits isolés proviennent en assez grand nombre de prélats et de savants du *quattrocento*. Antonio Patrizi, évêque de Pienza († 1496)[3], possédait un Porphyrion du ixe siècle, du commencement de la minuscule, le 3314 <M. L. 5> qui a été fort estimé d'Orsini[4]; celui-ci en faisait un manuscrit de mille ans de date; il le croyait contemporain du *Térence* à figures de la Vaticane, aujourd'hui 3868, ce qui n'était point si mal observé[5]. — L'ex-libris de Giovanni Tonsi di Renzo, franciscain, évêque de Fano († 1499), se trouve à la fin du 3324 <M. L. 18>; Orsini donnait à ces *Commentaires* de César six cents ans d'existence; ils sont seulement du xiie siècle, mais d'un texte fort important et d'un aspect très soigné, avec leurs lettres ornées et leurs titres à l'encre rouge. On leur a joint quatre feuillets d'un manuscrit d'origine française, du xive siècle, portant un inventaire de bibliothèque en partie gratté et un acte

---

1. Annotation aux encres rouge et noire. Mots renvoyés à la marge, ce qui est nécessaire pour les *catenae* très compactes. Passages notables indiqués par *No* ou par une sorte de main.
2. Comme l'autre exemplaire, qui sera examiné à la fin du chapitre, p. 232.
3. Cf. Zeno, *Diss. Voss.*, t. II, pp. 96 sqq.
4. 157 ff. parch. (Pie IX); gr. format. Quaternions de 8 ff. marqués en chiffres romains. La première page est occupée par la *Vita Horatii* contemporaine; en haut: *A. Patritij episcopi Pientini*. Si ce prélat est de la même famille que Francesco Patrizi, nous nous expliquons facilement la transmission du volume. Nous avons trouvé le célèbre professeur en relations avec Orsini (p. 82), précisément à propos de manuscrits, et nous savons d'autre part qu'il avait une bibliothèque intéressante. (Miller, *l. c.*, p. xvi; Graux, *l. c.*, p. 127-129.) En tous cas, le volume était chez Orsini dès 1570, puisqu'il fut prêté à Dupuy (p. 85).
5. Orsini possédait un autre ms. isolé de Porphyrion, le 3315 < M. L. 70 >, de la fin du xve siècle: 204 ff. pap. (Pie IX). Frontisp. orné. Mots d'Horace soulignés à l'encre rouge. Quelques variantes margin. de première main. Sur la garde de parch., cote du xvie siècle: *Pomponij Porphyrionis commentarium in Horatium n° 32*.

de l'abbaye de Saint-Martin-de-Massay, au diocèse de Bourges [1].

Un volume curieux, le 3411 < M. L. 147 >, contient toutes les pièces d'une polémique de 1464, entre Galeotto Marzio de Narni et Philelphe, à propos de la *Sforziade* de celui-ci : invective de Marzio, réponse de Philelphe, riposte de son adversaire [2]. Marzio l'a fait précéder d'une longue lettre dédicatoire au cardinal de San-Sisto, qui ne peut être que Pietro Riario. La fin de cette lettre se rapporte moins au recueil qu'au manuscrit lui-même ; celui-ci paraît donc être l'envoi original de l'auteur qui a figuré dans la bibliothèque du cardinal [3]. Je ne sais s'il faut en dire autant, malgré des corrections assez nombreuses, du 3423 < M. L. 220 >, qui contient un *Strategicon adversus Turcos* de Lampo Birago, dédié à Nicolas V [4]. On consultera encore avec fruit, pour l'histoire du xve siècle, la petite collection de miscellanées du 3399 < M. L. 118 > [5].

1. cxiiii ff. parch. rel. ant. (cx ff. seulement sont du xiie siècle). Sur ce ms., collationné déjà pour les éditions critiques A. Frigell (1861) et A. Holder (1882), sur l'acte et sur les hymnes qu'il contient, voir l'important travail de M. M. Gitlbauer, *Philologische Streifzüge*, V, Fribourg-en-Br., 1886, p. 418 (cf. p. 76). Voici l'ex-libris déchiffré : *Ruli Dni D. Ioannis de Tonssis Dei gratia episcopi Fanensis de ordine minorum assumpti.* On verra plus loin comment je rattache ce ms. à la bibliothèque d'Achille Estaço.
2. 75 ff. pap. (Pie IX). F. 1, « *Galeoti Martij Narniensis epistola ad Rev... Petrum cardinalem titulo Sancti Xisti ac legatum summi Pontificis.* Cum diu cogitassem cuinam libellum hunc donarem... Continet autem hic codex Galeotti M. N. certamen *olim* cum Francesco Philelpho habitum. Libellus noster non forulis ornatus, non crocea membrana scriptus, non pictis umbilicis, non aureis ansulis, non initialibus literis comptus. Haec enim R. P. tua non pensitat. Sed cartha et literis aquae regi porrectae speciem ipsa fronte demonstrans, intus vero erit conditione quam R. P. V. suo acutissimo indicio tribuet. » Plusieurs pp. blanches ; f. 13, Marzio, f. 17 v°, Philelphe ; f. 38, Marzio. Cette polémique et le ms. sont connus de l'historien de Marzio, M. E. Abel ; cf. *Anal. ad hist. renascentium in Hungaria litt. spectantia*, Buda-Pesth, 1880, pp. 233 et 246.
3. La date est à peu près fixée par la mort de Riario en 1474 ; il était cardinal depuis 1471.
4. 66 ff. pap. rel. ant. estampée. *Ad Nicolaum quintum P. M. Lampi Biragi strat. adv. Turc.* Se [sic] Nicolae quemadmodum iactatam diu ante te pontificem scissamque romanam ecclesiam reconciliare potuisti...
5. 332 ff. pap. (Pie IX). F. 1, trad. de la *Politique* d'Aristote par Leonardo Bruni (avec préf.) ; f. 177, *Eiusdem L. Aretini Isagogicum moralis disciplinae ad Galeoctum Ricasolanum amicum* ; f. 197, Vie de Cicéron par le même L. Bruni (avec préf.) ; f. 235, *Georgii Trapezuntii quaedam particulae epistolarum ad Turcum et Nicolai Perocti in eas invectivas* ; f. 253, *Perocti epistola ad Bessarionem in laudem eius libri qui defensio Platonis inscribitur* ; f. 256 v°, autres lettres à Bessarion sur le même sujet, d'Ognibene da Lonigo, Philelphe, Panormita, Jean Argyropoulos, Marsile Ficin ; f. 263, *Io. Cati praesulis Cephaludensis oratio quam habuit in funere Latini card. Ursini* ; f. 281, discours du même évêque, prononcé devant Paul II, *de praestantia*

Un humaniste fort oublié de la cour d'Innocent VIII, Giovanni Lorenzi de Venise[1], a possédé deux manuscrits de notre bibliothèque, un latin et un grec. Le premier est un texte du xiie siècle des gloses de Severus sur le *De nuptiis philologiae*, de Martianus Capella; c'est le 3428 < M. L. 54 >; il porte sur l'un des feuillets de garde cette mention : *Die xxviij septembris 1470 emi a Iohanne Laurentio pistolarum pro centum xx*[2]. Le manuscrit grec est le 1394 < M. G. 128 >, où sont réunis les hymnes, traités et lettres de Synésius, des opuscules d'Aristide et de Libanius[3]. On lit au dernier feuillet, parmi des mentions de mains diverses : Ἰωάννου τοῦ Λαυρεντίου καὶ τῶν φίλων. Raphaël de Volterra mentionne expressément cette collection[4].

Sait-on quelque chose de la bibliothèque d'un érudit presque contemporain du précédent et beaucoup plus célèbre, Giovanni-Andrea de Bossi, de Vigevano, mort en 1475 ? Après ses importants travaux dans l'imprimerie de Sweynheim et Pannartz, il fut fait évêque d'Aléria, en Corse, et devint le premier bibliothécaire de la Vaticane réorganisée par Sixte IV[5]. Toute sa carrière, on le voit, a été consacrée aux livres, et il est intéres-

---

et dignitate antiquae legis et auctoritate sacerdotii ; f. 296, discours du même devant Paul II, *de Annuntiatione* ; f. 230, lettre de Guarino de Vérone à fra Giovanni da Prato (Quam nescia mens hominum...). Au frontispice est le blason suivant, surmonté d'une mitre : D'or aux trois pals de sable (Cato ?).

1. Je compte prochainement mettre en lumière ce personnage, qui fut helléniste et fort lié avec Démétrius Chalcondyle. Cf. G. *Lorenzi, ami de Politien et bibliothécaire d'Innocent VIII*, Rome, 1887.

2. 36 ff. pap. (Paul V, Pie IX); plusieurs mains du xiie siècle. Incipit : *Glosae super primum librum Mynei Martiani de nuptiis philologiae et Mercurii*. Nuptiale carmen finxit Martianus ..; f. 36 : *Explicantur glose... quas fertur composuisse Severus scholasticus urbis Romae*. Notes marg. contemporaines; soulignés, divisions de chapitres, et quelques notes modernes. Le mot *Laurentio* est écrit Laur̄., mais je ne le crois pas douteux. Les ff. de garde de la fin (ff. 37-38) sont des fragments de livre de compte d'un habitant de Pérouse au xiiie siècle.

3. 337 ff. pap. (Léon XIII). F. 1, Synésius ; f. 298, Aristide ; f. 324, Libanius. Par erreur, la garde du volume se trouve être celle de M. G. 92, avec la note autographe d'Orsini. Paraît inconnu aux éditeurs de Synésius.

4. *Comm. urban.*, Bâle, 1530, f. 246.

5. Je rappelle que c'est dans la dédicace à Sixte IV du Nicolas de Lyra, imprimé en 1472 (*In domo Petri de Maximis*), que notre savant a inséré le catalogue des volumes publiés par les deux typographes allemands jusqu'au 22 mars 1472, avec le chiffre de chaque tirage. Il y fait l'éloge des cardinaux suivants, tous bien méritants de l'humanisme : Bessarion, Roderico Borgia (Alexandre VI), Angelo Capranica, Marco Barbo, Oliverio Caraffa, Pietro Riario et Giuliano della Rovere (Jules II). Cf. [Audiffredi], *Catalogus historico-criticus Romanorum edit. saec*. xv..., Rome, 1783, p. 94.

sant de le retrouver à plusieurs reprises dans notre Inventaire sous le nom d'*Andrea Aleriense*. Avant de discuter les affirmations de ce document, qu'on me permette de rectifier les erreurs courantes relatives à notre personnage. Sur la foi de son inscription tombale, où il y a certainement une faute, on l'appelle Giovanni-Antonio [1], tandis que le titre des volumes dont il a dirigé l'impression, et toutes les dédicaces qu'il a signées le désignent sans exception sous le nom de *Ioannes Andreas* [2]. Ughelli, avec des doutes, il est vrai, en fait deux personnages distincts, évêques d'Aléria tous les deux : le premier s'appelle Giov.-Antonio, et meurt en 1475, le second est un Giov.-Andrea, et meurt en 1493 [3]. Ce second évêque n'a jamais existé. On serait tenté de l'admettre, il est vrai, si l'on s'en tenait à l'Inventaire d'Orsini, qui mentionne comme annotés par Andrea d'Aléria des volumes imprimés postérieurement à 1475 ; il n'en est rien cependant, et nous sommes en présence d'une de ces erreurs d'attribution si nombreuses de notre collectionneur [4].

Le seul de nos incunables qu'il ne soit pas impossible de

---

1. Les derniers historiens de *La Bibliothèque du Vat. au xvᵉ siècle*, MM. E. Müntz et P. Fabre, reproduisent cette lecture en même temps que l'inscription, à la p. 136. La pièce était autrefois à S. Pietro in Vincoli. Je n'ai pu la retrouver dans cette église ; j'aurais voulu m'assurer s'il y avait bien IO. ANT. et non IO. AND., et si le reste était exact ; pour la date de 1475, tout au moins, la mention AN. IOBILEI ne laisse aucun doute.

2. Cf. Audiffredi, *l. c.*, pp. 12, 17, 19, etc. Certains érudits, comme Mazzuchelli, font d'*Andrea* son nom de famille.

3. Voici ce que dit Ughelli du second : « Ioannes Andreas, Apostolicae Vaticanae secretarius, Nicolai Cusae quondam contubernalis, vir in divinis scripturis studiosus et in saecularibus litteris eruditissimus, iureconsultus et orator eloquentissimus, vita et conversatione praeclarus, moritur episcopus Aleriensis an. 1493 ut testatur Trithemius... » (*Italia sacra sive de episcopis Italiae*, t. III, Venise, 1718, p. 504). Gams (*Series episcoporum*, Ratisbonne, 1873, p. 765), a rectifié Ughelli, puisqu'il mentionne seulement *Ioannes* ANDREAS *de Bossi*, nommé en 1469 et mort le 4 février 1475. Il constate que la suite des évêques d'Aléria est troublée jusqu'en 1493.

4. Il y a d'abord un exemplaire de l'*Anthologie* de 1494 < I. G. 45 >, qui paraît être l'*Inc*. 813ᵃ. (Voir plus haut, p. 158, note 4.) Orsini aura peut-être été trompé par le monogramme, qu'il aura interprété par *Andreas de Buxis*. — Un Claudien < I. L. 40 > doit être identifié avec l'*Inc.* 403 (Vicence, 1482, in-fol.), annoté d'une belle écriture. — Sous I. L. 41, Dom. Rainaldi indique avoir reçu, en 1602, un Eusèbe (*Praep. evang.*) de Venise, 1497, in-fol. Je n'ai vu au Vatican, sous la cote *Inc*. 30, que l'Eusèbe de 1470, imprimé par Nic. Jenson, avec quelques annotations qui ne sont certainement pas de la main annotatrice de l'Ammien Marcellin. Quant aux autres écritures, je n'ai pu les rapprocher les unes des autres ; si l'on s'en occupe, il faudra ne pas négliger de rechercher l'édition de Manilius, indi-

rattacher à la bibliothèque du laborieux humaniste, est un exemplaire de l'Ammien Marcellin, imprimé à Rome en 1474, et fâcheusement incomplet; on le demandera sous la cote *Inc.* 108 < I. L. 75 >; on le trouvera couvert de notes manuscrites aux encres rouge et noire, comprenant des rapprochements, des variantes, des scholies de toute espèce [1]. Ce volume est intéressant et, si tout ce travail est de l'évêque d'Aléria, il faut admettre qu'il a employé à l'étude d'Ammien Marcellin une bonne part des derniers mois de sa vie. Nous avons encore un petit manuscrit, qui offre des garanties plus certaines de provenance ; c'est le 3350 < M. L. 55 >, contenant la traduction d'un opuscule de Plutarque, dédiée à l'évêque d'Aléria par Théodore Gaza ; la longue lettre-préface du savant grec contient des additions marginales et des corrections de sa main, et l'exemplaire est certainement celui qu'il a offert au prélat [2]. Cette œuvre de Gaza est inconnue.

Un manuscrit, daté de 1425, le 3347 < M. L. 120 >, nous révèle le nom de deux possesseurs de livres de la première moitié du siècle ; c'est le *Gorgias* de Platon, traduit par Leonardo Bruni, et suivi d'un petit commentaire de lui sur les *Économiques* d'Aristote [3]. La souscription donne : *MCCCCXXV die Veneris. Liber Francisci benini Niccolai filii de Redolfinis quem vj° kl. Iunij transcribendi explevit. Sint gratiae Deo.* Puis, d'une autre main : *Hic liber destitit esse prioris Domini vj nonas martias caepitque esse Nicolai Scyllacij* [de Squillace?] *quem emit duobus docatis Messanae anno post pestem sedatam. — C. Scylacii cyrographum.*

D'autres noms, un peu moins anciens et toscans, nous sont

---

quée dans l'Inventaire sous I. L. 39; il s'agit évidemment du livre paru à Rome, en 1484, sous le titre *Laurentii Bonincontrii Miniatensis in C. Manilium commentum* (avec le texte ; cf. Audiffredi, p. 260).

1. Outre la note de l'Inventaire d'Orsini, on trouve une mention plus ancienne de la possession du volume par l'évêque d'Aléria. Je dirai à ce propos qu'il y a à la Bibliothèque Nationale de Paris, un Ammien Marcellin de la même édition que la nôtre, qui porte vers le milieu quelques notes de main italienne, et, au frontispice, le blason épiscopal suivant : Parti au 1er d'or à l'aigle à deux têtes de sable, becqué et membré d'or, au 2 pointé de deux pièces de sable et or. On y lit cette mention : *Monasterii Sancti Salvatoris Bon[oniae] 1568.* Cote : Réserve J. 697, in-fol.

2. 10 ff. parch. non numér. couvert. de soie. F. 1, *Theodori greci ad Reverendiss. Ioh. And. episcopum Haleriensem prefatio in orationem Plutarchi de familiaritate philosopho ineunda cum principe*; f. 5, traduction.

3. 56. ff. parch. (Pie VI). Lettres ornées. Notes et sommaires marginaux.

donnés par le manuscrit de plusieurs des œuvres de Decembrio, 3416 < M L. 90 > [1], ainsi souscrit : *Transcripsit atque absolvit Florentiae Dominicus Abram Pistoriensis anno salutis MCCCCLXXIJ idibus novembris*. Au-dessous, d'une autre main : *Hunc tibi Guicciardine Pylius ipse mittit*; et à la page suivante : *Hic liber est Niccolai Pylii Pistoriensis I. V. D. — Excellenti Dño Petro Gucciardinio iureconsulto Florentino in Romana curia commoranti dono datus*. Voilà un manuscrit à l'histoire duquel rien ne manque, pasmème l'explication de sa présence à Rome, et nous apprenons en même temps qu'il a été à Piero Gucciardini, père du grand historien.

Un Parmesan, qui fut bibliothécaire de Mathias Corvin, Taddeo Ugoleti, et qui appartenait à une famille d'imprimeurs assez connue, possédait un fort beau Martial du XIIe siècle, le 3294 < M. L. 6 >. L'avait-il apporté d'Allemagne comme cet exemplaire des *Églogues* de Calpurnius et Némésianus, qui servit à l'édition de 1492 [2] ? En tout cas, ce fut un livre aimé et feuilleté : le texte, qui est très fautif, a été revu et corrigé par le propriétaire qui a fait usage de manuscrits pour sa collation (*quibusdam codicibus*) : des vers, des pièces et des séries entières ont été ajoutés [3].

Un travail de collation non moins soigné a été fait pour le manuscrit 3250 < M. L. 81 > des lettres de Cicéron, destiné à être offert à un bibliophile véronais du même temps, Agostino Maffei. Ce personnage vécut à Rome et y reçut Politien ; c'est un des premiers collectionneurs d'antiquités. Le volume est un texte d'étude exécuté pour son usage personnel : les corrections prennent souvent place dans le texte par rature ou surcharge ; tout ce qui peut faciliter la lecture et la rendre plus instructive est accumulé dans les marges et les passages grecs y sont traduits en latin. C'est l'œuvre de deux scholiastes, Bartolommeo Saliceto de Bologne et Lodovico Regio d'Imola : ils s'en expli-

---

1. 96 ff. pap. rel. ant. lettres ornées. Ancienne table sur la couverture renvoyant aux feuillets. *P. Candidi opera. De Cosmographia veteri et nova ad cartas 1. De hominis genitura 12. De muneribus [romanae] rei publicae 25. De usus antiquitate scribendi 41. De proprietate verborum latinorum 75.* Les trois premiers opuscules font partie de l'*Historia peregrina*.
2. Cf. *Mauricii Hauptii opuscula*, Leipzig, 1875, t. I, p. 372.
3. 99 ff. parch. (Pie IX). Carré, à deux colonnes. Les ff. 1-4 contiennent le *liber Spectaculorum* (XVe siècle). Au v° du f. 5 seulement commence l'ancien ms., sur la première page du volume un écusson assez finement exécuté.

quent dans une préface d'envoi très curieuse, autographe de l'un d'eux, et qui ne serait pas sans intérêt pour l'histoire de ce texte de Cicéron[1].

Il reste à parler d'un livre qui ne se retrouve pas, I. L. 11, et qui a pourtant figuré à la Vaticane. Il contenait, si nous complétons les indications d'Orsini par celles de Rainaldi, l'édition de Catulle, Tibulle et Properce, imprimée à Brescia en 1486, in-folio, et corrigée à la main par Pontano et Colocci[2]. Je voudrais attirer l'attention des latinistes sur la recherche de ce recueil, qui ne serait pas sans utilité pour l'histoire du texte

---

1. 253 ff. parch. (Pie IX). Grand format. Initiales ornées. Lettres à Brutus, à Q. Cicéron, à Atticus; quelques lacunes pour manque de lecture, plus rares que dans les mss. du même temps. — Voici quelques extraits pour donner idée de l'intérêt de la préface, qui occupe deux ff. préliminaires; l'orthographe en est conservée: « *Salicetus Bononiensis et Ludovicus Regius Corneliensis Augustino Maffeo S. D.* Ecce, studiosissime litterarum cultor Augustine, volumina Epistolarum M. Tullii ad M. Brutum, Q. Ciceronem fratrem et T. Pomponium Atticum, tibi ut morem gereremus recognovimus, mendosissimumque codicem, ut pote indignum qui sic *inter lectissimos tuos* numeraretur, quantum fieri tantis in tenebris potuit castigationi subjecimus, recognitione etiam bis repetita variisque adiuta exemplaribus. Opus sane operosum et plenum difficultatis quam nec obsequendi tibi cupido potuit nec pervigil cura vincere. Progredi enim necesse fuit a priore epistola usque ad extremam suspenso pede, velut inter sentes ac rubos... nec satis est aestimare maiusne illi [librario] fuerit Ciceronis scripta depravandi studium an perdendi membranas... Et ut fatemur ingenue per quos profecimus, *Iacobo card. Papiensi et Ioanni Episcopo Aleriensi* viris aetate nostra doctissimis decet acceptum ferre quicquid lucis in his datur cernere. Illi enim exsudato diu labore, quanquam non plenam attulerint, pro benefitio tamen habendum est quod minus multo per eos hallucinamur... Non... fuit propositum emendare prorsus epistolas secretioribus perscriptas notis, quarum haud scimus an satis ex primis Ciceronis Archetypis possent erui sensa...

... Scire te volumus attente nos loquentem cum Attico Ciceronem audisse et exemplariorum fidelem fecisse collationem quod etiam stigmosa pagina lituraque multa indicabit. Nobis certe corruptionis tollendae excerpendarumque adnotationum maior cura fuit quam servandi candorem marginibus. Ceteri codices *in speciosissima tua supellectili* castitate et nitore se tuebuntur ab illotis manibus. Hic, amissis decore et specie, nec assiduos usus vitabit, nec ullius contactum refugiet. » — Ce travail servit à préparer la belle édition des *Lettres* de Cicéron, donnée à Rome par les mêmes savants en 1490, et dédiée par eux à Maffei. Sur cette édition, v. G.-C. Giuliari, *Della letteratura Veronese*, 1876, p. 246.

2. J'avais espéré un moment le retrouver dans l'exemplaire marqué Y+779 à la Bibliothèque de Paris (Réserve), qui contient l'édition de 1486 complète, avec des notes marginales d'une écriture italienne, rappelant un peu à mes souvenirs celle de Pontano. Catulle et Tibulle portent des mots du commentaire renvoyés à la marge en très grand nombre : dans Properce, où du reste le commentaire imprimé est bien moins fourni, il n'y a pas de notes de ce genre, et seulement trois ou quatre corrections, avec de fréquentes mains indicatrices différentes de celles de Pontano. Reliure de Louis XIV.

des Élégiaques, et surtout de celui de Properce. M. Frédéric Plessis, dans ses belles *Etudes critiques sur Properce et ses élégies*[1], a définitivement établi l'importance prépondérante du *Neapolitanus* (aujourd'hui à la bibliothèque de Wolfenbüttel) parmi les manuscrits du poète. Je crois qu'il y aurait à ajouter des observations nouvelles à l'histoire de ce précieux volume qui est décidément bien du commencement du xiiie ou de la fin du xiie siècle.

On nous parle en Italie, vers la fin du xve siècle et au commencement du xvie, de plusieurs manuscrits de Properce, qui méritent l'épithète de *vetustissimus*; il me semble que tous ces textes, au milieu desquels la critique a peine à se reconnaître, peuvent être réduits à un seul, à celui-là même qui est aujourd'hui le seul manuscrit antérieur à la seconde moitié du xive siècle, le *Neapolitanus*. Ce manuscrit pourrait être sans invraisemblance celui de Pétrarque[2]; en tous cas, il paraît avoir été entre les mains du Florentin Gianozzo Manetti, puisque M. Bährens a lu sur la dernière page le nom de ce grand humaniste[3]; toutefois, rien n'indique qu'il ait été possédé par lui ; de plus, pour expliquer sa présence à Naples, il n'est pas nécessaire de supposer qu'il y ait été transcrit, ni même que Manetti, qui mourut dans cette ville en 1459, l'y ait apporté. Nous savons, en effet, qu'il y avait à Rome, au xve siècle, un manuscrit fort ancien de Properce, appartenant au patricien Bernardino Valla; il fut communiqué par lui, en 1484, à Politien, pendant le voyage que celui-ci fit à Rome; Politien l'appelle *vetustus*[4]. Ce manuscrit passa un peu après à Naples, et il y fut étudié en 1502, par Francesco Pucci, qui en releva les variantes sur les marges d'un imprimé [5]. Or, c'est précisément à Naples que

---

1. Paris, 1884, pp. 6 sqq., 30 sqq. Le livre contient le fac-similé de six feuillets du *Neapolitanus*. Cf. R. Ellis, *Americ. Journ. of Phil.*, 1886, et Ramsay, *Select. from Tib. and Prop.*, Oxford, 1887, p. xi, Introd. pp. l-lvi.
2. Moriz Haupt, *Opuscula*, t. I, p. 277; Fr. Plessis, *l. c.*, p. 3. Je n'insiste pas sur ce fait, me réservant d'étudier un jour la question des mss. classiques possédés par Pétrarque.
3. *Sexti Propertii eleg. rec. Aem. Baehrens*, Leipzig, 1880, p. viii.
4. *Opera*, édit. de Bâle, p. 295. (*Miscell.* lxxxi).
5. Cet imprimé, signalé par Fr. Jacob (préface à son éd. de Properce, Leipzig, 1827, pp. 15 et 16), nous est connu par la collation que Piero Vettori a reportée sur son propre exemplaire, en l'accompagnant d'une notice datée de 1521. M. Plessis donne une partie de cette notice (p. 2). Vettori prétend que Pucci « annotabat... sequutus fidem antiquissimi codicis qui primum fuit Bernardini Vallae patritii romani viri doctissimi, dein ab eo

Nicolas Heinsius a rencontré le manuscrit qui est aujourd'hui à Wolfenbüttel et qui a tiré son nom de cette provenance [1]. Il se trouve aussi, pour compléter la vraisemblance, que la seule leçon connue du texte vu par Politien est une leçon du *Neapolitanus* [2].

On peut aller plus loin encore et identifier le même manuscrit avec le très ancien Properce qui, suivant une tradition, aurait été possédé ou tout au moins étudié par Pontano. Il n'est pas logique, en effet, d'admettre qu'il y ait eu au même moment, dans la seule ville de Naples, deux manuscrits de Properce méritant la même épithète de *vetustissimus* : celui de Pucci et celui de Pontano. Pucci, membre de l'Académie pontanienne et lié avec Pontano, devait évidemment se servir du même texte que celui-ci [3]. Le seul témoignage qu'on puisse faire valoir contre cette supposition si naturelle, est emprunté à un érudit du xvie siècle,

---

dono datus est Alphonso II regi neapolitano... » Si nous en croyons ce témoignage, que Vettori avait sans doute recueilli sur l'exemplaire de Pucci, le ms. de Valla aurait appartenu un temps au roi Alphonse. C'est encore là une tradition à laquelle il faut renoncer. Le roi Alphonse est mort en 1458, et en 1484 le ms. était encore à Rome chez Valla, où Politien le consultait. Il est probable qu'il aura passé de là chez Pontano († 1503), et que sa présence à Naples, chez l'ancien secrétaire favori d'Alphonse II, aura amené la confusion.

1. Cf. Plessis, *l. c.*, p. 9.
2. Voici le texte complet de Politien : « Apud Propertium 4 eleg. libello [IV, 3, v. 21-22] :

Dignior obliquo funem qui torqueat orno,
Aeternusque tuam pascat aselle famem.

Diu, fateor, animum meum stimulaverat ac pupugerat quidam quasi scrupulus, donec eum codex vetustus evellit, quem mihi Bernardinus Valla celeber iureconsultus et primae homo nobilitatis Romae abhinc ferme quinquennium commodavit, ubi non *orno* sed *ocno* legi, legisseque me statim duobus eruditissimis iuvenibus ostendi, qui me domi commodum salutaverant.... » *Ocno* est donné par deux mss. : le *Neapolitanus* et le *Laurentianus* ; celui-ci, qui est seulement, selon M. Bährens, des premières années du xve siècle, ne doit pas avoir quitté Florence, puisqu'il a appartenu à Coluccio Salutati. La variante *ocno* paraît bien avoir été prise par Politien sur le *Neapolitanus* d'aujourd'hui.

3. On se demandera peut-être pourquoi Pucci, poète et professeur à Naples, membre de l'Académie de Pontano, parlant du ms. en 1502 (selon Vettori), n'a pas mentionné que le volume appartenait à Pontano, qui mourut seulement l'année suivante. C'est qu'en réalité, à mes yeux, le ms. n'a pas été possédé par Pontano, mais seulement étudié par lui. Peut-être appartenait-il à l'Académie Pontanienne, et j'ai par ailleurs des indices qui tendraient à faire croire que cette Académie avait une petite bibliothèque particulière, ainsi que les Académies d'aujourd'hui. En tous cas, on va voir en quel sens il faut entendre les mots *codex Pontani*, qui nous ont habitués à la pensée d'un ms. de Pontano.

Antonio Perez (?). Ce *Perreius*, annotant une édition imprimée des trois élégiaques, y met la note suivante : *Emendabam et annotabam... collatis vetustissimis exemplaribus, alio Pontani, alio episcopi Cremonensis, alio Francisci Pucci nec non aliis Romae et Florentiae habitis...* [1].

Tous les critiques ont conclu de ce texte à l'existence de manuscrits distincts possédés par Pucci et par Pontano. Il doit être, il me semble, interprété d'une manière beaucoup plus simple. Perez ne parle pas de manuscrits (*codicibus*), mais de textes, d'exemplaires (*exemplaribus*), qui sont tout simplement de vieilles éditions imprimées, annotées par des érudits qui l'ont précédé. Les collations prises ainsi sur des collations déjà faites étaient fréquentes à la Renaissance. Nous pouvons même suivre les traces des exemplaires utilisés par Perez : l'un, celui de Pucci, s'est trouvé entre les mains de Piero Vettori, dans sa jeunesse, en 1521; l'autre a été, vers la même époque, chez Angelo Colocci, et c'est celle-là même qui a passé plus tard aux mains d'Orsini. Il ne reste plus, pour achever d'éclaircir la question, qu'à retrouver ces deux imprimés; celui de Pucci nous dirait exactement si notre hypothèse relative au manuscrit de Valla est tout à fait fondée et si c'est bien le *Neapolitanus* actuel ; celui de Colocci, à son tour, nous apprendrait si nous avons eu raison d'identifier le même manuscrit avec celui qu'a étudié Pontano. En tous cas, je crois avoir démontré qu'il faut envisager la question des manuscrits italiens de Properce à un point de vue différent de celui qui se transmet de livre en livre, et, pour me résumer sur l'histoire du *Neapolitanus*, je dresserais de la manière suivante la liste des savants qui l'ont possédé ou étudié : Pétrarque (?)... Manetti, Bernardino Valla, Politien, Pontano, Pucci, Heinsius.

1. V. le texte chez Fr. Jacob et chez M. Plessis. Ajoutons que le témoignage de cet érudit obscur est fort suspect et qu'il est aujourd'hui ruiné, pour ce qui est de l'authenticité des leçons, ainsi du reste que celui de Pucci; M. Plessis, qui croit cependant à l'existence de tous les manuscrits, cite lui-même l'autorité de M. Keil à ce sujet. (*Etudes critiques*, p. 49).

CHAPITRE VII

LE FONDS LATIN
BIBLIOTHÈQUES DU SEIZIÈME SIÈCLE.

La bibliothèque du cardinal Bembo est, sans contredit, la plus précieuse dont se soit enrichie celle d'Orsini. J'ai déjà raconté ses vicissitudes, après la mort de l'illustre prélat, et décrit ceux de ses volumes grecs qui se retrouvent dans notre collection; ils sont assez nombreux et surtout assez importants pour assurer désormais une place honorable à Bembo parmi les collectionneurs de manuscrits grecs. Nous étudierons plus loin une série non moins précieuse de manuscrits en langues modernes et parlerons, ici même, de ses manuscrits latins. Mais ce n'est pas à Pietro Bembo seul que doit revenir l'honneur d'avoir recueilli les uns ou les autres. Une bonne part, peut-être la meilleure, doit être attribuée à son père BERNARDO BEMBO. Ce vénérable patricien, ami d'Alde Manuce et mort en 1519, est une des figures les plus sympathiques de Venise au xv⁰ siècle [1]. Le personnage est déjà en lumière; cependant les détails contenus dans notre travail, à propos de la bibliothèque qu'il avait formée, serviront, je l'espère, à le faire encore mieux connaître [2].

---

1. On ne s'explique pas la légèreté singulière d'Ambroise Firmin-Didot, parlant du père de Bembo, « dont le nom même est ignoré des biographes. » (*Alde Manuce*, Paris, 1875, p. 391.) Outre les pages de M. de Reumont dans *Lorenzo il Magnifico*, Leipzig, 1874, t. II, p. 100, il y a une longue notice dans Foscarini et dans Mazzuchelli (*Scrittori d'Italia*, Brescia, 1753-63, vol. II, part. II, pp. 726-728).

2. Ce qu'on pouvait savoir sur la bibliothèque des Bembo avant l'étude de celle d'Orsini, a été, comme je l'ai dit, parfaitement groupé par M. V. Cian (*Un decennio della vita di M. P. Bembo*, Turin, 1885, pp. 64-104). L'auteur cite une copie du *De fortuna* de Pontano exécutée par Pietro Bembo et vue par Tommasini dans la bibliothèque de Lorenzo Pignoria (*Bibliothecae Patav. manuscriptae*, Udine. 1639, p. 86). Il aurait pu recueillir, dans la même bibliothèque, un ms. des *Bucoliques* de Virgile, avec scholies, qui avait appartenu à B. Bembo, puis à son fils, et un ms. glosé de l'*Énéide*, qui, avant d'être à P. Bembo, « fuit Modesti Polentoni Sicconis filii. » Je ne sais où sont ces volumes.

Nous devons y rattacher d'abord le *De legibus* de Cicéron et les deux volumes de Tive-Live écrits par Poggio, dont il a été question plus haut [1]; c'est à Bernardo Bembo qu'appartinrent, avant d'être à son fils, quatre au moins des manuscrits de Pétrarque [2], ainsi que le *Boèce* écrit par Boccace et le *Dante* de Pétrarque; c'est aussi lui qui acquit en France, en 1472, notre exemplaire du *Trésor* de Brunetto Latini. Sur presque tous les volumes sont d'intéressantes notes personnelles, des extraits se rapportant aux auteurs ou à leurs manuscrits, et auxquels sont venu s'ajouter d'autres mentions de la main de Pietro [3]. Les réflexions morales qui les accompagnent quelquefois font honneur au père et au fils, véritables bibliophiles au sens élevé du mot, prenant leur livres pour conseillers et pour amis.

Le plus précieux volume latin de la bibliothèque de Bernardo Bembo était sans contredit son *Térence* [4]. C'est le beau manuscrit en capitales que les philologues désignent sous le nom de *Bembinus*, 3226 < M. L. 1 > [5]. La description paléographique a été faite trop souvent pour que j'y revienne; je me bornerai à relever par ordre chronologique les mentions assez nombreuses qu'il porte, et qui nous font connaître de curieux détails de son histoire depuis le xv° siècle [6]. La première est du poète Giantonio de' Pantani Porcello, couronné à Naples en 1452, par l'empereur Frédéric III, et qui a passé la fin de sa vie dans diverses cours de l'Italie du nord. C'est le plus ancien possesseur dont nous ayons trace: A) *mei Porceli laureati antiquitatis pignus*

---

1. Cf. pp. 193-194.
2. Ce sont aujourd'hui les 3354, 3357, 3358, 3359. Pour ces mss. et les suivants, v. le chapitre viii.
3. Certains traits verticaux dans les marges aux passages notables, une forme particulière du signe *Nota* sont communs aux divers mss. de Bernardo Bembo. Son écriture n'est pas connue comme celle de son illustre fils ; elle n'est cependant pas moins caractéristique. On a jugé utile d'en donner un fac-similé aux planches, n° IV.
4. Morelli, *Not. d'op. di disegno*, éd. Frizzoni, p. 56 (p. 61, pour les *Lusi*).
5. cxvi ff. parch. Pour la description, v. surtout l'édition Umpfenbach, Berlin, 1870, pp. iv-xvii, et Chatelain, *Paléographie des class. latins*, 1re livr., Paris, 1884, pl. VI. On se plaît à l'attribuer au v° siècle. Au bas du f. xcvii r°, cinq distiques, transcrits au xv° siècle ou au xvi°, ont la prétention de reproduire calligraphiquement un ancien texte en onciale. La note de Porcello est dans la marge inférieure de la dernière page ; toutes les autres sont sur les quatre feuillets préliminaires.
6. Comme ces mentions n'ont pas été données par M. Fr. Umpfenbach dans leur ordre chronologique, et qu'elles rentrent directement dans notre sujet, nous nous permettons de les reproduire.

aegregium. Porcello a eu des rapports particuliers avec Venise, puisqu'il a dédié ses commentaires sur la guerre de 1452-53 au doge Francesco Foscari. Du vivant même de Porcello, en 1457, le manuscrit passe entre les mains de Bernardo Bembo, comme l'atteste une note naïve du jeune patricien : *B*) *Notum facio praesenti die libere deliberatum mihi fuisse hunc librum 1457 die 15 marcij, cuius rei sit laus omnipotenti deo*[1] &. Bembo n'avait alors que vingt-quatre ans. C'est encore à lui qu'on doit les mentions suivantes, écrites à diverses époques, les unes en minuscule, les autres en capitale : *C*) *Continet liber iste cart. CXIII*. Bembo, on le voit, ne compte pas les trois premiers feuillets mutilés qui ne laissent lire que de petits fragments ; *D*) *Comedie omnes Eunuchus Heautontimorumenos Phormio Hechyra et Adelphis pene tota : dempte etenim sunt due cart. finales et deest item et prior Andria videlicet huius libelli, et — Est mei Bernardi Bembi qui post eius obitum maneat in suos antiquiss^e antiquitatis reliquiae; E*) *Co$\overset{Ber}{d}$ex mihi carior auro; F*) *O$\overset{Bem}{}$ foelix nimium prior aetas*[2]. Le *Térence* a été montré à Politien[3], et celui-ci y a mis de sa main : *G*) *Ego Angelus Politianus homo vetustatis minime incuriosus nullum aeque me vidisse ad hanc diem codicem antiquum fateor*[4]. Vient enfin la note autographe d'Orsini : *H*) [Exactement le texte de notre Inventaire][5].

---

1. Ici un monogramme que je n'explique pas et qu'on peut trouver chez Umpfenbach.
2. Ces mots sont de Boèce ; on aura plus loin (chap. VIII), par le ms. de la *Consolatio* écrit par Boccace, le témoignage de la lecture assidue qu'en faisait Bernardo.
3. Des *Variae lectiones* de Politien, tirées du Térence de Bembo en 1493, sont sur un exemplaire de l'édition de 1475, à Florence (Bibl. Marucelliana); cf. Umpfenbach, p. VI. On consultera utilement sur ce point ma *Correspond. de P. Vettori avec F. Orsini*. — Outre Politien, nous avons le témoignage à peu près certain que le ms. a été vu par Ermolao Barbaro, dans le dialogue *De Virgilii Culice et Terentii fabulis*, de P. Bembo.
4. Ici doivent se placer, dans l'ordre chronologique, les témoignages sur le Térence dans la bibliothèque de Pietro Bembo (Cian, *l. c.*, p. 104); puis l'avis que donne Paul Manuce à Muret de tâcher d'obtenir communication, pour son édition, du ms. de Térence qui est chez Torquato Bembo (*Epistolae*, III, 15 ; éd. d'Alde, p. 134); enfin, les détails contenus dans notre chapitre III.
5. Deux notes plus modernes : I) *Il presente codice [è stato li]gato da me Gio. Andreoli... anno 1697 regnando n. Sigr^e Innocentio XII* (à demi effacé par la reliure moderne; le mauvais goût de celle-ci, due au règne de Pie IX, fait regretter celle d'Innocent XII, qui aurait elle-même fait regretter la belle reliure décrite dans l'Inventaire d'Orsini. K) *Furto sublatus mense octobr. A. MDCCXCIX, sed multa a me diligentia perquisitus beneficio egregii viri*

Quelques autres détails historiques sur le précieux volume sont fournis par Angelo Rocca, et méritent qu'on les mette en lumière [1].

Un manuscrit très célèbre aussi est celui qui est connu au xvie siècle sous le nom de *Lusi* de Virgile, aujourd'hui 3252 < M. L. 7. > [2]. Il est d'écriture lombarde avec les titres à l'encre rouge en grosse onciale, du ixe siècle, suivant M. Ribbeck, plus probablement du xe. Ne voulant pas reproduire une description déjà donnée, j'aime mieux transcrire l'index écrit en tête par Bernardo Bembo : *Carmina plura dempta ex Eneide, ut apparet quoquo indice librorum ad cart.* 1. *Vita Virgilii cum carminibus Nasonis c.* 2. *De Culice ad c.* 2. *Dirarum ad c.* 8. *Coppa ad c.* x. *De monosylabis est et non c.* xi. *De viro bono c.* xi. *De rosis c.* xii. *Moretus c.* xii. *Caesaris Octaviani contra statutam mente* [sic] *Virgilii pro Eneide c.* xiiij. *Bucolicorum c.* xv *Georgicorum pars duntaxat c.* xxvj. Le manuscrit s'arrête au v. 494 du livre Ier des *Géorgiques*. Orsini, qui le reçut, comme on l'a vu, en 1579 [3], s'était flatté d'y trouver la partie absente d'un

---

Dominici Salue bibliothecae restitutus idibus Dec. eiusdem anni. Cai. Marinus a Bibl. Vatic. — Cette note de Marini montre que le ms. n'est pas venu en France en 1797, avec tant d'autres trésors de la Vaticane. Il n'en a pas été plus heureux : Paul-Louis Courier raconte dans ses *Mémoires* que « des soldats, qui sont entrés dans la bibliothèque du Vatican, ont détruit, entre autres raretés, le fameux Térence du Bembo, ms. des plus estimés, pour avoir quelques dorures dont il était orné. » C'étaient des soldats napolitains (Umpfenbach, p. vii); ils ont pourtant laissé quelque chose.

1. Les voici. Ce passage complète celui que j'ai imprimé plus haut, p. 110 : « Terentius... tempore Alexandri Severi imp. conscriptus, — quo Angelus Politianus et alii huiusce classis viri libros antiquiores non reperiri affirmant. Sciendum praeterea est huius codicis margines scholiis charactere Longobardico conscriptis esse refertissimas, necnon aliquot Menandri versibus Graecis ab ipso Terentio in latinam linguam olim translatis et suo poemati insertis et postremo a Petro Victorio promulgatis. Libri autem emendationes a card. Bembo, qui dum in iuvenili aetate una cum Politiano ipsum codicem cum aliis contulit, prius praestitae fuerunt, deinde a Gabriele Faerno, nunc vero a Fulvio Ursino. »

2. 32 ff. parch. (Pie IX). Sans titre. « Servius tractans in Virgilium haec dicit. » Beaucoup de corrections et adjonctions du xve siècle, plusieurs de la main de Bernardo Bembo (et non de Pietro, comme le croit M. Ribbeck). Son ex-libris est sur la garde : *Codex patricii Veneti Bernardi Bembi antiquissime antiquitatis Reliquie* (sic). — Décrit avec soin par M. Otto Ribbeck, *Appendix Vergiliana*, pp. 31-33. — Je dois faire apercevoir que le ms. avait été promis par Pietro Bembo à Alde qui devait l'imprimer; celui-ci en témoigne dans sa lettre-préface du Virgile de 1514, le dernier texte qu'il ait publié (A. Firmin-Didot, *Alde Manuce*, p. 391).

3. Cf. plus haut nos pp. 95 à 97.

manuscrit qu'il avait eu plusieurs années auparavant d'Achille Estaço, et qui commençait précisément à la fin du livre Ier des *Géorgiques*. Tel qu'on le lui avait décrit, d'écriture lombarde, de format très allongé, il paraissait à Orsini offrir beaucoup d'analogie avec le sien [1]. Le tout aurait fait un exemplaire de Virgile à peu près complet, et contenant, avant les *Bucoliques*, les œuvres de jeunesse attribuées au poète, disposition qu'on ne retrouve dans aucun autre des exemplaires anciens de Virgile. Ces espérances furent déçues, le manuscrit d'Estaço n'ayant, à le voir de près, rien de commun avec celui de Bembo.

Christoforo Landino avait offert à Bernardo Bembo son recueil élégiaque intitulé *Xandra*, 3366 < M. L. 151 >. Ce petit manuscrit est d'une grande élégance ; il a son titre à l'encre d'or, une miniature à la lettre initiale représentant Léda, et au bas les armes de Bembo [2], avec la devise *Virtus Honor* dans une banderole. Mais l'intérêt principal réside dans la lettre autographe jointe au volume et précieusement conservée par le donataire [3]. Le 3365 < M. L. 149 > fait pendant au précédent pour l'exiguïté du format et l'élégance de la transcription due à Bernardo lui-même. Ce sont les commentaires de Francesco Contarini sur les affaires de Toscane, excellent pastiche du style de Salluste et de celui de César. Au frontispice sont les armes de Bembo et de Contarini, deux écussons illustres de Venise, et Bernardo a transcrit avant le texte une intéressante épître que lui avait adressée Contarini [4]. Il y a un passage du

---

1. Celui-ci est le 3253 < M. L. 36 >, de LXXXII ff. parch., rel. ant. Plusieurs mains lombardes du XI-XIIe siècle; quelques gloses interl. contemporaines, d'autres postérieures. Ms. très incomplet ; commence au v. 421 du livre I des *Géorgiques*.

2. D'azur au chevron d'or à trois roses d'or de cinq feuilles.

3. 88 ff. parch. (Pie IX). Anc. tranches dorées et gaufrées. F. 1 : *Bernardo Bembo senatori veneto viro probitate ac litteris insigni Christophorus Landinus S. D.* Quod ais te elegis nostris... (En face, de la main de B. : *Clariss. v. Christ. Landini auctoris manus.*) La lettre est publiée par Bandini, *Specimen liter. Florent.*, p. 164. F. 3, *C. L. Florentini Xandra. Liber primus ad Petrum Medicem Mecenatem suum.* Les dédicaces florentines de ce charmant recueil sont moins compromettantes que celles qui figurent effrontément dans l'*Hermaphroditus*. Aux marges sont des mains indicatrices des passages notés par Bembo ; f. 12 v°, au-dessous de l'épitaphe de Leonardo Bruni, qui figure dans le livre f, il a mis une note à l'encre verte sur Bruni et son épitaphe.

4. 120 ff. parch. (Léon XIII). F. 1. *Franciscus Contarenus iureconsultus suo Bernardo Bembo salutem pl. d. Mi Bembe triduum universum reluctatus sum notis meis : certe ut te isto honere gravare exscribendorum qui apud te*

ivre où l'auteur raconte la mission que remplirent auprès de lui, à Sienne, les ambassadeurs vénitiens envoyés pour saluer le pape Calixte III à son avènement (1455): il rapporte avec éloge, parmi les ambassadeurs, le nom du jeune patricien Bernardo Bembo; par une vanité bien excusable, Bembo, transcrivant ce texte cinq ans après, a mis son nom en capitales, et il est revenu plus tard pour annoter ce passage [1]. La souscription porte : *Ber. Bemb. patricius absolvit Kal. Ianuarijs bonis avibus dubia adhuc luce anno LX° supra M.CCCC⁰ˢ a natu Domini.*

J'ai retrouvé deux autres manuscrits autographes datés de Bernardo Bembo. Le 3232 < M. L. 119 > contient plusieurs discours de Cicéron avec des sommaires, des notes et des extraits marginaux. On voit que le transcripteur se remettait à l'ouvrage chaque fois qu'il en avait le temps; les premiers portent des dates très fines dans les marges de 1457 à 1458 [2]. La même manière de dater se voit sur un assez joli manuscrit des *Silves* de Stace 3283 < M. L. 75 > : tout au bas du frontispice, on distingue : *26 oct. 1462*, et à la fin du volume : *XX decemb. 1463* [3]. Ce long temps, mis à copier un texte si court, donne sans doute la mesure des loisirs studieux du jeune patricien.

Les volumes ajoutés par Pietro Bembo au fonds de son père sont surtout des manuscrits en langues modernes. Pour les manuscrits latins que nous retrouvons ici, rien ne prouve que quelques-uns n'aient pas déjà appartenu à Bernardo. Ceux qui paraissent avoir été des acquisitions du cardinal sont le Virgile de Pontano [4] et quelques volumes qui sont indiqués seulement par les correspondances analysées au chapitre III. Ces volumes sont : un Isidore (*Etymologiae*, in-fol.), un Tive-Live (première décade)

---

sunt Commentariorum nostrorum. Quando et maioribus rebus navare te operam prospectum habeam et peculiarius munus tuum esse oratoris non librarii...; f. 3. *Clar. viri patricii F. C. iurec. commentaria rerum in Hetruria gestarum lib. primus inc.*

1. Contarini : « ... summa virtute et humanitate patricii ordinis adolescentem. » Bembo a mis plus tard ces souvenirs personnels dans les marges: *Grati animi memoria. — xiiij Ianuarij 1488 in consilio XL crimin[ali].* C'est précisément ce passage qui est reproduit à nos planches, n° IV.
2. 220 ff. parch. (Pie VI). A la fin du *Pro reditu* (f. 25) : *xxviij iunii 1457 in Vigilia S. P. et Pauli;* au commencement du *Pro Milone : xiij iulii 1457;* à la fin (f. 60) : *xv sept. 1457;* à la fin du *Pro Cornelio Balbo* (f. 83 v°) : *xij ian. 1458.* Place laissée pour les titres et les initiales.
3. 84 ff. parch. (Pie IX). Anc. tranches dor. et gaufrées. Titres à l'encre rouge. Frontisp. sobrement orné. Variantes margin. ; noms propres renvoyés, quelques courtes notes et rapprochements.
4. V. plus haut, p. 225.

et un manuscrit désigné par *Senecae opera* [1]. Il n'est pas douteux qu'il ne faille identifier le premier avec le 3320 < M. L. 160 >, gros manuscrit d'écriture lombarde du xi⁰ siècle, dans lequel Orsini ne semble pas avoir reconnu Isidore [2]. Pour Tite-Live, il n'y a qu'un de nos textes qui contienne la première décade, et sa beauté fait honneur à la bibliothèque de Bembo : c'est le 3329 < M. L. 28 >, qui est de deux mains du xi⁰ siècle avec souscription en belle capitale [3]. Retrouver le Sénèque de Bembo est plus difficile : il n'y a pas, en effet, chez Orsini (et le fait est d'ailleurs digne de remarque), un seul manuscrit des œuvres de Sénèque. Le 3376 < M. L. 217 > nous offre les *Declamationes* du rhéteur [4]; faut-il croire que c'est l'ouvrage qui était porté comme *Senecae opera* sur l'inventaire très sommaire des livres de Bembo dont se servait Orsini ? Cela n'est point impossible; nous constatons à chaque instant, à cette époque, des inexactitudes analogues dans la description des manuscrits [5].

Mentionnons enfin un autographe latin qui a son prix; c'est le 3364 < M. L. 148 >, contenant les lettres écrites par Bembo au nom de Léon X, lorsqu'il était secrétaire des brefs [6]. Ces

---

1. V. pp. 103-104. (Acquisitions de 1582).
2. Le titre porte seulement : *In nomine Domini incipit liber Ethymologiarum, id est de proprietate sermonum vel glosae hoc est hernineumata ab A usque in Z.* [sic] 219 ff. parch. in-fol., rel. ant. avec la rose d'Orsini au dos. Double lexique pour chaque lettre ; l'un offrant seulement le mot et sa glose, l'autre consacrant quelques lignes à l'explication. F. 212: *Incipiunt Synonyma Ciceronis.* Au v⁰ du dernier f., inscription à demi-effacée : *Nicolao not[ario]...*
3. CXVII ff. parch., rel. ant. à la rose d'Orsini. Scholies sommaires, corrections contempor. et de diverses époques, compris le xvi⁰ siècle. Cf. p. 277.
4. 37 ff. parch. (Pie VI). F. 1: *Incipit liber declamationum Senecae feliciter.* xiv⁰ siècle. Scholies contempor. et postér. Lettres ornées et frontispice avec fig. ; au bas, un génie (nimbe d'or, ailes ouvertes) qui joue de la cornemuse devant un petit ours assis.
5. Il doit y avoir à chercher des imprimés d'auteurs classiques annotés par Bembo. En feuilletant ses autographes de la bibliothèque des princes Chigi, j'ai rencontré cette indication intéressante dans un billet à Carlo Gualteruzzi, envoyé à Rome et daté de Padoue, 19 déc. 1537 : « Harei caro saper da S. S. se, tra i libri della buona memoria di monsʳ di Fano, è uno *Apulegio* in forma grande impresso a Roma nel principio della stampa. Per tutto il quale v'è la mia mano, insieme con uno alphabeto delle voci di quelli autore, coperto di carta pecora, che io già dedi à S. S. » (*Chisianus LVIII, 304,* f. 64.) Aucun des volumes de ce genre n'est entré chez Orsini.
6. 375 ff. pap. rel. ant. de velours rouge. Divisé en 37 cahiers, dont les dernières pages sont souvent blanches. Le premier cahier, comprenant les vingt premières pages, est d'un secrétaire; Bembo a seulement revu et ajouté. On trouve trace en marge de divisions différentes en livres. La dernière lettre est à François Iᵉʳ : « Christophorus Longolius homo Gallus... oct. Id.

documents adressés pour la plupart à des princes ou à d'importants personnages, ont paru du vivant de l'auteur [1], et certaines parties du manuscrit semblent préparées pour être livrées à l'imprimeur. La plupart sont surchargées de ratures, d'additions, etc. On y voit la pensée première de phrases et même de lettres entières ; on peut deviner les motifs de style ou de politique qui ont fait modifier ou supprimer les passages ; en un mot, si ce sont, comme je le crois, les minutes de Bembo, on y peut surprendre les secrets de sa composition, les corrections officielles dues au pape, les retouches cicéroniennes dues à l'humaniste.

La bibliothèque de Bembo a servi plusieurs fois aux travaux d'Alde Manuce et de ses amis. La collection d'Alde lui-même, si l'on en croit Orsini, nous présente à son tour un volume d'une grande importance. Il n'est point porté à l'Inventaire, et fait, par conséquent, partie des acquisitions postérieures [2]. Il figure à présent parmi les Incunables du Vatican, sous la cote *Inc.* 1135 ; à l'ancienne garde de parchemin, Orsini a mis le numéro 15 et cette note : *Ovid. Metamorph. cum emendationibus Aldi. Ful. Urs.* Cette édition petit in-folio, qui ne porte ni date, ni titre, se rapproche, pour le caractère, du Catulle, Tibulle et Properce de 1472 [3]. Les annotations sont très nombreuses, mais sont-elles de la main d'Alde ? je ne puis être aussi affirmatif que le sont Orsini et, d'après lui, le catalogue de la Vaticane. Le témoignage du savant romain s'appuie probablement sur celui du petit-fils du grand Alde, et le manque de sincérité de ce personnage ôte beaucoup de valeur à cette tradition [4]. De plus, les spécimens de l'écriture d'Alde que je connais, et qui sont du reste extrêmement rares, montrent une main assez différente de celle-ci, et il faut admettre, pour le moins, que cette annotation, si elle est bien de l'imprimeur vénitien, remonte à sa jeunesse, époque de laquelle nous ne possédons point d'autographe. L'âge de

---

Apr. MDXXI an. nono Romae.» Je crois que c'est la minute au jour le jour de Bembo, préparée ensuite par lui pour être imprimée.

1. Venise, 1535. Mazzuchelli, *l. c.*, p. 765, cite le ms. de l'Ambrosienne et celui du Vatican. Celui-ci a été acquis par Orsini en 1582 (cf. plus haut, p. 106).
2. V. p. 161.
3. D'après l'abbé Zappelli, dans le Catalogue ms. des Incunables de la Vaticane. Il n'y a de titre que pour le livre VII. L'exemplaire est magnifique.
4. Cf. p. 76.

l'écriture ne s'y oppose pas, et nous savons même qu'Alde avait travaillé personnellement sur Ovide[1]. Je remets le soin de contrôler cette hypothèse à l'érudit qui s'occupera plus tard d'Alde Manuce, et me borne à lui signaler ce volume qui serait pour lui, s'il était authentique, d'un inestimable prix. L'annotation marginale n'est point critique, et ne corrige que des fautes d'impression évidentes; mais les scholies mythologiques sont nombreuses; il y a une table des récits d'Ovide, et partout des sommaires à l'encre rouge. Les interlignes ont des gloses en un grand nombre de pages, des restitutions de mots sous-entendus, des équivalents aux expressions poétiques, etc. Si le livre était préparé pour une explication devant des écoliers, Alde s'en servait peut-être pour ses élèves, les princes de Carpi[2].

Ce volume, ayant été acquis par Orsini quand son Inventaire était clos, doit provenir de la bibliothèque d'Alde le jeune. On sait que celui-ci l'avait apportée à Rome en 1590; étant alors fort besogneux, il cherchait à s'en défaire à bon prix, et comme il entendait assez bien le charlatanisme, il n'épargnait rien pour faire valoir sa collection aux yeux des Romains. Les livres du temps sont pleins d'éloges excessifs à propos de cette bibliothèque[3]. Orsini paraît y avoir vu plus clair et, dans l'intimité de

---

1. On connaît l'édition fort estimée des œuvres d'Ovide donnée par Alde en 1502-1503. Dans le premier volume, qui contient les *Métamorphoses*, figure une vie d'Ovide (réimprimée en 1515) composée avec un grand soin par l'éditeur lui-même.

2. Orsini possédait l'Aldine des *Métamorphoses* de 1502, A. 14 in-8°. Le petit volume < I. L. 16 >, resté dans sa reliure estampée, contient un très grand nombre de corrections mises à la marge, le mot du texte qu'elles remplacent étant souligné. Cette révision importante est due à Calandra en 1510. Le volume ainsi corrigé a-t-il servi à la célèbre marquise de Mantoue, Isabelle d'Este? Il est permis de le croire, à la lecture de la note suivante mise à la dernière page, de l'écriture ferme et posée du reviseur : *Hi libri Ovidiani emendati fuerunt per Io. Ia. Calandram maxima diligentia, in gratiam divae Ysabellae Estensis Mantuae Marchionissae edito super his emendationum libro : vij Kal. Iunias. Anno salutis M. D. X°*. L'exemplaire est paginé par le même personnage, qui a obéi à la demande de l'imprimeur de mettre à la main les chiffres des 404 « semi-paginae » (= pages), auxquelles sa table renvoie. Il provient de Colocci. En tête, Orsini a ajouté le portrait d'Ovide emprunté à la publication d'Ercole Ciofano.

3. Voir particulièrement Rocca, *Biblioth. Apost. Vat.*, Rome, 1591, pp. 402-403 : « Manutiana illa Bibliotheca, mira librorum copia et varietate, codicibus scilicet non solum impressis, sed manuscriptis etiam vetustissimis Autographisque refertissima, quam ipsemet (?) Aldus iunior... suis sumptibus, principibus tamen liberalitate aiutus, instituit, auxit, atque Romam advexit : cum enim ipse primum Romae cum Paulo patre viveret, eam struere coepit... » Cf. notre p. 110 (en note). Une partie des livres d'Alde a été

sa correspondance avec Pinelli, donne des appréciations assez intéressantes : « Messer Aldo è spesso da me et mostra desiderio grande, anche bisogno d'appogiarsi con qualche signore. Non mancarò d'aiutarlo col s¹ Don Duarte [Odoardo Farnese], se l'andata di quel signore in Spagna non impedisce. Ho veduto la sua libraria, ma non si trovò fin qui cose giotte, eccetto un libro de Provenzali[1]; ma potria essere che non m'habbia menato ancora in sacristia. » — « La sustanza è che quest'huomo si trova in gran bisogno et non hà altro che la libraria, la quale veramente è di gran numero di libri stampati, ma di pochi scritti à mano, et in quelli pochi non vi vedo cosa da far venire l'aqua alla bocca[2]. » De fait, il reste peu de chose aujourd'hui de cette bibliothèque trop célèbre, et les manuscrits sont bien rares qui en gardent le souvenir. Orsini y a peut-être fait quelques autres emprunts ; je n'en ai pu constater qu'un seul et qui est antérieur aux démarches d'Alde le jeune ; c'est l'intéressant fragment de Servius acquis en 1580[3].

On est sur un terrain plus solide avec l'éditeur de Démosthène, le laborieux CARTÉROMACHOS. Il a fourni sûrement à la bibliothèque d'Orsini des imprimés latins en plus grand nombre encore que les imprimés grecs ; j'ai constaté cette provenance dans quarante-sept volumes latins, signalés ou non par l'Inventaire[4]. Quelques index alphabétiques, souvent très nourris, composés de mots pris dans les auteurs classiques, viennent du même érudit[5]. Ces manuscrits n'offrent en soi pas d'intérêt ;

---

acquise plus tard par la Vaticane. V. A. Ceruti, *Lett. ined. dei Manuzi* (Extr. de l'*Archivio Veneto*, 1881-82), pp. 100 et 111.
1. V. le chap. VIII.
2. *Ambros. D.* 422 *inf*. Lettres du 2 août et du 11 août 1590.
3. Sur ce volume, v. plus haut, p. 196. Sur les inscriptions réunies par Alde le jeune, v. p. 36, note 4 ; sur les correspondances de Paul Manuce, qui sont restées entre les mains d'Orsini, v. p. 150 ; sur celles d'Alde l'ancien, v. p. 147.
4. Voir I. L. 5, 9, 13, 14, 17, 22, 26 à 28, 30, 32, 35, 42 à 48, 53, 55 à 74, 82 à 86, 88, 91, 128.
5. Ex. : 3446 < M. L. 238 >, 44 ff. pap. (Léon XIII). Outre les mots d'Aulu-Gelle, il y a, à la fin de chaque lettre, une petite liste des mots de Macrobe. 3447 < M. L. 241 et 246 >, deux vol. 143 ff. et 71 ff. pap. (Léon XIII) ; Pline et Ovide. Je n'ai pas essayé de retrouver M. L. 239, non plus que d'autres index portés à l'Inventaire, qui ne valent pas la peine des recherches qu'ils auraient coûtées. — Nous avons trace encore d'un manuscrit de Cartéromachos passé chez Orsini en 1566 (v. p. 83) ; c'est un Ovide qu'on nous décrit comme contenant *Sine titulo et amores*. Ce titre *sine titulo* est celui qu'on donne au moyen-âge aux manuscrits des *Amores;* or, nous ne retrouvons aucun exemplaire de cet ouvrage d'Ovide chez Orsini.

mais, si l'on peut dédaigner de les examiner, il faut se rappeler du moins que c'est au moyen d'index de ce genre, recueillis par plusieurs savants dans les auteurs principaux et plus tard fondus ensemble, qu'on est arrivé à composer les premiers dictionnaires. Parmi les livres imprimés dont je parle, quelques-uns ont des scholies, des rapprochements de passages, des mentions sur les gardes. Toutefois, l'annotation de ceux qu'il m'a été possible de voir est généralement de valeur médiocre : elle se borne presque à des mots du texte renvoyés à la marge et transcrits ordinairement en rouge, pour faciliter la rédaction des index et pour attirer les yeux du lecteur au milieu de pages d'une impression souvent très compacte. Presque tous les volumes de petit format, les Aldines particulièrement, sont dans de jolies reliures contemporaines, qui ajoutent de la valeur aux exemplaires.

Quelques numéros de la série méritent une mention spéciale : I. L. 26, aujourd'hui *Inc*. 115 ; les Commentaires de Domizio Calderino sur Martial (Venise, 1474) ont sur les gardes une inscription grecque relevée à Ferrare par Cartéromachos ; — I. L. 28, *Inc*. 659 ; le Pline de Pomponius Laetus (Rome, 1490), a également une inscription latine de Pistoia[1] ; — I. L. 55, A. 6 *in*-8° ; l'édition Aldine des épîtres de Cicéron a été offerte par Cartéromachos à un ami, comme l'atteste sa dédicace : *Hoc qualecumque munus accipe mi suavissime Sanga*[2] ; — I. L. 64, *Inc*. 992 ; Cartéromachos avait fait relier ensemble et annoté plusieurs ouvrages, le Properce de Beroaldo (Bologne, 1487), ses *Variae lectiones*, le Catulle de Palladius Fuscus de Padoue (Venise, 1496), enfin la vie des empereurs par Aemilius Probus (Brescia, 1498) ; — I. L. 88, *Inc*. 1146 ; le Diomède, imprimé par Nic. Jenson, aux initiales ornées et coloriées, porte, outre les notes habituelles, une épigramme *ad lectorem* sur la garde ; — I. L. 27, A.[3] *in-fol*. (Aldine des œuvres de Politien, 1498) ; — I. L. 58, A. 14 *a in*-8° (Aldine du 2e vol. d'Ovide, 1502) ; — I. L. 70, VIII. A. 10. 28 (grammaire de Lancilotto, Reggio, 1504) ; ces trois derniers volumes ont la signature d'un parent de Cartéromachos : *Iohannis Baptistae de Forteguerris clerici Pistoriensis*.

---

1. L'inscription grecque est dans le *Corpus* de Böckh, III, 6667 ; l'inscription latine est dans le *C. I. L.*, IX, 2860.
2. Evidemment, le poète romain Battista Sanga, qui fut secrétaire de G.-M. Giberti, puis de Clément VII.
3. La cote n'était pas encore donnée à l'époque de mes recherches.

Le nom de Fra Giocondo de Vérone, si étroitement lié aux souvenirs du groupe d'Alde Manuce, était rappelé chez Orsini par un Tacite écrit de sa main; Fulvio en parle en 1595, mais je n'en trouve trace dans aucun inventaire [1]. — Un autre ami particulier d'Alde et de Cartéromachos, le professeur bolonais Paolo Bombasio, avait revisé et scholié pour son usage l'édition des trois Elégiaques, réunis aux *Silves* de Stace et imprimés en 1472 dans un volume unique in-folio. Catulle manque à l'exemplaire, mais l'annotation est très considérable pour Properce, où le texte imprimé a été souvent gratté par Bombasio pour faire place à ses corrections [2]. — Les vingt comédies de Plaute, parues à Milan en 1490, offrent une annotation plus intéressante encore, due, selon Orsini, à ce Tommaso Inghirami, dit *Phedrus*, qu'immortalise le portrait de Raphaël; elle est avant tout critique : les lacunes de l'imprimé sont comblées et les leçons rectifiées d'après le témoignage des grammairiens anciens et de plusieurs manuscrits [3].

Un Vénitien, postérieur de peu de temps, a transcrit un recueil d'opuscules grammaticaux, qui a beaucoup servi à Orsini, si l'on en juge par les notes marginales. Je parle de Niccolò Liburnio, qui a bien mérité, comme on sait, de la grammaire et de la langue nationales. Le 3402 < M. L. 67 > porte à la fin : *Nicolaus Lyburnius exscripsit*, et le premier ouvrage qu'il y fait figurer est précisément le *De orthographia* publié pour la première fois par Orsini; celui-ci a mis aux marges du traité de Velius Longus les leçons assez nombreuses d'un manuscrit désigné par *f*, qui indiquent la préparation critique de l'édition de 1587 [4].

---

1. *Fragm. historicorum*, p. 423 : « [Codex] quem habeo domi scriptum manu accurati viri Iocundi Veronensis. »
2. I. L. 103, auj. *Inc.* 74. Bel exemplaire de l'éd. donnée par Vindelin de Spire, d'après Audiffredi (malgré l'absence de Catulle et des trois derniers ff. de Properce). Lettres ornées; le frontispice de Tibulle porte des armoiries, qui me sont restées inconnues. — Sur Bombasio et Inghirami, v. P. de Nolhac, *Erasme en Italie* (sous presse).
3. I. L. 122, auj. *Inc. 645*. Au f. Riii, Inghirami cite un évangéliaire en lettres majuscules du Mont-Cassin.
4. cxviii ff. pap., rel. ant. de cuir vert oubliée par l'Inventaire. F. 1, Velius Longus (v. p. 52); f. xxii, *Adamantii sive Martyris de B muta et V vocali*; f. xxxvii, *Corn. Frontonis exempla elocutionum*; f. lxix, *Atilii Fortunatiani ars* (cf. lxxxiii); f. lxxxii v°, *Donatiani fragm.* [*Charisii*]; f. c, *Ars Caesii Bassi de metris*; f. cvi v°, *Principia artis Rhetoricae summatim collecta de multis ascythomata* [sic] *a Iulio Severiano*. Ms. vu et utilisé par Angelo Mai.

Notre savant parle dans ses lettres de la bibliothèque du pape Marcel II. Sa mémoire restait chère à tous les humanistes romains, dont il avait été longtemps le modeste confrère [1]. On négociait, paraît-il, en 1574, l'acquisition pour la Vaticane des deux cents manuscrits grecs et des quatre cents manuscrits latins qu'il avait laissés. Les livres imprimés furent visités par Orsini à cette époque; il dut y choisir le Pline de Trévise (1479), qui avait été collationné avec plusieurs manuscrits et que Marcello Cervini, déjà cardinal de Santa-Croce, avait acheté pour quinze ducats en l'année 1542. L'exemplaire est précieux par les leçons qui sont dans les marges à l'encre rouge, et par la note autographe de Cervini [2]. Le même prélat, qui fut très lié avec Colocci, avait recueilli et classé quelques-uns des papiers de celui-ci, qui sont venus se fondre ensuite dans les collections d'Orsini [3]. On y voyait encore d'autres souvenirs de cardinaux du temps. Huit traités latins d'astronomie dans le 3379 < M. L. 231 >, écrits sans soin et fort rapidement par Lorenzo Boniscontro, la plupart avec scholies et figures, avaient eu pour propriétaire, avant Orsini, Domenico della Rovere, cardinal du titre de Saint-Clément († 1501) [4]. Plusieurs traités de géométrie

---

1. Ambr. *D. 422 inf.* Lettre à Pinelli du 5 juin 1574; c'est précisément pour faire une recherche dont il était chargé par Pinelli, qu'Orsini a visité les imprimés. L'ensemble de la collection de Cervini fut à Sirleto (cf. notre p. 167 et les ouvrages qui y sont indiqués, note 4). — Plus tard, Orsini recueillit un fragment de Pétrarque de cette provenance; il en sera parlé au chapitre vIII. V. sur Cervini l'index. — Je remarquerai ici que personne n'a parlé du *Vat.* 3965, document de première importance pour l'histoire de l'administration du cardinal Cervini à la Vaticane. Il est intitulé : *N° 526. Libro dove si registrano tutti i mandati che si faranno dal R^{mo} Santa-Croce de denari che si pagaranno per conto della libraria Apostolica cominciando a di 28 d'ottobre 1548.* Le dernier paiement porté sur ce livre est du 4 avril 1555. J'en parlerai en détail en rendant compte, dans la *Revue critique*, des récents travaux de M. Müntz sur la Vaticane.

2. *Inc. 292* < I. L. 6 >. Voici cette note, où je ne puis identifier le « messer Augusto » qu'Orsini paraît si bien connaître : *Hunc Plinii librum, ab Augusto olim diligentissime cum veteribus Plinii exemplaribus collatum, emi ego Marcellus Cervinus Romae duc. quindecim, anno Dni MDXLII.*

3. Cf. M. L. 292. Cervini partageait le goût que nous allons signaler chez Colocci pour la poésie latine moderne, dont il est si souvent question dans notre livre. J'ai lu à Venise, dans un ms. de la bibliothèque Marcienne (*Lat. XI. 96*, f. 38), une lettre de Carlo Zangarolo (Zancaruolo) à Cervini, qui accompagnait l'envoi d'une collection de vers latins d'Accolti, Fracastor, Ariosto, etc.; elle est écrite de Venise le 30 juin 1548, et figure dans les copies rassemblées par Fontanini, comme tirée d'un ms. du fonds Ottoboni, au Vatican.

4. 116 ff. pap. (Pie VI). F. 1, *Breve opus Nicolai comitis Patavini de triplici motu octavae spherae*; f. 5, *Tractatus spherae Ioannis Sacroboschi*; etc. Sur la garde de parch. : *Do. Ruue[rius]. car^{lis} s^{ti} Clementis.*

réunis en volume dans le 3380 < M. L. 230 > sont dus, d'après l'Inventaire, au cardinal Pomponio Cecio ; ils avaient dû venir à Orsini par Attilio Cecio, nommé chanoine de Latran en 1542 pour succéder à son oncle le cardinal [1]. Un riche exemplaire de la traduction de l'*Iliade*, par Lorenzo Valla, terminée par son élève Francesco d'Arezzo, est dû à un copiste de la Lunigiane, nommé Ippolito ; c'est le 3297 < M. L. 194 >. Le blason des Caraffa s'étale au frontispice, surmonté de la croix de Malte, et une belle souscription occupant toute la dernière page apprend que cette copie a été faite sur l'ordre et aux frais d'un Bernardino Caraffa, apparemment celui qui mourut en 1505, au moment où il venait d'être nommé archevêque de Naples. Le copiste a mis en marge les leçons du mauvais texte qu'il transcrivait et indiqué les corrections qu'il jugeait utiles [2].

Nous arrivons à la bibliothèque d'ANGELO COLOCCI, sur laquelle nous avons déjà apporté, au cours de ce livre, divers renseignements [3]. On a vu, au commencement du chapitre III, qu'une partie seulement de ses papiers fut acquise après sa mort par Fulvio Orsini, alors fort jeune. Quelques volumes isolés, provenant peut-être de la dispersion de la collection en 1527, ont été acquis par Orsini à diverses époques. On pourrait croire, d'après le témoignage de F. Ubaldini, que c'est la bibliothèque tout entière de Colocci qui a passé chez Orsini [4] ; ce n'en est

---

1. 319 ff. pap. (Pie IX). F. 1, *Theodosius de spheris;* etc. Sur les Cecio, j'ai consulté les papiers de Galletti, cités p. 4.
2. 217 ff. parch. (Pie IX). Timbre de la Bibliothèque Nationale. Souscription en capitales : *Hanc Homeri Iliadem partim a Laurentio Valla, partim a Francisco Arretino traductam exemplari depravatissimo transcripsit P. Hippolytus Lunensis iussu impensisque illustris Bernardini Carafae in equestri ordine Hierosolymitano Antistitis reverendissimi ac bene merentis qui et per omnes virtutum numerosos et per omnem eminentioris doctrinae cultum quotidie surgit.* — Peut-être faut-il rattacher à ce Caraffa le 3249 < M. L. 80 >, grand ms. du XVᵉ siècle, orné et scholié, contenant les lettres de Cicéron à Brutus, à Q. Cicéron, à Atticus (incomplètes) : au frontispice était un blason qu'on a soigneusement effacé ; du nom qui se lisait autour, il ne reste que les deux dernières lettres ... *FA*.
3. V. l'index et particulièrement les pp. 80 et 182. On connaît sur Colocci les *Poesie italiane e latine di monsignor Angelo Colocci*, publiées par l'abbé Gianfrancesco Lancelotti, Iesi, 1762, avec des mémoires sur la vie de l'humaniste, et la biographie due à Cantalamessa, dans les *Biografie e ritratti di uomini illustri piceni* d'Antonio Hercolani, Forli, 1837, t. II ; ils n'ont guère ajouté de renseignements sur la bibliothèque à ceux que donnait déjà Ubaldini. — On est prié de se reporter plus loin pour le *Mediceus* de Virgile et pour les mss. provençaux qui se rattachent à la bibliothèque de Colocci.
4. Cf. Monaci, *Communicazioni dalle bibliot. di Roma*, vol. I, Halle, 1875,

en réalité qu'une petite portion. Toutefois, au point de vue des études sur la Renaissance, cette portion est extrêmement intéressante. En effet, si elle n'est pas plus importante pour le latin classique que pour le grec, elle l'est au contraire beaucoup pour les œuvres modernes et en offre une collection assez précieuse.

Le plus remarquable des textes antiques qui portent la signature *A. Colotij* est un Horace du XIe siècle, ayant aux marges le commentaire d'Acron, le 3257 < M. L. 9 >[1]. Un autre manuscrit, le 3309 < M. L. 131 >, contient Porphyrion ; mais ce n'est qu'une copie moderne faite, à ce qu'il semble, pour Colocci ; le feuillet de garde a le numéro de sa bibliothèque : *174. A. Colotij et amicorum*[2]. Même ex-libris, mais sans numéro, sur le 3390 < M. L. 97 >, qui contient le *De re rustica* de Caton, incomplet[3]. Enfin un énorme volume, le 4048 < M. L. 252 >, est un index de mots fait par Colocci lui-même sur les œuvres de Cicéron[4]. Orsini a possédé encore, pendant un certain temps, un exemplaire de la *Notitia dignitatum* qui venait de Colocci ; c'était une copie, avec figures coloriées, du manuscrit des Maffei, et il l'envoya en 1585 à un ami de Pinelli, qui n'était autre que le futur éditeur de la *Notitia*, Panciroli[5]. Une note, sur le manuscrit de Munich, rapprochée de la lettre que nous avons citée, ne laisse aucun doute sur cette transmission (*exemplum quod F. Ursinus, precibus Io. Vincentii Pinellii, transmisit ad Pancirolium,*

---

p. XI. M. Monaci, qui a si bien mérité par divers travaux de la mémoire de Colocci, a étudié l'inventaire que nous avons indiqué p. 80 ; mais il incline à croire, dans sa note, que c'est l'inventaire des livres passés à Fulvio Orsini. Or, le témoignage formel de celui-ci, dans sa lettre de 1559, nous apprend que l'ensemble des livres laissés par Colocci était à cette date dans la *gua_ndarobba* du pape et point chez lui. Quant à Ubaldini, qui vivait au XVIIe siècle, il a su que certains livres de Colocci avaient passé chez Orsini et de là dans la Vaticane, et il a pris la partie pour le tout.

1. 120 ff. parch. (Pie IX). Commence à *Carm.* I, XVII, 17 et finit à *Epist.* II, II, 106.
2. 122 ff. pap. (Paul V, Pie IX). 3 mains : *a*) f. 1, Varron, *de lingua latina* ; *b*) f. 62, Porphyrion ; *c*) f. 114, une traduction du grec et le commencement d'une autre, avec dédicace à Colocci. Le f. de garde de parchemin, où est l'ex-libris, contient un texte latin du XIVe siècle sur les maladies des yeux.
3. 38 ff. pap. (Pie IX). XVe siècle.
4. 572 ff. pap., rel. mod. en 2 vol. Une note latine de Colocci indique que les renvois correspondent au Cicéron publié chez Josse Badius et Jean Petit. D'autres index de la collection d'Orsini ont certainement la provenance de Colocci.
5. V. p. 5, note 2.

quoque is usus est in opere suo corrigendo) ; et il paraît certain que la copie prêtée par Orsini ne lui revint pas [1].

Voici la liste des autres textes, presque tous modernes, recueillis par Colocci et passés chez Orsini. Ils sont, la plupart du temps, sans annotations et tous du commencement du xvie siècle, sauf indication contraire : 3436 < n° 1, M. L. 122 >, le célèbre traité d'Antonio da Tempo sur l'*Ars rythmica* composé en 1332 [2] ; cet exemplaire, lu par Colocci, est un témoignage intéressant de ses études sur l'histoire de la langue nationale. — 3424 < M. L. 225 et 289 >, une copie de la main de Colocci de l'opuscule d'Ermolao Barbaro contre la *Cornucopia* de Niccolò Perotti, et un curieux apocryphe [3]. — 3404 < M. L. 69 >, un traité du syllogisme avec figures par Niccolò Giudeco, précédé d'une épître dédicatoire à Colocci [4]. — 3436 < n° 16, M. L. 295 >, l'inventaire des livres de Pic de la Mirandole, avec le numéro de chaque volume et celui du coffre où il était placé ; dans un second classement, la distinction est établie entre les manuscrits et les imprimés [5] ; cet inventaire demanderait à être

---

1. Je ne connais la note de Munich que par l'article de M. Camille Jullian (*Un ms. de la Not. dign.*) inséré dans les *Mélanges d'archéol. et d'hist.* de l'Ecole de Rome, année 1 (1881), p. 286. Je ne sais si nos renseignements aideront à éclaircir l'histoire des copies de la *Notitia* ; en tous cas, ils établissent que le ms. envoyé par Orsini n'a pas été fait pour Panciroli, puisqu'il appartenait déjà à Colocci, au moins quarante ans auparavant.

2. ff. 1-15 du ms. pap. *Incipit summa artis rithmice composita ab Antonio da Tempo cive paduano anno Dni mill° ccc° trigesimo secundo indictione quarta decima*. Je ne sais pourquoi l'éditeur de cette curieuse poétique italienne, écrite en latin, suppose que ce ms. aurait été exécuté pour Bembo. (Giusto Grion, *Delle rime volgari trattato di Antonio da Tempo giudice padovano*, Bologne, 1869, p. 14.) Il doit y avoir eu confusion d'écriture ; l'exemplaire vient de Colocci, et les titres et les soulignés qu'il a sont seulement de sa main. Page 64, l'*incipit* de notre copie n'est pas donné très exactement.

3. 18 ff. pap. cartonné de soie rose. *a)* f. 1, *H. Barbarus Jacobo Antiquario suo S. Cum superioribus diebus...* 1489 ; ff. 7-9, blancs ; *b)* f. 10, après cinq lignes : *Ditis cretensis de bello Troianorum efemerides finit*; f. 10 v°, *Extracta de libro, qui dicitur Vasilographia id est imperialis scriptura, quem Erythea Babilonica ad petitionem Graecorum tempore Priami regis edidit, quem de Caldeo sermone Dothapater peritissimus in graecum transtulit tandem de aerario Hemanuelis imp. deductum Eugenii regis Siciliae admiratus de graeco transtulit in latinum. Exquiritis me, o illustrissima turba Danaum...* [sic] (A la fin) : *Comperta in calce Bibliae vetustissimae quae Romae apud S. Petrum in reliquiis habetur, quippe quam affirmant scriptam manu sanctissimi maximique Hieronimi*. xv°-xvie siècle.

4. 26 ff. pap. (Paul V). F. 1, dédicace : *Omnes qui Aristotelem ducem secuti sunt...* ; f. 2, *Introductio Nicolai Iudaeci ad libros Aristotelis de syllogismo. Cum de syllogismo conficiendo...*

5. ff. 263-296 du ms. pap. F. 263, *Inventarius librorum Io. Pici Miran-*

publié. — Id. <n° 14, M. L. 293>, un traité monétaire, écrit certainement sous Alexandre VI et vers l'an 1500, par un anonyme qui se proclame l'élève de Pomponius Laetus et qui mentionne plusieurs particularités curieuses de l'histoire du xv° siècle [1]. — Id. <n° 15, M. L. 294>, un traité sur les mêmes sujets de la main de Colocci, avec figures [2]. — Id. <n° 6, M. L. 279>, un traité moderne de géographie [3]. — Id. <n° 13, M. L. 287>, *Nicephori geographia*, annotée par Colocci [4]. — 3441 <n° 8, M. L. 270>, un traité de géométrie [5]; le goût de Colocci pour tout ce qui se rattache à l'histoire des études mathématiques est attesté par les nombreux recueils de ce genre qu'on trouve de lui à la Vaticane, et particulièrement sur les poids et mesures [6]. — 3436 <n° 10, M. L. 283>, le *De Mirabilibus* de Pouzzoles et des environs [7]. — 3441 <n° 13, M. L. 297>, quelques fragments des traductions de Leonardo Bruni [8]. — Id. <n° 7, M. L. 269>, des traductions de l'*Axiochus* de Platon et du *Prince* de Plutarque faites par un évêque de La Cava et datées de 1517 [9]. —

dulae. Albertus de anima. numerus 42, capsae 2...; f. 284, second classement.

1. ff. 243-252 du ms. Il paraît original. Inc. : « Talentum romanum auctore Servio Honorato... » F. 247, « Phorcesius noster » et « Capnio noster » [Reuchlin]; f. 248, « P. Sabinus compater meus » [Marso] ; Pomponius Laetus olim praeceptor noster » ; « rex Gallorum Carolus iunior qui nuper mortuus est » [Charles VIII † 1498].
2. ff. 253-257 du manuscrit.
3. ff. 71-92 du ms. Inc. : « Elementorum situs pro cuiusque eorum sive gravitate declinat... » Ce livre se trouve aussi au f. 143 du 3353, où Colocci indique qu'il en possédait une seconde copie.
4. ff. 191-241 du ms. Inc. : « Si autem in illo quod dividetur... »
5. ff. 135-144 du ms. *Quae figurae sub dimensionem cadant et mensurarum species*. Inc. : « Figurarum nomina quae sub dim. cadunt sunt triangula... »
6. J.-J. Bouchard parle avec assez de détail des 3906, 5395, 3895 dans ses lettres à Peiresc; il en fit même exécuter une copie pour le savant provençal en 1634. (Cf. *J.-J. Bouchard, Lettres inéd. écrites de Rome à Peiresc* (1633-1637), p. p. Ph. Tamizey de Larroque, Paris, 1881, pp. 19, 27, 34).
7. ff. 150-168 du ms. *De mirabilibus civitatis Puteolorum et locorum vicinorum ac de nominibus et virtutibus balneorum.* Inc. : « Sibylla dicitur cuius pectus numen recipit... » (xv° siècle). Le premier feuillet contient une table en italien et en latin. L'auteur cite les historiens classiques, Virgile, et surtout « Eustasius de balneis » ; transformant la légende d'Énée, il parle du gouffre par où J.-C. est descendu aux enfers. Il sera utile de comparer un texte imprimé au xv° siècle et aussi le ms. *Ottobon.* 2110, *De balneis Puteoli* (avec figures).
8. Cf. plus haut, p. 196.
9. ff. 120-134 du ms. Dédicace de l'*Axiochus* : R*mo* in Christo Domino A. Dei gratia episcopus Cavensis Rinutius. Herodotus Alikarnesseus...;

3410 < M. L. 126 >, les *Macrobii* de Lucien, traduits par Fabio Vigile, évêque de Spoleto [1]. — 3436 < n° 11, M. L. 284 >, les *Synonymes* sous le nom de Cicéron [2].— Id. < n° 9, M. L. 282 >, un commentaire anonyme sur le livre I de l'*Histoire Naturelle* de Pline [3]. — Id. < n° 2, M. L. 244 >, un fragment de Meletius annoté par Colocci [4]. — Id. < n° 5, M. L. 277 >, un mémoire sur la guerre entre Sigismond, roi de Pologne, et Basile, grand-duc de Russie, signé *Bernardus Vapovicius de Radochonijczo canonicus Cracoviensis* [5]. — Id. < n° 12, M. L. 286 >, une copie des fameuses lettres échangées par Sadolet et Jean Sturm en 1539 [6]. — Id. < n° 3, M. L. 275 >, la minute de plusieurs discours latins du romain Pietro Alcionio, prononcés dans des circonstances officielles sous Clément VII [7]. — Id. < n° 7, M. L. 280 >, un discours de Pietro Corsi, de Carpineto, au cardinal Ridolfi [8]. — Id. < n° 8, M. L. 281 >, un texte écrit par un secrétaire et fort corrigé de la main de Corsi, adressé à Lodovico

---

f. 128 v°, dédic. du *Prince: R^(mo) in Christo patri Gabrieli tituli S. Clementis presb. cardinali Senensi Rinutius servorum minimus*; f. 134, *Explicit libellus Plutarchi 7 kal. Novemb. anno Dni 1517*. Je n'identifie pas le cardinal. Le ms. porte l'écriture de Colocci.

1. 16 ff. pap., rel. ant. estampée. Au f. 6 seulement : *Luciani Samosatensis Macrobii, Fabio Vigili interprete, ad R^(mum) D. cardinalem S^(ti) Georgii* [le cardinal Raf. Riario]. Inc. : « In somnis tale quoddam... » Sur la garde, deux vers d'un propriétaire :

Gioan Paul de Turre son ciamato,
Mel renda in cortesia chi l' a trovato.

Deux ff. non reliés sont joints à ce curieux livret ; le premier est un billet original de Colocci à Vigile, et la réponse de celui-ci, qui déclare que dans les inscriptions le même signe peut signifier *Centurio* et *Caia*, et regrette de n'avoir pas fait une recherche sur Boniface VIII; le deuxième feuillet est une lettre ital. orig. fort longue et intéressante du même Vigile à Colocci.

2. ff. 169-175 du ms. Du XV° siècle seulement, malgré l'affirmation de l'Inventaire.

3. ff. 128-147 du ms. Inc.: « De vita Plinii multa habentur in epistola... »

4. ff. 16-20 du ms. *De manibus ex libro Meletii de structura hominis*.

5. ff. 61-69 du ms. Inc. : « Scripturus de bello quod gestum est inter Sigismundum... »

6. ff. 177-189 du ms. Elles ont été imprimées à Ingolstadt.

7. ff. 22-55 du ms. F. 23 : *Petri Alcyonii pro S. P. Q. R. oratio de rep. reddenda atque e custodia liberando Clemente VII Pont. Max. ad Carolum Caes. designatum*; f. 35, sans titre, à Clément VII sur le sac de Rome ; f. 42, *P. Alcyonii oratio pro S. P. Q. R. ad Pompeium Colonnam de Urbe servata*. — Au f. 22, Colocci a écrit une note qui intéresse les études provençales au XVI° siècle : « Memorie. Bartholomeo Casassaggia se vive in Napoli che tradusse Lemosini. » Sur Casassagia et ses travaux pour Colocci, v. une note de Canello. (*Arnaldo Daniello*, Halle, 1883, p. 63).

8. ff. 101-109 du ms. L'Inventaire parle à tort d'un discours adressé à Colocci.

Beccadelli à la suite d'un repas chez le cardinal Contarini, avec Beccadelli lui-même, Danès et d'autres personnages [1].

Colocci avait un goût particulier pour la poésie latine ; il la cultivait lui-même, et ses relations suivies avec les poètes du temps, qu'il aimait à réunir dans ses jardins du Quirinal [2], lui ont permis de recueillir beaucoup de pièces détachées ; la plupart sont inédites et peuvent être très précieuses aujourd'hui, pour la connaissance de l'esprit public à Rome sous les pontificats qui se sont succédés d'Alexandre VI à Paul III. C'est l'époque la plus brillante de la Renaissance romaine ; les renseignements sur les lettrés et les artistes, les traits de mœurs abondent dans cette masse de documents littéraires qu'Orsini avait songé à publier lui-même et qui ont été depuis incomplètement utilisés par Lancelotti. Je vais essayer d'orienter le lecteur dans cette collection [3].

Le plus curieux recueil est sans doute le 3351 < M. L. 113 > ; c'est le cahier de brouillons poétiques de Colocci, entremêlé de dates et de notes, qui peuvent servir à compléter ou contrôler les *diaria* du temps. Une partie, suivant le témoignage de notre Inventaire, doit être de la main de Basilio Zanchi. On y lit les épigrammes contre les Borgia, la plupart des vers composés à l'occasion de la découverte du *Laocoon* sous Jules II, des distiques sur la mort de Raphaël, etc. [4]. Dans le 3388 < M. L. 60 >, recueil assez semblable au précédent [5], figurent, parmi les vers

---

1. ff. 110-127 du ms. Inc. (après une longue rature) : « In eo igitur ut scis convivio, quod forte de Aristotelis et Plinii voluminibus, quae de animalibus scripserunt, sermo incidit... »

2. Les *Horti Colotiani* étaient où se trouve aujourd'hui le *palazzo del Bufalo* (Gregorovius, *Storia di Roma*, t. VII, p. 356).

3. Je ne parle ici que des volumes de Colocci qui ont passé à Orsini ; le catalogue manuscrit de la Vaticane en indique plusieurs autres qu'on fera bien de consulter également, et qui sont arrivés directement à cette bibliothèque. J'ajouterai à ce que j'ai dit en note p. 47, qu'aux ff. 106 sqq. du *Vat.* 2836, l'un des cahiers contient des pièces de Politien, Sannazar, Bembo, Beroaldo le jeune, Baldassare Castiglione, Trissino, etc. ; au f. 316 est une lettre datée de Bologne, le 4 oct. 1500 (*Ioannes Andreas Garisendus Vincentio Romano*).

4. Utilisé par Lancelotti. A consulter pour Sadolet (ff. 37, 129 v°), Bembo (ff. 70, 129 v°), Lorenzo Crasso, etc. J'ai donné les pièces relatives à Lascaris dans l'*Invent. des mss. grecs de Jean Lascaris*, Rome, 1886, p. 21.

5. 329 ff. pap. En tête est la signature *Colotius* : au-dessous Orsini avait écrit : « Raccolta di varie cose fatte dal Colotio in diversi fogli messi insieme dal card[lo] Sta Croce, che fù poi Papa Marcello » (cf. M. L. 292) ; puis il l'a barré et remplacé par « Poesie del Colotio ». Utilisé en partie par Lancelotti. F. 122, *Pro R[mo] card. P. Bembo ad Paulum III P. M. ab Hieronimo*

de Colocci, des pièces « in hortulos Colotianos » et « ad fontem A. Colotii »; il y en a aussi quelques-unes relatives au célèbre Jean Goritz, qui partageait avec Colocci l'honneur de servir de Mécène et d'Amphitryon aux poètes romains [1]. Deux autres énormes collections d'épigrammes ont été exécutées sous les yeux de Colocci et méthodiquement classées sous divers titres par ordre alphabétique; on les trouve dans le 3352 < M. L. 78 > [2] et le 3353 < M. L 37 > [3]; les vers antiques et modernes sont mêlés; au chapitre des épitaphes, Colocci en insère plusieurs, lues, dit-il, sur des tombeaux antiques. Parmi les poètes modernes, les noms qui reparaissent le plus souvent sont ceux de Politien, Pietro Bembo, Elisio Calenzio, Filippo Strozzi, Pietro Gravina, Tebaldeo, Marulle, etc. Le nom de *Ianus* représente Jean Lascaris, et un certain *Manilius Cabacius Rallus*, appelé aussi *Rallus Spartanus* ou *Manilius* tout court, n'est autre que notre Rhallès Cabacès [4]. Un recueil d'un autre genre, le 3450 < M. L. 291 >, est curieux pour la connaissance de l'*esprit* dans la ville de Pasquino, au début du XVIe siècle; il est formé en grande partie de petites bandes de papier, larges d'un ou deux doigts, contenant une repartie ou une anecdote plaisante, et collées par un bout sur la page. C'est Colocci qui nous a conservé ces documents [5]. Ils me paraissent avoir été acquis par Orsini seulement en 1574 [6].

Tastio, vers latins de 1547, signés par l'auteur et envoyés à Colocci; f. 194, *Pro Lascari*; f. 200, épitaphe de J. Lascaris par Molza, etc.

1. Sur le recueil des *Coryciana*, paru en 1524, on lira un article de M. Ludwig Geiger dans la *Vierteljahrsschrift für Kultur und Literatur der Renaissance*, 1re année (1885-86), pp. 145-161 : *Der älteste römische Musenalmanach*. J'ajouterai que le *Vat.* 9719 contient une copie manuscrite, avec une table des faits mentionnés, qui peut avoir quelque intérêt.

2. 320 ff. pap. (Pie IX). Titres : *Aenigmata, Amatoria, contra Amorem*, etc. Les épitaphes métriques commencent au f. 153. Le tout est de la main d'un scribe soigneux et élégant.

3. 382 ff. pap. (Pie IX). Continue en quelque sorte le précédent et en reproduit quelques parties, mais avec moins d'ordre et de classement, et moins de soin dans la copie. Au f. 143, commence une série de fragments antiques de géographie, astronomie, mécanique, topographie romaine, etc., recueillis par Colocci et chargés de notes de sa main; deux extraits sont signalés par M. Forcella, *l. c.*, p. 22; au f. 315 est le *De mundo* d'Apulée d'après l'Aldine; toutes ces copies sont du XVIe siècle.

4. V. plus haut, pp. 147 et 214. Sur les autres noms et ceux qu'on trouve plus loin, le lecteur sait qu'il doit consulter Tiraboschi, livre III, chap. IV (*Poesia latina*), éd. de Milan, t. VI, pp. 1971 sqq.

5. De ce volume, relié sous Pie VI, a été tiré le spécimen de l'écriture de Colocci, qui est le n° VII de nos planches.

6. Orsini à Pinelli : « Ho buscato de quà un epigrammatario de versi

Quelques pièces intéressantes, venues du même bibliophile, sont enfouies dans le volume de mélanges déjà si souvent cité, 3441 < n° 11, M. L. 273 > ; ce sont trois églogues de ce Pietro Corsi que sa polémique avec Érasme a sauvé de l'oubli. Elles ont été récitées à Rome devant Jules II[1] ; les notes éparses çà et là indiquent que la première, qui est en brouillon et accompagnée de musique, a été récitée le jour de l'Assomption de l'an 1509, à Sainte-Marie-Majeure, par six jeunes neveux du pape et leur sœur, enfants de Bartolommeo della Rovere ; la seconde a été récitée à la Toussaint de 1509, et la troisième en 1510, le jour de la Saint-Pierre. La souscription de la première, porte : *Petrus Cursius Carpinetanus canonicus Tarracinensis opinione Peripateticus*. La copie des deux dernières a appartenu à Giambattista Casali, autre poète du temps, fort lié avec Colocci[2].

Nous avons dans deux manuscrits le témoignage des services que rendait Colocci à ses amis en publiant leurs œuvres posthumes. Le 3367 < M. L. 224 > contient deux poèmes d'Elisio Calenzio, envoyés par son fils à Colocci pour qu'il les corrigeât et les fît paraître. La requête originale et le testament de Calenzio sont joints au volume, qui devait être beaucoup plus complet si l'on en juge par la table ; il y avait notamment les trois livres d'élégies dédiées à Colocci lui-même. Les vers de Calenzio sont refaits en beaucoup d'endroits avec une liberté très grande, qui ne laisse pas que d'étonner un peu, car nous mettrions aujourd'hui plus de réserve à modifier la pensée d'un mort[3]. Colocci en usa de même avec les poésies d'Antonio

latini et poeti moderni, la maggior parte non mai stampati, fù ordinato da Angelo Colotio, et ovvi qualche cosa di buono. Item un Clemente Alexandrino, dove i libri del Paedagogo sono tutti scholiati, ma a me pare che le scholie non siano d'huomo molto dotto, sebbene le sono utile per molti luoghi difficili. » (Lettre du 24 juillet 1574 ; *Ambros. D. 422*).

1. ff. 167-177 du ms. pour la 1re églogue ; ff. 193-204 pour les deux autres. En tête de chacune de celles-ci est la signature *Casalij* ; les initiales *Io. B. C.* du f. 203 se rapportent au même personnage (*Ioannes Baptista Casalius*) ; je tire la date de la 3e pièce d'une note du f. 167.

2. Dans le 3436 < n° 4, M. L. 276 > est un petit cahier (ff. 56-59) contenant le récit en prose d'une aventure contemporaine dans laquelle Corsi joue le principal rôle ; le récit a la forme d'une épître adressée à Colocci par la nymphe de l'*Acqua Vergine*.

3. 40 ff. pap., rel. ant. En tête, une table de la main de Colocci, et l'épître de *L. Elysius Calentius*. F. 2, *Helysii Calentii (Amphratensis) de bello ranarum croacus libellus incipit* ; f. 25, *Hectoris horrenda apparitio*. Il n'y a que ces deux poèmes ; l'édition parue à Rome en 1503, par les soins de Colocci, en offre bien davantage.

Tebaldeo ; ses corrections figurent au même titre que celles de l'auteur sur un exemplaire autographe, le 3389 < M. L. 61 >[1]. Bembo prit aussi part à la revision ; Colocci et lui firent faire une double copie de leur rédaction pour la livrer aux presses ; mais le frère de Tebaldeo, qui devait la faire imprimer à Venise, n'agit point, paraît il, suivant les désirs des deux éditeurs[2].

Il faut rattacher à cette série d'autographes de poètes latins, le recueil complet des œuvres de Fausto Maddaleni (*Evangelista Magdalenus Capiferreus Faustus*), aujourd'hui 3419 < M. L. 193 >. C'est le manuscrit où le poète relevait ses vers, si curieux pour les choses romaines ; ils sont classés sous plusieurs titres et en cahiers séparés par des feuillets blancs ; il y a quelques notes de l'auteur dans les marges ou les interlignes[3]. Le poème en hexamètres de Francesco Giustolo sur les vers-à-soie, avec une double dédicace à Felicia della Rovere, forme le 3420 < M. L. 192 > ; c'est le volume original sur fin parchemin, recouvert de soie rouge, et portant les armes de la donataire, qui sont celles de Jules II[4].

Angelo Colocci a possédé l'Aldine des *Métamorphoses* d'Ovide, corrigé pour Isabelle d'Este[5], le *Varron* édité par Pomponius Laetus, avec des notes prises à son cours[6], et beaucoup de

1. 100 ff. pap. (Paul IV, Pie IX). F. 3, *Antonii Thebaldei liber ad Timotheum Bendedeum philomusum amicum optimum*. Sur le premier et le dernier f. sont des pièces isolées, mais autographes comme le reste : à Guido duc d'Urbin, à François de Gonzague, à Isabelle d'Este (en italien), etc. Lancelotti, p. 72 des *Poesie di mgr A. Colocci*, publiant une pièce latine de Tebaldeo à Colocci, indique les vers inédits de lui qui existent dans nos mss. 3352 et 3353.
2. Renseignements tirés du Vat. 4104, f. 59 (lettre de Colocci à messer Endimio). Dans le même ms., f. 85, est une lettre signée *Girolamo de Thebaldi*, écrite à Colocci de Venise, le 4 avril 1547, et lui donnant des renseignements sur la famille d'Antonio pour la vie qu'il projetait d'écrire. Cf. l'index. — On trouve dans l'*Ariosto* de M. Carducci (1875, App. IV), dans le *Secentismo* de M. D'Ancona (pp. 191-202) et dans le *Decennio* de M. Cian (pp. 234-235) d'intéressants détails sur les œuvres de Tebaldeo.
3. 166 ff. parch., rel. ant. F. 1, *Ill. Ioanni Thomae Mirandulae Io. Francisci f. E. M. C. F. Thermas suas dedicavit*. Dédicaces à Lorenzo Crasso, Camillo Porzio, Agostino Chigi, *ad Imperium Augustam* (sic. C'est la célèbre courtisane Impéria), etc.; f. 41, *Tumuli*, débutant par une pièce à Sadolet sur l'immortalité de l'âme ; f. 71, recueil sans titre débutant par une pièce à T. Inghirami : « *Phaedre ubi sum...* » ; f. 101, *Theatrum*; f. 139, *Julius II*.
4. 18 ff. parch., rel. ant., lettres ornées. *Ad divam Foelisiam de Ruere Petri Francisci Iustuli de setivomis animalibus opusculum*. Ce volume ni le précédent ne paraissent venir de Colocci.
5. Cf. plus haut, p. 244, note 2.
6. Cf. p. 204, note 2.

volumes de Cartéromachos ; l'annotation des deux savants se retrouve sur plusieurs des imprimés, par exemple l'Aldine des *Héroïdes*[1]. L'Horace d'Alde, qui est scholié par Colocci et par un autre érudit, ne paraît pas avoir appartenu à Cartéromachos. Le Lucrèce imprimé à Vérone en 1486, aujourd'hui coté *Inc.* 405 < I. L. 20 >, est annoté en une vingtaine de passages par Colocci ; ce sont quelques corrections et surtout des rapprochements[2]. Signalons la revision du Sidoine Apollinaire de Milan (1498), aujourd'hui *Inc.* 988 < I. L. 34 >[3], et plusieurs éditions des Elégiaques romains, où l'on trouve la main de Colocci. Il y a d'abord deux exemplaires incunables, déjà possédés par Pontano[4] ; puis le texte de 1472 avec les *Silves* de Stace, portant des corrections et des notes nombreuses, surtout pour Catulle, aujourd'hui *Inc.* 73 < I. L. 15 >[5] ; enfin, l'Aldine de 1502, aujourd'hui *A.* 16 *in-8°* < I. L. 12 >, soigneusement revisée d'après des manuscrits par Colocci et par Zanchi[6].

Basilio Zanchi connaissait Colocci, et l'on a vu que l'un des précédents recueils de vers lui est dû en partie[7]. Plusieurs index alphabétiques de mots latins sont également de sa main

---

1. Les imprimés latins, dont on peut constater la possession par Colocci, sont les numéros suivants de l'Inventaire : 2, 10, 11, 12, 14, 15, 20, 30, 32, 34, 36-38, 52, 53, 58, 76-81, 87, 89, 90, 102. Les numéros 30, 32, 53, 58, et peut-être d'autres, avaient déjà appartenu à Cartéromachos.

2. On trouve la date 1524 et cette inscription : *Liber A. Cololii Bassi cuius sunt 22 annotationes in hoc libello.*

3. La reliure est moderne, et laisse voir que le volume était la seconde partie d'un recueil factice décrit par l'Inventaire ; la première est la collection imprimée à Bologne en 1497, in-fol. comme le Sidoine. Les notes de Colocci sont indiquées seulement pour cet auteur, dont la même édition a été annotée par Cartéromachos < I. L. 66 >.

4. V. pp. 226 et 232.

5. Même édition que plus haut, p. 247, note 2. Lettres ornées, frontispice rehaussé d'or, avec un écusson noirci et difficile à identifier. Les cinq derniers ff. de Stace sont hors de la reliure et paraissent joints après coup à l'édition d'abord incomplète.

6. Cf. Fréd. Plessis, *Etudes critiques sur Properce*, Paris, 1884, p. 50. — Le premier titre *Valerii Catulli Veronensis ad Cornelium Nepotem libellum* a été remplacé par *Valer. Catulli cla. poetae ad Corne. Gallum.* La même édition Aldine, corrigée d'après un ms. indiqué *v. c.*, est revêtue d'une élégante reliure repliée en portefeuille ; demander *A. 15 in-8°* < I. L. 51 >.

7. Dans les *Basilii Zanchi poematum libri VII* (à la fin : *Romae apud Antonium Bladum impressorem cameralem*, anno *M. D. LVII mense iunio*), il y a des dédicaces à G. Delfini, à L. Gambara, à Michel-Ange, aux cardinaux R. de Carpi, B. Maffei, etc. De même, dans les édit. de 1550 et de 1555. Mais je n'en ai trouvé ni à Colocci, ni à Fulvio Orsini; cf. plus haut, p. 6.

et dressés avec un ordre parfait [1]. L'un d'eux, le 3449 < M. L. 290 >, a même été imprimé du vivant de l'auteur ; il est suivi de la liste des ouvrages où Zanchi a puisé ses mots, avec l'indication de l'édition et la clef des abréviations dont il se sert [2]. A la bibliothèque de Zanchi avait encore appartenu un manuscrit auquel Orsini attachait du prix et qui était, selon lui, l'autographe de la traduction du *De animalibus* d'Aristote, par Georges de Trébizonde ; il l'acquit seulement en 1582, et ne l'a point fait figurer parmi les livres destinés au Vatican [3].

Le Catulle, Tibulle et Properce de Gryphe (Lyon, 1537), coté *VIII. B. 3, 10* < I. L. 54 >, a une jolie reliure en maroquin vert, avec une double inscription sur le plat antérieur, *Cat. Tib. Proper.* et *M. Sylvii*, qui nous rappelle un prélat distingué, du même âge que Zanchi, le cardinal Michele Silvio. L'annotation est purement littéraire dans les trois Élégiaques, et le goût marqué par les passages soulignés ne se manifeste qu'aux bons endroits. Pour les fragments attribués à Cornelius Gallus, les notes prennent aussi le caractère critique et offrent de très nombreuses leçons d'un manuscrit de Raguse. A la page 317, on lit : « Codex vetustus Racusinus manuscriptus blattis et vetustate undique corrosus, cui et principium et titulus operis deerant (nam discisso volumine multa exciderant folia), has reliquas duntaxat quinque elegias continebat, multo tamen emendatiores (ut arbitror) impressis. Ac sic in calce habebat : Cornelii Galli poetae libri quarti finis. » Cette note est précédée des lettres *M. S.*, qui s'expliquent par *Manuscriptus* ou mieux *M. Sylvius*. Silvio avait possédé aussi le fragment de Festus, qu'il légua à Ranuccio Farnèse [4].

1. Ce sont : 1° le 3443 < M. L. 142 >, où une note d'Orsini indique le contenu suivant : *Voci di Lucretio di mano di Basilio Zanco. Epigrammi di don Basilio et alia. Ful. Urs.*; 2° le 3444 < M. L. 143 > intitulé par l'auteur : *Ex Catullo, Lusibus in Priapum, etc., Gratio et Ovidio de piscibus, Germanico Caesare, Columella de cultu hortorum.* De la main d'Orsini : « Raccolte da Don Basilio. Originale. »
2. 305 ff. pap. (Paul V, Pie IX). L'ancien titre est : *Basilii Zanchi, Bergom. canon. ord. Lateran. verborum lat. ex variis auctor. epitome.* Publié à Rome en 1542 chez A. Bladus, et à Bâle, en 1543, chez Mathias Apiarius. Zanchi était chanoine *régulier* de Lateran ; il n'était point un collègue d'Orsini.
3. V. sur ce volume la lettre XXI de l'Appendice II. On le retrouve porté à l'Appendice I sous le n° 63.
4. V. plus haut, p. 213, n. 2, et le témoignage de Rocca, *Bibl. Apost. Vat.* p. 398; cf. Blume, *Iter Ital.*, t. IV, p. 14. Silvio, portugais († 1556), avait été fait cardinal par Paul III. Ughelli dit avoir vu des mss. de lui chez

Notre bibliophile avait reçu de ses amis, par don ou par héritage, un certain nombre de volumes annotés et d'opuscules savants, qu'il gardait en mémoire d'eux et qu'il utilisait dans ses propres ouvrages, sans oublier de les citer. Tout le petit groupe romain de son temps est représenté dans son Inventaire [1]. Des principaux érudits dont nous avons parlé si souvent dans notre premier chapitre, Muret et Latini sont les seuls que nous ne retrouvions pas ici [2]. De Gabriele Faerno venait à Orsini une édition incunable de César, soigneusement collationnée [3]. Il tenait d'Ottavio Bagatto (Pacato, *Pantagathus*), les quatre volumes du Pline de Venise (1536), avec ses corrections [4], et des

Marzio Milesio de Sarzana. (A. Chacon, *Vit. pontif.* ed. *nova*, t. III, col. 676.)

[1]. V. l'index pour tous les noms. Chacun d'eux appelle une monographie à laquelle je serais heureux d'avoir contribué.

[2]. On sait qu'il faut chercher les livres de Muret à la Bibliothèque Vittorio-Emanuele (cf. Nolhac, *La bibliothèque d'un humaniste ; les livres annotés par Muret*) ; Muret les avait légués au Collège Romain. Quant à Latini, il laissa ses livres, imprimés et manuscrits, annotés pour la plupart, à la Bibliothèque du Chapitre de sa ville natale. J'ai eu occasion d'en examiner moi-même quelques-uns, en passant à Viterbe ; mais ils sont presque tous d'intérêt théologique. V., au reste, la collection de Dom. Magri, *Lat. Latinii Viterbiensis Bibliotheca sacra et profana, sive observ., corr.,... e marginalibus notis codicum eiusdem*, Rome, 1677, in-fol. Il y a des leçons marquées *F. V.* qui appartiennent à Fulvio Orsini.

[3]. Cf. lettre d'Orsini à Vettori (1571), British Museum, *Add. ms. 10270*, f. 25. C'est dans l'Inventaire I. L. 8 (à chercher au Vatican). — Dans les papiers d'Orsini, *Vat. 4104*, f. 304, je trouve un billet de Faerno qui lui est adressé (Rome, 1er avril 1560), et par lequel il envoie à Estaço un fragment d'auteur ancien de la part d'Agustin (monsr d'Allife). Au f. 184 du même vol. est la copie d'une lettre de Faerno à Vettori de 1553 ; on retrouverait sans doute l'original au British Museum, *Add. ms. 10266*. Cf. *Ambros. E. 32 inf.*, ff. 145 sqq. où sont d'autres lettres de Faerno.

[4]. Coté à la Vaticane *A. 86 in-8* < I. L. 33 >. Les corrections sont en petit nombre. Chaque volume porte la signature *F. Octavij Pan.* — Tout ce qui venait de Bagatto fut recueilli pieusement par ses amis. Ce savant modeste était remarquablement instruit : « Varro nostri temporis », dit Paul Manuce, « homo divini ingenii », dit Fulvio (*Not. in Cicer.*, pp. 220 et 247). J'ai restitué à Bagatto le traité monétaire contenu dans le *Vat. 5214*, qui passait pour un autographe de Manuce, et qui est un autographe du moine servite (*Lettres inéd. de P. Manuce*, Rome, 1883, p. 7, note 1). — La biographie de Bagatto, *O. Pantagathi vita auct. Io. Baptista Rufo, Romæ, typis Varesii, 1657* (reproduite dans les *Vitae selectae* de Gryphius, éd. cit., pp. 537-554), est à refaire : le sujet est digne d'exciter l'intérêt d'un érudit. — Certaines lettres de Bagatto à Orsini ont été citées plus haut. Voici la liste complète de celles qu'on trouvera dans la correspondance de notre savant : *Vat. 4104*, f. 271, 2 juin 1562, sur un passage d'Hérodote (adressée à Capranica) ; *4105*, f. 342, s. d. (id.) ; f. 66, 22 août 1562 (id.) ; *4104*, f. 282, 9 mai 1565 (adr. à Bologne) ; *4105*, f. 73, 26 mai 1565 (id.) ; f. 68, 21 août 1565 (id.) ; f. 80, 8 sept. 1565 (id.) ; *4104*, f. 278, 19 juillet

variae lectiones manuscrites, jointes à d'autres d'Antonio Agustin, sur Cicéron, Varron, Pline l'Ancien, César, etc.[1]. Un exemplaire du recueil de numismatique d'Enea Vico, *Le imagini e le vite degli imperatori* (Parme, 1548), était annoté par l'évêque de Tarragone[2]. Quant au souvenir de Pedro Chacon, l'un des amis les plus intimes d'Orsini, il est présent dans l'Inventaire, grâce à deux traités autographes en espagnol sur les mesures et sur les poids[3], et à un grand lexique grec-latin également autographe[4].

1566, sur un passage de Térence (adr. à Caprarola); *4105*, f. 63, 6 août 1567 (id.). Toutes sont écrites de Rome pendant les absences d'été d'Orsini. — Consulter encore, à l'Ambrosienne, *E. 30 inf.*, ff. 57 sqq., et *E. 32*, f. 69, où sont des lettres de Bagatto à Manuzio de' Manuzi et à Paul Manuce. Il y a des lettres à Vettori au British Museum, *Add. ms. 10270*; mais elles sont distinguées à tort en deux séries sous le double nom : *fra Ottavio Panitagato*] et *fra Ottavio Pacato*.

1. Vat. 3391 < M. L. 101 > : 130 ff. pap. (Pie IX). Le titre ne mentionne qu'un seul auteur : *Fratris Ottavii Pantaguthi correctiones in varios auctores*. M. de Rossi (préface aux *Inscr. christ. urbis Romae*, t. I, p. xvii) dit que le ms. renferme des autographes de Bagatto, Agustin et Jean Metellus. Il y a vers la fin, à partir du f. 91, plusieurs billets d'érudition d'Agustin, sans date, adressés à Bagatto. Voici les principales séries de notes philologiques, comprenant des conjectures et des leçons de mss. : ff. 2 sqq. et 46 sqq., plaidoyers de Cicéron; ff. 21 sqq., *Philippiques*; ff. 34 sqq., *Tusculanes*; ff 58 sqq., les *Regiones Urbis Romae*; ff. 80 sqq., Varron; ff. 112 sqq., Pline l'anc.; ff. 115 sqq., lettres de Cicéron (*Fam.* et *ad. Att.*); ff. 120 sqq., plaidoyers et disc. politiques de Cicéron; f. 128, corrections au César de Vascosan (1543).

2. I. L. 115. A chercher au Vatican.

3. ff. 32-61 du ms. 3441 < n° 3, M. L. 267 >. F. 32, *De mensuris*. Las medidas de Salamanca...; f. 48, *De ponderibus*. Porque en España en diferentes lugares... (tableaux réduisant en poids espagnols les poids romains, grecs et hébreux). Un texte latin a été imprimé à Rome, après la mort de Chacon, apparemment par les soins d'Orsini. — V. plus haut, pp. 51 sqq. Chacon était très apprécié dans la société romaine. Voici un beau témoignage sur lui, que je tire d'une lettre d'Orsini à Pinelli : « Il sr Latino et Statio stanno benissimo et di continuo mi dimandano di V. S. et crepano di desiderio di lei. Qua havemo un Spagniolo dottissimo nominato messer Pietro Ciaccone et V. S. mi crede che non cede niente alla politezza di quelle lettere di monsigr Ant° Agostino, hora fatto arcivescovo di Tarracona. Se V. S. viene a Roma credo che stimerà piu la pratica nelli studi di quello Spagniolo che non farà di tutta Padova insieme; et è poi d'una complessione et un genio tutto conforme al vostro, huomo simplicissimo et senza apparenza. Havemo ancora qua prestissimo messer Aria Montano, il quale se ne ritorna per vivere a Roma... » (*Ambros. D. 423*). Cf. lettre du 29 oct. 1581, sur la mort de Chacon : « Il Chiaccone fù sepelito hieri, havendo lasciato gran desiderio di se, et veramente che non si trovarà per un pezzo un' huomo tale. » Les oraisons funèbres que fait Orsini de ses amis sont rarement aussi bienveillantes.

4. C'était le M. G. 155 de l'Inventaire; Rainaldi indique qu'il n'est pas entré au Vatican. C'est le n° 106 de l'Append. I.

Orsini avait été chargé, en 1568, par Panvinio mourant, de revoir tous ses manuscrits et de publier ceux qui seraient jugés dignes de voir le jour. Rappelons en passant qu'il partageait cette charge avec Latini, Mercuriale et l'évêque de Segni, Giambattista Panfili [1]. Il avait gardé pour lui un volume sur les jeux du cirque et les théâtres antiques, écrit par l'illustre véronais ; c'est un travail considérable, où tous les textes anciens sont mis en œuvre ; Orsini possédait la minute originale et avait mis aux marges quelques additions ; à la suite figuraient des notices sur les *gentes*, dans le 3393 < M. L. 82 > [2]. Les six livres des *Fastes* de Panvinio, comprenant la chronologie romaine depuis Romulus jusqu'à Charles-Quint, sont en double rédaction dans le 3451 < M. L. 200, 263, 266 > [3]. C'est le texte qui a servi pour l'impression de Venise en 1558 [4]. Les deux rédactions sont autographes et portent l'une et l'autre à l'encre rouge la partie des *Fastes* antiques du Capitole ; la seconde a la souscription : *Onuphrius Panvinius Veronensis frater eremita divi Augustini fecit et scripsit. Romae MDLII*. On a relié à la suite un petit cahier autographe de Panvinio, donnant la description de ses manuscrits [5], puis la liste alphabétique et par format de ses livres imprimés. Orsini, très amateur, comme son ami Pinelli,

---

1. Cf. [Maffei], *Verona illustrata*, II, Vérone, 1732, in-fol., p. 183 : Panfili aurait abusé de ses droits en publiant un ouvrage de Panvinio sous son nom. — En 1578, Orsini répondait à Metellus qu'il n'avait plus aucun des papiers de Panvinio et qu'ils étaient tous chez le cardinal Jacopo Savelli ; v. plus haut, p. 62, n. 3, et *Lat. Latinii Viterb. epist*..., t. II, Viterbe, 1667, p. 177. V. aussi Mai, *Spicil. rom.*, t. IX, Rome, 1843, pp. xv sqq., pp. 469 sqq.

2. 520 ff. pap. (Pie IX). Note d'Orsini : *Onuphrii Panvinii autographum*. F. 1, *De ludis* ; f. 397, minute d'une lettre de Panvinio à deux plagiaires ; f. 401, *De gentibus*.

3. 61 ff. pap. pour la première partie ; la deuxième et la troisième sans pagination ; mon identification de M. L. 263 repose sur le chiffre qu'on trouve sur les gardes du volume.

4. Un exemplaire de cette édition, corrigé par l'auteur en deux ou trois endroits (Rainaldi), se trouvait chez Orsini < I. L. 92 >. Celui-ci écrivait à Pinelli, le 29 novembre 1573, qu'il n'avait pris que deux ou trois volumes parmi ceux de Panvinio. (*Ambros. D. 422 inf.*).

5. Les mss. sont au nombre d'environ 70 ; la description du contenu est fort détaillée : sous le n° *XL. fol.* intitulé *Varii indices*, on aurait le catalogue des bibliothèques des cardinaux Farnèse et Grimani, de Carlo Gualteruzzi, divers index des registres de la Bibliothèque Vaticane, du château Saint-Ange, des archives d'Avignon, etc. Pour le catalogue même de Panvinio, il est à la Vaticane, relié à la suite de celui d'Orsini dans le 7205 (en 96 ff.), et à l'Ambrosienne, dans *I. 129 inf.*, n° 7 (provenant de Pinelli, qui l'avait apparemment reçu d'Orsini).

des catalogues de bibliothèques privées, en un temps où ceux des bibliothèques publiques n'étaient pas encore publiés, avait dû attacher un grand prix à celui de Panvinio.

Un archéologue de moins noble renom que le moine augustin, le trop fameux Pirro Ligorio, avait entretenu avec Orsini des rapports assez suivis [1], et exécuté pour lui un grand nombre de dessins à la plume d'après l'antique. Ces œuvres, presque toutes assez soignées, représentent des bas-reliefs, statues, cippes, ustensiles, meubles, etc., et comprennent des restitutions et plans d'édifices, des croquis de monuments, des inscriptions et les fragments du plan de Rome au Capitole. Ils ont été réunis dans un recueil célèbre, où Borghesi a reconnu le premier la main de Ligorio, et qui a été plusieurs fois depuis utilisé par la science ; j'ai nommé le 3439 < M. L. 201 > [2]. Il y a quelques dessins d'autres artistes, notamment une élégante façade de palais, par Baldassare Peruzzi [3]. Dans un tout petit volume, aujourd'hui coté 3427 < M. L. 199 >, Ligorio s'était plu à écrire le texte des *Regiones* en imitant la capitale antique et la feuille de lierre ; mais cette supercherie du moins ne peut tromper personne, et il n'y a qu'un intérêt bibliographique à trouver la note d'Orsini qui pourrait mettre en garde : *Publius Victor di messer Pirro* [4].

Longtemps avant qu'Achille Estaço (*Statius*) léguât par testament aux Oratoriens ses livres, qui devinrent le noyau de la Bibliothèque Vallicellane, Fulvio Orsini avait eu de lui un certain nombre de ses manuscrits, et certainement les meilleurs. Claude Dupuy, parlant d'Estaço en 1572, écrivait à Del Bene : « Achilles Statius a eu autresfois quelques vieux livres latins fort bons, mais il se desfit des meilleurs à M. Fulvio, se réservant

---

1. Cf. l'index, et mes *Notes sur Pirro Ligorio* dans les *Mélanges Renier*, pp. 319-328, où sont publiées deux lettres de lui à Orsini.
2. 181 ff. pap. très grand format (Clément X). Voici la description du récolement de Rainaldi : « Un vol. di varie picture cavate dalle marmi antichi, in papiro, senza cop. sciolto in fog. g. » Sur le contenu du recueil, cf. de Rossi, préface aux *Inscr. christ.*, t. I, p. xvii, et les *Indices auctorum* du *Corpus*. L'excellent article de M. Rodolfo Lanciani, dans le *Bulletino della commiss. archeol. comunale di Roma*, année 1882, pp. 29 sqq., donne toute la bibliographie antérieure : Bunsen, Borghesi, Nibby, Canina, Henzen, Tredelemburg, Jordan.
3. Orsini possédait encore de Peruzzi le portrait de Léon X et de Clément VII ; v. le n° 93 de ses peintures et dessins dans la *Gazette des Beaux-Arts*, 1884, vol. I, p. 435, ou dans *Les coll. d'ant. de F. Orsini*, p. 41.
4. 28 ff. parch. (Paul V). Transcription des deux listes de P. Victor et Sextus Rufus.

seulement ceux de théologie, quam scilicet unam deperibat religiosus Catulli interpres[1]. »

Nous retrouvons les plus intéressants de ces volumes. Outre le Virgile en écriture lombarde, 3253 < M. L. 36 >[2], Orsini avait acheté d'Estaço un bel Horace du xie siècle, le 3258 < M. L. 38 >, rempli de scholies d'époques et de mains diverses, parmi lesquelles on peut reconnaître celle du savant portugais au moyen des autographes de la Vallicellane[3]. Le plus remarquable peut-être des manuscrits qui proviennent authentiquement d'Estaço est le Sidoine Apollinaire, 3421 < M. L. 12 >; il est du xe siècle ou même, suivant l'opinion de M. E. Chatelain, de la fin du ixe; en 1571, quand Dupuy en releva les variantes dans son voyage à Rome, le volume était encore entre les mains d'Estaço, après avoir appartenu à Latino Latini[4].

Nous savons avec certitude qu'un César, auquel Orsini attachait grand prix, venait, comme les précédents, de la collection d'Estaço; c'était probablement celui que notre Romain, par une série de ruses, avait tâché, à une certaine époque, de soustraire à son propriétaire, et, en même temps, celui qui lui avait servi pour son édition de 1570[5]. Deux textes de César de notre bibliothèque, le 3322 < M. L. 138 >[6] et le 3323 < M. L. 300 >[7], sont

---

1. V. le renvoi au ms. p. 84, note 3. — Pour le legs de la bibliothèque d'Estaço, il est peut-être intéressant de relever le témoignage d'Orsini lui-même dans une lettre à Pinelli : « Li libretti del Statio mandaranno ò l'uno ò tutti con la prima occasione; il quale Statio morse hieri, alli 17, et ha lasciato la sua libraria alli Patri riformati di S. Hieronymo che officiano alla Chiesa Nova della Vallicella, con ordine che si mettano in una stanza a servitio publico. » (23 septembre 1581; *Ambros.* D. 423.)

2. V. p. 240.

3. LXXXVI ff. parch., rel. ant.

4. CLXIII ff. parch., rel. ant. Décrit par M. E. Chatelain dans ses *Recherches sur un ms. célèbre de Sidoine Apollinaire* (*Mélanges Graux*, Paris, 1884, pp. 321-327). Je renvoie à cet excellent travail pour le détail des renseignements que je lui emprunte ici; ils sont tirés principalement de l'exemplaire imprimé de Sidoine (Bâle, 1542), conservé à la Bibliothèque de l'Arsenal et couvert de variantes par André Schott. C'est à M. Chatelain que revient le mérite d'avoir identifié le 3421 avec le ms. possédé par Estaço, et dont la trace était perdue. Le même savant suppose que ce beau ms. aurait pu aussi faire partie de la grande bibliothèque du cardinal de Carpi, qui légua en mourant (1564) une partie de ses livres à son bibliothécaire Latino Latini.

5. Voir pour le premier fait, p. 91, pour le second, p. 39.

6. 119 ff. parch. (Pie IX). Lettres ornées; un nom de propriétaire au dernier f. : *Sistus natione Tuscus patria Lucensis.*

7. 147 ff. parch. Lettres ornées; quelques sommaires; à la dernière

deux manuscrits italiens du xvᵉ siècle, fort soignés assurément, mais qui ne sauraient correspondre au manuscrit d'Estaço. Le seul César de la bibliothèque d'Orsini qui puisse satisfaire aux conditions demandées, est le 3324, dont nous avons déjà parlé à propos d'un bibliophile plus ancien [1]. La provenance d'un autre vénérable volume d'Estaço nous est révélée par la correspondance même d'Orsini ; dans une lettre de 1579, il promet au médecin de Padoue, Mercuriale, en récompense de son zèle à le servir dans ses affaires avec Torquato Bembo, « un bel libro di medicina d'autore antico latino, non stampato, et la scrittura di che io l'hò è di più di 700 anni, libro singolare et da me molto ben pagato a chi ne fù padrone, che fù il sʳ A. Statio Lusitano, che lo teneva come una gioia, et scrive col qual methodo di Corn. Celso [2]. » Mais, comme nous l'apprend en 1583 une lettre de Pinelli, Orsini remplit sa promesse avec tant de regret, que Mercuriale renonça généreusement au volume, pour ne pas priver le jaloux bibliophile [3]. Il faut donc chercher le manuscrit dans notre bibliothèque, et il n'y en a qu'un seul, le 3426 < M. L. 135 >, qui réponde au signalement d'Orsini [4]. Cette identification, de même que celle du César, ne paraît laisser aucun doute [5].

Le César venait apparemment d'une bibliothèque de France

page, transcription d'une inscr. funéraire en trois distiques (*Calfurnia Anthis fecit*). On y trouve les *Commentaires* complets. Les deux mss. ont été vus par M. Gitlbauer, *l. c.*, p. 114.

1. V. pp. 226 et 227, note 1. — Il serait facile d'en acquérir, par des vérifications de leçons, la certitude matérielle. On trouve, en effet, dans un recueil de remarques sur l'orthographe latine de la Bibliothèque Vallicellane (ms. autogr. d'Estaço), des formes latines suivies de notes dans le genre de celle-ci : « Sic in v[etere] l[ibro] C. Caesaris de bello civili, qui liber meus fuit, nunc habet Fulvius Ursinus. » (Cf. Chatelain, *l. c.*, p. 324.)
2. *Ambros. D. 423* ; lettre du 31 janvier 1579.
3. Lettre XXIII de l'Appendice II.
4. 128 ff. parch. (Pie IX). Deux mss. distincts : *a*) Inc. (sans titre) : « Medicina partitur secundum minorem partitionem... » De plusieurs mains du xiiᵉ siècle. Des mains postérieures ont mis à la première page : *Liber Oribasii* et : *Incipit liber Galieni super aphorismis.* *b*) f. 95, de plusieurs mains du xiiiᵉ-xivᵉ siècle : *Incipit liber moralium de regimine duorum qui alio nomine dicitur Secretum secretorum editus ab Aristotele ad Alexandrum* ; f. 118, *Incipit compendium qualiter scire possumus in quo singulo et gradu quaelibet planeta moreretur...* (avec tableaux astronomiques).
5. M. Louis Havet cite un ms. de Nonius du xvᵉ siècle, à la Bibl. Nationale de Paris, *Lat. 16665*, portant à la fin : *Acchillis Statii Lusitani* (*Notice sur les principaux mss. de Nonius*, à la suite des collations de M. Meylan, Paris, 1886, p. 172). Tous ces faits établissent bien que la Vallicellane n'a qu'une portion des manuscrits d'Estaço, et non la plus précieuse.

et d'une abbaye du diocèse de Bourges. Une abbaye plus illustre avait possédé un autre manuscrit d'Orsini, puisque nous avons montré que le fragment donné par Dupuy avait fait partie d'un Virgile de Saint-Denis [1]. Cependant nous chercherions vainement chez Orsini des séries de volumes provenant des collections françaises. Le nom de Jean Grolier, cher comme celui d'un ancêtre à tous les amis des livres, est prononcé une seule fois dans sa correspondance [2]; et je ne vois guère qu'un seul érudit français dont la bibliothèque ait fourni quelque chose à celle de notre Romain : c'est Pierre Danès, que son long séjour en Italie avait lié avec un grand nombre de savants de la Péninsule [3]. On doit, en effet, rapporter à Danès la mention suivante, à la fin des Ἰατρικαὶ ἀπορίαι, imprimées à Paris en 1541 : *Prodiit hic libellus ex Vaurensis episcopi bibliotheca*. Il est peu vraisemblable qu'il s'agisse de Georges de Selve, le prédécesseur de Danès à l'évêché de Lavaur, fort italianisé comme lui et mort en 1542. Ce volume est réuni à un petit manuscrit grec contenant du Blemmydas et du Pléthon; rien ne prouve absolument que la partie manuscrite vienne du même propriétaire que l'imprimé. Le tout forme le 1398 < M. G. 156 > [4]. Si nous remontons au xv° siècle, nous rencontrons dans le fonds latin un souvenir français plus intéressant. Le 3239 < M. L. 42 > comprend deux manuscrits distincts d'œuvres de Cicéron [5]; le second

---

1. V. sur le ms., qui est le 3256 < M. L. 3 >, les pp. 85-87.
2. Il est vrai que c'est pour un fait intéressant. Orsini écrit à Pinelli, le 30 avril 1575 : « Questa tabella numeraria che io scrissi haver havuto dallo Stampa, et egli dal Calestano, venuta di Francia dallo studio del Gloriere [sic], è un bellissimo modo antico di summare fino alli dieci milioni. » Ce Calestano, de Venise, est l'un des correspondants latins de Paul Manuce. Quant à la table-à-compter, qui se trouvait en 1575 chez Orsini, nous voyons, par une lettre du 20 mai, qu'il en envoya un dessin à Pinelli (*Ambros. D. 422*).
3. Sur les relations romaines de Danès, v. notre M. L. 281 indiqué p. 253.
4. 40 ff. pap., rel. moderne. Ecriture du xvi° siècle.
5. 86 ff. parch. (Pie IX). a) f. 1, *De officiis*; f. 34, *De senect.*; f. 42 v°, *Paradoxa*. xiv° siècle. Scholies et gloses contemporaines. Le f. 47, qui a été un f. de garde, contient des comptes, des notes diverses, et le nom plusieurs fois répété de *Iohannes de Zappella*, avec des dates (1434, 1436...). b) f. 48, *De amicitia*; f. 80, *Somnium Scipionis*. Notes et sommaires. Aux ff. de garde de ce second ms., outre la note plus ancienne rapportée ci-dessous, on trouve diverses mentions sur Montolmio (in contrada porte Molvj), avec ces deux vers :

    Sum vere mons ulmus,
    Fidei ecclesiae culmus,

et une date du pontificat de Paul IV.

s'est trouvé entre les mains d'un prince, qui est certainement Jean d'Anjou, duc de Calabre et de Lorraine, mort à Barcelone en 1470. Sur un feuillet de garde, un de ses fidèles, probablement un secrétaire, a écrit une petite note d'un caractère personnel assez curieux : on y apprend que le prince angevin, qui perdit le royaume de Naples, était un lecteur de Cicéron [1].

Le don des livres que Fulvio Orsini reçut des Farnèse n'est pas indiqué sur les volumes [2]. Un seul membre de cette famille, avec qui Orsini était lié particulièrement et à qui il avait offert des manuscrits, figure dans sa bibliothèque : c'est Fabio Farnèse, qui avait fait la guerre en Flandre et mourut au siège de Maestricht en 1579 [3]. L'un des volumes de Fabio, quoique de provenance italienne, porte précisément une signature flamande du XVIe siècle : *Guillelmus von Pottelsberghe* ; c'est le 3271 < M. L. 72 >, qui contient Tibulle, suivi de l'*Eroticon* du poète ferrarais Tito-Vespasiano Strozzi [4]. En tête est l'ex-libris : Φαβίου τοῦ Φαρνεσίου κτῆμα. La même mention figure sur deux manuscrits des discours de Cicéron, le 3230 < M. L. 98 > [5], et le 3400 < M. L. 129 > [6], où on lit en outre : Φουλβίου τοῦ Οὐρσίνου

---

1. Voici la partie intéressante de ce texte, reproduite avec son orthographe : « Ego hunc librum duci Iohanni commodavi quem mihi restituere dignatus est, et alium similem et forte meliorem donavi, cuius anima ut arbitror semper in paradiso quiescat, qui fuit homo missus a Deo cui nomen erat Iohannes... ornamentum totius Galliae, cuius adventu sua presencia omnes Ytaliam atque Hesperiam illustravit, nec non civitatem Barsilone ubi diem suam clausit extremam. Heu mihi quantum presidium Auxonia et quantum tu Gallia perdidisti. »
2. Peut-être les manuscrits de cette provenance ont-ils été exclus par Orsini du legs à la Vaticane, et faudrait-il les chercher dans ceux qui sont allés à Odoardo Farnèse et sont consignés à l'inventaire de l'Appendice I.
3. D'après Litta, *Le famiglie celebri Italiane*. Cf. toutefois la note du catalogue de la Bibliothèque publique de Dresde par M. Schnorr de Carolsfeld, t. I, p. 318, pour un élégant ms. italien du XVe siècle, portant les armes des Farnèse et l'ex-libris : *Fabii Farnesii Bertholdi filii*. — Sur les rapports d'Orsini avec ce bibliophile oublié, v. plus haut, p. 82, et les œuvres d'Agustin, t. VII, p. 249.
4. 106 ff. parch. F. 1, Tibulle; f. 41, Strozzi. Sur le dernier des ff. blancs, quelques distiques latins de la main du flamand, qui a aussi transcrit les dernières pages, avec la devise *Patientia fortunae victrix*. L'ex-libris de Fabio est sur un grattage. XVe-XVIe siècle.
5. 350 ff. parch. (Pie IX). Ornements et lettres initiales d'or. Gros ms. soigné du XVe siècle.
6. 81 ff. parch. (Pie IX). F. 1, *De petitione consulatus*; f. 11 v°, *Epistola Eschinis*; f. 13, *Epistola Philippi regis*; f. 17, *M. Tullii de fato fragmentum* (Quia pertinet...); f. 32, *Eiusdem in Timeo Platonis fragmentum* (Multa sunt a nobis et in academicis conscripta...); f. 41, *Eiusdem praefatio in*

βίβλος ἦν ποτὲ τανῦν δὲ Φαβίου τοῦ Φαρνεσίου. Ces volumes, qui avaient donc appartenu d'abord à Orsini, lui revinrent, par legs ou autrement, à la mort de Fabio. Le premier porte même le blason d'Orsini au bas du frontispice et, sur la couronne de laurier qui l'entoure, le nom en lettres d'or très légères : fvlvivs vrsinvs. C'est le seul manuscrit de ce genre que j'ai trouvé dans sa bibliothèque.

Orsini a fait exécuter pour son compte un certain nombre de copies. Telle est celle du 3370 < M. L. 222 >, où l'un de ses scribes a réuni un choix considérable de pièces sur le xve siècle, des préfaces, lettres et vers de Guarino de Vérone, Aurispa, Panormita, Bessarion, Francesco Barbaro, Leonardo Bruni, Toscanella, etc.; viennent ensuite des ouvrages plus considérables de Philelphe, de Celso Mellini, d'Inghirami et du cardinal Pompeo Colonna [1]. On est en droit de voir dans cette collection une nouvelle marque de l'intérêt que portait Orsini aux grands représentants de l'humanisme. Cet intérêt s'étendait à son propre temps : un jour, le cardinal Alessandrino lui communiqua les lettres de Giulio Poggiano, reviseur du texte du catéchisme du concile de Trente, éditeur du *Bréviaire* de Paul V et secrétaire de plusieurs cardinaux ; il s'agissait, on le voit, d'un savant tout à fait moderne ; mais Orsini n'eut garde de perdre une si bonne occasion de recueillir de précieux documents d'histoire contemporaine, intéressants aussi par la belle latinité de

---

omnes Demosthenis et Eschinis (Oratorum genera esse dicuntur...); f. 46, *Leonardi Aretini translatio epistolarum Platonis.* xve siècle.

1. 350 ff. pap., rel. ant. F. 1, mélanges du xve siècle ; f. 31, *Philelphi commentationum florentinarum de exilio liber II* ; f. 83, *lib. III*; f. 134, [*Symposion*] ; f. 181, *T. Phedri* [Inghirami] *poetae clarissimi in rhetoricam enarrationes* [cf. le n° 82 de notre Appendice I] ; f. 203, discours sans titre (sans doute celui de Mellini indiqué par l'Inventaire) : « Multa sunt Quirites, quae mihi nostrae Reip. tempora consideranti, qualis olim ea fuerit et quae nunc sit... » ; f. 232, *In funere Celsi Mellini Laurentii Granae lacrimae*; f. 247, *Asinii Cornelii Galli elegia nunc primum et tenebris eruta ab Aldo Manutio* [*iuniore*], transcrite avec les trois autres fragments et des notes (l'édition de cet apocryphe est de 1590); f. 253, *Opusculum magistri Petri Montopolitani Orli in laudem pont. Pii II;* f. 264, *Testamentum asini*; f. 267, chronique romaine sur l'élection de Clément VII : « Scripturus quae memoratu digna Romae et in Italia ab excessu Adriani VI... », avec des ratures qui paraissent originales : f. 320, *Pompeii card. Columnae... ad... Victoriam Columnam... apologiae mulierum liber I.* — Sur les lettres de Francesco Barbaro que contient le 3370, cf. Giov. degli Agostini, *Scrittori Viniziani*, t. II, p. 131.

leur auteur [1]. La copie qu'il en fit faire est à présent le 3432 <M. L. 208> [2].

Parmi les manuscrits copiés par Fulvio lui-même, je dois citer les suivants : 3441 <n° 6, M. L. 268>, fragments d'Accius et de Livius Andronicus, recueillis et classés pour la première fois par Antonio Agustin [3]; 3395 <M. L. 84> et 3396 <M. L. 85>, deux volumes de textes anciens relatifs à la topographie de Rome, aux monuments antiques, aux institutions et aux usages ; les textes sont répartis sous des titres distincts et constituent un arsenal abondant de renseignements de toute espèce sur l'antiquité [4]. Orsini avait gardé la copie qu'il avait faite du fragment de Festus du cardinal Farnèse ; cette copie, avec les restitutions qu'on retrouve dans son édition de 1581, est aujourd'hui à la Bibliothèque de Naples (*IV. A. 4*), avec les manuscrits autographes de presque tous les autres ouvrages d'Orsini [5]. On

---

1. V. le billet joint à une lettre à Pinelli du 15 août 1579. « Doppo l'haver scritto à V. S. sono stato dal cardinale Alexandrino, il quale m' hà dato un registro di lettere latine di Giulio Poggiano, scritte sotto il cardinale d'Augusta, Daudino et altri cardinali et anco à nome suo, che mi sono parse belle. Et me l' ha portato con licenza di farlo copiare. Hò voluto darne avviso à V. S. accioche lei, se n' havesse voglia, possa advisarmi quello che hò da fare per servirla. » (*Ambros. D. 423*).
2. Sur ce ms., v. Lagomarsini, *Iulii Pogiani Lunensis epistolae et orationes olim collectae ab A. M. Gratiano...* Rome, 1756, 4 vol. in-4°, t. II, p. LXV. Sur la bibliothèque du cardinal Alessandrino (Michele Bonelli), v. Rocca, *Bibl. Apost. Vat.*, p. 399.
3. ff. 97-119 du ms ; 34 pp. et 14 pp. numér. isolément. Dans le même vol., au f. 96, Orsini a fait un essai de composition du titre de son édition des fragments *De legationibus* chez Plantin.
4. Rel. ant. Le 1er vol. s'ouvre sur l'article *Moenia* et se ferme sur *Mensurae agrorum et viarum*; le second s'ouvre sur [*Dii*] et se ferme sur *Theatrum*. A comparer avec le travail analogue de Sigonio.
5. Ce sont les mss. cotés : V. D. 40 (*Adnotationes in Caesarem, Tacitum, Lampridium*, etc.); V. D. 29 (*Adnot. in plerosque Ciceronis libros*) ; V. D. 44 (*Adnot. in Sallustium*); V. D. 42 (*Adnot. in Tacitum*); V. E. 13 (*Appendix ad librum Petri Ciacconii de Triclinio*) ; V. D. 48 (*Comparatio locorum Aeneidos Virgilii cum locis Homericis*). Tous ces ouvrages se retrouvent à l'inventaire des livres non entrés à la Vaticane; ils n'offrent qu'un intérêt d'originaux. — Je peux citer encore à la Bibliothèque Marucellane, à Florence, un cahier de 33 ff. intitulé : *Autographae schedae doctiss. F. Ursini in rariora familiarum Rom. numismata*. C'est la description, avec une explication brève, de plus de 120 monnaies consulaires. Le ms. porte un ancien n° 356 et figure dans un recueil de matériaux réunis par A.-F. Gori (A. CCLXI, n° 10). A la bibliothèque Altieri, à Rome, l'index porte, sous la cote XXVII. E. 3, un petit recueil d'*adversaria* d'Orsini, que je n'ai pas vu (Blume, *Bibl. italica*, p. 170). — On peut s'abstenir de consulter à Naples *I. E.* 27, et aussi *XII. E. 58*, qui ne contient qu'une copie de la biographie d'Orsini par Castiglione. Disons en passant que cette biographie a été attribuée à tort à Lucas Holstenius, par quelques érudits qui ont mal lu la note du libraire

y trouve aussi le manuscrit du commentaire de Jean Lefebvre aux *Imagines* de Galle [1]. La collection Capponi, à la Vaticane, renferme les figures de Galle en deux exemplaires; l'un d'eux est suivi d'une lettre d'Orsini donnant des indications pour classer les planches et graver les portraits avec plus d'exactitude [2]. Parmi les travaux originaux d'Orsini, qui sont épars dans diverses collections et qu'il ne rentre pas dans mon plan de rechercher [3], j'en citerai un qui figure aussi à la Vaticane, où il forme le 5398 du fonds Vatican. Il est intitulé : *Emendationum ad Tertullianum, Lactantium Firmianum centuria I et II*. Orsini y fait des corrections de texte d'après des manuscrits et des inscriptions. Quant à la copie, elle me paraît de la main du même scribe qui a été employé par Orsini pour la transcription de son Inventaire [4].

à la fin de l'édition de 1657. Cette note dit seulement que le ms. a été fourni pour l'impression par Holstenius, qui le possédait. V. sur celui-ci, les utiles études de M. L.-G. Pélissier : *Les amis d'Holstenius* (dans les *Mélanges d'archéol.* de 1886 et 1887).

1. C'est le *V. E. 17*. On y trouve la dédicace de Gaspard Scioppius : « D. Paullo Vratislaviensi episcopo et Silesiarum produci.... Romae in aedibus card. Madrucii anno 1599 mense septembris. »

2. Cf. les numéros 208 et 228 de la *Capponiana*. C'est, à mon avis, le second qui renferme les dessins originaux de Galle. Il est simplement intitulé au catalogue : *Homini illustri antichi. Varie teste delineate col lapis*. Presque tous les dessins sont au crayon, quelques-uns sont à la plume. Les bustes sont quelquefois reproduits de plusieurs côtés, afin qu'on puisse choisir le meilleur dessin. Orsini, qui a écrit le nom au bas de plusieurs d'entre eux, a joint une note intitulée : *Nota di alcuni avvertimenti che messer Theodoro* [Galle] *doverà avvertire in emendare il libro*. La seconde observation porte : « Avverta che li nasi d'alcune teste sono giudicati troppo lunghi e sarà bene di rincontrarli coll' originali. » — Le n° 208 se rapproche beaucoup plus de la publication de 1598 : les noms et les provenances sont au-dessous des dessins, qui sont exécutés les uns à la plume, les autres au crayon rouge ; il est probable que c'est sur ces derniers que la gravure a été faite.

3. Pour les recueils d'inscriptions formés par Orsini, v. plus haut, p. 36, note 4. Pour les *Schedae Manutianae* des *Vat. 6035-36*, où Doni reconnaissait l'œuvre d'Alde le Jeune et celle de Fulvio Orsini, M. de Rossi a montré qu'elles devaient être entièrement rapportées à Panvinio (v. le mémoire cité dans la même note et intitulé *Delle sillogi dello Smezio et del Panvinio*, pp. 227-230). — Les *Tabulae codd. manuscriptorum... in bibl. Palat. Vindobonensi*, vol. VI, Vienne, 1873, p. 58, signalent une note de deux pages d'Orsini, en italien, sur une pierre gravée représentant un lotus, et qui paraît avoir appartenu à Granvelle ; elle est dans le manuscrit 9552.

4. 40 ff. (Pie VI). Le titre est par transposition au f. 5. Les notes sur Lactance commencent au f. 24. L'origine de ce travail inédit d'Orsini est indiquée plus haut, p. 49, note 1. Il porte sur la garde la signature d'Orsini et un n° 398 ; mais il ne fait pas partie de la Bibliothèque proprement dite.

Les imprimés latins annotés par Orsini sont, comme les imprimés grecs, assez nombreux ; plusieurs de ceux qui sont simplement indiqués dans l'Inventaire comme « emendati » doivent lui être rapportés [1]. Le plus intéressant de tous est le beau Virgile, en trois tomes, de Vascosan [2], aujourd'hui coté *VIII. A. 6. 36* < I. L. 4 > ; il montre comment s'est formée peu à peu la collection de textes antiques qui a fini par faire le *Virgilius illustratus* [3]. A mesure de ses lectures, Orsini, qui connaissait à fond Virgile, transcrivait, sur les marges de son exemplaire favori, les passages des auteurs grecs et latins imités par le poète ou qui pouvaient apporter à ses vers un éclaircissement quelconque. Pour les anciens poètes latins, Orsini mentionne la collection formée par Agustin ; des observations ingénieuses mettent les textes en valeur ; ils sont toujours cités avec leur renvoi exact ; la diversité des encres et les surcharges montrent qu'Orsini occupa à ce recueil toute la première partie de sa vie. Ce genre de travail, qui nécessitait beaucoup de lecture et d'érudition, était tout à fait du goût d'Orsini ; il en avait commencé un semblable sur Catulle [4]. Les collations ne lui plaisaient pas moins : toute l'*Enéide* de Vascosan porte dans les marges des leçons marquées *V. C.* Ce *vetus codex* n'est pas, comme on serait tenté de le croire, le futur *Vaticanus* possédé par Orsini ; il ne l'eut, comme on l'a constaté, qu'à partir

---

1. Je signalerai entre autres le Nonius Marcellus de Plantin (Anvers, 1565), coté *VIII. A. 2. 3* < I. L. 94 > ; il porte des collations marginales avec la note *v. c.*, et sur la garde une épigramme grecque d'Orsini à Granvelle.
2. Paris, 1543-49, in-4°.
3. Le ms. pour l'impression, divisé en trois parties comme l'imprimé de Vascosan, figure à l'Appendice I, n° 45.
4. La bibliothèque Angelica à Rome possède un Catulle annoté par Orsini (QQ. 4. 19). C'est un exemplaire de luxe, avec lettre peinte, de l'édition de Paul Manuce, accompagnée du commentaire de Muret (Venise, 1554). Les marges ont un grand nombre de rapprochements avec les auteurs latins, et surtout grecs. Il y a presque les éléments d'un *Catullus illustratus* analogue au Virgile, et on peut croire qu'Orsini avait pensé à le publier. Au f. 14, à propos de X, 16, est une observation épigraphique relative aux *lecticarii*, avec une inscription vue par Orsini à Sainte-Cécile, au Transtévère. La pierre n'est connue que par des témoignages mss. assez discordants, auxquels s'ajoutera celui-ci ; elle est dans Gruter, p. DXCIX et au *C. I. L.* (VI, part. II, n° 8872). Le volume vient du cardinal Passionei, et porte sur la garde : *Erat quondam Fulvii Ursini, Romae emptus a Dominico Passioneo, anno 1705*. Je profite de cette occasion pour indiquer que plusieurs éditions classiques possédées ou annotées par Orsini, ont passé dans d'anciennes ventes et sont disséminées dans diverses bibliothèques d'Europe ; il ne rentrait pas dans mon plan de les rechercher ni de les énumérer.

de 1579. C'est au *Mediceus* que se rapportent toutes ces variantes. A la fin de l'*Enéide*, est transcrite la fameuse souscription d'Apronianus, avec la note suivante : *In calce Virgilii Colotiani qui nunc extat Florentiae in bibliotheca Medicea*. Cette collation prouve que le manuscrit de la bibliothèque du cardinal de Carpi, le *Carpensis*, comme on disait quelquefois, s'était trouvé entre les mains d'Orsini[1]. La note de celui-ci prouve également que le manuscrit avait auparavant appartenu à Colocci.

Ces détails de l'histoire du *Mediceus* ont échappé à M. Ribbeck, qui ne remonte pas au delà du cardinal de Carpi, et à M. Cesare Paoli, qui a traité la question plus à fond[2]. Il n'est cependant pas indifférent de les établir. La possession du manuscrit par Colocci était si connue au XVIe siècle, qu'Orsini, dans son *Virgilius illustratus* imprimé, l'appelle toujours *vetus liber A. Colotii* ou *liber Colotianus*. L'identité des volumes a été perdue de vue : Heyne, qui semble avoir pris pour tâche d'embrouiller la question des manuscrits de Virgile et qui, par exemple, nomme trois fois le *Vaticanus* sous des noms différents, n'a pas été plus heureux pour le *Colotianus* d'Orsini; il prétend que c'est aujourd'hui le *Vat. 1575*[3]. Bottari, sur l'affirmation de qui s'appuie Heyne, dit à tort que ce dernier manuscrit vient d'Orsini[4]. La vérité est que le *Colotianus* a été étudié, mais non possédé par notre érudit, et qu'il faut l'identifier avec le *Mediceus*. Qu'est devenu le Virgile de Colocci? Il a dû être offert par lui au cardinal Antonio del Monte[5], puisque le pape Jules III (Giovanni-

---

1. S'il en est ainsi, on pourrait faire remonter à Orsini lui-même la soustraction du feuillet, qu'on trouve relié à la suite de son propre Virgile, le *Vaticanus*. Mai a reconnu que c'était un fragment détaché du *Mediceus*, à l'époque où celui-ci était encore à Rome. On peut admettre qu'Orsini l'a reçu légitimement; mais s'il l'a volé, comme c'est possible, bien des bibliophiles, je crois, seront tentés de l'absoudre.
2. *Rassegna settimanale*, vol. V, pp. 130-133 (1880). M. Paoli, dans cet intéressant article, établit, après M. Guasti, que le ms. n'appartenait pas au cardinal de Carpi, mais bien au cardinal I. Del Monte, qui le lui avait prêté. Ce n'est pas aux héritiers du premier, mais à ceux du second († 1577), que le grand duc de Toscane en fit l'acquisition. Nous reprenons l'histoire du ms. au point où l'ont laissée les érudits florentins.
3. Quatrième éd. de Virgile de C.-G. Heyne, p. p. Ph. Wagner, 4e vol., Leipzig, 1832, p. 612. Heyne a établi sans aucune critique son *Codicum elenchus* ; il compte plusieurs fois les mêmes mss. sous les différents noms qu'il a rencontrés dans les livres.
4. Dans sa préface aux *Fragmenta Vaticana*, Rome, 1741, p. XI.
5. Malgré le témoignage formel d'Innocenzo del Monte, il y aurait lieu de

Maria del Monte), le transmit à son neveu, Innocenzo del Monte, comme un héritage de famille lui venant d'Antonio [1]. A partir d'Innocenzo del Monte et de Rodolfo de Carpi, les destinées du manuscrit sont bien connues. Mais il est permis de lui assigner un possesseur plus ancien encore que Colocci, Pomponius Laetus.

Angelo Rocca, dans sa brève description de la bibliothèque d'Orsini, le mentionne en passant avec cette provenance : « [Codex] qui olim fuit Pomponii Laeti, deinde Angeli Colotii episcopi Nucerini et in bibliotheca extat Medicea [2]. » On sait, en outre, que, dans l'édition romaine de Virgile donnée par Julius Sabinus [= Pomponius Laetus], l'humaniste romain cite des scholies avec le nom d'Apronianus ; ce ne peuvent être que celles du *Mediceus*, aujourd'hui très mutilées par suite de la rognure des marges, et que Pomponius lisait plus complètement. De plus, dans la première édition romaine, les éditeurs disent s'être servi d'un manuscrit de Pomponius Sabinus [3]. Ajoutons que le célèbre Virgile n'a pu venir à Rome qu'après 1461 [4]. Toute trace de ces érudits possesseurs a aujourd'hui disparu du volume de la Laurentienne ; il porte seulement, comme on sait, cinq distiques d'Achille Estaço [5].

---

s'assurer que le ms. ne figure pas dans l'inventaire que j'indique en note, p. 80.

1. [Anziani], *Della Bibl. Med.-Laur.*, p. 14, Paoli, *l. c.*, p. 134. Jules III meurt le 23 mars 1555, ce qui fixe la date extrême de la donation à Innocenzo ; Antonio del Monte meurt le 20 septembre 1533, ce qui fixe la date extrême de la possession du ms. par Colocci.
2. V. plus haut, p. 110.
3. C'est M. l'abbé Anziani, le savant bibliothécaire de la Laurentienne, qui a attiré mon attention sur ces éditions, dont Heyne avait déjà parlé confusément.
4. A cette date, le ms. figurait encore sur l'inventaire de l'illustre bibliothèque de l'abbaye de Bobbio. C'est ce que vient d'établir M. Léopold Delisle dans son *Mémoire sur d'anciens sacramentaires* (Extr. des *Mém. de l'Acad. des Inscriptions*, t. XXXII, 1), Paris, 1886, p. 277. M. Delisle a rapproché le n° 160 de cet inventaire de la note très effacée du haut de la première page, où « il ne peut se défendre de lire les mots *Liber sancti Columbani d[e Bobio]*. » Cette formule dubitative, sous la plume de l'éminent paléographe, équivaut à une certitude. C'est là une contribution bien plus importante que la mienne à l'histoire du *Mediceus*. — La notice résumée aujourd'hui la plus complète relative au ms. est celle de la livraison V de la *Paléographie des classiques latins*, par M. Emile Chatelain, Paris, 1887.
5. Voici donc la liste chronologique qu'on peut dresser des possesseurs du manuscrit : Bobbio, P. Laetus, Colocci, le cardinal Antonio Del Monte, Jules III, le cardinal Inn. del Monte, [le cardinal de Carpi], le grand-duc François Ier et la Laurentienne.

Orsini avait recueilli de divers côtés, en y attachant une grande importance, des manuscrits en écriture lombarde, dont quelques-uns remontent à l'abbé Didier (xie siècle), et d'autres, plus anciens encore, peuvent être comptés parmi les plus vénérables spécimens de la paléographie du Mont-Cassin. On aimera sans doute à les trouver groupés ici[1]. Quelques-uns de ces volumes doivent provenir des collections mêmes du monastère. Pour le 3262 < M. L. 32 >, il n'y a sur ce point aucune hésitation : ce sont les *Fastes* d'Ovide, d'une belle écriture du xie siècle, portant, d'une main du xvie, la note suivante : *Iste liber est sancti monasterii Casinensis n° 743*[2]. La perle de la série des manuscrits lombards d'Orsini est un Priscien, qui peut être rapproché du célèbre Paul Diacre, écrit à Capoue en 915; il offre tous les caractères des premiers types d'écriture du Mont-Cassin. Pour une fois, en parlant de 600 ans, Orsini ne s'est pas trompé. C'est aujourd'hui le 3313 < M. L. 26 >; le texte est à peu près complet; les gloses et les scholies, aussi d'écriture lombarde, sont un peu postérieures; une main qui peut être du xive siècle a mis au bas de la page : *Liber Prisciani ecclesie ben*[ne] [benedictinae?] *utriusque voluminis*[3]. J'ai déjà parlé du Servius 3317 < M. L. 27 >, du Virgile 3253 < M. L. 36 >, du Juvénal 3286 < M. L. 31 >, du Paul Orose 3340 < M. L. 30 >, de l'Isidore 3320 < M. L. 161 >[4]. Un autre manuscrit lombard, le 3339 < M. L. 25 >, contient Orose suivi de l'*Histoire romaine* d'Eutrope, de la chronique de Paul Diacre, de Darès le Phrygien et d'Einhard; ce recueil historique est de plusieurs mains, qui peuvent se classer en deux groupes, du xie et du xiiie siècle[5].

---

1. Je dois d'utiles indications sur plusieurs de ces mss. à Dom Anselme, religieux bénédictin du Mont-Cassin.
2. LXVI ff. parch. oblong, rel. ant. à la rose d'Orsini. Les *Fastes* commencent au v° du f. 1 et les premiers ff. à demi effacés ont été récrits de main moderne. Pour la description et l'importance philologique de l'*Ursinianus* des *Fastes*, cf. la préface des éditions Rud. Merkel et A. Riese. Ces éditeurs ne mentionnent pas que le ms. vient du Mont-Cassin. Pour nous expliquer cette provenance, il faut nous rappeler que les moines ont fait beaucoup de dons à des cardinaux du xvie siècle.
3. CCCLII ff. parch., rel. ant. à la rose d'Orsini. Le Servius 3317 est plus soigné et au moins aussi ancien (commencement du xe siècle).
4. V. plus haut, pp. 195, 240, 217, 242.
5. CCLXXVIII ff. parch. (Pie IX). *a)* f. 1, Orose ; f. CLXVII, Eutrope ; f. CCXXII, Paul Diacre ; f. CCXLII, *Incipit hystoria Daretis frigii de excidio Troie* (avec l'épître d'envoi de Cornelius Nepos à Sallustius Crispus); f. CCLIX, *Liber ystorie de origine ac gestis Longobardorum* (Inc. : Septentrionales...); f. CCLXIX, *Libellus de vita et moribus atque actis Karoli excellentissimi* [impe-

Les manuscrits qui restent à indiquer dans la collection lombarde sont du xie et du xiie siècle ; ce sont : le *De situ orbis* de Solin, 3342 < M. L. 10 >[1], un Salluste avec quelques gloses postérieures, 3327 < M. L. 20 >[2], les *Philippiques*, présentant de nombreuses lacunes et suivies des *Versus XII Sapientum in Ciceronem*, d'une hymne et d'une chanson rimées, d'une rédaction de Publius Victor et du *Songe de Scipion*, le tout dans le 3227 < M. L. 23 >[3], enfin, un Stace, 3281 < M. L. 53 >[4].

Nous avons eu souvent occasion de remarquer quelles singulières illusions se faisait Orsini sur l'antiquité de ses manuscrits. Pour les manuscrits grecs, il restait dans l'incertitude[5] ; pour les manuscrits latins, il était plus affirmatif. Assez ordinairement dans l'Inventaire, le mot *antico* indique des manuscrits antérieurs au xve siècle, le mot *antichissimo*, des manuscrits antérieurs au xive. A partir du xiie siècle, notre paléographe marche à tâtons et parle au hasard. Un manuscrit, très curieux du reste, le 3305 < M. L. 17 >, contenant Perse et Térence, et qui a été écrit de plusieurs mains aux xiie et xiiie siècles, est considéré par Orsini comme ayant sept ou huit cents ans. Les lettres capitales employées dans les listes de personnages, les didascalies et les arguments, ont trompé l'érudit du xvie siècle ; elles en ont depuis trompé bien d'autres[6]. Les volumes indiqués

ratoris]. Sur ce ms. cf. l'édition de l'*Historia miscella*, de Fr. Eyssenhardt Berlin, 1869, p. v.

1. 212 ff. parch., de petit format (Pie IX). Incomplet.
2. cii ff. parch., rel. ant. Le f. 97 a été suppléé en minuscule vulgaire du xiiie siècle. On trouve aux ff. prélim. des renseignements sur la possession du volume : « Liber iste Sallustii est [mei Iohannis Nicolai Caselini civis Patavini, quem emi Paduae anno Domini m°. cccc°. xxxviii°. » Ce Caselini l'a vendu pour deux ducats à un autre Padouan, Jacopo del Sole, *Iacobus a Sole*.
3. lxxxvi ff. parch. (Pie IX). Timbre de la Bibl. Nationale. Le ms. est du xie siècle ; l'inventaire du Vatican le dit du ixe, en ajoutant toutefois qu'il est moins bon qu'il n'est vieux. Les *Philippiques* ne sont pas toutes complètes, et offrent quelque désordre. F. 80, *Versus XII sap.*; f. 80 v°, Hymne à saint Pierre et saint Paul, et chanson amoureuse (*O admirabile Veneris ydolum*) ; f. 81, *P. Victoris Epithoma de locis et regionibus Urbis*; f. 83, [*Somnium Scip.*]. A la fin, d'une autre main que le texte : « Raynaldus dei gratia. » Sur ce ms. cf. Mommsen, *Abhandl. der k. sächs. Gesellschaft der Wissensch.*, vol. II, pp. 604 sqq., et Urlichs, *Codex Urbis Romae typographicus*.
4. 22 ff. parch. (Paul V). Palimpseste. *Achilléide*.
5. Cf. plus haut, p. 188.
6. cviii ff. parch., rel. ant. à la rose d'Orsini. Mélange singulier des deux textes aux premiers ff. : f. 1 r°, fin de Perse, VI, 27-80 ; v°, Vie de Térence, arguments des pièces ; f. 2, 3, 4 r°, suite des arguments ; f. 4 r°, commencement du Perse ; f. 4 v°, ff. 5-8 r°, s'arrête sur VI, 26 ; f. 8 v°, miniature

par Orsini comme « di 1000 anni » sont en moyenne de cinq cents ans moins âgés. Ce sont : le commentaire de Porphyrion 3314 < M. L. 6 >, qui appartient au commencement de la minuscule et certainement au IXe siècle ; les *Lusi* de Virgile 3252 < M. L. 7 >, que M. Ribbeck croit du IXe siècle et qui sont au moins du X[o 1] ; le célèbre Valérius Flaccus 3277 < M. L. 8 >, du IXe siècle, manuscrit archétype des *Argonautiques*[2] ; la *Consolatio* de Boèce 3363 < M. L. 35 >, du Xe siècle, où la prose est en minuscule et les vers, en capitale mêlée de formes onciales[3] ; le Salluste 3325 < M. L. 19 >, du XIe siècle[4]. Pour le fragment de Dupuy, le Virgile 3225, et le Térence 3226, Orsini se tait ; il les croit certainement de l'époque classique, et là du moins sa croyance a pour base les vraisemblances les plus sérieuses.

Il convient de mentionner encore, parmi nos manuscrits antérieurs au XIIe siècle, un Solin avec Aurélius Victor, 3343

---

occupant toute la page ; f. 9, argum. de l'*Andria* et prologue. Suit le texte ordinaire, avec scholies et gloses de beaucoup de mains, quelques-unes contemporaines. — La miniature représente Calliopius expliquant Térence à des Romains assis au-dessous de lui, ayant à sa droite le poète dans une attitude méditative, et à sa gauche deux personnages debout et agités, désignés par le mot *adversarii* (on a récrit au-dessus *Luscius Lavinius*). Au-dessous de cette scène et dans le même encadrement, deux scènes de l'*Andria* (*Simo, Davus,* et *Pamphilus, Glycera*). Tout le ms. devait être illustré, comme tant d'autres de nos bibliothèques, d'après des peintures plus anciennes dont le *Vaticanus*, le *Parisinus* et l'*Ambrosianus* offrent la meilleure tradition. Les dessins, moins nombreux que d'ordinaire, sont à la plume, rehaussés ou non de couleur ; ils s'arrêtent au f. 49 ; on trouve ensuite des espaces blancs ménagés. Les costumes sont du XIIIe siècle. — Je saisis cette occasion d'annoncer que les peintures des mss. de Térence, et spécialement celles du *Vat. 3868*, vont être l'objet d'une publication de mon ami et, confrère M. André Pératé.

1. Pour le 3314 et le 3252, v. pp. 226 et 239.
2. 140 ff. parch. (Pie IX), de plusieurs mains. C'est une copie incomplète de ce ms. qui fut découverte par Poggio en 1417. Cf. Thilo, prolég. à son édit. de 1863, pp. XL sqq.; Schenkl, *Studien zu den Argonaut.*, pp. 39 sqq.; Bährens, préface à l'éd. de 1875, pp. IX sqq.
3. LX ff. parch., rel. ant. à la rose d'Orsini. Le premier f. a été ajouté plus tard. Gloses interlinéaires, scholies des XIIe-XIVe siècles. F. LX r[o] (après l'*explicit*) : *Incipiunt glosae huius libri* ; une partie de la liste a disparu par le frottement ; il y a à la place quelques comptes du XIVe siècle.
4. 51 ff. parch. (Léon XIII). Les ff. de garde sont d'un ms. ecclés. en écrit. lombarde. Le f. 1 est occupé par 14 distiques : *Rescriptum Honorii scholastici contra epistolas exhortatorias Senecae* (Si fontis brevis...) ; le f. 51 porte 13 strophes de 4 vers (le reste a été gratté), intitulées *Rithmus de Ioseph Patriarca* (Ioseph Deo amabilis, Patri dulcis et habilis...). Au bas des premiers ff. figure la mention : « Liber sancti Petri de Blandinio monasterio. Liber sancti Petri ecclesiae de monte Blandinio. » Une autre mention de trois lignes a été grattée ; mais celle-ci suffit pour attester la provenance flamande du volume, qui a appartenu au Mont-Blandin, de Gand.

< M. L. 11 >, du x⁰ siècle [1] ; un Donat, 3318 < M. L. 34 >, du xiᵉ siècle, avec des gloses et des scholies contemporaines, ou peu s'en faut, de la copie, et des notes d'identification placées par Orsini en tête de chaque fragment [2] ; le Sidoine Apollinaire 3421 < M. L. 12 >, du ixᵉ-xᵉ siècle [3]. Rappelons enfin deux beaux Salluste, l'un du xiᵉ-xiiᵉ siècle, le 3326 < M. L. 22 > [4], l'autre un peu plus récent, le 3328 < M. L. 21 > [5], « di 600 anni » selon l'Inventaire, tous deux restés dans leur reliure de bois recouverte de cuir rouge, et la première décade de Tite-Live 3329 < M. L. 28 >, également « di 600 anni », magnifique manuscrit du xiᵉ siècle [6]. On voit que les manuscrits précieux par leur âge et leur intérêt paléographique tenaient chez Orsini une place importante à côté des œuvres originales de la Renaissance.

1. cxxv ff. parch. (Léon XIII). F. 1, *Incipit liber Iulii Solini de situ orbis terrarum et de singulis mirabilibus quae fiunt in mundo*; f. ci, *In XPI nomine incipit libellus de vita et moribus imperatorum breviatus ex libris Sexti Aurelii Victoris.* « Di 700 overo 800 anni », dit Orsini.
2. lviii ff. parch., rel. ant. à la rose d'Orsini. Timbre de la Bibl. Nationale. F. 1 v°, *Incipit prefatio in arte Donati* (Primum nobis...) ; les *incipit* avec les notes d'Orsini sont aux ff. xii, xxv sqq. xxxiv, xli.
3. Cf. plus haut, p. 264.
4. xxxviii ff. parch., rel. ant. à la rose d'Orsini.
5. xxxvii ff. parch., rel. ant. A deux colonnes et de plusieurs mains. Le ms. a été très anciennement corrigé d'après un autre exemplaire. Le f. i est un peu postérieur; au f. xiii v°, sorte de carte ronde très sommaire de l'Europe, l'Asie et l'Afrique. A la dernière page, un copiste a transcrit le mot de Jugurtha, peut-être avec une intention de satire contemporaine : « O urbem venalem et mature perituram si emptorem invenerit. » — Le président de Brosses m'a fait chercher un Salluste, dont il parle dans une de ses lettres : « J'ai trouvé ici d'excellents mss. [de Salluste] d'une antiquité marquée, un surtout appartenant jadis à Fulvius Ursinus et depuis à la reine de Suède. » (*Lettres famil. écrites d'Italie en 1739 et 1740*, édit. Colomb, Paris, 1869, t. II, p. 236). J'ai vu les quatorze mss. du fonds de la Reine qui contiennent du Salluste ; aucun ne vient d'Orsini. Mais il en est un, complet et du xiiᵉ siècle, le *Reg. 814*, qui porte la mention : *Ursinus Tibout est possessor*. On peut supposer que le président, qui ne se piquait point d'excessive exactitude, aura confondu les deux noms.
6. cxvii ff. parch., rel. ant. à la rose d'Orsini. C'est le *Romanus codex* étudié par MM. A. Frigell, *Collatio codicum Livian.*, p. 7, dans *Upsala Universitets Arsskrift*, Upsal, 1878, et O. Riemann, *Revue de Philol.*, IV, p. 100. Cf. plus haut, p. 242, et les *Addenda*.

CHAPITRE VIII

MANUSCRITS EN LANGUES MODERNES

La petite collection de manuscrits en langues modernes n'est pas la partie la moins intéressante de la bibliothèque de Fulvio Orsini. Plusieurs des textes qu'il avait réunis comptent parmi les plus fameux de ceux qui servent aux études italiennes ou provençales. On m'excusera, malgré mon incompétence, de m'occuper également de cette partie de l'Inventaire. Je pourrai d'ailleurs le faire brièvement, car plusieurs de nos manuscrits ont été ou vont être l'objet de travaux spéciaux fort importants : je me bornerai autant que possible à constater les résultats acquis, à y joindre quelques rectifications et surtout à élucider certaines questions de provenance qui peuvent avoir de l'utilité [1].

C'est un fait digne de remarque, disons-le en passant, que le soin mis par Orsini à recueillir des manuscrits d'auteurs nationaux de l'Italie. Bien que toutes ses études aient été dirigées exclusivement vers l'antiquité classique, il avait l'esprit assez ouvert, le goût assez large pour prendre plaisir aux vieux écrivains « vulgaires » et leur réserver une place honorable dans sa bibliothèque. A l'imitation de Bembo, dont il se faisait gloire de suivre les traces, il savait unir à ses recherches d'humaniste le culte des muses modernes [2]. Nous en trouvons des preuves dans toute sa correspondance, la suivante entre autres. On a

---

1. J'ai reçu à temps, pour pouvoir en tenir compte dans la rédaction de ce chapitre, le travail de M. Arthur Pakscher, qui porte sur les six premiers numéros de l'Inventaire, et qui est intitulé : *Aus einem katalog des Fulvius Ursinus* (Extrait de la *Zeitschrift für romanische Philologie*, X, pp. 205-245). Ses observations ayant été, en plus d'un endroit, par le plan même de son étude, plus minutieuses que les miennes, le public ne peut que gagner à ce que je supprime celles-ci. J'insisterai sur les points où je ne suis pas de l'avis de l'auteur; mais ma besogne n'en reste pas moins fort abrégée, puisque j'ai pour principe dans ce livre de répéter le moins possible les choses déjà dites.

2. Rappelons qu'un ami d'Orsini, grand philologue comme lui en grec et en latin, Piero Vettori, ne dédaignait pas de prendre la plume pour défendre l'intégrité du texte du *Decameron*.

vu quel zèle il avait mis à se procurer un texte du *Decameron*, qui avait appartenu au cardinal Bembo, et que Torquato lui avait apparemment dépeint comme très important [1]. C'est à propos de ce manuscrit, je suppose, qu'il écrivait, en 1583, à son jeune confrère en bibliophilie, le vénitien Alvise Lollino; il s'étonnait que Leonardo Salviati n'en eût pas tenu compte dans l'édition récente de Venise, et il témoignait ainsi de son intérêt pour un ouvrage qui, à Rome, en ce temps-là, n'était point accepté sans réserves [2]. Le manuscrit ne se retrouva pas, quand Torquato le fit chercher dans la bibliothèque de son père, et il semble encore égaré aujourd'hui, puisqu'on ne le mentionne nulle part. Mais Orsini rencontra, dans la même collection, de quoi se dédommager amplement; il en tira tout d'abord cette magnifique série d'autographes de Pétrarque, que nous allons grouper ici dans son ensemble, sans en distraire les manuscrits latins.

L'auteur a consacré deux publications distinctes à l'examen des questions d'origine et d'authenticité du *Canzoniere* original de Pétrarque, écrit sur parchemin, qui figure en tête de la collection moderne d'Orsini [3]. Ce manuscrit, identifié avec le 3195 < M. M. 1 >, porte en titre : *Francisci Petrarche laureati poete rerum vulgarium fragmenta*. Il n'est autographe que du fol. 38 v° au fol. 49, et du fol. 62 au fol. 72 et dernier ; mais le reste de la copie, exécutée sous les yeux du poète, a toute la valeur d'un original [4]. Voici, résumé en peu de mots, tout ce qu'on sait à présent sur l'histoire de ce manuscrit :

---

1. V. p. 106.
2. Dans les lettres imprimées de Lollino (*A. Lollini patricii Veneti et Belluni antistitis epistolae*, Belluno, 1641), il n'y en a aucune adressée à Orsini, ni même aucune mention de lui. Mais Cicogna (*Inscr. Ven.*, t. V, p. 46), a vu une bonne copie des lettres reçues par le savant vénitien et en a dressé la table analytique. Il y a lu, dit-il, des lettres d'Orsini de 1583 à 1585 : « In quella del 1583 parla di un ms. del Boccaccio che sebbene non originale pure avrebbe potuto servire a qualche cosa, e si fa maraviglia che il cav. Salviati non l'abbia procurato in questa sua nova stampatura. » Je n'ai pu trouver à Venise le ms. étudié par Cicogna.
3. *Le Canzoniere autographe de Pétrarque, Communication faite à l'Acad. des Inscript. et Belles-Lettres*, Paris, Klincksieck, [mai] 1886.— *Fac-similés de l'écriture de Pétrarque et Appendices au Canzoniere autographe* [novembre 1886], avec des *Notes sur la bibliothèque de Pétrarque*, Rome, 1887. (Extrait du fascic. I des *Mélanges d'archéol. et d'histoire*, VIIe année, pp. 1-38, avec quatre planches en héliogravure). — Cf. l'article de M. Rod. Renier dans le *Giornale storico della letter. ital.*, 1886, VII, pp. 363-365 (VIII, p. 328).
4. La planche I de mes fac-similés reproduit le fol. 65, qui est de la main

Au commencement du xv° siècle, le célèbre lettré vénitien Leonardo Giustiniani a le volume entre les mains et en fait une copie [1]. En 1472, le manuscrit est employé par Valde pour l'édition des *Rime* donnée à Padoue [2]. En 1501, il est emprunté par Pietro Bembo à un habitant de Padoue, et sert à l'édition d'Alde Manuce, qui s'efforce de le reproduire scrupuleusement [3]. En 1544, il est acheté à Padoue par Girolamo Quirini, pour le compte de Bembo [4]. En 1547, il passe par héritage à Torquato Bembo [5]. En 1581, il est acquis par Fulvio Orsini et vient à Rome [6]. Il est célébré par les correspondances du temps et par les livres imprimés qui parlent de la bibliothèque d'Orsini [7]. En 1600, il est légué à la Vaticane avec le reste de la collection d'Orsini [8]. Il y reçoit la cote *Vat. lat.* 3195. Leone Allacci le signale à Filippo Tommasini, qui en parle en 1635 et 1650 dans les deux éditions du *Petrarcha redivivus* [9]. Crescimbeni le voit

---

de Pétrarque ; la planche II donne un spécimen de l'écriture du copiste qu'il a employé. A mon avis, la partie autographe appartient à une époque avancée de la vie du poète.

1. On peut établir ce fait par le titre et la souscription d'un *Canzoniere* de la Laurentienne, n° cxviii des *Codici Rediani*; l'identité du texte sera facile à démontrer. Voici la souscription : « *Francisci Petrarche laureati poete rerum vulgarium fragmenta expliciunt scripta per me Leonardum Iustinianum ex eo libro quem poeta ipse propria manu conscripsit.* (Cf. *I codici petrarcheschi delle biblioteche governative del regno*, Rome, 1874, p. 34).

2. *Le Canz. autographe*, p. 16 ; cf. p. 8, note 2.

3. *Id.*, pp. 11 sqq. Sur les renseignements de Vellutello, cf. *Fac-similés et appendices*, p. 21, note 2, et S. Morpurgo, *Rivista critica della letter. ital.*, année III, col. 164.

4. *Id.*, pp. 17-18 ; cf. *Fac-similés et append.*, p. 13.

5. *Id.*, p. 19 ; cf. plus haut, p. 92.

6. *Id.*, p. 20 ; cf. plus haut, p. 101.

7. *Id.*, pp. 22-23, ou plus haut, pp. 102 et 110. Giov.-Vittore Rossi, parlant très brièvement de la bibliothèque d'Orsini dans sa courte biographie, ne mentionne que le Térence de Bembo et le Pétrarque : « Hunc [Terentium] postea librum moriens Bibliothecae Vaticanae legavit, una cum Francisci Petrarchae rhythmis auctoris ipsius manu conscriptis. » (*Erythraei Pinacoth. imag. ill.*, éd. cit., p. 10). Un témoignage a été ajouté par M. S. Morpurgo (*l. c.*, col. 162) à ceux que j'avais trouvés ; c'est celui de Girolamo Frachetta rappelant, à Venise, en 1585, à propos d'un vers de Pétrarque, « quel Canzoniere, che si stima esser di man sua propria, il quale fù già del cardinal Bembo, et hora è del signor Fulvio Orsino. »

8. *Id.*, p. 23. Cf. ci-dessus, p. 115 et p. 122, note 5.

9. *Id.*, p. 25, note 2 ; cf. *Fac-similés et append.*, p. 27, et Pakscher, *Zeitschrift für rom. Phil.*, X, p. 225. Dans le même travail, p. 214, M. Pakscher place la transcription de la partie non autographe du *Canzoniere* aux années 1356-1358. Même en admettant son hypothèse, ces dates ne sont pas applicables à la partie autographe.

également plus tard[1]. A partir de ce moment, la tradition se perd ; l'autorité de l'édition Aldine est contestée ; Marsand (1826) la rétablit par des arguments philologiques ; il est suivi par Zambrini, Attilio Hortis, Carducci, etc. Mais le manuscrit ne se retrouve pas ; M. Borgognoni (1877) cherche à faire admettre qu'il n'a jamais existé ; M. Cian (1885) prouve la thèse contraire. Le retour du manuscrit à la lumière est promis en janvier et démontré en mai 1886[2].

En même temps que le *Canzoniere* complet sur parchemin, Orsini avait acquis de l'héritier des Bembo, ainsi que je l'ai raconté, un autre autographe des œuvres italiennes de Pétrarque[3] ; c'étaient vingt feuillets de minutes du poète, enrichis de dates, de réflexions personnelles, de mentions de toute sorte, qui, jointes aux corrections et aux retouches, leur donnent un inestimable prix. Ils ont été l'objet d'une étude intéressante de Lodovico Beccadelli[4], d'une publication peu satisfaisante d'Ubaldini en fac-similé typographique[5], et enfin de recherches méthodiques très complètes de M. Pakscher[6]. On peut renvoyer avec confiance le lecteur à ces dernières ; je n'ai plus à revendiquer que l'humble mérite d'avoir expliqué et daté le passage du manuscrit à Orsini et fixé le nombre de feuillets qui lui sont parvenus et dont deux nous manquent aujourd'hui[7]. M. Pakscher a distingué les quatre mains différentes qu'on peut reconaitre dans les dix-huit feuillets du 3196 < M. M. 2 >, et a établi qu'elles doivent être rapportées au même personnage à diverses époques de sa carrière ; ses observations sont, dans l'ensemble, parfaitement concluantes et il n'y aura plus, on

---

1. D'Ancona et Monaci, *Rendiconti* de l'Académie des *Lincei*, séance du 0 juin 1886.
2. *Revue critique* du 4 janvier 1886, I, p. 12 ; *Journal officiel* du 29 mai 1886. Cf. Pakscher, pp. 208-215.
3. Page 101. M. Rajna m'apprend un détail encore inédit : les feuillets de Bembo ont été trouvés chez un *pizzicagnolo*.
4. Cf. *Fac-similés et append.*, pp. 10-12.
5. *Le rime di M. Francesco Petrarca estratte da un suo originale. Il tratto delle virtù morali, di Roberto re di Gierusalemme. Il Tesoretto di ser Brunetto Latini...*, Rome, 1642.
6. *Zeitschrift*, pp. 216-224.
7. Cf. V. Cian, *Decennio*, p. 98, note 1, et ci-dessus, p. 101. — Dans la lettre du 25 février, avant d'avoir vu le manuscrit, Orsini parlait de « 19 gli archetypi » ; quand le volume lui fut remis, il en comptait 20. La pagination actuelle du 3196 va de 1 à 16, et laisse entre les ff. 19 et 20 une lacune de deux feuillets. Les ff. 17 et 18 ont donc disparu postérieurement à l'entrée chez Orsini.

peut l'espérer, d'objection contre l'authenticité de ces fragments [1].

Les autographes non datés de Pétrarque ne peuvent encore, je crois, être classés bien rigoureusement d'une manière chronologique. La publication de fac-similés datés, faite par l'Ecole française de Rome, peut cependant fournir la base d'études relativement sûres. Elle comprend des fragments autographes ayant les dates de 1337, 1347, 1355, 1357, 1369, et embrassant, par conséquent, trente-deux ans de la vie du poète. Ce qui frappera le plus le lecteur à l'examen de ces fac-similés, ce sont les différences très grandes qu'ils présentent entre eux, non seulement dans l'aspect général, mais encore dans le détail et pour le *ductus* des lettres. L'authenticité ne saurait pourtant pas en être infirmée, et, s'il y avait des incrédules, ils n'auraient qu'à regarder l'Apulée du Vatican, dont il est parlé plus loin [3] : sur deux pages seulement, écrites indiscutablement par Pétrarque au courant de sa vie, ils verraient se grouper, entre les années 1348 et 1369, des écritures qui sont celles des fac-similés et paraissent, comme celles-ci, de mains différentes. Il n'y a rien d'étonnant à cela ; ce qui serait surprenant, c'est que l'écriture de Pétrarque fût restée la même à vingt ou trente ans de distance. Il faut seulement admettre qu'elle a subi des modifications particulièrement sensibles [4]. Il en est une qui s'impose tout d'abord à l'attention et que le fac-similé I des planches de ce livre, daté de 1370, vient confirmer ; c'est que l'écriture de Pétrarque est devenue de plus en plus fine. C'est un phénomène

---

1. Les dernières hésitations qui pouvaient rester sur l'écriture du f. 11 recto, que M. Pakscher appelle justement l'écriture de jeunesse du poète, sont levées par le fac-similé que j'ai publié d'après le *Parisinus 1994*, et qui est daté de 1337 (*Fac-similés de l'écrit. de Pétrarque*, planche IV, n° 1). Au reste, l'authenticité de l'ensemble du recueil n'avait fait jusqu'à présent de doute pour personne ; à ma connaissance du moins, M. Carl Appel est le seul à l'avoir attaquée dans sa récente publication, *Die Berl. Handschr. der Rime Petrarca's*, Berlin, 1886. Cf. *Revue critique* du 11 octobre 1886, et *Fac-similés*, p. 21.

2. Ce sont des restes de ces *vetustissimae schedulae* dont il parlait à Pandolfo Malatesta sur la fin de sa vie. Cf. *Epist. var. IX* (éd. Fracassetti, t. III, p. 324).

3. Page 300.

4. Le premier érudit qui ait soumis l'écriture de Pétrarque à une observation paléographique minutieuse, M. Franz Rühl, qui a étudié les lettres autographes réunies dans le *Laurent. LIII, 35*, avait déjà distingué deux formes différentes qu'il appelait P[1] et P[2] (*Rhein. Museum, N. F.*, XXXVI, 1881, pp. 11 sqq.). P[2] est très voisin du n° 1 de notre planche IV.

bien connu, qui se produit chez les vieillards dont la vue s'affaiblit[1]. C'est à la période de l'écriture menue de Pétrarque que se rattachent le 3195, et, plus tard encore, toute cette série de scholies sur Homère, qui viennent d'être retrouvées dans un manuscrit de Paris, et qui ont été certainement le dernier grand travail de sa main[2].

Il est une autre remarque à ajouter. L'écriture de Pétrarque, malgré ses modifications amenées par l'âge, est bien de son temps et de son pays ; telle page que nous lui attribuons pourrait être aussi bien de n'importe quel moine italien du xive siècle. Cela doit rendre la critique très méfiante et lui faire exiger, à côté des vraisemblances paléographiques, des preuves rigoureuses d'une autre nature. Toutefois, on me permettra d'observer que Pétrarque ne doit pas être assimilé, autant qu'on est porté à le faire, à un copiste de profession. Il a des procédés de calligraphie qui déroutent les observations ordinaires, et rien n'est moins régulier que ses transcriptions. Il écrit de façon différente, non pas à dix ans d'intervalle, mais au même moment. On n'en voudrait pour preuve que le 3196 lui-même ; on y trouve, dans un seul vers, deux et parfois trois formes assez distinctes de la même lettre, du d minuscule, par exemple. Comme on ne peut admettre que chaque mot ait été écrit à une époque différente, il faut bien conclure que le poète avait à sa disposition toutes les formes calligraphiques usitées de son temps, et qu'il s'en servait indifféremment, suivant le caprice de sa plume[3].

La psychologie doit peut-être aussi être interrogée. Pétrarque est poète avant tout, ne l'oublions pas, et le plus sensible, le plus nerveux, le plus mobile des poètes. Les hommes de cette nature ont, comme on le sait, une écriture extrêmement changeante ; ce n'est pas d'une année à l'autre, c'est d'un instant à l'autre qu'elle se modifie. Souvent la seconde page d'un de

---

[1]. La même observation a été faite par M. Pakscher, ainsi que quelques autres qui méritent d'être vérifiées. Je ne suis pas frappé autant que lui des modifications qu'aurait introduites dans l'écriture de Pétrarque l'habitude de copier des textes d'ancienne minuscule. La *littera antica*, qui devient à la mode dans l'Italie centrale un quart de siècle après sa mort, représente mieux une imitation de ce genre.

[2]. Qu'on m'excuse de renvoyer à un travail sous presse : *Les scholies inédites de Pétrarque sur Homère*.

[3]. Conclure aussi que les évaluations chronologiques, uniquement appuyées sur l'alphabet et pour des fragments courts, risqueraient d'être inexactes.

leurs écrits paraît d'une main différente de la première, suivant leur disposition morale du moment et le genre du sujet traité; ils resserrent leurs lignes et leurs lettres, ou bien les espacent et choisissent instinctivement des caractères plus amples, des majuscules plus chargées, etc. Les hommes d'imagination et de sentiment sont rarement indifférents à la forme matérielle dont ils revêtent leur pensée; ils aiment à la modifier et à l'embellir, et, bien que les traditions de plume fussent infiniment plus tyranniques au temps de Pétrarque qu'elles ne le sont aujourd'hui, on peut lui appliquer, je crois, une partie de ces observations. Ajoutons qu'il était grand amateur de livres, qu'il avait eu sous les yeux des manuscrits de toutes les époques, fournissant à sa mémoire les formes les plus variées; rappelons-nous qu'il était lui-même copiste et exécutait de sa main des transcriptions de toute espèce; et reconnaissons qu'on doit obtenir des combinaisons bien singulières, quand le caprice du calligraphe se joint au caprice du poète. Le plus sûr est, en ces matières délicates, de ne rien conclure; on peut se contenter, sans chercher plus, de constater l'authenticité de l'écriture, bien heureux déjà si, par des observations étrangères à la paléographie pure, on parvient à obtenir ce résultat.

La série des observations sur l'écriture de Pétrarque n'est, du reste, pas près d'être terminée. Notre publication de fac-similés datés et celles qui vont la suivre fourniront des points de repère certains pour des recherches nouvelles, et d'autres autographes de Pétrarque pourront être remis au jour. Sans parler des copies d'auteurs anciens dues à Pétrarque, et sur une partie desquelles nous renseigne sa correspondance, ses œuvres autographes demandent à être retrouvées. Divers fragments des *Rime*, plus ou moins analogues à ceux du 3196, paraissent avoir existé au xvie siècle[1]. Une lettre d'Orsini nous a révélé l'existence d'autres feuillets connus ou possédés par Bembo, et je me permets, dans l'intérêt des chercheurs, de reproduire ici ce témoignage qui a déjà été donné ailleurs[2]. Notre bibliophile parle en ces termes à Pinelli d'un manuscrit de quarante-huit feuillets (?), provenant de Marcello Cervini et plus anciennement de Bembo : « M' è capitato un libro di LXXX pagine in foglio, ma li mancano XXXII le prime, dove sono copiate

---

1. Cf. *Fac-similés*, p. 16 (*De quelques mss. égarés*).
2. *Ibid.*

molte canzone, sonetti et trionfi del Petrarca, tolti da fogli archetypi, come sono li miei, ma questi sono in più quantità. Questo libro dal cardinale Bembo fù dato al cardinale S. Croce, alias papa Marcello, et credo che il Bembo ci mettesse li suoi fogli et quelli che vidde altrove. Overo forse erano tutti li suo', che poi non sono pervenuti in mia mano. Intendo che V. S. hà un raccolto simile : però la prego che mi mandi li principii delle canzone, sonetti et trionfi che lei hà, perche dal mio si supplirà il suo et dal suo si complirà il mio[1]. » Cette acquisition est du mois de février 1583, par conséquent postérieure à la cession de la bibliothèque d'Orsini au Pape et à la rédaction de l'Inventaire[2]; elle ne figure donc pas sur ce dernier, et comme il est logique, d'après ce que nous avons établi, de la chercher sur le petit inventaire de livres trouvés chez Orsini après sa mort, nous sommes assez tentés de la rapprocher du n° 61 de l'Appendice I, ainsi décrit : *Petrarcha de poesie con varie lettione nelle margine, scritto nell' anno 1356, x novembris, in foglio, senza coperta.* Cette description, trop sommaire, peut se rapporter aussi bien à une transcription du temps de Bembo qu'à un manuscrit du xive siècle. Le manuscrit a dû passer aux mains du cardinal Odoardo Farnèse ; comme il était sans couverture, il a peut-être pris place dans un recueil de miscellanées[3].

Outre les autographes des *Rime*, Orsini avait chez lui deux importants manuscrits latins de Pétrarque, deux de ses œuvres les plus intéressantes, écrites de sa main et portant une souscription datée. Le plus ancien, le 3358 <M. L. 144>, contient le *Bucolicum carmen*, en très petit format (160 × 110 mill.), et a été exécuté à deux époques distinctes[4]. A la première appartient le corps du manuscrit ; à la seconde, une partie des additions marginales et quatre pages finales, où sont des sup-

---

1. *Ambros. D. 422 inf.* Lettre du 26 février 1583.
2. V. p. 118; cf. p. 137.
3. Parmi les mss. de Pétrarque possédés par la Bibliothèque Nationale de Naples, où sont tant de livres des Farnèse, je n'en ai vu aucun daté de 1356.
4. 48 ff. parch. non numérotés. En haut des pages est l'indication du n° de l'églogue en chiffres romains. En tête 3 ff. de garde ; à la fin deux ff. Couverture de velours rouge-violet ; tranches dorées ; traces d'un fermoir. Le frontispice est orné, ainsi que les lettres initiales des pièces. Les titres sont à l'encre rouge, et le nom des interlocuteurs, mis en marge, est alternativement bleu et rouge. Les majuscules du texte sont rehaussées de jaune.

pléments à l'Eglogue X. Le nom de Pétrarque ne figure pas sur le manuscrit. Le titre est à l'encre rouge, ainsi conçu : *Bucolicum carmen meum incipit. Ecloge prime titulus Parthenias. Collocutores Silvius et Monicus*[1]. La souscription, qui est également à l'encre rouge, offre la même formule : *Bucolicum carmen meum explicit. Quod ipse, qui ante annos dictaveram, scripsi manu propria apud Mediolanum, anno huius etatis ultime 1357.* Cette souscription se trouve reproduite dans deux manuscrits du même ouvrage, dont l'un est à la bibliothèque Laurentienne[2], l'autre à la bibliothèque Barberini[3]; ces deux manuscrits proviennent certainement du nôtre, et le premier contient même une note indiquant qu'il a été transcrit directement sur l'original de Pétrarque. Que cet original soit le 3358, c'est ce que met hors de doute l'examen du volume[4]. Le corps du manuscrit est écrit d'un caractère un peu plus fort que le caractère de la plupart des additions; il y a aussi quelques différences dans l'alphabet; mais tout s'explique naturellement par la différence des époques[5].

Ces additions sont placées pour la plupart dans les marges horizontales des pages, avec des signes de renvoi au passage

1. Voici la suite des titres du recueil :
[f. 4] *Secunde egloge titulus est Argus. Collocutores Ydeus Phitias et Silvius*; [f. 7] *Egloge tertie titulus Amor pastorius. Collocutores Stupeus et Dane* (sic); [f. 11] *Quarte egloge titulus est Dedalus. Collocutores Gallus et Tirrenus*; [f. 13] *Quinte egloge titulus est Pietas pastoralis. Collocutores Martius Apicius et Festinus*; [f. 16 v°] *Sexte egloge titulus Pastorum pathos. Collocutores Pamphilus et Mitio*; [f. 22] *Septime egloge titulus Grex infectus et suffectus. Collocutores Mitio et Epy*; [f. 25 v°] *Octave egloge titulus Divortium. Collocutores Ganimedes et Amiclas*; [f. 29] *None egloge titulus est Querulus. Collocutores Philogeus et Theophilus*; [f. 31 v°] *Decime egloge titulus est Laurea occidens. Collocutores Socrates et Silvanus*; [f. 39] *Undecime egloge titulus Galathea. Collocutores Niobe Fusca et Fulgida*; [f. 42] *Duodecime egloge titulus Conflictatio. Collocutores Multivolus et Volucer*.
2. C'est le n° *CXLI* des *Codici Strozziani*. Cf. Bandini, *Bibl. Leop.-Laur.*, t. II, p. 519, ou *I codici petrarch. delle bibl. govern.*, p. 52.
3. *Barber. XXIX. 480*. La souscription est mal transcrite. Le copiste n'a pas mis le mot *ultime*, sans doute parce qu'il ne le comprenait pas. Au titre, il a corrigé ainsi : *Francisci Petrarcae florentini poetae Buccolicum carmen incipit*. V. la description dans l'ouvrage de M. Enrico Narducci, *Catalogo dei codici petrarcheschi delle biblioteche Barberina, Chigiana, Corsiniana, Vallicelliana e Vaticana*, Rome, 1874, p. 12. On ne trouve dans ce catalogue, disons-le en passant, aucune mention de notre manuscrit du Vatican, que Tommasini avait cité sans signaler l'autographie.
4. Cf. la page de la souscription dans les *Fac-similés de l'écriture de Pétrarque*, planche III. Le lecteur est aujourd'hui à même de faire le contrôle de toutes mes assertions.
5. M. Pakscher (p. 210 n.) a très bien vu l'autographie du ms. entier : il est évident que ma démonstration (*Fac-sim.*, p. 24) ne s'adresse point à lui.

où elles doivent être intercalées ; deux seulement, qui se rapportent à l'Eglogue X, et qui sont de beaucoup les plus longues, ont été transcrites à part à la suite du texte, au verso du feuillet 46 et sur les trois pages suivantes. Voici la liste de ces additions, intéressantes pour l'histoire de l'œuvre de Pétrarque et les modifications qu'elle a subies ; il n'y en a aucune d'inédite : 1° ff. 33 v°-34, après le vers *Pendulus... querela*, sont insérés six vers : *Hanc choris late cantata*, jusqu'à ... *simul impare cantu* (Eglogue X, éd. de Bâle, 1581, p. 19, col. 2) ; — 2° f. 34, après le vers *Spartanos... vidi*, trois vers (de première époque) : *Unum voce parem*, jusqu'à ... *urbe relicta* ; — 3° f. 34 v°, après le vers *Extinxisse... aequet* : « Require infra post finem libelli huius ad tale signum[1]. » Ce renvoi se rapporte à la première des additions finales, qui a trente-trois vers : *Temnere opes*, jusqu'à ... *animoque intentus ubique* ; — 4° f. 34 v°, après le vers *Prima... leonum*, trois vers (avec le mot *adiice*) : *Quique alios*, jusqu'à ... *rumpere campos* (éd. de Bâle, p. 20, col. 1) ; — 5° f. 35 v°, après le vers *Montanum... avenis*, cinq vers : *Hinc procul Latio*, jusqu'à ... *in ordine flores* ; — 6° f. 36, après le vers *Oblatum... carmen* : « Require infra post finem huius opusculi ad tale signum. » Ce renvoi se rapporte à la seconde addition finale, qui a, comme la première, trente-trois vers : *Hic cui relligio*, jusqu'à... *meruisse favorem* (éd. de Bâle, p. 20, col. 2) ; — 7° ff. 36 v° 37, après le vers *Conspiceres... laborem*, dix vers : *Tres nemorum*, jusqu'à ... *morte canebat* (éd. de Bâle, p. 21, col. 1) ; — 8° f. 37, après le vers *Clara... virgo*, cinq vers : *Hic matrona fuit*, jusqu'à ... *voce iuvencum* ; — 9° f. 37 v°, après le vers *Nil... Hibere*, trois vers : *Testis est*, jusqu'à ... *atque cadentem*. Indiquons aussi, dans le texte de tout le volume, de nombreuses ratures et mots en surcharge.

Quelle est la date des remaniements si considérables de cette Eglogue X, l'une des plus curieuses et des plus personnelles de tout le recueil ? L'étude des parties ajoutées doit fournir certainement une réponse ; mais je laisse au futur éditeur des poèmes symboliques de Pétrarque le soin d'y démêler les allusions contemporaines, pour interroger seulement la correspondance de l'auteur. On y trouve une lettre écrite de Pavie, un 22 décembre, où il mentionne explicitement une revision du

---

1. Ce signe de renvoi et celui qui est plus loin se retrouvent dans le ms. de Paris cité p. 283 et paraissent familiers à Pétrarque.

texte de ses *Bucoliques,* revision qui est évidemment la nôtre. En voici le début : « Ut inter tot maiorum curas profundam et inexhaustam, ne dicam supervacuam et inutilem curam rerum etiam minimarum videas, scito quod anno altero, dum additationes illas magnas dictarem in bucolico carmine super litus sinus Hadriaci, ita ut nunc dexterum nunc sinistrum pedem alternus fluctus ablueret, die quodam, dum forte aliud agerem, occurrit animo versiculus unus iungendus aliis[1]... » Il y a un mois de décembre que Pétrarque a passé à Pavie ; c'est celui de l'an 1365[2] ; les remaniements des *Bucoliques* devraient donc être de 1364. Or, précisément cette année-là, nous savons que Pétrarque séjourna à Venise, ce qui est conforme à l'indication du lieu, *super litus sinus Hadriaci*[3]. Quant à l'écriture des additions sur le manuscrit, elle est d'une période avancée de la vie de Pétrarque, ce qui concorde parfaitement avec les renseignements historiques.

L'utilité, pour la constitution du texte, du manuscrit rendu à l'étude sera facilement constatée lorsque les savants d'Italie publieront l'édition critique complète de Pétrarque, qui fait encore défaut et qu'on est en droit de leur demander. L'auteur du *Canzoniere* a fait injustement oublier le maître de la Renaissance ; les *Rime* ont été réimprimées 389 fois[4], tandis que la plus grande partie des œuvres latines du premier et du plus grand des humanistes ne se lit encore aujourd'hui que dans des éditions du xvie siècle, fautives et défigurées. Pour élever enfin à la mémoire de Pétrarque un monument digne de lui, on peut se

---

1. *Francisci Petrarcae epist. de rebus famil. et variae,* éd. Giuseppe Fracassetti, t, III, Florence, 1863, p. 487. C'est la lettre 65 et dernière de la série des *Variae,* recueillie par l'éditeur dans le *Riccardianus* 805. Cette lettre *ad ignotum* mentionne l'envoi d'un vers ajouté à l'Eglogue X.

2. Pétrarque retourne à Venise le 24 janvier 1366 (Fracassetti, *l. c.,* prolégomènes, t. I, p. CLIII).

3. Cf. Fracassetti, p. CLI, et les renvois. — Au t. III, p. 236, des *Familiares,* est une lettre à Boccace qui est certainement, pour plusieurs raisons, de l'automne de 1365. Pétrarque y parle d'un jeune homme de Ravenne qu'il avait employé à transcrire ses lettres en volume ; ce jeune homme, qui n'était autre que Giovanni Malpaghini, et qui était doué d'une mémoire prodigieuse, apprenait par cœur ses *Bucoliques* et les lui récitait ; faut-il y voir un indice qu'à ce moment Pétrarque était occupé de cette œuvre? Nous avons, on vient de le voir, des arguments plus sérieux pour établir le même fait.

4. W. Fiske, *Petrarch editions in the public libr. of Florence,* 1886, p. 9. Rien n'est plus instructif que ce catalogue et les *Petrarch Books* du même auteur (1882).

mettre, je crois, avec confiance à la recherche des manuscrits originaux ; on les retrouvera presque tous. Les futurs éditeurs devront s'estimer heureux d'avoir à s'occuper d'un auteur qui aimait à exécuter des manuscrits et à laisser une copie autographe, ou tout au moins corrigée par lui, de chacun de ses livres [1]. L'établissement du texte devient beaucoup plus facile. Il n'y a qu'à parcourir, par exemple, nos *Bucoliques* et à les comparer avec l'imprimé, pour corriger, dans celui-ci, en toute certitude, un grand nombre de fautes de typographie et de lecture ; les autres manuscrits du même ouvrage ne peuvent avoir, en face de l'original définitif, qu'un intérêt tout à fait secondaire.

Pour une deuxième œuvre de Pétrarque, on a, dès à présent, un texte certain dans le 3359 < M. L. 145 >, qui contient l'autographe de son dernier traité philosophique [2]. Le titre, à l'encre rouge, est le titre ordinaire des manuscrits : *Francisci Petrarce* [sic] *laureati de sui ipsius et multorum ignorantia liber incipit. Ad Donatum Apenninigenam grammaticum* [3]. Ici, on le voit, Pétrarque est resté entièrement dans le rôle de copiste, qu'il s'imposait souvent, et a supprimé au titre tout mot personnel, comme *meum*. Le manuscrit était connu ; mais il passait pour un faux autographe, pour une simple copie d'un original de Pétrarque [4]. L'authenticité de l'écriture s'impose

---

1. Pétrarque a dû faire de sa main une copie de tous ses ouvrages. Des exemples que nous citons, on peut rapprocher la souscription d'un manuscrit du *De remediis utriusque fortunae*, qu'un copiste avait sous les yeux en 1398, et qui portait la date : *Ticini, 1366, iiij nonas octobris hora tertia.* (Baldelli, *Del Petrarca*, Florence, 1797, p. 316). Le ms. transcrit par ce copiste de Trévise est aujourd'hui le *Marcianus Z. L. 475* (Valentinelli, *l. c.*, I, p. 8; *I cod. petrarch.*, p. 196).
2. 38 ff. parch. numérotés postérieurement, et 8 ff. de garde. Reliure de bois couvert de velours rouge; tranches non dorées. *N* initial du texte élégamment orné. L'*explicit* est au f. 37 v°; la souscription est en tête du verso du f. 38; elle est donc séparée du texte par une page blanche et tout à fait isolée.
3. Ce titre autographe aurait donné tort à l'hypothèse de Tommasini sur le nom latin de Pétrarque, s'il l'avait fait consulter comme il fit consulter le titre du 3195. Ce dernier porte *Petrarchae* au lieu de *Petrarcae*, ce qui parut confirmer l'orthographe adoptée par l'auteur du *Petrarcha redivivus*. Mais le savant de Padoue et ses correspondants romains ignoraient que la première partie du 3195 n'est pas autographe et n'a pas, par conséquent, toute l'autorité de détail qu'ils lui prêtaient. (Cf. *Fac-similés de l'écrit. de Pétr.*, p. 27). L'orthographe usitée par le poète paraît être *Petrarca*.
4. Cf. Baldelli, *Del Petrarca*, p. 225; je ferai observer que le ms. avec lequel on avait comparé le nôtre, est le 3196; beaucoup d'érudits croyaient alors que ce dernier était le ms. de Bembo sur lequel avait été faite l'aldine

cependant à qui voudra la comparer avec nos fac-similés de Pétrarque, et cette publication m'évite d'entrer dans des discussions paléographiques, toujours obscures pour qui n'a pas l'original sous les yeux. La souscription est de la même main que le reste du manuscrit : *Hunc libellum ante biennium dictatum et alibi scriptum a me ipso, scripsi hic iterum manu mea et perduxi ad exitum Arquade inter colles Euganeos 1370°, iunii 25° vergente ad occasum die* [1]. Cette note nous indique que Pétrarque, malgré son âge et ses fatigues, avait déjà écrit une fois de sa main le même traité, montrant ainsi l'importance qu'il y attachait. On trouve un certain nombre d'additions marginales de l'auteur, quelquefois assez considérables, notamment aux feuillets 2 v°, 6, 18 v°, 19, 20, 27, 28, 32 v°, 37 ; je me suis assuré qu'elles ont été insérées dans les copies et qu'elles figurent dans les imprimés [2].

C'est sur ce manuscrit du *De ignorantia* qu'a été faite la copie de fra Tedaldo della Casa, contenue dans un *Laurentianus* (*Plut. XXVI sin.*, *9, S. Croce*) ; la souscription du célèbre transcripteur de tant d'œuvres de Pétrarque ne laisse pas de doute sur cette origine [3]. Quant à la première rédaction autographe dont le *Vaticanus* nous atteste l'existence, elle doit être quelque part, et la souscription du manuscrit coté *VI. D. 16* de la Bibliothèque d'Este, à Modène, nous donne certainement la note finale qu'elle portait : *Scriptum Ticini 1367° circa anni finem* [4].

Les deux volumes d'autographes latins du Vatican proviennent de la bibliothèque de Bembo. Nous avons vu, en effet,

---

du *Canzoniere* de 1501, et cette confusion n'a pas peu contribué à dérouter les recherches sur le 3195.

1. V. le fac-similé n° I des planches du présent livre. Le texte a été donné plusieurs fois ; v. par exemple, Tommasini (*Petr. rediv.*, liste des mss.), De Sade, *Mémoires pour la vie de Fr. Pétrarque*, t. III, p. 757), Baldelli (*l. c.*, p. 318), Fracassetti (*Della propria ed altrui ignoranza, trattato di Francesco Petrarca .. traduzione con note*, Venise, 1858), Narducci (*Catal. dei cod. petrarch.*, p. 63).

2. Au f. 19 v°, le mot ΜΕΤΕΜΨΙΚΟΣΙΣ est écrit dans le texte ; à la marge est le mot en latin pour les lecteurs qui ne lisent pas le grec. J'observe que les caractères grecs sont identiques à ceux qu'on trouve dans les notes autographes de l'*Iliade* de Paris ; cf. plus haut, p. 283.

3. *I codici petrarch. delle bibl. govern.*, p. 47.

4. *Id.*, p. 131. Je n'aurais pas été surpris que ce ms., que je n'ai pas vu, fût l'autographe même. C'est une copie soignée du xiv° siècle, sur parchemin, dt qui contient aussi l'*Itinerarium*. Mais M. A. Cappelli, qui a pris la peine ee l'examiner pour moi, s'est assuré qu'il n'est point de Pétrarque.

qu'Orsini avait acquis le premier en 1581, en même temps que les manuscrits italiens, et le second en 1582 [1]. L'examen seul des volumes pourrait suffire à bien établir cette origine. Le 3359 porte sur les feuillets de garde une mention de la main de Bernardo Bembo : *Presens libellus manu propria spectati viri domini Francisci Petrarcae.* Quant au 3358, il est mentionné dans une des lettres imprimées de Pietro Bembo à Girolamo Quirini [2], et dans une lettre inédite de Cola Bruni, qui était l'homme d'affaires de Bembo à Padoue. Bruni écrit au prélat, le 9 novembre 1541 : « Messer Carlo volea portar seco il libretto della Boccolica del Petrarca scritta di sua mano, et poi lo si scordò, il quale io non mando, che non vorrei mitterlo a pericolo [3]. » L'honneur de l'acquisition du manuscrit doit encore être rapporté à Bernardo Bembo, comme en témoigne l'écriture des notes placées sur les gardes. J'y relève seulement celle-ci, qui est au dernier feuillet et intéressante pour le propriétaire : *Petrarca nascitur Aretii M. CCC. IIIJ., XXJ. Iulii. Occidit Arquade in agro paduano M. CCC. LXXIIIJ, anno videlicet LVIIIJ° ante quam ego prodirem in lucem B. B. qui octavo octobris 1433 fuit bene volente Altissimo.*

Il y avait chez Orsini un autre manuscrit de Pétrarque, qui passait pour autographe et qui venait également des Bembo. C'est le 3357 < M. L. 146 > ; il comprend deux textes distincts, écrits sur papier et de main différente : l'un est le *De vita solitaria*, l'autre l'*Itinerarium Syriacum* [4]. Je ne crois autographe ni l'un ni l'autre ; mais le premier a bien des caractères d'un original ; le titre primitif porte l'initiale P, au lieu du nom de

---

1. Cf. pp. 101 et 103.
2. V. *Le Canz. autographe*, p. 18. Cette lettre semble être la seule source de la tradition recueillie par Morelli (*Notizia di op di disegno*, éd. Frizzoni, p. 62), et par M. Cian (*l. c.*, p. 100), car les traces du ms. de Bembo étaient perdues depuis le XVIe siècle.
3. Biblioth. Barberini, *LXI,3*. Bruni parle ensuite de l'éducation du jeune Torquato et de sa sœur, « madonna Helena ». Le « messer Carlo », qui avait du goût pour les autographes de Pétrarque, est peut-être Carlo Gualteruzzi, l'ami de Bembo.
4. La belle reliure décrite par l'Inventaire a disparu. La reliure actuelle est de parchemin, sans écusson. Le volume a été à la Bibliothèque Nationale de Paris. Réunis anciennement, les deux mss. offraient une pagination par feuillets qui allait de 124 à 151 ; aujourd'hui ils sont paginés de 1 à 31, en comptant les gardes de papier (il y a de plus un f. de garde de parchemin au commencement et à la fin). L'*explicit* du *De vita solit.* est au recto du f. 24. Au recto du f. 25 commence l'*Itinerarium* ; le titre est de seconde main ; il y a une initiale ornée et des traits d'encre rouge sur les majuscules du texte. Au f. 29 v° : *Explicit Itinerarium breve editum a dño Francisco*

Pétrarque[1] ; l'exécution manque de soin et de régularité ; il y a des passages ajoutés après coup[2] et des retouches postérieures. Ces observations, jointes à la tradition venant de Bembo, dont nous avons eu occasion de vérifier l'exactitude, donnent quelque vraisemblance à l'authenticité du volume, qui serait, non pas écrit, mais dicté et revu par Pétrarque ou copié chez lui[3]. Je ne me prononce pas, du reste, sur la question, car je n'ai plus le manuscrit sous les yeux, et, aujourd'hui, après des études nouvelles sur les manuscrits de Pétrarque qui sont à Paris, je trouve insuffisantes les conclusions auxquelles je m'étais arrêté. Avant de juger définitivement la question, il faudrait soumettre le texte et les additions à des comparaisons minutieuses ; si l'examen était favorable, il donnerait également de l'autorité à l'*Itinerarium*, qui est une copie plus régulière, et qui paraît avoir été joint depuis fort longtemps au premier manuscrit.

Ce 3357 est, du reste, fort connu, bien qu'il ait été décrit avec quelque inexactitude. Ce n'est pas, en effet, à Pietro Bembo, mais à Bernardo Bembo seul, qu'appartiennent les annotations placées sur les gardes et qui constituent des témoignages si curieux de l'admiration du patricien de Venise pour Pétrarque[4].

Petrarca. — Le premier ms. porte en tête : *car. xxiij* ; le second ms. : *car. v.* — Cf. Pakscher, *l. c.* p. 223.

1. Le traité commence au f. 2. Tout en haut de la page, est une transcription de l'*Ave Maria* ; puis vient le titre : *Francisci P. poete* [*P. poete* a été remplacé par *Petrarce*] *laureati vite solitarie liber primus incipit ad Philippum* [de Cabassoles] *Cavallicenscm episcopum*.

2. V. par exemple, ff. 14, 15.

3. Pétrarque parle de ce traité, qui resta longtemps sans être transcrit, dans une lettre à Boccace, écrite de Pavie ; c'est la première du livre V des *Seniles*. On y lit : « Studio meo votoque obstitit illa, de qua totiens quaeror, nota tibi scriptorum... industria, nobilibus non ultima pestis ingeniis ; vix credibilia loqui dicar, paucissimis mensibus scriptum opus, tam multis annis non potuisse rescribi, ut scias quae maiorum poena operum, desperatio quanta est ! Nunc tandem, post tot cassa primordia, scribendum illud domo abiens dimisi inter cuiusdam sacerdotis manus, quae an ad scribendum sacrae fuerint, ut sacerdotis, an ad fallendum faciles, ut scriptoris, nescio... » (*Opera*, éd. de Bâle, 1581, p. 792). La lettre doit être du mois de décembre 1365.

4. L'erreur de Bossi et de M. Cian (cf. *Decennio*, p. 99), vient de celle qui a été inscrite sur le manuscrit même par une main moderne. La note mensongère qui attribue les annotations du volume à Pietro Bembo, est signée : *Rayn. Sautlus* (?) ; on la trouve dans la description, d'ailleurs peu exacte, du ms. donnée par M. Narducci (*Catalogo*, p. 58). Morelli rappelle le ms. d'après Tommasini, sans parler de Pietro Bembo. (*Notizia di opere di disegno*, éd. Frizzoni, Bologne, 1884, p 62).

On voit, par une longue notice initiale, déjà publiée par Tommasini, que Bernardo croyait fermement à l'autographie de tout le volume[1] ; il avait annoté les marges, et réuni sur les gardes, à côté d'extraits philosophiques, des documents très variés relatifs à Pétrarque[2]. On y trouve, par exemple, les célèbres vers italiens de son fils (*Petri Bembi Bernardi filii ad simulachrum D. F. Petrarche*), l'épitaphe de la fille de Pétrarque, copiée à Trévise, celle de Pétrarque lui-même, copiée à Arquà, et la note suivante, qui paraît attester une visite de Bernardo à Vaucluse : *Laurea diva hic dudum dulcibus celebrata carminibus perpetuae posteritatis vivet commendata memoriae. Hoc inscriptum in Petrace bibliotecha gladii cuspide*[3]. A côté sont quatre vers latins, avec cette indication : *Avinioni. In frontispitio hostii ecclesiae maioris Divae Mariae, e regione puelle exposite faucibus draconis, sub facie Do. Laure carmina Petrarce Divum Georgium equitem celebrantia*. Les vers de Pétrarque ont été conservés ailleurs, mais la fresque de Notre-Dame-des-Doms, peinte par Simone Martini, n'existe plus[4]. Il est évident, d'après M. Müntz, que le portrait de Laure, qui figurait dans la collection de Pietro Bembo, était une copie de cette fresque[5] ; il est assez probable, à présent, devant le renseignement fourni par notre manuscrit, que cette copie a dû être exécutée pour Bernardo Bembo, à l'époque où il passa à Avignon[6] et remarqua la peinture.

1. V. *Petrarcha rediv.*, 2ᵉ éd., Padoue, 1650, p. 29. Il est curieux de reproduire une partie de cette note, qui est au f. 1 : « Francisci Petrarcae laureati clar^{mi} libellum de vita solitaria lege feliciter quisquis humanae vitae conditionem (ut est) momentaneam fluxamque admodum quasi e specula circumspicere desyderas... Videbis itidem Petrarce manum cuius est archetypum universum quod opus vides, festinatius licet exscriptum utpote quod firmiore calamo aequatos et rotundos caracteres exarare solitus sit. Sed ita Petrarcae ipsa quam vides manus indubia est, qua oblectamur accuratissimi multis documentis que non attinet dicere, uti haec est Bembi qua testamur fidelissimi... *Bernard. B. doct.* ».
2. Aux ff. 30 v° et 31.
3. *Sic.* Toutefois je lis *Hoc inscriptum* un monogramme assez douteux, qui paraît formé d'un *H* et d'un *j*.
4. V. le précieux travail de M. Eug. Müntz, *Les peint. de Sim. Martini à Avignon*, sur lequel j'ai déjà fait une observation, p. 33, note 1. Laure, représentée près du dragon, était vêtue de vert dans l'original ; ce détail peut aider à retrouver le tableau de Bembo. Il est peu probable que ce fût le portrait de Laure possédé par Orsini.
5. Indiqué dans la *Notizia d'opere di disegno* publiée par Morelli, éd. citée, p. 50.
6. Dans son voyage de 1472. V. p. 302.

Je n'ai pas trouvé mention précise, dans les lettres d'Orsini à Pinelli, de l'acquisition de ce dernier volume ; il y a lieu de croire cependant que c'est l'un des deux manuscrits contenant des œuvres de Pétrarque, que notre Romain reçut au mois de décembre 1582, et qui le satisfirent médiocrement [1].

L'autre manuscrit était le *De remediis utriusque fortunae* ; il nous est d'autant plus facile de l'identifier avec le 3354 < M. L. 204 >, que ce dernier contient, sur les marges, quelques notes, et, à la fin, des extraits moraux de l'écriture de Bernardo Bembo [2]. Les volumes de cette provenance demanderont à être examinés de près, quand on voudra procéder au choix des sources du texte pour les œuvres latines de Pétrarque ; nous avons, en effet, montré que Bernardo Bembo avait cherché à réunir des manuscrits sortis de la bibliothèque de Pétrarque, et qu'il avait eu, au moins deux fois, la main heureuse. Je ne rappellerai à présent que pour mémoire les deux recueils de *Lettres* de Pétrarque, qui ont été acquis par Orsini de Torquato Bembo, en 1582 [3] ; l'un d'eux est certainement le 3355 < M. L. 203 >, belle copie du xv° siècle [4] ; l'autre n'a pas été porté à l'Inventaire et n'a pas dû entrer à la Vaticane [5].

Aux manuscrits originaux de Pétrarque se rattachent ceux qui ont pu être copiés par lui et ceux qui ont simplement appartenu à sa bibliothèque. Le nombre en est certainement considé-

---

1. Cf. plus haut, p. 106, note 5. On comprend que si Orsini avait attendu un autographe aussi intéressant et aussi sûr que les précédents, il ait été déçu ; toutefois, sous le n° 146 de l'Inventaire, il fait figurer le ms. comme autographe.
2. 215 ff. de parch. (Pie IX). Ecriture de la seconde moitié du xiv° siècle, sur deux colonnes. Il y a, à la fin du ms., un index alphabétique des principales matières traitées. Le titre et l'*explicit* sont donnés par M. Narducci, *Catalogo*, p. 60. V. ci-dessus, p. 289, note 1.
3. Cf. pp. 103 et 104.
4. 149 ff. pap., et non *parch.* comme l'indique l'Inventaire par erreur. (Pie VI). Le recueil commence sur la lettre *Saepe mihi propositum*, et finit sur la lettre *Inter cuncta quae mihi* ; il a été utilisé par M. Fracassetti, qui le nomme p. xxiii de ses prolégomènes à l'édition des *Familiares*.
5. C'est évidemment le n° 30 de l'Appendice I. — Pour en finir ici avec les mss. des œuvres latines de Pétrarque possédés par Orsini, citons le n° 34 (*Bucolicum carmen*) du même Appendice I et le n° 147 du grand Inventaire, aujourd'hui *Vat.* 3356. Ce texte du *De rebus memorandis* a 105 ff. de parch. (Pie IX). A la fin du livre IV (f. 105 v°), est la souscription : « Antonius de Bassis scripsit hunc librum, et complevit die nono menssis (*sic*) Augusti M° cccc° xl octavo. » Quelques notes margin. modernes. Ce ms. est un des rares mss. de Pétrarque possédés par Orsini qui ne viennent pas de chez Bembo, et encore je n'en puis répondre.

dérable[1] ; cependant, leur dispersion après 1374 et le peu de renseignements sûrs qu'on avait sur l'écriture du poète, ont rendu, jusqu'en ces derniers temps, les recherches assez difficiles. Aussi l'histoire de cette illustre collection reste encore à faire, et une restitution, même partielle, n'en a jamais été essayée. J'ai entrepris ce travail et donné une idée du plan descriptif que j'entends suivre dans mes premières *Notes sur la bibliothèque de Pétrarque*[2]. Avec l'aide des érudits italiens, je voudrais tenter de reconstituer une partie de cette bibliothèque, qui est précieuse à bien des titres, et surtout pour avoir été véritablement la première bibliothèque de la Renaissance. En attendant, comme plusieurs des volumes de Fulvio Orsini passent pour en avoir fait partie, nous allons examiner la valeur de cette tradition.

Le principal est le fameux Virgile de l'Ambrosienne ; il est certainement annoté par Pétrarque, et ce n'est pas de ce côté que la tradition me semble douteuse. Le marquis Girolamo d'Adda a donné du manuscrit une notice historique et descriptive très complète, avec la bibliographie du sujet, ce qui abrégera d'autant notre tâche[3]. Rappelons seulement que les plus intéressantes notes de Pétrarque sont relatives à la mort de ses amis[4], et que la plus célèbre et la plus anciennement connue est la petite méditation sur la mort de Laure, écrite en 1348[5].

---

1. Parmi les textes connus qui se rapportent au sujet, je me bornerai à en donner un seul, pour fixer les idées du lecteur ; il est tiré de l'oraison funèbre de Niccolò Niccoli par Poggio : « Franciscus Petrarca poeta excellens habuit ingentem copiam librorum, qui post eius obitum omnes venundati et variis hominibus dispertiti sunt. » Cf. Giovanni degli Agostini, *Istoria degli scritt. Viniziani*, t. I, Venise, 1752, p. xxxj, et G. d'Adda, *l. c.*, p. 93.

2. À la suite des *Fac-similés de l'écriture de Pétrarque et Append. au Canzoniere autogr.*, Rome, 1887. L'exploration systématique de la Laurentienne et des livres provenant de Niccolò Niccoli, Coluccio Salutati, Tedaldo della Casa, etc., aurait certainement pour résultat de faire retrouver plusieurs manuscrits possédés par Pétrarque.

3. *Indagini storiche, artistiche e bibliografiche sulla libreria Visconteo-Sforzesca del Castello di Pavia... per cura di un bibliofilo. Appendice alla parte prima*, Milan, 1879, pp. 105-112. On ne saurait trop regretter que la mort de l'auteur ait laissé inachevé ce beau travail ; il annonçait, pour la seconde partie, une étude sur la bibliothèque de Pétrarque à Garegnano.

4. Données par Baldelli, *Del Petrarca e delle sue opere*, Florence, 1797, pp. 180-181, art. intitulé *Del Virgilio di Milano* ; reproduites par M. Ad. Bartoli, *Storia della letter. ital.*, t. VII, Florence, 1884, p. 194. On trouve dans Baldelli le récit de la découverte faite en 1795, quand on eut occasion de détacher la couverture du manuscrit.

5. Publiée en fac-similé par M. Ludwig Geiger, dans son livre si important

C'est certainement le volume de sa bibliothèque auquel Pétrarque tenait le plus. Il contient Virgile complet, sans les *Catalecta*, avec Servius dans les marges, l'*Achilléide* de Stace, quatre odes d'Horace, enfin le texte de Donat, dont la fin a été mutilée[1]. Les notes de Pétrarque sont très nombreuses et tiennent quelquefois toute l'étendue de la marge[2]. Les deux feuillets préliminaires portent la note sur Laure et la miniature de Simone Martini[3] ; ils ont été ajoutés postérieurement par Pétrarque ; les inscriptions des cartouches sont incontestablement de sa main, ainsi que les deux vers qu'on lit au-dessous de la peinture :

      Mantua Virgilium, qui talia carmine finxit,
      Sena tulit Symonem, digito qui talia pinxit.

Le manuscrit passa, après la mort du poète, à son ami Giovanni de' Dondi, mort en 1380, puis au frère de celui-ci, Gabriele, qui en disposait en 1388, avec d'autres livres de Pétrarque, en faveur de son fils Gaspare. On ne saisit pas la transmission du Virgile à la bibliothèque du château de Pavie ; Baldelli la croit peu postérieure à 1390 ; G. d'Adda voudrait reconnaître le volume en 1426, dans l'inventaire qu'il a publié de la collection des ducs de Milan[4] ; en tous cas, il établit sans conteste sa présence à Pavie au milieu du xv° siècle, par des documents dont le premier est de 1460, et qui décrivent tous le Virgile comme *chiosato di mano del Petrarca*[5]. Je suppose, pour ma part, que

pour nos études, *Renaissance und Humanismus in Italien und Deutschland*, Berlin, 1882, à la p. 44. La dernière attaque, je crois, contre l'authenticité de cette note a été faite, sous forme dubitative, par M. Rodolfo Renier, dans le *Giorn. stor. della letter. ital.*, vol. III (1884), p. 118 ; l'auteur nie l'identification de Laure de Sade avec la Laure de Pétrarque.

1 V. la description due à M. Ceriani, préfet de l'Ambrosienne, en tête du travail du marquis d'Adda. Les odes d'Horace, anonymes dans le ms., sont II, *3*, II, *10*, II, *16*, IV, 7.

2. Dans *Les scholies inédites de Pétrarque sur Homère*, j'ai relevé deux renvois faits par Pétrarque aux scholies de son Virgile.

3. Sur cette peinture, il faudra consulter la communication que vient de faire M. Müntz, en janvier 1887, à la Société nationale des antiquaires de France, et qui est, suivant son usage, définitive sur le sujet. Il publiera le fac-similé prochainement.

4. Cf. D'Adda, *l. c.*, p. 107, et dans la *Parte prima* (Milan, 1875), le n° *165* de la p. 16. Voir aussi le texte de Pietro Candido, cité par Agostini, et qui donne pour autographe le texte même du manuscrit. Le texte est bien contemporain de Pétrarque ; pour l'autographie, je dois avertir que j'ai vu le Virgile de Milan antérieurement à mes recherches sur les autographes de Pétrarque ; je ne l'ai donc pas étudié de près.

5. Nous ne trouvons pas le Virgile dans l'inventaire de la bibliothèque de Pavie, rédigé en 1459 et publié par M. G. Mazzatinti (*Giornale stor. della*

le manuscrit n'a pas été l'objet d'une transmission spéciale, mais qu'il est entré chez les ducs de Milan en même temps que la magnifique série de livres de Pétrarque, que nous retrouvons à la Bibliothèque Nationale de Paris [1].

Le château de Pavie est pillé en 1500 et la bibliothèque dispersée. Le manuscrit est sauvé par un habitant de la ville, et Vellutello affirme, quelques années plus tard, qu'il est encore à Pavie, entre les mains d'un certain Antonio di Pirro [2]. Nous avons quelques autres témoignages du même temps, la plupart de seconde main [3]. A partir du xviie siècle, nous rencontrons Tommasini : dès la première édition du *Petrarcha redivivus*, celle de 1635, il imprime le passage sur lequel on s'est appuyé pour attribuer le volume à la bibliothèque d'Orsini [4]. Je résume, dit Tommasini, « quae pridem vir. cl. Franciscus Bernardinus Ferrarius ad me pro sua humanitate prolixe scripserit... nimirum Mediolani in Bibliotheca Ambrosiana asservari Virgilium manus-

---

letter. ital., I, pp. 33 sqq.). La rédaction sommaire de cet inventaire permet peut-être de l'identifier avec *Servius in Virgilium* (p. 53). Les mss. d'Homère qui l'avoisinent viennent aussi de Pétrarque et sont aujourd'hui à la Bibliothèque Nationale de Paris (*Paris. lat.* 7880, 1 et 2) ; cf. *Les scholies inéd. de Pétr. sur Homère*.

1. Cf. Delisle, *Le Cabinet des manuscrits*, t. I, pp. 138-140.
2. Le passage est curieux ; on voit combien Vellutello, que nous venons de trouver si sceptique pour le *Canzoniere* autographe, l'est encore pour la note de Pétrarque : « ... Per meglio seminare questo errore [sur Laure], è altre volte stato chi in persona di lui ha in un suo Virgilio (secondo ch' alcuni credono), hoggi appresso Messer Antonio di Pirro nobile Pavese, una molto breve epistola scritto, laqual sono gia molti anni che fu insieme con la presente opera stampata, il cui principio è questo : Laura propriis virtutibus illustris... Noi tegniamo che tal epistola sia stata posta in esso libro solamente per far credere che stato sia di lui, e tanto maggiormente per non esser di sua mano, come affermano tutti quelli che n'hanno havuto notizia [?] » (*Il Petrarca con l'espositione d'Aless. Vellutello*, Venise, 1538, en tête).
3. Aux intéressants renseignements de Saba da Castiglione, donnés par Gir. d'Adda, il faut joindre celui de Beccadelli à la suite de sa Vie de Pétrarque. Dans notre ms. 3220, f. 53, parmi les pièces d'appendice à cette biographie, on trouve : « *Memorabilia quaedam de Laura manu propria Francisci Petrarcae scripta in quodam codice Virgilii in Papiensi bibliotheca reperto*. Laura propriis virtutibus illustris, etc. » Dans notre ms. 3213 < M. M. 11 > f. 276, on lit de la main du propriétaire : « *Haec quae sequuntur verba reperta sunt scripta in fine cuiusdam codicis Vergiliani scripti manu ipsius Petrarcae, quae est in Bibliotheca Papiensi. Franciscus P. fuit filius...* »
4. Je passe sous silence le nom des auteurs qui ont reproduit l'erreur que je vais combattre ; le plus récent est, à ma connaissance, M. E. Bonnaffé dans son étude sur S. da Castiglione (*Gazette des Beaux-Arts*, 1884, II, p. 154). Mais, si l'on remonte à la source, on ne trouve que le texte de Tommasini.

criptum, qui olim Fulvii Ursini erat, antequam in Friderici Borromaei cardinalis Archiepiscopi possessionem veniret, Is codicem hunc thesauri instar habebat, nec ulli (quamvis et id raro) ostendebat, nisi manibus propriis idque domi suae. Causam reddidit ipse quod certus esset eum Petrarchae fuisse, quem totus volverat, sua manu interpolaverat memoriaque ditaverat qua nulla ipsi fuerat dulcior aut amarior. Defuncto Romae Ursino varii magni nominis viri librum assectabant. Borromaeus tamen sive auctoritate, sive suorum diligentia, sive pretii magnitudine, reliquis hic praevaluit et librum semper inibi secum tenuit, donec Mediolanum reversus in Bibliothecam Ambrosianam referret, hac cautela clavibus custodirent neque cuivis pateret. Quod ex ore ipsius Cardinalis saepius audivit Ferrarius, eique testes sunt luculentissimi Gratia Maria [de] Gratiis tunc temporis cardinali a secretis[1], nec non Antonius Olgiatus dictae Bibliothecae praefectus, uterque fide dignissimus... Primum membranae folium elegantissimis figuris penicillo Simonis Senensis exornatur, quae universis operis ideam referunt... Glossas etiam esse de manu Petrarchae, vel hinc liquet, quod diligenti comparatione facta cum Petrarchae litteris, nihil illis similius deprehendisset Ursinus, cum igitur epistola Petrarchae hactenus a multis adscripta glossis tam sit similis literarum figura quam ovum ovo[2]. »

Ce document, qui n'a pas été discuté, soulève cependant dès l'abord quelques objections. Le volume ne figure pas dans l'Inventaire d'Orsini ; il n'est pas davantage dans la liste supplémentaire des manuscrits trouvés chez lui après sa mort. De plus, comment se fait-il que nous ne trouvions aucune trace du manuscrit dans la correspondance d'Orsini, et que Rocca n'en parle pas dans sa description détaillée de la bibliothèque ? François Schott ne l'a pas vu non plus en 1599, et un volume auquel Orsini aurait attaché tant de prix eût été apparemment mentionné par le voyageur flamand. En présence d'un silence aussi complet de nos témoins ordinaires, on peut douter de l'exactitude du bon Tommasini, sujet d'ailleurs, comme l'on sait, à bien des méprises. Voici, du reste, l'historiographe officiel de l'Ambrosienne, Pietro-Paolo Bocca, qui ne dit rien de la provenance d'Orsini : « [Evolvebatur] Virgilii liber, quem lectitando

---

1. On verra plus loin le propre témoignage de Grazi démentir celui que lui prête le correspondant de Tommasini.
2. *Petr. rediv.*, pp. 195-197.

triverat pene Franciscus Petrarca ; eius voluminis latera animadversionibus idem poeta illustravit atque originem amoris sui, quo Lauram deperiit, in priore pagella exposuit. Liber descriptus est Gothicis prope litteris et Romae permagno emptus de Bibliotheca Antonii Augustini viri doctissimi [1]. » Bocca passe aussitôt après à l'indication d'un autre volume ; le contexte précise bien le sens de son renseignement : « Le Virgile provenait de la bibliothèque d'Agustin et a été acheté pour le cardinal Borromeo [2]. » On voit maintenant comment une erreur a pu naître de ce qu'Agustin a vécu à Rome avec Orsini. Il y a eu probablement confusion entre les deux érudits dans l'esprit des Milanais qui ont renseigné Tommasini. Il est vraisemblable aussi qu'ils ont attribué au Virgile de Pétrarque les anecdotes sur les autres autographes du poète possédés par Fulvio, anecdotes qui avaient cours parmi les bibliophiles du temps et que le cardinal devait sans doute raconter volontiers.

Au reste, grâce à des documents contemporains très précis, mais restés inaperçus, nous pouvons savoir exactement où et quand le Virgile de Pétrarque a été acheté par le cardinal Borromeo [3]. Grazio-Maria Grazi écrit de Rome, le 15 avril 1600, à Pinelli : « Mons. Gualdo con la sua solita gentilezza mi portò egli stesso giovedì mattina a casa la lettera di V. S., con la quale occasione io li feci vedere un libro, del quale il sig. Cardinale mi ha particolarmente ordinato ch' io dia conto a V. S., persuadendosi fermamente ch' ella sentirà piacere, che sì fatto libro sia capitato più tosto in man sua, che di chiunque altri si sia. Questo è un Virgilio manoscritto assai antico in carta pecora di foglio grande... ». Grazi décrit alors minutieusement le manuscrit, et parle des notes autographes de Pétrarque, qui ont été comparées avec celles qu'on voit sur un Apulée de la Vaticane [4]. Paolo Gualdo, par une lettre du même jour au même Pinelli, complète les renseignements par cet autre : « Questo libro l'ha

---

1. *Boschae Petri Pauli bibliothecarii de orig. et statu Bibl. Ambrosianae hemidecas*, Milan, 1672, p. 55.
2. Les historiens de la question, Tiraboschi, Baldelli, D'Adda, se sont tirés de la difficulté en attribuant le volume, d'abord à la bibliothèque d'Agustin, puis à celle d'Orsini ; le texte de Bocca ne comporte pas cette interprétation.
3. V. [A. Ceruti], *Lettere ined. di dotti ital. del sec. XVI, tratte dagli autogr. della Bibl. Ambrosiana*, Milan, 1867, pp. 11-14. Cet intéressant recueil, publié *per nozze*, paraît être trop peu connu.
4. On ne dit pas qu'une comparaison ait été faite avec les autographes possédés par Orsini.

havuto [le cardinal Borromeo], quando s'è venduta la libraria dell' abbate Maffa[1] et si crede che fusse del cardinal Cusano [Nicolas de Cusa][2]. » Il n'est nulle part, comme on le voit, question d'Orsini. Celui-ci, au surplus, est encore vivant, et il est parlé de lui par deux fois, dans la lettre de Gualdo, sans que son nom soit jamais rapproché du Virgile[3]. Il faut donc rejeter absolument, malgré son imposant cortège de témoignages, la tradition qui a fait rattacher jusqu'à présent le célèbre volume à la bibliothèque d'Orsini[4].

Ces recherches ont eu pour résultat de faire retrouver un nouveau manuscrit possédé par Pétrarque. La lettre de Grazi parle d'un Apulée annoté par le poète, qui se trouvait en 1600 dans la Vaticane. Je ne le voyais signalé dans aucun livre des érudits qui se sont occupés de Pétrarque[5]. Ce manuscrit existait-il encore? S'il était demeuré à Rome, il était logique de le chercher dans le fonds Vatican, avant les cotes de la bibliothèque d'Orsini. M. A.-M. Desrousseaux a bien voulu examiner tous les Apulée qui précèdent ces cotes, et précisément, sous le n° 2193, il vient de découvrir celui de Pétrarque. C'est un magnifique volume du XIVe siècle, orné de miniatures, et dont la seconde moitié environ contient Fronton, Végèce, Palladius et deux discours de Cicéron[6]. Les marges offrent les scholies habituelles ; mais l'intérêt réside surtout dans les notes autographes qui sont à la fin et qui portent les dates de 1348, 1349,

---

1. Il reste à identifier le personnage dont M. Ceruti lit ainsi le nom. Est-ce *Massa*, l'ami d'Agustin? V. notre p. 60.

2. Mort en 1464. Cette tradition est difficile à accorder avec la possession du ms. par la bibliothèque de Pavie.

3. « Non son stato questa settimana dal sig[r] Fulvio, ma lo farò quanto prima, et perche heri tutta la casa Farnese era in moto per un superbissimo banchetto, che il cardinale et duca fecero al vice re, vice reina cum annexis et connexis, non puotei farle sapere della lettera di V. S. » — Post-scriptum : « Son stato hoggi a visitarlo [Orsini] et gli ho detto del piede romano ; Suà Signoria me n'ha mostrati tre... Dice esso sig. Fulvio, se V. S. vuole che gliene mandi uno per vedere, che me lo darà, acciò io glielo porti o mandi... » Orsini mourut le 18 mai suivant.

4. Liste des possesseurs connus : Pétrarque, les Dondi, [Cusa?], les Visconti-Sforza, Ant. di Pirro, Agustin, Massa, Borromeo.

5. L'inépuisable Tommasini fournit peut-être un renseignement (*Petr. red.*, 1re édit., p. 42) : « Petrarchae in Columellam notas aliquando fuisse in B. Vaticana deprehendi ex Adversariis philologicis intimi mei Iohannis Rhodii. » Les notes de Pétrarque sont relatives non pas à Columelle, mais à l'horticulture; il pourrait cependant se faire que Rodio ait eu en vue notre manuscrit; dans ce cas, son indication était bien peu précise et n'aurait jamais guidé personne.

6. Il pourrait être entièrement de la main du poète.

1350, 1353, 1359, 1369. Elles sont publiées dans un travail spécial[1]; mais on reconnaîtra que nous devions bien une mention à ce manuscrit oublié, à côté du Virgile qui nous a mis sur ses traces.

Pour le recueil provençal jadis coté 3204, et pour le Brunetto Latini 3203, la provenance d'Orsini n'est pas douteuse, puisque ce sont les numéros 4 et 5 de l'Inventaire ; c'est la provenance de Pétrarque qui est fort loin d'être prouvée. Nous retrouverons plus loin le premier volume ; disons un mot du *Trésor*, texte français qu'Orsini prend pour du « provençal », < M. M. 5 >[2]. Ce beau volume, orné de quelques miniatures sur fond d'or, a été acquis par Orsini en 1582, et quelques feuillets manquants l'ont rejoint en 1585[3]. Le « tocco » dans les marges se réduit à quelques mains indicatrices grossièrement dessinées et à l'abréviation de *nota* et d'*exemplum* ($\bar{no}$, ex^m), assez fréquentes dans le *Livre des moralistes* (ff. 90 sqq.). Il est aussi difficile de contester que d'attribuer à Pétrarque la paternité de ces signes élémentaires ; on peut affirmer cependant qu'ils ne se retrouvent pas dans nos autographes. Les renseignements historiques que nous avons sur le manuscrit ne nous éclairent pas sur la tradition fixée par Orsini dans son Inventaire. Nos correspondances ne font aucune mention d'origine, et l'attribution ne semble pas remonter au delà d'Orsini lui-même. Peut-être notre bibliophile a-t-il rapproché la prove-

---

1. Cf. *Pétrarque et son jardin*, dans le *Giornale storico della letter. ital.*, 1887, IX.
2. viii ff. prélim. et 151 ff. parch. (Pie IX). Le registre des chapitres, alternativement en rouge et en noir commence au f. IV v° « chi sont li capitte de cest livre ki est apeles trezor ». Au f. 1, une miniature sur fond d'or représente au centre un château et deux scènes à personnages de chaque côté. Les lettres ornées sont d'or, et presque toutes les miniatures sont sur fond d'or. Le texte est sur deux colonnes et de deux mains, l'une (f. 1) du commencement, l'autre (f. 113), de la fin du xiv° siècle. Timbre de la Bibliothèque Nationale. Ce ms. est resté inconnu à l'éditeur Chabaille (Paris, 1863), qui s'est du reste exclusivement servi des mss. de Paris. M. Mussafia, qui a étudié et classé les mss. d'Italie (*Studio sul Tesoro di B. Latini*, Vienne, 1869), et M. L. Gaiter, qui a publié l'ancienne traduction de Bono Giamboni (Bologne, 1878 sqq.), ne le mentionnent pas davantage.
3. V. plus haut pp. 104-106. Dans la correspondance de 1582, le ms. est désigné, par Pinelli et par Orsini, sous le titre de *Tesoretto*, confusion dont l'origine est facile à saisir. Le fait est établi avec certitude par la description même du manuscrit acquis en 1582, manuscrit qui n'est pas en italien et qui contient un abrégé des connaissances humaines. En 1585, les deux érudits, mieux informés, distinguent le *Trésor* du véritable *Tesoretto*, et Orsini a même acquis un manuscrit de ce dernier ouvrage (M. M. 20).

nance française du manuscrit du séjour en France de Pétrarque ; peut-être, trouvant ce volume parmi les livres de Bembo, qui en a possédé plusieurs venant de Pétrarque, a-t-il conclu hâtivement que le nôtre en venait aussi ; en tous cas, ce ne peut être par une comparaison paléographique avec les autographes certains qu'il avait chez lui. Au fond, la véritable raison pourrait être, moins son manque de critique tant de fois observé, que sa tendance à augmenter le prix des volumes de sa bibliothèque. C'est surtout des collectionneurs qu'on peut dire qu'ils croient volontiers ce qu'ils désirent, et notre manuscrit en donne sans doute un exemple de plus.

La question de Pétrarque écartée, il s'en pose une autre sur la provenance du manuscrit. A celle-ci répond pleinement, à mon sens, la petite note d'achat placée en tête du premier des feuillets liminaires : — *1472 — Questo libro e de mi Bernardo Bembo chiamato el Thesoro e lo comparai per scudi V in Guaschogna*[1]. Nous sommes en présence d'un propriétaire qui nous est bien connu et qui a acheté ce volume pendant un séjour en France, dont nous vérifions ici la date[2]. M. Pakscher veut croire que le premier cahier seulement a appartenu à Bernardo Bembo[3] ; il s'appuie sur le fait que ce cahier, qui contient, outre la note en question, le registre des chapitres, est d'une autre main que celles du manuscrit, et que les renvois ne correspondent pas au texte. On peut reconnaître que le manuscrit a été formé de morceaux différents, ce qui a pu se produire quand il était encore en France, sans lui assigner pour cela un autre propriétaire italien que Bernardo. Le nom qui se trouve sur l'un des deux feuillets ajoutés après coup à la fin du volume (*Simone di Simoncino Squarcialupi in Fiorenze*), n'est pas un

---

1. Cette inscription est tracée sur une rature où se lisait le nom d'un propriétaire antérieur, et où je distingue encore à la fin le mot *apostolo*. Le caractère de l'écriture, la forme *de mi* indiquent que l'inscription a été écrite hors d'Italie, probablement au moment de l'acquisition et par le personnage qui vendait le manuscrit à Bernardo Bembo.

2. La date du voyage en France de Bernardo Bembo est connue par d'autres documents. L'anonyme de Morelli cite, chez Bembo, « el retratto di M. Carlo Bembo, fatto allora ch'el nacque essendo M. Bernardo ambassador al duca Carlo circa al 1472. » Cette date est donnée d'autre part dans Muratori, et nous voyons que l'ambassade de Bernardo Bembo auprès de Charles le Téméraire avait pour but de l'engager à s'unir aux Vénitiens contre les Turcs (Morelli, *Notizia*, éd. cit., p. 52).

3. *L. c.*, p. 240. Nous sommes d'accord sur l'impossibilité de reconnaître dans ce manuscrit l'écriture de Pétrarque.

indice suffisant; car le fait de trouver sur un livre le nom d'un personnage n'indique pas sûrement que le livre ait été possédé par celui-ci. Les ex-libris de la Renaissance s'offrent rarement sous une forme aussi simple. Au contraire, quand un érudit avait quelque temps entre les mains un manuscrit intéressant, même ne lui appartenant pas, il lui plaisait souvent d'y inscrire son nom. Les exemples de cette habitude abondent au xve et au xvie siècle[1]; on en trouverait même de nos jours. Ce Squarcialupi pourrait donc être simplement un ami de Bernardo Bembo, qui aurait eu en mains l'exemplaire du *Trésor* et y aurait fixé le souvenir de sa lecture. Ce qui doit empêcher, en effet, de poursuivre des recherches sur une fausse piste, ce sont les détails de notre chapitre III. Il est certain que Fulvio Orsini a reçu de Padoue, en 1582, un manuscrit du *Trésor*[2]; il n'est pas douteux non plus que ce soit le nôtre, puisqu'il n'y en a pas d'autres portés à l'Inventaire. Or, le manuscrit acquis venait de Pietro Bembo, et il est tout à fait logique de supposer, sans chercher d'autres possesseurs, que c'est celui-là même qui avait été acheté par son père.

Il faut être moins complètement sceptique pour la *Divine Comédie*, écrite par Boccace, suivant notre Inventaire, et offerte par lui à son ami Pétrarque, qui l'aurait annotée. Cette tradition comprend, comme on voit, plusieurs parties distinctes; elle est religieusement conservée en son entier à la Vaticane, où le volume figure dans les vitrines sous la cote 3199 < M. M. 3 >[3]. Cette tradition, dont je crois inutile de rappeler les témoignages, s'est trouvée attaquée, en ce siècle, par plusieurs érudits : un éditeur allemand de la *Divine Comédie*, M. Carl Witte, en a nié les diverses parties[4]; elle a été admise formellement et en tota-

---

1. Je saisis cette occasion d'identifier le personnage dont j'ai lu le nom sur le fameux Virgile *Vat.* 3867 (*Les Peint. des mss. de Virgile*, p. 15), avec le Claude Bellièvre dont parle M. Müntz (*La Bibl. du Vat. au* xvie *s.*, pp. 38-39). Ce voyageur lyonnais, qui visitait Rome vers la fin du règne de Jules II ou au début de celui de Léon X, n'était évidemment pas possesseur du manuscrit de la Vaticane; cependant il a cru pouvoir y inscrire son nom.
2. Cf. p. 106, note 5.
3. 78 ff. parch. (Pie IX), plus un f. liminaire non numéroté. Trois frontispices ornés et écussonnés aux ff. 1, 27, 33. Au f. 78 : *Explicit comedia preclari poete Dantis Alagherij*. Suivent deux ff. de garde, numérotés 79 et 80.
4. *La Divina Comedia ricorr. sopra quattro dei più autorevoli testi a penna*, Berlin, 1862, p. LXXVII. Notre ms. est l'un des quatre textes de l'éditeur.

lité par Baldelli [1], et défendue, dans les mêmes conditions, par M. Fracassetti [2] ; M. Carducci l'a admise avec de justes réserves [3]. Le résumé de cette intéressante question serait aujourd'hui tout à fait superflu ; je l'avais étudiée à nouveau et avais essayé à mon tour de la résoudre ; mais le travail de M. Pakscher ayant été imprimé avant le mien et arrivant aux mêmes conclusions que celui-ci, m'a paru devoir être préféré comme plus complet, et il me suffit d'y renvoyer le lecteur [4]. Les résultats auxquels nous arrivons en commun sont les suivants : le Dante du Vatican est bien l'exemplaire qui a été offert par Boccace à Pétrarque, don auquel celui-ci paraît répondre dans une lettre célèbre [5]. Il est douteux que la dédicace en vers latins, intitulée : *Francisco Petrarche poete unico atque illustri*, et signée : *Iohannes de Certaldo tuus*, soit de la main de Boccace [6] ; en tous cas, le corps du manuscrit ne saurait être un autographe de lui. Les marges portent un tout petit nombre d'annotations de Pétrarque et des Bembo, et M. Pakscher y a même reconnu la main de Boccace et de Gherardo Petrarca.

On peut ajouter diverses observations sur l'histoire du célèbre manuscrit. Il n'y a aucune raison de croire avec M. Witte et M. Cian, que le manuscrit n'a pas appartenu à la bibliothèque du cardinal Bembo [7]. L'écriture de son père se reconnaît aux feuillets de garde de la fin du volume ; c'est Bernardo Bembo

---

1. *Vita di Giov. Boccacci*, Florence, 1806, p. 135. Baldelli a mis le premier en relief ce fait important que le ms. porte en tête de chaque *cantica* les armes de Pétrarque.
2. *Lettere di Fr. Petrarca delle cose famil. libri XXIV*, Florence, 1866, t. IV, pp. 399-401. Ces savantes notes conservent toujours une partie de leur valeur.
3. *Studi letterari* (*Della varia fortuna di Dante*), Livourne, 1874, pp. 324 sqq. Il donne toute la bibliographie.
4. *L. c.*, pp. 225-232.
5. La lettre 15 du livre XXI dans l'édition Fracassetti, Florence, 1863, t. III, pp. 108-116. Les mots *carmen tuum laudatorium amplector* paraissent bien répondre à la pièce préliminaire de Boccace.
6. Cette dédicace (*Ytalie iam certus honos...*) a été publiée bien des fois, en dernier lieu dans les notes citées plus haut de M. Fracassetti (pp. 399-400), et dans l'édition des lettres de Boccace, de M. Corrazzini, Florence, 1877. M. Carducci (p. 363) a comparé le texte vatican avec celui de Beccadelli, qui semble une rédaction modifiée au xvie siècle.
7. Voici comment s'exprime M. Witte : « Che questo codice sia stato posseduto dal card. Bembo, sembra piuttosto congettura che fatto storico. Quel che ne sappiamo di certo si è che fù lasciato alla Vaticana da Angelo Colucci morto nel 1549. » Autant de paroles, autant d'erreurs. (La provenance de Colocci est une fantaisie de Batines.) Ce point de vue a été adopté par M. Cian, *Decennio*, p. 89.

qui a écrit la note suivante sur le feuillet 79 : *Explicit liber comediae Dantis Alagherij de Florentia per eum editus sub anno dominicae incarnationis milli trecentesimo de mense martij sole in ariete luna nona in libra. Qui decessit in civitate Ravennae in anno dominicae incarnationis millesimo trecentesimo XXI°, die sanctae crucis de mense settemb. anima cuius in pace requiescat. Amen* [1]. Il y a d'autres transcriptions de la même main au feuillet 80, et parmi celles-ci l'épitaphe en trois distiques, que Bembo lui-même a composée pour le célèbre tombeau de Ravenne (*Exigua tumuli Dantes hic sorte latebas* [2]....) Il est plus que vraisemblable que Bernardo a mis toutes ces notes sur un manuscrit qui lui appartenait ; et ce qui achève de démontrer qu'il était bien resté chez Pietro Bembo, c'est que nous pouvons établir avec certitude son passage dans la collection d'Orsini. Celui-ci demande à Pinelli, le 9 juin 1582, de prendre pour lui, dans la bibliothèque de Padoue, un « Dante coverto de velluto rosso [3], » qui ne peut pas être un autre manuscrit que le 3199. En effet, outre que notre volume est encore indiqué comme « ligato in velluto cremisino » dans l'Inventaire d'Orsini, c'est, avec le 3197, le seul Dante porté sur ce document qui provienne des Bembo ; et il ne peut être question du 3197 dans la note du 9 juin 1582, puisque ce dernier volume, « Terze rime di Dante di mano del cardinale Bembo, » est entré chez Orsini dès le mois de mars de la même année [4].

Il y avait chez Orsini un autre manuscrit provenant de Boccace ; c'est le célèbre texte de la *Consolatio* de Boèce, écrit de la main de l'auteur du *Decameron*. Le mémoire descriptif et critique très complet de M. Enrico Narducci me permettra d'être bref sur ce volume, qui est le 3362 <M. L. 150> [5]. Nos corres-

---

1. Remarquons que Bernardo Bembo ne parle pas de la tradition de la transcription du ms. par Boccace.
2. Au recto du f. 80, un dessin à la plume et au lavis représente Dante et Pétrarque en pied, laurés, un livre à la main et tournés l'un vers l'autre ; au dessous est le chiffre 2 1/4. Ce travail me paraît du xvie siècle. Au v° du même feuillet, où sont les transcriptions de B. Bembo, est dessiné le blason de Dante.
3. V. plus haut, p. 104, note 2.
4. V. p. 103 et p. 104, note 4.
5. vii ff. parch. non numér. 82 ff. parch. numér. en partie par le copiste (en tout 96 ff.). Rel. ant. de bois recouvert de velours vert ; elle date de B. Bembo, puisqu'il a écrit sur le bois de cyprès les dates de naissance et de mort de Dante, Pétrarque et Boccace. Le f. ii v° porte la note d'Orsini ; les ff. iii-iv et 88-94, portent des figures astronomiques et des tables de calendrier pour les années 1301 à 1376, de la main du copiste du Boèce. Le

pondances en fixent l'acquisition par Orsini au mois de décembre 1582 [1]. Il avait eu successivement pour propriétaires les trois Bembo, et c'est le souvenir du premier, Bernardo, qui lui reste le plus directement attaché. Diverses notes du diplomate vénitien se lisent sur les marges du Boèce; dans l'une, il mentionne la mort de Charles le Téméraire, dans l'autre, l'assassinat de Galeazzo-Maria Sforza (1476) [2]. Ailleurs, parmi diverses réflexions morales, inspirées par la lecture de Boèce, il fixe le souvenir d'une tristesse intime [3]. Mais la plus longue et la plus importante mention se trouve sur le dernier des feuillets préliminaires; rapprochée de celle du feuillet 82, elle établit que Bernardo Bembo s'est procuré le manuscrit pendant son ambassade à Florence en 1475, et qu'il s'est assuré de l'authenticité en examinant avec soin tous les manuscrits de Boccace conservés à Florence dans la bibliothèque du couvent de San Spirito [4]. Voici cette mention : *Iohannes Boccacius florentinus, vir doctrina clarus sed ingenio praestantissimus, floruit temporibus Francisci Petrarce laureati, cuius benivolentia et consuetudine plurimum enituit, quem et praeceptorem et parentem sepissime in suis operibus appellavit. Nascitur in Certaldo oppido florentino anno domini M. CCC. XIJ. Huius opera manuum plurima extitere, preter ea que ingenio emanarunt. Fuit enim in scriptione multus et frequens, ut indicant multiplicia eius volumina testamento relicta bibliothece sancti Spiritus Florentiae, que omnia ad unguem mihi nota et explorata sunt. Hunc autem libellum de consolatione admodum adolescens scripsit, ut fama indubia Florentinorum tulit. Mihique innotuit ex collatione caracterum cum iis libris acta, dum ibidem oratoria fungerer, anno domini. M. CCCC. LXXV. BERN. BEM. DOCT. MIL. ORAT.*

De Consolatione occupe les ff. vii, 1-81 ; le reste est blanc. — Cf. *Atti della R. Accademia dei Lincei, anno CCLXXX, Mem. della classe di scienze morali, stor. e filol.*, vol. VIII (Rome, 1883), pp. 243-264 : E. Narducci, *Intorno all' autenticità di un Codice Vaticano... scritto di mano di Giovanni Boccaccio.*

1. V. plus haut, p. 106, note 1.
2. Narducci, *l. c.* (en tête).
3. Je lis un peu différemment de M. Narducci : *In pelago curarum opportune e regione civitatis Ariminensis, viiij Augusti 1477* (fol. 96).
4. L'intérêt extrême de cette note, surtout dans sa seconde moitié, m'engage à la reproduire. Elle a été donnée plus ou moins complète, par Marini, Baldelli (*Vita*, p. 128) et Seb. Ciampi (v. Narducci, *l. c.*, pp. 245-246) ; le texte que j'ai pris sur le manuscrit diffère légèrement de celui de M. Narducci.

M. Enrico Narducci a établi que Bernardo Bembo était bien venu à Florence comme ambassadeur en 1475, qu'il avait pu voir les autographes de Boccace légués à la bibliothèque de San Spirito, puisque, contrairement à l'opinion reçue, cette bibliothèque ne périt pas dans l'incendie du couvent en 1471, mais fut dispersée plus tard par incurie [1]. M. Narducci s'est efforcé de prouver que le Boèce est bien de Boccace, par la comparaison de l'Aristote de l'Ambrosienne et du Térence de la Laurentienne, qui portent l'un et l'autre la souscription : *Iohannes de Certaldo scripsit*, souscription qui manque à notre manuscrit. Les fac-similés lithographiques qu'il joint à son travail ne constituent peut-être pas une preuve suffisante ; mais pour Boccace, comme pour Pétrarque, la certitude paléographique, en l'absence de preuves intrinsèques et tirées du texte même, est très difficile à obtenir [2], et j'estime, en attendant mieux, qu'on peut s'en tenir, avec de grandes vraisemblances, à la tradition recueillie à Florence par Bernardo Bembo.

Presque tous les manuscrits dont il vient d'être question proviennent des deux Bembo ; ceux qui suivent font également partie de leur collection. Citons d'abord deux volumes écrits de la main du cardinal. Le premier, le 3197 < M. M. 6 >, comprend deux manuscrits de papier, contenant, l'un une copie des *Rime* de Pétrarque, l'autre une copie de la *Divine Comédie* [3]. Ces deux

---

1. Les objections de Ciampi, rapportées par M. Attilio Hortis (*Studi sulle opere latine del Boccaccio*, Trieste, 1879, p. 341), sont aujourd'hui résolues. L'auteur des *Studi* les considérait d'ailleurs comme insuffisantes.

2. Le *Giornale stor. della letter. ital.* de 1886, VIII. pp. 364 sqq., a publié un article de M. Pakscher intitulé : *Di un probabile autografo boccaccesco.* Il s'agit du *Chigianus L. V. 176*, que Corbinelli avait possédé et emporté avec lui à Paris ; il contient, en tête du *Canzoniere* de Pétrarque, la transcription de l'épître initiale de notre 3199. Je suis d'autant moins porté à contester les conclusions de ce travail, que, sans avoir vu le volume, j'avais eu, en même temps que l'auteur, l'idée qu'il méritait d'être examiné au point de vue de l'autographie de Boccace (*Fac-similés*, p. 18, note 2). — Dans les *Notes sur la bibl. de Pétrarque*, p. 37, se trouvent mentionnées quelques lignes à demi effacées sur le *Paris. lat. 1989*, qui paraissent de la main de Boccace. Souhaitons que le travail d'ensemble, annoncé par M. Pakscher, fasse la lumière sur une question qui n'est pas moins obscure aujourd'hui que n'était celle des autographes de Pétrarque il y a quelque temps.

3. *a)* 178 ff. pap. F. 1 r° : *Le cose volgari di messer Francesco Petrarcha* ; v° : *sonetti e canzoni di messer Francesco Petrarcha in vita di Madonna Laura* ; f. 2, *Voi ch' ascoltate...* ; f. 143, *Il triompho d'amore capitol. I.* — *b)* 268 ff. F. 1 r° : *Le terze rime di Dante* ; v° : *Lo' nferno e'l purgatorio e'l paradiso di Dante Alaghieri* (sic). Ces titres, placés au milieu du r° et du v° du f. 1 de chaque volume, sont écrits dans ce caractère de capitale d'imprimerie familier à Bembo. — Au bas de la première page du Dante est la date du

manuscrits sont entièrement indépendants l'un de l'autre ; ils ont été paginés isolément et ont été acquis séparément par Orsini. C'est lui qui les a réunis sous une même reliure. Par suite, la date qui se trouve à la fin du Dante ne saurait se rapporter au Pétrarque[1]. On lit, en effet, cette souscription finale, due à Bembo : *Finitus in Recano rure Herculis Strozzae mei, Sept. Kl. Aug. MDII*. Si le Pétrarque avait été copié en 1502, comme le Dante, ainsi que l'ont cru certains érudits, on pourrait s'étonner d'y trouver un texte du *Canzoniere* tout à fait différent de celui que Bembo lui-même avait donné chez Alde, l'année précédente, d'après l'autographe de Pétrarque. En réalité, la transcription du Pétrarque remonte à une époque où Bembo n'avait pas encore connaissance de cet autographe, et ce qui le prouve, c'est qu'il a mis plus tard en marge de son *Canzoniere* les leçons de l'autographe. Ces variantes, qui sont parfois simplement orthographiques, sont distinguées des autres par la lettre *P*; dans les *Triomphes*, partie pour lesquelles Bembo n'avait pas l'autographe, il n'y a aucune variante marquée ainsi[2]. Il ne serait pas exact non plus de continuer à dire que c'est sur sa copie du 3197 que Bembo a fait son édition de 1501[3], puisque nous avons le témoignage positif de Lorenzo de Pavie, joint à celui d'Alde, qui nous prouve que c'était bien le manuscrit original qu'on suivait[4].

Orsini avait acquis en 1582[5], comme nous l'avons vu, le texte

---

commencement de la transcription : *Sexto Iul. MDI*; au f. 268, Bembo avait d'abord écrit la date finale : *Die xxvj Iul. MDII* ; il l'a effacé pour dater à l'antique. — Avant le feuillet de garde, est un f. contenant un passage italien sur la mort et les obsèques de Pétrarque, copié par P[aolo] Capodivacca (*alias* Bucéphalos), et envoyé par lui à Bembo. La reliure est en velours rouge.

1. La réunion artificielle des volumes a déjà été mise en lumière dans *Le Canzoniere autographe*, p. 27 (note). Sur l'erreur de date attribuée au Pétrarque, cf. Cian, *l. c.*, p. 90, note 2.

2. Un des arguments que j'ai invoqués pour prouver que le ms. 3195 se trouvait bien entre les mains de Bembo, c'est que dans notre 3197, tout en haut de la dernière page, Bembo a transcrit mot pour mot le titre des poésies de Pétrarque tel qu'il figure dans l'autographe (*Francisci Petrarche laureati poete rerum vulgarium fragmenta*), et qu'il a copié à son 142e feuillet, la note finale du 3195, d'un caractère tout personnel (*38 cum duabus que sunt in papiro*).

3. Cf. les *Effemeridi letter. di Roma*, t. I, 1820, p. 282 et le passage des *Studi letterari* de M. Carducci, cité par M. Cian, p. 90.

4. Pour l'Aldine de Dante de 1501, MM. Cian (p. 89), et Pakscher (p. 233), ont en dernier lieu traité la question.

5. Voir p. 106.

autographe des *Prose* du cardinal Bembo, qui est aujourd'hui le 3210 < M. M. 7 >[1]. Le titre est ainsi conçu : *Di messer Pietro Bembo a monsignor messer Giulio cardinale de Medici della volgar lingua*. Le premier livre est mis au net ; mais, à partir du second et surtout du troisième, le manuscrit prend de plus en plus le caractère d'un brouillon ; de petits feuillets sont intercalés dans la rédaction primitive, les corrections se multiplient, des pages entières sont annulées. Ces ratures, ces adjonctions, ces hésitations dans le choix de tel ou tel exemple, seront précieuses un jour pour qui voudra étudier de près l'œuvre capitale du grand écrivain.

Sa connaissance profonde et son amour enthousiaste de la langue italienne avaient poussé Bembo à rechercher les textes des anciens auteurs nationaux, les conteurs et les poètes. On savait qu'il s'était occupé du *Decameron* ; nous avons montré avec certitude qu'il en possédait un exemplaire dans sa bibliothèque ; peut-être était-ce le « *testo antichissimo e perfetto* » dont il parle dans une lettre à Giambattista Ramusio[2]. Si Torquato Bembo ne put ou ne voulut pas retrouver ce manuscrit en 1582, il fit tenir du moins à Orsini le *Novellino* de son père, qu'on a retrouvé dans le 3214 < M. M. 10 >[3]. Ce précieux texte est celui qui fut exécuté pour Bembo en 1523, et qui servit, en 1525, à l'édition des *Cento novelle antiche*, donnée par Carlo Gualteruzzi. L'histoire et la description en ont été faites avec trop de soin et de compétence pour que je me permette d'y revenir[4] ; on devra seulement y ajouter la date de la transmission à Orsini[5].

---

1. 170 ff. pap., plus un certain nombre de ff. intercalés (Pie IX). F. 1, Ier livre; f. 41, IIe livre; f. 91, IIIe livre... Ms. déjà signalé sommairement dans une note de Mazzuchelli.
2. *Lettere*, éd. de Venise, t. II, III, 18 (8 mars 1533). Cf. Cian, p. 81 et nos pp. 106 et 279.
3. 165 ff. pap. (Pie VI). Au f. 86 v°, après un blanc, commence une série de pièces de Guido Cavalcanti et autres anciens poètes, où l'on voit, de la main de Bembo, quelques variantes ou adjonctions. Cette seconde partie du ms. a été l'objet de travaux divers qu'on trouvera résumés par M. Tomm. Casini dans le *Giorn. stor. della letter. ital.*, vol. III, pp. 181 sqq. — Sur le *Vat.* 3793, ms. non moins connu, où M. Grion avait cru reconnaître la main de Bembo (*Romanische Studien*, vol. I, 1871), voir la belle édition de MM. d'Ancona et Comparetti, Bologne, 1875 sqq.
4. Les travaux de MM. d'Ancona, Ad. Bartoli, L. Manzoni, Guido Biagi, sont indiqués par M. Cian, p. 80. L'intéressante note de M. Monaci, *Di un ms. del Novellino*, est dans la *Rivista di filol. romanza*, vol. I (1872), p. 272 ; pour achever d'établir l'identification du 3214, l'auteur se sert de l'autorité de l'Inventaire d'Orsini, mais sans indiquer la cote du ms. qui le contient.
5. V. plus haut, p. 104.

Il y a un autre de nos volumes, fort connu également, qui passe pour provenir de la bibliothèque de Bembo ; c'est le 3213 <M. M. 11>[1]. Le recueil gagnerait à cette origine une valeur qu'il ne saurait avoir par son contenu, puisqu'il est presque entièrement formé d'extraits pris sur un *Laurentianus* très célèbre[2]. C'est une anthologie des anciens poètes italiens, réunie par un propriétaire lettré du commencement du xviᵉ siècle, et pour son usage personnel. Il avait destiné à l'œuvre de chaque poète un ou plusieurs cahiers de dix feuillets, et y transcrivait, à mesure qu'il voulait en faire prendre la copie, le titre d'une pièce et son premier vers ; un scribe venait ensuite qui faisait la besogne[3]. Le nom du poète est mis en titre courant sur toute la partie qui lui est réservée ; mais un grand nombre de feuillets, comme on doit s'y attendre, sont restés en blanc à la fin de la plupart des cahiers. Des notes biographiques et quelquefois littéraires ont été ajoutées par le collectionneur. Celui-ci est-il Bembo ? Les écrivains qui se sont occupés du recueil, MM. Carducci (1866)[4], Narducci (1874)[5], Fanfani (1878), et Casini (1881), n'ont pas prononcé son nom. J'avais été frappé, en examinant le volume, de l'analogie entre l'écriture des vers initiaux et des notes et celle de Pietro Bembo, dont l'élégance est si caractéristique : j'ai vu depuis que M. Rodolfo Renier l'avait remarquée déjà, puisqu'il donne le premier au manuscrit la provenance de Bembo[6]. L'autorité du savant professeur a trop de poids pour être écartée à la légère ; cepen-

---

1. 687 ff. pap. (Pie IX) ; le dernier écrit est le f. 630.
2. Cf. *Le rime dei poeti bolognesi del sec. XIII, racc. ed ordin. da Tomm. Casini*, Bologne, 1881, p. xiii. M. Casini dit justement du ms. qu'il est « scritto nei primi anni del secolo xvi ». Je ne sais pourquoi, le décrivant à nouveau et avec le plus grand détail dans le *Giornale storico della letter. ital.*, vol. III, p. 162 (1884), le même savant affirme qu'il a été écrit « nella seconda metà del secolo xvi, e forse eseguito per commissione dell' Orsini ». C'est la première date qui est justifiée par l'écriture.
3. Les ff. 120 à 169 sont réservés à Dante ; plusieurs cahiers sont commencés à la fois. Les extraits de Guido Cavalcanti, de Cino da Pistoia, de Pétrarque, sont presque tous de la main du propriétaire. Au f. 272 : *Del Petrarcha trovato in fine di un Petrarcha antiquo di Vespasiano di Philippo, cittadino fiorentino...* Au f. 272, un grossier plan de Vaucluse d'après le même ms. avec une note intéressante. Cf. plus haut, p. 297, note 3.
4. *Rime di Matteo di Dino Frescobaldi*, Pistoia, p. 7.
5. *Catal. dei codici petrarcheschi... di Roma*, Rome, p. 41. L'auteur attribue le volume au xviiᵉ siècle !
6. *Liriche edite ed ined. di Fazio degli Uberti*, Florence, 1883, p. ccclix. Opinion rapportée par M. Cian, *l. c.*, p. 84.

dant, la comparaison avec l'autographe des *Prose* ne m'a nullement donné satisfaction pour l'identification des mains ; peut-être faut-il en conclure que *l'anthologie* de Bembo aurait été réunie par lui dans sa jeunesse, à une époque où son écriture devait être nécessairement un peu différente de ce qu'elle fut plus tard ; mais il est plus sûr encore de lui refuser ce manuscrit [1].

Nous avons rencontré, parmi les livres cédés à Fulvio Orsini par Torquato Bembo, un volume désigné par nos correspondances comme un manuscrit « di rime francese [2]. » Il n'est pas douteux que ce ne soit celui que nous retrouvons dans l'Inventaire sous la même désignation. Or, la description du numéro 21 de l'Inventaire correspond exactement à l'unique manuscrit français qui soit dans notre fonds avec le *Trésor*, c'est-à-dire au 3209 : l'indication « tutto figurato » se rapporte évidemment aux nombreuses miniatures qui accompagnent le texte [3]. Celui-ci n'est autre que *Les Vœux du paon*, l'épisode si souvent interpolé dans les manuscrits du *Roman d'Alexandre* [4]. Le fait de le trouver dans la bibliothèque de Bembo doit-il être attribué au hasard ? Est-ce un témoignage de plus de l'intérêt que portait ce grand esprit à toutes les littératures ? Pour Orsini, nous avons une explication plus simple : il a accueilli ce volume parmi les siens uniquement parce qu'il faisait partie de la collection de Bembo, et qu'il attachait du prix à cette provenance ;

---

1. Quand au *Tesoretto* de Brunetto Latini, qui aurait été possédé par Bembo, et dont parle M. Cian, p. 86, l'existence en est absolument chimérique. L'hypothèse du biographe de Bembo repose sur une mauvaise interprétation de la phrase d'Ubaldini (*l. c.*, préface) : « Tesoro si chiama un libro da Ser Brunetto, composto in francese, si come si legge nel Tesoretto, e vedesi nell' esemplare antichissimo [évidemment un exemplaire du *Trésor*] della Vaticana, che già fù di messer B. Bembo, padre del card. Pietro. » Ce ms. ancien est celui dont nous avons parlé plus haut. Au reste, le seul ms. du *Tesoretto* qui soit au Vatican, fait partie de la collection d'Orsini, et sa confection est postérieure à Pietro Bembo, puisqu'il contient la vie de Bembo lui même par Beccadelli, à la suite du *Tesoretto* et de la vie de Pétrarque : c'est le 3220 < M. M. 20 >. Je n'insiste pas sur cet élégant petit volume, de 72 ff. parch. (Pie IX), puisqu'il a déjà été décrit. (Cart, *Sopra alcuni codici del Tesoretto*, dans le *Giorn. de filol. romanza*, vol. IV, p. 110).
2. Acquis en 1584 ; v. p. 107 (lettre du 22 décembre).
3. 48 ff. parch. (Grégoire XVI). Inc. : « Apres ce qu'Alixendre ot Dedefur conquis... » XIVe siècle. Les deux derniers ff. sont sur deux colonnes et d'une écriture très serrée.
4. Cf. Paul Meyer, dans la *Romania*, IX (1882), pp. 284, 296, 304, 319, etc. et *Alexandre le Grand*, 1886, t. II.

mais il ne l'a point parcouru et n'a certainement pas cherché à en reconnaître le contenu.

Si l'étude du français proprement dit était tout à fait délaissée en Italie au xvi° siècle, il n'en était pas de même pour les langues romanes méridionales. Angelo Colocci est connu par des recherches dans ce domaine, et un volume de notre collection, le 3217 <M. M. 30>, dont M. Monaci a tiré de si importants résultats, suffirait à l'attester [1]. Nous en apportons nous-même plus loin des preuves nouvelles [2]. Son ami et contemporain, Pietro Bembo, est aussi au premier rang parmi les précurseurs des romanistes modernes. M. Cian a mis en lumière ce côté intéressant du rôle littéraire du cardinal, et je n'ai pas à revenir sur les faits qu'il a très judicieusement établis [3]. Nous voyons que Bembo préparait, vers 1530, l'édition d'un recueil des troubadours, travail qui, s'il eût été réalisé, aurait singulièrement avancé les études provençales [4]. Il avait, dans ce but, réuni des manuscrits de divers côtés : l'un nous est signalé comme ayant passé entre les mains de son ami Beccadelli [5] ; il en avait certainement plusieurs, puisque son adversaire Castelvetro, tout en lui reprochant d'avoir ignoré le provençal, affirme avoir recueilli « tutti i codici provenzali » qui venaient de lui [6].

1. Cf. Ernesto Monaci, *Comunicazioni dalle biblioteche di Roma...*, vol. I, Halle, 1875 (*Il Canzoniere portoghese della Vaticana*), pp. ix et xix. Th. Braga, *O Cancioneiro portuguez da Vaticana* dans la *Zeitschrift für roman. Philol.*, t. I, pp. 41 sqq. et 179 sqq., et dans le même volume l'art. de M. Monaci sur le *Libro reale*, pp. 375 sqq. Cf. aussi sur les travaux de Colocci, *Le antiche rime volgari secondo il cod. Vat. 3793*, p. p. M. d'Ancona et Comparetti, Bologne, 1875, pp. xx sqq. (notes de M. Monaci), la publication d'Enrico Molteni (*Il Canzoniere portoghese Colocci-Brancuti*) au vol. II des *Comunicazioni*, Halle, 1880, et la contribution de M. Monaci aux *Miscellanea di filol. e linguist.* (in memoria di Caix e Canello), Florence, 1886, pp. 417 sqq. Cet essai de bibliographie, sur un point très spécial des études de Colocci, indique l'intérêt qu'il y aurait à consacrer à cet homme éminent la monographie détaillée qu'il est en droit d'attendre de notre siècle.

2. Cf. pp. 318 sqq. Voir aussi p. 251, pour la copie du traité d'Antonio da Tempo que je placerais dans la bibliothèque de Colocci.

3. *Decennio*, pp. 71 sqq. Cette partie est à lire en son entier, en la complétant par nos résultats.

4. « Io fo pensiero di fare imprimere un di tutte le rime de' poeti provenzali, insieme con le loro vite... » Lettre du 12 nov. 1530, de Bembo à Tebaldeo. Cf. M. Foscarini, *Della letter. venez.*, Padoue, 1752, p. 453 n.

5. Cf. Cian, *l. c.*, pp. 74-76.

6. Castelvetro ment impudemment, ce qui lui arrive du reste quelquefois ; tout notre travail établit que les manuscrits de Bembo, et particulièrement les mss. provençaux, n'ont pas été dispersés. — Disons, à ce propos, que la liaison bien constatée de Pietro Bembo avec Vellutello et Benedetto Varchi devra faire chercher parmi ceux de Bembo les mss. provençaux vus

Nous avons des indices certains sur le contenu de l'un d'eux ; ce devait être un des manuscrits où figurent les biographies des troubadours, puisqu'il songeait à publier ces dernières et communiquait l'une d'elles à Tebaldeo. M. Cian, après avoir constaté tous ces faits, se demande quel a été le sort des manuscrits de Bembo et s'il serait possible de les identifier avec des manuscrits aujourd'hui connus. C'est à ces questions que nous allons répondre.

Pour un recueil déjà, les critiques sont d'accord, et Bembo n'eût-il possédé que celui-là, il aurait pu se vanter de connaître une portion notable de l'œuvre des troubadours [1]. C'est l'ancien 3204 du Vatican < M. M. 4 >, coté aujourd'hui *Fonds Français* 12473 à la Bibliothèque Nationale de Paris [2]. Ce magnifique manuscrit a été décrit et étudié par les savants spéciaux [3] ;

---

par ces derniers. Cf. C. Chabaneau, *Sur quelques mss. prov. perdus ou égarés*, dans la *Revue des langues romanes*, t. XXIII, 1883, pp. 13-14.

1. Cian, p. 77.
2. Achille Jubinal a signalé une mutilation assez récente, postérieure à Raynouard (1817), celle des ff. 136 et 137 (*Une lettre inéd. de Montaigne, accompagnée de quelques recherches*, Paris, 1850, pp. 82-84). Je ne saurais m'associer aux observations de cet écrivain, au sujet du droit de possession de la France sur notre manuscrit ; ce dernier a été l'objet d'une transaction parfaitement en règle, consignée sur le feuillet de garde où se trouve la note d'Orsini, et qu'il est utile de rapporter ici. En 1815, le volume avait été restitué aux commissaires du Vatican ; il porte la note qu'on voit sur tous ceux qui se sont trouvés dans le même cas : *Ricuperato ai 14 8bre 1815.* (Signé :) *Ginnasi.* (Plus bas :) *Dalla Biblioteca parigina.* (Signé :) *Angeloni Frusinate.* Au dessous on lit : *Richiesto da Mr. Langlès* [employé de la Bibliothèque] *e riconosciuto non utile per l'Italia e prezioso per la Francia, fù restituito alla Biblioteca, ai 17 8bre 1815.* (Signé :) *Ginnasi.* — On a peine à comprendre que le ms. de Bembo ait été considéré alors comme sans intérêt pour l'Italie ; en tous cas, il est resté à la Bibliothèque de Paris par la faute des fondés de pouvoirs de la Vaticane, Luigi Angeloni et le comte Giulio Ginnasi, d'Imola. J'ajoute que le 12473 (ancien *Vat.* 3794), dont les gardes ont disparu, a été l'objet d'une transaction toute semblable et non moins régulière. Marino Marini, dans l'intéressant récit officiel de la restitution des Archives Vaticanes qui a été récemment publié, le rappelle expressément : « Di due codici di poeti provenzali, scritti nel decimo quarto e decimo quinto secolo (?), fu fatto dono, *per ordine di Pio VII*, alla Parigina Real biblioteca... » (Cf. *Regestum Clementis papae V ex Vatic. archetypis... cura et studio monachorum ordinis S. Benedicti*, Rome, typogr. Vatic., 1885, p. CCLXXXIII).
3. 189 ff. parch. (185 écrits), plus des tables comprenant 8 ff. et 4 ff. prélim. XXIII quaternions indiqués en titre courant par des chiffres alternativement rouges et bleus. Les lettres initiales sont de même couleur, et les grandes initiales de chaque poète contiennent son portrait sur fond d'or. Les biographies sont écrites à l'encre rouge. Sur le contenu du volume, cf. Raynouard, Bartsch, Paul Meyer, et G. Gröber qui les résume, *Ueber die Liedersammlungen der troubadours*, dans les *Romanische Studien*, vol. II, pp.

il appelle seulement ici quelques observations complémentaires sur sa provenance. La note autographe de Fulvio Orsini, conservée sur la garde, indique que le recueil est enrichi d'annotations marginales de Pétrarque et de Bembo [1]. L'affirmation relative à Pétrarque est plus que douteuse. Les signes qu'on voit dans les marges, comme $\overset{z}{n}$, montrent que le manuscrit a été lu avant Bembo, mais rien de plus ; nous devons remarquer en outre que, dans les textes cités au chapitre III et qui parlent si souvent de ce volume, il n'est fait nulle mention de cette tradition glorieuse. Comme pour le Brunetto Latini, elle a pris naissance, je suppose, dans l'imagination d'Orsini. Il est même facile de deviner d'où elle est venue. On croyait, en 1582, à la Vaticane, qu'un recueil de troubadours, qui s'y trouvait alors, avait appartenu à Pétrarque [2] ; Orsini désirait en avoir un de même origine ; dès qu'il a eu en main ce manuscrit, il a cherché à l'y rattacher ; un rapprochement superficiel avec quelques suppléments du XIVe siècle, ajoutés à la fin sur une page blanche [3], a suffi pour convaincre un esprit si bien préparé ; il a pris évidemment son désir pour une réalité [4].

Quant à la provenance de Bembo, ce n'est pas seulement la tradition d'Orsini, c'est à la fois l'histoire et l'examen du volume qui nous l'attestent [5]. C'est bien le manuscrit qui a été acquis par Orsini en 1584, comme ayant fait partie de la collection de Bembo, et qui se trouvait alors entre les mains du vénitien Mocenigo depuis un assez grand nombre d'années. Tous les détails caractéristiques rapportés à notre chapitre III et dans les lettres

---

465-466. Le manuscrit est désigné par K [M] (Bartsch) ou F (Meyer). — Il a porté longtemps la cote 2032 du *Supplément français*.

1. On la trouvera reproduite au n° VIII des planches, comme spécimen de l'écriture d'Orsini.
2. V. lettre XVII de l'Appendice II et p. 319, note 2.
3. Au v° du f. 185, c'est-à-dire derrière la dernière page écrite, et au v° du f. 189, dernier feuillet du XXIIIe quaternion.
4. Il a été bien aise aussi d'ajouter quelque prix à un volume qui lui avait coûté si cher (v. p. 109). En tous cas, sur son affirmation, Angelo Rocca n'hésite pas à célébrer le manuscrit comme provenant de Pétrarque (v. p. 110). M. Léopold Delisle a déjà indiqué ce que l'attribution d'Orsini a de chimérique (*Le cabinet des manuscrits*, t. I, p. 138).
5. Rien ne donne à croire que le ms. ait été déjà entre les mains de Bernardo Bembo, et il est assez logique de supposer que c'est une acquisition personnelle de son fils, ami de la poésie provençale. M. Pakscher a des indices que le ms. a été dans les mains de Giov.-Maria Barbieri (p. 231, note 1). La seule liste certaine des propriétaires est celle-ci : Pietro Bembo, Torquato Bembo, Alvise Mocenigo, Fulvio Orsini, la Vaticane, la Bibliothèque Nationale.

de l'Appendice II concordent avec ce volume, et sa place dans l'Inventaire d'Orsini le faisait déjà deviner [1]. Au surplus, la main de Bembo apparait en bien des endroits et montre que le grand cardinal a étudié de très près le manuscrit. Pour peu qu'on soit familier avec son écriture, on la reconnaîtra dans les sommaires en capitales, dans toutes les annotations et les renvois marginaux [2].

Cette constatation conduit à une conclusion étrangère à ce texte, mais importante pour la bibliothèque provençale de Bembo. Ayant eu l'occasion de communiquer mes observations à M. Paul Meyer, et lui ayant affirmé que l'annotateur du 12473 était bien Pietro Bembo, il m'a appris que son écriture était exactement celle qu'on voit sur les marges du manuscrit d'Este, et dont il a lui-même pris un calque [3]. M. Meyer a bien voulu me permettre de citer ici son opinion et de transmettre au public ce résultat intéressant. Voilà donc, par la comparaison du 12473, un second recueil provençal, et non des moins importants, le manuscrit d'Este, rattaché à la bibliothèque de Bembo ou tout au moins à ses études.

Avant de quitter le recueil de Paris, on me permettra de tâcher d'éclaircir un fait resté jusqu'à présent assez obscur. Il a été l'objet, au xvie siècle, d'une comparaison avec un chansonnier possédé par Alde le jeune ; le résultat en a été consigné dans un petit acte notarié, dont une copie figure en tête du

---

1. Pour ce qui est de la possession du ms. par Mocenigo, M. Pakscher l'a déjà établie (*l. c.*, pp. 235-237) de manière à ne laisser aucun doute, par le rapprochement du contenu tel que l'indique M. Gröber, et la table qu'on trouve dans l'*Ambros. D. 465 inf.*, ff. 286 sqq., écrite de la main de Pinelli ; le titre de celle-ci est le suivant : *Tavola delli auttori Provenzali con li principij delle loro poesie che sono nel libro del Mag[co] Alvise Mocenigo.* Tous les morceaux cités par M. Pakscher sont identiques, je m'en suis assuré, au manuscrit de Paris. Cette transcription de la table du 12473 a dû être faite au moment où Pinelli a transmis, comme nous l'avons vu (p. 109), le ms. de Mocenigo à Orsini.

2. Voir pour les capitales les ff. 13, 76, 183 v°, etc. ; les textes les plus abondants en minuscule sont aux ff. 48 v° et 146. Cette habitude de Bembo de se servir de capitales rappelle à l'esprit les titres de son autographe 3197. Je dois ajouter que Bembo a joint, dans la table des noms d'auteurs, le chiffre du feuillet où l'auteur figure : Pinelli, en transcrivant cette table, a copié également les indications de Bembo.

3. M. P. Meyer a fait lui-même de ce ms., qu'il appelle U (D de Bartsch), une étude descriptive très complète dans la *Revue critique* (année 1867, vol. II, pp. 90-94), à propos du travail de M. Mussafia (extrait des *Sitzungsber.* de l'Académie de Vienne (1867) et intitulé : *Del codice Estense di rime provenzali*).

célèbre *Vaticanus* 5232[1], qui est très vraisemblablement le recueil même d'Alde[2]. Il est nécessaire que le lecteur l'ait sous les yeux dans son entier[3] : « Il libro de poeti Provenzali del s^{or} Aldo era tanto celebrato da lui e dal s^{or} cavalier Salviati, che il s^{or} Alvise Mocenigo si mosse a volerlo vedere et conferire col suo, che ora si trova in potere del s^{or} Fulvio Orsino. Et si trovò molto inferiore al suo e di diligenza e di copia di poesie : di poeti non mi ricordo, ma di poesie certo. Nella correttione non v'era comparatione, per quel poco di prova che se ne fece in alcuni versi, et nelle vite de poeti scritte con rosso, le quali parevano abbreviate in alcuni luoghi. Il volume ben è più grosso per essere scritto di lettera condotta più tosto Italiana che Franceze o Provenzale. Et haec acta sunt presente me notario specialiter rogato dal s^{or} Mocenigo, nel portico da basso d'esso s^{or} Aldo, essendovi anco alcuni Bolognesi ospiti, venuti alla scensa ». Il est évident que la rédaction de cette note doit se placer entre 1584 et 1600, alors que le volume appartenait à Orsini. Il est tout à fait impossible de traduire, comme le veut M. Pakscher, *che hora si trova in potere del s^{or} F. O.* par « welches sich augenblicklich [leihweise] in den Händen des F. O. befindet »[4]. Nous savons par l'histoire du volume qu'il n'a point été prêté à Fulvio Orsini, et, d'ailleurs, la locution *si trova in potere* n'a guère pu indiquer autre chose en italien que la possession formelle[5]. La présence sur le manuscrit d'Alde d'un document re-

---

1. A (Bartsch), N (Meyer). V. la publication diplomatique de M. Pakscher dans les *Studi di filologia romanza*.
2. Ce dernier résultat paraît acquis par la démonstration de M. Pakscher (*Zeitschrift*, p. 238) ; le fait, signalé par M. de Rossi, que le ms. 5232 appartient à la série des manuscrits de provenance Aldine, est entre tous concluant. Pour la vente d'une partie de la bibliothèque d'Alde à Rome, et pour la présence du manuscrit parmi ses livres en 1590, je prie qu'on se reporte plus haut aux pp. 244-245.
3. Le texte est déjà donné par M. Grüzmacher dans les *Sitzungen der Berliner Gesellschaft für das Studium der neueren Sprachen* que nous aurons plusieurs fois à citer. (*Archiv für das Stud. der neueren Spr. und Liter.*, t. XXXIV, 1863, p. 141). De ce que la note qui met un manuscrit au-dessus de l'autre se trouvait sur le 5232, M. Grüzmacher a conclu que celui-ci était le meilleur des deux, c'est-à-dire celui de Mocenigo et d'Orsini. Cette conclusion est démentie par l'identification certaine du ms. de Mocenigo avec le grand chansonnier de Paris.
4. *L. c.*, p. 237.
5. Le rapprochement indiqué en note par M. Pakscher n'a aucun rapport avec la locution *in potere* et par conséquent ne porte pas. On pourrait donner des exemples nombreux d'*in potere* dans le sens où je l'entends ; il suffira d'un seul, cité plus haut, à la fin de la note 5 de la p. 101.

lativement défavorable, et que le propriétaire n'y aurait certainement pas placé lui-même, s'expliquerait par ce fait qu'on l'y a ajouté quand le volume était déjà sorti de ses mains [1]. Ce qui semble corroborer cette hypothèse, c'est que la note du notaire n'a pas été rédigée au moment de la confrontation des deux volumes : la phrase *non mi ricordo* etc., montre évidemment que ce n'est pas un acte officiellement dressé à l'issue de l'opération, mais un renseignement donné après coup et même assez longtemps après. La date de la confrontation peut être fixée approximativement ; en effet, le meilleur manuscrit appartenait encore à Mocenigo ; c'était donc avant le milieu de l'année 1583. Quant au lieu, ce ne peut être que la ville où Mocenigo et Alde habitaient ensemble, c'est-à-dire Venise, et, précisément à l'époque que nous indiquons, Alde avait encore sa maison à Venise [2].

Si nous reprenons la recherche des manuscrits provençaux du cardinal Bembo, nous trouvons des renseignements sur deux autres recueils. L'un est connu, c'est le manuscrit de Paris, *Français* 1749 [3]. Canello affirme que ce volume a été en Italie, « e propriamente sia appartenuto al Bembo, dal quale passò al Beccadelli, che lo cedette o ne concesse l'uso al [Antonfrancesco] Doni [4]. » M. Cian, qui résume cette argumentation en la complétant, est bien près d'admettre l'hypothèse. J'ai, pour ma part, examiné le manuscrit, afin de voir s'il s'y trouverait un indice quelconque de la possession par Bembo. Tel que nous connaissons notre bibliophile, nous savons qu'il laissait rarement les gardes ou les marges de ses livres sans quelques traces de sa lecture. Or, il n'y a qu'une seule page où une main italienne et contemporaine de Bembo ait écrit deux mots sur le manuscrit ; sans que je puisse nier absolument que cette main soit celle que nous cherchons, je n'oserais être affirmatif en aucun sens sur un indice aussi incertain [5].

---

1. L'administration de la Vaticane se l'était-elle procuré à titre de renseignement? Orsini y était-il pour quelque chose? Ce qu'il y a de sûr, c'est qu'Orsini a vu le ms. en 1590, comme nous le prouve sa correspondance.
2. La présence à Venise de Leonardo Salviati fournirait la date précise : on sait qu'il a donné dans cette ville, en 1582, chez les Giunta, son édition célèbre du *Decameron*.
3. 232 ff. parch. E (Bartsch), D (Meyer).
4. *La vita e le opere del trovatore Arnaldo Daniello*, Halle, 1883, p. 67. Cité par M. Cian, p. 78.
5. Au recto du dernier feuillet, on trouve deux fois en capitales le nom *Guiraut d'Espanha*. Les lettres G, R, ne sont pas conformes à celles des

On peut l'être davantage sur un autre volume, dont parle Bossi, qui l'a vu à la Vaticane et a supposé qu'il venait de Bembo [1]. Bossi, selon l'habitude mauvaise de son temps, ne donne pas la cote de son manuscrit; de plus, les renseignements qu'il apporte sont souvent douteux et méritent toujours défiance [2]; cependant, les détails sont, dans le cas présent, tellement précis, qu'on est porté à croire à l'existence du volume ainsi décrit : « *Codice membranaceo in-4° di p. 278, del principio del sec. XV, contenente una preziosa raccolta di poesie provenzali di 68 autori.* » Aucun recueil de ce genre ne se trouve à la Vaticane. Mais les notes que Bossi y a prises peuvent être antérieures à 1797, et nous avons le droit de chercher le volume parmi ceux qui ont été emportés en France. Il y a justement un autre chansonnier provençal du Vatican qui est resté à Paris avec le 12473; c'est le *Français* 12474 (ancien *Vat.* 3794) [3]. Celui-ci est en parchemin, in-4°, du xive siècle, et contient soixante-huit poètes marqués à la table; il a, il est vrai, 268 feuillets au lieu de 278, mais cette unique différence dans la description peut être attribuée à une faute typographique. Il n'y a pas lieu de douter, je crois, que ce soit bien là le manuscrit vu par Bossi.

L'hypothèse que ce chansonnier ait appartenu à Bembo n'a aucune raison d'être : il n'y a point de trace de son écriture. En revanche, une main du même temps, souvent mentionnée devant notre lecteur, apparaît dans toutes les marges ; elle montre que le manuscrit a été possédé et étudié par un fervent adepte des études provençales au commencement du xvie siècle. Mes recherches à la Vaticane ont permis de reconnaître sans hésitation la main d'Angelo Colocci [4]. Cette constatation n'est

annotations du 12473, seuls autographes de Bembo avec lesquels je puisse faire une comparaison directe.
1. Dans les notes de la traduction de Roscoe déjà citées, vol. X, p. 100 (Milan, 1820). M. Cian en parle, *l. c.*, p. 78.
2. Croirait-on qu'au même passage le même Bossi attribue à a bibliothèque de Bembo le grand Térence à peintures de la Vaticane, et qu'il donne 901 pages au Virgile de Bembo, qui a 75 feuillets?
3. 10 ff. de table, 1 f. blanc, CCLXVIII ff. de pagination contemporaine du ms. (Pie VI). M [O] (Bartsch), G (Meyer).
4. L'identité frappera le lecteur qui comparera l'écriture des annotations de notre manuscrit avec le fac-similé, tiré du *Vat. 3450*, qui est le n° VII de nos planches, et surtout avec les grandes planches données par M. Monaci, à la fin des deux volumes de ses *Comunicazioni*. Ces derniers fac-similés sont tirés des ms. suivants : *Vat. 4803* (page annotée par Colocci), *Vat. 3217* (page entièrement autographe), ms. Colocci-Brancuti (page

pas sans utilité, car on est depuis longtemps sur la trace d'un recueil de troubadours qui avait appartenu à Colocci et qui était si intéressant qu'il avait excité l'envie d'Isabelle de Mantoue. Ce précieux volume nous est connu par une lettre de Pietro Summonte à Colocci, écrite de Naples, le 28 juin 1515 ; on y apprend que le propriétaire précédent avait été le poète catalan Cariteo, qui avait vécu longtemps à Naples et venait d'y mourir, ayant montré, « non poca destrezza in interpretar lo idioma e la poesia limosina [1]. » Le manuscrit de Cariteo, que Summonte procura à Colocci, est évidemment celui sur lequel a le plus travaillé Colocci, c'est-à-dire le nôtre [2]. Il est entré au Vatican avec le reste de la bibliothèque de l'humaniste [3] ; c'est celui qu'Orsini a examiné et étudié, et où il a trouvé des pièces d'Arnaut Daniel, le poète qu'il regrettait, nous l'avons vu, de ne pas voir figurer sur un de ses exemplaires [4] ; c'est, en un mot, le manuscrit de la Vaticane dont il parle si souvent dans sa correspondance de 1582, et qui paraît avoir été le premier recueil de troubadours qu'il ait connu [5].

Parmi les notes assez nombreuses que Colocci a mises aux marges du 12474, on trouve plusieurs fois cité un recueil provençal de Mario Equicola, qu'il semble avoir collationné avec le sien (f. XXXIII : *in libro Marii dicit* TENSON ; f. CLXXXII v° : *in libro*

---

annotée). « Tutto ciò mostra sempre maggiore la benemerenza alla quale ha diritto la memoria di quell' uomo insigne da parte di quanti coltivano la filologia neolatina. » (Monaci).
1. Lettre publiée par Lancellotti, *Poesie di mons. A. Colocci...* Iesi, 1762, pp. 91-95. (Cf. Cian, p. 70).
2. Il y a dans le manuscrit certaines mentions d'une écriture différente et un peu plus ancienne, qui est peut-être de Cariteo. Faut-il y voir celle que les savants romains, en 1582, osaient attribuer à Pétrarque ?
3. On le retrouverait sans doute dans l'inventaire indiqué p. 80, note 5.
4. Elles sont ici aux ff. 143-144.
5. Une lettre d'Orsini à Pinelli mentionne le manuscrit de Colocci comme admirablement conservé. Je cite tout le passage, qui est intéressant à divers égards : « Ho veduto la informatione che lei me da intorno alli miei quesiti per il libro de provenzali [12473]. In somma questo vostro è ben più copioso, ma il nostro Vaticano [12474] è più conservato, non havendo sorte alcuna di mancamento, ne smarrimento di lettere in luogo alcuno. Onde io vado dubiando ch' il nostro ch[mo] [Mocenigo] non habbia voglia di darlo, poiche stante queste conditioni, che detraeno assai alla bellezza del libro, ne chiede cosi escessivo prezzo. Io non ho veduto mai vendersi libro a cotesto prezzo, se non il [Gregorio] Nazanzeno, che comprò il car[le] [Antonio] Carafa dalli eredi del [Annibal] Caro ; ma veda V. S. de gratia che conditione de libro : è un volume di foglio reale, di ottocento carte, anziche di più di 700 anni... » (*Ambros. D.* 423 *inf.*, f. 295 ; 18 décembre 1582). Cf. plus loin, p. 321.

Equicoli deest). Ce chansonnier doit être celui qu'il emprunta, en 1531, à la bibliothèque du château de Mantoue, dont Equicola était un des familiers [1]. Laissant à d'autres le soin de pousser plus loin les recherches de ce côté, nous établirons que le 12474 n'est pas le seul des recueils provençaux connus qui doive être rattaché à la bibliothèque de Colocci. Nous en trouvons un second, beaucoup moins intéressant il est vrai, parmi les manuscrits d'Orsini. Notre Romain possédait, en effet, une copie du manuscrit de Colocci, qu'il offrit à Mocenigo en 1584, pour le dédommager en partie de la cession de son grand recueil. Mocenigo préféra simplement les cent écus d'or et laissa à Orsini la copie en question. Celle-ci avait appartenu au même propriétaire que son propre original ; Fulvio nous l'affirme, et il était placé pour être bien informé ; elle était sur papier et avait été probablement faite pour servir à Colocci lui-même. On ne peut hésiter à l'identifier avec le 3205 < M. M. 25 >, le seul manuscrit provençal sur papier qui provienne d'Orsini. Ce manuscrit est annoté par Colocci [2], et, ce qui prouve son origine d'une manière indiscutable, c'est l'identité, depuis longtemps constatée, de son contenu et de celui du manuscrit de Paris. Le 3205 est donc une copie exécutée directement sur le 12474, dans la première moitié du xvie siècle [3] ; il a servi comme manuscrit de travail et peut avoir, à ce titre, quelque intérêt ; mais il n'a aucune espèce de droit à figurer parmi les sources d'étude de la poésie provençale [4].

1. Le prêt d'un manuscrit de ce genre à Colocci est attesté par un document que M. Cian a tiré de l'*Archivio Gonzaga* à Mantoue, et qu'il a publié dans les appendices de son *Decennio*, p. 217. Sur le ms. d'Equicola, il y a à consulter le travail de M. Chabaneau. *Sur quelques mss. prov. perdus ou égarés, l. c.*, pp. 10-11, et les renseignements de M. Rod. Renier, dans le *Giorn. stor. della letter. ital.*, vol. III (1884), pp. 102-103. Il pourrait se faire que le ms. n'eût pas appartenu à Equicola.

2. 188 ff. pap. (Pie VI). G (Bartsch), J (Meyer). L'écriture de Colocci est visible dans un certain nombre de notes marginales. Quatre feuillets additionnels contiennent des traductions italiennes de pièces provençales, des scholies explicatives parfois curieuses, et des glossaires provençaux italiens, où l'on peut reconnaître la main d'Orsini. Je m'abstiens de donner sur ce ms. et les suivants, des renseignements plus complets, car ils doivent être prochainement l'objet de travaux spéciaux.

3. On a peine à comprendre les erreurs de date de M. Grüzmacher, décrivant le ms. *Archiv.*, t. XXXV pp. 84-85 : il attribue la copie au commencement du xviie siècle, peut-être à la fin du xvie, tandis qu'elle est certainement de la première moitié : pour les feuillets additionnels, écrits dans la seconde moitié du xvie siècle, il les croit sans hésiter du xviiie !

4. Le ms. de Bologne, décrit par M. Mussafia (*Del codice Estense*, Vienne, 1867), contient une autre copie du ms. de Colocci.

A la fin du recueil original de Colocci, le propriétaire avait placé une lettre de Bembo, à lui adressée, qu'Orsini lisait encore et qui est malheureusement perdue. Cette lettre de Bembo était relative à un recueil de poètes provençaux qu'il possédait et qui est le 12473 actuel. Le témoignage est assez intéressant pour les rapports de Colocci et de Bembo dans l'érudition provençale ; il est donné par Orsini, au moment même où il négocie avec Mocenigo, dans une lettre à Pinelli du 19 novembre 1582 : « Hò qui in libreria del Papa, *un foglio* con una lettera del car.^le B°. al Colotio, dove li manda li nomi di tutti poeti provenzali, e li principii di ciascuna cosa, che si contiene in detto libro [12473], e questo foglio è dietro il libro de provenzali del Colotio, del che io hò scritto à V. S. haver copia e sono poeti LXVI [12474] »[1]. Dans la lettre du 4 décembre, les renseignements sont complétés ainsi : « ...*Quelli fogli* che io dissi à V. S. de provenzali in libreria Vaticana sono tre, e vi sono nomi di piu di cento poeti. Non credo sieno d'uno libro, ma di più. Non hò commodità di farli copiare, e poco importa, perche desiderando io quello del Magnifico per rimetterlo con quelli altri, me conviene pigliarlo tale quale è »[2].

Indépendamment du manuscrit qui est venu à Orsini par la voie de Mocenigo, il y a d'autres chansonniers provençaux de Bembo qui doivent se retrouver chez lui. Nous avons deux acquisitions bien constatées par nos correspondances, l'une en 1582, l'autre en 1584[3]. Pour reconnaitre la seconde, il y a un renseignement très précis : dans sa lettre du 11 février 1584, Orsini, qui était depuis longtemps à la recherche des souvenirs d'Arnaut Daniel, exprimait sa joie d'avoir trouvé douze Canzones de ce troubadour dans le manuscrit qu'il venait d'obtenir de Bembo[4]. Il se trouve précisément qu'un des nôtres renferme ce nombre de pièces avec le nom d'Arnaut Daniel, et il ne s'en

---

1. *Ambros. D. 423 inf.*, f. 291. — Plus haut, p. 108, note 2, analysant le passage imprimé ici, j'ai fait par erreur rapporter les mots *et sono poeti LXVI* au ms. de Bembo ; la lecture plus attentive m'a détrompé.
2. Même ms., f. 293. Orsini n'avait pas encore de détails sur le ms. de Mocenigo.
3. V. plus haut, pp. 104 et 107.
4. V. p. 107, note 1 (lettre du 11 février 1583). Orsini avait essayé d'avoir ce manuscrit dès 1582, comme en témoigne ce passage de la lettre du 19 novembre : « Penso che detta *Prose* sieno di mano del cardinale Bembo, secondo la nota di V. S., che altramente non intendo volerle et in suo luogo potria subintrare questo volume de provenzali, dove fosse Arnaldo, se per caso si sarà trovato ».

trouve qu'un seul. C'est le 3207 < M. M. 23 >[1] ; on conclura sans doute, avec nous, que c'est bien celui de Bembo[2].

Pour l'acquisition de 1582, l'identification est, au premier abord, moins facile. Pinelli nous dit bien qu'on y voit « Folquet de Marseille et autres dont se servit Pétrarque »[3]; mais les deux volumes qui nous restent, le 3206 et le 3208, contiennent l'un et l'autre des pièces avec le nom de Folquet de Marseille. Un second renseignement fourni par Orsini n'est pas plus utile : il se plaint, en le recevant, de n'y avoir rien trouvé d'Arnaut Daniel[4]. Le 3208 ne contient rien de ce poète ; le 3206 a, au contraire, plusieurs pièces de lui ; mais, à y regarder de près, il devait être aussi considéré par Orsini comme n'en contenant pas, car elles y sont anonymes[5]. Les deux chansonniers répondraient donc également aux indications de la correspondance, si un mot d'Orsini lui-même ne venait nous tirer d'embarras : il dit du manuscrit reçu en 1582, qu'il est *mal trattato*[6]. Le 3206 < M. M. 24 > justifierait seul cette dernière observation : il est fort incomplet ; la numérotation des pièces, de main postérieure, qui se trouve en marge, commence au n° *xvj* ; de plus, au feuillet 33, elle saute de *lx* à *lxxxxiij*[7]. C'est là, sans aucun doute, un recueil bien « maltraité », et, du même coup, je suppose, un volume de plus restitué à la bibliothèque de Bembo.

En résumé, voici nos conclusions sur l'origine des manuscrits provençaux dont il vient d'être question :

---

1. 61 ff. parch. (Pie IX). H (Bartsch), L (Meyer). Décrit par M. Grüzmacher, *Archiv.*, t. XXXIV, pp. 385 sqq.; cf. E. Stengel, dans la *Zeitschrift für rom. Phil.*, 1877, I, pp. 93-94, et les travaux de MM. Bartsch et Mussafia. M. Monaci a donné quatre pages, dans ses *Facsimili di antichi mss. per uso delle scuole di filol. neolat.*, Rome, 1881, pl. 3-4. Le dernier travail sur le ms. vient de paraître dans la *Zeitschrift für rom. Phil.*, 1886, X, pp. 447 sqq. Pakscher (*Randglossen von Dantes Hand?*); il est fort important. — Les pièces d'Arnaut Daniel vues par Orsini sont aux ff. 9-12, 35 v°, 41 v°.

2. Cela n'empêche nullement que ce ms. ait pu être étudié par Giov.-Maria Barbieri († 1574). S'il a vu aussi le 12473, comme le veut M. Pakscher, on doit peut-être conclure que le savant de Modène a travaillé dans le *Studio* de Bembo.

3. Lettre XVIII de l'Appendice II.

4. Cf. p. 107, note 5. Pinelli réplique dans la lettre XXI, qu'il doit y avoir, en cherchant bien, quelques compositions d'Arnaut Daniel.

5. Grüzmacher, *l. c.*, p. 422.

6. Cf. la note 5 de la p. 107 (lettre du 2 août). Le mot implique pour Orsini l'idée de *mutilation* (cf. par ex., lettre XIII de l'Append. II).

7. 148 ff. parch. (plats Pie VI, dos Pie IX). L [V] (Bartsch), K (Meyer). Ce tout petit volume est décrit par M. Grüzmacher, *l. c.*, pp. 418 sqq.

Le *Parisinus* 12473 (anc. *Vat.* 3204, fonds Orsini) a bien appartenu à Bembo, puisqu'il porte des notes de sa main ; rien ne prouve qu'il ait antérieurement appartenu à Pétrarque.

Aucun signe extérieur n'indique que le *Paris.* 1749 vienne de Bembo.

Le manuscrit d'Este a appartenu à Bembo ou a été étudié par lui.

Le *Paris.* 12474 (anc. *Vat.* 3794) est le manuscrit de Colocci et il porte des annotations de sa main.

Le *Vat.* 3205 (fonds Orsini), copie sans valeur du précédent, a aussi appartenu à Colocci.

Les *Vat.* 3206 et 3207 (fonds Orsini) ont fait partie de la collection de Bembo.

Parmi les chansonniers provençaux qui ont appartenu à Fulvio Orsini, il n'y a, on le voit, que le 3208 < M. M. 22 > dont je ne puisse connaître la provenance entre ses mains [1]. M. Cesare de Lollis, qui vient de donner une édition paléographique de ce recueil, n'a pas été plus heureux sur ce point [2]. Il a, du reste, remarqué avec raison que les trois feuillets de papier qui sont à la fin, et dont les deux premiers contiennent un glossaire provençal, formaient à l'origine un seul tout avec les quatre feuillets de papier du 3205 et ont dû en être séparés par une erreur de reliure. C'est ce glossaire, qui a été peut-être en un temps accompagné d'un texte, qu'Orsini paraît désigner dans son Inventaire sous le nom de « grammatica di Leonardo provenzale ». Sans rien affirmer à ce sujet, ne peut-on pas rapprocher ce renseignement de celui que fournit une lettre d'Orsini du 9 juillet 1583, et supposer que la grammaire réunie par lui à son numéro 22 était celle qu'il avait reçue de Pinelli [3] ? Ne peut-on pas supposer aussi, ce qui serait plus intéressant, que ce volume encore vient de la collection de P. Bembo ? Dès 1582, c'est-à-dire à un moment où la correspondance ne nous a fait constater qu'une seule acquisition provençale chez Torquato Bembo, Orsini écrit à Pinelli : « Hò veduto come V. S. hà scoperto paese per conto de provenzali. Il mio parere saria di scriverli [à

---

1. xcvi pp. parch. (Pie VI). O [K] (Bartsch), M (Meyer). Il commence précisément sur la première pièce de Guillaume de Saint-Didier, traduite en tête des ff. additionnels du 3205. A la fin, 3 ff. de papier contiennent un glossaire et une table alphabétique du ms., de la main d'Orsini.
2. *R. Accademia dei Lincei*, ann. *1885-86. Il Canzoniere Provenzale O* (cod. *Vat. 3208*), *comunicat. del dott. Ces. de Lollis*, Rome, 1886.
3. V. plus haut, p. 109, note 3.

Mocenigo] una lettera, laquale fosse accompagnata dalli officii di V. S. et nella lettera lo richiederei di questo libro per accompagnarlo con *li altri* che hò del Bembo *in eodem genere* »[1]. Ce pluriel semble indiquer qu'il y avait chez le savant romain un autre manuscrit provençal venant de Bembo, et dont l'acquisition aurait été antérieure aux négociations de 1582 : ce ne pourrait être que le 3208.

Quoi qu'il en soit de cette hypothèse, qu'il est plus sûr d'écarter de nos conclusions, il faut reconnaître que le 3208 a quelque importance pour les études provençales d'Orsini. Nous savons qu'il recevait des leçons de certains « gentilshommes limousins »[2]; il paraît avoir assez bien profité de leur enseignement, et le dernier feuillet de notre manuscrit contient même, écrite de sa main, une table intéressante des pièces. M. de Lollis a justement observé qu'il a eu pour but, en faisant cette table, de rechercher et de fixer le nom des auteurs restés anonymes dans le manuscrit, au moyen de comparaisons avec le contenu d'autres recueils. Nous savons maintenant quels étaient ces recueils : celui qui a été le plus consulté est le 12474 (ou sa copie 3205), qui contient la plus grande partie des compositions du 3208, et celui qui est désigné par les mots *in magno, nel grande*, est évidemment le 12473, dont le format et l'étendue justifient également cette épithète[3]. Orsini, on le voit, n'a pas été un simple collectionneur de manuscrits provençaux ; il a essayé de les étudier ; et ces efforts lui vaudront une place plus honorable encore dans l'histoire de la philologie romane, à la suite des anciens possesseurs de ses livres, Colocci et Bembo.

Avant de quitter la bibliothèque du cardinal Bembo, il semble utile de résumer les résultats auxquels nous sommes arrivés et de réunir les débris de cette collection mémorable. Le tableau d'ensemble qui va suivre comprend une cinquantaine de manuscrits, dont un quart seulement était déjà rattaché à Bembo[4]. Les crochets sont mis à ceux dont l'attribution reste encore douteuse, et l'astérisque à ceux qui figuraient certainement

---

1. *Ambros. D.* 423 *inf.*, f. 291 (lettre du 19 novembre). *Altri* [*provenzali*]?
2. Voir notre p. 65.
3. M. de Lollis (p. 7) s'est assuré que les indications correspondent bien au ms. de Paris.
4. C'est, si l'on veut, un essai de restitution de la bibliothèque manuscrite de Bembo ; mais il est volontairement incomplet puisqu'il ne comprend que les manuscrits étudiés ou mentionnés dans le livre.

ans la bibliothèque de Bernardo Bembo[1]. Le premier chiffre st la cote actuelle du Vatican; la page indique le principal assage où il est parlé du manuscrit.

Manuscrits grecs.

	Pages
[Euclide et Théon, 1295...	181, 184]
Aristide, 1298......	171, 184
Denys d'Halicarnasse, 1300 ...	185
Pindare, 1312.....	183
Lucien, 1322 ou 1325. ...	185
Strabon, 1329....	184
Xénophon, 1335............	184
Oppien, 1345.....	184
Hérodote, 1359....	146, 184
Th. Métochita, 1365......	185
Synésius, 1394........	184, 228
[Grammaire de C. Lascaris, 1401. ..	152]
[Traités mathématiques, 1411......	184]
Aristote...........	104, 185
Théocrite et Hésiode....	185 [3]

Manuscrits latins.

Virgile, 3225.......		225
*Térence, 3226..		237
*Cicéron. *Orationes*, 3232......		241
*Cicéron. *De legibus*, 3245. .		193
**Lusi* de Virgile, 3252....		239
*Stace, 3283........		241
Isidore de Séville, 3320.		242
Tite-Live. *Decas I*, 3329. .		242
* Id.	*Decas III*, 3330.......	194
* Id.	*Decas IV*, 3331...	194
*Pétrarque. *De remediis*, 3354......		294
Id.	*Epistolae*, 3355.., ...	294
* Id.	*Vita solitaria. Itinerarium*, 3357	291

1. On remarquera qu'aucun des mss. grecs n'a l'astérisque : cela n'établit pas que Bernardo n'en ait point possédé, mais seulement qu'il n'y a pas de preuve positive de cette possession.
2. Il a été dit un mot, p. 183, note 1, d'un ms. de Ptolémée, sur lequel on ne sait rien, et qui pourrait être un texte, complet ou non, copié par Bembo lui-même, aussi bien qu'un ms. ancien. — Rattacher aux mss. grecs de Bembo le 1347 (p. 186), qui peut tenir lieu d'un original égaré.

	Pages
*Pétrarque. *Bucolicum carmen*, 3358	285
* Id. De ignorantia, 3359	289
*Boèce, 3362	
Brefs de Léon X, 3364	242
* Contarini, 3365	240
* Landino, 3366	240
[Sénèque le rhéteur, 3376	242][1]
Pétrarque. *Epistolae*	294
Poèmes de Politien	209
Saint Augustin. *De Civitate Dei*	104, 137
Id. *In Psalmos*	103
Tertullien	107[2]

Manuscrits en langues modernes.

Pétrarque, 3195	279
Fragments de Pétrarque, 3196	281
Pétrarque et Dante, 3197	307
* Dante, 3199	303
* Brunetto Latini, 3203	301
Chansonnier provençal, *Paris. fr.* 12473	313
Id. 3206	322
Id. 3207	322
[Id. 3208	323]
Manuscrit français, 3209	311
Prose de Bembo, 3210	309
Cento novelle, 3214	309
Chansonnier d'Este	315
Decameron	279[3]

La bibliothèque de Pétrarque et celle de Bembo sont les seules collections représentées dans le fonds moderne d'Orsini autrement que par des unités. Plusieurs autres manuscrits sont de provenance illustre, mais isolée. Un très beau recueil de poètes italiens, le 3212 < M. M. 9 >, vient du marquis Louis III de Gonzague, le protecteur de Guarino, de Mantegna et de tant

---

1. Cf. dans l'Inventaire M. L. 57.
2. Des cinq mss. latins, dont je n'ai retrouvé que la trace, les deux derniers ont appartenu au cardinal Sirleto. — On a vu, p. 251, pourquoi la copie d'Antonio da Tempo du 3436 semblait attribuée à tort à la bibliothèque de Bembo. — Il y aurait lieu de vérifier le témoignage toujours suspect de Bossi sur un Pline à miniatures du Vatican (*l. c.*, p. 100), et celui de Tommasini sur des mss. de Padoue (cité p. 236, note 2).
3. On a vu, p. 310, pourquoi je ne fais pas figurer ici le choix d'anciens oètes, 3213.

d'autres artistes et lettrés ; il a été exécuté pour le marquis de Mantoue lui-même († 1478), comme en témoigne le titre de la table : *Al nome di Dio Amen. Qui incomincia la tavola di tutte canzone morali et capitoli et stanze et opere che sono scripte in su questo libro, el quale e stato scripto a contemplatione del Illustrissimo signore Messer Lodovico da Gonzaga marchese di Mantoa et cet. Sono opere di piu valentissimi huomini, li quali qui da pie per ordine tutte notate saranno*. Au frontispice, au bas d'un encadrement très chargé d'ornements, est un magnifique écusson de Louis III, flanqué des deux lettres d'or *I-A* [1].

Moins célèbre est le propriétaire d'un Dante du xive siècle, le 3200 < M. M. 15 >, dont la souscription fournit également le nom du copiste : *Explicit quedam expositio super tribus libris Dantis edita a filio suo. — Iste liber est mei Niccholai Guidonis de Forestis de Florentia, etc. Amen. — Ego Philippus quondam s[i] Honofrij s[i] Pieri de remformationibus de Florentia scrissi istum librum Dantis Aldegherij* [2]. Ce volume paraît être venu de Naples à Orsini, en 1584, par l'entremise de Gianvincenzo della Porta [3]. Le possesseur primitif ne m'est pas connu.

La copie des *Rime* complètes de Pétrarque contenue dans le 3198 < M. M. 19 >, se rattache presque incontestablement à la famille des Albizzi, dont le blason se reconnaît au frontispice de l'élégant volume [4]. Rien n'indique, il est vrai, qu'on puisse le rapporter à la bibliothèque de Rinaldo degli Albizzi ; l'exécution du recueil paraît même postérieure à la mort de l'illustre florentin. Un magnifique portrait de Pétrarque, sur fond bleu, d'une exécution très-fine, occupe la seconde page ; si mes souvenirs sont exacts, l'artiste s'est inspiré du célèbre profil de la Laurentienne ; en tous cas, son œuvre est parfaitement digne

---

1. 261 ff. parch. (Pie IX). F. 1, table ; f. 7, frontispice : « *Canzon di felicitate di M. Leonardo d'Arezzo. Longa question fu già tra vecchi saggi*... » Toutes les initiales sont dorées et ornées.

2. Gros vol. de parch. non paginé ; le dos de la reliure a été refait sous Pie IX : les gardes ont dû se perdre sous Pie VI. Les mêmes observations s'appliquent au 3201 <M. M. 14>, si ce n'est qu'il est sur papier. Dans ce dernier ms., le texte de Dante n'est pas tout à fait complet, et les *catenae* ne vont même pas jusqu'à la fin du volume.

3. Cf. la fin de la lettre XXV de l'Appendice II.

4. 243 ff. parch. (Clément XII). xve siècle. F. 1, table des canzones, sonnets et triomphes de Pétrarque, et des pièces de Dante, suivie de la mention d'un propriétaire de l'an 1516, que je ne retrouve pas dans mes notes ; f. 10, frontispice et blason (cf. Bibl. Nat. de Paris, *Ital.* 1397, f. 15) ; f. 187, Vie de Pétrarque, par Léonardo Bruni ; f. 193, canzones et sonnets de Dante ; f. 233, Vie de Dante, par Bruni.

d'en être rapprochée[1]. — Nous ne quittons pas Florence, ni la série des manuscrits de luxe, avec les *Rime* de Laurent le Magnifique, le 3219 < M. M. 12 > ; ce volume renferme, à la suite des poésies, le commentaire de Laurent[2] ; il emprunte quelque intérêt à sa possession par un cardinal de la famille des Médicis, dont il porte les armes[3].

On ne saurait accorder trop de prix aux autographes de Sannazar, qu'avait réunis Orsini, et dont l'un figure parmi ses manuscrits modernes, les autres dans son fonds latin. Le premier est le texte de l'*Arcadia*, aujourd'hui 3202 < M. M. 33 >, d'une transcription soignée, sans ratures ni corrections, et où les noms propres et les divisions de l'ouvrage sont mis aux marges à l'encre rouge par l'auteur lui-même[4]. Le fameux poème *De partu virginis* est très intéressant à lire dans l'original même, qui est le 3360 < M. L. 298 > ; ce bel exemplaire contient des notes, des corrections, des vers ajoutés après réflexion[5] ; il serait à comparer avec un autre exemplaire plus connu, celui de Florence, le *Laurentianus XXXIV*, 44. Il serait, du reste, utile de faire une recherche complète des autographes de Sannazar, qui paraissent assez nombreux[6]. On ne devrait point oublier le 3361 < M. L. 59 >[7]. Il comprend une suite de cahiers

---

1. Le portrait signalé ici a été communiqué à Tommasini par Cassiano dal Pozzo, en 1630. V. *Petr. red.*, 2ᵉ édit., p. 2.

2. 226 ff. parch., reliure ant. Jolies lettres ornées. Une note manuscrite d'Orsini, placée entre les gardes, porte : « La canzone che incomincia *Ragionasi di sodo* con le seguente poesie insino al fine non sono stampate ». Cette canzone est au vº du f. 106 ; au f. 150 est la préface du commentaire ; au f. 159 vº, le commentaire lui-même.

3. Orsini avait un autre ms. des poésies de Laurent de Médicis, qui est aujourd'hui le 3218 < M. M. 13 > : 50 ff. pap., couverture de parch. Plusieurs mains. Dans la première partie, qui est la plus soignée, le commentaire entoure les sonnets en forme de *catena*. Quelques variantes marginales.

4. 67 ff. pap. (Pie IX). Timbre de la Bibliothèque Nationale. Le poème est autographe, sauf le f. 61 et des parties de feuillets voisins réparées après coup. Il se termine au f. 66 ; le f. 67 contient quelques vers isolés.

5. 33 ff. pap.

6. Sur ce sujet, cf. Ant.-Franc. Gori, préface à l'édition florentine du *De partu Virginis*, 1740, et Bandini, dans son catalogue, t. II des mss. latins, 1775, p. 161. Chacun sait qu'il faut consulter les travaux de M. Torraca sur Sannazar ; mais, puisque je parle d'autographes, je me permets de rappeler ceux de Londres, qui viennent de servir à l'aimable publication de M. E. Nunziante, *Un divorzio ai tempi di Leone X, da XL lett. ined. di Jacopo Sannazaro*. Rome, Pasqualucci, 1887.

7. 133 ff. pap. (Pie IX). F. 1, élégies ; f. 64, épigrammes. Angelo Mai ne semble pas avoir eu connaissance de notre manuscrit qu'il ne mentionne pas en publiant du Sannazar inédit. Voir sa note : « Subieci inedita aliquot Sannazarii praedicti carmina, quae in eius autographo Vindobonensi (cuius

d'élégies et d'épigrammes latines de l'écrivain napolitain ; les mêmes pièces sont répétées dans plusieurs cahiers avec des variantes différentes ; beaucoup sont entièrement refondues ou annulées ; on trouve çà et là des tables, et le calcul du nombre de vers contenus dans les diverses séries de pièces ; on peut s'y rendre compte de la manière dont travaillait l'auteur.

Sannazar est un poète exquis ; Michel-Ange, dans ses heures d'écrivain, fut un grand poète. Aussi l'autographe de ses sonnets, conservé par son contemporain Fulvio Orsini, est-il un des plus précieux volumes de notre collection [1]. C'est le 3211 < M. L. 8 > ; il contient, outre les vers de Michel-Ange, la première rédaction de plusieurs de ses lettres et quelques fragments de prose, pour lesquels le grand nom de Michel-Ange autorise à une description minutieuse [2]. Il est fâcheux que M. Milanesi n'ait pas dépouillé notre petit recueil pour sa belle édition des *Lettere*, imprimée à l'occasion du centenaire [3] : il y aurait trouvé les minutes autographes de quelques pièces qu'il publie d'après des originaux d'une rédaction différente ou d'après les *Lettere Pittoriche*, n'ayant pu mettre la main sur l'original ; on voit une fois de plus, pour celles-ci, combien Bottari a modifié arbitrairement les textes qu'il a imprimés. Les curieux se reporteront à notre manuscrit pour une lettre à Vasari, que donnent les *Pittoriche* et qui est reproduite par M. Milanesi ; l'éditeur l'a corrigée d'après une copie contemporaine ; il aurait pu le faire d'après un fragment que nous trouvons dans notre volume et qui aurait eu l'avantage de lui fournir des dates sûres [4]. Ce fragment est relatif au projet d'escalier pour la biblio-

---

go italum vidi exemplar) adhuc latebant ». (*Spicil. rom.*, t. VIII, Rome, 1842, p. 488). Sur les autographes de Vienne, voir la note 1 de notre p. 133.

1. Sur les rapports de Michel-Ange avec Orsini, v. plus haut pp. 15 et 32.

2. CIII ff. pap., écrits. Les premiers ff. sont la copie d'un secrétaire, avec adjonctions et retouches de la main de l'auteur ; ce n'est qu'au f. XXII v° que commencent les feuillets entièrement écrits par Michel-Ange et réunis artificiellement.

3. *Le lettere di Michelangelo Buonarroti pubbl. coi ricordi ed i contratti artistici per cura di Gaet. Milanesi*, Florence, 1875. M. Milanesi ne cite qu'une fois notre petit recueil de lettres ; c'est à la p. 515, à propos du billet à Vittoria Colonna ; il le publie d'après la copie de l'*Archivio Buonarroti*, prise sur le ms. du Vatican. L'original est au fol. XCIX v°. Malgré les minimes lacunes que je signale et l'absence d'index, le travail monumental de M. Milanesi n'en est pas moins définitif.

4. Fol. LXXXVII v°. Cf. Milanesi, p. 548. L'original est à l'*Archivio Buonarroti*.

thèque Laurentienne, qui ne fut pas exécuté suivant les plans de Michel-Ange. Je le cite à cause de sa brièveté et comme exemple des modifications qui survenaient dans la pensée de l'artiste entre ses deux rédactions : « [La parte] di mezzo aovata intendo pel signior, le parte da canto per servi, andando a veder la liberria ; le rivolte di decte alia dal mezzo in su in sino al riposo di decta scala sappichano col muro dal mezzo in giu in sino in sul pavimento decta scala si discosta dal muro circa quactro palmi, in modo che l'inbasamento del Ricecto non e offeso in luogo nessuno e atorno actorno resta libero, e a me par sogniare una simil cosa, e confidomi in voi che per servire il duca vostra S^a e messer Bartolomeo troverranno cose per decta scala che non sono le mia. — A di primo di gennaio 1554. — A di 26 di sectenbre 1555 ».

Ce fragment est isolé au milieu des brouillons de vers [1]. Une petite série de cinq lettres ou minutes de lettres, sans date et sans suscription, commence au feuillet xcvii. On y trouve celle qu'écrivit Michel-Ange au grand-duc de Toscane, sur l'église Saint-Jean-des-Florentins, et dont cette rédaction non expédiée est restée parmi nos autographes [2]. Il y a beaucoup de différences de texte pour un billet, bien moins important, il est vrai, du 21 avril 1554, publié par M. Milanesi d'après l'original de l'*Archivio Buonarroti* ; il est sensiblement plus long dans la minute [3]. La lettre à Cornélia, veuve d'Urbino, connue seulement par les *Pittoriche*, figure également dans notre recueil [4] : si M. Milanesi eût été renseigné sur le contenu, il y aurait trouvé la minute originale précédée d'une devise familière à Michel-Ange et bien placée en tête d'une lettre à la veuve d'un ami : *Mal fa che tanta fè sì tosto oblia* [5]. Outre le billet à Vitto-

---

1. Au fol. xcv v° est une adresse : [*Al*] *signiore e messere Bartolomeo Stella in Brescia*.
2. Fol. ci v°. Cf. Milanesi, p. 551.
3. Fol. xcviii. Cf. Milanesi, p. 300. A Lionardo di Buonarroto Simoni. Jusqu'à « altro non m'accade », les variantes sont insignifiantes ; mais la phrase « Son breve allo scrivere perche non ò tempo » est remplacée par une beaucoup plus longue. Voici la partie inédite : « Altro non m'achade circa questo. Io ti scrissi, piu mesi sono, che quando si trovassi da comperare una casa che fussi onorevole e in buon luogo, che tu me n'avisassi, e cosi ti rescrivo che quando ti uscissi fuor tal cosa, che tu me ne dia aviso, e se non ti par cosa al proposito adesso non mancar di cercare ». Entre la première rédaction et la seconde, Michel-Ange aurait donc renoncé à faire chercher une maison à Florence.
4. Fol. c. Cf. Milanesi, p. 542.
5. Cf. le billet à Vittoria Colonna.

ria Colonna, il y a encore dans le manuscrit du Vatican une lettre publiée par M. Milanesi et adressée au cardinal Rodolfo Pio di Carpi ; son original lui donnait ici le droit de négliger cette minute [1]. Parmi les autres fragments de prose que contient le 3211, j'ai remarqué sur une feuille de papier à moitié déchirée et couverte de sonnets, un petit morceau intéressant l'art, dont je restitue les premiers mots : « [Benche... pare migliore la pictura] che piu sappressa al rilievo, e'l rilievo par peggio quante piu sappressa alla pictura, però a me soleva parere che la sculptura fussi la lanterna alla pictura » [2].

Je dirai peu de chose des vers de Michel-Ange, qui forment la majeure partie du volume. Il est regrettable, on le sait, que M. Cesare Guasti se soit privé de les consulter directement pour son édition critique des *Rime*, qui n'a malheureusement pas le mérite d'être définitive [3]. L'érudit florentin, qui cite et décrit le manuscrit du Vatican, n'en connaît d'ordinaire le texte que par la copie faite par Michelangelo le jeune, neveu de Michel-Ange, et conservée à Florence dans la *Galleria Buonarroti* [4]. Aucun autographe de Michel-Ange n'était pourtant plus digne d'appeler l'attention des admirateurs du maître. L'ensemble est composé de feuilles volantes, qui ont été rassemblées artificiellement, souvent au préjudice de fragments qui pourraient aujourd'hui nous intéresser. Ces feuilles sont écrites dans tous les sens, parfois en caractères assez serrés, plus souvent encore de cette grande écriture si connue de Michel-Ange, qui se développe largement sur la page et qui semble mettre à l'aise la pensée. Tous les papiers sont bons au poète : il compose sur le dos d'une lettre ou au milieu d'anciens croquis. Quelques-uns de ces dessins de peintre ou d'architecte ne sont peut-être pas

---

1. Fol. xcvii. Cf. Milanesi, p. 554.
2. Fol. xcvi v°. A la fin du volume sont trois pages très serrées, toujours de l'écriture de Michel-Ange, contenant des recettes et des formules de collyres, contre les maladies des yeux. On ne peut les parcourir sans émotion en songeant que le grand homme mourut presque aveugle :

> ... Io parto a mano a mano :
> Crescemi ognor più l'ombra e'l sol vien manco,
> E son presso al cadere infermo e stanco.

3. Voir sur la question le travail de M. Carl Witte, *Zu Michelagnolo Buonarroti's Gedichten*, en tête des *Romanische studien* de M. Boehmer, liv. I (1871), pp. 11 sqq.
4. *Le rime di Michelangelo Buonarroti... cavate degli autografi*, Florence, 1863. V. la p. lv.

sans valeur [1]. Mais le grand intérêt réside dans les brouillons, dans les vers laissés inachevés ou repris avec amour, qui nous font surprendre les secrets de la composition, ses interruptions et ses tâtonnements, dans ces pages de l'inspiration première où se révèle l'essor direct du génie.

Je termine avec l'autographe de Michel-Ange la description sommaire de la bibliothèque de Fulvio Orsini. Ce dernier chapitre suffit à montrer que l'époque moderne y était dignement représentée au milieu des manuscrits classiques. Le savant du XVIe siècle qui a réuni avec tant d'intelligence une collection aussi choisie, et qui nous a conservé tant de trésors, mérite l'estime des esprits cultivés et la reconnaissance des travailleurs.

---

1. Les croquis au crayon, souvent effacés, sont généralement des études de muscles. V. par exemple le fol. LXXXVIII v°. Au fol. c, est une petite étude pour la figure de l'un des deux larrons ; elle est malheureusement mal conservée, à cause de l'écriture qui est derrière. Au fol. LXXXIV, est le profil d'une corniche à la plume ; au fol. XC, deux pilastres, etc.

INVENTAIRE DE LA BIBLIOTHÈQUE

L'inventaire de la collection léguée à la Vaticane par Orsini a servi de base à tout le travail précédent On a dû y renvoyer sans cesse au cours des quatre derniers chapitres. Sur le manuscrit qui le renferme et la façon dont il a été rédigé, le lecteur consultera le chapitre iv (pp. 116 sqq.). L'extrême incorrection du texte et les erreurs de fait qu'il renferme n'ôtent rien à l'intérêt de ce document. — Voici la méthode qui a été suivie pour l'imprimer. On a respecté l'orthographe du copiste, toutes les fois qu'elle ne nuisait point au sens ou ne provenait point d'un lapsus trop évident. Pour conserver autant que possible l'aspect extérieur de l'original, on a laissé en capitale le mot initial de chaque article et même certains autres, quand c'étaient des noms d'auteur et qu'ils servaient à éclaircir la rédaction. On a résolu les abréviations qui auraient pu arrêter un instant la lecture et maintenu la plupart des autres. Enfin, la ponctuation a été rectifiée [1].

---

1. Afin d'alléger l'index des noms à la fin du volume, on y a tenu compte seulement de ceux des notes de l'Inventaire : la plupart des noms d'auteurs qui se trouvent dans le texte sont déjà mentionnés plus haut dans la description de la bibliothèque.

INVENTARIVM LIBRORVM FVLVI VRSINI

NOTA DE LIBRI GRECI SCRITTI A MANO [*]

1. DIONE il libro 79 et 80, imperfetti, in lettere maiuscole senza accenti, ligato in corame verde et cipresso, libro di più di mille et ducento anni, in pergameno in foglio.
2. DIONE epitomato da Xiphylino, scritto di mano di huomo dotto, ligato alla greca in corame rosso, in papiro in foglio.
3. TAVOLE Astronomiche di Ptolemaeo, in lettere maiuscole con miniature antiche tocche d'oro fatte diligentemente, ligato alla greca in corame rosso, libro di più di mill' anni, in pergamena in foglio.
4. THUCYDIDE con scholij in margine, antichissimo, ristorato da Gio. Honorio, ligato alla greca in corame rosso, in papiro in foglio.
5. ARISTOPHANE le prime quattro commedie, con scholij in margine sotto nome parte di Aristophane Grammatico, parte di Demetrio Triclinio, di mano del quale è scritto il libro, ristorato da Gio. Honorio. Organo d'Aristotele. Fragmento di Stephano de Urbibus, ligato alla greca in corame rosso, in papiro in foglio.
6. DEMOSTHENE con scholij nella margine, ligato alla greca, coperto di corame rosso, in papiro in foglio.
7. ARISTOTELE l'Ethica. Problemi d'Alessandro, di Plutarco et di Theofilacto. Epistola di Michele Apostolio Byzantio, et altre cose, ligato alla greca in corame rosso, in papiro in foglio.

---

[*] Vat. 7205, f. 1.
1) V. p. 189. L'Inventaire donne indifféremment *pergameno* ou *pergamena*.
2) V. p. 169.
3) V. pp. 168 et 189.
4) V. p. 164.
5) V. pp. 143 et 164.
6) V. p. 121 et Appendice I, n° 103.
7) V. p. 140.

8. Procopio integrissimo, fù di Giorgio Cantacuzeno, tocco tutto di mano di Scipione Carteromacho, ligato alla greca in corame nero, in papiro in foglio.
9. Aristide l'orationi, piene di scholij dottissimi nelle margini. Gorgia di Platone. Oratione di Polemone sophista sopra Cynegiro et Callimacho, libro antichissimo, ligato alla greca, in corame lionato, in pergamena in foglio.
10. Aristotele tutte l'opere naturale, et de historia animalium, tutte in un volume in pergamena, libro conservatissimo, ligato alla greca in corame lionato.
11. Aphtonio con scholij in margine. La Rhetorica di Hermogene. Dionysio Halicarnasseo de compositione nominum, ligato alla greca in corame lionato, in foglio.
12. Plutarco le vite, ligato alla greca, in corame rosso, scritto in papiro in foglio.
13. Pindaro tutto integro con scholij et commenti nelle margini, libro antichiss° in papiro, ligato alla greca, coperto di corame nero, in-4 foglio.
14. Dionysio Halicarnasseo l'Historia Romana, in carta pergamena, antichiss° ligato alla greca, coperto di corame lionato, in foglio.
15. Suida libro antichiss°, tocco in alcuni luoghi di mano di Constantino Lascari, ligato in corame rosso levantino, scritto in papiro in foglio.
16. Sopatro rhetore. La Rhetorica d'Aristotele, con commento de innominato autore et di Stephano, libro tocco dal Carteromacho, ligato alla greca in corame versicolore, scritto in papiro in foglio.
17. Diogene Laertio opuscoli di Theophrasto. Fragmento dell' Odissea d'Homero, libro antichiss°, ristorato da Gio. Honorio,

---

8) V. p. 180.
9) V. p. 190.
10) V. p. 173.
11) *Vat.* 1327. 260 ff. pap., rel. mod. F. 1, prolégomènes; f. 5, Ἀφθονίου προγυμνάσματα (scholies récentes); f. 37, Hermogène; f. 239, *Caractères* de Théophraste; f. 244, Denys, xv° siècle.
12) *Vat.* 1310. 329 ff. pap., belle rel. ant. estampée. Commence par Alexandre et César, finit par Galba et Othon (dix-huit biographies). xv° siècle.
13) V. p. 183.
14) V. p. 185.
15) V. p. 154.
16) V. p. 181.
17) V. p. 165.

et ligato in cipresso alla greca, coperto di corame rosso levantino, in papiro in foglio.
18. Homero l'Iliade, in carta pergamena, libro antichiss° con paraphrase interlineare et scholij nelle margine, ligato alla greca in corame lionato, in foglio.
19. Euclide integrissimo, col commento di Theone et altri scholij scritti di mano di Scipione Carteromacho, ligato in corame lionato, in pergamena in foglio.
20. Innominato auctore sopra tutta l'Iliade d'Homero, con scholii dottissimi et non stampati, libro ligato alla greca, coperto di corame lionato, scritto in papiro in foglio.
21. Arato et Lycophrone, in pergamena, libro antichiss° con scholij nelle margini, coperto di corame lionato, in foglio.
22. Eusebio de praeparatione Evangelica, tutto tocco di mano del Parrhasio, libro integriss°, in corame lionato, scritto in papiro in foglio.
23. Iosepho l'archaeologia, tocco di mano d'Hermolao Barbaro, in corame lionato, in pergamena in foglio.
24. Theophrasto integrissimo, tutto tocco di mano d'Hermolao Barbaro, coperto di corame nero, in papiro in foglio grande.
25. Herodoto, che fù di Theodoro Gaza, libro integro, ligato in corame rosso, scritto in papiro in-4 foglio.
26. Argonautica d'Apollonio Rhodio, in corame rosso, in papiro in-4 foglio.
27. Epistolario greco scritto di mano di Scipione Carteromacho, ligato in corame versicolore, in papiro in-4 foglio.

18) *Vat.* 1315. 558 ff. parch. (2 vol., Pie IX). L'*Iliade* est complète, mais commence seulement à I, 23. La paraphrase est à l'encre rouge, sur une ligne ménagée entre chaque vers; scholies margin. de mains diverses. xiv° siècle.
19) V. p. 181.
20) *Vat.* 1321. 435 ff. pap., rel. ant. Il y a, non seulement une suite de scholies sur l'*Iliade*, mais une encore sur l'*Odyssée*, commençant au f. 257. xvi° siècle.
21) *Vat.* 1307. 112 ff. parch. (Pie IX). Une main moderne a écrit au commencement et à la fin du ms. : *Arato et Chassandra*; c'est ce qui a trompé Orsini. En réalité, il n'y a dans le ms. actuel que l'*Alexandra* entourée de magnifiques *catenae*. xiii° siècle. Sur le texte, cf. Scheer, *Rhein. Mus.*, nouv. sér., vol. XXXIV (1879), p. 282.
22) V. p. 148.
23, 24). V. p. 166.
25) V. p. 146.
26) V. p. 184.
27) V. p. 178.

28. Epistolario greco integrissimo, scritto di mano di Constantino Lascari, con moltissime epistole di più che nell' altri, libro ligato in corame rosso, in papiro in-4° foglio.
29. Euripide antichissimo, con scholij nelle margini. Hesiodo, con scholij nelle margini, ligato alla greca in corame lionato, in papiro in-4° foglio.
30. Homero la Batrachomyomachia. Versi di S. Gregorio, et di S. Amphilochio. Psello sopra le Meteore. Aristotele de mundo. Macrembuli aenigmata. Ammonio. Cornuto de Dijs. Orpheo de terrae motibus. Epicteto. Commento nelli predicamenti d'Aristotele. Pythagora, libro che fù di Georgio Valla, ligato alla greca in corame nero, in papiro in-4° foglio.
31. Oppiano de Piscibus con scholij copiosissimi, et Euripide, libro antichiss°, ligato alla greca in corame lionato, in papiro in-4° foglio.
32. Demosthene l'orationi, libro antichiss° et integriss°, ligato alla greca in corame rosso, scritto in papiro in foglio maggior che 4°.
33. Achille sopra Arato. Hipparcho. Harmonia di Euclide, ligato alla greca in corame rosso, scritto in papiro in-4° foglio.
34. Aristotele la topica, con scholij. Aphthonio, libro di musica. Nicetae Heracliensis varia, libro antichiss° et in alcuni luoghi tocco da Hermolao Barbaro, ligato alla greca in corame nero, in papiro in-4° foglio.
35. Hesiodo, con commento. Pindaro, con scholij sopra l'Olympici. Euripide l'Hyppolyto et Medea. Lycophrone, ligato alla greca in corame rosso, in papiro in-4° foglio.
36. Xenophonte alcune opere, scritte di mano di Georgio Chrysococca. Andronico Peripatetico περὶ παθῶν. Synesio et Aristotele περὶ ἐνυπνίων, con scholij del Gaza nelle margini et un Epigramma in fine del libro al Filelfo, al quale il Gaza scrisse il libro, tocco in alcuni luoghi da esso Filelfo, e ligato alla greca in corame lionato, in pergamena in foglio.

28) V. p. 152.
29) V. p. 121.
30) V. p. 167.
31) V. p. 184.
32) *Vat.* 1367. 192 ff., rel. ant. aux armes d'Orsini. Plusieurs mains du xv° siècle. Scholies. La présence de Libanius dans le ms., attestée par Rainaldi, permet l'identification.
33) V. pp. 182 et 187.
34, 35) V. p. 166.
36) V. p. 145.

37. Opuscoli XIII di Plutarco et epistole CCLVI de varij scrittori, libro antichiss° che fù di Cyriaco Anconitano, il quale nota in esso libro li nomi di molti libri veduti in Grecia, in tempo che vi fù, ligato alla greca in corame rosso, in papiro in-4° foglio.
38. Sophocle quattro tragedie, con scholij. Pindaro li Olympici, libro antichiss°, ligato alla greca in corame rosso, in papiro in-4° foglio.
39. Aeliano de proprietate animalium. Epistole di Platone, di Libanio, di Synesio et di Theofilacto, con altre cose, libro antichiss°, ligato alla greca in corame rosso, scritto in papiro in foglio.
40. Aristotele l'Ethica et l'Oeconomica et tutte l'altre cose morale, in pergamena, libro antichiss° et scholiato da huomo dotto, ligato alla greca in corame verde levantino, in-4° foglio.
41. Achille Statio delle cose di Leucippe et Clitophonte, libro antichiss° in pergamena, ristorato da Gio. Honorio, ligato alla greca in corame verde, in-4° foglio.
42. Theophylatto l'Epistole et li Problemi et altre cose, libro antichiss° in pergamena, ligato in cartone bianco, in-4° foglio.
43. Heliodoro Larisseo, τὰ ὀπτικά. Plutarco la musica. Incerto περὶ τῆς τῶν ἁπλῶν φαρμάκων δυνάμεως. Synesio πρὸς Παιώνιον περὶ δώρου. Chariclis Antithecicus (sic) contra Plotinum. Marini Neapolitani Proclus vel περὶ εὐδαιμονίας, etc. Eudociae homerocentones. Arriani Epictetus (sic) et alia, libro scritto di mano di Scipione Carteromacho, ligato in tavole, mezze coperte di corame rosso, in papiro in-4° foglio.
44. Organo di Aristotele et epistole di varij et altre cose non stampate, libro antichiss°, ligato alla greca in corame nero, in papiro in foglio minore che 4°.

---

37) V. p. 144.
38) *Vat.* 1333. 179 ff., rel. ant. F. 1, Sophocle; f. 153, Pindare. Ornements, gloses et scholies aux encres rouge et noire, celle-ci rehaussée de traits jaunes. Les sept premiers ff. sont d'une autre main. xiv° siècle.
39) *Vat.* 1376. 220 ff. (Pie IX). 5 mss. : *a*) f. 1, Elien; *b*) f. 29 a, Platon (12 lettres); *c*) f. 41, *Lucius* de Lucien; *d*) f. 49, Théophilactos; *e*) f. 57, Synésius; f. 133, Libanius (lettres); f. 189, Libanius, περὶ τῶν ὀρχηστῶν; f. 210, Lucien, περὶ ὀρχήσεως. xiv° siècle.
40) *Vat.* 1342. 133 ff., rel. ant. xiii° siècle. Cf. Fr. Susemihl, *Aristotelis quae feruntur Magna Moralia*, Leipzig, 1883, et [*Arist. Ethica Eudemia*] *Eudemii Rhodii Ethica*, Leipzig, 1884.
41) V. pp. 164 et 190.
42) V. p 189.
43) V. p. 178.
44) V. p. 121.

45. Scrittori varij de musica. Heronis πνευματικά, ligato alla greca in corame rosso, scritto in papiro in foglio.
46. Ptolemaeo l'harmonica, ligato alla greca in corame rosso, in papiro in foglio.
47. Hesiodo la Theogonia, col commento scritto di mano del Carteromacho. Dionysio de situ orbis. Orationi de innominato auttore. Theocrito, con scholij, et il Philoctete di Sophocle, di mano del Carteromacho, ligato in corame lionato, in papiro in foglio.
48. Theodosio Alexandrino Grammatico, in carta pergamena, antichiss°, ligato alla greca in corame nero, in-4° foglio.
49. Grammatici diversi antichi. Imagini de Philostrato con scholij. Dui libri dell' Iliade d'Homero con espositione, libro antichiss°, ligato alla greca in corame lionato, in papiro maggior che 4° foglio.
50. Grammatici varij antichi, libro ligato alla greca in lionato oscuro, in papiro in-4° foglio.
51. Homero l'Iliade, libro antichiss° con scholij bellissimi, restorato da Gio. Honorio et ligato in cipresso alla greca in corame verde, scritto in papiro in-4° foglio.
52. Luciano alcuni dialoghi, et Zozimo Ascalonita sopra l'orationi di Demosthene, libro antichiss°, ligato alla greca in corame rosso, scritto in papiro in-4° foglio.
53. Epigrammatario Graeco in carta pergamena, ligato alla greca in corame rosso, in-4° foglio.

45) V. p. 182, note 4.
46) *Vat.* 1290. 82 ff., rel. ant. estampée. xv°-xvi° siècle. Scholies, figures, ornements. F. 1, Κλαυδίου Πτολεμαίου ἁρμονικῶν α'; f. 57, Κλ. Πτ. Κεφάλαια τῆς ἀστρονομικῆς τέχνης.
47) *Vat.* 1948. V. p. 179. On a imprimé par erreur, dans le texte et dans la note 3, M. G. 118 pour M. G. 47.
48) *Vat.* 1355. 110 ff. (Léon XIII). xiv° siècle.
49) *Vat.* 1404. 331 ff. (Pie IX). xiv° siècle. Miscellanées de plusieurs mains. L'ouvrage de Philostrate est au f. 157; il y a des extraits très variés de grammairiens et de poètes, avec gloses et scholies.
50) *Vat.* 1403. 274 ff., rel. ant. estampée. xv° siècle.
51) V. p. 165.
52) *Vat.* 1407. 41 ff. (Pie IX). xiv°-xv° siècle. F. 1, Lucien (fragment); f. 6, Zosime; f. 38 v°, Tableau des mois athéniens et romains, Exordes de Démosthène.
53) *Vat.* 1372. 336 ff. de parch. très fin avec titres et initiales à l'encre rouge. C'est une copie d'amateur du xvi° siècle de l'Anthologie de Planude. La reliure est de Pie IX : mais par quelle inadvertance a-t-on collé sur la garde l'ex-libris gravé des mss. du fonds Palatin : *Sum de bibliotheca quam Heidelberga capta ...MDCXXIII?*

54. Rhetori greci. Cornuto de Dijs. Apophtegmi de philosophi, et altre cose, libro ligato alla greca in corame torchino, in papiro in foglio maggior che 4°.

55. Orphei περὶ σεισμῶν. Heronis γεωθεσία. Arato, con scholij. Hymni d'Orfeo. Planudae dialogus de Grammatica. Michael Syngelus περὶ συντάξεως, ligato alla greca, coperto di rosso, scritto in papiro in-4°.

56. Georgii Sardiani expositio in Aphthonium. Photii ἐκλογὴ ἐκ τῶν Πρόκλου χρηστομαθειῶν. Aphricanus de ponderibus et mensuris. Georgii Chrysoccae narratio quaedam et Nicolai Chalcondylae. Lascaris notae in Epigrammata Graeca. Sultan Imp. Turcarum epistolae ad Innoccentium VIII, et alia, libro ligato alla graeca in corame rosso, scritto in papiro in-4° foglio.

57. Theodosio Alexandrino Grammatico, ligato alla graeca in corame rovano, in pergamena in-4° foglio.

58. Espositione graeca sopra l'Iliade d'Homero et l'Olympici di Pindaro. Theodosio Alexandrino. Michele Syngelo περὶ συντάξεως et Epistola Trapezuntij ad Ioannem Palaeologum, libro tocco dal Carteromacho, ligato alla greca in corame rosso, in papiro in-4° foglio.

59. Pindaro li Olympici et Hesiodo con espositione, Theocrito tutto integro, con uno edyllio di più che nell' altri, ligato alla graeca, coperto di corame rosso, libro tocco da huomo dotto, in papiro in-4° foglio.

60. Historia di Io. Tzetze in versi politici, con scholij dottissimi nelle margini, et Epistole del med.^{mo} Tzetze. Allegorie sopra Homero, libro antichiss° et rarissimo, ligato alla graeca in corame lionato, in papiro in foglio.

61. Homero l'Iliade, libro antichiss° ristorato da Gio. Honorio et

---

54) V. p. 121.
55) V. p. 162.
56) *Vat.* 1408. 223 ff pap. (Pie IX). Six mains du xv°-xvi° s. : *a*) f. 1, Aphton et commentaire; *b*) f. 136, Proclus; *c*) Ἐκ τῶν Ἀφρικανοῦ περὶ σταθμῶν καὶ μετρῶν. Quelques notes latines; *d*) f. 154, courts extraits de Chrysococcès, Nicolas [ou Laonic] Chalcondyle, Tzetzès; *e*) f. 162, notes grecques de J. Lascaris; *f*) f. 219, trois lettres du sultan Bajazet II à Innocent VIII (de 1490-92), et une du patriarche de Constantinople.
57) *Vat.* 1356. 103 ff. pap.; *pergamena* paraît une erreur de l'Inventaire. (Léon XIII). xv° siècle.
58) V. pp. 162 et 181.
59) V. p. 149.
60) V. p. 147.
61) V. p. 165.

ligato in cipresso, coperto di corame verde alla greca, in papiro in foglio.

62. Luciano in carta pergamena, antichiss°, ligato alla greca in cipresso di corame torchino levantino coperto, maggior di 4° foglio.

63. Homero l'Odissea, con scholij nelle margini, libro antichiss° et integro, ligato alla greca in corame lionato, in papiro in foglio.

64. Theodosio Alexandrino Grammatico. Versi di Tzetze et altri poeti. Epistole di Theophylacto et altre cose, libro antichiss°. In fine Stephano su la Rhetorica d'Aristotele, scritto di mano dell' Honorio, ligato alla greca in corame rosso, in papiro in foglio.

65. Rhetorica d'Aristotele, con l'espositione de innominato scrittore. Stephano sopra la med^{ma} Rhetorica, libro antichiss° de più de 500 anni, ristorato da Gio. Honorio, et ligato alla greca, coperto di corame rosso, in papiro in foglio.

66. Euripide, Sophocle, Theocrito, Homero, Hesiodo, Pindaro, con scholij dottissimi in margine, libro antichiss° et ben conservato, ligato in corame rosso alla greca, in papiro in foglio.

67. Lycophrone, con commento, in carta pergamena, libro antichiss° ligato alla greca, coperto di corame rosso, in-4° foglio.

68. Homero l'Iliade tutta piena di scholij dottissimi, libro antichiss° ristorato da Gio. Honorio, et ligato alla graeca in corame verde levantino, scritto in papiro in-4° foglio.

69. Rhetori graeci diversi et alcuni non stampati. Commentario εἰς ἀσπίδα Ἡσιόδου. Allegorie d'Homero di Tzetze. Herodiano Grammatica et Theodoro Gaza con altre cose, libro scritto di mano di Scipione Carteromacho, ligato alla graeca et coperto di corame rosso, in papiro in-4°.

70. Indice di Ubaldino Bandinelli sopra l'Opere d'Aristotele, che

---

62) V. p. 189.
63) V. p. 165.
64) *Vat.* 1357. 113 ff. *a)* f. 3, Théodose; f. 43, Tzetzès; f. 46 v°, vers et extraits de divers auteurs; f. 57 v°. Th. Simocatta; f. 81, vers sur l'ex-roi Michel, etc., xv° siècle; *b)* f. 94, Ἕτερα σχόλια τοῦ Στεφάνου.
65) V. pp. 164, 188.
66) V. p. 173.
67) *Vat.* 1306. 110 ff. (Léon XIII). Commentaire de Tzetzès en *catenae*. xiv° siècle. Timbre de la Bibliothèque Nationale.
68) V. p. 165.
69) V. p. 179.
70) V. p. 187.

è di 555 fogli, ligato alla greca in corame lionato, scritto in papiro di mia mano, in-4°.

71. SORANO de ponderibus et mensuris. ARCHIMEDE περὶ τῶν ὕδατι ἐποχουμένων. PLUTARCHI fil. de scriptis a patre, sive catalogus scriptorum Plutarchi. ATHENAEI lib. XV. LONGI pastoralia. Scholia in Gorgiam Platonis. Lexico de nomi proprij de luoghi, greco et latino. Alcune epistole d'Isocrate, che non si trovano in stampa, et altre cose, libro ligato alla greca, in corame turchino levantino, in papiro, scritto di mia mano.
72. EPIGRAMMI Graeci antichi et moderni scritti di mano del Politiano, ligato in cipresso, coperto di corame rosso, in papiro in-4°.
73. HOMERO l'Iliade, con paraphrase et commenti, ristorato da Gio. Honorio, et ligato alla greca in cipresso coperto di corame torchino. Questo libro fù di Alberto Pio Carpense, et prima di Georgio Valla. EUCLIDE l'Optica, in carta pergamena, antichiss°, in foglio.
74. SOPHOCLE, EURIPIDE, PINDARO, HESIODO, HOMERO, con scholij dottissimi nelle margini, ristorato da Gio. Honorio, libro antichiss°, ligato alla greca in corame verde levantino, in papiro in foglio maggiore di 4°.
75. COMMENTARIO d'innominato scrittore, sopra la Rhetorica d'Hermogene, libro antichiss°, ligato alla graeca in corame torchino levantino, in papiro in-4° maggiore.
76. DIALOGHI di Luciano. Epistole di Libanio et altre cose, libro antichiss°, ligato alla graeca in corame torchino levantino, in papiro in-4° foglio.
77. STRABONE antichiss°, ristorato da Gio. Honorio, ligato alla greca in cipresso, coperto di corame torchino levantino, in papiro in-4° foglio.
78. LONGO cioè le cose pastorale, et Achille Statio dell' amore di Leucippe et Clitophonte, ligato in corame torchino levantino, in papiro in-8°.

---

71) V. pp. 164 et 186.
72) V. p. 208.
73) V. p. 167.
74) V. p. 164.
75) *Vat.* 1328. 130 ff. (Pie IX). xiv° siècle.
76) *Vat.* 1323. 144 ff. (Pie IX). xv° siècle. Une table latine du xv° siècle, incomplète, figure au feuillet de garde : *Luciani poetae eloquentissimi liber de veris narrationibus. Eiusdem Timon... Longaevi. Deorum concilium.* F. 110, Libanius.
77) V. pp. 164 et 184.
78) V. p. 164.

79 Lexicon d'Harpocratiene. Symeonis collectio vocum ex diversis scriptoribus. Theodorus de mensibus, libro riveduto da huomo dotto, in tavole, in papiro in foglio minore del 4°.
80. Xenophontis ἀπομνημονεύματα. Dionis Chrysostomi meletae, libro tocco di mano del Musuro, ligato in corame rosso, in papiro in foglio.
81. Alexandro Afrodiseo sopra la Topica d'Aristotele et Aphtonio, libro riveduto et tocco da Hermolao Barbaro, con scholij di mano sua, in tavole, in papiro in foglio.
82. Indice di mano del Carteromacho sopra Euripide, Apollonio Rhodio et Nicandro, in papiro in-4° foglio.
83. Indice di mano del med.mo Carteromacho sopra Aristophane, Luciano, Demosthene, Epistolario graeco, in papiro in foglio.
84. Theognide, Aristotele la Poetica et altre cose scritte di mano d'huomo dotto, il quale dedica il libro a Lorenzo Valla, in papiro in-4°.
85. Lysia, Lycurgo, Andocide, Dinarcho et l'altri dieci oratori, libro riveduto dal Lascari, in corame rosso, in papiro in foglio.
86. Thucydide integro et Xenophontis ἑλληνικά, in corame rosso, libro scritto da huomo dotto, et ligato, in papiro in foglio.
87. Xenophonte la paedia di Cyro et l'Anabasi et ἑλληνικά, libro riveduto da huomo dotto, et ligato in corame nero, in papiro in foglio.
88. Espositioni sopra l'orationi d'Aristide. Agathemeri geographia. Dionysii Byzantii Anaplus, libro senza coperta, in papiro in-4°.
89. Poetesse Greche, scritto di mano di Gio. Honorio, et della figliola, ligato in corame rosso levantino col cipresso, in-8° pic-

---

79) Vat. 1362. 133 ff., rel. ant. Deux mss. du xvi⁰ siècle : a) f. 1, Harpocration; f. 73, Siméon; b) f. 113, Théodore, avec une liste des μάρτυρες τῷ λόγῳ ; f. 129, Προβλήματα ῥητορικὰ εἰς τὰς στάσεις. L'annotation se réduit à des sommaires ou des mots renvoyés en marge.
80) V. p. 150.
81) V. p. 166.
82) V. p. 180.
83) V. p. 179.
84) V. p. 168.
85) V. p. 158.
86) V. p. 147.
87) V. p. 121.
88) V. p. 154.
89) V. pp. 121 et 163. Cf. Appendice I, n° 22, qui paraît le ms. original des scholies d'Orsini, publiées avec les Poétesses; sur l'édition, v. p. 39.

colo in papiro. Fù da me fatto per donare al Car.le S. Agnolo, che poi si morsi.

90. POLEMONE et MELAMPODE, scritto di mano di Gio. Honorio et ligato alla greca in corame torchino levantino, in papiro in-8° piccolo.

91. PROBLEMI d'Alessandro Afrodisiense, scritto di mano di Gio. Honorio, in papiro in-8° piccolo.

92. OLYMPIODORO sopra la meteora d'Aristotele, libro antichiss°, ligato in cartone, in papiro in-4°.

93. ETHICA d'Aristotele scritta da huomo dotto, et ligata in corame nero, scritta in papiro in-4°.

94. PINDARO l'Olympici, con scholij, scritto di mano di Lilio Trifernate, ligato in corame nero, in papiro in-8° piccolo.

THEOCRITO, ligato in tavole mezze coperte di corame rosso, in papiro in-4° foglio.

96. PORPHYRII sagogae (sic). EPIGRAMMI alcuni graeci. HEPHESTION de metris. CORINTHI de dialettis et altre cose, libro ligato in corame lionato, in papiro in-4°.

97. THEOCRITO integro et riveduto da Pietro Candido con un edyllio di più. Hymni de Callimacho. Osservationi sopra le locutioni poetiche. PETOSIRIS epistolae ad Necepsum regem et altre cose, libro riveduto tutto da Pietro Candido, coperto di cartone, in papiro in-4°.

98. OPUSCOLI di Plutarco, scritti per mano de Lianoro Bononiense, in corame bianco, in papiro in-4° maggiore.

99. CLEOMEDIS Cyclica, ligato alla greca in corame rosso levantino, in papiro in-4°.

100. ORATIONE de Dione Chrysostomo et d'Isocrate in carta per-

---

90) V. pp. 121 et 163; cf. Appendice I, n° 21.
91) V. p. 163.
92) *Vat.* 1387. 109 ff., rel. ant. xiv° siècle. Incomplet.
93) V. p. 147.
94) V. p. 170.
95) *Vat.* 1380. 59 ff., rel. ant.
96) V. p. 181, ligne 4. *Vat.* 1386.
97) V. pp. 151 et 171.
98) V. p. 170.
99) *Vat.* 1382. 61 ff., rel. ant. surchargée des armes de Paul V. xv° siècle. [A la page 181, ligne 4, c'est une faute typographique qui a fait écrire 99 pour 96.]
100) *Vat.* 1383. 212 ff. Mêmes observations. F. 1, Διογένης ἡ Ἰσθμικὸς ἐκ τοῦ Δίωνος τοῦ Χρυσ.; f. 21, τοῦ Πλάτωνος ἀλκυών; f. 29 v°, Isocrate; f. 203 v°, ὑποθέσεις.

gamena, ligato alla greca in corame rosso levantino, in pergamena in-8°.

101. Libro de dialectis, tocco da Pietro Candido, ligato alla greca in corame rosso, in papiro in-8°.
102. Chrysolora et altre cose grammaticale, tocco da Pietro Candido, ligato alla greca in corame rosso, in papiro in-8°.
103. Gregorii Taumaturgi dialogus, in corame lionato, in papiro in-8°.
104. Espositione d'incerto autore sopra l'Iliade d'Homero, lib° antichiss°, in papiro in-4°.
105. Polyaeni stratagemata, in papiro in-4°.
106. Cornuto de Diis. Palaephato, trattato sopra la comedia, libro rarissimo. Dionisio de situ orbis, in tavole, scritto in papiro in-4°.
107. Phocylide. Orpheo, Hesiodo con li scholij in margine, ligato in corame rosso, in papiro in-4° foglio.
108. Grammatica di Constantino Lascari, riveduta di mano sua, in tavole coperte mezze di rosso, in papiro in-4°.
109. Orpheo l'Argonautica. Triphiodoro, scritto di mano di Constantino Lascari, et altre cose, libro correttiss°, ligato alla greca.
110. Grammatica di Theodoro, et altre cose. Pselli δόξαι Ζωροστρίων. Theodori Prodromi ἐξήγησις in Posteriora Aristotelis. Aristophanis comoedia βάτραχοι con scholij, in corame rosso, in papiro in-4°.
111. Libanii Meletae, libro antico in corame bianco, papiro in-4°.
112. Quinto Smyrnaeo, con li argumenti di Constantino Lascari, in tavole coperte mezze di corame rosso, in papiro in-4°.

101) V. p. 171.
102, 103, 104) V. p. 121, et pour 102, p. 171.
105) V. p. 151.
106) *Vat.* 1385. 159 ff. (Pie IX). F. 1, Cornutus; f. 89, Palephatos. Περὶ κωμῳδίας; f. 105, Denys. Sur la garde est un ancien n° 4. Très abondantes gloses latines d'humaniste, en marge et dans l'interligne; copie et annotation du xv° siècle.
107) V. p. 150.
108) V. p. 152.
109) V. p. 153.
110) V. p. 147.
111) *Vat.* 1392. 169 ff., rel. ant. xv° siècle. Le premier opuscule est l''Αντιρρητικὸς [*sic*] πρὸς τὸν 'Αριστείδου 'Οδυσσέα; il est accompagné d'une traduction latine marginale qui s'arrête au f. 5.
112) V. p. 154.

113. FRAGMENTI de Polybio, parte ligati in corame rosso levantino, et parte senza coperta, riveduti da me, in papiro in-4°.
114. AESCHYLO, con scholij dottissimi nelle margini, in cartone, in papiro in-4°.
115. FASCIO de quinterni di varij scrittori dove sono due donationi di Constantino. Proverbii dell' Arsenio et Epistole di mano sua, et altre cose, in papiro in-4°.
116. PARAPHRASIS εἰς τὴν σοφιστικὴν de innominato auttore, in papiro in-4°, ligato con Constantino Lascari stampato.
117. INDEX et emendationes in Plutarchum di mano di Scipione Carteromacho. Eiusdem epistola latina ad A. Colotium de Cane rabido, in papiro in-4°.
118. QUINTERNO di Epigrammi Graeci antichi oltre li stampati dal Planude, inserto in un' Epigrammatario in-4° stampato, et tocco dal Lascari.
119. EPISTOLA Petosiris ad Necepsum regem. Selecta ex libris Theophrasti περὶ τῶν μεταβαλλόντων τὰς χρόας. HIEROCLIS περὶ προνοίας καὶ εἱ[μαρμένης]. AGESIDAMI Pyrrhoniorum lib. VI manuscripta Epitome, in papiro, col Iulio Polluce et Stephano stampati, corretti et tocchi dal Carteromacho, ligato alla greca in corame lionato.
120. PLETHONIS expositio εἰς τὰ μαγικὰ Ζωροάστρου, libro tocco dal Lascari, in corame rosso, in papiro in-4° foglio.
121. PORPHYRII εἰσαγωγὴ cum expositione manuscripta. SIMPLICIO in praedicamenta stampato et tocco dal Carteromacho, in papiro in foglio, ligato alla greca di versicolore.
122. XENOPHONTE l'Anabasi de Cyro, in corame bianco, scritto dal Filelfo, in papiro in foglio.
123. LIBRO dell' oratione d'Aristide, antichiss°, con commenti

---

113) V. p 187.
114) Vat. 1360. 122 ff. (Pie IX). La transcription, les gloses interlin. à l'encre rouge et les scholies margin. à l'encre noire sont de la fin du XV° siècle.
115) V. p. 163.
116) V. p. 121.
117) V. p. 180.
118) V. pp. 159 et 179.
119, 120) V. pp. 121 et 157. Sur l'ouvrage de Hiéroclès, cf. Fabricius-Harles, I, p. 800, X, p. 766.
121) V. p. 121. Je ne connais qu'une édition du commentaire In Categorias (Venise, Callergi, 1499), qui puisse être annotée par Cartéromachos.
122) V. p. 195.
123) V. pp. 171 et 184.

nelle margini, scritto in pergamena in foglio et ligato alla greca, coperto di corame lionato.

124. LIBRO dell' opere di Xenophonte antichiss°, con alcuni scholij nelle margini, scritto in pergameno et ligato alla greca in corame nero.
125. LIBRO di Theodoro Metochita di cose d'Astronomia con sue figure, in pergameno in foglio et ligato alla greca di corame bianco.
126. LIBRO di varie opere di Luciano, scritto in papiro in-4°, con scholij nelle margini et ligato alla greca in corame rosso.
127. LIBRO di varie opere del med^{mo} Luciano, scritto in papiro in foglio, con scholij nelle margini, et tocco da Raffaelle Rhegio, et ligato in tavole, antichissimo.
128. EPISTOLE et Orationi de Synesio con scholij nelle margini, et una ORATIONE d'Aristide, in papiro in-4° et ligato alla greca in corame lionato.
129. LIBRO dell' Oratione d'Aristide scritto in pergamena in foglio, et tocco dal Carteromacho, ligato alla greca in corame lionato.
130. LIBRO di varij autori, et fra essi l'Etiopica di Heliodoro, Eustatio delle narrationi d'Ismene et d'Ismenia. PSELLO. ALCINOO de dogmi di Platone, et altre cose, libro antichiss°, in papiro in-4°, et ligato alla greca in corame lionato.
131. LA CRONICA di Constantino Manasse con altri autori, scritto in papiro in-4°, ligato alla greca di corame lionato.
132. THEOCRITO et HESIODO con scholij nelle margini, tocco dal Bembo, scritto in papiro in foglio et ligato in velluto verde.
133. LIBRO di Sexto Empirico con emendationi nelle margini, et in un quinternetto, scritto in papiro in-4° foglio, et coperto di carta pecora.
134. LIBRO di varii autori d'Astronomia, di Geometria et di

---

124) V. pp. 184 et 190. « Corame rosso », dit Rainaldi.
125, 126) V. p. 185.
127) V. pp. 173 et 185.
128) V. pp. 184 et 228.
129) V. p. 180.
130) V. p. 151.
131) *Vat.* 1409. 281 ff. pap. (2 vol., Pie IX). Pour le texte de la *Théogonie* d'Hésiode contenu dans ce ms., cf. l'édition Göttling et Flach, p. LXVII.
132) V. pp. 121 et 185.
133) V. p. 161.
134) V. p. 184.

Mathematica con sue figure, scritto in papiro in-4°, coperto di carta pecora.

135. Libro de Dionysio Alexandrino de situ orbis, scritto in papiro in 4°, et coperto di corame lionato.

136. Libro d'alcune orationi di Demosthene scritto di mano di Chrysolora, con alcune sue epistole scritte à Coluccio Salutati et altri, in pergamena in-4° foglio et coperto di corame lionato.

137. Libro d'orationi d'Isocrate, et altre cose scritte di mano del med.mo Crysolora, in papiro in-4°.

138. Libro d'Epistole di Michele Apostolio scritte al Bessarione et altri, in papiro in-4°, coperto di carta pecora.

139. Libro della Grammatica d'Apollonio con l'Ecloghe di Phrynicho et altre cose, scritto in papiro in foglio et coperto di cartone.

140. Libro della Grammatica del Gaza tocco da huomo dotto, in-4°, ligato alla greca, coperto de lionato.

141. Libro della varia historia di Aeliano con Heraclide, scritto di mano di Camillo Perusco, in papiro in-4° foglio, coperto di carta pecora.

142. Libro di Hieronymo Aleandro di varie sue notationi, scritto di mano sua, in papiro in-4°.

143. Libro di varie cose del Bessarione et di Theodoro Gaza, con alcune epistole loro, scritto in papiro in foglio.

144. Libro de Dionysio Longino de granditate orationis, scritto in papiro in foglio.

145. Libro di varij trattati di Gemisto Plethone, con alcune epis-

---

135) V. p. 121.
136) V. p. 145.
137) V. pp. 121 et 144.
138) V. p. 148.
139) V. p. 150.
140) *Vat.* 1377. 205 ff. pap., rel. ant. estampée, à la rose d'Orsini. Deux mains : *a*) f. 1, Θεοδώρου γραμματικῆς εἰσαγωγῆς...; *b*) f. 161, περὶ διαλέκτων τῶν παρὰ τοῦ Κορίνθου παρεκβληθεισῶν ; f. 188, Ἐκλογὴ ἀττικῶν ῥημάτων καὶ ὀνομάτων du sophiste Phrynichos. Les annotations marginales portent sur les deux parties du ms. qui est du xv° siècle; elles sont du commencement du xvi° siècle, la plupart en grec; au f. 153 : « Gaza a *nostro Musuro* reprehenditur hoc in loco ».
141) V. p. 173.
142) V. pp. 121 et 172; cf. Appendice I, n° 107.
143) V. p. 146.
144) *Vat.* 1417. 23 ff. (Pie VI). Deux mains du xvi° siècle. Quelques leçons en marge.
145) V. p. 163. — En un moment où Pinelli paraît s'être occupé beaucoup de Gémiste Pléthon, Orsini lui écrivait qu'il possédait le περὶ νομοθεσίας

tole del Bessarione et Theodoro Gaza, scritto in papiro in-4° foglio.

146. LIBRO del Concilio Tridentino tradotto in Greco et riveduto da me, in foglio in papiro.

147. LIBRO del med^mo Concilio riveduto, scritto in papiro in-4° et coperto di carta pecora.

148. LIBRO di varie emendationi del Musuro sopra l'Epigrammi greci, et alcuni Epigrammi di più, in papiro in-4°.

149. LIBRO di Colutho Thebano de raptu Helenae, scritto di mano di Constantino Lascari, in papiro, in-4° foglio.

150. LIBRETTO di varie cose greche et latine con l'indice de libri della libraria de Medici, scritto di mano di Gio. Lascari, in papiro in-8°.

151. LIBRO di 4 overo 5 quinternetti longhi, di varie cose greche et latine scritte di mano del med^mo Gio. Lascari, in papiro.

152. ORATIONE di Gio. Lascari scritta di mano sua et recitata in Fiorenze in laude delle lettere greche, in papiro in-4° foglio, con altre cose sue et varij Epigrammi di Mattheo Greco.

153. LIBRO di molti trattati di Christophoro Contoleonte, scritto in molti quinterni di mano sua, in papiro in-4°.

154. LIBRO de varij Epigrammi et alcune epistole di Mattheo Greco, scritto di mano sua, in papiro in-4° foglio.

155. LEXICON graecolatino in folio largo, scritto di mano di Pietro Ciaccone, in papiro.

156. LIBRETTO di varie cose del Blemmida, di Gemisto Plethone et altri, in papiro in-8°, coperto di carta pecora.

157. LIBRO di Gemisto Plethone contra Georgio scholario delle

avec diverses choses adressées à Bessarion, dans un volume qu'il avait fait transcrire (sans doute M. G. 145); ce traité avait été copié sur un ms. du Vatican, où il portait le titre de περὶ νόμων (Lettre du 24 nov. 1589). Orsini donne d'autres détails sur les œuvres de Pléthon qu'il a réunies dans sa bibliothèque, dans des lettres du 5 et du 12 janvier 1590, du 21 janvier 1593, etc. (*Ambros. D.* 422).

146) V. p. 160.
147) V. p. 121; cf. Appendice I, n° 104.
148) V. pp. 151 et 163.
149) V. p. 153.
150) V. p. 155.
151. 152) V. pp. 156 et 160.
153) V. p. 161.
154) V. p. 160.
155) V. pp. 121 et 261; cf. Appendice I, n° 106.
156) V. p. 266.
157) *Vat.* 1397. 304 ff., rel. ant., tranches dorées et gaufrées. Ce tout petit

differentie d'Aristotele et Platone, con un Dialogo del Planude intitolato Neophron, scritto in papiro in-8° et ligato alla greca in corame lionato.

158. Libro delle cose amatorie di Longo, Achille Statio et Eumathio, scritto in papiro di mano di Gio. Honorio, in foglio et coperto di carta pecora.

159. Libro di Plutarcho d'avvertimenti politici, scritto in papiro in-4°, et tocco di mano di Gio. Lascari.

160. Libro di Dionysio Alicarnasseo delle cose di Thucydide, con una espositione di Psello sopra li oracoli di Zoroastro, in papiro in-4°.

161. Indice della Bibliotheca del Car.le Ridolfi, scritto in parte da messer Matthia de Bari (sic), in foglio longo, coperto di carta pecora.

162. Un Salterio in carta bambacina, ligato alla greca, coperto di corame lionato.

NOTA DI LIBRI GRECI STAMPATI CHE SONO TOCCHI DI MANO D'HUOMINI DOTTI *

1. Homero Greco stampato, in foglio, con notationi greche nelle margini, di mano di Gio. Lascari, ligato alla greca in corame lionato.

volume, peut-être du début du xvie siècle, porte un sommaire ancien sur la garde : *Gemisti Plethonis de differentia dogmatum Platonis et Aristotelis* [f. 1] ; *Maximi Planudae dialogus Neophron de grammatica* [f. 122].
158) V. p. 164.
159) V. pp. 121 et 157 ; cf. Appendice I, n° 105.
160) V. p. 163.
161) V. pp. 121 et 161.
162) V. p. 173.
* *Vat.* 7205, f. 15. — Mon travail d'identification ne comprenait pas les imprimés annotés qui furent légués par Orsini à la Vaticane et qui sont aujourd'hui dispersés dans les diverses séries de cette bibliothèque, quelques-uns même égarés. J'ai cependant essayé de retrouver les plus importants, et la plupart sont décrits brièvement au cours du livre. Dans le but de donner un tableau précis de cette belle collection de livres rares, et surtout de faciliter les recherches de mes successeurs, j'ai pris note de l'édition des autres volumes, indiquée dans le récolement d'entrée de Rainaldi (v. ci-dessus, p. 120). J'ai vérifié dans beaucoup de cas l'existence des éditions citées par Orsini, au moyen des tables bibliographiques de Maittaire, Panzer ou Renouard ; mais j'accepte seulement la responsabilité des renseignements que j'ai pu contrôler sur les volumes. Ceux qui sont tirés du récolement sont suivis de la lettre *R*.
1) V. p. 158.

2. Dioscoride con Arato et Nicandro, in foglio, tocco di mano di Gio. Lascari, coperto di corame lionato.
3. Theodoro Gaza, cioè la Grammatica sua, tocco di mano di Gio. Lascari, in foglio, coperto in tavole.
4. Libro d'Epigrammi Greci, tutto notato di mano di Gio. Lascari, stampato, in-4°, coperto di carta pecora.
5. Un' altro libro simile, tocco dal med^{mo} nelle margini, ligato alla greca in corame rosso.
6. Un' altro simile tocco dal med^{mo}, ligato alla greca in corame rosso.
7. Suida, in foglio, tocco di mano di Gio. Lascari, ligato in tavole, coperto di corame.
8. Theocrito, in-8°, tocco di mano di Georgio Balsamone, ligato in tavole, coperto di carta pecora.
9. Un' altro Theocrito simile, tocco di mano di huomo dotto, coperto di corame lionato.
10. Aristotele tutte l'opere, di stampa d'Aldo, con emendationi nelle margini, tocche da Scipione Carteromacho et ligate in corame rosso, in 4 tomi.
11. Theophrasto di stampa d'Aldo, emendato et tocco tutto di mano del Carteromacho, ligato in corame rosso.
12. Theocrito, Theognide, Hesiodo et altri, d'Aldo, libro tutto tocco dal Carteromacho, ligato in corame rosso.
13. Suida tocco dal Carteromacho, ligato alla greca in corame lionato, di foglio grande.
14. Lexico grecolatino, riveduto dal Carteromacho, ligato alla greca in corame lionato, di stampa vecchia.

2) Aldine de 1499, in-fol. Exemplaire incomplet du début. R. Aurait porté, suivant les indications manuscrites ajoutées sur l'Inventaire, la cote 8839. Je rappelle que ces cotes annulées, que les bibliothécaires de la Vaticane peuvent trouver au besoin sur le ms. 7205, ne rendraient au public aucun service : elles ont été supprimées ici pour ne point surcharger de chiffres inutiles ; on ne les trouvera donc qu'à titre d'exceptions.
3) V. p. 159, note 2. L'ancienne cote de ce volume dans la Vaticane était 11806 ; j'ignore celle qu'il porte aujourd'hui. L'ancien 11805, que j'ai vu, est un exemplaire de la même édition aldine de 1495, et porte la signature *Ioannis Gaddi* (v. p. 217).
4, 5, 6) V. p. 158.
7) V. p. 159.
8) V. p. 162.
9) Même édition. R.
10) Aristotele l'opere, ma imperfetto, d'Aldo, 1495..., ligate in 4 tomi et uno indiviso. R.
11, 13, 14) V. p. 181.
12) Manquait en 1602. R.

15. Lexico latinogreco riveduto da Pietro Candido, in-4°, senza coperta, di stampa vecchia.
16. Plutarcho li Opuscoli, colla tavola di Gio. Honorio, emendato dal Carteromacho, ligato alla greca in corame verde, d'Aldo.
17. Plutarcho in due volume, emendato da Gio. Lascari, ligato alla greca in corame lionato, d'Aldo.
18. Plutarcho emendato in margine, coperto di carta pecora, d'Aldo.
19. Plutarcho le Vite, emendate da Leonico Thomaeo, coperto di cartone, d'Aldo.
20. Luciano emendato dal Carteromacho, coperto di corame lionato, di stampa vecchia.
21. Luciano emendato dal Leonico, ligato alla greca di corame lionato, di stampa vecchia.
22. Luciano di Aldo, emendato dal Carteromacho, ligato alla greca in corame rosso.
23. Thucydide col commento, di Fiorenza, con varie emendationi, coperto di corame rosso.
24. Herodoto emendato dal Carteromacho, ligato alla greca in corame giallo, d'Aldo.
25. Thucydide con scholij, emendato dal Carteromacho, et Xenophonte delle cose de Greci, ligato alla greca in corame rosso, d'Aldo.
26. Xenophonte, con varie emendationi mie, di stampa d'Aldo.
27. Xenophonte, con varie emendationi, in cartone, d'Aldo.
28. Xenophonte, con varie emendationi del Sirleto, in corame nero, d'Aldo.
29. Euripide le quattro tragedie, con scholij et emendationi del Carteromacho, coperto di corame giallo, in-4°.

15) V. p. 171.
16) V. p. 165.
17) V. p. 159.
18) V. pp. 172 et 188.
19) Tocche in alcuni pochi luoghi. R. V. p. 271.
20) *Inc. 864ᵃ*. V. p. 172, note 2.
21) *Inc. 864*. V. p. 172.
22) V. p. 181.
23) Florence. Giunta, 1526, in-fol.
24) V. p. 181.
25) Aldines de 1502. R.
26) Manquait en 1602. R.
27) Aldine de 1525, comme 28. R. C'est probablement *A. 44 in-fol.*
28) V. p. 177.
29) V. pp. 176 et 181.

30. Euripide, la parte seconda del Carteromacho, ligato alla greca in corame rosso, d'Aldo.
31. Sophocle, con scholij del Carteromacho, ligato alla greca in corame lionato, d'Aldo.
32. Dioscoride con Nicandro, tutto pieno di scholij et emendationi del Carteromacho, ligato alla greca in corame giallo, d'Aldo.
33. Aristophane col commento, tocco dal Carteromacho, ligato alla greca in corame rosso, d'Aldo.
34. Aristophane simile, tocco dal med^{mo}, ligato alla greca in corame rosso, d'Aldo.
35. Herodiano, tocco dal Carteromacho, coperto di corame nero, d'Aldo.
36. Rhetori Greci, tocco dal Carteromacho, coperto di corame nero, d'Aldo.
37. Commento sopra li Rhetori, tocco dal Carteromacho, coperto di corame nero, d'Aldo.
38. Aesopo con li altri, tocco dal Carteromacho, coperto di corame nero, d'Aldo.
39. Epistolario Greco, tocco dal Carteromacho, ligato alla greca in corame lionato, d'Aldò, in-4°.
40. Gregorio Nazanzeno, et altre cose, tocco dal Carteromacho, ligato alla greca in corame versicolore, d'Aldo.
41. Porphyrio, tocco dal Carteromacho, ligato alla greca in corame versicolore, d'Aldo.
42. Pindaro manuscritto, et Proverbii di Tarreo, di stampa vecchia, tocchi da J. Aegidio Card., ligato alla greca, coperto di corame rosso.

30, 31) V. p. 181.
32) Manquait en 1602. *R*. Un exemplaire de la même édition, que j'ai vu encore avec le n° 8839, porterait des scholies de Cartéromachos; cf. I. G. 2, autre exemplaire.
33, 34) Aldine de 1498.
35) Manquait en 1602. *R*.
36, 37) Ce sont apparemment les deux volumes des *Rhetores graeci* d'Alde, parus en novembre 1508 et juin 1509.
38) V. p. 181.
39) V. p. 181. C'est le recueil de 1499.
40) V. p. 181. Ce volume devait, d'après les indications de Rainaldi, contenir plusieurs ouvrages in-4, reliés ensemble; d'abord les poésies de saint Grégoire (Alde, 1504), puis le recueil précédent.
41) Manquait en 1602. *R*.
42) V. p. 172. L'imprimé est de Florence, 1497. *R*.

43. PHILOSTRATO et HERODIANO, tutto scholiato et emendato dal Carteromacho, ligato alla greca in corame rosso, d'Aldo.
44. EPIGRAMMATARIO GRECO, che fù del Colotio, in-4°, ligato alla greca in corame lionato.
45. EPIGRAMMATARIO GRECO, che fù di Andrea Aleriense, scholiato, in-4°, coperto di corame rosso.
46. PHILOSTRATO grecolatino d'Aldo, scholiato et riveduto da F. Zanovio Acciarolo.
47. CLEMENTE ALEXANDRINO di Fiorenza, con li scholij in margine di mano di Gio. Honorio, ligato alla greca in corame rosso.
48. ESPOSITIONE sopra la Rhetorica d'Aristotele, in foglio, con emendationi in margine di Gio. Honorio.
49. ARISTOTELE le cose morale, tocco dal Carteromacho, ligato alla greca in corame lionato, d'Aldo.
50. EPIGRAMMATARIO, in carta pergamena, tocco dal Carteromacho, ligato alla greca in corame versicolore, d'Aldo, in-8°.
51. Q. SMYRNEO, con li altri, tocco dal Carteromacho, ligato alla greca in corame rosso, in-8°, d'Aldo.
52. THEODORO GAZA, tocco dal Carteromacho, in corame nero, d'Aldo, in foglio.
53. EUSEBIO de praeparatione, tutto corretto, ligato alla greca in corame verde, in foglio.
54. THEOCRITO, senza commento, tutto corretto da me, in-8°.
55. THEOCRITO, tutto corretto et scholiato, di stampa vecchia, in foglio.

43) V. pp. 176 et 181.
44) V. p. 158.
45) V. pp. 158 et 229.
46) V. p. 175. Cet exemplaire du Philostrate de 1504, annoté par Acciajuoli, emprunte un intérêt de plus à la dédicace imprimée d'Alde Manuce au futur bibliothécaire de Léon X.
47, 48) V. p. 175.
49) Dans le catalogue de vente cité, p. 136, note 3, il y a sous le n° 126 des in-fol. un exemplaire de cette édition, qui est la belle Aldine de 1498, avec cette indication : *Collatus cum vetere ms., passim emendatus et in margine notatus manu F. Ursini*. La signature d'Orsini, qui se trouve sur la plupart des volumes possédés par lui, a pu fort bien tromper le rédacteur de cet inventaire, et lui faire attribuer à Orsini les notes de Carteromachos. Il est plus vraisemblable encore, d'après la description, que c'est I. G. 70, exemplaire corrigé par Ercolani.
50-52) V. p. 181 (50 est un exemplaire sur parchemin). Pour 52, cf. I. G. 3.
53) Rob. Estienne, 1544. R.
54) A joindre à la liste de la p. 188.
55) Con alcuni opusculi manoscritti. R. V. pp. 176, 179, 181. Un exemplaire de cette précieuse édition princeps est porté aux fiches du catalogue

56. Theocrito, tutto corretto da huomo dotto, in-8°.
57. Homero in dui volumi, corretto da Ludovico da Fano, coperte di corame nero, in-8°, d'Aldo.
58. Homero grande, con annotationi dell' Erythreo, in cartone, di stampa vecchia, in foglio.
59 Homero l'Iliade, emendata da me, ligato alla greca in corame rosso, d'Aldo, in-8°.
60. Sophocle, emendato da me, con scholij, ligato alla greca in corame rosso, in-8°, d'Aldo.
61. Epigrammatario, con scholij de Ant. Codro Urceo, ligato alla greca in corame berettino, in-8°, d'Aldo.
62. Epigrammatario, emendato da Leonico, ligato alla greca in corame rosso, d'Aldo, in-8°.
63. Epigrammatario, con varie emendationi mie, ligato in corame versicolore, d'Aldo, in-8°.
64 Epigrammatario di Benedetto Aegio, ligato alla greca in corame rosso, d'Aldo, in-8°.
65. Epigrammatario d'Aldo, con un quinterno d'Epigrammi non impressi, in-8°.
66. Rhetorica d'Hermogene et Aristotele, con emendationi et scholij, in cartone, in foglio.
67. Demosthene, con emendationi mie et scholij, ligato alla greca in corame lionato, d'Aldo.
68. Oratori Greci, con emendationi mie et scholij, ligato alla greca in corame nero.

de la Vaticane (*Arm. 361, Inc. 833*) avec la note *manca* : il est probable qu'il s'agit du même volume, qui aura été retiré des incunables et classé dans le fonds des manuscrits grecs.
57) V. p. 177.
58) V. p. 176.
59) A joindre à la liste de la p. 188. L'*Homère* d'Orsini (Aldine de 1517 en deux volumes) est aujourd'hui coté A. 40 et A. 40 a in-8°. L'*Iliade* renferme beaucoup de notes à l'encre rouge et au crayon, qui ont pâli; celles de l'*Odyssée* sont plus lisibles et surchargent les marges ; beaucoup de mots sont traduits en latin dans l'interligne.
60) V. p. 188.
61) V. p. 175.
62) V. p. 172.
63) V. p. 188.
64) V. p. 175.
65) Aldine de 1503, comme tous les précédents volumes.
67) V. p. 188.
68) Aldine de 1513, in-fol. R.

69. Etymologico, tocco da huomo dotto, in foglio grande et coperto di corame lionato.
70. Ethica d'Aristotele et Politica, emendata da Pier Mattheo Herculano, ligato in corame nero, d'Aldo, in foglio.
71. Platone di Basilea, emendato, coperto di cartone, in foglio.
72. Proclo sopra Platone, emendato, coperto di cartone, in foglio.
73. Oppiano τὰ ἁλιευτικά, con scholij et emendationi mie, in-4°.
74. Aeschylo d'Aldo, in-8°, con scholij et emendationi mie.
75. Homero, con scholij et emendationi mie, in-8°, in dui volumi.
76. Euripide, parte seconda, con emendationi mie, ligato alla greca in corame nero, d'Aldo.
77. Euripide d'Aldo, con mie emendationi, in-8°, ligato alla greca di corame versicolore.
78. Apollonio Rhodio, tocco da huomo dotto, ligato alla greca, in corame lionato, in-4° foglio.
79. Apollonio d'Aldo, con mie emendationi, ligato in corame lionato.
80. Pindaro, emendato da me, ligato in corame rosso, in-4°.
81. Apollonio, con scholij et emendationi, coperto di corame lionato, in-4°.
82. Aristophane, con emendationi mie, coperto di corame rosso, in-8°.
83. Q. Smyrneo, emendato da me, ligato alla greca in corame turchino, d'Aldo.
84. Platone d'Aldo, emendato da me, ligato alla greca in corame rosso, in foglio.
85. Theognide, emendato da me, ligato in cartone, in-8°.

---

69) « Stampato di Z. K. » dit Rainaldi; c'est donc le grand *Etymologicon* imprimé à Venise, en 1499, par Zacharias Callergi.
70) V. p. 176 et I. G. 49. Rainaldi dit à propos d'Ercolani : « Il cui nome è nel principio ».
71) C'est l'importante édition *Io. Grynaeo et Io. Oporino curantibus*, Bâle 1534.
72) Manquait en 1602. R.
73-77) V. p. 188. L'Oppien serait, selon Rainaldi, une édition de Paris; c'est sans doute celle de Turnèbe, 1555.
78) V. p. 181.
79) Aldine de 1521. R.
80) V. p. 188.
81) Manquait en 1602. R.
82) Florence, Giunta, 1515. R.
83, 84) V. p. 188.
85) Edition de Bâle.

86. STRABONE, emendato da me, coperto di carta pecora, in foglio.
87. ATHENAEO, in foglio, di Basilea, con emendationi mie, ligato in carta pecora.
88. ATHENAEO d'Aldo, in foglio, ligato alla greca, tocco da me, in corame rosso.
89. PAUSANIA d'Aldo, ligato alla greca in corame rosso et tocco da me, in foglio.
90. DIODORO SICULO di Parigi, ligato in corame rosso et tocco da me, in foglio.
91. DIONYSIO ALICARNASSEO di Parigi, con mie emendationi, ligato in corame rosso, in foglio.
92. DIONE di Parigi, tocco da me, in corame rosso, in foglio.
93. APPIANO ALEXANDRINO di Parigi, in-8°, con alcuni altri autori, con emendationi mie.
94. APPIANO ALEXANDRINO di Parigi, tocco da me, in corame rosso, in foglio.
95. POETICA d'Aristotele d'Aldo, in-8°, libro tocco da me, coperto di carta pergamena.
96. DIONYSIO de situ orbis, in carta pecora, col commento, tocco da me, in-4°.
97. LYCOPHRONE col commento, in foglio, tocco da me, coperto di carta pecora.
98. ARISTOPHANE col commento, tocco da me, in-4°, ligato di corame verde.
99. POLYBIO di Basilea, emendato da me, et coperto di cartone, in foglio.

86) Aldine de 1516.
87) Bâle, 1533.
88) Alde, 1514.
89) Aldine de 1516.
90) V. p. 188.
91) Rob. Estienne, 1547.
92) Dion Cassius, Rob. Estienne, 1548.
93) Manquait en 1602. R. C'était évidemment la collection d'Henri Estienne, 1557.
94) L'Appien de Paris in-fol. est celui de Charles Estienne, 1551.
95) Aldine de 1536.
96) Paris [R. Estienne], 1547. R.
97) Bâle, 1546.
98) Florence [Giunta], 1525. R.
99) Bâle, 1530.

100. Strabone d'Aldo, tocco da Benedetto Aegio, coperto di cartone, in foglio.
101. Grammatica del Gaza, in dui volumi, tutta riveduta et ampliata dal Lascari, in-8°.

NOTA DE LIBRI LATINI SCRITTI A PENNA[*]

1. Terentio di lettere maiuscole, con scholij in lettera longobarda, fù del Bembo, ligato in cedro, coperto di sagrino, con serrami d'argento, in pergamena, in-4°.
2. Virgilio di maiuscole fragmentato, che fù del Pontano et poi del Bembo, in pergamena, con miniature diligente, ligato nel med^{mo} modo, et posto in un cassettino di cedro, intersiato col Terentio, in-4°.
3. Fragmento di Virgilio in foglio grande, di lettere maiuscole antichissime, ligato in cipresso, coperto di corame verde, in pergamena.
4. Virgilio con Servio, antichissimo, che fù del Filelpho, in pergamena coperto di corame rosso, in foglio.
5. Porphyrione sopra Horatio, più integro delli stampati et più copioso et emendato, in pergamena, antichissimo di mille anni come il Terentio Vaticano, in foglio, di corame rosso.
6. Martiale, antichiss° di 800 o 900 anni, della forma che è il Cesare della Vaticana, in pergamena, ligato alla greca, in-4° foglio.
7. Lusi di Virgilio, di scrittura di mill' anni, et fù del Bembo, coperto di corame rosso, in pergamena, in foglio longo.

---

100) V. p. 176. Aldine de 1516. R.
101) V. p. 159. Florence [Giunta], 1515. R. — A ces imprimés grecs d'Orsini, dont la liste (on l'a vu, p. 136) est loin d'être complète, j'en ajouterai un ici, à cause du donateur. Plantin écrit à Orsini, le 18 juin 1569 : « Le Xénophon de Henry Estienne vendons nous ici 6 fl., qui sont trois escus, et ainsi l'ai je escrit au s^r Georgio Ferrari [le libraire de Rome], du compte de qui je l'ay osté, et prie à V. S. l'avoir pour aggréable en mon nom ». (*Corresp. de Plantin*, p.p. M. Rooses, t. II, p.56.)

[*] Vat. 7205, f. 25.
1) V. p. 237.
2) Vat. 3225. V. p. 225.
3) Vat. 3256. V. p. 86.
4) V. p. 195.
5) V. p. 226.
6) V. pp. 231 et 276.
7) V. pp. 239 et 276.

8. VALERIO FLACCO, di scrittura di mill' anni, libro conservatiss", in pergamena, ligato di corame torchino, in cipresso, in-4°.
9. HORATIO con Acrone, più antico di quello della Vaticana, che fù del Colotio, ligato in corame lionato, in foglio.
10. SOLINO in lettera longobarda, ligato in cipresso, coperto di corame rosso, in-8°.
11. SOLINO et SEX. AURELIO VICTORE, di 700 overo 800 anni, ligato in cipresso et coperto di corame torchino, in-4°.
12. SIDONIO APOLLINARE, di 600 anni, integro, ligato in cipresso et coperto di torchino, in-4°.
13. EPITOME di Livio, in pergamena, scritto di mano del Perotto. Iulio Grammatico delle cose di Sylla et Mario. Epistole di Cesare. Epistola latina del Bessarione a Francesco Foscari duce di Venetia, tutto scritto di mano del Perotto, ligato in cipresso et coperto di corame rosso, in-8° grande.
14. CLAUDIANO, antichiss°, ligato in cipresso coperto di corame torchino.
15. FRAGMENTO di A. Gellio et Valerio Maximo, antichiss°, in pergamena, ligato in corame rosso.
16. PERSIO et CATULLO, ligato in corame rosso, in pergamena.
17. TERENTIO con figure, et PERSIO di 700 overo 800 anni, integro et in alcuni luoghi di maiuscole, in pergamena, ligato in cipresso et coperto di corame rosso.
18. COMMENTARII di Cesare, integriss°, d'antichità di più di 600 anni, libro più corretto che tutti l'altri, ligato in cipresso coperto di corame rosso, in pergamena.

8) V. p. 276.
9) V. p. 250.
10) V. p. 275.
11) V. p. 277.
12) V. pp. 264 et 277.
13) V. p. 196.
14) *Vat.* 3289. 110 ff. parch. (Pie IX). xiie-xiiie siècle. Timbre de la Bibl. Nationale.
15) *Vat.* 3307. 89 ff. (Pie IX). xiie siècle, palimpseste. Le ms. contient une préface publiée dans l'appendice aux publications de Mai (Rome, 1871) et par Martin Hertz, éd. citée d'Aulu-Gelle, qui décrit le ms., pp. LII-LIV.
16) *Vat.* 3291. 64 ff. écrits, rel. ant. aux armes d'Orsini. xve siècle. F. 1, Perse (quelques scholies); f. 13, *Carminis incompti lusus. Lecturae procaces* [*Priapea*]; f. 24, Catulle (quelques leçons); f. 62 Tibulle. Il n'y a que les deux premières élégies de Tibulle; la transcription, qui devait avoir lieu sur des ff. de parchemin soigneusement grattés, n'a pas été achevée. Fragments de Lucrèce (f. de garde) et d'Apulée (f. 12).
17) V. p. 275.
18) V. pp. 226 et 265.

19. Sallustio integriss°, di mille anni, ligato in cipresso coperto di corame rosso ; in principio del libro vi è Rescriptum scholastici contra Epistolas exortatorias Senecae.
20. Sallustio di lettera longobarda, legato in cipresso coperto di corame rosso.
21. Sallustio antichiss° di 600 anni, in cipresso et coperto di corame rosso.
22. Sallustio antichiss°, coperto di corame rosso, in cipresso.
23. Philippiche di Cicerone, di lettera longobarda. Sogno di Scipione et P. Vittore epitomato, in cipresso coperto di corame rosso.
24. Philippiche di Cicerone, antichissime, di più di 500 anni, coperto di corame lionato.
25. Paulo Orosio, Eutropio et Paulo Diacono, d'antichità di 600 anni, de gestis Longobardorum, et vita Caroli Magni, in cipresso et coperto di corame verde.
26. Prisciano antichiss°, in lettera longobarda, con scholij nelle margini, di più di 800 anni, in cipresso coperto di corame rosso.
27. Servio sopra la Bucolica, Georgica et il primo dell' Aeneide, in lettera longobarda, più copioso et più emendato dell'altri, libro antichiss°, in cipresso et coperto di corame rosso.
28. Livio la prima Decade, di lettera di 600 anni, ben conservato, coperto di corame rosso, in cipresso.
29. Cicerone de inventione, di 700 anni, antico, ligato in cipresso et coperto di corame rosso.
30. Paulo Orosio, di lettera longobarda historiato, antichiss°, coperto di corame lionato, in foglio.
31. Iuvenale, in lettera longobarda, coperto di corame lionato.

19) V. p. 276.
20) V. p. 275.
21, 22) V. p. 277.
23) V. p. 275.
24) *Vat.* 3228. 117 ff. parch. (Pie IX). xii° siècle. Au f. de garde, au-dessous de la mention habituelle due à Orsini, je déchiffre le nom d'un Romain effacé avec grand soin : *Prosper de Cafarellis*.
25, 26) V. p. 274.
27) V. pp. 195 et 274.
28) V. pp. 242 et 277.
29) *Vat.* 3234. 32 ff. parch. (Pie IX). Plusieurs mains du xii° siècle. Incomplet. Anciens ex-libris à peu près effacés au f. 1, et la cote n° 16.
30, 31) V. pp. 217 et 274.

32. Fasti di Ovidio, in lettera longobarda, in cipresso coperto di corame rosso.
33. Lucano, antichiss° di più di 600 anni, ligato in cipresso coperto di corame rosso.
34. Donato la grammatica, d'antichità di 700 anni, in cipresso coperto di corame rosso.
35. Boetio de Consolatione, d'antichità di mille anni, in cipresso coperto di corame rosso.
36. Virgilio in lettera longobarda, in cipresso et coperto di corame rosso.
37. Epigrammi latini, antichi et moderni, raccolti dal Colotio. Nel med^{mo} libro sono varie cose di geographia, geometria, et astrologia, et mecaniche, tocco dal Colotio, in cipresso et coperto di corame rosso.
38. Horatio antichiss°, che fù del Statio, in cipresso et coperto di corame rosso.
39. Horatio antichiss°, coperto di cartone.
40. Horatio antichiss°, coperto di corame lionato.
41. Horatio le Ode, antichiss°, coperto di corame bianco.
42. Cicerone de officiis antico, in cipresso et coperto di corame rosso.
43. Cicerone de inventione et la Rhetorica ad Herennium, coperto di corame rosso, in cipresso.

32) V. p. 274.
33) *Vat.* 3284. 113 ff. parch., rel. ant. aux armes d'Orsini. Ce beau ms. contient des gloses et des scholies contemporaines et beaucoup d'autres, qui sont pour la plupart du xve siècle. Rainaldi s'étonne de ce qu'il lit dans l'Inventaire : « L'indice del s^{or} Fulvio dice questo esser libro antichiss° più di 600 anni, ma questo che m'è consignato è scritto nel 1207, come è notato nel fine del libro ». Cette note est dans la marge : *Fuit scriptum in 1207.*
34) V. p. 277.
35) V. p. 276.
36) V. pp. 240, 264 et 274.
37) V. p. 255.
38) V. p. 264.
39) *Vat.* 3259. 111 ff. parch. (Pie IX). xiiie-xive s. F. 1, Horace; f. 102 v°, Perse. Scholies et gloses. Le dernier f. moderne. En haut du f. 1, est le n° 259 et l'ex-libris d'un évêque. Sur le f. de garde, cette note du propriétaire qui a précédé Orsini : *Ioannis Canniti de Firmo et amicorum suorum optimorum Romae existentis in aedibus D. D. Capranicensis die x mensis martij* M.D.LXIJ.
40) *Vat.* 3260. 117 ff. parch. (Pie IX). xive siècle. Timbre de la Bibliothèque Nationale. F. 1, Horace; f. 109, traités de médecine, recettes, etc. Au f. 117, on lit parmi plusieurs noms effacés : *Ego Filippus de Valle* (?).
41) *Vat.* 3261. 66 ff. parch. (Pie VI, Pie IX). xive siècle.
42) V. p. 266.
43) *Vat.* 3235. 74 ff. parch. (Pie IX). Plusieurs mains du xiie-xiiie siècle.

44. Ovidio la Metamorphose, in corame rosso, in cipresso.
45. Terentio antichiss°, coperto di tavole.
46. Virgilio la Buccolicha et Georgica, con scholij, antichiss°, et alcune cose d'Ovidio, coperto di corame lionato.
47. A. Gellio antichiss°, di più di 700 anni, correttissimo, coperte di corame lionato.
48. Ovidio la Metamorphose, coperto di corame rosso.
49. Vita de Ioanne Mellino Card., scritta dal Platina, in pergameno; l'originale stesso del Platina, coperto di corame lionato.
50. Propertio, di mano d'huomo dotto, coperto di corame lionato.
51. Catullo, Tibullo et Propertio, et Cornelio Severo l'Aetna, di mano d'huomo dotto, coperto di corame lionato.
52. Statio la Thebaide, antico, coperto di corame nero.

Renvois aux marges par un lecteur du xv° siècle. Sur la garde la cote ancienne : N° *96*.
44) V. p. 122.
45) *Vat.* 3306. 74 ff. parch. (Pie IX). xiv° siècle. Scholies. Le f. de garde est un acte notarié de 1384.
46) *Vat.* 3254. 94 ff. parch. (Pie IX). Trois mss. du xiii° s., tous incomplets : *a*) f. 1, *Bucoliques*; f. 13, *Géorgiques*; *b*) f. 47, *Héroïdes*; *c*) f. 87, le livre I des *Pontiques* (sur 2 colonnes).
47) V. p. 224.
48) *Vat.* 3266. 134 ff. parch. (Pie IX). Deux mains du xv° siècle. Scholies et gloses de divers lecteurs. Ce volume, le 50 et le 51 sont d'un petit format portatif, apprécié sans doute des amateurs de poésie latine qui les ont tant lus et annotés.
49) V. p. 198.
50) V. p. 202.
51) *Vat.* 3272. 195 ff. parch. (Pie IX). xv° siècle. Lettres ornées. Sur la garde, une courte vie de Properce. F. 1, *Propertii Umbri Nautae poetae clarissimi elegya foeliciter incipit.* (Quelques scholies aux premières pages; à la fin des ff. blancs); f. 90 v°, *Aemilii de Bucchabeilis epygramma :*

> *Quam iuvenis quam pauper erat, tamen ecce*
> *Vivit et aeterno carmine nomen habet*;

. 91, Tibulle; f. 137 v°, Catulle; f. 187, *Cornelii Severi Haetna* (sic). Au bas de la première page est un écusson : D'azur à six étoiles, posées 3, 2, 1, d'argent. Sur le casque un cimier est un oiseau noir ayant au bec une couronne verte. Aux côtés de l'écusson, les lettres M-A à l'encre d'or. Je ne parviens pas à identifier ces armoiries; mais l'épigramme nous donne, à ce qu'il semble, le nom du copiste, qu'on peut transcrire par celui d'un Emilio Boccabelli. Si le copiste est le même personnage que le propriétaire, c'est un émule de ce jeune Pallini, qui a transcrit Properce dans le 3274 <M. L. 50> et que j'ai étudié dans la *Recherche sur un compagnon de Pomponius Laetus* (v. p. 202, note 1).
52) *Vat.* 3278. 101 ff. parch. (Pie IX). xiii° siècle. Gloses et scholies de deux mains, dont l'une est contemporaine. A la fin sont 84 vers rimant quatre à quatre, sorte de complainte d'OEdipe : *Diri patris infausta pignora...* Elle a été publiée par Ed. du Méril, *Poésies popul. lat. inéd. du moyen âge*, p. 310, d'après un ms. de Berlin.

53. Statio l'Achilleide, in lettera longobarda, coperto di carta pecora.
54. Severo Scholastico sopra Martiano Capella, libro antichissimo.
55. Plutarcho de familiaritate philosopho ineunda cum principe, tradotto dal Gaza, con l'epistola d'esso Gaza al vescovo Andrea Aleriense, libretto originale, coperto di seta lionata, in-4°.
56. Iuvenale antichiss°, coperto di cartone.
57. Fragmento delle controversie di Seneca, antichiss° et correttiss°.
58. Persio, et alcune opere d'Ovidio, libro antichiss°, coperto di cartone.
59. Poesie del Sannazario, di mano sua, ligato in corame rosso.
60. Poesie del Colotio, in dui volumi, uno in-4° et l'altro in foglio, di mano sua.
61. Poesie del Thebaldeo, di mano sua, senza coperta.
62. Iuvenale antichiss°, scholiato, et coperto di corame lionato.
63. Cicerone de inventione et la Rhetorica ad Herennium, antichiss°, et coperto di corame rosso.
64. Officii de Cicerone, con scholij in margine, di mano di Pomponio Laeto, coperto di corame lionato.
65. Festus Pompeius epitomato, et il fragmento non epitomato, coperto di corame lionato.

53) V. p. 275. Le ms. porte au f. 1 une cote ancienne : *a. xxiiij*; le n° 53 qu'on voit au bas du f. 22 est celui de la bibliothèque d'Orsini.
54) V. p. 228.
55) V. p. 230.
56) *Vat.* 3287. 55 ff. parch., rel. mod. xie-xiie siècle. Scholies et gloses. La dernière satire se trouve la XIVe. L'identification de ce ms. de Juvénal repose sur la place qu'il occupe dans le classement de Rainaldi.
57) Ms. non retrouvé (à joindre à la liste de la p. 122). Il a dû être relié dans un autre volume de la Vaticane. Serait-ce le ms. sous le nom de Sénèque qui viendrait de Bembo (cf. p. 242)?
58) V. p. 217.
59) V. p. 328.
60) V. p. 254.
61) V. p. 257.
62) *Vat.* 3288. 63 ff. parch. (Paul V, Pie IX). xiie siècle. Scholies et gloses. Vers écrits au xve siècle sur les gardes, de plusieurs mains.
63) *Vat.* 3236. 64 ff. parch. (Pie IX). xiie siècle. F. 1, *De inventione*: f. 33 v°, *Ad Herennium*. Les tranches ont été dorées. Au f. de garde, mentions et extraits d'époques diverses; on y trouve notée la naissance de la fille d'un propriétaire, nommée Agnès, le 22 mai 1387, sous le pontificat d'Urbain VI; malheureusement le nom de famille manque.
64) V. p. 206.
65) V. p. 213.

66. Festo Pompeio non epitomato, scritto di mano del Politiano.
67. Velio Longo de orthographia. Cornelio Frontone exempla elocutionum. Adamantio et Martyrio la grammatica. Atilio Fortunatiano. Donatiano. Iulio Severiano.
68. Rutilio Lupo, Aquila et Petronio Arbitro, scritti di mano del Perotto, coperto di corame giallo.
69. Nicolao Iudeco ad libros Aristotelis, con l'epistola al Colotio, coperto di cartone.
70. Porphyrione sopra Horatio, in corame torchino.
71. Placidi glossae, in-4° foglio.
72. Tibullo, in pergamena, coperto di corame lionato.
73. Lactantio sopra la Thebaide di Statio, in pergamena et coperto di corame rosso.
74. Suetonio, coperto di corame nero, fù del card^{le} Campano.
75. Statio le Selve, in pergameno, scritto da huomo dotto.
76. Livio la terza Deca, coperto di corame rosso, scritto di mano del Poggio.
77. Livio la quarta Deca, coperto di corame rosso, scritto di mano del Poggio.
78. Epigrammi latini antichi et moderni, raccolti dal Colotio, in cartone.
79. Epistole di Plinio et de viris illustribus, coperto di corame rosso.
80. Epistole ad Atticum et Q. Fratrem et Brutum, imperfette, in pergamena et coperto di corame lionato.
81. Epistole medesime perfette, coperto di corame lionato.
82. Un volume de ludis circensibus et scenicis, et altre cose, coperto di corame lionato.

66) V. p. 216.
67) V. p. 247.
68) V. p. 196.
69) V. p. 251.
70) V. p. 226.
71) V. p. 122.
72) V. p. 267.
73) *Vat.* 3381. 162 ff. (Pie IX). xve siècle.
74) V. p. 197.
75) V. p. 241.
76, 77) V. p. 194.
78) V. p. 255.
79) V. p. 197.
80) V. p. 249.
81) V. p. 231.
82) V. p. 262.

83. Un volume de regionibus Urbis Romae, coperto di corame lionato.
84. Un volume di raccolta de luoghi sopra le cose romane coperto di corame lionato.
85. Un volume secondo simile, coperto di corame lionato.
86. Suetonio scritto di mano di Lianoro Bononiense, coperto di corame lionato.
87. Cicerone de finibus bonorum et malorum, coperto di corame lionato.
88. Cicerone le Tusculane, coperto di corame rosso.
89. Cicerone de oratore, coperto di corame rosso.
90. P. Candidi de cosmographia. De hominis genitura. De muneribus reip. De usus antiquitate scribendi. De proprietate verborum latinorum, coperto di corame nero.
91. Serenus, Aratus latinus et alia, coperto di corame lionato, belliss° libro.
92. Epistole di Leonardo Aretino, coperte di corame nero.
93. Leonardus Aretinus de temporibus suis et alia eiusdem opuscula, in pergameno, coperto di corame rosso.
94. Cassiodori epistolae, in pergameno, coperto di corame rosso, libro antico.
95. Terentio d'antichità di 400 anni, coperto di corame rosso.

83) V. p. 206.
84, 85) V. p. 269.
86) V. p. 170.
87) *Vat.* 3241. LXXXVIII ff. parch. (Pie IX). xve siècle. Corrections marginales. Le ms. offre souvent des lacunes d'un ou plusieurs mots; ce sont les mots grecs.
88) V. p. 122.
89) V. p. 197.
90) V. p. 231.
91) V. p. 217.
92) *Vat.* 3397. 170 ff. pap. encarté de parch. (Paul V, Pie IX). xve siècle. Ecusson grossièrement peint (d'azur, au lion ou léopard d'or). Le ms. est précédé d'une ancienne table des lettres de Leonardo Bruni; il en contient 125; les deux premières sont adressées à Salutato, la dernière au roi Alphonse.
93) *Vat.* 3398. 108 ff. xve siècle. Ornements, écusson effacé par le timbre de la Vaticane. Sommaires marginaux à l'encre rouge. F. 1, *Leonardi Aretini de temporibus suis;* f. 46, *Xenophontis liber qui dicitur tyrannus* [Hiéron]; f. 66, *L. Aretini liber adversus hypocritas;* f. 77, *L. A. Vita Aristotelis;* f. 91, *L. A. de studiis et litteris ad dominam Battistam de Malatestis.* (Cf. *Vat.* 3923, f. 1, lettre de Bruni à la même Malatesta.)
94) *Vat.* 3392. 76 ff. (Pie IX). XIIIe s. A deux colonnes.
95) V. p. 122.

96. CLAUDIANO de raptu Proserpinae. Espositione sopra Iuvenale, libro antico et coperto di cartone.
97. CATONE de re rustica, coperto di cartone.
98. CICERONE l'orationi, in pergameno, coperto di corame nero, libro rarissimo.
99. ORATIONE di Ciceroni, in pergameno, coperto di corame rosso.
100. LIVIO la terza Decade, in pergameno, coperto di corame lionato.
101. EMENDATIONI sopra varij autori, del P. Ottavio, di mano sua, coperto di corame lionato.
102. APULEIO, in pergamena, coperto di corame rosso, tocco di mano di Benvento da Imola.
103. CICERO de natura deorum, et de divinatione, libro antico et fù di Papa Nicola terzo.
104. PETRI PAULI Iustinopolitani de ingenuis moribus, et liberalibus studijs adolescentiae. Francisci Barbari de re uxoria, et alia, in pergameno et coperto di corame rosso.
105. MARTIALIS epigrammata, in-8°, in pergameno, coperto di corame rosso.
106. CICERONE le Tusculane, antico, coperto di corame rosso.
107. CICERONE de natura deorum, che fù del Trapezuntio, in-4° fogl.
108. FRONTINO de stratagematis, coperto di corame giallo.
109. CICERONE de oratore, coperto di corame nero.

96) *Vat.* 3290. 52 ff. parch. (Paul V, Pie IX). 3 mss. xiv° s. : *a)* f. 1, *Raptus Proserpinae*, commençant au v. 266 du livre II; f. 8, l'idylle VI de Claudien, avec une transposition de feuillets, commençant au v. 73, xiv° siècle; *c)* f. 29, commentaire sur Juvénal (In principio omnium auctorum...), du xiii° siècle, avec ce nom du xv° : *Faustini Buturini* [ou *Bicturini*] *Veronensis*.
97) V. p. 250.
98) V. p. 267.
99) *Vat.* 3231. 282 ff. (Pie IX). xv° siècle. Lettres ornées. Souscription : *Inceptum et completum per manus Iohannis Asper de Alemania*.
100) *Vat.* 3332. 182 ff. (Pie IX). Beau vol. de la fin du xv° siècle. Ancienne cote : *Titi Livij Patavinij. Camera A*. Frontispice et lettres ornées. En lettres d'or dans un cercle d'or : *Titi Livii Patavini historiographi excellentissimi de bello Macedonico liber primus incipit*. Le texte commence au livre XXXI, 1, et Rainaldi, dans son récolement, avait déjà remarqué l'erreur de l'Inventaire : « Dice esser la 3ª deca, ma a me è stata consegnata la 4ª deca ».
101) V. p. 261.
102, 103) V. p. 192.
104) V. p. 166.
105) V. p. 199.
106) V. p. 122.
107, 108) V. p. 225.
109) V. p. 207.

110. Dionysio de situ orbis, con scholij nelle margini, coperto di corame rosso.

111. Valerio Maximo et nell' ultimo il X° libro de prononinibus et similibus, coperto di corame rosso.

112. Cicerone l'epistole familiari, che fù di Papa Nicola terzo, coperto di corame turchino.

113. Epigrammi di varij auctori, scritti di mano di Basilio Zanco.

114. Commento sopra Lucano, libro antico, in tavole coperte di pergameno.

115. Ovidio de arte amandi, in pergameno et coperto di corame giallo.

116. Xenophontis et Plutarchi et Basilij, quaedam translata per Leonardum Aretinum et Guarinum, et Cicero de petitione consulatus, in pergameno, coperto di corame rosso.

117. Platonis dialogi per Leonardum Aretinum, in pergameno, coperto di raso giallo.

110) *Vat.* 3338. 33 ff. pap. (Pie VI). Titre : *Dionisius latine interpretatus per Fannium* [sic]. Des scholies considérables en forme de *catenae* entourent le texte. Ce ms. est écrit par un humaniste dont je n'ai pas reconnu la main; il est daté à la fin du texte (*1501 pridie Kal. Dec.*) et à la fin des scholies (*1505 die vij aprilis*).
111) *Vat.* 3337. 214 ff. parch. (Pie IX). xvᵉ siècle. Contient l'abrégé de Valère-Maxime par Julius Paris. Cf. la note du f. 211 v° sur le livre X, et G.-N. du Rieu, *Schedae Vatic.*, Leyde, 1860, p. 183. Utilisé par Pighius. Pour la provenance de ce ms. de luxe, il faut rapprocher l'écusson du frontispice de celui de la famille Cancellieri, tel qu'il est dans le recueil de la Bibliothèque de la Minerve, à Rome, et dans celui de Gaignières, à Paris (armoiries des familles romaines, fol. 31).
112) V. p. 191.
113) V. p. 254.
114) *Vat.* 3387. 45 ff. (Paul V). xivᵉ s. Inc. : « Invocatio Lucani est ad civile bellum descripta quod gessit Cesar cum Pompeio... »
115) *Vat.* 3268. 38 ff. (Pie VI). Du xivᵉ s., sauf les ff. 8, 33-38, ajoutés pour compléter le ms. Scholies et corrections d'époques diverses.
116) *Vat.* 3386. 86 ff. parch. (Pie VI). xvᵉ s. Ce petit recueil de poche, possédé par un humaniste, est précédé de la table suivante, de main ancienne : *In hoc volumine sunt ista opuscula. Opus magni Basilii ad nepotes de legendis libris gentilium traductum per dominum Leonardum Aretinum. — Xenophontis philosophi de privatorum et tyrannorum vita* [Hiéron] *traductum per dominum Guarinum. — Plutarchi de amici et assentatoris differentia traductum per d. Guar. — M. T. Ciceronis de petitione consulatus ad Q. fratrem.* Les trois traductions sont munies de leur préface.
117) *Vat.* 3348. 194 ff. (Pie IX). xvᵉ s. Tranches autrefois dorées. Lettres ornées et frontispice au f. 2 v°, encadrant la première page du *Phèdre*, après la dédicace à Loschi. Ecusson laissé en blanc. Voici les traductions contenues dans le volume : *Phèdre, Gorgias, Banquet* (seulement l'éloge de Socrate), *Apologie, Criton, Phédon,* lettres de Platon, *Timée, Apologie de Socrate* par Xénophon.

118. Aristotelis Politica per Leonardum Aretinum, et alia eiusdem opuscula, in-4°, coperto di corame lionato.

119. Orationi di Cicerone, rivedute da huomo dotto, coperte di corame rosso.

120. Dialoghi alcuni di Platone, tradotti da Leonardo Aretino, coperte di corame rosso.

121. Herodoto della vita d'Homero, tradotta da Peregrino Fiorentino, di mano di Pomponio Laeto.

122. Antonii civis Patavini summa artis rythmicae, libro scritto di 30 fà (sic), tocco dal Colotio.

123. Pomponio Mela, Cicerone de legibus, coperto in cartone bianco.

124. Lucretio, in tavole.

125. Ovidio de Ponto, in tavole.

126. Luciani liber de Macrobiis, translatus a Fabio Vigile libro originale di mano d'esso Fabio, coperto di corame rosso.

127. Galeotti Martii invectivae in Franciscum Philelphum, coperto di corame rosso.

128. Prisciano de constructione, libro antichiss°, coperto di corame giallo.

129. Q. Ciceronis de petitione consulatus ad M. fratrem. De

---

118) V. p. 227.
119) V. p. 241.
120) V. p. 230.
121) V. p. 202.
122) V. p. 251.
123) *Vat.* 3409. 180 ff. pap., rel. ant. La reliure ancienne, aux plats de bois, recouvert d'un mince cuir vert estampé, avec fermoir, est sans doute postérieure à la rédaction de l'Inventaire. Le ms. est du xv° s. et contient: f. 1, Pomponius Mela; f. 41, Solin, avec cette souscription au f. 119 v° : *C. Iulij Solini polihistor ab ipso editus et recognitus... Feliciter expletum est xvij° Kallendas Iunij m°cccc°lvi° Bononiae.* Au-dessous : *De septem miraculis mundi clarissimis* (*Salvatio Romae*, etc.) ; f. 121, *Prisciani grammatici descriptio orbis* [traduction de Denys le Périégète] ; f. 141, Cicéron, *De legibus;* f. 179 v°, deux épîtres de saint Jérôme.
124) V. p. 218.
125) *Vat.* 3267. 59 ff. parch. (Pie VI, Pie IX). 3 mss. : *a*) f. 1, Ovide, xIII° s.; *b*) f. 34, Prudence, *Psychomachia*; f. 52, Commentaire sur la *Psych.* : « *Prudentius vir...* » xII° s.; *c*) f. 59, *De XII lapidibus* : « *Cives celestis...* » (incomplet). xIII° siècle.
126) V. p. 253.
127) V. p. 227, où une faute d'impression a fait écrire M. L. 147.
128) *Vat.* 3312. 64 ff. parch. (Paul V, Pie IX). xII°-xIII° s. *a*) f. 1, Priscien : *b*) f. 56, petit commentaire sur Priscien.
129) V. p. 267.

Fato et alia. Epistolae Platonis et aliorum, translate per Leonardum Aretinum, coperto di corame nero.

130. Aemilio Probo. Cornelio Nepote de vita Attici. Dion de regno. Sex. Rufus, coperto di corame lionato.

131. Varrone de lingua latina et Porphyrione sopra Horatio, fù del Colotio, in corame bianco.

132. Varrone de lingua latina et de re rustica, scritto di mano di Lianoro Viterbiense (*sic*), coperto di corame bianco.

133. Cicerone de Senectute, Amicitia, Paradoxis et Tusculanis, libro antico, coperto di corame bianco.

134. Quintiliano, con scholij d'huomo dotto, coperto di corame rosso.

135. Galeno sopra li Aphorismi di Hipocrate, libro antichiss° di 600 anni, translatione antica, in pergameno, coperto di corame rosso.

136. Plauto, in pergamena et senza coperta.

137. Dialoghi di Platone tradotti da Leonardo Aretino, coperti di corame lionato.

138. Commentarii di Cesare, correttissimi, coperto di corame rosso.

130) *Vat.* 3412. 142 ff. parch. (Paul V, Pie IX). xv°-xvi° s. Au frontispice, blason non identifié. F. 1, Probus; f. 71, Cornelius Nepos; f. 81, *Dionis Prusianensis de regno de greco latinus factus;* f. 132, Rufus Festus, *Breviarium*. La traduction de Dion Chrysostome est dédiée à Nicolas V : « Inter omnes rerum scriptores, Nicolae quinte, P. M., qui tuo iussu in romanum vertuntur sermonem... »
131) V. p. 250.
132) V. p. 170.
133) *Vat.* 3240. 118 ff. parch. (Pie IX). Ornementation intéressante. Commencement du xv° siècle (*antico*, dit Orsini!). Annotations de diverses mains du même siècle.
134) *Vat.* 3378. 118 ff. pap. (Pie IX). La couronne qui est au bas du frontispice ne contient que les lettres S. P. Q. R. Le ms. est sans doute de la fin du xv° siècle, et les scholies *d'huomo dotto* sont fort nombreuses; elles forment un commentaire perpétuel et, réunies aux gloses, semblent indiquer que ce volume a servi pour le cours d'un professeur (de la Sapienza ?).
135) V. p. 265.
136) *Vat.* 3303. 120 ff. (Pie IX). xv° siècle. La souscription, faite à trois époques différentes, est ainsi conçue : *Plauti Asinii poetae clarissimi explicit Epidicus comedia octava et ultima — earum quae inveniuntur — in hoc volumine*. Cette troisième main, postérieure, comme on voit, à la découverte du *codex Ursinianus*, a remplacé partout le mot d'*Asinii* par *Sarsinatis*, mis en marge un grand nombre de scholies et de leçons, et comblé quelques lacunes. — Les ff. de garde sont formés d'un texte effacé du moyen âge et d'un acte notarié dressé à Rome, en 1498, devant *Philippus Hauebert*, clerc du diocèse de Cambrai, notaire apostolique et impérial.
137) V. p. 122. Ce n°, que je n'ai pas retrouvé, faisait peut-être double emploi avec 117.
138) V. p. 264.

139. INCERTUS de dijs gentium, in pergamena, coperto di cartone.
140. ONOSANDER et Aelianus de instruendis aciebus, cum praefationibus Gazae.
141. COMMENTO di Pomponio Laeto sopra Varrone. Orationes ex libris hist. Sallustij. Oratione di Cicerone pro Milone, senza coperta.
142. VOCI di Lucretio, di mano di Basilio Zanco, coperto di cartone, et altre cose. Epigrammi di don Basilio, et alia.
143. VOCI di Catullo, di Gratio et Ovidio de Piscibus, Germanico Cesare et Columella de cultu hortorum, raccolte da don Basilio, originale.
144. PETRARCHA le Bucoliche, scritte di mano sua propria, in pergameno in-8°, coperto di velluto paonazzo.
145. PETRARCHA de sui ipsius et aliorum ignorantia, scritto di mano sua, in pergameno in-4°, coperto di velluto cremisino.
146. PETRARCHA de vita solitaria et Itinerarium Syriacum, scritto di mano sua, in papiro in-folio, coperto di corame turchino levantino, con serrami d'argento.
147. PETRARCHAE liber in-4°, historia excerpta.
148. BEMBO le brevi, scritto di mano sua, con molti concilij, in foglio, coperto di velluto cremisino, in papiro.
149. FRANCISCI CONTARENI de rebus in Etruria gestis, scritto di mano di Bernardo Bembo, in pergameno, coperto di velluto cremisino, in-4°.

---

139) *Vat.* 3413. 46 ff. (Paul V, Pie IX). Petit traité de mythologie antique : « Fuit in Egypto vir ditissimus... » C'est celui qui a été publié par Mai, *Class. auct. e Vatic. codd. ed.*, t. III (1831), pp. 161 sqq. L'éditeur dit qu'il l'a tiré d'un ms. d'Orsini du xiie siècle, mais il se garde bien d'en indiquer la cote, *ut solet*.
140) *Vat.* 3414. 66 ff. parch. (Pie VI, Pie IX). La place de l'écusson au frontispice est restée en blanc. Il n'y a qu'une seule des traductions qui soit de Gaza. F. 1, *Nicolai Secundini Veneti praefatio ad Alphonsum Aragonum regem in Onosandrum de perfecto imperatore*; f. 33, *Theodori Graeci Thessalonicensis ad... Antonium Panormitam Alphonsi regis praeceptorem praefatio in opus Aeliani de instruendis aciebus* (avec figures stratégiques aux encres rouge, verte et bleue).
141) V. p. 204.
142, 143) V. p. 259.
144) V. p. 285.
145) V. p. 289.
146) V. p. 291.
147) V. p. 294.
148) V. p. 242. *Concilij* doit être un lapsus pour *concieri*.
149, 151) V. p. 240.

150. Boetio de consolatione philosophica, scritto di mano del Boccaccio, in pergameno in-8°, coperto di velluto verde.
151. Christophoro Landino le poesie con l'epistola dedicatoria di mano sua, scritto in pergameno in-8°, coperto di velluto verde.
152. Cicerone le leggi et li libri Academici, scritti di mano del Poggio, in pergameno in-4°, coperto di seta paonazza, con serami d'argento.
153. Homero il 2° et 3° dell' Iliade, tradotto in versi dal Politiano, et in molti luoghi tocco di mano sua, in pergameno in-4°, coperto di cremisino.
154. Georgica Virgilij, et alia opuscula di mano di Pomponio Laeto, in-8°, in pergameno, coperto di corame rosso.
155. Politiani varia poemata, di mano sua, in papiro in-4° foglio, et coperto di cremisino.
156. Panormita l'epistole, scritto di mano sua, in papiro in foglio, coperto di velluto cremisino.
157. Varie Epistole di diversi scritte al Panormita, in papiro in foglio, coperto di corame lionato oscuro.
158. Panormita de factis et dictis Alphonsi Regis, in papiro in foglio, coperto di corame lionato, libro originale.
159. Panormitae varia poemata, scritto in pergamena in-4° et coperto di corame.
160. Eugippio abbate, quasi un compendio di varij scritti di S. Agostino, in pergamena, in lettera maiuscola, in foglio, antico più di mille anni, ligato in corame rosso levantino.
161. Lexicon antico, scritto in lettera longobarda, in pergamena in foglio, coperto di corame levantino rosso.
162. Lexicon di voce sacre et profane, con alcune operette dietro di Isidoro Ispalense et altri, scritto di lettere maiuscole, in-4°, in carta pergamena, coperto di corame levantino rosso, tocco dal Panormita.
163. Cicerone le Tusculane, antico di 900 anni, in foglio, in per-

---

150) V. p. 305.
152) V. p. 193.
153, 155) V. p. 209.
154) V. p. 199.
156) V. p. 222.
157-159) V. p. 223.
160) V. p. 242.
161) V. p. 274.
162, 163) V. p. 222.

gameno, tocco dal Panormita, coperto di corame levantino rosso.

164. Tibullo et Propertio, scritto di mano del Panormita con una sua elegia in fine, in-4°, in pergamena et coperto di corame lionato.

165. Ovidio de remedio amoris et Tibullo, tocco dal Panormita, senza coperta.

166. Apuleio, non intero, scritto in pergameno in-4°, coperto in tavole, tocco dal Panormita.

167. Macrobio li Saturnali, antichiss°, scritto in pergameno in-4°, coperto di corame nero.

168. Lucretio, scritto in papiro, tocco dal Panormita et dall' Aurispa, in-4°, et coperto in tavole.

169. Martiano Cappella col commento di Remigio, in foglio, in pergameno, tocco di mano del Panormita, et senza coperta.

170. Ammiano Marcellino dell' historia, in papiro in foglio et coperto di corame lionato.

171. Silio Italico, in papiro in foglio, coperto di corame lionato.

172. Statio le Selve, in papiro in foglio et tocco dal Panormita, con alcuni suoi versi, ligato in tavole.

173. Diodoro Siculo, in foglio, tocco dal Panormita et senza coperta.

174. Xenophonte della Paedia di Cyro, in papiro in foglio, et coperto di corame lionato.

175. Platone delle leggi, tradotto dal Cassarino, tocco dal Panormita, in papiro in foglio, coperto di corame.

176. Plutarco varij opuscoli, tradotti dal med^{mo}, in papiro in foglio, coperto di corame.

177. Gio. Tortellio, con una epistoletta di mano sua a Papa Martino, scritto in foglio in papiro, coperto di corame rosso.

178. Silio Italico, scritto in papiro in foglio, con alcune notationi nelle margini, coperto di corame lionato oscuro.

164, 165) V. p. 219.
166, 167) V. p. 222.
168) V. p. 218.
169) V. p. 122.
170-173) V. p. 220.
174-176) V. p. 221.
177) V. p. 225.
178) *Vat*. 3301. 201 ff. (Pie IX). xve siècle. Ornements et frontispice avec écusson illisible. A la fin, transcription des épigrammes de Martial à Silius Italicus et de la lettre de Pline sur la mort de celui-ci.

179. Ovidio li Fasti, scritto di mano di Pomponio Laeto con sue notationi, in papiro in foglio, coperto di corame rosso.
180. Lucio Floro, scritto di mano del med^{mo}, in papiro in foglio, coperto di corame rosso, con sue notatione.
181. Varrone varij fragmenti, Livio, Claudiano et altri, scritto di mano del med^{mo}, con sue notationi, in papiro in foglio, coperto di corame rosso.
182. Cicerone le Philippiche, scritto di mano del med^{mo}, con sue notationi, in papiro in-4°, coperto di corame.
183. Cicerone varie orationi, scritto di mano del med^{mo}, con sue notationi, in papiro in-4°, coperto di corame.
184. Publio Vittore et altre cose, scritto di mano del med^{mo}, in papiro in-4°, coperto di corame lionato.
185. Catullo con altre cose, scritto di mano del med^{mo}, in papiro in-4°, coperto di corame lionato.
186. Lucano, scritto di mano del med^{mo}, in pergameno in-4°, coperto di corame verde inorato, con sue notationi.
187. Statio, scritto di mano del med^{mo}, con sue notatione, in pergameno in-4°, coperto di carta pecora.
188. Silio Italico, di mano del med^{mo}, con sue notatione, in pergameno, coperto di corame verde inorato.
189. Ovidio li Fasti, scritto di mano del med^{mo}, con sue notatione, in pergameno in-4°, coperto di corame verde inorato.
190. Ovidio li Fasti, antico, in pergameno in-4°, coperto di corame verde.
191. Virgilio l'Aeneide, antico, scritto in pergameno in-4°, coperto di corame verde.
192. Francesco Iustolo in versi de animalibus septivomis, in pergameno in-8°, coperto di raso cremisino.
193. Fausto Magdaleni poesie scritte di mano sua, in pergameno in-8°, coperto di carta pecora.

179) V. p. 202.
180, 181) V. p. 203.
182, 183) V. p. 202.
184) V. p. 206, où une faute d'impression a fait écrire M. L. 191.
185) *Vat.* 3269. 59 ff. (Pie VI). Quelques notes de Pomponius. A joindre à la série décrite p. 202. F. 1, Catulle; f. 39, [*Priapea*]; f. 52, [*Catalecta* de Virgile].
186, 187, 189) V. p. 200.
188) V. p. 201.
190) *Vat.* 3265. 66 ff. (Pie IX). xiiie siècle. Au f. 64 v°, calendrier romain.
191) Ms. non retrouvé, à joindre à la liste de la p. 122.
192, 193) V. p. 257.

194. Homero l'Iliade, tradotto dal Valla, scritto in pergameno in foglio et coperto di corame lionato inorato.
195. Cicerone l'epistole familiari, scritte in papiro in foglio et tocche dal Panormita, coperta di corame.
196. Plauto alcune comedie, scritto in pergameno, tocco dal Panormita, in foglio, senza coperta.
197. Nonio Marcello, scritto in papiro in-4° et coperto di corame bianco.
198. Homero l'Odissea, scritto di mano di Pomponio Laeto, in papiro in-4°, coperto di corame lionato.
199. Publio Vittore et Sesto Rufo, scritto di lettere maiuscole, in pergameno in-8°, senza coperta.
200. Fra Onofrio Panvinio li Fasti scritti di mano sua, in lettere maiuscole, in papiro in foglio et senza coperta.
201. Un libro di varie cose antiche disegnate, in papiro in foglio et senza coperta.
202. Statio varij epigrammi, in papiro in foglio et coperto di carta pecora.
203. Petrarca l'epistole familiari, in pergamena in foglio, coperto di corame lionato.
204. Petrarca de remedijs utriusque fortunae, in pergamena in-4° et coperto di corame lionato.
205. Benvenuto del Paradiso di Dante, imperfetto, in papiro in foglio et senza coperta.
206. Benvenuto del Purgatorio di Dante, in papiro in foglio et senza coperta.
207. Platone de Republica, tradotto dal Cassarino, in papiro in foglio, coperto di corame.

194) V. p. 249.
195) *Vat.* 3248. 175 ff. (Pie IX). Nombreuses lacunes dans le texte de Cicéron. Frontispice orné à la plume, avec un livre, l'emblème choisi par le roi Alphonse. Les notes marginales sont assez rares, mais bien de Panormita.
196) V. p. 218.
197) V. p. 220.
198) V. p. 202.
199, 201) V. p. 263.
200) V. p. 262.
202) Dans le *Vat.* 5390, décrit p. 133 (note) et qui me semble venir d'Orsini, on a inséré, au f. 22, un cahier dont le format et le sujet répondraient assez bien à la description de ce n° 202; il porte en titre : *Statii fragmenta quaedam*.
203, 204) V. p. 294.
205, 206) V. p. 193.
207) V. p. 220. L'attribution de l'Inventaire est erronée.

208. Varie epistole a diversi, in papiro in foglio et coperto di carta pecora.
209. Coluccio Salutati l'epistole in nome della Rep^ca di Fiorenza, in papiro in foglio, coperte in tavole.
210. Coluccio Salutati de fato et fortuna, in papiro in foglio, coperto di carta pecora.
211. Trapezuntio de comparatione Platonis et Aristotelis, in pergameno in foglio, coperto di corame lionato.
212. Trapezuntio contra Theodoro Gaza, de male versione problematum Aristotelis, in-4°, in papiro, coperto di carta pecora.
213. Isocrate l'orationi, tradotto da Lapo Castellini, in pergameno in-4°, ligato in corame.
214. Cicerone de natura deorum, in pergameno in-8° et coperto di corame.

208) V. p. 269.
209) *Vat.* 3431. 101 ff. (Paul V, Pie IX). xve siècle. Il n'y a pas d'ordre chronologique dans les lettres. La première est au pape (11 janvier 1407), la dernière aux habitants d'Ancone (12 mai 1404). Au-dessous de l'*explicit* était inscrit un billet italien, où on distingue la date de 1535 et, pour le destinataire, le nom d'Antonio; le reste est difficilement lisible à cause du grattage. — Le lecteur connaît sans doute l'importante édition qui se prépare des lettres du chancelier florentin, par les soins de M. F. Novati; il y trouvera une étude sur la bibliothèque de Salutati.
210) *Vat.* 3430. 49 ff. (Paul V, Pie IX). xve siècle. F. 1, *Incipit liber Colutij Pieri Salutati de fato et fortuna ad Felicem abbatem monasterij sancti Salvatoris de vij° ordine cisterciensis*...; f. 47, *Explicit liber Colutij Florentini qui morte sua coronatus poeta extitit*; f. 48, fragments des *Trionfi* de Pétrarque.
211) *Vat.* 3382. 107 ff. (Pie IX). xve siècle. Au f. de garde de la fin, sont deux noms de propriétaires du xvie siècle : *Hic liber est meus qui nomine vocor Hippolytus Sorbinus*. — *Iacobi de Bannissis Dalmatae*. — Mais c'est un propriétaire plus ancien qui a fait la plupart des notes et corrections marginales de l'exemplaire et souligné les passages du texte. Il a mis à la fin un souvenir de sa lecture et de la fameuse querelle des philosophes du xve siècle : *Finivi legendo die 20 septembris 1470. Contra hunc librum scripsit dominus Bissarion cardinalis Nicenus vir eruditissimus, pro Platone non tamen contra Aristotelem.* L'ouvrage auquel fait allusion ce lecteur inconnu est le traité *In calumniatorem Platonis*, qui parut à Rome, en 1469, et où Bessarion défendit si dignement Platon des sots outrages de Georges de Trébizonde.
212) *Vat.* 3383. 67 ff. (Pie VI). xve siècle. *Ad dominum Alfonsum regem Aragonium et utriusque Siciliae Georgii Trapezuntii in perversionem problematum Aristotelis a quodam Theodoro Cage editam et problematice Aristotelis philosophie protectio* (sic). Cette violente attaque porte sur la traduction des *Problèmes* faite par Gaza et imprimée à Rome en 1475. — Dans une lettre du 1er oct. 1588 (*Ambros.* D. 422), Orsini avertit Pinelli qu'il croit posséder l'original grec d'une lettre de Gaza à Philelphe.
213) V. p. 221.
214) *Vat.* 3244. 122 ff. (Pie VI). xve siècle. Quelques corrections et additions.

215. Cicerone varie orationi, in pergameno in-4° et coperto di corame.
216. Chrysostomo due orationi, de patientia et elemosina, in pergameno in-8°, coperto di seta rossa.
217. Seneca de declamationi, in pergameno in-4° et coperto di corame rosso.
218. Quintiliano de declamationi, in pergameno in foglio et coperto di corame lionato.
219. Francesco Barbaro et il Poggio l'epistole et altre cose, in papiro in-4° et senza coperta.
220. Lampo Birago de bello contra Turcas suscipiendo a Nicola Papa V, in papiro in-4°, coperto di corame lionato.
221. Iulio Firmico Materno, in pergamena in-4°, tocco dal Panormita, et coperto di carta pecora.
222. Un libro dell'esilio del Filelfo, col symposio del med^{mo}, et un libretto di Toma Faedro de eloquentia, con una oratione di Celso Mellino et altre cose, in papiro in-4°, coperto di raso.
223. Festo Pompeio, scritto di mano del Politiano, in papiro in-4°, coperto di seta.
224. Calentio di varie poesie, scritto di mano sua, in papiro in-4°, coperto di seta.
225. Hermolao Barbaro, un libretto scritto a Iacomo Antiquario contra il Cornucopia del Sypontino, in papiro in-4°, coperto di seta.
226. Antonio Lusco de sacerdotibus et magistratibus, che và stampato sotto nome di Fenestella, tocco dal Politiano, in papiro in-4°, coperto di carta pecora.
227. Nicolao Iudeco alcune epistole, in un quinterno, a Gio. Lascari et Hieronymo Aleandro, alcune epistole a Nicolao Iudeco, in papiro in foglio, senza coperta.

215, 216) V. p. 122.
217) V. p. 242.
218) *Vat.* 3377. 95 ff. (Léon XIII). xiv° siècle. Inc. (sans titre) : « Ex incendio domus adolescens... » Corrections et notes marginales.
219) V. p. 166.
220) V. p. 227.
221) V. p. 222.
222) V. p. 268.
223) V. p. 215.
224) V. p. 256.
225) V. p. 251.
226) V. p. 210.
227, 229) V. p. 122.

228. MARTIALE, in papiro in-4°, tocco dal Panormita, ligato in tavole.
229. UN LIBRO di cose d'Astrologia con sue figure, antichiss°, in pergameno in-4°, et coperto di corame bianco.
230. UN LIBRO di Mathematica, scritto di mano di Pomponio Cecio card^{le}, in papiro in foglio, coperto di corame rosso.
231. UN LIBRO di varie cose d'Astrologia, scritto di mano di Lorenzo Boniscontro, che fece il commento sopra Manilio, in papiro in foglio et coperto in tavole.
232. CORNELIO TACITO della vita d'Agricola, scritto di mano di Pomponio Laeto, ligato dietro al Tacito stampato, in foglio et coperto di tavole.
233. ACRONE sopra Horatio, in papiro in foglio, tocco dal Panormita et coperto in tavole.
234. ALANO sopra la Rhetorica di Cicerone, in pergameno in foglio, antico et senza coperta.
235. INCERTO autore sopra Horatio, antico, in pergameno in-8° et coperto in tavole.
236. INCERTO autore di philosophia, in pergameno in-8° et coperto di tavole.
237. BRENTIO, secretario del Card^{le} Uliverio Carafa, scritto a Papa Sixto IV, in papiro in-4°, coperto di corame rosso.
238. INDEX in Gellium, di mano del Carteromacho.
239. INDEX in opera Ovidij, Ciceronis epistolarum ad Atticum et alios, di mano del Carteromacho.
240. INDEX in Gellium.
241. DOI INDICI di voci di Plinio.
242. CICERONE de oratore, in pergameno et senza coperta.
243. STATII Thebais, antichiss°, senza coperta.

228) V. p. 220.
230) V. p. 249.
231) V. p. 248.
232) V. p. 203.
233) V. p. 220.
234-236) V. p. 122.
237) V. p. 122. Ce Brenzio est l'*Andreas Brentius Patavinus*, R^{mi} D. *Neapolitani familiaris*, qui empruntait des manuscrits grecs, en 1477 et 1479, à la bibliothèque de Sixte IV. V. le registre des prêts publié par MM. Müntz et Fabre, *La Bibl. du Vatican au XVe siècle*, pp. 277, 278, 282.
239) V. pp. 122 et 245.
240) V. p. 122.
241) V. p. 245.
242) V. p. 122.
243) *Vat.* 3280. Parch. (Pie IX). XIIe siècle.

244. Meletio de structura hominis, tocco dal Colotio.
245. Indice sopra Valerio Maximo, per ordine d'alfabeto, in papiro et in foglio reale.
246. Indice sopra Ovidio de Tristibus, in papiro in foglio.
247. Indice sopra Calpurnio Nemesiano, in papiro in foglio.
248. Indice sopra l'epistole familiari di Cicerone, in papiro in foglio.
249. Indice sopra Varrone de re rustica, in papiro in foglio.
250. Indice sopra Martiale, in papiro in foglio
251. Indice sopra Valerio Maximo, in papiro in foglio.
252. Indice sopra l'epistole familiari di Cicerone, in papiro in foglio reale.
253. Indice sopra l'epistole ad Atticum, in papiro in foglio reale.
254. Indice sopra l'officij di Cicerone, in papiro in foglio reale.
255. Indice sopra l'epistole di Plinio, in foglio reale.
256. Indice sopra Quintiliano, in foglio reale.
257. Indice sopra Cornelio Tacito, in foglio reale.
258. Indice sopra Valerio Maximo, in foglio reale.
259. Indice sopra Apuleio, in foglio reale.
260. Indice sopra la vita d'Attico, in foglio reale.
261. Indice sopra Suetonio de viris illustribus, in foglio reale.
262. Indice sopra l'oratoria di Cicerone, in foglio ordinario.
263. Alcuni quinterni de fasti Consulari, in foglio reale et ordinario.
264. Le glosse di Placido grammatico, in papiro in-4° et senza coperta.

244) V. p. 253.
245) V. p. 122.
246) V. p. 245.
247, 248) V. p. 122.
249) *Vat.* 3445. 272 ff. de tout petit format (Léon XIII). Il y a plusieurs index alphabétiques distincts : f. 1, sur Caton; f. 42, sur Varron; f. 107, sur Columelle; f. 245, sur Palladius. A la suite de chaque partie, liste des tournures ou expressions de l'auteur *(modi familiares)*.
250, 251) V. p. 121.
252) V. p.
253-255) V. p. 122.
256) *Vat.* 3448. (Paul V, Pie IX). La note mise sur le ms. est plus exacte que celle de l'Inventaire : *Indice sopra Ovidio e Quintiliano*. Il y a en effet deux index.
257-262) V. p. 122.
263) V. p. 262.
264) *Vat.* 3441, n° 4 (ff. 62-95 du ms.). xxxiv ff. numérotés isolément.

265. Un fragmento di Varrone di lingua latina, in papiro in-4° et senza coperta.
266. Indice della bibliotheca di F. Onophrio, scritto di mano sua, in quattro quaderni, di foglio longo, in papiro.
267. Pietro Ciacono de ponderibus et mensuris, scritto di mano sua, in papiro in foglio et senza coperta.
268. Un libro delli fragmenti delle tragedie di Attio et di Livio Andronico, raccolte da Antonio Agustini, in papiro in-4° et senza coperta.
269. Un libro in-4°, dell' Axiocho di Platone et di Plutarco Quid principem deceat, in papiro in-4° et senza coperta.
270. Un quinterno del Portio de mensuris, in papiro in-4° et senza coperta.
271. Quinterno intitolato Prognostica rei rusticae, in-4°.
272. Quinterno de Omnibono Vicentino de re metrica, in-4° et senza coperta.
273. Alcune egloghe di Pietro Curtio, et altri versi d'altri poeti moderni, sciolto in più quinterni, et fogli in-4°.
274. Un quinterno di mano di Bernardino Rutilio, nomenclatura historicorum, in papiro in foglio longo.
275. Alcune orationi di Pietro Alcyonio, in 4 quinterni, in papiro in foglio.
276. Una epistola scritta in nome dell' Acqua Vergine a Marc' Antonio Colotio, in papiro in foglio.
277. Bernardo Vapovisio canonico Cracoviense de bello Voscomitarum (sic) contra Polonos.
278. Aeschyli Prometeus per Coriolanum Martyrani, in papiro in foglio.

265) *Vat.* 3308. Sur ce fragment du xv° siècle (Paul V, Pie IX), cf. O. Müller, édit. de Varron. 1833, p. xiv.
266) V. p. 262.
267) V. p. 261.
268) V. p. 269.
269, 270) V. p. 252.
271) *Vat.* 3441, n° 9 (ff. 145-156 du ms.). xvi° siècle.
272) *Vat.* 3441, n° 10 (ff. 157-166 du ms.). xv° siècle. Inc. : « Pes in metro dicitur... » Ce serait l'œuvre d'Ognibene da Lonigo (*Omnibonus Leonicenus* ou *Vicentinus*).
273, 276) V. p. 256.
274) V. p. 122.
275) V. p. 253.
277, 280-282, 284) V. p. 253.
278) V. p. 122. Il existe : *Coriolani Martirani Cosentini episcopi sancti Marci poemata*, Naples, 1556, in-8.

279. Libro intitolato Situs elementorum, in papiro in foglio, et tocco dal Colotio.
280. Oratione di Pietro Curtio scritta al Colotio, in papiro in foglio, et con l'emendationi del sudetto Curtio.
281. Oratione del med^{mo} scritta à Ludovico Beccadello, in papiro in foglio, coll' emendationi del sudetto Curtio.
282. Commento de innominato autore sopra il primo libro di Plinio, in papiro in foglio, et tocco dal Colotio.
283. Libro d'incerto autore de mirabilibus civitatis Puteolorum, in papiro in foglio.
284. Synonymi di Cicerone, scritti di lettera vecchia, in papiro in foglio.
285. Invettiva d'Antonio Trapezuntio contra Theodoro Gaza, in papiro in foglio.
286. Epistola del Sadoleto a Gio. Sturmio et resposta sua al Sadoleto, in papiro in foglio.
287. Nicephori geographica, senza principio, tocco dal Colotio, in papiro in foglio.
288. Dionysio Longino de altitudine et granditate orationis, in papiro in-4°.
289. Un libro della Sibilla Erythrea, tradotto di greco in latino, in papiro in-4°, coperto di seta.
290. Varii quinterni in foglio longo, scritti di mano di Basilio Zancho, che contengono li suoi epitheti et voci latine, lasciato dal Nizzolio.
291. Facetie raccolte dal Colotio in varie carte, messe insieme di mano sua.
292. Raccolta di varie cose, fatta dal med^{mo} Colotio in diversi fogli, messi insieme dal card^{le} Santa-Croce, che fù poi Papa Marcello.

279, 283) V. p. 252.
285) V p. 122. L'erreur de l'Inventaire est évidente; l'ouvrage est de Georges de Trébizonde, et pourrait être une traduction de sa lettre Εἰ φύσις βουλεύεται.
286) V. p. 253.
287) V. p. 252.
288) Vat. 3441, n° 2 (ff. 12-31 du ms.). xvi° siècle. Inc.: « Caecilii quidem commentariolum... »
289) V. p. 251.
290) V. p 259.
291) V. p. 255.
292) V. pp. 248 et 254.

293. Un quinterno sopra le monete antiche romane et pesi, scritto di mano dell' autore, che mostra esser stato scolaro di Pomponio Laeto, in foglio et senza coperta.
294. Un altro quinterno de re nummaria, in papiro in foglio et senza coperta.
295. Indice de libri del Pico della Mirandola, scritto di mano d'huomo dotto, in papiro in foglio, coperto di carta pecora.
296. Un libro di poesie et altre cose di Lilio Tifernate greche et latine, in papiro in-4° et senza coperta.
297. Hierone di Zenophonte, tradotto da Leonardo Aretino, et scritto di mano sua, senza principio, in papiro in-4° et senza coperta.
298. Sannazaro de partu Virginis, scritto di mano sua, con molti concieri, in carta bambacina et in foglio.
299. Tre volumi in foglio di lettere scritte da diversi à Paolo Manutio, coperti di carta pecora.
300. Commentarii di Cesare, in carta pergamena in foglio, coperto di corame lionato.

NOTA DE LIBRI LATINI STAMPATI CHE SONO TOCCHI DI MANO DI HUOMINI DOTTI *

1. Virgilio, con scholij greci et latini di mano del Politiano, coperto di corame rosso.
2. Virgilio di stampa vecchia, con scholij di mano del Colotio, coperto di corame lionato.

293, 294) V. p. 252.
295) V. p. 251.
296) V. p. 171.
297) V. pp. 196 et 252.
298) V. p. 328.
299) V. p. 136.
300) V. p. 264.
* Vat. 7205, f. 42. — Sur les indications de Rainaldi, marquées R, v. la note de la page 350.
1) V. p. 210.
2) C'est aujourd'hui au Vatican l'Inc. 84 (Virgile imprimé à Rome en 1473, per Udalricum Gallum et Simonem de Luca). L'Inc. 126, qui m'est tombé sous les yeux en recherchant le précédent, a aussi quelques annotations d'humaniste (Virgile imprimé à Milan en 1474, per Philippum de Lavagnia).

3. Virgilio d'Aldo vecchio, con emendationi in margine, coperto di corame rosso.

4. Virgilio, con riscontri greci et latini, coperto di corame lionato oscuro.

5. Plinio di stampa vecchia, tocco dal Carteromacho, coperto di corame rosso.

6. Plinio di stampa vecchia, riscontrato con xvj exemplari, libro correttiss° et coperto in tavole, fù di m. Augusto.

7. Plinio di Basilea, emendato nelle margini, coperto in carta.

8. Commentarii di Cesare, di stampa vecchia, con emendationi del Faerno, coperto di corame rosso.

9. Strabone latino, tocco dal Carteromacho, coperto di corame verde.

10. Catullo et Tibullo, con commento, di stampa vecchia, con scholij di mano del Pontano.

11. Catullo, Tibullo et Propertio, con emendationi del Pontano et del Colotio, coperto di corame rosso.

12. Catullo, Tibullo et Propertio, con emendationi del Colotio et di Basilio Zancho.

3) Aujourd'hui A. 25 in-8°. Aldine de 1505, corrigée dans quelques parties d'après deux *veteres codices*.

4) Aux détails donnés, p. 271, sur cette belle édition française en trois volumes, qu'Orsini a choisie pour l'un de ses livres préférés, il convient d'ajouter que la reliure est celle du temps et porte, sur le plat antérieur, le mot Virgilius en lettres d'or. Dès le début du commentaire, relevons cette note sur le Stobée des Farnèse : « Bionis praeter ea quae exstant fragmenta apud Stobaeum, nonnulla etiam alia deprompsimus ex veteri libro Ranutii card. Farnesii, qui ab eodem Ioanne Stobaeo conscriptus est inscribiturque Στοβαίου φυσικά. »

5) Inc. 301. Parme, 1480. in-fol. Peu d'annotations. — Orsini avait possédé un exemplire de l'édition de Rome corrigée à la main par Théodore Gaza (?); il l'avait reçu d'un ami et paraît en avoir fait don à Pinelli à qui il l'offre dans une lettre du 18 mars 1575. (*Ambros. D.* 422).

6) V. p. 248.

7) D'après le récolement de Rainaldi, ce serait un Pline imprimé à Bâle en 1554, in-fol. Je ne l'ai pas retrouvé. Suivant Galletti, il y a (ou il y avait) au Vatican, sous le n° 3055, l'*Histoire naturelle* de Pline, imprimée à Bâle, en 1525, et provenant du baron de Stosch; elle contenait des annotations manuscrites de Fulvio Orsini, et, sur la garde, le récit d'une inondation du Tibre en 1557. (Renseignements tirés du *Vat.* 7928, f. 127, où Galletti a transcrit le récit).

8) V. p. 260. Rome, 1472, in-fol. R.

9) Inc. 100. Rome, 1473, in-fol. Très petit nombre de notes.

10) V. p. 226.

11) V. p. 232.

12) V. p. 258.

3. Horatio, tocco dal Carteromacho, coperto di corame rosso.
4. Horatio, con annotationi et emendationi varie, coperto di corame lionato.
5. Catullo, Tibullo et Propertio, di stampa vecchia, con scholij del Colotio, coperto di corame rosso.
6. Ovidio la Metamorphose, d'Aldo, con emendationi in margine, coperto di corame rosso.
17. Ovidio la Metamorphose et altre opere, con scholij del Carteromacho, coperto di corame rosso.
18. Ovidio la Metamorphose et altre opere, con emendationi di Pier Matteo Hercolano, coperto di corame lionato.
19. Salustio, con annotationi di Pomponio Laeto, coperto in tavole.
20. Lucretio, con scholij del Colotio, coperto di corame rosso.
21. Lucretio, con molte annotationi, coperto di corame nero.
22. Vitruvio con figure, tocco dal Carteromacho, et coperto di corame rosso.
23. Vitruvio, tocco dal Lascari, coperto di cartone.
24. Vitruvio di Fiorenza, con emendationi, in cartone.
25. Vitruvio di Basilea, con emendationi bellissime, coperto di corame rosso.
26. Domitio Calderino sopra Martiale, tocco dal Carteromacho, coperto di corame rosso.
27. Opere del Politiano, tocche dal Carteromacho, coperte di corame nero.
28. Epistole di Plinio, tocco dal Carteromacho, coperte di corame rosso.

---

13) *Inc. 179.* Milan, 1479, in-fol. Mots renvoyés aux marges, scholies et rapprochements de textes.
14) A. 1 in-8°. Aldine de 1501.
15) V. p. 258.
16) V. p. 244.
17) *Inc. 1107.* Venise, 1489, in-fol.
18) V. p. 176.
19) V. p. 207.
20) V. p. 258.
21) 1512, in-8°. R. C'est l'édition des Giunta de Florence.
22) *VIII. A. 10. 27.* — *M. Vitruvius per Iocundum solito castigatior factus...* Venise, 1511, in-fol. (*Diligentia Ioan. de Tridino alias Tacuino*).
23) V. p. 159.
24) Fù del Carteromaco. R.
25) Vitruvio, Frontino, il card. de Cusa... in-8°, stamp. Argentorat. nel 1543, lig. di cor. rosso. R.
26-28) V. p. 246.

29. Epistole di Plinio, in·8°, tocche da huomo dotto et scholiate, coperto di corame rosso.
30. Ausonio, con scholij del Carteromacho et del Colotio, coperto di cartone.
31. Ausonio simile, con varie emendationi, coperto di corame rosso.
32. Valerio Flacco, con emendationi del Carteromacho et del Colotio, senza coperta.
33. Plinio, in quattro tomi, con emendationi del P. Ottavio, coperto di cartone.
34. Censorino. Cebete. Dialoghi di Luciano. Epictete. Basilio. Plutarco. Sidonio Apollinare, tocco dal Colotio, in tavole.
35. Statio la Thebaide, con Lattantio, tocco dal Carteromacho, coperto in tavole.
36. Plauto con commento, tocco dal Colotio, coperto in tavole.
37. Bucolica del Petrarca, con commento. Persio con Cornuto, tocco dal Colotio, coperto di corame rosso.
38. Ausonio, tocco dal Codro, in corame rosso.
39. Manilio, col commento et emendationi di Andrea Aleriense, coperto in tavole.
40. Claudiano, con scholij del med.mo et di Pomponio Laeto, coperto di corame verde.
41. Eusebio de preparatione, latino, con scholij di Andrea Aleriense, coperto di corame giallo.

29) V. p. 176, ligne 1. Le chiffre 28 y a été imprimé par erreur pour 29; c'est aussi ce chiffre erroné 28, accompagné de *Ful. Urs.*, qui se trouve sur le volume.
30) V. pp. 245 et 258. Aldine de 1501, in-4°. R.
31) Manquait au récolement de Rainaldi.
32) V. pp. 245 et 258.
33) V. p. 260.
34) V. p. 258.
35) Statio le Selve con il commento di Domitio [Calderino], la Thebaide con Lactantio, l'Achilleide con Maturanzio, Domitio in alcuni luoghi di Propertio, stamp. in Venetia, 1498, in-fol. in tavole. R.
36) Plauto con il commento di Gio. Battista Pio, tocco in tre o quattro uoghi dal Colotio, stamp. in Milano, 1500, in-fol. in tavole. R.
37) Petrarca la Bucolica, con il commento di Benvenuto Imolense, stamp. in Venetia, 1417 [sic; cf. Fiske, *Petrarch Books*, Ithaca, New-York, 1882, p. 20 b]. Persio con il commento di Gio. Britannico, stamp. in Brescia, 1500, in-fol. cor. ros. È dubio per non vi esser Cornuto, ne si vede esser tocco. R.
38) V. p. 175.
39) V. p. 230.
40) V. p. 229. Serait à comparer avec *Inc. 850* (autre Claudien annoté).
41) V. p. 229.

42. Boetio, tocco di mano del Carteromacho, coperto di corame nero.
43. Hermolao Barbaro sopra Plinio, tocco dal Carteromacho, coperto di corame nero.
44. Donato Acciaiolo sopra l'Ethica d'Aristotele, tocco dal Carteromacho.
45. Aegidio Romano in posteriora Aristotelis, tocco dal Carteromacho, coperto in tavole.
46. Lucretio, col commento del Pio, tocco dal Carteromacho, coperto di corame nero.
47. Themistio latino, tocco dal Carteromacho, coperto in tavole.
48. Apuleio, tutto tocco dal Carteromacho, con belle emendationi, coperto in cartone.
49. Plinio, tutto tocco da huomo dotto, in-8°, in un volume ligato alla greca in corame rosso.
50. Epistole ad Atticum tocche da huomo dotto, coperto di corame lionato.
51. Catullo, Tibullo, Propertio, emendato, in corame nero.
52. Martiale, tocco dal Colotio, in corame verde.
53. Martiale, tocco dal Carteromacho, di mano del Colotio, coperto di corame rosso.
54. Catullo, Tibullo, Propertio et Cornelio Gallo, con emendationi, coperto di corame verde.

42) Venise, 1491, in-fol. R.
43) *Castigationes Plinianae*, Rome, 1493, in-fol. R.
44) Florence, 1478, in-fol. R.
45) Padoue, 1478, in-fol. R.
46) *VIII. A. 10. 21.* In-fol. (*Bononiae typis excussoriis editum in ergasterio Hieronymi Baptistae de Benedictis Platonici Bononiensis... MDXI Kal. Maii*). Les gardes de parchemin portent des hymnes notés, d'écriture du XIIe siècle.
47) Trad. d'Ermolao Barbaro, Trévise, 1481, in-fol. R.
48) Venise, 1493, in-fol. R.
49) Di stampa 1510, in-8°. R. C'est donc l'édition de Paris chez Fr. Regnault et Gilles de Gourmont.
50) *A. 27 in-8°*. Aldine de 1513, corrigée d'après des mss. Sur les plats sont imprimés dans un cercle, d'un côté le mot horativs, de l'autre, le mot vrsinvs. Cette reliure désigne le propriétaire, cet Orazio Orsini dont il a été parlé p. 3, note 1.
51) V. p. 258.
52) Aldine de 1501. R.
53) Id. « Con un epigramma del Carteromaco nel fine, » dit Rainaldi. V. p. 258.
54) V. p. 259.

55. Epistole famigliari di Cicerone, tocche dal Carterómacho, in corame lionato.
56. Statio, tocco dal Carteromacho, coperto di corame lionato.
57. Ovidio de fastis, tocco dal Carteromacho, coperto di corame nero.
58. Ovidio l'epistole et de arte amandi, tocco dal Carteromacho, et coperto di corame nero.
59. Lucano, Catullo, Tibullo et Propertio, tocco dal Carteromacho, coperto di corame rosso.
60. Marsilio de triplici vita, et molti altri autori, tocco dal Carteromacho, in corsme nero.
61. Grapaldo de partibus aedium, tocco dal Carteromacho, coperto di corame rosso.
62. Hippocrate latino de natura hominis, et altri autori, tocco dal Carteromacho, coperto di corame nero.
63. Theophrasto latino, tocco dal Carteromacho, coperto di cartone.
64. Propertio con commento, tocco dal Carteromacho, et Beroaldi variae lectiones, coperto di corame nero.
65. Statio la Thebaide col commento. Iulio Frontino de re mi-

---

55) V. p. 246.
56) Aldine de 1502. A la fin, dit Rainaldi, est une épigramme « del Pistorio in sepulchro Scip. Carteromachi. »
57) A. *14^b in-8°*. Aldine de 1503 (*Fastes, Tristes, Pontiques*). Annotations analogues à celles du n° 58.
58) V. pp. 246 et 258.
59) A. *10 in-8°*. Les deux Aldines de 1502 (Lucain et les Élégiaques) sont reliées ensemble.
60) Marsile Ficin, Bologne, 1501. Platina, *De honesta voluptate*, Bologne, 1499. Niccolò Leoniceno, *De morbo gallico*, Venise, 1497. Aless. Benedetto de Vérone, *Observ. medicae*, Venise, 1493. Tous ces volumes sont in-4°. *R*.
61) Francesco-Maria Grapaldo, *De part. aedium*, etc. Venise, 1477, in-4°. *R*. Le seul exemplaire que possède la Vaticane de cet ouvrage imprimé à Parme, s. d., par Angelo Ugoleti, est l'*Inc. 1250*. Il n'a aucune trace de possesseurs.
62) Outre Hippocrate, Suétone, *De grammaticis et rhetoribus claris*, Florence, 1478. Paolo Romuleio de Reggio, *Apologia*, Venise, 1482. Georges de Trébizonde. Politien, *La notriccia*, Florence, 1491. Beroaldo, *Comm. in T. Livium*, Florence, 1489. Tous ces volumes sont in-4°. *R*.
63) Trévise, 1483, in-fol. *R*.
64) V. p. 246. Le titre du Properce manque; il n'y a pas de traces de la possession par Orsini et la reliure est moderne. Au bas de la première p. est une note assez inattendue et qui témoignerait que le volume légué au Vatican n'y est pas toujours demeuré : *Ioseph Capeci Camillo Acquacetta dono dedit. Roma 1801.*
65) Rainaldi décrit la première partie comme identique à I. L. 35, et le

litari. AELIANO. VEGETIO. MODESTO, tocco dal Carteromacho, in cartone.
66. SIDONIO APOLLINARE, tocco dal Carteromacho, coperto in cartone.
67. RHETORICA di Cicerone, tocco dal Carteromacho, coperto di corame rosso.
68. S. THOMASO nella physica, tocco dal Carteromacho, et coperto in tavole.
69. BURLEO, tocco dal Carteromacho, coperto in tavole.
70. GRAMMATICA di Lancilloto, tocco dal Carteromacho, coperto di corame rosso.
71. PRISCIANO, tocco dal Carteromacho, coperto di cartone.
72. VARRONE et Festo Pompeio, tocco dal Carteromacho, et coperto di corame rosso.
73. POLYDORO VIRGILIO de inventoribus rerum, et proverbij, et altri autori, tocco dal Carteromacho, coperto di corame nero.
74. ORATIONI del Beroaldo et altri autori, tocco dal Carteromacho, coperto di corame rosso.
75. AMMIANO MARCELLINO, emendato da Andrea Aleriense, senza coperta.
76. LAZARO BAYFIO de re navali et alia, tocco dal Colotio, coperto di cartone.
77. P. CONSELIO et altri autori. APULEIO MADAURENSE de syllogismo. CENSORINUS de die natali, tocco dal Colotio, coperto di cartone.

recueil comprenant Frontin, Végèce, Elien et Modestus (*de vocabulis rei militariae*), comme celui qui a été imprimé à Bologne en 1496, in-fol.
66) Milan, 1498, in-fol. *R*.
67) Avec le *De finibus*, Venise, 1476, in-fol. *R*.
68) Avec le *De anima*, Venise, 1480 et 1485. *R*.
69) *Gualteri Burlei in artem veterem Porphyrii et Arist*. Stampato Venet., 1485, in-fol. *R*.
70) V. p. 246.
71) Di stampa antica, in-fol. *R*.
72) Di stampa vecchia, in-fol. Tocco dal Carteromaco con alcuni suoi epigrammi. *R*.
73) Le Polydore Virgile est de Venise, 1498. Suivent les fables de Valla, puis Valerius Probus (Venise, 1499). In-4°. *R*.
74) Le Beroaldo est celui de Bologne, 1491, in-4°. Suit Pandolfo Collenuccio, *Defensio Pliniana* (stampa antica). *R*.
75) V. p. 230.
76) Bâle [Froben], 1537, in-4°. *R*. La première éd. est de Paris, R. Estienne, 1536.
77) Pietro Consentio, etc. Collection imprimée à Bâle en 1528, in-4°. *R*.

78. Georgio Agricola de ponderibus et mensuris, tocco dal Colotio, coperto di cartone.
79. Plutarco, alcune opere latine, et altre cose di diversi, tocco dal Colotio, coperto di corame rosso.
80. Varrone de lingua latina, tocco dal Colotio, coperto di corame nero.
81. Beda de natura rerum et de temporum ratione, tocco dal Colotio, senza coperta.
82. Ovidio la Metamorphose, tocco dal Carteromacho, coperto in tavole.
83. Lactantio Firmiano, tocco dal Carteromacho, coperto di corame rosso.
84. Catone, Varrone, Columella et Palladio, tocco dal Carteromacho, in tavole.
85. Historia ecclesiastica, tocca dal Carteromacho, coperta di corame bianco.
86. Logica Petri Hispani, tocca dal Carteromacho, et coperta in tavole.
87. Martianus Capella. Philelphi orationes et alia, tocco dal Colotio, coperto in tavole.
88. Diomede, tocco dal Carteromacho, in corame rosso.
89. Rutilio Lupo. Aquila. Iulio Rufiniano. Sulpicio Vittore. Emporio et altri, tocco dal Colotio, coperto in tavole.
90. Cleomede de contemplatione orbium. Aristidis et Dionis orationes de concordia. Plutarchi quaedam et alia, tocco dal Colotio, coperto di corame rosso.
91. Prudentio et altri, tocco dal Carteromacho, coperto di corame rosso.

78) Bâle [Froben], 1533, in-4°. R.
79) *Plutarchi de tranquill. animi et alia. Basilii magni de vita solitaria...* Di stampa antica, in-4°. R.
80) V. p. 204.
81) Bâle, 1529, in-fol. R.
82) E le Fasti. Tocco dal Carter. con un suo epigramma sul principio. Stampa antica, in-fol. R.
83) [Venise], 1472, in-fol. R
84) *Inc. 394.* Reggio, 1482, in-fol.
85) Eusèbe de Rome, 1476, in-fol. R.
86) Venise, 1487, in-fol. R.
87) *De nuptiis philologiae*, Modène, 1500. Philelphe, Venise, 1492, in-fol. R.
88) V. p. 246.
89) C'est la collection des *Rhetores vet. lat.* imprimée à Bâle, chez Froben, en 1521, in-4°.
90) Brescia, 1497, in-4°. R.
91) Les *Poetae christiani veteres* d'Alde, 1501, in-4°.

92. Fasti di Fra Onofrio, emendati di mano sua, coperti in cartone.
93. Q. Curtio, emendato, coperto di cartone.
94. Nonio Marcello, emendato, coperto di corame rosso.
95. Varrone de lingua latina, emendato, in cartone.
96. A. Gellio, emendato, coperto di cartone.
97. Macrobio, emendato et coperto di cartone.
98. Gratio et Ovidio de piscibus, emendato et coperto di cartone.
99. Gratio et Ovidio med^{mo}, emendato et coperto di cartone.
100. Itinerario d'Antonino, emendato dal Faerno, coperto di cartone.
101. Quintiliano, con scholij bellissimi di Benedetto Aegio, coperto di corame rosso.
102. Sosipatro, tocco dal Colotio.
103. Tibullo et Propertio, tocco da Paolo Bombasio, con emendationi.
104. Probo et altri grammatici et Prisciano, tutti tocchi da huomo dotto.
105. Apuleio, con belle emendationi, in-8° et coperto di corame verde.
106. Arnobio, con belle emendationi, in-8° et coperto di cartone.
107. Tertulliano, con emendationi rare, in foglio, coperto di carta pecora.

---

92) V. p. 262.
93) Lyon, 1546, in-8°. *R.* La plupart des volumes de la série qui suit me semblent avoir été annotés par Orsini lui-même.
94) V. p. 271.
95) Rome, 1557, in-8°. *R.* C'est l'édition *ex bibliotheca Augustini*.
96) Lyon, 1560, in-8°. *R.*
97) Lyon, 1556, in-8°. *R.*
98) *A. 83 in-8°.* Aldine de 1534.
99) Lyon, 1537, in-8°. *R.*
100) L'*Itinerarium* est le premier ouvrage d'une collection imprimée à Lyon, in-8°. *R.* Le volume serait à joindre à celui qui est indiqué déjà, p. 260, comme annoté par Gabriele Faerno.
101) V. p. 176.
102) Naples, 1532, à peine annoté. *R.*
103) V. p. 147.
104) Probus, etc., Pesaro, 1511. Priscien, Paris, 1515, in-fol. *R.*
105) Venise, 1521. *R.*
106) Serait l'édition in-8° de Froben, Bâle, 1537.
107) De Bâle, dit *R.* Serait donc l'édition in-fol. de Froben, 1521.

108. Cicerone tutte l'opere, in-8º, con emendatione, coperto di carta pecora.
109. Cicerone tutto, in foglio, di Fiorenza, con emendationi, coperto di corame lionato, in quattro volumi.
110. Publio Vittore et Sexto Rufo, con Pomponio Mela et Solino, con annotationi di Benedetto Aegio, coperto di carta pecora.
111. Suetonio, con notationi del med^{mo}, coperto di carta pecora.
112. Suetonio in foglio, di Basilea, col commento, con notationi in margine, coperto di carta pecora.
113. Spartiano Lampridio et l'altri delle vite d'Imperatori, con notationi di Benedetto Aegio et Bernardino Rutilio, coperto di corame lionato.
114. Giraldo de historia poetarum, in dui volumi, tocco da Benedetto Aegio, coperto di cartone.
115. Li dodici Augusti di Aenea Vico, tocchi d'Antonio Agostini, coperti di carta pecora.
116. Velleio Patercolo, di Basilea, tocco da Bernardino Rutilio, coperto di carta pecora.
117. Cornelio Tacito, di Basilea, tocco da Benedetto Aegio, coperto di corame rosso.
118. Pausania, tocco da Benedetto Aegio, coperto di cartone.
119. Aeliano de instruendis aciebus con Frontino, tocco da Benedetto Aegio, in cartone.
120. Ephemeride da 1430 fino à 1440, tocco da Pomponio Laeto, coperto di carta pecora.

108) Neuf volumes de Venise, dit R. Je suppose que c'est la collection *apud Aldi filios*, parue en 1541 et années suivantes.
109) Florence, 1537, in-fol., avec les commentaires de Vettori.
110) In-8º di stampa d'Aldo. R. V. p. 176.
111) Lyon, 1548. R. L'édition de S. Gryphe, *cum notis Egnatii*.
112) Manque au récolement de Rainaldi.
113) Aldine de 1509. R. V. p. 176.
114) Bâle, 1545, in-8º. R. V. p. 176.
115) V. p. 261.
116) Velleio Paterculo di stampa vecchia, tocco. Sexto Rufo in Polibio di Basilea, 1530, in-fol. cop. di car. pec. Fù di Benedetto Egio. R.
117) Bâle [Froben], 1533, in-fol. R. V. p. 176.
118) C'est la traduction de Romolo Amaseo, Florence, 1551, in-fol. V. 176.
119) Grecolatino stamp. in Turino, per fratres Gisneros [Tiguri, 1556] in-fol. R. V. p. 176.
120) Ephemeride del anno 1532 sin al 1551, di stampa antica, in-4º, cop. di car. pec., con alcune memorie scritte dal card. Cortese. R. Il y a là évidemment un lapsus de Rainaldi; les dates vont sans doute de 1432 à 1451.

121. EPHEMERIDE dal 1440 fino al 1500, tocco dal med^{mo}, coperto di corame lionato.
122. PLAUTO, con commento, con notationi nelle margine del Phedro, in foglio et coperto di corame lionato.
123. CICERONE l'epistole famigliari, tocche da Gio. Lascari, in-8° et coperto di corame.
124. MARULLO le poesie, con Mercurio Trimegisto, tocco dal Lascari, con un epigramma di mano sua nella morte del Marcello, in-8°, coperto di corame lionato.
125. DIOMEDE grammatico, tocco di mano di Pomponio Laeto con una sua ode, coperto di carta pecora, in foglio.
126. HERODIANO, tradotto dal Politiano et tocco di mano di Pomponio Laeto, in foglio, coperto di cartone.
127. UN LIBRO de Panegirici de diversi, in-4° et tocco dal med^{mo}, coperto di corame lionato.
128. THEOPHRASTO de causis plantarum, tradotto dal Gaza, emendato in margine da huomo dotto, in foglio et senza coperta.

NOTA DE LIBRI VULGARI SCRITTI IN PENNA *

1. PETRARCA le canzone et sonetti scritti di mano sua, in carta pergamena in foglio et ligato di velluto paonazzo.[1]

J'ai cherché en vain, au Vatican, ce volume qui paraît curieux. Il est à remarquer que Rainaldi ne mentionne pas Pomponius Laetus, mais seulement le cardinal Paolo Cortese, contemporain et ami du grand humaniste.

121) Manque au récolement de Rainaldi. C'était la suite probable du n° 120.

122) V. p. 247. Qu'on me permette d'indiquer un Plaute moins précieux, mais glosé par un humaniste du XVI° siècle, qui est au Vatican : *VIII. B. 5. 14* (Pie VI). C'est le texte de Strasbourg, 1514, *ex aedibus Matthiae Schurerii*, relié avec *Varia Ph. Beroaldi opuscula*, Bâle, 1513.

123, 124) V. p. 159.

125) V. p. 207. Cette édition incunable de Diomède et autres grammairiens porte, suivant Rainaldi, une ode de Pomponius, *Ad cardinalem Raphelum* (sic); serait-ce Raffaello Riario ? Il n'y a qu'un exemplaire au Vatican qui puisse être cité ici (*Venetiis per Christoforum de Pensis de Mandelo*, 1491) : *Inc. 1353*. Il est fort annoté, mais point par Pomponius, si mes souvenirs sont justes ; les gardes anciennes ont disparu dans une nouvelle reliure.

126, 127) V. p. 207.

128) *Inc. 428* (Pie VI). Trévise, 1483. Il y a aux marges des sommaires à l'encre rouge, que Rainaldi suppose être de la main d'André d'Aléria. Ils sont, sans doute possible, de celle de Cartéromachos.

* *Vat.* 7205, f. 49.

1) V. p. 279.

2. Petrarca li sonetti, canzone et capitoli, scritto di mano sua, in papiro, con molte mutationi, in foglio et ligato in velluto rosino.
3. Dante le poesie, scritto di mano del Boccacio con una epistola sua in verso latino diretta al Petrarca, con la mano d'esso Petrarca in alcuni luoghi, in foglio et ligato in velluto cremisino.
4. Poesie di cento venti poeti Provenzali, tocco nelle margini di mano del Petrarca et del Bembo, in pergamena in foglio et ligato in velluto cremisino.
5. Brunetto Latini scritto in lingua Provenzale, tocco di mano del Petrarca nelle margini, in pergamena in foglio et ligato in velluto cremisino.
6. Tutte le poesie di Dante et del Petrarca, scritto in papiro di mano del Bembo, in foglio et ligato in velluto cremisino.
7. Bembo le prose scritte in papiro di mano sua, in foglio et ligato in velluto cremisino.
8. Michel Angelo Buonarotti le poesie scritte di mano sua, con alcuni lettere, in papiro in foglio et ligato in velluto verde.
9. Poesie di varij poeti del tempo del Petrarca, in pergamena in-4°, coperto di broccato.
10. Un libro de poeti antichi del tempo di Dante et sopra, le cento novelle antiche, in papiro in-4°, tocco di mano del Bembo et ligato in cartone bianco.
11. Varii poeti antichi, in papiro in foglio et ligato in tavole.
12. Lorenzo de Medici le poesie col suo commento, scritto in carta pergamena et coperto di corame lionato.
13. Poesie del med^{mo} col commento, con alcune correttioni, in papiro in foglio et coperto di carta pecora.

---

2) V. p. 281.
3) V. p. 303.
4) Cédé à la Bibliothèque Nationale de Paris. V. p. 313.
5) V. p. 301.
6) V. p. 307.
7) V. p. 309.
8) V. p. 329.
9) V. p. 326.
10) V. p. 309.
11) V. p. 310.
12, 13) V. p. 328.

14. Dante con molti commenti, in foglio reale et coperto di corame lionato.

15. Dante scritto in pergamena in foglio, con la vita scritta dal suo figliolo Pietro, ligato in corame lionato.

16. Varie cose di diversi autori, et in esse una epistola longa del Boccacio, et la vita di Dante et del Petrarca scritta in prosa da Leonardo Aretino, in papiro in foglio et coperto di corame rosso.

17. Stefano Porcaro le lettere et alcune cose di Brunetto Latini et d'altri, in papiro in foglio et ligato in corame.

18. Brunetto Latini di varie poesie, con la traduttione dell' Ethica d'Aristotele, in foglio et senza coperta.

19. Petrarca le poesie con alcune canzone et sonetti di Dante, con le lor vite scritte da Leonardo Aretino, in pergamena in-4° et coperto di corame nero.

20. Brunetto Latini il Tesoretto, con la vita del Petrarca et del Bembo scritte da Ludovico Beccadello, in pergameno in-4° et coperto di seta torchina.

14, 15) V. p. 327.
16) *Vat.* 3215. 231 ff. pap. (Pie IX). xve siècle. Il y a deux ff. prélim. contenant la table des 65 rubriques. Ce ms., d'origine toscane, comprend surtout des documents florentins. Ce sont des miscellanées littéraires et politiques; notons-y : f. 77 v°, *Comincia il libro della vita, studi e chosumi di Dante Allighieri e di messer Francesco Petrarcha conposto novissimamente da messer Leonardo d'Arezzo cancelliere fiorentino;* f. 92, *Finita la vita... fatta per messer Lionardo l'anno MCCCCXXXVj del mese di maggio. — Incomincia la vita, costumi et studi di Dante Aldighieri fatta per messer Giovanni Bocchacci poeta fiorentino;*... f. 131, *Oratione fatta per messer Stefano Porcari da Roma, capitano di popolo di Firenze, insulla ringhiera de priori, la mattina che nuovi singnori presono l'uficio.* Suivent d'autres discours de Porcari, Bruni, etc.
17) V. pp. 122 et 400.
18) *Vat.* 3216. 48 ff. pap. (Paul V, Pie IX). xive siècle. Titres et souscriptions à l'encre rouge. Gardes de parchemin portant un texte très effacé du IIIe siècle. F. 1, *Liber primus heticorum Aristotelis inter ceteros philosophos summi magistri* (trad. italienne de B. Latini); f. 12, *Qui comincia libro de la poleticha che parla di governamento de le citadi. Deo gratias. Amen;* f. 18, *Qui finisce la peloticha* (sic) *fata per maistro Bruneto Latino da Firenze scrita insieme con l'altro libro dinanzi che si chiama heticorum Aristotelis;* f. 21, *Trionfi* de Pétrarque; f. 34, *Psalmi mey septem quos super miseriis propriis ipse dictavi, utinam tam efficaciter quam inchulte, utrumque nim prestare studui. Franciscus P. laureatus* (sic); f. 39, Inc. : « Intencio. Io che'l bel vergier...; f. 47 v°, *Tractato de Iacopo da Monte Pulzano de principibus terrarum* (en tierces rimes).
19) V. p. 327.
20) V. p. 311.

21. Un libro de rime francese, in pergamena in-4°, tutto figurato, senza coperta.
22. Poesie provenzali di diversi, con la grammatica di Leonardo provenzale, in pergamena in foglio et coperto di tavole.
23. Rime provenzali antiche con alcune espositioni, in pergameno, in-4° et senza coperta.
24. Rime provenzali di molti poeti, in pergamena in-8°, et coperto di cartone.
25. Rime provenzali, in papiro in foglio, tocche dal Colotio, coperte di carta pecora.
26. Guido Iudice delle Colonne delle cose di Troia, in pergameno in foglio et senza coperta.
27. Longo le cose pastorali, scrittore greco, tradotte in lingua vulgare dal Caro, in papiro in-4° et coperto di carta pecora.
28. Vite di molti huomini illustri che vissero nel tempo d'Eugenio IV et Nicola V, in papiro in-4°, senza coperta.
29. Rime nelle quali si contiene il compendio del Tesoro di Brunetto Latini, in papiro in-4° et senza coperta.
30. Un libro per ordine d'alfabeto di tutte le parole usate dal Petrarca et altri poeti antichi, scritto di mano del Colotio, in papiro in foglio, coperto di carta pecora.
31. Quintiliano le declamationi tradotte per Antonio Lusco, in papiro in-4° et senza coperta.
32. Polyrio la castrametatione tradotta in vulgare da Gio. Lascari, in pergameno in foglio, senza coperta.

21) V. p. 311.
22) V. p. 323.
23, 24) V. p. 322.
25) V. p. 320.
26) Vat. 3223. 150 ff. (Pie IX). xiv° siècle. *Comincia il prolagho sopra la storia di Troya composita per Guido Iudicie delle Colonne di Messina. Advengnia che chontinovamente le cose vecchie...* A la fin est transcrite la longue souscription de 1287.
27) Vat. 3221. 98 ff., dans son ancienne couverture. Cette traduction, due à un illustre contemporain de notre Amyot, a été publiée pour la première fois à Parme, chez Bodoni, en 1786, d'après l'autographe d'Annibal Caro.
28) Vat. 3224. V. p. 138.
29) V. p. 122.
30) V, p. 312.
31) Vat. 3222. 79 ff. (Pie IX). F. 1, *Comincia il prolago sopra il libro di Quintilian*; f. 75, *Finita quella parte del Quintiliano... recate in volghare per messer Antonio Luschi da Vincenza. Lasempro fu scritto per Niccolao di Piero di Tomaso da Pisa nel XXVIIIj. Apostolus me fecit secunda die hotubris Valencie MCCCCLIIj.* (ou *LVj*.)
32) V. p. 122. Une traduction latine de cet ouvrage, due à J. Lascaris

33. Sannazaro l'Arcadia, scritta di mano sua propria, in foglio longo, in carta bambacina.

NEL STUDIOLO DI GERMANIA SONO L'INFRASCRITTI PAPIRI *

Un libro in scorza d'arbore de 24 carte piccole, scritto in lingua Samaritana in cortice, dentro una saccoccietta di broccato.

Un papiro Aegyptio longo, avvoltato in modo di volume, scritto in lettera longobarda.

Un' altro papiro scritto in lettera longobarda, avvoltato in modo di volume.

Un' altro papiro simile, mà non cosi grande, scritto in lettera longobarda.

Un' altro papiro simile, scritto di lettera romana, più antica della longobarda, dove è un privilegio d'un' Imperatore, il quale sottomette li Vescovi di Romagna all' Arcivescovato di Ravenna.

Vi sono alcuni mazzi di lettere greche, latine et vulgare di mano d'huomini dotti, come del Politiano, del Carteromacho.

Oltre le lettere vulgari, vi sono alcuni sonetti et versi latini di mano propria di Hieronymo Aleandro, che fù card^e de Brindezi, del Baifio, del Bembo, con sonetti vulgari et versi latini di mano propria di Paolo Bombasio, di Aegidio Viterbiense, del Colotio, di Battista Casalio, di Romulo Amaseo, di Pier Vittorio et altri huomini dotti, et oltre questo vi è un breve di Papa Sixto IV et una lettera latina di Iulio II quando era cardinale. Et nel tiratore di sotto, sono lettere di mano propria di Marcello Cervino, che fù poi card^e Santa Croce et poi Papa Marcello, de Bernardino Maffeo, che fù poi cardinale.

---

et accompagnée d'une révision autographe, se trouve à la Bibl. de Paris, Lat. 6124. Cf. ma note dans l'*Inventaire des mss. grecs de J. Lascaris*, p. 12.

33) V. p. 328.

* *Vat.* 7205, f. 52. — Pour l'annotation de cette sixième partie de l'Inventaire, v. pp. 131 sqq.

NELL' ARMARII dove sono li libri stampati, vi sono inscrittioni antiche in carte, poesie di diversi come del Sanga, di Pietro Curtio, del Pierio, et altre lettere d'huomini dotti, et molte scritture in prosa et in versi, con lettere d'huomini moderni scritte à me, che saria cose à farne nota, et spetialmente alcune lettere latine et vulgari originali scritte ad Aldo Manutio il vecchio.

Ego Fulvius Ursinus subscripsi manu mea.

[cachet]

APPENDICES

APPENDICE I

Libri Greci et Latini manuscritti et stampati che non sono des critti nell' indice de libri lasciati dal signor Fulvio Ursini alla Libraria Vaticana[1].

GRECI MANUSCRITTI

1. Dionisius Alicarnaseus de arte panegirica, Cornutus de Diis, in-4°, coperto di corame paonazzo [2]	B 4	16
2. Appianus Alexandrinus, in-4°, coperto di raso verde . .	A 5	19
3. Pindarus cum scoliis, in-4°, coperto di carta pecora . .	A 5	20
4. Gorgiae Leontini Encomia in Helenam, Crisolorae epistolae et alia, in-4°, coperto di veluto verde.	A 5	21
5. Grammatica Lascaris, in-8°, coperto di corame rosso . .	A 5	22
6. Agapetus ad Iustinianum Imperatorem et Basilii imperatoris institutiones ad filium, in-8°, coperto di corame rosso	A 5	23
7. Orfei Argonautica, Procli et Orfei hymni impressi, Verba magica Zoroastri manuscripta, in-4°, coperto di corame negro	A 3	17
8. Libanii meletae, epistole et alia, in-fog°, coperto di taule	B 2	8
9. Alexi Aristeni nomocanone sive ius canonicum, in-4°, coperto di corame negro.	A 1	22
10. Aristophanis comedie cum commentariis, in-4°, coperto di corame rosso.	B 1	30

1. Sur ce petit inventaire extrêmement incorrect, tiré des Archives de Naples, v. plus haut p. 137.
2. Serait-ce M. G. 54 du grand Inventaire, qui n'est pas entré au **Vatican**?

11. Apophtegmata philosophorum, Porfirii isagoge [in] x predicamenta Aristotelis, in-8°, coperto di corame negro . .   B 1   31
12. Nomina locorum, urbium, fluminum, etc., sciolto, in-4°.
13. Aristotelis opera omnia impressa, in-fog°, coperto di corame rosso . . . .   F 4   31
14. Fragmenta diversa et precipue Homeri, in-4°, sciolto .
15. Heronis de geometria fragmentum, sciolto.
16. Onosander et Mauritius de re militari, in-4°, coperto di corame rosso[1].
17. Claudi Ptolomei Florilegium de rebus astronomicis, in-fog°, sciolto.
18. Aristotelis et Theophrasti scripta quaedam, in-8°, corame rosso . . . .   A 3   26
19. Ciri Constantini carmina, in-fog°, sciolto.
20. Orationes aliquot Demosthenis et Luciani dialogi greco-latini, in-4°, senza coperto.
21. Polemonis Phisiognomica, in-8°, coperto di corame turchino [2].
22. In Saphus fragmenta Fulvii Ursini scolia, eiusdem carmina quaedam, in-8°, coperto di corame rosso [3] . . . . .   A 3   2
23. De versu heroico tractatus, in-8°, sciolto.
24. Index in-4°, sciolto.
24 [bis]. Tucididis historia, in-fog°, corame rosso. . . . .   A 4   11

LATINI MANUSCRITTI

25. Cicero de finibus, in-4°, coperto di corame rosso . . .   C p°   13
26. Audeberti Aurelii Roma, in-fog°, coperto di corame rosso [4] . . . .   C p°   14
27. Annotationes varie in Cesarem, Spartianum Lampridium, Cornelium Tacitum et alios, sciolto in una borsa di corame negro [5] . . . .   C p°   15
28. Martyrologium Romanum, in principio epistola Cromatii et Heliodori ad D. Hieronimum, in littera longobarda, in-fog°, cop. di corame lionato. . . . .   C p°   16
29. Onuphrii Panvinii antiquitatum romanarum liber ab

---

1. Cf. p. 174. Ajouter le témoignage d'Orsini sur son ms. de Mauricios. « il più bello che si possa vedere; sono 13 libri et scritti in pergamino di lettera bella e anticha più di 600 anni. » Il l'a communiqué à Pinelli. (Lettre du 1er août 1587; Ambros. D. 422.)
2. V. p. 163, note 1.
3. Id.
4. V. p. 67, note 2.
5. C'est un des autographes d'Orsini identifiés p. 269, note 5.

eodem manuscriptum, in-fog°, coperto di corame lionato[1], ... C p° 18
30. Petrarce epistole, in-fog°, in taule[2] . . . . C p° 19
31. Bessarionis card^lis ad principes de periculis Italiae imminentibus, in-fog°, coperto di taule[3] . . . . C p° 20
32. Inscriptiones Urbis antiquae, in-fog°, coperto di carta pecora[4] . . . . C p° 21
33. Notitia omnium dignitatum tam civilium quam militarium in partibus orientis, in-fog°, coperto di corame rosso[5] . . . . C p° 22
34. Petrarcae Bucolica, in-fog°, coperto di corame negro. . C p° 23
35. Onuphrii Panvinii fastorum fragmenta, coperto di corame negro . . . . C p° 24
36. Ciceronis orationes in Catilinam, in-8°, coperto di corame rosso.
37. Cicero de senectute et de amicitia, in-8°, coperto di corame rosso.
38. Socratis Apologia cum argumento Leonardo Aretini, in-8°, coperto di corame rosso.
39. Tibullus, in-8°, in taule.
40. Georgii Trapezuntii oratio de laudibus Eugenii IV.
41. Ovidius de fastis, in-4°, longo, coperto di corame lionato.
42. Cicero de officiis, sciolto et imperfetto.
43. Inscriptiones antiquae, in-8°, coperto di corame rosso.
44. Inscriptiones antiquae, in-fog°, coperto di carta pecora.
45. Virgilius collatione grecorum illustratus, tribus tomis distinctus, in-4°, coperto di carta pecora[6].
46. Inscriptiones variae antiquae Cordubae, Barchinonae et alibi repertae, in-fog°, slegate.
47. Inscriptiones antiquae, sciolte, in-4°.
48. Cassiodori epistolae, in-4°, coperto di carta pecora.
49. Fulvii Ursini appendix ad librum Petri Ciacconii de triclinio, in-4°, coperto di cartone[7].
50. Censurae in opera Caroli Sigonii, in-fog°, coperto di cartone[8].
51. Deorum simulacra et antiqua numismata, in-8°, coperto di carta pecora.

---

1. Pour ce n° et le n° 35, v. p. 262.
2. Provenait de Bembo. Cf. p. 294.
3. V. p. 166, note 1.
4. Sur les recueils épigraphiques portés à cet inventaire, v. p. 36.
5. Cf. p. 250.
6. V. p. 269, note 5. Je n'ai vu que le volume sur l'*Enéide*.
7. Id.
8. On me permettra de rapprocher ce titre des *Vat*. 3454-3455, gros mss. immédiatement classés après ceux d'Orsini, et contenant deux rédactions de l'*Historia ecclesiastica* de Sigonio. La seconde paraît avoir été soumise à la censure ecclésiastique et porte diverses corrections de la main de l'auteur. A la suite du second ms. est relié un très curieux *Index adnotationum quae primo ad Sigonium missae sunt*.

52. Caesarum imagines et numismata, sciolto, in-8º.
53. Virorum illustrium effigies, in-8º, coperto di raso rosso.
54. Vita di Cola di Renzo, trattato de alcune famiglie Romane, de Crucis Dominicae figura, in-8º, coperto di velluto verde.
55. Inscriptiones variae praecipue Romanae, Neapolitanae et alia, in-4º, sciolto.
56. Epitaphia diversa, in-4º, sciolto.
57. De ponderibus et mensuris multa ab Angelo Colotio collecta.
58. Ab eodem Colotio annotationes quadam ex variis auctoribus excerpta, in-fogº, coperto di carta pecora.
59. Benvenuti de Imola commentarius in 2^{am} Commediam Dantis, quae dicitur Purgatorium, in-fogº, coperto di cartone [1].
60. Aulus Gellius Noctium Atticarum, in-fogº, corame rosso [2].
61. Petrarcha de poesie, con varie lettione nelle margine, scritto nell' anno 1356 x novembris, in-fogº, senza coperta [3].
62. Cicerone alcune oratione volgari, lettere di Stefano Porcaro et altre cose di Francesco Philelpho, item proverbia Senecae et alia, in-fogº, coperto di corame verde [4].
63. Georgii Trapezuntii traductio librorum Aristotelis de animalibus, in-fogº, coperto di carta pecora [5].
64. Fragmentum commentarii Benvenuti de Imola in comediam Dantis quae dicitur Paradisus [6].
65. Diario ab anno 1519 usque ad annum 1527, in-4º, coperto di carta pecora.
66. Ciceronis synonymi, Ferretus de conscribendis epistolis impressus, Gabriellis index in epistolas Ciceronis, traductio Aristophanis et alia manuscripta, in-4º, coperto di carta pecora.
67. Vocabularium quarumdam vocum quibus usi sunt Patres et praesertim in Concilio Tridentino, in-4º, coperto di carta pecora.
68. Imperatorum, dictatorum, consulum triumphi, inscriptiones, epitaphia. Item, Romanae historiae scriptores enumerantur deque illis iudicium fertur, in-4º [7].
69. Consulum series et ordo, ex Suetonio, L. Floro aliisque historicis, in-4º, coperto di carta pecora.
70. Iulii Roscii lusus pastorales, in-8º, coperto di carta pecora [8].
71. Remigius de nuptiis philologiae, in-4º, senza coperta [9].

1. V. p. 193.
2. V. p. 224.
3. V. p. 285.
4. Serait-ce M.M. 17, qui manquait au Vatican en 1602?
5. V. p. 259.
6. V. p. 193.
7. Paraît-être M. L. 274 (ms. de Rutilio qui manquait en 1602).
8. Ce Julius Roscius Hortinus a été le collaborateur de Possevino pour l'édition des centons de Lelio Capilupi, dont il a été parlé p. 7.
9. Paraît être M. L. 17, qui manquait en 1602.

72. Cleonide harmonicum impressum, index in Persium et Iuvenalem et multa ab Angelo Colotio collecta msta, in-fog°, carta pecora.
73. Index in Propertium, Ovidium, Ausonium, in-4°, senza coperta.
74. Index in Tibullum, Propertium, Horatium, Gratium de venatione et alios, in-fog° longo, senza coperta.
75. Index in Salustium, Portium Latronem, Cornelium Nepotem, Catonem, Varronem, Columellam et Pomponium Melam, in-fog° longo, senza coperta.
76. Index in Plautium, Lucretium, Horatium, Catullum et Manilium, in-fog° longo, senza coperta.
77. Index in Caesaris commentaria, Terentium, Cornelium Celsum, Asconium Pedianum, Vitruvium et Pomponium Melam, in-fog° longo, senza coperta.
78. Index in Paulum Cortesium de principe, in-fog° longo, senza coperta.
79. Glossarium latinum-gaercum, in-fog° longo, senza coperta.
80. Index in anonymum, in-fog° longo, coperto di carta pecora.
81. Fragmentum indicis a G usque ad X, in-fog° longo, senza coperta.
82. T. Phedri poetae enarrationes in rhetoricam, in-4°, sciolto [1].
83. Gerberti geometria, in-fog°, coperta di carta pecora.
84. De comoedia et tragoedia incerti auctoris.
85. Informatione a sua Maesta Catt[ca] per la guerra contro ai Turchi, in-fog°.
86. De mundo multa ab Angelo Colotio collecta, in-fog°, sciolto.
87. Notae in Ciceronem, in-fog°, sciolto.
88. Inscriptiones antiquae multae et epitaphia varia, in-fog°, sciolto.
89. Inscriptiones antiquae, in-fog°, sciolto.
90. Trattato del modo de eligere capitani et altri ministri di guerra, in-fog°, sciolto, in carta pecora.
91. Notae in varios auctores, in-fog°, sciolto.
92. Festi Pompei fragmentum, in-8°, sciolto [2].
93. Calendarium in quo festivitates totius anni describuntur.

LATINI STAMPATI

94. Consulum, dictatorum censorumque Romanorum series, una cum ipsorum triumphis, in-8°, coperto di corame rosso.
95. Prose antiche di Dante, Petrarcha, Boccaccio et altri, in-4°, coperto di corame rosso.
96. Templa sacra et profana quaedam edificia, in-fog°, longo.

---

1. Tommaso Inghirami.
2. V. p. 269, note 5.

DI MONSIGNOR LANCELOTTI [1]

97. Trigulphi et abbatis Vespergeri cronica, in-fog°, carta pecora.
98. Ottonis Phrisieri et Radevici Frisigensis historia, in-fog°, coperto di carta pecora.
99. Sedulii mirabilium, eiusdem et Iuvenci carmina, Arati card[lis] historia apostolica et alia multa, in-4°, coperto di corame rosso.
100. Roma antica, in-fog°, coperto di carta pecora.
101. De re hortensi, in-8°, coperto di corame rosso.
102. Deorum dearumque capita, in-4°, coperto di carta pecora.

GRECI MANUSCRIPTI [2]

103. Demosthenis opera, in-4, coperto di corame rosso.
104. Concilium Tridentinum.
105. Plutarcho avertimenti politici.
106. Lexicon greco-latino, in-fog° longo, scritto di mano di P. Ciaccone.
107. Annotationes variae Hieronymi Aleandri [3].

APPENDICE II [4]

I

FORTIGUERRA A ORSINI

Al molto mag[co] s[re] il s[r] Fulvio Orsini patrone mio oss[mo], a Bologna [5].

Molto mag[co] s[r] mio oss[mo],

Mio padre ha ricevute dua lettere di V. S. per le quali ha inteso il desiderio di quella circa quelli otto libri che lei domanda, e per che esso si e.

---

1. Cf. p. 25.
2. Ces cinq mss. correspondent exactement à M. G. 6, 147, 159, 155 et 142, qui n'ont pas été portés au Vatican en 1602.
3. Ce petit inventaire est suivi d'une liste intitulée : *Errori nell' indice de libri consegnati al Palazzo [Vaticano]*. Ce sont des corrections au grand Inventaire, sur la reliure ou le contenu des mss. décrits ; la plupart de ces corrections sont aussi dans le récolement de Rainaldi, et l'étude directe des mss. que nous avons faite rend inutile de les publier. Il en va de même pour la liste des livres manquants chez Orsini, qui termine le document de Naples.
4. Le choix de documents qui forme cet Appendice est publié d'après le même système que l'Inventaire. J'ai ponctué, transcrit *v* les *u* consonnes, et résolu les abréviations qui pouvaient arrêter le lecteur ; mais je respecte le plus possible l'orthographe et même l'accentuation des originaux.
5. *Vat.* 4104, ff. 182-183. — Sur ces lettres et les suivantes, voir notre récit, pp. 82 sqq.

atto portare in villa (havendo desiderio di compiacer V. S. di questo e di maggior cosa), mi ha dato in commissione che con ogni diligentia io cerchi di tutti questi libri studiati e postillati dal Carteromacho, et che havendo trovato tutto quello che si puo trovare, io dipoi le dia in mano del s^r capitano Alessandro Conversini (come V. S. ordina), perche esso lo mandi poi a quella. Onde havendo io havuto tal commissione (desiderando anchor io di far piacere e servitio a V. S.) ho con gran cura e diligentia trovato 22 pezzi di libri, computato li otto che quella ha messo in nota, quali tutti sono stati studiati (come si vede) dal Carteromacho, e pensando far cosa grata a V. S. quanti piu gli se ne manda (havendo veduto quanto essa e desiderosa di tal cosa), gli ho dati tutti in mano del prefato s^r capitano; cosi in questa sarà la nota di tutti quelli che li si mandono. Ho trovato similmente certe lettere latine d'alchuni s^{ri} litterati con una del Carteromacho, le quali li mando; el n° di esse sarà in su la nota. Alle dua sue lettere non si da altra risposta per esser mio padre in villa, et io non sono atto a cio, perche bisognerei che fusse altra penna che la mia, volendo ringratiar a pieno V. S. del grande amore et affetione che essa porta alle cose del Carteromacho, inperhò quella mi hara per scusato. Ne havendo altra cosa da dirli (baciandoli le mani) faro qui fine, con raccomandarmi quanto so e posso quella, et il simile fa mio padre. N^{ro} S^{re} Dio la feliciti.

Di Pistoia, il di 14 di Maggio 1565.

D. V. S. humil servo,
SCIPIO FORTIGUERRA.

II

FORTIGUERRA A ORSINI [1]

Ill^{tre} et R^{do} s^r mio oss^{mo},

Ho ricevuto le dua di V. S. per le quali ho inteso quella haver havuto tutti questi libri quali haveno dati in mano del capitano Alessandro, ma dubitare che ve ne sia alchuno non studiato ne postillato dal Carteromacho, e spetialmente il Plinio e le metamorphose d'Ovidio, et che per cio io intenda da mio padre la certezza se e sua mano; onde io glien' ho domandato, e mi ha risposto che crede al certo la sia sua lettera, avvengha che per esser un tempo che non ha visti libri, non sene arricorda cosi bene. Di Messer Giovanni Battista [2] (come scrive V. S.) non e mano, tal che mio padre et io teniamo per fermo le postille del Plinio e delle Metamorphose di Ovidio non esser d'altri che del Carteromacho. V. S. so che ha dell' altre scritture di sua mano e per cio puo molto ben conprendere se hanno simiglianza l'una con l'altra; perche mi dispiaceria oltramodo non haver mandato a quella e cose sicondo il suo intento. Mando adonque à V. S. in scambio delle opus-

---

1. *Vat.* 4104, ff. 249-250. Adressée aussi à Bologne, ainsi que les lettres III et IV.

2. V. p. 246, au bas.

cule di Plutarco (qual dice non essere postillate dal Carteromacho) Marsilio Fiscino de triplici vita, quale ha tutti i segnali datomi da quella e trento[1] e notate di mano del detto Carteromacho, che cosi un tratto mi pare; ce ne resta non so che altri, che anhora loro mi paian notati di mano sua, ma non n'ho vera certezza, e mio padre non li puo vedere per esser hora aggravato dal male quanto sia mai stato a sua di, di sorte che mi fa temere non pocho de casi sua, et tutto il suo male credo proceda da questi tempi che li son molto contrarij. Li ho perho letta la lettera di V. S. et delle amorevolissime offerte che quella gli fa; esso gliene resta molto obligato e le tiene come un thesoro; cosi il simile fo anchora io, dicendoli esser sempre pronto e parato a far servitio a V. S. dove io possa, et di questi libri che ci son restati, quando quella ne voglia un piu che un' altro, sono a ogni suo commando. Le raccomandationi a Messer Francesco Forteguerri e a mio padre tutte ho fatte, cosi essi le rendanno a V. S. duplicate. Altro non mi li resta che dire, perho facendo qui fine (baciandoli le mani) nella sua buona gratia sempre mi offero e racc.do. N.ro S.re Dio la feliciti e contenti di quanto desia.

Di Pistoia, il di 2 di giugno 1565.

D. V. S. servitore,
Scipio Forteguerra.

III

FORTIGUERRA A ORSINI [2]

Ill.tre et R.do s.r mio oss.mo,

Poiche ho hauto dato in mano del capitano Alessandro il Marsilio Fiscino (havendo pur desiderio di servir V. S. come la desia), son andato guardando tra certe lettere et ne ho trovata una del Carteromacho volgare per la quale ho benissimo compreso che il Plinio e le Metamorphose d'Ovidio non sono notate di sua mano, e per il contrario mi son venuto certificando che quelli che ci son restati (de quali fo mentione a V. S. su l'altra mia) son notati al certo di mano sua, la nota et il n° de quali sara inclusa in questa, e cosi io li ho dati in mano del prefato capitano insieme con il Marsilio Fiscino, perche esso li mandi a V. S. in scambio di quelli che non son notati dal Carteromacho, e l'haver mandato a quella delli altri non notati di sua mano. N'e stato bonissima causa l'haver lei dimandato (tra quelli 8 primi) il Plinio e le Metamorphose d'Ovidio, quali pensavamo un tratto fussen di mano sua, come ancho pensavamo che fusse l'Eusebio, Strabone, Lactantio Firmiano e altri, che a questo modo hora io comprendo non essere, se già il Carteromacho non faceva lettera di piu sorti (che non le credo), sia come si voglia quello che io penso dover esser grato a V. S. quello gli mando, ne ce ne resta piu altri che sierno notati di sua mano o d'altri. Perche non

---

1. Pour *dentro*.
2. *Vat.* 4104, ff. 243-244.

havendo altro che dirli, faccendo qui fine (col.baciarli le mani) meli offero e racc.do. N.ro S.re Dio la feliciti.
Di Pistoia, il di 2 di giugno 1565.

D. V. S. servitore,
Scipio Forteguerra.

IV

FORTIGUERRA A ORSINI[1]

Ill.tre e R.do s.r mio oss.mo,

Poi ch' hebbi dato al capitano Allessandro il Marsilio Fiscino e la mia a V. S., della quale hora ho la risposta da quella de quattro del presente, detti di nuovo un altra mia al prefato cap.no insieme con 2 altri libri et perche V. S., hara la lettera e libri, non li diro altrimenti il tenore di quella, e il non l'haver il cap.no mandata esato, per non haver hauto comodità. Quanto a quel che V. S. mi scrive ch' io cerchi con diligentia s' io trovo fra questi libri tinti in giallo altro toccho di mano del Carteromacho, li fo noto per questa come non ho manchato di diligentia et ho trovato cosa che penso sara grata a V. S., e questo e l'opere del Politiano leghato in nel modo che quella mi scrive, similmente ci trovo un altro libro che e notato di quella mano del Plinio et e questo Textus Summularum logice magistri Petri Hispani. Mando adonque a V. S. questi 2 che di sopra dico, che saranno in tutto n° 6. Con mio padre ho fatto quanto V. S. mi scrive, ma il male lo va tuttavia aggravando non pocho e bisogna stare alla gratia di Dio, perche non ci e altro riparo; esso si racc.da a V. S.; cosi il simile fo io, et baciandoli le mani meli offero e racc.do. N.ro S.re Dio la feliciti.
Di Pistoia, il di 7 di giugno 1565.

D. V. S. servitore,
Scipio Forteguerra[2].

V

CONVERSINI A ORSINI

Al' ill.re et R.do sig. patrone mio oss.mo il s.r Fulvio Orsini, a Roma[3].

Ill.re sig. patrone mio oss.mo,

Infinitamente ringratio V. S. della cortesia che l'ha usata à Messer Scipio, al qual ho parlato circa il libro che la mi scrive; m'ha resposto che non

---

1. *Vat.* 4104, ff. 245-246.
2. Suit une lettre du 15 février 1566 (4104, f. 247-248) où Forteguerra mentionne la mort de son père et s'excuse humblement d'une offense envers Orsini, qui ne nous intéresse pas. Il remercie par avance Orsini des vingt-cinq écus que celui-ci lui fait offrir par Conversini et désigne pour les recevoir un certain Vicenzo Politi. Le reçu de Politi, daté de Rome, 1.er mars, est ajouté au bas de la lettre même. Cf. une lettre de Conversini à Orsini, de Pistoia, 14 février (4104, f. 251-252); une autre lettre du capitaine, notre n° V, montre la reprise des envois de livres.
3. *Vat.* 4105, ff. 205-206.

l' ha trovato, ma che en' ha trovato altri sette, che al credere suo son tutti tocchi dal Carteromacho; e m' ha promisso darmeli tutti nelle mani; et io gli ho detto, che scriverrò a V. S. d'haverli. Lo io non gli ho, ma mi credo bene che meli darà se lei avisera volersene valere. Però lei intendera per la lettera di Messer Scipio e libri che sono, e volendoli tutti a parte scriva ch' io glieli mandi e dove ho andirizarli; con mostrare di credere che sierno apresso di me, per che io faro tutto quel che per me si potra per averli e mandarglieli; laqual cosa penso mi sara facilissimo, vedendolo con molt' amorevolezza offerir questi et ogn' altra sua cosa, e per tenerlo io un bonissimo gentilhuomo, mi persuado che debba osservare piu di qualche promette. Non dimeno, per ogni caso che potesse accascare, ho voluto dir à V. S. per apunto la cosa come sta, e pregandola che la mi faccia gratia avisarmi qual cosa del Ecc^{mo} sig. Duca di Parma, qual odo[1] che gia molti giorni si truova costa; arò caro se per me si puo sapere qual che fa e quanto starà, e se sara general di Santa-Chiesa, e medesimamente quando e mandera a levar la Sig^{ra} Principezza di Fiandra[2], e chi andera per lei; che tutto so che V. S. intenderà. E baciandogli le mani, meli offero e racc^{do}.

Di Pistoia, il di xij di Marzo 1566.

D. V. S. Ill^a attent^o servitore,
Aless^{ro} Conversini.

VI

FORTIGUERRA A ORSINI

All' ill^{tre} e molto R^{do} s^{re} il s^{or} Fulvio Orsini patron mio oss^{mo} a Roma[3].

Ill^{tro} e molto R^{do} s^r mio oss^{mo},

Poiche la S. V. per sua inusata cortesia e benignità ha usato verso di me si generoso e largo dono, consegnando in mano di Messer Vinc^o Politi A^{tti} 25 ad effetto di dovermeli esso mandare, Dio almancho mi havesse conceduto tanto di gratia ch' io havessi potuto in qualche parte riconoscerla con parole, non mi essendo lecito altrimenti in modo alchuno, la onde reputo che sia molto meglio tacitamente piu presto col core ternergliene perpetuo obligho che rendergliene fede con multiplicità di parole. E quanto a qual che V. S. mi scrive che harebbe caro ch' io li mandassi un libretto di epigrammi greci fatti del Carteromacho, quali dice che li parve che io li mostrassi, quando essa fu in queste bande, li dico che qua appresso di me non ci si trova nessun libro di Epigrammi greci scritti a mano, salvo che ci

---

1. Traduisons *audisco*; l'orthographe de ce capitaine n'est pas moins bizarre que celle de Fortiguerra.
2. Marguerite d'Autriche, femme d'Ottavio Farnèse, duc de Parme, quitta Bruxelles à la fin de 1567.
3. Vat. 4105, ff. 270-271.

e un libro d'Epigrammi greci in stampa d'Aldo, et ho guardato drento in detto libro e non vi trova cosa alchuna che mi paia del Carteromacho; nientedimeno, quando V. S. lo voglia, questo insieme con ogni altra mia cosa sera sempre al suo comando, perho essa dia adviso se vole ch' io gliele mandi che non mancherò.

Appreso per che V. S. conosca ch' io sono desideroso di farli servitio e compiacerla, et che se bene alli giorni passati io l'offesi si grandemente non e per cio al presente ch' io non riconosca il mio grande errore, il quale non si causo per malitia, ma sol per esser in troppo credulo, si come altra volta gli ho signifìchato, li fo intendere come ho dato in mano del cap.ⁿᵒ Alessandro Conversini anchora 7 pezzi di libri quali mi paiano sicondo me in piu luoghi tocchi di mano del Carteromacho, e qua libri detto s.ʳ cap.ⁿᵒ manderà a V. S. (per esser a lui piu facile che a me il mandarli), ogni volta che da quella sera scritto che li si mandino, et per che la sappia che libri e opere sono, e similmente che postille vi e drento, gliene sarà qui da me con piu brevita che sia possibile dato certezza. E prima li dico che vi e un greco che mi pare li Locica d'Aristotile, in nel principio del quale e uno epigramma in stampa greco del Carteromacho, cosi poi ancho una sua epistoletta greca, e in nel fine vi e scritto alquante annotationi di sua mano; poi ce ne un altro greco, e questo e Theocrito, e in nel fine di detto libro vi e una comedia d'Aristofane domandata il Pluto, che e tutta postillata di man di detto Carteromacho, ma in l'altri opere de Teocrito non vi e adnotatione alchuna. Il 3° libro e un vocabulista greco senza principio tutto postillato, e questo la sera che V. S. fu qua, l'Ill.ᵗʳᵉ s.ᵒʳ Fabio Farnese haveva messo dapparte con li altri. Il 4° e Hippocrates de natura hominis, e certe altre opere in detto libro, ma non vi e postillato se non 3 o 4 carte e non piu, e questo e in nel principio del libro, et e di quelli leghati in corame negro et il corpo tinto in giallo¹ come gia scrisse V. S. Il 5° e un leghato in nel medemo modo et questo si domanda proverbiorum libellus, che in nel fine vi e forsi 20 carte scritte in penna, che mi paion di mano del Carteromacho. Il 6° e Arithmetica Boetij che vi e qualche postille, et e leghato insime seco certe altre operette ma non son tocche di postille alchuna. Il 7° et ultimo e un libretto scritto in penna che dice Pub. Ovidi Nasonis de sine titulo et amorum suorum opus, et pieno per tutto d'annotationi e postille, advengha che non mi paino mano del Carteromacho; nientedimeno credo piacera à V. S. et mandandolo costa tien pocho lato, tal che non e di noia a chi l' ha da portare. Mi e parso dar a V. S. questo relatione di detti libri a causa volendoli sappia come son fatti e che opere sono, et il non li haver io per e tempi addrieto mandati esato, per che dubitavo se le postille erano di mano del Carteromacho o no; ma hora, come per una sua lettera ho compreso, dico quasi alcerto che e sua mano, la qual lettera mando a V. S. si come essa mi chiede, e li dico che non ho piu altre lettere latine ne volgare o altre compositioni

---

1. Ce sont les tranches qui sont jaunes, comme le montrent plusieurs des volumes de Cartéromachos dans la collection d'Orsini.

di detto Carteromacho; ci e solo alquante lettere volgari scritteli da diverse persone, che quando V. S. voglia questo o altro basta un minimo cenno, perche come di sopra ho detto non ho altro desiderio se non di compiacerla; e faccendo qui fine di core meli offero et racc.do. N.ro S.re Dio la feliciti.

Di Pistoia, il di 14 di Marzo 1566.

D. V. S. humil servo,
Scipio Forteguerra.

VII

ORSINI A DUPUY

Al molto ill. et magnifico s. mio oss.mo il s. Claudio Puteano, a Parigi [1].

Molto illustrissimo et magnifico signore mio osservatissimo,

Monsignor d'Houlier è tanto bene informato della devotione et obligo mio verso di V. S. che poco m'occorre dire in questa per tal conto; et pure voglio dirle che, si come io la tengo viva nell' intimi luoghi della memoria mia, cosi desidero che lei mi commandi qualche cosa per mia consolatione. Il prefato monsignor esporrà a V. S. un desiderio mio [2], et di quello che per me la ricercarà, intendo sia ricercata in quella forma et modo che si conviene fra gentilhuomini et amici cordiali, et quale è la destressa di S. S.ria et giuditio esquisito, sò che non esporrà a V. S. questo mio desiderio altramente. Si che a me non occorrerà dire altro, se non pregarla che veda quà appresso di me cioche ci sia per lei, poi che ancor io sono tutto di V. S., alla quale bacio cordialmente le mani.

Da Roma, a iiij di novembre 1579.

Di V S. molto ill. et magn. aff.mo ser.re,
Fulvio Orsino.

VIII

ORSINI A PINELLI

Al molto ill. et mag.co s. mio oss.mo il s. Gio. Vincenzo Pinello, a Padova.

Molto mag.co s.re [3],

Quel nostro formicone [4] è cominciato à uscire, non so bussato da chi. Non scrive à me, mà al Targone accioche me lo dica à nome suo, che man-

---

1. Paris, Biblioth. Nationale, *Dupuy* 704, f. 114. Cf. la lettre de Pinelli à Dupuy, de Padoue, 27 nov. 1579 (même ms., f. 76).
2. Cf. p. 88.
3. Milan, *Ambros.* D. 422 *inf.*, f. 74.
4. Torquato Bembo. Cf. pp. 94 sqq., pour cette lettre et toutes les suivantes.

ando io le teste, lui mandarà li libri. Io l'hò risposto, che dovendo lui venire a Roma quest' anno (si come scrive al medesimo Targone), questo negotio si potrà remettere in quel tempo, nel quale si potrà fare la permuta con più sodisfattione dell' una parte et l'altra; et che parendoli altramente, scrive à chi io doverò consegnare le teste, che scriverò anco à lui à chi doverà consegnare li libri in Padova; et che io non voglio pigliare briga di condutura ò risigo della perdita delle teste, sicome ne anco egli dei libri. Circa il fragmento de *Lusi* scrive che non l'ha cercato, ma che trovandolo melo darà con ricompensa di qualche cosa di suo gusto. Io li notifico da permuta proposta del cameo con quella medaglia d'oro et questi *Lusi*, se à lui piacera. Hora staremo à vedere. Come io sia sicuro che li libri non vadino fuori d'Italia, potremo lasciare che la cosa si maturi al suo tempo, massime che havemo a fare con un furbo per excellenza. Di gratia V. S. non resti d'avertirmi di tutto quello che conoscerà fare à proposito per condurre questa permuta con reputatione mia, et d'intendere sempre quello che può della integrità del Virgilio di maiuscule. Non vorrei per bene assai che questi libri mi scapassero delle mani per mia dapocaggine. Nel resto poi lasciaremo risolverlo da lui. V. S. mi perdoni de tanta importunità, che la conosco benissimo; ma come si può far di meno in certe occasioni? — Il Sigonio mi scrive che sera in Roma à Pasqua, et che delli tre mesi che ne si fermarà, due ne vole consumare con me[1]. Ma che posso sperare della venuta di V. S.? Le scrissi che quelli commenti del Plinio erano del Beroaldo et altri che vadino in un libro in foglio trivialissimo. Aspetto qualche nova del Cano et del Photio, che io le scrissi con l'ultima. Le bascio cord.te le mani.

Da Roma, à xij di Marzo 1575.

Di V. S. m. mag.ca aff.mo ser.re Ful°.

IX

BEMBO A ORSINI

All' ill.re et molto R.do s.r come fratello oss.mo il s.r Fulvio Orsini, a Roma[2].

Ill.re et molto R.do S.or mio,

Heri hebbi qui le sue, ne le dirò per hora altro se non questo che io stò in opinione di venire quest' anno santo fino à Roma et venendo alora faremo ogni cosa, et quando pare piacessi à N° S.or Dio che non ci potessi venire manderò in là i libri, per che volendoli dare non hanno d'andare in altre mani che in quelle de V. S. I *Lusi* certo non gli ho trovati, ma come vaddi a Padua, cercherò meglio et V. S. lo saprà se l'haverò trovato; veggasi a altro et mi

---

1. Lettre du 30 avril (f. 80) : « La venuta del s.r Sigonio è andata in fume. »
2. *Vat.* 4104. ff. 170-171.

lo avisa. Quanto alle conduttore [inporta questo poco al negotio. Il cameo di che mi scrive V. S. del quale mi serà caro il pronto per poterlo un poco godere, mi piace essendo come scrive, ma la medaglia d'oro che assomiglia al M. Aurelio di V. S., che entra nel baratto, non me ne voglio a modo alcuno privare, dovendo havere etiandio la testa di marmo, et quando anco non l'havessi non la voglio dare, perche troppo acerba privatione mi sarebbe questa, amandola como fò : tutte le volte che V. S. crede che io l'ami et osservi di buono et fraterno cuore, la crederà quello che verissimamente è, et tale mi conoscerà per sempre. Vegga pure se io ho altro da poterla sodisfare con visto et honesto barratto che sempre lo farò. Et stia sana et mi ami et la prego à basciare per mio nome humilisss^{te} la mano à Mons. Illmo car^l Farnese come un signore et padrone.

Da Coniolo di Brissana, alli 30 di Marzo del 75.

Di V. S. Ill^{re} et molto R^{da}.

Affettionatiss° fratello,
Torquato Bembo..

X

PINELLI A ORSINI

Molto R^{do} s^r mio oss^{mo} [1],

Habbiamo veduti i libri di Monsr Bembo, il s^r Mercuriale et io, non già il Virgilio et Terentio della permuta che si sono trovati esser à Coniolo, et delli altri gli daremo conto κατὰ τάξιν [2]. L' α', che sono le scholie in Theocritum, sono scholie latine et, per quanto stimo, tratte in gran parte dalle greche, cioè tradotte. 6' sono dieci libri soli di Strabone, li primi, cioè poco più della metà, et, come gli scrissi già, non molto antichi. Il γ' non s'è trovato altramente Appianus, ma Oppianus ἁλιευτ. καὶ κυνηγετικά. δ' : questo è l'Archeologia di Dionysio Halicarnasseo, libro in foglio di carta pecora et di scrittura anticha molto, corretta et bella. Insomma è libro da farci l'amore perche è intiero, et à me piace molto.

ε' : gia ho detto à V. S. che l'Aristide è in-foglio di carta pecora et molto antico; è plenissimo di scholie sino passata la metà, il resto non ha alcune, et perche era stato mal trattato da qualchi del passato, di due terzi del libro

---

1. *Vat.* 4104, ff. 231-233. La suscription manque.
2. Cf. p. 96, et la lettre de Torquato Bembo, de Venise, le 27 août 1575 : « A questi dì passati venni per certa subita occasione a Padua, dove trovai lettere di V. S. in mano del s^{or} Mercuriale, et lui, insieme col s^{or} Pinelli, furono nel mio studio et lassai che vedassero tutto quello che era notato de V. S. et troverano et li *Lusi* et ogni altra cosa... Loro hanno fatto la nota d'ogni cosa per mandarla à V. S. et però non dirò altro. Non hanno potuto vedere ne'l Vergilio, ne'l Terentio, per che lo lassai a Coniolo, ove nel subito mio partire non lo pressi, per tornar presto, si come farò fra 6 overo 8 dì à Dio piacendo... » (*Vat.* 4104, f. 173.)

sino alla fine nella parte superiore delle carte è stato riconcio. ζ' : che cosa si contenga in questo libro, V. S. lo vedra nel tergo della mia nota. Cosi del θ'. Hora il ζ', ch' è in-8° et è di carta pergamena, non mi piace punto, perche è forse moderno et non molto corretto.

Il θ' ben corretto e mostra molta antichità, se ben qual charattere longobardico non lo veggo che ne titoli et ne meno intieramente. Il libro è in foglio et è di forma molto lunga, più che dupla della larghezza, in carta pergamena, et perche V. S. lo conosce meglio, gliene ho dipinto io proprio alcuni principii della Georgica ; vi è quasi tutto il primo et non va più oltre. Se ben V. S. troverà Demoetas nel titolo, di dentro però v' è Damoetas. Le forme delle lettere notabili in questi principii sono M, C, G, M [1]. Ma come V. S. crede non è scrittura constante.

Ho veduto quel *Carmen Bucolicum* scritto di mano del Petrarca, col quale il Bembo egli prova li opere volgari d'esso Petrarca esser similmente scritte di mano dell' autore, siche non m' è parso di volergli levare la sua pietra paragona et certo non è cosa da curarsene. V. S. de gratia lo conoscha da questa fine ch' a messo dopo i versi : « Bucolicum carmen meum explicit, quod ipse qui ante annos dictaveram scripsi manu propria, apud Mediolanum anno huius aetatis ultimae 1357. »

In luogo d'Appiano che non s'è trovato, v' è all' incontro un pezzo di Pindaro con scholie antichissimo, ch' io stimo strenamente per la sua bellezza, et è libro da procurarlo ; vi manca la prima carta della prima ode ; et arriva sino all' εἶδος (con haverlo) μῆτερ ἀελίου et è cosa degnissima κατ' ἐμέ.

In luogho del Virgilii Bucolica et Georgica, che non s'è trovato, v' è un Sinesio in-4° di papiro (di papiro anche è il Pindaro) che mi piace assai et ha quell' hymni ch' ha stampati il Cantero, che non erano nel Synesio parigino. — Dell' Aristide non posso dire à V. S. se è intiero, perche non segue l'ordine del stampato ; questo posso dirgli che, nella tavola chi è innanzi del libro, il penultimo titolo è λβ' π. παραφθήγματος, l'ultimo λδ' (ma d'altra mano moderna) εἰς Ῥώμην..

Credo di non potergli dire altro in questa materia, se non che esso Bembo è per andar presto alla sua badia, et non so (dal suo parlare) quanto presto sia per venire à Roma, come che dica di volersi forzare d'esservi presto. Ancora un poco di questo prefato monsignore, il quale m' ha monstrata la medaglia d'oro che si chiama Aurelio, la quale ha per riverso una figura che siede con una vittoria in mano et lettere IOVI. VICTORI, ma il diritto ha il volto d'Hadriano et le lettere che dicono HADRIANVS. AVG. COS. III. P. P, Hora saltiamo all' altre medaglie tragittate, che m' è parso di mandargliele et seranno con questa, perche mi ricordo d'un suo detto, che bisogna cominciar presto à gustare. Credo che piaceranno à V. S. perche cosi mi dicono questi ἀρχαῖοι. Ho voluto scrivere à V. S. questa lettera hoggi, caldo del studio del Bembo, et la lasso cosi sino à venerdi per vedere

---

1. Pinelli figure ici la forme des lettres en question. Il décrit les *Lusi*.

se v'è da giungere per qualche parole sue ch'io aspetto¹. Et comincio a basciargli la mano.

Da Padua, alli xxi di Agosto 1575.

XI

ORSINI A PINELLI

Molto mag.co s.r mio oss.mo ²,

Con la lettera dell'ultimo del passato hò buona nuova della sanità di V. S. che m'è stato di quella contentezza che la può pensare. Piaccia à Dio di conservare V. S. per beneficio publico et per consolatione di noi altri, et non creda tanto nella eccellenza et amorevolezza del s.r Mercuriale che la faccia dimenticare di Roma, dove son certo che la starà sempre meglio del corpo, che dell'animo non hà bisogno la prudenza et equanimità sua. — Ho sentito piacere d'intendere il particolare de libri del Bassano, et poiche sono entrato in questo, desidero che la mi dia qualche luce d'un Nonio Marcello che Monsig.r Antonio Augustino altre volte mi disse haver veduto in Vinetia, scritto in membrana, di lettera antica, più di 400 à 500 anni; et il medesimo mi dice il Statio di questo libro, al quale hò fatto leggere hiere la sua partita per il libro da ricuperarsi dal Cl.mo Corraro Ambasciatore Veneto. — Il s.r Ambasciatore di Francia³ m'ha donato un Catullo et Festo col Scaligero, et mi promette un Manilio come lo verrà; et con tutto ciò non ricuso che la mi favorisca d'avvertimene come questi libri sieno in Venetia. Et accioche questa lettera sia tutta per libri, la prego in questa, con quella maggior instanza che io possa, che voglia adoprare col Bembo quell' istrumenti che li paranno potenti per indurlo, etc. Io per adesso sarria de parere che non s'entrasse in altro che chiederle il fragmento de Virgilio et di Pindaro col Dionysio, et io quanto à me non mi curarei senon delli *Lusi* di Virgilio per riunirli col restante che hò, di che l'hò scritto. Et in questo caso, potendosi havere, circa il prezzo mi rimetto à quello che fara lei, che sà benissimo quello che si può pagare. Et in somma crederei che trenta scuti questi tre libri fossero pagati soverchio, et che venticinque scuti bastariano, essendo li di fragmenti et ben piccoli. Ma V. S. in questo caso non ponga mente à cinque scuti più ò meno, et quello che prometterà rimborsarò subito. E bene d'avvertire per la persona che trattarà, perche io non giudico che ne il s.r Mercuriale ne V. S. siano buoni, caso che non proponessero ricompensa; perche al sicuro il Bembo si vergognarà di trattare con Loro Signorie à danari et massime

---

1. La lettre est en effet suivie d'un long post-scriptum fort intéressant, que je ne reproduis pas, car il ne se rapporte pas directement à nos acquisitions. Il est daté du 25 août.
2. *Ambros. D. 423 inf.*, f. 87.
3. Louis d'Abain de la Rochepozay; cf. p. 68.

per si poca summa. Però io giudico che l'importanza della cosa stia nel modo di proponerla et nella persona. Se si giudica bene che io li scriva et che li offerisca qualche medaglia d'oro ò danari, V. S. melo avvisi et di questo ne pigli parere. — Li due libri di maiuscule pagarei 150 scuti et più, ogni volta che'l Virgilio sia integro come il Bembo mi scrisse, che sopra di ciò ne hò lettere, nelle quali mi scriveva che li mancava poco, cosi a questo come al Terentio, percioche quando fosse molto fragmentato, non credo tornasse molto conto il pagarli tanta summa. Ma vediamo prima come ci riesca la negotiatione del fragmento de *Lusi* et delli altri dui, et poi tratteremo delli due di maiuscule; et torno à replicarle che di gratia cosi affisti un poco per amor mio, poiche desiderio che io ne hò non è che smisurato. — Delli fiori che V. S. mi promette, starò aspettando al tempo suo, et fra tanto nela ringratio cosi di questi come delli altri infiniti favori che mi fà di continuo. Et cord^{te} le bacio le mani.

Da Roma, a vij di novembre 1578.

Di V. S. m. mag^{ca} aff^{mo} ser^{re},

Ful° Orsino.

XII

PINELLI A ORSINI

Molto R^{do} sig^r mio osservatissimo [1],

Per conto del Bembo poche parole et buone. Il Virgilio et il Terentio delle maiuscole sono in man mia, et, perche melo creda, ecco che gliene mando un poco d'anatomia. Il Virgilio è di carte 75 le scritte et due bianche dalle bande messe da chi legò il libro [2]. Vi sono delle figure per mezzo secondo le materie, et dove non sono figure le versi arrivano al numero di 21. Nell' altre carte li versi sono più et meno secondo che le figurano [sic] occupano più et meno luogo. Ho fatto supputare i versi et sono 2147. Di dove V. S. potrà far conto che parte sia del Virgilio. Le carte per il più sono scompagnate, senon dove ho ligati insieme i numeri con questa carta; che pare à V. S. di questa diligenza, non meritava che lei mi sciogliesse il cartone; ma mi potrà dire et à che serve poiche i libri gl'hanno da capitare ad ogni modo; è vero? Ma tra tanto che si cerca della studa di mandarglili, ho voluto che li vegga in qualche modo in spiritu. Et se vedrò che di breve non mi s'appresente qualche amico sicuro, mi volterò alla via del Legato o del Ambasciatore Veneto, col mezzo di qualche amico per non conoscergli io. La forma del libro è dalle due lineette messe nella margine in sù.

Per conto del Terentio ho fatto trascrivere quel ch'era notato nella coverta, che copre esso libro, dove s'ha il numero delle carte qual che contengono,

1. *Vat.* 4104, ff. 263-264.
2. Cf. p. 98. C'est la plus ancienne description un peu détaillée que nous ayons du Virgile du Vatican, décrit depuis tant de fois.

comme fù del padre del cardinale et del testimonio del Politiano [1]. Et io quanto à me, per qual niente che ne sò, stimo à 4 doppi il Terentio più del Virgilio. Siche V. S. può aspettare i libri, li quali cercarò di mandargli quanti prima per via sicura.

Ho ricevute tutte le cose che la S. V. m' ha mandate per via del s^r Lioni, che gliene bacio la mano senza fine, et tutto è stato di mio contento et la si degnara darmi debito di tutto. Mi sodisfo della nota di Iacomo Romano [2] in tutto et mi pare che bastino l'essempi che ne vuol dare nella formata, solo ch' aggiunga le maiuscole, le quali desidero che siano fatte con diligenza, et che per amor di V. S. me serva da amico cioè presto et bene con dargli li due scuti che dimanda. — Il Bembo scrive che le carte del Terentio sono n° 112 la dove sono 113, et un amico mio harebbe saputo che farsi ! — S' ho detto à V. S. di dover andare riterato nel dargli nove brighe di continuo, l'ho detto per conscienza, sapendo le sue occupationi perpetue, si che boni consulat et comandi V. S. à me che sto sfacendato et ch' ho tanta voglia di servirla, quanto mi trovo obligato di farlo et per l'effetti istessi et per il condimento della sua cortesia, con la quale s'adopera à mio beneficio.

Manderò la lettera al Bembo, ma la S. V. sin qui harà havuto risposta à tutto et massime con la lettera che gli mando con queste. — Al s^r Mercuriale farò l'imbasciata. — Quel della biblia graecolatina non vuole scompagnarla che ne sia stato pregato. — Bacio la mano di V. S. con desiderargli ogni consolatione da chi la può dare.

Padova, alli 9 di Apr. 1579.

Di V. S. molto R. ser^e aff°,

G. Vinc° Pinello.

XIII

ORSINI A PINELLI

Molto mag^co s^r mio oss^mo [3],

Hebbi finalmente li dui libri di maiuscule per le mani del s^r Ambasciatore [4] ben conditionati per la diligenza di V. S. et benissimo recapitati. Siche io ne la ringratio come devo cordialmente et le resto obligatissimo di tanti favori et gratie, che ogni giorno mi fà, non per merito mio, ma per cortesia et gentilezza sua. — V. S. sia contenta per amor mio legger la lettera che io scrivo al Bembo, et dicami poi se le pare che m'attenga in essa à quel cortese et sicuro insieme, et intanto, se non la giudicasse à proposito, non la mandi. Io non vorrei passare li 150 scuti, perche, sebene questi libri sono

---

1. Ce sont les mentions reproduites p. 238.
2. Copiste qu'Orsini faisait travailler à Rome pour Pinelli. Cf. notamment une lettre d'Orsini du 17 janvier 1578.
3. *Ambros. D. 423 inf.*, f. 130.
4. L'ambassadeur de Venise, Correr.

ntichi et rari, sono però molto mal trattati. Et pure il Terentio se potria passare; ma il Virgilio non è piutosto fragmento che libro! Il Pindaro et Dionysio non sono poi libri di tanta rarità et stima. Et havendomi il Bembo scritto che si l'animo mio non era di ricompensare questi dui di maiuscule con tanta somma di denaro quanta importava l'espeditione (che lui crede 150 scuti), che io ci mettesse quello che volessi et al resto suppliriá lui, io li dico di voler dare li 150 et chiedo per pronta li dui libri, etc. Staremo à vedere; io sono risoluto di non passare 150 scuti, quando V. S. non me commandi altramente.

Il cardinale Granvela parti hiere per Cività Vecchia, havendoci dato qualche speranza di ritorno fra dui anni, che non si creda. Mandai al corriere passato à V. S. il libro di Iacomo Romano, et credo che l'harrà hauto senz' altro, et cosi il s^r Mercuriale il suo foglio. Starò aspettandone risposto. V. S. potrà dire al s^r Merc^{le} che quella scrittura è del quinto libro, perche sul principio il volume è corroso, et feci trascrivere dove la lettera era piu netta. — L'abbate Ravaschiere habita dietro di Campo di Fiore per andare à casa del car^{le} Orsino, nella più bella strada di Roma, vicino al mercato et alli Maximi, et nel aëre perfettissimo; credo d'havergline scritto altre volte. — Ringratio V. S. della cura che piglia di sollecitare il Bembo per il Pindaro; credo che bisognerà che io la preghi faccia il medesimo anco del Dionysio, se vorrà che io sborsi questi 150 scuti, et poi si potranno mandare con più commodità.

Et non havendo altro che dire per hora, le bacio cordialmente le mani, havendo dato ricapito alle sue con la diligenza solita. Quella del s^r Latino restò per colpa del suo servitore che l'haveva in mani. N. S^{re} Dio con servi V. S.

Da Roma, a xvi di Maggio 1579.

Di V. S. m. mag^{ca} s^{re} aff^{mo},

Ful^o Orsino.

Se V. S. se ricordasse che altre volte io offerivo al Bembo quattro teste di marmo per li dui libri soli delle maiuscule, et che hora me ristringo alli 150 scuti per quattro libri, ricordisi ancora che altro è dare ricompensa, altro sborsare danari, et io non havevo veduti li libri, quali come che sieno antichi et rari, sono però malissimo conservati, et non cosi godibili come è il Virgilio et Terentio Vaticani et come è il Virgilio della libraria di Firenze. Il che harrò caro che V. S. testifichi alli huomini del Bembo coll' occasione, accioche possino fare officio, etc., parendo però cosi à V. S., etc [sic].

XIV

BEMBO A ORSINI

Molto ill.tr° et molto R.d° s.or mio [1],

Loddato sia il N° S.or che pure alla fine il Virgilio et il Terentio le sono giunti in mano, et mi piace che le siano riusciti come mi scrive. Sono sicuro che sempre piu li piaceranno : vedrà V. S. se merito escusatione se cosi difficilmente me li sono lassati partir dalle mia mani. Vorria bene che fossero piu intieri per sua maggior sodisfattione. Quando io li havea in Roma, fù fatto diligentissima inquisitione per veder quale fosse il piu antico del Vaticano, o di quello di Carpi, o di questi che V. S. ha nelle mani. Tutti unitamente iudicarono questi esser piu antichi di quelli, et de questo parere tra gli altri ci fù il car.l di Carpi, pur mi rimetto. Spero se à Dio piacerà di vedere il suo framento; et credo che sia come scrive, perche ne ha giudicio et se ne intende [2].

Po esser che V. S. habbia proferto à Mons. li 200 scudi del Virgilio, Terentio, Pindaro, Aristide et Alicarnaseo, et lo voglio credere, ma non ha mai scritto, per quanto m' è stato referto, se non del Virgilio et Terentio. Ma, signor Fulvio, non voglio che tra noi veniamo à questi cimenti di prove ; dico bene che'l Virgilio et il Terentio et Pindaro sono tali che per haverli non si potria guardare à 200 scudi et forse à più, ma non voglio venir, come ho detto, a niuna di queste cose con V. S., e ho inteso l'opinione di V. S. delli 150 scudi. Desiderando io la gratia di V. S. e sodisfarla sopra tutte le altre cose, non serà differenza niuna tra V. S. et me. V. S. ha giudicio, conosce, sa et vole il ragionevole. — Il Pindaro l'ho mandato per un mio cameriere, oggi fa otto giorni, in mano del s.r Pinello ; il Dionisio le manderei, accioche il gropho si diffacesse a fatto, ma non è possibile, è trappo machina, è in-foglio grande coperta di corame con tavole alto V. S. l'haverà [sic]. — V. S. mi supplica a farle gratia che nomini uno che assista quando la doverà sborzare il denaro nella speditione del vicariato, et io supplico tre volte lei, che non faccia ne à se stessa ne à me di questi torti. Come io dubiterò della integrita et schistezza dell' animo del s.or Fulvio ? et io serò di cosi poca fede che io non creda à V. S. quello ch' ella mi scriverà come l'Evangello ? V. S. spenda pur lei, che tanta fede ho in lei quanta ho in me stesso, ne con maggiore avertimento et vantaggio spenderei per me stesso, quanto sono sicuro che farà V. S. Già che è cosi inanzi V. S. si degni pur di spedirla, che quando anco la spendezze per i libri 1000 scudi le resteria eternamente obligato ancora. Ho veduto la supplica, ma in molte cose non ben letta per la lettera cosi scritta et cos minuta. Supplico bene che quest' altra sia piu visibile et legibile lettera,

---

1. *Vat.* 4104, ff. 83-84. L'orthographe de cette lettre semble prouver l'ignorance de Torquato, dont nous parlions p. 93.!

2. Il s'agit du fragment envoyé par Dupuy.

che non son prattico in queste sorte di scritture. V. S. haverà veduto che gli ho scritto come la cura et le altre cose non saro d'importanza; haveria bene havuto caro se si havesse potuto adossare al vicario nelli 100 scudi d° la spesa di cere, d'olio et le altre spese che gli notai; al conduttore et al altro prete non basteranno 25 scudi d° per uno, che non si trova qui chi voglia servire per questo prezzo, se bene serà appresso 25 bisognerà se vorrò preti che accresca; tutti gli avantaggi che si haveranno dal Datario so che seranno per causa sua et gli resterò obligato. Se havesse havuto quelle lettere di 28 et havesse veduto che io potra nominare uno per non far questo beneficio del PP. per conferire haveria cercato uno. Al presente non sapria che proppore altro questo che hora è il primo di questo et è curato di questo loco piu di 30 anno sono, et passa sessantanni; se le paresse propponer questo, faccia V. S., et stia sana et mi conserva suo. (Rimando à V. S. la supplica, se le bisognesse [1].)

Da Coniolo, il primo di giugno del 79.

Di V. S. m. Ill[re] et molto R[da] affettionatiss° s[or],
Torquato Bembo.

XV

ORSINI A PINELLI

Molto ma[co] s[r] mio oss[mo] [2],

Faro quanto V. S. desidera et quanto per me si potrà con questi padri Iesuiti, per havere li canoni delle 4 congregatione, et spero che li hauerò, sebene con un poco de manifattura. Sopra le medaglie di Domenighetto le replico quello che le scrissi nella passata [3], et di gratia non manchi provedermene, dico di quelle sei notate nella cartina. — Dal Bembo hebbi, oltre li tre libri del Petrarca, tutti li papiri Aegyptii che sono 4 et la medaglia

---

1. Lettre à Pinelli du 1er août 1579 : « Prego V. S... di scrivere due versi à monsig[r] Bembo, poiche io non ho ne tempo ne commodità, et le dica in nome mio come io non ho hauto lettere da S. S[ria] R[ma] questa settimana, con li ordini et scritture che aspettavo, et che per assicurarli di quello che potesse intravenire, ho fatto che monsig[r] Datario terrà buona cura della supplicatione spedita, et che non si darà ad altra persona che à me. Et con tutto ciò sono di parere che si solleciti la speditione, almeno per buona creanza. V. S. le renda conto del plico che li inviò per via de messer Livio, quando era V. S. in Venetia, et delle lettere subsequenti ; et poi lo preghi che gia che s'è contentato farmi gratia del Dionysio, come mi scrive, che la voglia mandare come cosa mia. » — Lettre du 15 août : « Con questa le do avviso [à Bembo] come ho riscosso la supp[ne] dal Datario et pagato per essa scuti 130 et mezzo di moneta, che sono la valuta di cento ducati d'oro di camera, et che camino innanzi per le bolle. »

2. *Ambros. D. 423, f. 221.* — Une lettre précédemment écrite par Orsini, le 2 mars 1581, est imprimée dans les *Fac-similés de l'écriture de Pétrarque*, p. 14.

3. Cf. le post-scriptum de la lettre du 2 mars.

d'argento ΑΡΤΕΜΙΔΟΣ ΠΕΡΓΑΙΑΣ, che altre volte V. S. mi mandò in nota. Ho gli donato all' incontro una bellissima testa di marmo di Hadriano giovine, che assomiglia à quella sua medaglia d'oro. M' ha pregato che io non ne scriva niente à V. S. per adesso, siche ella faccia conto che io non gle l'habbia scritto ; credo la faccia per rispetto di quella promessa. Credo che Pier Vittorio scriva haver riconosciuto la mano del Petrarca in quelle sue Epistole ad Atticum, per riscontro di certe epistolette del Petrarca che haveva Monsig^r Beccadello, al quale non era necessario ricorrere, se in Firenze fossero stati papiri simili a questi che hò io di sonetti et canzone et capitoli, dalli quali si cava coniettura piu certa della mano di esso Petrarca. V. S. veda la epistola che lui prefige all' ultima editione delle ad Atticum in-8°. Questi fogli in papiro che hò io sono 20 et credo fossero più, poiche'l car^{le} Bembo fa mentione nelle Prose di un foglio dove era il sonetto primo *Voi che ascoltate*, etc., che in questi miei non è. Mi ricordo che don Basilio Zancho ne haveva non sò che di mano del Petrarca, ma non sò se di poesie o di prosa[1]. Et io hò quel libretto *De rithmicis* di Antonio de Tempo cittadino Paduano, che lo scrisse nel 1332, di mano del Petrarca[2]. Pure ne hò scritto al Vittorio. Mandarò à V. S. innanzi Pascha il Confuccio; et intanto le bacio cordialmente le mani.

Da Roma, à x di Marzo 1581.

Di V. S. molto mag^{ca} aff^{mo} ser^{re},
Fulvio Orsino.

XVI

TEOBALDI A FRANÇOIS DE MÉDICIS

Al ser^{mo} Gran Duca di Toscana mio signore, etc[3].

Ser^{mo} s^{re}, etc.

Havendo io dato notitia al car^{le} de Medici mio sig^{re} di alcune cose che mi paiono a proposito per V. A. S. e chiaritosi per relation d'altri e con gli occhi propri del vero, mi comanda le rendia conto. Sappia dunque che Torquato Bembo ha condotte in Roma le belle reliquie di suo padre per farne esito, non essendo cose da lui, tra le quali sono medaglie, teste, pitture, libri, etc. Tra queste è una tavola di bronzo antichissima di piu di tre mila anni intagliata al usanza degli Egittii, come per la mostra che mando potra vedere; e per piu intelligenza includo l'istessa poliza che manda il

---

1. A-t-on d'autres renseignements sur cet autographe ?
2. Cf. p. 251, note 2. Cette singulière attribution ne se retrouve pas dans l'Inventaire.
3. Florence, *Archivio Mediceo, Carteggio del Gran Duca Ferdinando I*, filza 746, f. 165.

s^r Fulvio a me ¹, pregandola, veduta che hara questa mostra, la rimande, e cosi ho promesso al s^r Fulvio, che la tien cara, non potendo haver la vera.

Il car^le Sirleto ha offerto in nome del Papa per questa tavola 200 scudi di pensione; ma perche Torquato ha più voglia di contanti che d'intrate ecclesiastiche, e forse per le traverse che c'interponono alcuni che la desiderano, a V. A. si trattiene l'essecutione, e per prezzo di mille scudi d'oro la potra havere, et a giuditio universale sara di prezzo inestimabile per esser delle belle antichita che si trovino.

In oltre sappia che tutte l'opre Toscane del Petrarca scritte di propria mano in carta pecora, con le acconciature de versi e postille ², erano tra queste cose e di gia il s^r Fulvio Orsini, che ne haveva notitia, l' ha haute per se, con un opra del Politiano diretta al Mag^co Lorenzo ³, per ricompensa di altre cose che al prezzo di 200 scudi non giungono. — Il car^le Farnese ne ha haute da 30 medaglie che li mancavano con una testa di Antinoo et altre cose per 600 scudi. — Quel Petrarca, signore, è cosa troppo bella per V. A. et spero che il s^r Fulvio Orsini, per la convenienza di tal gioia col principe Toscano e per l'affettione che porta al car^le et al nome di V. A., sia per compiacernela un giorno; et io, che nel choro di S. Giovanni Laterano li stò vicino, non resto di infiammarcelo ⁴.

Questo signore è di ramo benche povero di casa Orsina, ma di tante belle lettere greche e latine e di costumi tali e maniere gentile adornato, che non solo al car^le S^to Angelo fu grato et è hoggi a Farnese in supremo, ma al Papa che in congregationi de cardinali se ne serve con sodisfattione. Ha uno studio di tal bellezza di libri, medaglie, pitture, scolture et altre cose elette che Farnese suo padrone li hà voluto dare tremila scudi al presente et dopo la morte sua lo lasci erede di detto studio ⁵. Ma da messer

---

1. « Al s^r Gio. Baptista Theobaldi mio s^r oss^mo.
« Mando à V. S. il typo della tavola di bronzo che monsig^r Illmo et R^mo suo [le card. de Médicis] desidera che si mandi al Gran Duca, nel qual typo per diligente che sia, non si rappresenta pero ne la maestà della tavola per la conservatione di tanti anni, ne meno la bellezza... Io reputo questa tavola essere la piu antica memoria e la piu rara che hoggidi si veda et che da Augusto fusse condotta a Roma da Aegypto con l'obelisco... [sans date].
Fulvio Orsino. »
Cette lettre d'Orsini est au f. 164 du même ms. des Archives de Florence; elle est publiée dans Gaye (Carteggio ined., t. III, p. 437) avec une date de fantaisie : Venise, 3 avril 1581 ; c'est là une des nombreuses erreurs de Gaye. On voit que cette lettre est adressée au même personnage que celui qui écrit au grand-duc de Toscane sous le nom académique d'Helicona, et qui est le Teobaldi, collègue d'Orsini au chapitre de Lateran et fournisseur d'antiquités du grand-duc.
2. Teobaldi confond le Canzoniere complet sur parchemin et les feuillets détachés qui portent les corrections de Pétrarque.
3. Cf. p. 209.
4. J'ai déjà cité ce témoignage dans Le Canzoniere autogr., p. 23.
5. Ce renseignement n'est pas donné ailleurs.

Pier Vettori e dello studio e di lui potra meglio haver notitia. Già dica il cardinale che se questi venisse per un mese in Toscana saria di gusto à V. A. e di servitio alle sue cose antiche, il che mi prometto io che fara sempre che le sia in piacere.

Ho dato notitia anchora al cardinale di un vaso bellissimo di alabastro orientale col suo coverchio et maniche ornate d'oro et smalto antichiss⁰, trovato pochi mesi sono in un casale di S. Giovanni Laterano fra due travertini grossissimi incavati a posta per tal vaso, con ceneri dentro di gran donna, per alcuni pettini trovatici, una ranetta di cristallo di monte et altre coselline da testa di donna, e cerco di haverle per V. A. con ogni instanza....

Di Roma, li 2 d'aprile 1581.

D. V. A. ser^{ma} serv^{re} humilissimo,

GIOBATT^a HELICONA [1].

XVII

ORSINI A PINELLI

(Note du 9 juin 1582) [2]

Monsig^r Bembo m'ha permesso di mandare ordine à M. Livio [Barisone], che lasci pigliare à V. S. questi libri, li quali lei per amor mio si degnarà con suo commodo sceglere et porli in una cassetta, quale ordinarà si faccia quanto prima per mandarla dentro le balle che inviarà il nipote del Basa à Roma, che sarà 10 ò 12 giorni dalla venuta di questa. In questo mentre lei potrà servirsi del libro che desidera, overo se le restasse qualche cosa, me scrive quello che desidera si faccia copiare, che io la servirò con l'opra del Βαρύ [3]. — I poeti provenzali, perche intendo che ce ne sono più, desidererai il più antico libro di essi et il più copioso et che vi fossero quelli de quali si servi il Petrarca, come n'è uno qui in libraria Vaticana [4]. De gratia per amor mio V. S. usi ogni diligenza in questo particolare de libri, perche ne le restarò con obligo conforme alli moltissimi meriti di V. S. verso di me.

---

1. Le nom de ce personnage manque à Tiraboschi; cependant je trouve de lui, dans le n⁰ 1030 du fonds italien de la Bibliothèque Nationale de Paris, un intéressant volume de vers italiens, précédés d'une dédicace à la reine Marie de Médicis. Il y rappelle la « Canzone d'allegrezza » qu'il a fait imprimer en l'honneur du mariage de la reine de France, et signe *Il can^{co} Heliconu* (Rome, 27 août 1606). C'est l'exemplaire original.
2. *Ambros.* D. 423 *inf.*, f. 264. La liste de livres qui précède cette note a été imprimée p. 104, note 2.
3. Pierre Devaris.
4. Cf. p. 319, note 2.

XVIII

PINELLI A ORSINI

Molto R^{do} s^r mio oss°[1],

L'altrhieri mandai à Vinetia la cassetta delli libri havuti dal studio del Bembo, che seranno numero 15, come per l'inchiusa nota, et gl' ho fatti consegnare secondo l'ordine di V. S. al nipote di messer Domenico Basa, il quale mi fece sapere che per qual di fossero in Vinetia ad ogni modo. Nel numero di detti libri sono ancora li tre primi ch' havea presi innanzi, li quali mi feci rimandar di Venetia, havendo inteso che per ancora non v' era stata commodita di mandarli per metterli nella cassetta insieme con gl' altri. Con buona licenza di V. S. et di mons^r Bembo ho ritenuto il libro astronomico, del quale ho bisogno per riscontrare ò per dir meglio per fare alcuni excerpti el anco per copiar alcune cose, et in cosi breve tempo non è stato possibile d'espedirlo, oltre che l'huomo, che m' ha da fare tal servitio si trova in Ven^a, ma lo farò quanto prima, et con l'altra prima commodità de robbe, che'l sudetto Basa mandi in là, ci sarà anch' esso. Intanto le rendo gratie infinite alle SS. VV.

Quanto à poeti provenzali, sene manda à V. S. un libro che mi pare assai buono, dove si sono rime di Folquet et d'altri da quali il Petrarca, etc.[2]. Ma per dirla à V. S. all' orecchi, il libro buono, dove erano tutti quelli poeti, sono grand' anni et forse decine d'anni ch' è in mano d'altri[3]; quello era un dignissimo esemplare coverto di velluto cremesino, ma per amor mio V. S. non ne dica altro al Bembo et godasi questo che si manda, il quale è assai buono; et quando le resti volontà di voler qualch' altra cosa provenzale, impetri da lui il Thesoretto in quella lingua, che è libro degno et sarà molto à proposito per tenere compagnia à detti poeti[4].

Non voglio lassar de dir alla S. V. che li libri di quel studio sono tanto confusi che è una meraviglia, et, se bene fummo tre che cercaramo, à mal pena seppemo trovar in piu hore le sudetti poeti, et nel cercare si diede nel Thesoretto il quale s'è messo da parte.

Voglio di più ricordar alla S. V. l'epistole de' brevi del cardinale, quasi tutte scritte di sua mano et riconcie da lui, ch' io l'ho per cosa d'haver cara. Nel libro ch' io chiamo Theone, et veramente è tale nella fine del libro, V. S. non trovarà cosa di sodisfatione, ma l'ho voluto ubbidire et insieme vedrà che con raggione io non gliene diedi conto nelli miei primi avisi.

1. *Vat.* 4104, ff. 168-169.
2. *Sic* dans le texte de Pinelli ; il faut le compléter évidemment par la formule d'Orsini de la lettre précédente : « ...de quali si servì il Petrarca. » C'est sans doute le n° 29 de la p. 104.
3. Sur le chansonnier de Mocenigo, cf. pp. 109 sqq. et 313 sqq.
4. Origine de la confusion entre le *Trésor* et le *Tesoretto* que nous avons signalée.

Sin qui senza la lettera di V. S. di questo corrente, et perche quanto alli libri del Bembo gia vede che sono in viaggio alla sua vota, sopra ciò non le dirò altro, senon che'l libro Astronomico ch'è nelle mie mani è fatiga di Theodoro Metochita, il quale ha voluto in quel libro dare ad intendere la μηγάλην σύνταξιν di Tolemeo per una via più facile; è libro scritto assai bene, alto quattro dita e più, in foglio et in carta bergamina, et non è libro che si trovi cosi da per tutto. Era bene ne' libri di D. Diego[1].

V. S. mi scrive di Domenighetto, ch' ha tuttavia le medaglie greche[2]... Del Polibio[3] capitato à Verona io non ne sapevo altro, ma di raggione ne dovemmo comparire ancora à Vinetia et io me ne provederò quanto prima di dove prima potrò, et per me et per un' altro amico ch' è in Candia, alquale voglio mandarlo. Con che finisco et le bacio la mano, dando un' altro poco di fatiga al s.r Devari, al quale mi raccomando.

Di Padova, alli xxij di giugno 1582.

Di V. S. m. R. ser.e aff.o,
G. Vinc.o Pinello.

XIX

ORSINI A PINELLI

Molto mag.co s.r mio oss.mo [4],

Hò veduto tutto quello che V. S. mi scrive intorno alli libri di mons.r Bembo, et insieme ricevuto la lettera per il Bary et la nota delli libri consegnati. La ringratio d'ogni cosa, come devo, infinitamente; et perchè in materia d'essi libri me resta ancora qualche cosa che dirle, hò supplicato esso monsig.r che per questa volta ancora si degni commettere à messer Livio che sia con V. S., et insieme supplico V. S. che la piaccia; *extremum hunc Arethusa mihi*, etc. — V. S. me scrive haver inviato il Theone astronomico n° 30; saranno dunque due Theoni, poiche nel inventario trovo tre libri astronomici, de quali il 3 cioè il Metochita V. S. dice retenersi, il 30 mi scrive di mandarlo nella cassetta; resta uno di n° 37, il quale è notato cosi nell' indice di monsig.r Bembo: *Theonis opera in membranis in corio albo, 37*. L'altro che dice V. S. mandarmi pur sotto nome di Theone è notato cosi: *Astronomiae liber in membranis in corio subruffo, 30*. Il terzo che V. S. dice esser Metochita è notato cosi: *Liber Astronomiae in membranis in corio rovano, 3*. De questi tre libri astronomici, non è da dubitare, perche

---

1. V. le texte de Gesner et le tableau de la bibliothèque grecque de Mendoza dans Ch. Graux, *Escurial*, pp. 268 (n° 217) et 398.
2. Je supprime un assez long passage moins intéressant et le post-scriptum, où Pinelli demande à Orsini une recette de vernis pour les médailles de bronze neuf, « per levarli qual crudo della novità. »
3. Le *De legationibus* paru à Anvers.
4. Ambros. D. 423 inf., f. 265.

nell' indice sono assai ben distinctamente notati, et resta solamente che V. S. per amor mio pigli questa fatiga di ritrovare il terzo, n° 37, poiche dalle note di V. S. non s'hà notitia che di due, Metochita n° 3, Theone n° 30, come lei dice essere notato in fine del libro ; bisogna dunque che il 37 sia un altro libro di Theone et n'aspetto con gran desiderio avviso dalla S. V. Di più la supplico che faccia diligenza de reinvenire un volume d'Aristotele, di lettera molto antica, secondo monsig^r Bembo me dice, et nell' indice è notato : *Aristotelis opera plura, in corio viridi, n° 33*. Vorrei ancora di piu un libro di Epistole del Petrarca in ascie, n° 18, et il Thesoretto in lingua provenzale, n° 29, li quali libri io notarò in fine di questa lettera nel modo che stanno nell' indice di monsig^r Bembo, et V. S. me perdoni de gratia de tanta briga, perche non ho costi chi meglio possa sodisfarmi in questo, ne chi piu voglia, s'io non m' inganno.

Nel resto V. S. serà servita dal Bary et del avvertimento che desidera sopra la vernice delle medaglie moderne, et col primo ne saprà quello che io n'haverò inteso. Intanto le bacio cord^{te} le mani.

Da Roma, à 28 di giugno 1582.

Il Polybio viene à Roma nelle balle de Franzini, et io ne mandarò due à V. S. senza che li compri.

Di V. S. molto mag^{ca} aff^{mo} serr^e,
Fulvio Orsino.

[Liste récapitulative des volumes dont parle la lettre.] Sono dunque quattro libri questi che V. S. ci ritroverà per cortesia sua, et saranno cinque col Metochita che hà in mani, et potrà mandarli tutti insieme. — Nella lettera del Bembo al Barisone stà che V. S. possa pigliare li sopradetti quattro libri.

XX

ORSINI A SIRLETO

All' Illmo et R^{mo} s^r mio col^{mo} il s^r car^{le} Sirleto [1].

Illmo et R^{mo} s^r mio col^{mo},

Mando à V. S. Illma l'Eusebio tocco del Parrhasio [2], et dimane le mandarò l'epistole di Tzetze con quelle altre opre sue, et forse le portarò io. Credo non ingannarmi della mano del Parrhasio, pure ne sentirò volentieri quello che me ne dirà V. S. Illma alla quale mando una lettera ricevuta hoggi dal Vittorio, et la nota delli libri del Bembo scelti dal Sr Pinello, accioche vedasi ci fosse cosa à gusto suo, oltre quelli che hò scritto io, che me si

---

1. Biblioth. Vaticane, *Reg.* 2023, ff. 391-392. [Premiers jours de juillet 1582 ?]

2. Aujourd'hui *Vat. gr.* 1303. V. p. 148.

mandino, fra li quali è l'Augustino sopra li psalmi che hò destinato dare a V. S. Ill.ma. Intanto la supplico di non si smarrire questa nota, ne la lettera del s.r Pinello, alla quale io doverò rispondere à certi capi [1]. — Ho cominciato à revedere il Concilio con ogni diligenza et per quello che io posso conietturare fin qui, spero che questa revisione corrisponderà si non alla sufficienza, almeno alla fede che N. S.re et V. S. Ill.ma hanno hauto in me [2]. Et cosi la supplico dimane, andando da S. B.no, si ricordi finire il mio negotio, accioche possa dire, che il principio, mezzo et fine di tutta questa gratia, et dirò adesso contento dell' animo mio, mi sia venuto dalla bontà di V. S. Ill.ma, alla quale, quanto piu humilmente posso, bacio le mani.

Da casa.

Di V.S. Ill.ma et R.ma   obligatissimo ser.re,

FULV.º ORSINO.

XXI

PINELLI A ORSINI

M. R.do s.r oss.º [3],

Rispondo alla lettera di V. S. di 21, ma con pochissimo tempo, perche l'ho ricevuta pur hora et è tardi. Per conto del mandarli i Brevi, se non mi riesce la commodità d'alcuni amici che dicono di voler venire costà, ma non ne sono certi, io terrò la strada del Basa, al quale indirizzerò anco gl' altri due, il Metochita et il Thesoretto, et vorrò sperare che la sig.a vostra li ricevera presto et bene come ha fatto dell' altri.

Del cercare nel studio delle due opere del Petrarca, si farà appresso, ma con un poco di tempo. Credo pure che in quel volume di Provenzali sia qualche compositione d'Arnaldo Daniello et forse cominciarà à piacere à V. S. quando si sarà risoluta di non pensare à quello in cremesino, come la priego a fare et sa bene in che modo gliene ho scritto. — Del libro del Ubaldino gratie senza fine et mi rallegro dell' acquisto ch' ha fatto del libro *De animalibus* tradotto dal Trapezuntio, che non potrà non essere d'utilità ad intelligenza di quel libro et alla licenza ch' alle volte si solea prendere il Gaza [4]. Ho sentito molto contento di quanto m' ha scritto del libro della

---

1. La note de Pinelli doit être celle dont il annonce l'envoi dans sa lettre du 22 juin 1582 (p. 421). Ce qui donnerait à peu près la date de celle d'Orsini à Sirleto. Sur l'affaire personnelle d'Orsini dont il est question à la fin de celle-ci, voir le début du chapitre IV.
2. Cf. pp. 49 et 160.
3. *Vat.* 4104, ff. 131-132.
4. Orsini à Pinelli, le 21 juillet 1582 :
« Il Theone vedrò volentieri... Farò diligenza di reinvenire il libro dell' Ubaldino, sicome hò ritrovato il libro de animalibus tradotto dal Trapezuntio et credo sia l'archetypo istesso, che fù di Basilio Zancho. Ancora non è in mano mia, perche l'amico che me l'hà donato l'hà fuori. » (*Ambros. D. 423 inf.*) Cf. p. 259.

4ª congregatione, et in cose simili godo sommamente di restarne obligato à molte persone et in capite à V. S., dalla quale mi viene questo et tant' altri beni. — Non creda V. S. ch' havessi dato qual polizino à messer Livio per conto de' Brevi se non me l'havesse ridimandato più volte, et mi diede il libro con tanta gelosia che non potesse fare di meno, perche sapeva ben' io l'ombre delle persone ignoranti et quanto facilmente le prendino. Finisco che non ho più tempo et le bacio cord.te la mano. Che Dio la cons. et cont.

Da Padova, alli 27 di luglio 1582.

Di V. S. m. R. ser.re aff.o,

G. V. P.llo.

V. S. mi scrisse già del libro *De ludis* del P. Onofrio, che si stampava in Vinetia et io non basto à rinvenirne il stampatore, che pure mi sarebbe carissimo per servitio d'un amico; nela supplico assai; del favore nel Polibio, quanto maggiori gratie, etc., et resterà servita poi alle mie quesiti.

XXII

PINELLI A ORSINI

Molto R.do s.r mio oss.mo [1],

Con questa ancora mi bisogna replicare alla S. V. come farò quanto desidera che si faccia nello studio del Bembo, et dico cosi perche, nel ritorno del mio amico di Vinetia, che fù tredici sono, si trovò partito per Vicenza messer Livio, di dove è tornato tanto mal in assetto, che non potrà attenderci prima di domenica, et allhore si farà quanto V. S. mi comanda nelle sue. Ne si lasserà adietro diligenza di sorte alcuna perche chi farà il servitio lo saprà, et lo vorrà fare per li rispetti scrittigli. Et subito poi si consignaranno li libri alli rispondenti del Basa, già che la S. V. approva questa strada, et io veramente non posso senon accettare, poiche non veggo comparire di meglio. — Di quel libro d'autori Provenzali, già ho detto à V. S. come si trova in mano di persona che si diletta forte di quella lingua et poteva V. S., se bene non le scrissi da prima tal particolare, dalla conclusione che gliene feci cavare che con qualche raggione io mi movea à dirgli che non bisognava pensare à tal libro. Et di gratia, per amor mio, per parole concise ch' io usi seco, non le cada mai nel animo ch' io possa essere punto negligente nel servirla a sua sodisfattione. Et de his satis. Quel libro per quanto mene ricordo è in carta bergamina et in foglio grande à colonne, alto tre dita, dove erano compositioni di diversi autori, che scrissero in quella lingua, et di più le loro vite in brevità. E veramente bel libro et son sicuro che piacerebbe alla S. V., ma non è in tali mani che ci possa far disegno.

1. *Vat.* 4104, ff. 104-105.

L'autore del Thesoretto è ser Brunetto che fù maestro di Dante, et in quel suo libro tratta succintamente di tutte le scienze et di tutte l'arti, di modo però ch' hebbe à scrivere il B° ch'l suo discepolo per rubbarglielo ne potra venire poco ricco. Della bontà del esemplare lo vedera V. S. et lo giudicherà lei. Vederò volentierissimo la nota delli libri dell' Arlenio[1], se bene quell' essere copie non invita quanto basta, pure ne la priego. — La lettera per il c. Bevilacqua ho mandato ad un amico, che la darà alle mane; procurerà di più la risposta, bisognando. — Aspetterò con suo commodo del libro *De ludis* del P. Onofrio. Ma mi sarà maggior gratia che la S. V. mi dica se in quel capo περὶ πρεσβειῶν, quanto à Polybio, v' erano registrati ancora de' pezzi, ch' habbiamo in stampa, ò pure soli questi che V. S. ha dati fuori. Nel resto io non dubito che la S. V. non mi favorisca nel ricordarsi de' miei quesiti et à suo tempo. Le bacio la mano cord^{te}. Che Dio la conservi.

Di Padova, alli x di agosto 1582.

Di V. S. m. R.   s^{re} aff^{mo},

G. V$^{inc°}$ P$_{INELLO}$.

Per gratia V. S. m' insegni il 2° loco dove Livio fa mentione di Polybio; so l'uno dove lo nomina *non spernendus auctor;* dell' altro cerco. Supplico V. S. che mi dica, se nel suo Plinio dell' Augusto[2], al 3° libro nel capo V°, trenta righe dalla fine del capo, dove si legge communemente *sinus Vibonensis locus Clampetiae,* sia varietà di lettione nella voce *Clampetiae*[3]. Di più se nella libreria di V. S. et del s^r cardinale suo, sono di mano l'historie del Procopio et d'Agathia[4]. Et mi perdonerà tante brighe, che gli seranno di molestie, se bene di presta speditione.

XXIII

PINELLI A ORSINI

Molto reverendo sig^r mio oss^{mo} [5],

Rispondo alla lettera di V. S. della settimana passata, che capitò pure, se bene due giorni del solito per li cattivi tempi, facendolo, ò per man d'altr non potendo di meno, et seguendo l'ordine delle sua la ringratio caldamente che per sua bontà compatisca a miei mali; ben le riccordo a trattarla come cura disperata, ma non gia che per quanto mi levi dal n° di suoi servitori.

1. Cf. p. 174.
2. Cf. p. 248, note 2.
3. Pline, *Hist. natur.*, éd. Littré, Paris, 1865, III, x, 2.
4. Le 25 août 1575, Pinelli écrivait : « V. S. mi dica con suo commodo se costa in Roma sia Procopio greco de bello Vandalico che corrisponda al latino stampato, perche n'ho visto un molto epitomato. »
5. *Vat.* 4104, ff. 97-98. La première partie est d'un secrétaire.

Aspetto con desiderio la venuta del Bonafe, et come che non m'habbia a portar quelli libri, ch' io tenevo certo di dover haver da lui, si mi portarà quelle bone nove ch' io sempre desidero della S. V. et mi parra d'haverla veduta io, et harrei ben caro che delli libri ch' io attendo di costà co'l favore della S. V. ella mi dica una volta d'havermigli incaminati per qualche strada, ò sia d'amici, ò di libraro spedito et le prego assai che la si lassi esaudire.

Quanto à Provenzali, habbiamo risoluto insieme co'l sig^{or} Mercuriale di non mover parole col Mag^{co} [Mocenigo] se non alla sua venuta di Padova, dove s'aspetta tra x di ò xv, gia che habbiamo provato più à proposito di tal negotio il parlare che'l scrivere, et le promettiamo di farci ogni opera possibile: ben ne sarebbe di sodisfattione che la S. V. havesse havuta la prattica di questo gentilhuomo un poco più da presso, che non si maravigliarebbe di tal proceder, et poi potrebbe anco essere che lo svarrio del prezzo nello stimare il libro il sig^{or} Mercuriale et io meno delli 100 Δ^{ti} d'oro, fosse diffetoso più tosto dalla parte nostra che dalla banda del Mag^{co}, non havendo noi troppa inclinatione a quel libro, et insieme desiderando di farlo capitare a V. S. con ogni sorte di sodisfattione, la dove il padrone del libro, ch' è piu prattico di noi et lo tiene in quel credito che V. S. ha veduto nella sua, per la stima che gli e n'è stata fatta, et perche egli stesso se ne diletta, non le pare di poter sene privare con qualche raggione senza detto prezzo, parendogli credo d'haverci donato assai con contentarsi di darlo a nostra instanza cosa altre volte non conceduta da lui, et cio a petitione di principi. Pure noi non faremo questo discorso nel trattare seco et V. S. ne saprà il successo come prima si possa[1]. — Quanto al libro di medicina et del sig^{or} Mercuriale, io la dirò à V. S. liberamente secondo il mio solito et a punto come la sta et come la sento, che d^{o} sig^{re} doppò quelli primi moti se n'era quietato del tutto vedendo che V. S. l'havea piu caro di quello ch' esso stimava, ne si sarebbe mosso a ripigliarne la prattica se V. S., con le sue lettere scritte a me et a S. Ecc^{za}, non ne l'havesse invitato et non havesse scritto che aspettava ordine da S. S^{ria} à chi s'havesse à consignare. Hora tornandogli à scoprire di novo che tuttavia la S. V. se ne priva mal volontieri, s' è risoluto di non pensarci più ne farne altre parole lassando ogni cosa al suo beneplacito, et dall' altro canto io assicuro la S. V. che per tal conto egli non lasserà di aiutarmi nell' opera di Provenzali, tanto di buon cuore ha

---

[1]. Rapprocher la lettre suivante d'Orsini, du 11 décembre 1582 : « Se V. S. m' havesse mandato il libro istesso de provenzali, et che io l'havessi veduto in faccia, non mi sarei tanto sodisfatto quanto me sono compiaciuto dell' instruttione che V. S. me n'hà mandata, percioche con essa hò veduto il libro, et insieme il giuditio et diligenza di V. S. Veramente è libro regio, et s'io lo desideravo prima per rispetto solamente di rimetterlo con quelli altri, hora lo desidero per la bellezza dell' esemplare. » (*Ambros.* D. 423 *inf.*, f. 294.) Cf. plus haut p. 109 et p. 319, note 5. J'ai relevé bien d'autres passages de nos correspondances qui sont relatifs aux négociations pour l'achat du chansonnier de Mocenigo ; on ne trouve ici que ceux qui ont de l'intérêt par leur précision.

servito et servirà sempre V. S. in tutto quello che potrà, et di questo non dubiti punto.

Se bene ho inteso che mons^r Vescovo di Padova [1] dovea partire oggi di costà per noi, pure perche li desegni alle volte non si coloriscono, ho voluto pregare la S. V. che'n caso che sua S^a R^{ma} non fusse partita, la si degni far consignare al s^r Andrea Calandra, scalco d'esso Monsignore, li due libri di [2], ch' io desidero tanto, facendone un rotoletto, et caso che di già fusse partito et che li forzieri non fussero per ancora avviati per qua, consignarlo al s^r Rinolfo Rinalducci, canonico di S. Pietro, à nome di mons^r Soranzo, perche ne terrà volentieri la cura et ne farà buon servitio nel mandarcelo. Ciò s'intenda in caso che li forzieri non siano partiti. Io supplico V. S. à far presto, con far sul rotoletto : *al m. R^{do} Mons. Francesco Soranzo, per G. Vinc^o Pinello, à Venetia*. Da Venetia tuttavia non ho quello che vado cercando per conto delle medaglie di V. S. et temo assai che s'habbia a fare con persone troppo versute; non ci perderemo però d'animo. Finisco perche le lettere di costà non sono arrivate et le bacio la mano.

Di Padova, alli xxv di febraio 1583.

Di V. S. m. R. servitore aff^{mo},
G. Vinc^o Pinello.

XXIV

PINELLI A ORSINI

Molto R^{do} s^r mio oss^{mo} [3],

Ringratio V. S. che mi fà veder sue lettere in riposta delle quali li dico come M. Andrea d'Armar [4] sono alcuni giorni che parti di Venetia per la volta di Savoia, con intentione di tornare a Venetia tra due o tre mesi, et come sia tornato si farà secco il servitio del Sirac che desidera il sig^r card^{le} Sirletto, al quale le mie humilissime racommandationi.

Nello studio del Bembo sono et scrigni et cassettini, non stimo però che vi siano riposti libri di sorte alcuna, poiche, quando vi erano il Virgilio et il Terentio, stavano in alcuni cancelli di ferro à chiave, che si vedeano da fuori, insieme con le altre cose pretiose che sono capitate in mano di V. S.

Penso di poterla servire à suo tempo delle varie lettioni del Carrione per

---

1. Federico Cornaro.
2. Ici une lettre qu'on peut lire aussi bien *h* que *s*. Je rappelle que l'écriture de Pinelli est chargée d'abréviations et toujours très rapide et difficile à déchiffrer.
3. *Vat.* 4104, f. 253. Tout est d'un secrétaire, sauf, bien entendu, la signature.
4. Darmarius, le copiste grec.

haverle vedute in alcune liste di libri che aspetta un libraro di Venetia. Nelli fragmenti d'Ennio, io concorso con la S. V. quanto al commento, et di più non so à che servi diligentia cosi esquisita di ritrovarci ordine in cose simili [1]. A me pare che basti l'arrivare sino à un certo termino et che l'andare piu oltre, etc. Le bacio caramente la mano, ancora a nome del s^r Mercuriale et del s^r Paolo [2]. Che N. S. la conservi in ogni prosperità, et le raccomando l'inchiusa.

Padova, li 8 giugno 1584.

Di V. S. m. R.   aff^{mo} servitore,

G. V. P^{llo}.

XXV

GIANVINCENZO DELLA PORTA A ORSINI

Al molto Illustre et molto R^{do} s^r il s^r Fulvio Orsino mio padrone osser^{mo}, a Roma [3].

Molto Illustre et molto R^{do} s^r,

Il s^r Dionisio [4] in molte sue lettere m'ha sempre sollicitato ch' io rescrivessi a V. S. et io chi so che in questo fatto non posso esser ripreso di negligenza, perche propongo questo debito ad ogni altro quantunque importante, ho stimato ch' ò qualche lettera di V. S. non mi sia stata data ò qualche mia riposta, quale sempre al s^r Dionisio raccommando, non li sia pervenuta alli mani. Ma in questa ultima sua, mi dici che V. S. comanda risposta intorno alla informatione del Dante di Francesco Buti Pisano, della qual cosa all' hora io ne scrissi tantoche piu soverchio, perche trascrissi una colonna intiera di quel suo commento, acco V. S. havesse visto il modo del suo interpretare, et quella lettera venne alligata a quella del s^r Dionisio. Ma poiche puo esser ò persa ò dispersa ne dirò qualche cosa, et circa l'altri capi mi scuso che non ho à che cosa rispondevo all' hora. Il libro è di carta comune non pergameno, benissimo conservato et scritto di lettera legibilissima quanta mai di quel tempo si può vedere, et alto forse mezo palmo, et è l'original proprio dell' autore et di sua mano copiato come V. S. intenderà dalle sue parole. Commenta solo il Paradiso, et il commento è lungo et copioso. Comincia cosi : *Impaurito dalla altezza della materia et dalla sottilezza della forma dell' ultima cantica della Comedia del poeta volgare Dante Alighieri fiorentino, io Francesco da Buti cittadino di Pisa alcuno tempo stessi in pensiero di perdonare alla fatigha, etc.* Finisce cosi : *Et qui*

---

1. Allusion aux travaux d'Agustin sur les poètes latins perdus.
2. Aicardo, le grand ami de Pinelli.
3. *Vat.* 4104, ff. 261-262. Ce correspondant d'Orsini avait eu de lui une copie du portrait d'A.-M. d'Acquaviva par Raphaël (v. le renvoi de la p. 431, note 1).
4. Peut-être l'abbé Ravaschieri.

finisce lo canto 33º della terza cantica della comedia di Dante Alleghieri; overo Aldighieri et la sua lettura edita et scripta per me Francesco di Bartolo da Buti, cittadino di Pisa, lo di della festa di San Barnabo a xj di giugno nel 1395, et poi rescripta per me qui nel 22 di decembre 1397 indict. V, nella qual cosa rendo devotamente quanto più posso allo omnipotente Dio, Padre, Filliuolo et Spirito Santo et ad tutta la corte del Paradiso gratie devotissime per infinita secula seculorum. Amen. Il libro oggi è di Giovan Antonio Pisano il quale fù l'anni passati protomedico et me lo portò à vedere Sertorio Qualamani, quale credo à questa hora sia alla sua patria Cosenza, et al suo ritorno, che credo serà breve, portarà qualche libro curioso antico. Potrei facilmente farli havere uno Dante in pergamena [1], con un capitolo appresso di Piero Aldighieri suo figlio per argumento de tutta l'opera, et mostra il libro esser vecchio; quando che cosi comandasse, et si forse il s^r Dionisio m' havesse saputo esplicar l'intentione di V. S. et comandassi altro, sà quanto li sono servitore et obligato ; et con ciò li resto basando li mani.

Di Napoli, il 28 di settembre 84.

Di V. S. molto Illustre et molto Reverenda   ser^{re} aff^{mo},
Gio. Vincenzo della Porta.

XXVI

PINELLI A ORSINI

Molto R^{do} s^r mio oss^{mo} [2],

Il diffetto che ho qui delle otto carte di Brunetto Latini comincia à punto secondo scrive V. S. et come tornarò io a notarle qui di sotto, si che ho piacere d'haverle fatto questo puoco acquisto, restando con desiderio di poter supplire al resto se la sorte me ne sarà favorevole e non si mancarà di cercarne omnibus vestigiis [3]. — La ringratio del favore che mi fà la S. V. et mons^r Maffei nel riscontro del foglio mandatole, et intenderei volentieri da V. S. di novo se mons^r di Carcasona [4], che è venuto costà, fosse potente quando ne venisse bisogno di farci prestare da detto s^r Maffei l'essemplare antico che per quanto mi vien detto è tenuto da S. S^{ria} in molta stima [5], perche io adoperarei di quà col vescovo di Carcasona il s^r Iacomo Contarini, suo grande amico, per mezo del quale s^r Iacomo mandarò à

---

1. Ces deux Dante, l'un sur papier, l'autre sur parchemin doivent être rapprochés de ceux de la p. 327.
2. Vat. 4104, f. 172. D'un secrétaire, comme la lettre XXIV. Orsini a écrit au dos : « Il processo dell' abate Rau. [Ravaschieri] et la lettera del Granvela. »
3. Il me semble, en relisant ce texte, que les huit feuillets ne devaient pas compléter le *Trésor*; peut-être provenaient-ils du même ms. de Bembo.
4. Annibal Ruccellai.
5. Il est question de la *Notitia*, qu'étudiait alors Panciroli.

V. S. della seguente le carte del Tesoro che come li scrissi già sono otto. — Del piede romano gratie senza fine à V. S. et se questo primo ch' è in man sua piace à lei, di gratia dia à fare il secondo, che non potrà non piacere anco à me, venendo dall' istesso maestro che fece il primo tanto à mio gusto, et si degnarà perdonarmi della briga. — Ancora gratie de aviso dal quadro del Navagiero [1], et le bacio la mano di cor. Che Dio le doni ogni contento.

Di Padova, li 4 luglio 1585.

Di V. S. m. R. aff^{mo} servitore,
G. V. P^{llo}.

Il frammento di Tesoro che ho qui comincia : *resse de seignor et perpetuaument le fet renomer. Apriez sa mort*, etc.

APPENDICE III[2]

I

CORBINELLI A ORSINI

Al molto Ill^{re} et molto R^{do} s^{re} mio osser^{mo} il s^{or} Fulvio Orsino, a Roma[3].

All Ill^{re} et al R^{do} s^r mio oss^{mo},

Hebbi la sua gratissima per risposta del fragmento che desiderava il s^{or} Danielo, la quale io le feci nota subito in propria forma. Penso si doverra pur satisfar de cosi giusta recusatione et richiesta insieme. Se me ne scri-

---

1. Il s'agit évidemment du portrait dû à Raphaël et dont il n'existe que des copies. (Müntz, *Raphaël*, 2º éd., pp. 430 et 566.) Pinelli, vers cette époque, cherchait à se procurer des portraits d'humanistes, comme en témoigne sa correspondance. On consultera sur le sujet mes *Petites notes d'art italien*, Paris, 1887, p. 13, où se trouve imprimée en entier une lettre d'Orsini à Pinelli, du 31 déc. 1586.

2. On a cru intéressant de réunir quelques documents relatifs à une question qui a vivement occupé les savants français de 1584 à 1587, le prêt du fragment de Servius que Pierre Daniel voulait obtenir d'Orsini. Les premières demandes doivent remonter au mois de septembre 1584 ; le 25 octobre en effet, Orsini écrivait à Pinelli, y faisant une allusion certaine : « Scrivo la rinchiusa al s^r Corbinelli, rispondendo ad un particolare che mi scrive, del quale n'intenderà parte V. S. dal polizino inchiuso. » (*Ambros.* D. 422 *inf.*)

3. *Vat.* 4104, f. 178. — Cet appendice indique quelques-uns des sa-

verra altro, ne saro fido rapportatore; et sollicito a V. S. molto Illustre, poi che l'occasione di tal senseria m'ha apportato cosi gran capitale et contentamento come e l' amicitia di quel signore, il quale io ho sempre honorato nel mio seno singularmente et secondo i suoi meriti cosi cantabili a tutto il mondo et cosi romani, la preghero dunque che me ami, sio amo et riverisco lei di cosi buon cuore, e amandomi mi comandi [1]. Il Sr Dio la feliciti et saluti della sua tanta gratia.

Di Parigi, li xij di dicembre 1584.

Di V. S. molto Ill^{re} servitor aff^{mo},
IACOPO CORBINELLI.

Monsr Audebert et suo figlio bacio le mani di V. S. et vorebbon de Roma saper qualche cosa di quella *Roma* [2] per mezo di V. S. che sapra et potra dir le cose liberamente. Desidero d'esser raccomandato al s^r Francesco Sadoleto.

II

GILLOT A ORSINI

Al molto magnifico et excellentiss^{mo} s^{ore} il signore Fulvio Ursino. In Roma. Raccomandata a m^{re} Guillemier [3].

Pregato con grande instanza (Ursino dottissimo) non ho potuto negare questa a certj amicj, massimamente allj Pitthoej fratellj dottissimi e giudiciosissimj, al Puteano, al Daniele (el quale dice havere scritto alla S. V. senza haverne risposta), per far lej sapere come detto Daniele cj e risoluto di fare stampare tutto quello del Servio sopra il Virgilio che luj ha et che si giudica molto buono. Per questo l'a mandato al P. Pitthoeo. Loro havendomj sentito piu volte parlare della parte di detto Servio, laquale si ritrova

vants français connus par Corbinelli. Sur cet intéressant représentant de la culture italienne à la cour des Valois, on lira avec fruit l'article de M. V. Crescini (*Giorn. stor. della lett. ital.*, II, pp. 303 sqq.) et Marsand, *Catal. dei mss. ital.*, II, p. 294. Quelques livres annotés par lui sont restés dans nos bibliothèques françaises. Un document publié par Abel Desjardins dans les *Négociations de la France avec la Toscane*, t. IV, Paris, 1872, p. 335, nous montre Corbinelli, en 1580, faisant traduire à Henri III les sonnets de Pétrarque.

1. Orsini était enchanté de cette réponse : « Hebbi risposta dal Corbinelli molto secondo il gusto mio et ne ringratio la S. V. » (A Pinelli, du 26 janvier 1585.) Il espérait à tort que Daniel n'insisterait pas. C'est précisément alors que celui-ci fit agir ceux de ses amis qui connaissaient Orsini. Daniel avait déjà entendu parler du savant romain en 1567 ; v. *Correspondance de Plantin*, 1, pp. 107 et 136.

2. V. p. 66.

3. *Vat.* 4104, ff. 257-258. — Le Guillemier marqué dans la suscription est un Français assez obscur qui résidait à Rome et sur qui on peut voir les *Mélanges Graux*, p. 394. Dans le même recueil, pp. 400-402, figurent trois lettres inédites de Muret à notre Gillot, écrites de Rome en 1584.

nelle manj dj V. S., come io l'ho vista, et attendendo tuttj a quello suo amore che sempre a portato all' utilita publica et conoscendo ancore la gentilezza sua della quale pochj l' agguagliano e niuno l'avanza, m' hanno fatto ardire dj mandarglj questa. Io dunque confidendo in quella sua affettione verso il ben commune, et sospinto da quello publico interesso, ricordandomj ancora della promessa che mi ha fatto in Roma quando io godeva la sua dotta et dilettevole presenza, non ho dubitato dj pregarla e congiurare sotto il nome dj tuttj i letteratj e studiosj, per quello suo volere in ogni cosa quel che torna bene al publico, che gli piace fare intendere quale e sua volonta dj dare effetto a quella sua promessa dj far noj participare a quel frutto : se sara suo piacere dj mandare qua e consignare sicuramente et in buone manj detta sua parte, nello stampare della quale si fara ogni cosa secondo il desiderio e piacere suo, non senza predichare il suo tanto beneficio ; o vero farlo stampare in Roma e mandarne qua un foglio o prova, come si dice, sopra 'l quale ci possiamo governare e guidare, finche giungendo l' uno e l' altro si troviano similj gli essempj vostri aj nostri et e contrario e reggendosi a quel modo possiamo tutti haverlo intero e compito. V. S. puo giudicare quanto importa questa nostra richiesta, laquale spero non negara quel tanto bene alla Republica letterata nella quale tanti meritj suoj cj conoscono, vedono e leggono. Se ben io son colpevole per non haverlj scritto come io doveva, la S. V. mj perdona, ch' io per questo non sono manco quello ch' io era, cioè servitore delle sue lodj et virtù acquistate con tante fatiche et vigilie. La non si maravigliara s' io ho scritto in questa vostra lingua, laquale per piacermj assaj non posso ne manco voglio dimenticare : a giungere ch' io ho pensato chè lej iscusera piu presto glj errorj miej per la poca prattica ch' ho adesso d'essa [1], che s' io havendo lettere da dozzina et buon mercato havessi assalito in lingua latina V. S., cioè un huomo el quale ha bevuto de' fontj secretj et da dovero letterato e dotto. La S. V. si degna fare una riposta a questa, laquale aspettando non daremo principio all opera. Con questo havendo lj basciato humilmente le manj, prego Iddio gli dia in sanita e felicita buona e lunga vita.

Di Parigj, allo 7º di aprile 1586.

Della S. Vª servitore affettionatissº,

Gillot, consigliero del Re christianissº nel Parlamento.

III

BONGARS A ORSINI [2]

Me nullo tibi neque meo neque alieno commendatum nomine amice excepisti, in bibliothecam tuam familiariter induxisti, quae habebas rara et

---

1. Il a paru intéressant de conserver scrupuleusement l'orthographe italienne de ce Parisien, en ajoutant seulement l'apostrophe, pour couper certains mots.
2. Bibliothèque de Berne, *B. 149, nº 226*. Minute non datée.

antiqua humaniter ostendisti, quae in Festo Pompeio notaveras liberaliter communicasti. Magna haec, fateor, et in maximi beneficii loco ponenda ; sed hoc longe maximum de humanitatis et amicitiae testimonium, quae laboriose descripta solus arbitror habebas veteris interpretis in Maronis Georgica ultro obtulisti. Inciderat enim, cum de nostris hominibus loqueretur, P. Danielis, opt. et doctiss. viri mentio, cuius de Servio et tu aliquid inaudieras, et me illi amicissimum esse multisque nominibus devinctissimum iam intellexeras. Humanitatis tuae frui fructu, cum me negotia domestica domum revocarent, mihi non licuit. Nunc tibi aurem vello et abs te, Ursine virorum optime, publico bonarum litterarum et litteratorum doctorumque hominum nomine et privatim meo Petrique Danielis mei, peto etiam atque etiam ut veterem illum interpretem tuum aut ad nos transmittas, aut exscribendi ei qui tibi has reddet nominis tui litterarumque studioso iuveni tradas; quod si facias, facies ut quamprimum Daniel noster desiderio omnium nostrum faciat satis, et poteris tu ab eo optimi interpretis editionem flagitare iure tuo.

IV

GARRAULT A ORSINI

A molto reverendo signor Fulvio Ursino, canonico di Sancto Giovani in Laterano, in palazzo del card. Farnese. In Roma [1].

Molto reverendo, ritornato che fu del armata di Poittou contra gli huguenotti heretici, trovai li lettere del s^r Parisiere, secondo le quelle et per sodisfare al desiderio di V. S. et debito mio, li mando le prime carte del libro di Seneca non ancora finito di stampar. Il Servio de s^r Daniele non e incommenciato, e credo che no et cosa preste [2]. Et pero si essa V. S. habra nel animo di porre in luce che que ella a del Seneca et Servio, ella fara lodevolissima opera et comodita a gli studiosi. Si occure aulcuno negotio per servirla in questa banda, la prego commandarmi accioche conosca che godo di servirla et havero piacer che i miei servigi la sienno acceti, le banciando le mani con molta riverenza, pregando Idio che ela conservi et conceda felice successo de suoi sancti desiderii.

Di Parigi, al 29 di genaro 1587.

Di vostra signoria servitore affettionatissimo,

FRANCOYS GARRAULT.

1. *Vat.* 4104, f. 256.
2. Cf. *Lettres de Scaliger*, p. p. Tamizey de Larroque, p. 240.

V

ORSINI A PINELLI

Molto mag.co sr mio [1],

Il libro che io stamparò qui è un fragmento sopra la Georgica et Bucolica di Vergilio, quale li signori di Francia stimano sia di Servio, per l'altra parte che loro hanno sopra l'Eneida. Ma io sono certificato essere di Iunio Philargyrio, trovando alcune delle cose che sono nel fragmento citate sotto questo nome dal Politiano in un Virgilio che io hò notato di mano sua [2]. Il restato V. S. vedra nella prefatione del libro. Di Francia me scrisse il sr Corbinelli, il sr Delbene, Monsigr Gilotto, Monsigr Garotto, il Lolgio et altri, perche io lo mandasse colà; ma è stato meglio à stamparlo qui, per la compagnia dell' altre cose che non dispiaceranno à V. S. et massime d'un Velio Longo di Ortographia et di piu de tremila luoghi emendati in Catone, Varrone et Columella de re rustica [3]. Et quello basti à V. S. per hora. Ma per conto mio la prego me consigli, se havendo io hauto da Paulo Manutio in dono, 25 anni sono, il sopradetto fragmento, che lui non le conosceva scritto in lettera longobarda antichiss°, coll' aiuto di Aldo figliolo, havendol io dato in recompensa alcune belle scritture sopra Cicerone et altri di mano di Berno Rutilio [4], se sono tenuto in questo libro fateri da chi l'hò hauto, perche la parte che è in Francia in mano del Daniele venne ancora dala casa del Manutio. Io inclino à farne mentione quanto à me, se bene, etc. Aspettarò li libri che V. S. scrive et ne le darò poi avviso; conche le bacio le mani, insieme col sr Paolo [5].

Da Roma, à 2 di maggio 1587.

Di V. S. m. mag.ca servitore aff.mo,
F. U.

1. *Ambros. D. 422 inf.*, f. 217.
2. V. p. 211.
3. V. p. 52.
4. Cf. p. 196. Orsini désigne, j'ignore pourquoi, une date de fantaisie à cette acquisition.
5. Aicardo.

APPENDICE IV

I

FALKENBURG A ORSINI

Clarissimo viro, virtute et eruditione praestanti, Dn. Flvio Ursino, amico suo singulariter colendo. Romam [1].

S. P. Tertius nunc agitur mensis, Fulvi doctissime, quod mihi mandaveris, ut de poetriarum lyricarum, quas ex vetustissimis codicibus magno sane labore et studio ab interitu vindicasti, editione cum typographis agerem [2]. Quare ut primum huc veni, nihil habui antiquius quam ut Plantinum convenirem, quem omnino talem reperi qualis et fuit semper et qualis esse debet, hoc est ad melioris notae libros divulgandos promtissimum. Quanta vero sit hominis cura et industria exemplaria graeca et latina ab eo impressa abunde testantur. Generum [3] habet in lingua hebraea, graeca et latina ita versatum, ut qui cum eo conferri possit hic fortasse aliquem, superiorem neminem reperias. Is correctione praeest et exemplorum scripturam paene religiose pro eo ac debet sequitur; qua in re maiorem in Gallicis quibusdam typographis fidem desidero, qui nimio novitatis studio ducti id quod non intelligunt saepe pro suo arbitratu mutant et transponunt, quo quidem crimine nullum turpius, nullum perniciosius existimandum est. Plantinianum praelum libri e media usque Gallia et Germania missi nobilitant quotidie, sed poetriae illae, quae te patrono manumissae in doctorum virorum conspectum prodibunt, illud in coelum ferent et tuum nomen alioqui celeberrimum multis de caussis in omnium amore atque ore ponent. Ut interim de aliis thesauris sileam, quibus tua et Farnesii Cardinalis bibliotheca exuberat, quos quae tui est ingenii liberalitas non gravate ad communem studiorum utilitatem emissurum suo te tempore confido. Non enim in βιβλιοτάφων numero te habeo, qui me incognitum non tantum omni humanitate comprehendebas, verum etiam multorum poematum, quae incredibili diligentia ex ipsis antiquitatis visceribus erueras, volebas esse participem. Quo nomine tantum tibi debeo quantum persolvere vix unquam potero. Commentarius tuus, in quo Virgilium cum Graecis scriptoribus confers, est sub praelo et avidissime a doctis exspectatur, sed ante nundinas autumnales finis ei imponi haud poterit. Eidyllium Bionis Εἴαρος, ὦ Μύρσων,

---

1. *Vat.* 4103, f. 54. — On trouvera réunis dans cet Appendice IV quelques spécimens, qui paraissent intéressants, des correspondances latines d'Orsini. (V. p. 70.)
2. V. p. 59.
3. Jean Moretus.

ἢ χείματος ἢ φθινοπώρου, etc. mirifice me delectat. Gratissimum mihi erit, si alterum Moschi vel Bionis eidyllium, quod mihi legendum dabas, descriptum, quando tibi erit commodum, mecum communicaverit. Si quid vicissim erit, in quo opera tibi mea usui esse possit, tui me observantissimum re ipsa experiere. Est hic Virgilii exemplar, cuius vetustas fidem meretur, apud Theodorum Pulmannum, doctissimum virum, admodum exigua in re, et mihi familiarissimum, in quo Aeneid. I legitur :

Implentur veteris Bacchi pinguisque ferinae
Munere. Et adscriptum est hemistichium.

Velim ne graveris nobile illud Vaticanae ἀντίγραφον inspicere [1]. Mihi, ut quod sentio dicam, τοῦ *munere* οὐκ ἀπροσδιόνυσον εἶναι δοκεῖ [2]. Idem habet tres Iuvenalis antiquissimos codices qui satyra VII constanter habent :

Occidit miseros Cambre repetita magistros,

non *Crambe*, ut legit Politianus, quem decepisse videtur Graecum proverbium, δὶς κράμβη θάνατος [3]. Est autem Cambre vicus ad radicem Gauri montis, in quo Capuani a Cumanis superati fuerunt, qua de re confecta historia Cambre dicta in omnibus fere scholis iuventuti praelegebatur, teste Scoppa Collectaneor. append. II. Quod reliquum est, humanissime Fulvi, obsecro te, ut quidquid Graecorum auctorum habes, quos lectione dignos iudicabis, in commune conferas meque, ut facis, ames. Vale.

Antverpiae, vij Idus Sextileis, anno a nato Christo CIƆ. IƆ. LXVII.

Tui observantissimus,

GERARTUS FALKENBURGIUS Noviomagus.

II

LIPSE A ORSINI

Ornatissimo et eruditissimo viro Fulvio Ursino, Romam [4].

Iustus Lipsius Fulvio Ursino S. D.

Facit humanitas tua, F. Ursine, et singularis amor tuus, cuius adhuc expressa apud me multa sunt vestigia, ut peccare mihi viderer si ad quemquam potius de rebus meis quam ad te scriberem. Nam et praestantia eruditionis tuae illa est, ut cum paucis amicorum meorum te conferre, nulli possim praeponere, et sic de me es meritus, quamdiu Romae fuimus una, ut bene-

---

1. Le *codex Romanus* de Virgile, aujourd'hui *Vat.* 3867.
2. Cf. *Aen.* I, 215, éd. Benoist.
3. Cf. *Sat.* VII, 154, éd. Lemaire, t. I, p. 601.
4. Cette lettre, donnée ici d'après l'original du *Vat.* 4103, f. 55, et qu manque à la correspondance de Lipse (éd. d'Anvers, 1637) a été publiée par Lazeri dans les *Miscellanea ex mss. libris bibliothecae Collegii Romani*, Rome, 1757, t. II, p. 477.

ficiorum tuorum memoriam deponere impii sit non dicam ingrati. Qua humanitate quantum me tibi devinxeris et quid meritis tuis debeam, palam prae me fero et posterius re ipsa ostendam idque monumento aliquo litterarum nostrarum, quarum tu et peritissimus es et quibus te delectari maxime scio. Antiquitatum informatam dum Romae essem cognitionem nunc eo ardentius amplector quo ea res in dies mihi maiori voluptati est et fructui. In quo genere quoniam omnium iudicio facile es princeps, non miraberis si hoc a te potissimum petam ut si quid a discessu meo inventum aut erutum est novi, quod legi nostrae interesse putabis, id ad me per N. Florentium transmittas. In quo incredibile dictu est quam gratum mihi facturus sis. Breviloquentem me morbus meus facit, a quo respiravi non convalui. Laurentio Gambarae, principi poetae et qui nostra memoria fere solus quid in imitatione veterum esset acute vidit et feliciter expressit, ex me salutem, quam equidem versu aliquo ad eum misissem, nisi Musae vocatae venire ad aegrum recusassent. De morte Ill^{mi} Cardinalis nostri [1] ab improbis sic rumor dissipatus fuit quod sit illorum capiti, illo salvo. Caesar tuus [2] in omnium est manibus cum tua immortali laude et legentium aeterno fructu. Vale.

Lovanij, xiij. kal. octob. CIƆIƆLXX.

III

LANGE A ORSINI

Al molto magnifico et honorando s^r Fulvio Ursino s^r mio osservandissimo Roma [3].

Car. Langius nobili et doctissimo viro Ful. Ursino S. D.

Cum nuper istinc revertens Torrentius noster [4] retulisset mihi vidisse se iam particulam tuarum in vetera Romana numismata interpretationum, dici non potest quanto me gaudio asperserit, qui tam diu desideraveram huiusmodi quid a viro aliquo excellente praestari. Scio complures id tentasse, sed nullo genio. Quid enim a Vico aut Ericio aliisve vix linguarum elementa edoctis exspectemus? Qui monetam Rom. explicaturus est, eum volo non linguarum tantum peritum esse, sed omnes philosophiae partes tenere, praeterea annales et res gestas, fabulas, leges, ritus, habitus, cerimonias, sacra non Romanorum dumtaxat sed omnium gentium callere, inde tanquam de cornucopia tot et tam diversorum nummorum sensa depromere; neque temere Aurel. Prudentius aenigmata appellavit Romanam monetam. Ea vero quae dixi, haud scio si ausim hodie cuique omnia tribuere. Virgilius certe tuus aliaque quae ex musaeo tuo prodiere, tum omnium doctorum

---

1. Granvelle.
2. Le *César* d'Orsini, paru chez Plantin en 1570.
3. Vat. 4103, f. 56.
4. L. van der Becke. V. p. 57.

hominum commendationes spem mihi maximam praebent nihil abs te vulgare nos exspectare debere. Et ita mihi iamdudum persuasi.

Cumque rem istam arduam, ut dixi, esse iudicarem, Torrentium, priusque hinc ad nos iam ultimum rediret, monui non hortandum modo orandumque te ut difficillimum istud institutum prosequere perficeresque, verum etiam adiuvandum. Habere ipsum nummorum veterum non exiguum thesaurum videbis, qui ad coenam tam variam et tam iucundam ipse non vilem symbolam afferret, auctorque ei fui ut suos omnes describeret eamque indicem ad te perferret. Adieci et e pauculis meis eos quos Torrentius non habet, si forte quid et ipse conferre possim, id quod evenisse gaudeo, nam alioqui Itius meus incognitus iaceret. (Is est ad quem Horatii extat epistola, quanquam ad Iecium inscripta, quomodo Accius pro Atius mendose scriptum ubique est.) Si quid tamen praeterea est quod velis, curabo ad te mitti et quidem lubentissime, estque gratissimum ac desideratissimum mihi non modo tibi innotuisse, sed etiam familiaritate uti, et iucundum erit aliquam operam tibi praestare, maxime in iis rebus quae et mihi voluptati sunt; quanquam hic occasiones illae non sunt, quae in Italia omnium antiquitatum velut horreo. Incidi anno superiore in hominem indoctum qui in exiguo veterum nummorum numero, quem apud se etiamnunc servat tanquam Iovis crepundia, habebat Othonem integerrimum, Clodium Albinum bis, Aemilianum Aug. ter et cum illis Maximum Thracis Maximini F., sed hunc non plane elegantem. Sperabam omnia quavis ratione auferre, sed expugnare nullo modo potui hominem. Pretium obtuli quantum me non decebat et cuius me postridie puduit, adhibui preces et meas et amicorum eius; obtuli alios nummos perelegantes; in summa operam perdidi. Si hac quadragesima illuc vacabit excurrere, quod spero, videbo si nihilo mollior factus est, ut aliquid saltem extorqueam. Nam nummorum hic nunc maxima inopia est, defunctis a bimestri in Gallia duobus antiquariis, qui persaepe ad nos non contemnendos afferebant undique quaesitos. Germani etiam intenderunt pretium, qui passim ac sine iudicio obvios omnes comparant immenso pretio [1].

Pertinacem quem desideras argenteum nunquam vidi, neque Iulianum neque Pescennium Nigrum. Pupienum habeo unicum quem tibi dono mitto, quamvis carum, nam ex eius epigraphe clare liquet Pupienum et Maximum eundem unumque esse, quamvis id Capitolinus ignoravit. Maximum Thracis F., quanquam etiam unicum habeo, nam alterum Torrentio iamdudum donavi, si ab homine illo non impetro, mittam una cum indice numismatiorum meorum, quorum me pudet.

---

1. Dans une lettre du 15 avril 1573 (même ms., ff. 116-117), l'amateur flamand se plaint encore de la concurrence des Allemands : « Germani nos perdunt qui promiscue omnia immenso pretio mercantur : numero enim inter se contendunt, non ab elegantia, artificio, raritate, historia examinant. » Au cours de la même lettre, Lange envoie la liste de ses monnaies impériales en priant Orsini de choisir celles qui manqueraient à sa propre collection; il y joint quelques renseignements de nature à aider son confrère romain dans ses recherches sur les *consulaires*.

Quod de Ciceronis Philippicis scribis admiror, nam puto ea in parte a Faërno praestitum quantum fieri potest. Ceperam in manus Suetonium, quem conabar expolire nonnihil et detergere. Sed exemplaria me deficiunt, quibus adiuvari possim. Rogabam Torrentium ut Faërni librum inspiceret, si quid ille observasset cuius esset operae pretium ; sed rescribit non esse ad manum Faërni bibliothecam. Interim non repudio quod scribis de illo Faërni exemplari, et invicem offero quicquid apud me est observationum ex manuscriptis exemplaribus. Ego deinceps cum valetudine luctor, et vale libris dicto, hortulum meum colo et subinde numismatiola mea revideo, quibus augendis hic posthac ut dixi nulla spes. Torrentius aureos montes promittit, itaque reditum illius, non secus ac peregre absentem nova sponsa maritum, expecto. Sed, postquam nugari incipio, tempus est ut manam de tabula. Vale igitur, doctissime et humanissime Fulvi.

Leodi, iiij kal. feb.

Gelavit hic asperrime et continuo a kal. novemb. usque ad kal. ianu. Tum subito solutae nives quae erant altissimae tantum undarum advexerunt, ut paene nos obruerint. Certe Lovaniensem urbem tantum non everterunt, perfossis in moenibus, quia exitum non inveniebant, portis ardui operis duabus funditus evulsis et septem arcuatis pontibus. Mitto domos innumeras, nam hominum submersorum nescitur numerus. Quadrupedia autem omnia perierunt qui humiliori loco stabulabantur. Ante diem xij kal. febr. rursus cepit gelu et adhuc crudelissime saevit.

— Cum litteras meas perscripsissem, cogitavi mecum non honestum factum esse quod te suspenderem promisso. Itaque et Maximum meum tibi mitto. Si aliquando alium reperio, bene quidem ; sin minus non male collocatum ne dolebo quidem.

IV

SACRATO A ORSINI

All' Ill[re] et molto R[do] monsignor mio sempre on[mo] il s[or] Fulvio Ursino, canonico di San Giovanni Laterano.
In Roma, nel palazzo del Duca in Campo di fiore [1].

Paullus Sacratus Fulvio Ursino S. D.

Ego antea, Fulvi doctissime, nonnulla de te audieram ac de eximia doctrina tua, quae me invitabant ad constituendam tecum amicitiam meque desiderio te de facie noscendi afficiebant; sed postquam Hercules Ciofanus, vir apprime doctus, et humanitate moribusque suavissimis praeditus, Venetiis huc profectus est, qui apud me familiariter diversatur, is mihi de tua praeclara eruditione, integritate, mansuetudine, morum denique suavitate adeo multa narravit, ut me ad amorem tui inflammavit. Quanta autem de te

---

1. *Vat.* 4103, ff. 52-53. Dans le recueil épistolaire de ce cicéronien de Ferrare, paru dans cette ville en 1580, il n'est nulle part question d'Orsini.

quotidie praedicet, si commemorare velim, non epistolam, sed longissimam texerem orationem. Quid plura? ille de te mirabiliter et sentit et loquitur, ac nunquam miris te laudibus extollendi satietas eum tenet. Quo factum est ut continere me non potuerim, quin perbreves has ad te litteras dederim, quae tibi significent te a me fortunatum appellari, qui excellentissimarum tuarum virtutum Ciofanum praeconem inveneris, in cuius oratione cum nihil non sincerum sit ac sanum, ut perspicere mihi videor, non miraberis si te iam magnopere diligam atque manifaciam. Accedit etiam ad coniungendum me tecum magna familiaritate, quod ex eodem intelligo te in Lateranensi templo eo esse gradu, quo hic in Pontificio iandiu ego sum. Itaque cum simus quasi collegae, non dubito quin coniunctio haec magnae utrique nostrum voluptati futura sit. Et quanquam tu doctrinae existimatione maxime floreas, a qua ego inops sum, eam enim tu multo sudore ac vigiliis collectam habes, me tamen non mediocri erga te benevolentia superiorem fore cognosces. Hoc officium quam tibi gratum futurum sit, ex tuis litteris, quod commodo tuo fiat, intelligere mihi gratissimum erit atque optatissimum. Vale, Fulvi eruditissime.

Ferrariae, xiij kal. Maij, MDLXXXI.

V

MELISSUS A ORSINI

S. D. Fulvio Ursino viro eruditissimo. Romae, in Pa[latio] Farnesij [1].

Misit ad me Plantinus Notas in Ciceronem tuas [2]. Quid iis accuratius quid enucleatius? Utinam vero, mi optatissime Ursine, etiam correctiones in Nonium Marcellum, quas, Romae cum essem, mihi ostendebas, brevi in lucem editas videamus, ac si quid praeterea lucubrationum multo elegantissimarum tuis in scriniis reconditum servas. Vellem abs te catalogum ad me mitti omnium eorum quae aut hactenus tua opera prodierunt aut in posterum prodibunt, qua quidem re nihil mihi gratius facere poteris. Summum insuper abs te beneficium accepisse praedicavero, si litteris ad me tuis in Germaniam viam aditumque non intercluseris. Quod quidem, si me amas, uti spero, non invitus facies. L. Gambaram, si adhuc superstes est, amanter salutabis; sin vixit, manibus illius placidam quietem precaberis. Io. Posthius, episcopi Wirzipurgis medicus et poeta insignis, et te et illum plurima impertitur salute. Vale et me amare perge.

Datum Noribergae Francorum, postridie nonar. Mart. Anno MDXIIXC.

MELISSUS.

---

1. *Vat.* 4103, ff. 100-101.
2. V. p. 46.

VI

SYLBURG A ORSINI[1]

S. Quas iij februarii ad me dedisti, Ursine clarissime, tertio aprilis accepi. Ad eas ut breviter tibi respondeam, pergratum fuit intelligere, quod significasti te in Suetonium, Spartianum, Capitolinum, Gallicanum, Lampridium, Tribellium, Vopiscum et ceteros Augustae Historiae scriptores ac praeclaros habere correctiones ; quamobrem enixe a te peto, ut eas per nos publici iuris facias nec diutius apud te delitere sinas. Velim etiam, si quid ad ceterorum temporum illustrationem atque exornationem conferre possis, nobis in hoc rei litterariae promovendae dederis. Imprimis autem ope tua indigemus in Zosimo supplendo, cuius exemplare mancum aliquot in locis nacti sumus vel potius brevi nanciscemur; id enim illud est quod Leonclavius noster in sua versione secutus est[2]; mancum vero est cum aliis in locis tum in fine libri primi, initio secundi, medio quinti et fine sexti, ut ex schedula inclusa plenius cognosces. Velim igitur schedulam illam cum vestris codicibus conferas, ac quae desunt suppleri ne graveris, ut praeter superiora hoc etiam novo beneficio nos ac litteratos omnes tibi magis ac magis devincias. Paeanium Eutropii graecum interpretem Bononia primum petii a Sigonii heredibus. Ubi cum petitionem meam frustrari sentirem, in Gallia, quod vix sperabam, spes impetrandi affulsit; ex eadem regione mittetur ad nos etiam Procopius ; ex Pannonia vero Agathias, quem cum Leonclavius noster ex Illustrissimi Farnesii bibliotheca sit consecutus, non exibit is noster absque honorifica tam liberalis principis mentione. Sed Agathias, et Procopius paulo serius prodibunt, Zosimus cum reliquis Augustae Historiae scriptoribus aliquanto citius, anno scilicet proximo, si vitam nobis et successus largiri Deus opt. max. perrexerit ; quapropter in Zosimo, et latinis Historiae Augustae scriptoribus aliqua festinatione opus erit: Agathias et Pro-

---

1. *Ambros. D. 422 inf.*, f. 242. — Les premières relations d'Orsini avec Sylburg sont attestées par une lettre de Sambucus, du 15 novembre 1583 : « La riposta di V. S. hebbi scrissi al Sylburgio et alhora essendo quivi suo patrone Giovanni Aubri, herede del Wechelio, li contai fidelmente l' vostre liberale offerte, con il quale ho transatto che V. S. manda le lectione sue del Halycarnasseo in qua, che lui subito a poste con quella vita d'Isaeo et Dinarcho accommodata e con prefatione di V. S. in bella carta. La mandato gia per Vinezzia un exemplaro del Pausania et con prefatione d'Amaseo proposto. V. S. ricevra di Vineggia per lo libraro Pietro Longo chiamato. Quanto alli antichi medici a me promessi peravanti, accetto la liberalità con obligo per le presente, che come li ho riceputo e so qui siano, che rimandero alla V. S. il perellio libro o altro ; fidasi V. S. di me. Et mandi quanto prima con le correttione del Halycarnasseo. » (*Vat.* 4104, f. 113.) — Aux lettres instructives de Sambucus à Orsini indiquées p. 63, on devra joindre celle de Fr. Diotalevi, écrite de Vienne, le 28 déc. 1577. (*Vat.* 4104, f. 156.)

2. Le *Zosime* latin de Lœwenklau avait paru à Bâle en 1576. Le ms. sur lequel Sylburg donna son édition de 1590 appartenait à la bibliothèque des électeurs palatins.

copius moram longiorem ferri poterunt. Praeterea scire cupio an in Diodoro, Polybio, Dione, Appiano habeas alia praeter ea quae ante aliquot annos per Plantinum publicasti, nam de his quoque brevi cogitamus. Quod autem aliquantum mihi succenset de Dionysianis, si accurate rem consideres, culpa me carere comperies [1] ; nam quae tempestive advenerunt, suis quoque locis fideliter sunt inserta ; quae vero post operis absolutionem a te sunt missa, spicilegio reservantur, cuius maturandi brevi se offeret ampla occasio, nisi me amicorum promissiones fallunt; ibi cognosces me candide ac sincere in talibus agere; nunquam enim ullum debita laude in huiusmodi negotio fraudare animo fuit, neque erit dum vivam. De Dionisii exemplari, quod S. P. Q. R. donatum volebam, quia diversum sibi visum est, in iudicio suo acquiesco; facies ergo quod placebit. Curopalati de officiis aulae atque ecclesiae Constantinopolitanae duo exemplaria Patavium misi, alterum Ricobono, alterum tibi, quod, ut confido, ad te prima quoque occasione perferetur. Tu interea petitionis nostrae memor eris, nosque et rem litterariam strenue adiuvare perges. Quod ut diu praestare possis, tibi et patrono Illmo prosperam valetudinem felicesque successus optamus.

Francofurti, 18 Aprile 1588.

T. E. observantissimus, Frid. Sylburgius.

VII

SYLBURG A ORSINI

Al molto mag^{co} et osserv^o s^{or} mio, il s^{or} Fulvio Orsino, in Roma [2].

S. Bimestre est circiter cum Gaspari Vinarii litterae laetum mihi afferebant nuntium, nempe aliquot emendationum folia sibi abs te data esse, brevi etiam alia datum iri quae ad me perferret. Itaque omnino futurum sperabam ut illa cum aliis quae ab eo petieram, hoc mercatu paschali acciperem. Sed frustrata fuit haec expectatio; nam neque Vinarius advenit, neque unus a Venetis librariis, qui et ipse negotiorum gratia Romam profectus erat. Causa emansionis quae fuerit ignoramus : speramus tamen fore ut quod nobis hoc vere negatum est, proximo autumno per Dei opt. max. gratiam concedatur. — Interea tibi, clarissime Ursine, quas par est ago gratias, qui tam benigne mihi tua in Theodoretum adnotata communicaris, meque et mea vicissim tibi offero. — Porro quoniam me in hoc laudabili reip. iuvandae studio iuvare gestis, velim si qua etiam in Clementem habeas, ea quoque nobis et reip. impertias. Versamur nunc in Iustino martyre, quem eadem forma qua Theodoretum cum Ioannis Langi versione intra mensem Deo iuvante absolvemus [3]. Ei seorsum adiungemus Tatiani, Theophili, Athenagorae et Hermiae contra Gentiles opuscula, cum θεοσοφίας libello nondum edito. Quod

---

1. V. sur cette affaire, la p. 64. Le *Denys d'Halicarnasse* de Sylburg a paru à Francfort en 1586.
2. *Vat.* 4103, f. 114 a.
3. *Iustini martyris opera*, Heidelberg, 1595, in-folio.

ideo praemonere visum est ut, si ad hos quoque libellos contribuere aliquid possis, tuas operas nostris associes. De Longo, Achille Statio et Eumathio, facies quod res et tempus ferent : nos vicissim operam dabimus ut te huius operae ne pigeat[1]. Biblia Graeca et Arnobium, quia sic tibi videtur, a Vinario exspectabo, et suo tempore quod promittis accipiam μνημόσυνον. Tu vero si Romanae historiae tertium tomum graecolatinum nondum accepisti, facile tibi meum quod obtuli exemplar communicare potero. Idem de aliis spondeo, quae quidem hic inveniri queunt[2]. — Sed pene oblitus eram significare latinos rei rusticae auctores a nobis inchoatos esse, Catonem, Varronem, Columellam, Palladium. Ad quos si quid habeas insuper quod addas, praeter ea quae non ita pridem a te sunt publicata, sciat ea nobis et reipublicae fore quam gratissima. — Vale, Ursine clarissime, nosque in hoc rei litterariae promovendae studio magis ac magis adiuvare perge.

Francofurti, postridie festi Paschalis 159[3].

T. E. observantissimus, Frid. Sylburgius.

VIII

SYLBURG A ORSINI

Al molto mag^{co} s^{or} mio osserv^o il s^{or} Fulvio Orsino, in Roma[3].

S. Accepisse te puto, Ursine clarissime, quas ante trimestre ad te dedi. Interea in Etymologo quantum licuit perreximus et ultra dimidiam sui partem perduximus[4]. Accedent, Deo iuvante, notae meae et duo indices copiosissimi, graecus et latinus. Subsequetur inde tomus secundus, in quo, praeter grammatica opuscula Varinianae Amaltheae, dabuntur etiam libelli de dialectis Attici lexicographi et Harpocrationis Lexicon rhetoricum. Ad quae vel emendanda vel augenda si quid contribuere velis, ut confidimus, facies nobis et reip. officium gratissimum. Imprimis autem desidero Cyrilli opusculum περὶ τῶν πρὸς διάφορον σημασίαν διαφόρως τονουμένων. Is enim ut nosti latine tantum in vulgatis lexicis circumfertur : graece, ut ab auctore scriptus est, a me hucusque visus non est[5]. Quamobrem eum hinc inde ab amicis efflagito, a te in primis qui, ut confido, in thesauris vestris facile illum invenies. — I. Gruteri animadversiones ad Senecam tandem aliquando prodierunt, ex mss. pariter atque impressis codicibus in unum congestae[6]. — Romanae historiae tomus graecolatinus responsum tuum exspectat. Vale, vir clarissime, nosque tui studiosissimos amare ac iuvare perge.

Francofurti, 3 april. 1594.   Tuus Sylburgius.

---

1. Cf. p. 190, note 2.
2. Il s'agit des *Scriptores romanae historiae minores* publiés à Francfort, en 1587, par Sylburg, et qui forment trois volumes in-folio.
3. *Vat.* 4103, f. 115.
4. L'édition de l'*Etymologicum magnum* préparée par Sylburg a paru en 1594, à Heidelberg.
5. Cf. sur Cyrillus (Io. Philoponus), Fabricius-Harles, *l. c.*, t. VI, p. 321.
6. Heidelberg, 1594.

APPENDICE V

ORSINI A ODOARDO FARNESE

All' Illmo et Ecc^{mo} sig^{or} mio col^{mo} il s^{or} don Duarte Farnese a Parma[1].

Illmo et Ecc^{mo} sig^{or} mio col^{mo},

Ho veduto un libro stampato che è come una miscellanea de varie cose, del quale se bene l'autore è un frate, tuttavia per la curiosità sarà letto volentieri da ognuno. In esso fra l'altre cose è un tratatto delle Bibliotheche di Roma et fuori; et nomina in esse quella della casa di V. E. Illma, scrivendone alcuni particolari et dicendo che lei al presente la conserva con molta laude sua, il che doverà esserle stimolo d'attendere tanto più vehementemente alli studij, per corrispondere all' opinione che si hà universalmente di lei[2]. Nelli quali studij però son certo che V. E. Illma fà più che non dice, essendo la sua temperatura di far sempre più fatti che parole; et in questo proposito voglio dirle come fà grand rarità à trovare il libro d... Belgico, non essendone nelle librarie di Roma, et dui giorni innanzi havendone veduto questo, che hora se le manda per mera sorte in mano d'uno mercante Fiamingo.

Quanto alle cose del Conclave [3], non posso dirne molto, essendo gl' humori piu crudi che mai, donde si vede che li capi de fattioni, si come havevano

---

1. *Vat.* 9064, ff. 329-330. La lettre est d'un secrétaire, sauf le postscriptum qui est de la main d'Orsini.
2. Il est ici question de l'ouvrage d'Angelo Rocca, *Bibliotheca Apostolica Vaticana*, imprimé au Vatican en 1591 et souvent cité dans ce livre. Voici le passage de la page 398 qui intéresse la bibliothèque Farnèse et par conséquent Orsini : « Extat Romae in aedibus Farnesianis Bibliotheca illa celeberrima a Paulo III, dum cardinalitia erat dignitate insignitus, erecta... Eamque graecis codicibus latinisque manuscriptis non paucis exornavit; quam Alexander Farnesius Pauli III nepos, vir insignis et S. R. E. Cardinalis singularibus libris a Petro Crasso, episcopo Viterbiensi, qui ei olim inserviebat, relictis locupletavit. Eandem Bibliothecam multis graecis et latinis item codicibus manuscriptis auxit Raynutius eiusdem Pauli nepos et S. R. E. Cardinalis Sancti Angeli nuncupatus, et Festo Pompeio tam celebri decoravit : hos autem libros Michael Silvius et S. R. E. Viseus ei ex testamento reliquit. Haec denique Bibliotheca praesens in tempus ab Odoardo Farnesio Alexandri Card. pronepote ex fratre, in litteris perpolito egregie erudito et magnae expectationis iuvene, graecis, latinis hebraicisque manuscriptis, atque omni genere scientiarum refertissima diligenter custoditur et asservatur. »
3. C'est le conclave pour l'élection du successeur d'Urbain VII, qui n'avait vécu que treize jours après la sienne et était mort le 27 septembre; l'élu fut Grégoire XIV (card. Sfondrate), le 5 décembre.

molto bene ciascuno fermato il suo pensiero, cosi non havevano ancora discorso che temperamente dovevano pigliare in caso che non li riuscisce il loro suggetto, se bene praticandosi l'altro giorno per Canano come suggetto neutrale, li sia scoperto contra tanto acerbamente il cardinale Iustiniano, che non si può da luogo alcuno penetrare donde proceda tanto odio. Non è dubbio che le cose, ò che si matureranno con qualche tempo, ò che si darà in un soggetto non pensato et forse fuor di Conclave, si come se n' è già parlato, se ben per burla. In tanto Marco di Sciarra s' è unito con Alfonso Piccolomini, et hanno un corpo di cinquecento cavalli, il che è stato fatto intendere al Collegio, et potria farlo risolvere a qualche cosa, se l' ostinatione non fosse tanto arabiata. Con che humilissimamente bacio le mani di V. E. Ill.ma

Da Roma, alli XXIV di novembre MDXC.

La crudità dell' humore è tanto indigesta, che non si può sperare risolutione alcuna se non ò per forza, ò per inganno, o per errore, o per paura. Li segni della crudità li può vedere V. E. Ill.ma da questo, che ultimamente essendosi ristretti insieme Camerino, Sauli et Montalto, et conchiudendo fra essi che non si può fare il Papa se non si dà in uno delli nominati dal Re [1], et risolvendo Montalto d'andare in Colonna, subito che furono disiunti, Camerino ne fece avvertito Sforza, il quale dolendosi et rimproverando le promesse, etc., vennero in questo che rinovorno le esclusioni piu che mai fra essi. Siche vede V. E. Ill.ma che speranza ci è di haver Papa; le quali difficultà tuttavia l'ostinatione de Colonnesi di fuori le fanno maggiori, non volendo desistere dalle speranze fomentate da Spagna et Fiorenza in persona del car.le Marc' Antonio [2], il che questo rispetto non fosse, forse qualche si pensaria d'andare piu innanzi, stante massima le necessità et li pericoli di questa città, alla quale pregamo Dio che proveda presto d'un buon papa [3].

Di V. E. Ill.ma
Humilissimo servitore,
Ful.o O.no.

1. Philippe II.
2. Marcantonio Colonna.
3. Le 27 novembre (même ms., f. 331), Orsini écrit que les choses ne traîneront pas longtemps ; le conclave est inquiet des *banditi* qui tiennent la campagne romaine ; on élira un pape, qui sera l'un des sept désignés par le Roi. Puis, avec une noble familiarité, Orsini parle de la situation des Farnèse en ce moment : « Laudo la curiosità del ser.mo sig.or Principe et di V. E. Ill.ma per conto di voler intendere le cose di Roma, per che veramente il principio della grandezza loro è venuta dalla Sede Apostolica, et da quella ancora devono in parte aspettare la conservation del stato loro, tanto più che il Re non è immortale et il ser.mo sig.or Duca, oltre l' essere cagionevole, è troppo astratto nelle cose oltramontane. Si che V. E. Ill.ma et il ser.mo signor Principe faranno bene, à giuditio mio, di stare all' erta (come si dice) nelle cose di quà, et procurare con tutti li mezzi possibili di star bene con il Papa futuro. Il quale, quando si vedrà chi sia, dirò un mio pensiero, il quale non dispiacerà à V. E. Ill.ma. »

ADDENDA

P. 64, note 6 :

La conjecture, déjà fort appuyée, des relations d'Orsini avec Joachim du Bellay se trouve changée pour moi en certitude, en relisant les *Regrets* du poète. Deux sonnets y sont adressés à un certain *Ursin* (*Ursin, quand j'oy nommer...* et *Quand je voy ces seigneurs*) ; au choix du premier sujet et au ton familier des deux pièces, on ne peut douter que cet Orsini ne soit notre Fulvio. (V. la réimpression complète des *Regrets de I. du Bellay angevin*, Paris, 1876, pp. 67 et 75.) Je reviendrai, du reste, sur ce sujet dans une étude spéciale sur le séjour de J. du Bellay à Rome.

P. 67, ligne 13 :

A la liste des voyageurs français qui ont visité Orsini à Rome, il convient de joindre Louis Chaduc, archéologue et collectionneur, conseiller au présidial de Riom, qui avait voyagé en Italie et mourut en 1638. Le fait paraît attesté par une mention laissée par Chaduc, en 1603, sur un de ses livres, aujourd'hui le n° 872 de la bibliothèque de Clermont-Ferrand. (*Description de la Limagne d'Auvergne, traduit du livre italien de Gabriel Symeon* [Simeoni] ... Lyon, Roville, 1561 ; page 110.) — Notons encore François Roaldès, professeur de droit à Cahors, Valence et Toulouse. C'est une occasion de citer un fragment de lettre récemment publiée, où sont nommés les meilleurs savants de notre groupe italien. Roaldès, qui avait séjourné à Rome dans l'hiver de 1579-80, écrivait à Pierre Pithou, quelques mois après son retour d'Italie, et parlait « des faveurs qu'ai reçeu de Messieurs Victorus [Vettori], Sigonius, Mercurialis, Pinellus, et à Rome de Fulvius Ursinus, Statius, Latinus de Latinis, qu'est un des reformateurs du droit canon, et le Chacon, espagnol, l'un des premiers hommes qui soient par delà. » (*Discours de la Vigne*, de Roaldès, p. p. Tamizey de Larroque, Bordeaux, 1886, p. 79.)

P. 80, note 3 :

Cette lettre a été imprimée encore par Zaccaria, *Bibliotheca Pistoriensis*, Turin, 1752, p. 256, et par M. Lanzoni, *Una lettera di F. Orsini (per le nozze Rossi-Bucci)*, Faenza, 1879, 10 pp.

P. 82, note 2 :

Qui s'intéresserait à l'édition des poésies de Molza par la jeune Tarquinia

Molza, pourrait consulter les lettres d'Orsini à Pinelli et notamment celle du 18 janvier 1578 (*Ambros. D.* 423).

P. 144, ligne 5 :

On peut reconnaître ce double manuscrit dans une liste de livres vus à Ancone par un humaniste et consignés par lui sur le *Paris. gr. 421* : [*A nepote Kiriaci Anconitani*] *emi Plutarchi ethicam libros xiiij. Et emi ab eodem epistolas numero 155, in greco scriptas*. Cette liste est publiée par M. H. Omont, *Catal. des mss. grecs des Bibl. des Pays-Bas*, 1887, p 3. (Extr. du *Centralblatt für Bibliothekswesen.*)

P. 146, note 2 :

Ce *Vat.* 1359 contient une lettre de Démétrius Rhallès Cabacès à son fils Manilius ; elle sera étudiée par M. Desrousseaux dans ses *Notes de paléographie grecque*, où il parlera de notre copiste. (*Mélanges d'archéologie et d'histoire* de l'École française de Rome.)

P. 148, ligne 14 :

Les lettres inédites de Michel Apostolios vont être publiées par M. Henri Noiret.

P. 150, ligne 1 :

Le copiste Alexandre Agathéméros est le médecin vénitien Aless. Bondini, collaborateur d'Alde pour la grande édition d'Aristote ; il grécisait ainsi son nom. (Musurus l'appelle Εὐήμερος.)

P. 150, ligne 8 :

Les annotations des gardes du 1384 sont de diverses mains, une entre autres qui a mis sur le f. 79 : *1473, die vj Iulij* ἦλθον πρὸς Οὐϐερτῖνον.

P. 150, ligne 19 :

Cette date précise le séjour de Musurus à Florence.

P. 151, note 2 :

Ces scholies de Marc Musurus sur l'*Anthologie* méritent d'être rapprochées du renseignement cité par M. E. Legrand, *Bibliogr. hellénique*, t. I, p. cxxiv, sur un certain ms. du Vatican. Il est possible que ce ms. soit le nôtre.

P. 153, note 3 :

Notre Sergios et celui de M. Müller doivent être, sans doute, identifiés tous les deux avec le savant Sergios Stissos, maître de Nicolas Petreius. (Legrand, *l. c.*, t. I, pp. cxxxvi et 184.)

P. 154, note 4 :

Dans un autre ms. de Quintus de Smyrne, écrit en partie seulement par Constantin Lascaris (*Matritensis XXVIII*), on retrouverait peut-être la main de notre copiste. En tous cas, sa copie du Vatican a été faite pour répondre au vœu de Lascaris qui considérait cet ouvrage comme ἀναγκαῖον καὶ δυσεύρετον et qui a fait exécuter celle du *Matritensis* ὑπὸ διαφόρων λατίνων. Cf. Iriarte, *l. c.*, p. 125.

P. 158, note 3 :

Une signature latine de Jean Lascaris et un distique grec écrit de sa main sur le ms. de Paris *Gr*. 2888 sont donnés en fac-similé par M. E. Legrand, *l. c.*, pp. CXLVI et CLXI.

P. 161, note 3 :

Les ff. 454-455, dans le 2ᵉ vol. du 1338, sont une minute de l'écriture de Devaris, avec corrections, etc., où il essaye de combler une lacune de son ms. de Sextus Empiricus, en restituant le texte grec d'après une traduction latine. En tête de la restitution est la note suivante : « Ex Gentiani Herveti latina huius operis interpretatione apparet permulta deesse in hoc nostro exemplari post illa verba καὶ εἰ τοῦτο. Quae ex latinis graeca fecit Matth. Devaris. » (Communication de M. Desrousseaux).

P. 166, note 1 :

La fresque de la Chapelle Sixtine mentionnée par Orsini est celle du peintre de Cortone, Luca Signorelli. Cf., sur toute cette question, mes *Petites notes sur l'art italien*, Paris, 1887, p. 11, et sur l'iconographie de Bessarion, G. d'Adda, *Indagini*, *Appendice*, p. 131, et H. Vast, *Le cardinal Bessarion*, Paris, 1880, p. 229.

P. 169, ligne 20 :

Nous retrouvons ce Crivelli comme copiste du *Bruxellensis 11400*, dans le *Catal. des mss. grecs de la Bibl. royale de Bruxelles* par H. Omont, Gand et Paris, 1885.

P. 171, ligne 21 :

M. Desrousseaux prépare un travail sur les scholies au texte d'Aristide contenues dans le *Vat. gr.* 1298.

P. 180, ligne 1 :

Cette habitude de Cartéromachos de faire l'*index verborum* de ses livres est attestée par une de ses plus jolies lettres inédites, qui va paraître dans *Les Correspondants d'Alde Manuce*. Il écrit de Florence à Alde, le 11 octobre 1504 : « Harei caro d'intendere se l'Homero è finito e 'l Demosthene, et se io ne potessi havere uno in Roma, pagando la vectura, perche sareste cagione che io lo studiassi con diligentia et forsi lo legessi la, et intavulassilo, *ut soleo*... Io non attendo ad altro che a intavulare. » V. *Studi e docum. di storia e diritto*, année 1887.

P. 186. note 1 :

Sur les rapports d'Orsini avec l'édition princeps de Stobée, on consultera le prochain travail de M. A. Elter.

P. 197, ligne 9 :

La lettre de Campano au cardinal Piccolomini figure dans son recueil épistolaire : *J. Antonii Campani episcopi Aprutini epistolae et poemata*, Leipzig, 1707, p. 545 (lettre 2 de l'Appendice).

P. 200, ligne 10 :

Des recherches purement héraldiques m'avaient amené à conclure que notre belle série de mss. de luxe exécutée par Pomponius Laetus avait appartenu à un membre de la famille Mazzatosti. Cette hypothèse manquait de deux renseignements essentiels pour devenir une certitude : y avait-il un érudit de ce nom au xve siècle ? cet érudit avait-il eu des relations avec Pomponius ? Les deux faits me sont fournis par une lettre de Campano dans le recueil cité ci-dessus (p. 397, lettre 49 du livre VII). Elle est adressée *Fabio Mathatostae* et se termine ainsi : « Pomponium nostrum ne desere : nihil potuit habere aetas tua felicius quam Pomponium praeceptorem, in quo tantum inest latinae puritatis atque elegantiae, ut non possit qui illum sequatur nisi quam eloquentissimus fieri. Doctrina illius vera, cognitio rerum reconditarum maxima, diligentia in te summa, ingenium tuum ad omnia facile, virum te mihi brevi eruditissimum pollicentur. » — Le contexte indique que Campano est dans son *exil* d'Allemagne et donne, par conséquent, la date de 1471. Ce Fabio Mazzatosta ou Mazzatosti, qui avait eu pour maître Pomponius, est donc le bibliophile, homme de goût et d'érudition, dont nous avions deviné l'existence.

P. 200, note 3 :

Le nom de Fabius Ambustus est-il un de ces noms de fantaisie usités dans l'Académie de Pomponius, et désigne-t-il Fabio Mazzatosti ? C'est ce que l'identification précédente permet de supposer.

P. 202, ligne 12 :

Ajouter à la série des poètes anciens transcrits par Pomponius pour son usage personnel, le *Catulle* décrit sous le n° M. L. 185 de l'Inventaire (*Vat.* 3269).

ADDENDA

P. 203, ligne 4 :

Annonçons aux amis de Pomponius Laetus qu'un fac-similé de la première page de sa copie de l'*Agricola* sera donné par M. E. Chatelain dans une des prochaines livraisons de la *Paléogr. des class. latins*. On y verra un spécimen de la grande écriture de l'humaniste dans ses mss. sur papier ; elle est assez différente de son écriture fine sur parchemin que fait connaître notre planche.

P. 207, ligne 12 :

Ajouter à la série des incunables annotés par Pomponius le Claudien indiqué sous le n° I. L. 40 de l'Inventaire.

P. 217, ligne 3 :

Orsini était lié avec un Francesco Gaddi, médecin du cardinal Farnèse, et qui doit être de la même famille que les Gaddi de Florence. V. *Lettere ined. del card. de Granvelle*, p. 24 note, et *Vat.* 6194, II, f. 307, où se trouve une très chaude lettre de Mercuriale, le médecin de Padoue, recommandant à Sirleto son compagnon d'études, pour une place de professeur à l'Université romaine (31 mars 1582).

P. 218, ligne 3 :

Une liste de neuf manuscrits grecs possédés à Rome par Aurispa, en 1421, est publiee par M. H. Omont dans le *Catal. des mss. grecs des Bibl. des Pays-Bas* cité ci-dessus.

P. 219, note 1 :

Aux travaux sur Panormita, il faut joindre celui de M. Remigio Sabbadini dans ses intéressantes *Notizie di alcuni umanisti* (*Giornale storico della letter. ital.*, V, pp. 169-175).

P. 220, ligne 14 :

Ajouter à la série de manuscrits exécutée pour Panormita le ms. des lettres de Cicéron décrit sous le n° M. L. 195 de l'Inventaire (*Vat.* 3248).

P. 224, ligne 4 :

La transcription de cet Aulu-Gelle remonte à l'époque du séjour de Giovanni Lamola à Ferrare avec Guarino, époque fixée par M. R. Sabbadini (*Notizie, l. c.*, p. 175).

P. 225, note 5 :

Un détail nouveau vient d'être apporté à l'histoire du célèbre manuscrit ; cf. Nolhac, *Petites notes sur l'art italien*, Paris, 1887 (I, *Raphaël et le Virgile du Vatican*).

P. 227, ligne 12 :

Un autre texte du même *Strategicon* du milanais L. Birago figure dans la partie latine de la bibliothèque de Bessarion (Valentinelli, *Biblioth. manuscripta S. Marci, codd. lat.*, t. I, p. 31).

P. 227, note 5, ligne 8 :

Giovanni Cato ou Gatto (*Gactus*, dans Gams, p. 945), évêque de Cefalù, puis de Catane, mort en 1484, est celui-là même à qui Constantin Lascaris adresse trois lettres élogieuses publiées par Iriarte (*l. c.*, pp. 184 et 292). On y voit que ce prélat traduisait du grec : σὺ γὰρ ἐξηγητὴς ἄριστος, σὺ ἑρμηνεὺς ἀψευδής.

P. 253, note 1 :

Il est difficile de ne pas rapprocher par la pensée ce possesseur de livres, Gianpaolo della Torre (*de Turre*), de Gianfrancesco della Torre, le bibliophile milanais qui écrivait, en 1476, à Laurent de Médicis, après avoir acquis les livres d'Andronic Calliste : « La mia bibliotheca è cusi ben fornita cume puchissime siano in Lombardia. » (A. Fabroni, *Laurentii Med. vita*, Pise, 1784, p. 287).

P. 257, ligne 15 :

Cette Felicia attirait les dédicaces des poètes. On trouve une ode à elle adressée (*Divae Faelici Ruvere*) dans le petit recueil si rare de Manilius Rhallès, *Manilii Cabacii Rhalli iuveniles ingenii lusus*, Naples, 1520, fol. Hiiij.

P. 261, note 3 :

Pedro Chacon avait envoyé en France, par Paul Vialard, des corrections sur Sénèque pour une édition que préparait « monsignore Nicotto » [Jean Nicot]. L'édition n'eut pas lieu, à cause de celle de Muret. V. des lettres d'Orsini du 8 et du 22 février 1585 (*Ambros. D. 423*).

P. 262, note 5, ligne 3 :

Il s'agit sans doute de la célèbre bibliothèque du cardinal Domenico Grimani. Un index de ses livres grecs se trouvait également chez Ridolfi (cf. *Paris. gr.* 3074, f. 80 v°). V. Tommasini, *Bibl. Ven. mstae*, pp. 1-19, Omont, *Catal. des mss. grecs de Guillaume Pelicier*, Paris, 1886, p. 9, et la lettre d'Erasme à Steuchio, traduite dans mon livre *Erasme en Italie*, Paris, 1888, ch. III.

P. 264, note 1 :

J'emprunte à une lettre d'Orsini à Pinelli, du 4 décembre 1574 (*Ambros. D. 422*), un autre détail sur la bibliothèque d'Estaço : « Del luogo d'Aristotele lo scriverò appresso perche voglio vedere un libro riscontrato molto buono, che ha il Statio, di mano dell' Andronico ». Il s'agit, sans doute, d'Andronic Calliste.

P. 277, note 6 :

A propos des mss. de Tite-Live possédés par Bembo, v. sa lettre de 1534, dans la correspondance d'Erasme (éd. de Leyde, col. 1480, avec la fausse [date 1533), et les lettres d'Erasme et d'Egnazio à Bembo publiées pour la première fois dans *Erasme en Italie*.

P. 280, ligne 4 :

Carlo Bembo, frère de Pietro, retrouve l'autographe de Pétrarque employé par Valde et obtient un privilège pour l'imprimer, à la date du 26 juin 1501. (V. le document publié par Fulin et opportunément rappelé par MM. V. Cian, *Giornale storico*, IX, p. 447, et Morpurgo, *Rivista critica*, IV, col. 116).

P. 281, note 2 :

La question des autographes de Pétrarque sera certainement reprise et étudiée par M. Pakscher, dans l'édition qu'il prépare du *Canzoniere*, et par M. Monaci dans l'édition annoncée des fac-similés complets du *Vat. 3196*. On peut voir encore les articles tout récents de M. Pakscher dans la *Zeitschrift für rom. Phil.*, XI, pp. 138-143, et de M. Cian dans le *Giornale storico*, IX, pp. 441-448.

P. 283, note 2 :

Les *scholies inédites de Pétrarque sur Homère* paraissent dans la *Revue de philologie*, XI, année 1887.

P. 294, note 5 :

Fontanini a écrit et Mazzuchelli a répété (*Scrittori*, II, p. 579) que L. Beccadelli fut en possession d'autographes d'œuvres de Pétrarque, qui avaient appartenu à Bembo et qui passèrent ensuite à Orsini. Ce renseignement provient certainement d'une confusion.

P. 296, ligne 3 :

Il n'est sans doute pas inutile, à propos du Servius de Pétrarque, de remarquer que son ami Bernard d'Alby, cardinal de Rodez, reçut de lui un vieil exemplaire du même texte (Baluze, cité par M. Maurice Faucon, *La librairie des papes d'Avignon*, t. I, Paris, 1886, p. 26). Le texte de Pétrarque visé par Baluze se trouve dans l'édition de Bâle, 1581, p. 89, *Carmina, II, 2*; on y lit ces vers, qui décrivent le volume (peut-être celui qui avait servi à transcrire le texte de Milan) :

> Suscipe tranquillus , nec iam variante senecta
> Lurida permoveat facies vel turpis amictus.

P. 296, note 3 :

Le travail de M. Müntz est publié dans la *Gazette archéologique*, année 1887.

P. 301, note 1 :

Une description des miniatures de ce manuscrit de la bibliothèque de Pétrarque va paraître dans la *Gazette archéologique* (article intitulé *Manuscrits à miniatures de la bibliothèque de Pétrarque*) ; j'y donnerai un fac-similé nouveau de l'écriture du poète. — Le manuscrit figurait déjà dans la bibliothèque de Nicolas V ; il est impossible, en effet, de ne pas le reconnaître dans la description suivante de l'inventaire dû à Cosme de Montserrat (1455) : « Item unum volumen forme mediocris cum quatuor serraturis et cum ligni postibus, copertum coreo nigro, ex pergameno, nuncupatum *Opera Apulegii*. Item *Vegetius et Frontinus*. » (Dans Müntz et Fabre, *l. c.*, p. 102).

P. 322, note 1 :

Ajouter à la bibliographie du Vat. 3207 le récent travail de M. C. de Lollis, dans le *Giornale storico*, IX, pp. 238 sqq.

P. 385, n° 50 :

Sur Orazio Orsini, qui nous apparaît ici comme bibliophile, voir De Rossi, *Inscr. christ. Urbis Romae*, préface, p. xviii*, où se trouve indiquée une lettre adressée à Panvinio, en 1559, par ce parent de notre Fulvio.

P. 390, n° 116 :

C'est le *codex Velleii Paterculi*, mentionné p. 54, note 1.

P. 395, ligne 3 :

L'expression *studiolo di Germania* indique un cabinet-secrétaire. Cf. Bonnaffé, *Le Meuble en France au* xvie *siècle*, Paris, 1887, p. 159.

CORRIGENDA

P. 7, ligne 5 :
Au lieu de *lectoris*   Lire *lectori S.*

P. 7, note, ligne 11 :
Au lieu de son oncle   Lire son parent

P. 8, note 4 :
Au lieu de Maudosi   Lire Mandosi

P. 32, note 2, ligne 3 :
Supprimer et celui de Giov. Andrea Cruciano (n° 111). [V., sur cette suppression et sur le reste de la question, mes *Petites notes sur l'art italien*, 1887, p. 5.]

P. 32, note 3, ligne 7 :
Au lieu de M. di Pietra   Lire M. de Petra

P. 33, note 1, ligne 3 :
Supprimer qui pourrait être   Jusqu'a plus haut, p. 16.

P. 50, note 2, ligne 10 :
Au lieu de Emman, Sa,   Lire Emmanuel Sa,

P. 76, note 3 :
Au lieu de 1680   Lire 1580

P. 80, note 1 :
Au lieu de Lilio Giraldi   Lire Pierio Valeriano

P. 102, ligne 9 :
Au lieu de Ferdinand Ier   Lire François de Médicis

P. 108, note 2, ligne 5 :
Supprimer il y en a soixante-six.

P. 136, note 3, ligne 3 :
Au lieu de dont, Orsini.   Lire , dont Orsini.

P. 144, note 1, ligne 6 :
Au lieu de 1839   Lire 1879

P. 154, ligne 21 :
Au lieu de ’αυλε   Lire ,αυλε’

P. 176, ligne 1 :
Au lieu de I. L. 28   Lire I. L. 29

P. 179, ligne 11 et note 3, ligne 3 :
Au lieu de M. G. 118   Lire M. G. 47

P. 181, ligne 4 :
Au lieu de 99   Lire 96

P. 181, note 7 :
Au lieu de 18   Lire 78

P. 196, ligne 16 :
Au lieu de évêque   Lire archevêque

P. 200, ligne 9 :
Au lieu de octogone   Lire hexagone

P. 202, note 3, ligne 2 :
Au lieu de p. 20   Lire p. 2

P. 206, ligne 4 :
Au lieu de M. L. 191   Lire M. L. 184

P. 209, ligne 7 :
Au lieu de livre III   Lire livre IV

P. 227, ligne 2 :
Au lieu de M. L. 147   Lire M. L. 127

P. 226, ligne 12 :
Au lieu de Antonio Patrizi   Lire Agostino Patrizi.

P. 228, note 1 :
Au lieu de 1887   Lire 1888

P. 233, note 5 (à la p. 234) :
Supprimer C'est encore là une tradition... jusqu'à la fin de la note. Remplacer par : C'est du cabinet du roi Alphonse II († 1495) que le manuscrit de Properce a dû passer à son secrétaire favori, Pontano († 1503).

P. 236, note 1 :
Supprimer dans Foscarini et

P. 249, note 3, ligne 3, et p. 319, note 1 :
Au lieu de 1762   Lire 1772

CORRIGENDA

P. 254, note 3, ligne 4 :
AU LIEU DE p. 147   LIRE p. 133

P. 256, note 2, ligne 3 :
AU LIEU DE Colocci   LIRE Marcantonio Colocci

P. 263, note 2, ligne 8 :
AU LIEU DE Tredelemburg   LIRE Trendelenburg

P. 267, note 5 :
AU LIEU DE xv⁰ siècle   LIRE xvi⁰ siècle

[D'autres lapsus dans les chiffres romains désignant l'âge des mss. ont peut-être échappé à l'auteur ; il s'en excuse par avance.]

P. 268, ligne 20 :
AU LIEU DE Paul V   LIRE Pie V

P. 290, note 4, lignes 3 et 4 :
AU LIEU DE dt   LIRE et
AU LIEU DE ee   LIRE de

P. 300, note 6 :
AU LIEU DE entièrement   LIRE en partie

P. 301, note 2, ligne 2 :
AU LIEU DE capitte   LIRE capitle

P. 303, ligne 14 :
SUPPRIMER complet

INDEX DES NOMS CITÉS

A

Abain de la Rochepozay (Louis d'), *Rupipozarus*, 67, 68, 412.
Abaris, 152.
Abel (Eug.), 153, 227.
Abram (Domenico), 231.
Acciajuoli, *Acciaiolus*, 171.
Acciajuoli (Donato), 385.
Acciajuoli (Zanobi), 175, 354.
Accius, 269.
Accolti (Bernardo), 248.
Accolti (Vincenzo), 45.
Acquacetta (Camillo), 386.
Acquaviva (Andrea-Matteo d'), duc d'Atri, 32, 33, 429.
Acquaviva (Giulia d'), 11.
Acron, 212, 220, 250.
Adamantius, 184.
Adda (Girol. d'), 195, 295-297, 299, 449.
Aelianus. V. Élien.
Aemilius, 199.
Africanus, 340.
Agapétos, 397.
Agathéméros, 154.
Agathéméros (A.). V. Bondini.
Agathias, 426, 442.
Agellio (Antonio), 49, 50.
Agostini (Giov. degli), 268, 295, 296.
Agricola (G.), 388.
Agustin (Antonio), *Augustinus*, 3, 4, 15, 21, 33, 39, 43-48, 50, 51, 53, 54, 60, 61, 69, 72, 76, 81, 105, 136, 148, 186, 187, 213, 260, 261, 267-269, 271, 299, 412, 429.
Aicardo (Paolo), 104, 106, 174, 429, 435.
Alanus, 122.
Albert III le Magnanime, 97.
Alberini, 31.
Albizzi, 327.
Albinus, 152.
Albinus (Janus), 136.
Alby (Bernard d'), 453.
Alcée, 39.
Alciato (card.), 60.
Alcionio (Pietro), 253.
Alcinoos, 151.
Alcman, 39.
Alde. V. Manuce.
Aldobrandi (Ulisse), 11.
Aldobrandini (card. Cintio), 43.
Aleandro (Claudio), 81.
Aleandro (card. Girolamo), 81, 121, 122, 132, 172, 395, 402.
Aleardo (Francesco), de Vérone, 206.
Aleria (Andrea d'). V. Bossi.
Alessandrino (card.). V. Bonelli.
Alexandre d'Aphrodise, 149, 163, 165, 166, 212.
Alexandre le Grand, 311.
Alexandre VI, 156, 207, 228, 252, 254.
Alexandre VIII, 177.
Alexius (Aristenus), 397.
Alighieri. V. Dante.
Alighieri (Piero), 430.

Allacci (Leone), *Allatius*, 123, 130, 145, 280.
Allius Florentinus. V. Pellegrino.
Alopa (L. d'), 158.
Alphonse Ier d'Aragon, le Magnanime, roi de Naples, 194, 218, 221, 223, 365, 370, 374.
Alphonse II, roi de Naples, 234, 375, 456.
Altemps (Giov.-Aug.), 177.
Altieri (Gasp.), 16.
Altieri (Girolamo), 206.
Amaseo (Pompilio), 66.
Amaseo (Romolo), 13, 134, 390, 395, 442.
Amati, 179, 186.
Amatuzzi (G.-C.), 136.
Amatuzzi (Orazio), *Amadutius*, 65.
Ambustus (Fabius), 200, 201, 450.
Améroutzès (Georges), 163.
Ammanati (J.), card. de Pavie, 232.
Ammien Marcellin, 129, 220, 230.
Ammonio (Giov.), 163.
Ammonios, 179.
Amyot (Jacques), 49, 394.
Anacharsis, 144, 152, 178.
Anacréon, 39.
Ancona (A. d'), 257, 281, 309, 312.
Ancone (Cyriaque d'). V. Pizzicolli.
Andreoli (Giov.), 238.
Andres (J.), 60.
Andronic Calliste. V. Calliste.
Angeletti (Agostino), 21.
Angeli (Giuseppe degli), 43.
Angeloni (Luigi), 128, 313.
Anjou (Jean d'), 267.
Annibal, 201.
Anselmi, 96.
Ansidei (Baldassare), 21.
Antinoüs, 419.
Antiquario (Jacopo), 207, 251.
Antoniano, 169.
Antoniano (Silvio), 15.
Antonio di Pirro, de Pavie, 297.
Anyta, 39.

Anziani (N.) 195, 216, 273.
Aphtonius, 335, 340.
Apianus (Philippe), 56.
Apiarius (M.), 259.
Apollodore, 6.
Apollonius d'Alexandrie, 150.
Apollonius de Rhodes, 178, 180, 181, 212, 356.
Apostolios (Aristobule ou Arsène), 149, 156, 163.
Apostolios (Michel), 146-149, 171, 394.
Appel (Carl), 282.
Appien, 46, 357, 410.
Apronianus, 273.
Apulée, 157, 192, 196, 222, 242, 255, 300, 359, 385, 387, 389, 454.
Aquila, rhéteur, 196, 388.
Aragon. V. Alphonse Ier, Ferdinand Ier et Alphonse II.
Aratus, 162, 187, 212, 217, 336.
Arcangeli (Fulvio), 2.
Archilibelli (Giglio), *Lilius Tyfernas*, 170, 171.
Archimède, 167, 186.
Ardinghelli (Niccolò), 160.
Arezzo (Francesco d'), *Fr. Aretinus*, 249.
Arezzo (Giovánni d'). V. Tortelli.
Arezzo (Leonardo d'). V. Bruni.
Argelati, 72.
Argyropoulos (Jean), 149, 166, 227.
Arigoni (card.), 31.
Ariosto (Lod.), 248.
Aristarque, 187.
Aristide (Aelius), 81, 96, 150, 151, 154, 171, 179, 180, 184, 190, 228, 388, 410, 411, 449.
Aristide Quintilien, 182.
Aristophane, 83, 143, 147, 162, 164, 180, 188, 353, 356, 357, 397, 400, 407.
Aristote, 10, 42, 70, 75, 83, 104, 105, 121, 143, 145-147, 151, 157, 164-168, 171, 173, 176, 181, 185,

187, 188, 227, 230, 251, 254, 259, 265, 338, 351, 354-357, 365, 375, 393, 398, 407, 423, 452.
Arlenius (Arnold), *Peraxylus*, 174, 426.
Arnaldus, 67.
Arnaut Daniel, 107, 319, 321, 322, 424.
Arnobe, 48, 49, 51, 55, 389, 444.
Asclepiades, 199.
Asola (Andrea Torresano, d'), 177.
Asper (Joan.), d'Allemagne, 366.
Athénée, 5, 186, 357.
Aubert (H.), 173.
Aubry (Jean), 442.
Audebert (Germain), 66, 67, 398, 432.
Audebert (Nicolas), 65-68.
Audiffredi, 214, 228-230, 247.
Augustin (saint), 103, 104, 137, 194, 424.
Augustinus. V. Agustin.
Augusto, 248, 382, 426.
Aulu-Gelle, 123, 212, 224, 359, 389, 400, 451.
Aurispa (Giov.), 218, 223, 268, 451.
Ausone, 175, 384, 401.
Avanzati. V. Davanzati.
Avanzio (Girol.), 175.

B

Babelon (E.), 43.
Babrius, 151.
Bacchius, 182.
Bacchylide, 39.
Backer (A. de), 38.
Badius (Josse), *Ascensius*, 250.
Baehrens, 199, 208, 233, 234, 276.
Bagatto (Ottavio), *Pacatus, Pantagathus*, 10, 15, 18, 21, 38, 39, 46, 54, 60, 69, 73, 85, 260, 261.
Baïf (Lazare de), 132, 157, 387, 395.
Bajazet II, 340.

Baldelli, 290, 295, 296, 299, 304, 306.
Baldo (Vincenzo), 134.
Balsamon, 161.
Baluze, 453.
Banchi, 31.
Bandinelli (Ubaldino), 175, 424.
Bandinelli, 28, 33.
Bandini (A.-M.), 71, 195, 204, 208, 216, 217, 240, 286, 328.
Bandini (Francesco), 9.
Bannissis (Jac. de), de Dalmatie, 375.
Barbaro (Alvise), 166.
Barbaro (Ermolao), senior, 139, 166, 167, 238, 251, 385.
Barbaro (Francesco), 166, 168, 223, 268.
Barberini (card. Maffeo), 21.
Barbieri (Giov.-Maria), 314, 322.
Barbo (card. Marco), 225, 228.
Barga (Pietro-Angeli da), 66, 67.
Bari, Bary. V. Devaris.
Barisone (Livio), 105-107, 420, 425.
Baronius (card.), 21, 33.
Bartoli (Ad.), 138, 295, 309.
Bartolucci (Gabriele), 65.
Barzin (Georges), de Savoie, 26.
Bartsch, 313, 316-318, 320, 322, 323.
Basa (Domenico), 51, 105, 175, 421, 424, 425.
Basile (saint), 67, 68, 151, 166, 367, 388.
Basile IV, grand-duc de Russie, 253.
Basso (Antonio), 294.
Basso (Ercole), 100.
Bassus (Caesius), 247.
Bassus (Colotius). V. Colocci.
Batines, 304.
Batory (Etienne), roi de Pologne, 20.
Baviera, 31.
Bayle, 194.
Beccadelli ou Beccatelli (Ant.),

V. Panormita.
Beccadelli (Lodovico), 135, 254, 281, 297, 304, 311, 312, 317, 393, 418, 453.
Becke (Liévin van der), *Laevinus Torrentius*, 57, 58, 438-440.
Beda, 388.
Bekker (Imm.), 152, 165, 189.
Bellarmino (card. Roberto), 50, 110.
Bellay (card. Jean du), 7, 42, 147.
Bellay (Joachim du), 7, 64, 447.
Bellièvre (Claude), 303.
Bellini (Giov.), 32.
Beltrani (Giov.), 119, 137.
Bembo (Bernardo), 93, 96, 106, 118, 193, 194, 236-241, 291-294, 301, 304-307, 314, 325.
Bembo (Carlo), 302, 453.
Bembo (card. Pietro), 33, 78, 86, 91-93, 101-110, 121, 132-134, 137, 139, 152, 153, 171, 183-186, 190, 193, 225, 236-241, 243, 254, 255, 279, 280, 284, 291-294, 304, 305, 307-310, 312-315, 317, 322-326, 363, 392, 395, 418, 453.
Bembo (Torquato), 31, 33, 91-108, 114, 184, 185, 238, 265, 280, 291, 294, 314, 408-425, 428, 430.
Benavidio (M.), 41.
Benci (Francesco), 21, 57.
Bendedeo (Timoteo), 257.
Bene (Pietro del), 69, 84, 85, 87, 89, 120, 263, 435.
Benedetto (Aless.), de Vérone, 386.
Benedetto (Girolamo-Battista), *de Benedictis*, 385
Benvoglienti (Fabio), 9.
Bergamo, 31.
Bernardo (Giorgio), 134.
Beroaldo (F.), senior, 246, 386, 391, 409.
Beroaldo (F.), junior, 254.
Bertolotti (A.), 16.
Bessarion (card.), 33, 146, 147, 149, 152, 162, 163, 166, 196, 208, 227, 228, 268, 349, 375, 399, 449, 451.
Bethmann, 222.
Bevilacqua, 426.
Biagi (Guido), 309.
Bicturinus ou Buturinus (Faustinus), de Vérone, 366.
Bion, 39, 436.
Biondo (Flavio), 200, 210.
Biondo (Gasparo), 200.
Birago (Lampo), 227, 452.
Bisticci (Vespasiano da), 138.
Bladius (Ant.), 6.
Bladus (Ant.), 258, 259.
Blemmydas, 266.
Blosio (Palladio). V. Palladius Blosius.
Blume, 4, 109, 207, 259, 269.
Bocca (Pietro-Paolo), 298, 299.
Boccabelli (Emilio), 362.
Boccace, 105, 106, 110, 142, 192, 193, 237, 279, 288, 292, 303-307, 309, 392, 393, 401.
Bodoni, 394.
Boèce, 83, 105, 157, 238, 276, 305, 385, 407.
Boeckh, 246.
Bois (Sim. du), *Bosius*, 89.
Boissonade, 146.
Boivin, 217.
Bombasio (Paolo), 247, 395.
Bonafé (Jean), 77, 427.
Bonafous, 208.
Bonciario, 21.
Bondini (Aless.), dit Agathéméros, 150, 448.
Bonelli, 44.
Bonelli (Michele), card. Alessandrino, 268, 269.
Bongars (Jacques), 54, 56, 62, 69, 433.
Boniface VIII, 24, 253.
Boniscontro (Lorenzo), *Bonincontrius*, 230, 248.
Bonnaffé (E.), 297, 454.
Bontempio (Alessandro), 21.

Borghesi, 263.
Borgia (Lucrezia), 173.
Borgia (Stefano), 167.
Borgianni (Aless.), 31, 34.
Borgognoni (Ad), 281.
Borromeo (card. Federico), 17, 27, 74, 198, 298-300.
Bosio (Camillo), 95.
Bossi, 92, 208, 292, 318, 326.
Bossi (Giov.-Andrea de), *Bu.rius*, dit Andrea d'Aleria, 158, 200, 210, 228-230, 232, 391.
Botfield, 6.
Bottari, 100, 216, 272.
Botticelli, 202.
Bottinelli (Giov.), 173.
Bouchard (J.-J.), 33, 222, 252.
Braga (Th.), 312.
Brant (Jean), 54, 55.
Brenzio (Andrea), *Brentius*, 377.
Briçonnet (Denis), 134.
Brosses (président de), 277.
Brunet, 7.
Brunetto Latini. V. Latini.
Bruni (Cola), 93, 291.
Bruni (Leonardo), *L. Aretinus*, 122, 166, 177, 196, 227, 230, 240, 252, 268, 327, 365, 393, 399.
Brunori (Viviano), 6.
Brunoro, libraire, 31.
Brutus, 144, 178.
Brutus (Jean-Michel), 40.
Bryennius (Manuel), 182.
Bucchabeilis (Aem. de). V. Boccabelli.
Buckinck (Théod.), 225.
Bullart (Isaac), 27.
Bunsen, 263.
Buonarroti. V. Michel-Ange.
Buonarroti (Leonardo), 330.
Buonarroti (Michelangelo), junior, 331.
Burleus (G.), 387.
Burmann, 57, 63, 67, 192, 195, 224.
Bussey (Henri), 199.

Buti (Francesco), de Pise, 429.
Buturinus. V. Bicturinus.
Buxius. V. Bossi.

C

Cabassole (Philippe de), évêque de Cavaillon, 292.
Caffarelli (Prospero), 360.
Calandra (Andrea), 428.
Calandra (Giov.-Giac.), 244.
Calderino (Domizio), 246, 383, 384.
Calenzio (Elisio), 223, 255, 256.
Calestani (Giulio), 31.
Calixte III, 241.
Callergi (Pierre), 149.
Callergi (Zacharie), 162, 188, 346, 356.
Callimaque, 151, 153.
Calliopius, 276.
Calliste (Andronic), 145, 146, 208, 452.
Calopéros (M.), 171.
Calpurnius, 212, 231.
Calvus, 61.
Camei (Cesare, Domenico, Ludovico de'), 31.
Camillo milanese, 31.
Camozzi (Giambattista), *Camotius*, 15, 21, 65.
Campano (Giov.-Ant.), 197, 450.
Campagnano, 31.
Canano (card. Giulio), 446.
Cancellieri, 367.
Cancellieri (F.-G.), 192.
Candia (Gianfrancesco di), 163.
Candido (Pietro), 121, 150, 151, 171.
Candido V. Decembrio.
Canello (Ugo), 253, 317.
Canina, 263.
Canisio (card. Egidio), *Aegidius Viterbiensis*, 31, 161, 172, 395.
Cannito (Giov.), de Fermo, 361.
Cannobio (Giov.-Fr.), 91, 136.
Cantacuzène (Georges), 180.

Cantalamessa, 249.
Canter (Guillaume), 58, 96, 186, 411.
Capeci (Giuseppe), 386.
Capiferreus. V. Maddaleni.
Capilupi (les), 7.
Capilupi (Lelio), 7, 400.
Capitolinus (Julius), 204, 442.
Caplet (Dom Anselme), 274.
Capodivacca (Paolo), Bucéphalos, 308.
Cappelli (Antonio), 290.
Capponi (G.), 177, 270.
Capranica, 42.
Capranica (card. Angelo), 228.
Capranica (card. Domenico), 224.
Capranica (Domenico da), 31.
Caraffa (card. Antonio), 9, 17, 49-51, 53, 67, 77, 113, 115, 123, 125, 319.
Caraffa (Bernardino), 249.
Caraffa (Fabrizio), 26.
Caraffa (card. Oliverio), 228, 377.
Carducci (Giosuè), 257, 281, 304, 308, 309.
Cariclius, 179.
Cariteo, 319.
Caro (Annibal), 3, 4, 9, 13, 14, 17, 64, 124, 136, 162, 319, 394.
Caro (Fabio), 31.
Carpi. V. Pio de Carpi.
Carpi (cardinal de). V. Pio de Carpi (Rodolfo).
Carrion (L.), 428.
Cart, 311.
Cartéromachos (Scipione Fortiguerra, dit), 80-83, 110, 121, 132-135, 140, 153, 172, 176, 178-182, 184, 245, 258, 346, 353, 354, 382-387, 391, 395, 403-407, 449.
Casa (Giov. della), 92, 183.
Casa (Tedaldo della), 290, 295.
Casali (Giambattista), 134, 256, 395.
Casassaggia (Bart.), 253.
Casaubon (Isaac), 54.

Caselini (Giov.-Nic.), 275.
Casini (Tomm.), 309, 310.
Cassarino (Antonio), 221, 223.
Cassiodore, 399.
Castagna (card.), 24.
Castalio. V. Castiglione.
Castelliunculus. V. Castiglionchio.
Castelvetro, 312.
Castiglioncho (Lapo da), 221.
Castiglione (Giuseppe), *Castalio*, 1-3, 8-9, 17, 21, 25-30, 34, 51, 57, 63, 115, 120, 269.
Castiglione (Baldassare), 254.
Cato ou Gatto (Giovanni), 227, 228, 452.
Caton, 51, 52, 170, 250, 378, 388, 401, 444.
Catulle, 129, 175, 212, 226, 232, 247, 258, 259, 271, 359, 362, 373, 386, 401, 450.
Cavalcanti (Guido), 309, 310.
Cavalieri, 31.
Cecio (Attilio), 249.
Cecio (card. Pomponio), 249.
Celse, 157, 265, 401.
Censorinus, 206, 384, 387.
Ceriani, 296.
Ceruti (A.), 95, 245, 299.
Cervini (Marcello), Marcel II, 13, 30, 33, 132, 135, 160, 167, 182, 248, 284, 395.
Cervini (Alessandro), 9, 182.
César, 39, 53-55, 90, 157, 212, 226, 260, 261, 264, 382, 401, 438.
Cesari (Giov.), 6.
Cesi (card.), 42, 62, 203.
Chabaille, 301.
Chabaneau (C.), 313, 320.
Chacon (Alonzo), *Ciacconius*, 177, 192, 260, 261.
Chacon (Pedro), *Ciacconius*, 15, 17, 21, 29, 46, 48, 50-55, 59, 121, 402, 447, 452.
Chaduc (Louis), 447.

INDEX DES NOMS CITÉS

Chalcondyle (Démétrius), 148, 149, 155, 158, 159, 228.
Chalcondyle (Nicolas ou Laonic), 340.
Charisius, 247.
Charles VIII, 252.
Charles IX, 65.
Charles-Quint, 56, 253, 262.
Charles le Téméraire, 302, 306.
Chatelain (Emile), 86, 237, 264, 265, 273, 451.
Chéroboscos, 171, 179.
Cheverny. V. Hurault.
Chigi (Agostino), 257.
Chortasmène (Jean), 185.
Christodore, 212.
Chrysaphès (Manuel), 149.
Chrysococcès (Georges), 145, 340.
Chrysoloras (Manuel), 121, 144, 145, 171, 397.
Ciaccone, *Ciacconius*. V. Chacon.
Ciampi (Seb.), 80, 153, 181, 306.
Cian (Vittorio), 91, 93, 119, 183, 225, 257, 281, 291, 292, 304, 308, 309, 311-313, 317-320, 453.
Ciccolini, 113.
Cicéron, 34, 46, 122, 157, 159, 179, 191-193, 195, 197, 202, 203, 205, 207, 212, 217, 222, 224, 227, 231, 232, 241, 246, 249, 250, 253, 261, 266, 267, 275, 300, 360, 361, 363, 365, 366, 368, 374, 365, 385, 390, 398-401, 440, 441, 451.
Cicogna, 279.
Cicognara, 41.
Cinna, 61.
Cino da Pistoia, 310.
Ciofano (Ercole), 76, 77, 244, 440.
Cirillo, 136.
Claudien, 40, 203, 204, 229, 359, 366, 384, 451.
Cléanthe, 39, 186.
Clément d'Alexandrie (saint), 256, 354.
Clément VII, 32, 156, 246, 253, 263, 268.

Clément VIII, 24, 26, 115, 116.
Cléomède, 388.
Cléonide, 159, 401.
Clovio (Giulio), 16, 25, 33, 60, 160.
Codrus Urceus, 175.
Collenuccio (Pandolfo), 387.
Colluthus, 153.
Colocci (Angelo), *Colotius Bassus*, 5, 25, 35, 42, 71, 79-82, 108, 110, 132-135, 139, 140, 156-158, 160, 175, 178, 180, 182, 195-197, 204, 226, 232, 235, 244, 249-258, 272, 273, 304, 312, 318-321, 382-384, 394, 395, 400, 401.
Colocci (Giacomo et Ippolito), 80.
Colocci (Marcantonio), 80, 457.
Colomb (Christophe), 15.
Colomiès, 43.
Colonna (card. Ascanio), 17, 22-24, 167, 177.
Colonna (Girolamo), 195.
Colonna (card. Pompeo), 253, 268.
Colonna (Vittoria), 134, 268, 329, 330.
Colonne (Guido delle), 394.
Columelle, 51, 52, 200, 212, 213, 259, 378, 388, 401, 444.
Comandini (Federico), 9.
Comitolo (Pietro), 50.
Commelin, 36, 38, 190.
Comnène (Anne), 128.
Comparetti, 309, 312.
Confucius, 418.
Constantin, 116, 163.
Constantin Porphyrogénète, 47.
Constantinople (Jean de), 47.
Contarelli (Matteo), 98.
Contarini (card.), 254.
Contarini (Francesco), 106, 240.
Contarini (Giacomo), 430.
Contoléon ou Contéléon (Christophe), 161.
Contrario (Andrea), 225.
Conversini, 83, 403-407.
Corbinelli (Giacomo), 66, 69, 307, 431, 432, 435.

Corinna, 39.
Corinthe (Grégoire de), 171, 181.
Corinthios (Georges), 162.
Cornaro (Fed.), 428.
Cornelius Nepos. V. Nepos.
Corneto (Luigi da), 31.
Cornutus, 121, 345, 384, 397.
Corona, 218.
Corraro. V. Correr.
Corrazzini, 304.
Correr, ambassadeur à Rome, 412, 414.
Correr (Gregorio), 197.
Corsi (Pietro), Cursius, 132-134, 203, 253, 256, 306.
Corsini, 208.
Cortese (Paolo), 390, 401.
Cortone. V. Signorelli.
Corvin (Mathias), 231.
Cospi (Angelo), 134.
Cotti ou Cotta (Vincenzo), 9.
Courier (Paul-Louis), 239.
Courtier (Jean), 67.
Crasso (Gianpietro), 134, 445.
Crasso (Lorenzo), 254, 257.
Crescimbeni, 27, 280.
Crescini (V.), 432.
Crescio (Meliori), 171.
Crispin (Sam.), 21.
Crivelli (Giorgio), 169, 449.
Cruciano ? 32, 455.
Cugnoni (Gius.), 9, 13.
Curopalate (Jean), 413.
Cursius (Petrus). V. Corsi.
Curtius (Q.). V. Quinte-Curce.
Cusanus. V. Nicolas de Cusa.
Cyrus (Flavius ?), 398.
Cyrillus (Io. Philoponus), 444.

D

Damascius, 82.
Damilas (Antoine), 149.
Danès, 254, 266.
Daniel (Pierre), 69, 431-435.
Dante, 92, 103, 104, 123, 133, 192, 303-305, 307, 308, 327, 392, 393, 401, 426, 429, 430.
Darès le Phrygien, 274.
Darmarius (André), 47, 48, 428.
Davanzati, 90, 144, 174.
Decembrio, 231.
Dejob (Ch.), 15, 17, 20, 49, 64, 177.
Delbene. V. Bene.
Delfini (Flaminio), 26, 27.
Delfini (Gentile), 3-5, 8, 33, 35, 42-44, 85, 258.
Delfini (Gentile), év. de Camerino, 25, 63.
Delfini (Mario), 2, 25, 26.
Delfini (Properzia), 25. V. Micinelli.
Delisle (Léopold), 86, 161, 201, 211, 217, 273, 297, 314.
Démade, 158.
Démosthène, 121, 145, 157, 180, 197, 337, 339, 398, 402.
Denys d'Alexandrie, 121.
Denys de Byzance, 154, 179, 345, 357, 367, 368.
Denys d'Halicarnasse, 46, 63, 64, 96, 99, 100, 165, 179, 185, 187, 189, 335, 357, 397, 410, 412, 415-417, 442, 443.
Desjardins (A.), 432.
Desrousseaux (A.-M.), 148, 169, 300, 448, 449.
Devaris (Pierre), 78, 122, 160, 172, 420, 422, 423.
Devaris (Mathieu), 30, 50, 78, 155-157, 159-161, 178, 187, 449.
Dictys, 251.
Didier (abbé), 274.
Dietsch (H.-R.), 207.
Digard (Georges), 24.
Dinarque, 151.
Dindorf (L.), 184.
Diodore de Sicile, 46, 188, 220.
Diogène le Cynique, 186.
Diogène Laërce, 164, 175.

Diomède, 246.
Dion Cassius, 46, 47, 128, 169, 170, 187, 189, 357.
Dion Chrysostome, 150, 151, 344, 369.
Dionysius. V. Denys.
Dioscoride, 63, 351, 353.
Diotalevi (Francesco), 442.
Domenici (Domenico), 168.
Domenighetto, 417, 422.
Donat, 212, 277, 296.
Donato, 106.
Donato Apenninigena, 289.
Donatianus, 247.
Dondi (Gabriele, Gaspare, Giovanni de'), 296.
Doni (Antonfrancesco), 317.
Doni (Giambattista), 53, 270.
Dorat (Jean), 7.
Dormer, 60, 105.
Dosi (Giantonio), 216.
Drakenborch, 194.
Duchemin (Pierre), 41.
Dupérac (Etienne), 65.
Dupuy (Claude), *Puteanus*, 6, 38, 45, 51, 64, 65, 74, 84-90, 95, 120, 132, 226, 263, 264, 266, 408, 416, 432.
Duranti (Consalvo), 120.
Dürer (A.), 32.

E

Eckhel, 43.
Egger (Emile), 45.
Egidio de Viterbe. V. Canisio.
Egidio Romano, 385.
Egio (Benedetto), *Aegius*, 6, 7, 21, 60, 62, 175, 176, 390.
Egnazio (Giambatt.), 390, 453.
Einhard, 274.
Elbene. V. Bene (P. del).
Elien, 146, 173, 338, 370, 387, 390.
Elio. V. Marchisio Elio.
Elio (Antonio), 40.

Ellis (R.), 233.
Elter (A.), 157, 450.
Emanuele greco, 163.
Endimio, 257.
Ennius, 195, 212, 429.
Enoch (Christ.), 54.
Eparque (Antoine), 175.
Epictète, 179.
Equicola (Mario), 319, 320.
Erasme, 247, 256, 452.
Ercolani (Pier-Matteo), *Herculanus*, 176, 354, 356.
Erinna, 39.
Erythraeus. V. Rossi.
Eschyle, 122, 164.
Esope, 181.
Estaço (Achille), *Statius*, 2, 15, 21, 28, 41, 63, 64, 76, 85, 90, 91, 96, 164, 227, 240, 260, 261, 263-265, 273, 412, 447, 452, 453.
Este (Alphonse II, d'), duc de Ferrare, 28, 42.
Este (card. Hippolyte d'), 42, 124.
Este (Isabelle d'), marquise de Mantoue, 244, 257, 319.
Estienne (Charles), 357.
Estienne (Henri), 62-64, 188, 357, 358.
Estienne (Robert), 354, 357, 387.
Etienne de Byzance, 143, 164, 181, 189, 341.
Euclide, 167, 181, 187.
Eudémius de Rhodes, 338.
Eudocia, 179.
Eugène IV, 120, 399.
Eumathios, 163, 444.
Euripide, 71, 121, 166, 173, 175, 176, 180, 181, 184, 188, 212.
Eusèbe, 83, 137, 148, 175, 229, 354, 404, 423.
Eusebius, 199.
Eustasius, 252.
Eutrope, 274, 360, 442.
Exsuperantius (Julius), 196.
Eyssenhardt (Fr.), 275.

F

Faber. V. Lefebvre.
Fabius Pictor, 53.
Fabre (Paul), 146, 170, 198, 207, 229, 377, 454.
Fabricius, 143, 186, 187, 346.
Fabrizio, 31.
Fabroni (A.), 452.
Faerno (Gabriel), 6, 15, 21, 39, 46, 54, 60, 69, 85, 95, 239, 260, 389, 440.
Falkenburg (Geraard), 39, 58, 59, 436.
Fanfani, 310.
Fano (Lodovico da), 177.
Farnèse (card. Alessandro), 8, 9, 11-17, 22, 23, 29, 30, 36, 39, 40, 42, 43, 64-66, 84, 97, 98, 108, 114, 118, 134, 160, 161, 175, 186, 262, 410, 419, 437, 442, 445, 451.
Farnèse (Alessandro), duc de Parme, 22, 23.
Farnèse (Bertoldo), 11.
Farnèse (Fabio), 39, 40, 82, 267, 407.
Farnèse (card. Odoardo), 13, 16, 22-27, 31, 137, 245, 267, 285, 445.
Farnèse (Ottavio), 8, 406.
Farnèse (card. Ranuccio), dit card. di S. Angelo, 4, 8-12, 15, 17, 23, 39, 44, 60, 61, 72, 82, 90, 108, 135, 160, 163, 166, 213, 382, 445.
Farnèse (Ranuccio), prince de Parme, 23, 24, 546.
Faucon (M.), 453.
Fazio (Bart.), 223.
Fedro. V. Inghirami.
Fenestella (Lucius), 210.
Ferdinand Ier, d'Aragon, roi de Naples, 223.
Ferrari (Fr.-Bern.), 297.
Ferrari (Giorgio), 44, 50, 51, 53, 358.
Festus, 43, 44, 55, 60, 72, 129, 213-216, 401, 434, 445.
Ficin (Marsile), 83, 159, 227, 386, 404.
Filelfo. V. Philelphe.
Fiocco (Andrea), 210.
Filonio (Gianfranc.), 135.
Fiorentino (Fr.), 168.
Firmicus Maternus, 157, 222.
Firmin-Didot (Ambroise), 236, 239.
Fiske (W.), 288, 384.
Flach (J.), 150, 164, 179, 347.
Florentius (N.), 438.
Florestano (Greg.), 136.
Florus, 203.
Foggini, 173.
Foglietta (Ub.), 124.
Foix (Paul de), *Foxius*, 68.
Folquet de Marseille, 322, 421.
Fontana Zappi (Lavinia), 73.
Fontanini, 136, 248, 453.
Fonteio, 64.
Foppens, 58.
Forcella, 27, 124, 206, 255.
Forestis (Nic. de), 327.
Fortiguerra (Francesco), 404.
Fortiguerra (Giambattista), 83, 246, 403.
Fortiguerra (Michele), 80, 82.
Fortiguerra (Scipione). V. Cartéromachos.
Fortiguerra (Scipione), junior, 83, 402-408.
Fortunatianus, 247.
Foscari (Fr.), 196, 238.
Fracassetti, 282, 288, 290, 294, 304.
Fracastor (Girolamo), 133, 248.
Frachetta (Girolamo), 280.
François Ier, 170, 242, 273.
Franzini, 423.
Frédéric III, empereur, 237.
Friedberg, 49.
Frizzoni, 237, 291.

Froben, 89, 387-390.
Frontin, 206, 383, 386, 390, 454.
Fronton, 72, 247, 300.
Függer, *Fuccarus*, 18.
Fulin (Rinaldo), 92, 453.
Foscarini (Marco), 312.
Frigell (A.), 227, 277.

G

Gabrielli (Angelo), 152, 153, 400.
Gabrielli (Ottavio), 31.
Gabrielli (Trifone), 123.
Gactus, Gattus. V. Cato.
Gadaldino, 193.
Gaddi (Alessandro), 217.
Gaddi (Francesco), 451.
Gaddi (Francesco), fils d'Angelo, 217.
Gaddi (Giovanni), 216, 217, 351.
Gaddi (Niccolò), 100, 216.
Gaignières, 199, 367.
Gaiter (L.), 301.
Gales (P.), 105.
Galien, 265.
Galle (Théodore), 42, 43, 59, 110, 270.
Galletti, 4, 8, 24, 27, 249, 382.
Gallus (Cornelius), 258, 259, 268.
Gambara (Lorenzo), 15, 39, 40, 58, 60, 64, 69, 76, 124, 258, 438, 441.
Gams, 229, 452.
Ganimberti (Girolamo), 13, 42.
Gardthausen (V.), 143, 146, 149, 162, 170, 220.
Gargari (Quintiliano), 25.
Garisendo (Giov.-Andr.), 254.
Garrault (François), Garotto, 67, 69, 434, 435.
Gaspary (A.), 223.
Gavardi (Lelio), 76.
Gaye (Giov.), 419.
Gaza (Georges et Démétrius), 146.
Gaza (Théodore), 110, 122, 145-147, 159, 163, 166, 171, 179, 187, 223, 230, 343, 348, 351, 370, 375, 382, 424.
Geiger (L.), 223, 255, 295.
Gellius. V. Aulu-Gelle.
Georges Gémiste. V. Pléthon.
Georges Lecapène, 150.
Georges de Trébizonde, *Trapezuntius*, 162, 221, 223, 224, 227, 259, 375, 380, 386, 399, 400, 424.
Gerbert, 401.
Germanicus, 217, 259.
Gesner, 164, 422.
Ghirlandaio (D.), 202.
Ghisler (Michel), 50.
Giacoboni (Giulio), 36.
Giacomini (Lorenzo), 74.
Giacomo Romano, 414, 415.
Giampieri (Giampiero), 216.
Giannotti (Donato), 172.
Giberti (Giammatteo), 134, 246.
Giffen (H. van), *Giphanius*, 68.
Gillot (Jacques), Gilotto, 67, 69, 74, 432, 435.
Ginnasi (Giulio), 313.
Giocondo (fra), de Vérone, 40, 203, 247.
Giordani (Giordano), 6.
Giorgione, 12, 32.
Giotto, 24.
Giovannelli (Francesco), 154.
Giovio (Paolo), 134.
Giraldi (Giglio), *Lilius Gyraldus*, 161, 200, 390.
Gitlbauer (M.), 227, 265.
Giudeco (Niccolò), Judeco, *Judecus*, 122, 251.
Giuliari (G.-C.), 232.
Giunta (les), 44, 71, 72, 136, 188, 317, 352, 356-358, 383.
Giustiniani (card. Benedetto), 446.
Giustiniani (Francesco), 158.
Giustiniani (Leonardo), 280.
Giustolo (Pierfrancesco), 257.
Glareanus, 55.

Goetling (C.). V. Flach.
Goltzius, 43.
Gonzague (François de), 257.
Gonzague (Giulio de), 33.
Gonzague (Louis III de), 326.
Gonzague (Louis-Rodomont de), 33.
Gorgias, 186, 397.
Gori (Ant.-Franc.), 269, 328.
Goritz (Jean), *Coricius*, 255.
Gourmont (Gilles de), 385.
Gozzi (Giorgio), 87.
Graevius, 136.
Grandi (Aless. de), 31.
Grana (Lorenzo), 268.
Granvelle (card. de), 2, 14, 17-21, 29, 35, 38, 39, 41, 46, 57, 60, 102, 108, 112-115, 136, 270, 271, 415, 430, 438.
Grapaldo (Francesco-Maria), 386.
Gratien, 49, 76.
Gratius, 259, 389, 401.
Graux (Charles), 47, 48, 60, 64, 81, 152, 174, 175, 177, 186, 190, 226, 422.
Gravina (Pietro), 255.
Grazi (Grazio-Maria), 298-300.
Graziano (A.-M.), 269.
Grégoire de Nazianze (saint) 63, 137, 319, 353.
Grégoire le Thaumaturge (saint), 121.
Grégoire XIII, 19, 29, 48, 114, 115, 160.
Grégoire XIV, 24, 445.
Grégoire XVI, 116.
Grégoras (Nicéphore), 179.
Gregorovius, 254.
Grimani (card. Domenico), 262, 452.
Grimani (Giovanni), patriarche d'Aquilée, 94.
Grimani (card. Marino), 134.
Grion (Giusto), 251, 309.
Gröber (G.), 313, 315.
Grolier (Jean), 266.
Gros (E.), 170, 187, 189.
Grouchy, *Gruchius*, 73.

Gruter (Jean), 36, 63, 202, 203, 271, 444.
Grüzmacher, 316, 320, 322.
Grynaeus (J.), 356.
Gryphe (Sébastien), 259, 390.
Gryphius (Christ.), 1, 74, 260.
Grypsus (Démétrius), 151.
Gualdo (Paolo), 104, 299, 300.
Gualteruzzi (Carlo), 242, 262, 291, 309.
Guardarobba (Porzio), 31.
Guasti (Cesare), 272, 331.
Guarino de Vérone, 124, 197, 218, 221, 223, 228, 268, 367, 451.
Gucciardini (Angelo), 71.
Gucciardini (Francesco), 71.
Gucciardini (Piero), 231.
Guillemier, 432.
Guiraut d'Espagne, 317.
Gutenstein (Léonard), 36, 63.

H

Hadrien, 101, 411, 418.
Hagen, 56, 196.
Haller (Albert), 44.
Halm (K.), 203.
Harles. V. Fabricius.
Harpocration, 343, 444.
Haupt (Moriz), 231, 233.
Havebert (Philippe), 369.
Havet (Louis), 265.
Heiberg, 167.
Heinsius (Dan. et Nic.), 136, 234.
Helicona. V. Teobaldi.
Héliodore de Larisse, 179.
Henri III, 66, 432.
Henzen, 8, 35, 204, 263.
Héphestion, 181.
Hercolani (Antonio), 249.
Herculanus. V. Ercolani.
Hercule, 201.
Hermès Trismégiste, 151, 159.
Hermogène, 335, 355.

Hermolaüs. V. Barbaro.
Hérodien, 150, 179, 207, 353, 354.
Hérodote, 104, 146, 183, 202, 252.
Héron d'Alexandrie, 162, 182, 398.
Hertz (Martin), 224, 359.
Hervagius (J.). 46.
Hervet (Gentien), 449.
Hésiode, 121, 149, 150, 164, 166, 173, 179, 185, 212, 347.
Heyne (C.-J.), 272.
Hiéroclès, 68, 346.
Hinck (H.), 178, 190.
Hippocrate, 83, 386, 407.
Hody, *Hodius*, 146, 148, 213.
Holder (A.), 227.
Holstenius (Lucas), 269, 270.
Homère, 129, 144, 165, 176, 177, 188, 195, 202, 212, 283, 297, 336, 355, 453.
Honorius (J.). V. Onorio.
Honorius Scholasticus, 276.
Horace, 122, 212, 226, 250, 264, 296, 361, 383, 401, 439.
Hortis (Attilio), 281, 307.
Hotman (Fr.), 40.
Houlier (D'), 88, 89, 408.
Hurault de Cheverny (Ph.), 89.
Hypéride, 151.

I

Ibycos, 39.
Imola (Benvenuto d'). V. Rambaldi.
Impéria, 257.
Inghirami (Tommaso), *Phaedrus*, 247, 257, 268, 401.
Innocent VIII, 146, 228, 340.
Innocent IX, 24.
Innocent XII, 238.
Ippolito, *Hippolytus Lunensis*, 249.
Iriarte, 152, 153, 449, 452.
Isabelle de Mantoue. V. Este (Isabelle d').
Isidore, 195, 242.
Isocrate, 144, 174, 186, 221, 344.

J

Jacob (J.-Friedrich), 233, 235.
Jacobs (C.-Friedrich-W.), 164, 190.
Jannelli (Cataldo), 148, 217.
Jannoctus. V. Giannotti.
Janson d'Almeloveen (Th.), 54.
Jarry (Louis), 69.
Jean Chrysostome (saint), 122.
Jean XXIII, 193.
Jean d'Otrante. V. Onorio.
Jean de Ravenne. V. Malpaghini.
Jean de Venise. V. Lorenzi.
Jenson (Nic.), 229, 246.
Jérôme (saint), 368.
Joannellus. V. Giovannelli.
Jordan (H.), 198, 204, 206, 263.
Josèphe, 166.
Jubinal (A.), 313.
Judecus, Judeco. V. Giudeco.
Jules II, 133, 160, 228, 254, [256, 257, 395.
Jules III, 272.
Julien (empereur), 151.
Julius Sabinus. V. Pomponius Laetus.
Jullian (Camille), 251.
Jungermann (G.), 54, 55.
Junta. V. Giunta.
Justin (saint), 443.
Justinianus. V. Giustiniani.
Justulus. V. Giustolo.
Juvénal, 123, 212, 363, 366, 401, 437.
Juvencus, 402.

K

Keil (H.), 196, 203, 211, 235.
Kollar, 63.
Krabinger (J.-G.), 145.
Kramer (G.), 184.

L

Labbe, 60.
Lactance, 83, 270, 364, 384, 388, 404.

Laetus. V. Pomponius Laetus.
Laevinus Torrentius. V. Becke.
Lafréry (Antoine), 40, 41.
Lagomarsini, 124, 269.
Lambecius, 63.
Lamola (Giovanni), 223, 224, 451.
Lamprias, 186, 187.
Lampride, 204, 390, 442.
Lampridio (Benedetto), 134.
Lancelotti (Gianfrancesco), 135, 249, 254, 257, 319.
Lancelotti (Orazio), 25, 27, 136.
Lanciani (Rod.), 263.
Lancilotto, 246.
Landi (Lelio), 50.
Landino (Cristoforo), 106, 240.
Lange (Charles), Langhe, *Langius*, 57, 58, 438-440.
Lange (Jean), 443.
Langlès, 313.
Lanzoni (F.), 447.
L'Armessin, 28.
Lascaris (Angelo), 156.
Lascaris (Constantin), 110, 121, 139, 151-154, 171, 187, 449, 452.
Lascaris (Jean), 12, 102, 110, 121, 122, 132, 139, 140, 153-159, 161, 175, 182, 186, 198, 254, 255, 340, 394, 449.
Latini (Brunetto), 104-106, 122, 281, 311, 392, 393, 426, 430.
Latini (Latino), 6, 10, 15, 21, 22, 49, 50, 54, 60, 61, 67-69, 76, 85, 137, 151, 260-262, 264, 415, 447.
Laure, 33, 293, 296, 297, 299.
Lazeri, 68, 437.
Lefebvre (Jean), *Faber*, 42, 43, 270.
Legrand (Emile), 145, 148, 149, 152, 153, 158, 160, 161, 175, 187, 448, 449.
Le Jay, 67.
Lelong, 49, 50.
Léon l'Arménien, 169.
Léon le Philosopke, 169.

Léon X, 32, 123, 156, 161, 175, 242, 263, 303.
Leonardo provenzale, 394.
Leonardo pisano, 182.
Leoniceno (Niccolò), 386.
Leonicenus. V. Ognibene.
Leonico Tomeo (Niccolò), 171, 172, 181, 184, 188.
Lestarchos (Hermodore), 160.
Leyde (Lucas de), 25.
Lianori (Pietro), 170.
Lianori de Bologne, 170.
Libanius, 152, 189, 228, 337, 338, 342, 345, 397.
Liburnio (Niccolò), 247.
Liévens (Jean), *Livineius*, 50, 58.
Ligorio (Pirro), 13, 28, 36, 62, 263.
Lioni, 414.
Lipse (Juste), 51, 57, 67, 437.
Litta, 2, 267.
Littré, 426.
Livineius. V. Liévens.
Livius. V. Tite-Live.
Livius Andronicus, 269.
Loevenklau, *Leunclavius*, 442.
Lolgi (Guido), *Lolgius, Lolius*, 10, 15, 18, 38, 69, 86, 87, 435.
Lomellino (card.), 12.
Lollis (Cesare de), 323, 324, 454.
Lollino (Alvise), 279.
Longin, 380.
Longo (Pietro), 442.
Lonigo (Ognibene da). V. Ognibene.
Longueil (Christ. de), *Longolius*, 242.
Longus, 164, 186, 394, 444.
Loredano (Andrea), 61.
Lorenzi (Giovanni), *Joannes Venetus*, 184, 228.
Lorenzo de Pavie, 308.
Loschi (Ant.), *Luscus*, 166, 210, 367, 394.
Louis XII, 153.
Lucain, 200, 201, 361, 367, 386.
Lucca (Simone di), 381.

Lucca (Sisto di), 264.
Lucien, 104, 146, 166, 172, 173, 180, 181, 185, 189, 253, 338, 339, 342, 398.
Lucilius, 203.
Lucrèce, 207, 212, 218, 219, 258, 259, 359, 383.
Lungo (I. del), 208, 209.
Luscus. V. Loschi.
Lupus (Clarelius), 134.
Lycophron, 166, 336, 357.
Lysias, 158.

M

Mabillon, 86.
Macrobe, 157, 212, 222, 245, 389.
Maddaleni (Fausto), 257.
Mader (J.-J.), 30, 41.
Madrucio (card.), 62, 270.
Maffa, 300.
Maffei, 5, 250, 430.
Maffei (Achille), 31, 43, 60.
Maffei (Agostino), 231, 232.
Maffei (card. Bernardino), 12, 33, 42, 134, 258, 395.
Maffei (Raffaello), de Volterra, 228.
Maffei (Scipione), 262.
Maffei (archevêque), 8.
Maggiorani (Niccolò), 82, 176, 181.
Magno (Pietro), 136.
Magri (D.), 10, 260.
Mai (card. Angelo), 112, 119, 128, 132, 138, 171, 195, 209, 225, 247, 262, 272, 328, 359, 370.
Maioragio (Marcantonio), 176.
Maioranus. V. Maggiorani.
Maittaire, 350.
Malagola (Carlo), 175.
Malatesta (Battista), 365.
Malatesta (Pandolfo), 282.
Maldonat (Jean), 50.
Malipiero (Bartolommeo), 168.
Malpaghini (Giov.), 288.
Mandosi (Prospero), 4, 8, 16.

Manetti (Gianozzo), 233.
Manilio (chanoine), 31.
Manilius, 230, 401, 412.
Manilius (Marcus), 147.
Manilius Romanus. V. Rhallès Cabacès.
Manoussos Sacellarios, 151.
Mansionari, de Vérone, 197.
Manuce (Alde), 32, 33, 66, 81, 132, 133, 149, 153, 159, 167, 175, 176, 180-182, 184, 188, 236, 239, 243-245, 247, 280, 351-358, 382-390, 396, 448, 449.
Manuce (Alde), junior, 13, 21, 36, 40, 41, 52, 55, 76, 110, 124, 133, 136, 196, 244, 245, 268, 270, 315-317, 435.
Manuce (Paul), 9, 10, 13, 15, 18, 20, 21, 27, 38, 40, 52, 63, 68, 69, 74, 76, 93, 133, 136, 196, 238, 244, 245, 260, 261, 266, 271, 435.
Manuzio de' Manuzi, 261.
Manzolo (Giorgio), 114.
Manzoni (L.), 309.
Marc-Aurèle, 410, 411.
Marcel II. V. Cervini (Marcello).
Marcellinos, 165.
Marchisio (Alfonso), 134.
Marchisio Elio (Francesco), 135.
Marcucci (Gius.), 28.
Margounios (Emm.), 188.
Marguerite d'Autriche, 406.
Marii (Orazio de'), 31.
Marini (Gaetano), 30, 119, 132, 192, 239.
Marini (Marino), 128, 313.
Marinos de Naplouse, 179.
Marliani (B.), 136.
Marliani (Raymond), 40.
Marsand, 281, 432.
Marso (P.), 252.
Martial, 199, 212, 220, 231, 246, 372, 385.
Martianus Capella, 122, 228, 388.
Martini (Simone), 33, 293, 296.

Martirani (Coriolano), 379.
Martire, 31.
Marty-Laveaux, 7.
Marulle (Michel), Tarchaniotès, 159, 165, 213, 255.
Marzio (Galeotto), 227.
Massa, 60, 300.
Massimi, 31, 415.
Massimi (Pietro de'), 228.
Matarazzo (Francesco), *Matarantius*, 174.
Mathatosta. V. Mazzatosti.
Matranga, 161.
Matteo greco. V. Devaris (M.).
Mauricios, 5, 174, 398.
Maximien, 207.
Maximilien Ier, 167.
Mazzatinti (G.), 296.
Mazzatosti (Fabio) *Mathatosta*, 450.
Mazzuchelli, 92, 229, 236, 243, 309, 453.
Médicis (Cosme de), 223.
Médicis (card. Ferd. de), plus tard grand-duc Ferdinand Ier, 42, 100, 418, 419.
Médicis (François de), grand-duc de Toscane, 100, 418, 455.
Médicis (Jean de), 134.
Médicis (card. Jean de). V. Léon X.
Médicis (card. Jules de), 309.
Médicis (Laurent de), le Magnifique, 155, 208, 209, 328, 392, 419, 452.
Médicis (Marie de), 420.
Médicis (Pierre de), 157, 158, 186, 240.
Mélampode, 121, 163.
Meletius, 253.
Melissus (Paul), 63, 441.
Mellini (Celso), 198, 268.
Mellini (card. Giovanni), 198.
Ménandre, 179.
Mendoza (Diego Hurtado de), 81, 105, 174, 422.
Menochio (Girolamo), 135.
Mercuriale (Girolamo), 15, 77, 95,
104, 107, 108, 175, 262, 265, 410, 412, 414, 415, 427, 428, 447, 451.
Méril (Ed. du), 362.
Merkel (Rud.), 274.
Mesmes (Henri de), *Memmius*, 34.
Métellus (Jean), 6, 36, 62, 261, 262.
Metochita (Théodore), 103, 104, 185, 190, 422-424.
Meyer (Paul), 311, 313, 315-318, 320, 322, 323.
Meylan, 265.
Michel. V. Apostolios, Psellus, Sophianos, Syncelle.
Michel le Rhangabé, 169.
Michel-Ange, 15, 16, 32, 258, 329-332, 392.
Michiel (M.-A.), 33.
Micinelli (Properzia), 2.
Milanesi (G.), 329-331.
Milesio (Ant.), 188.
Milesio (Marzio), 260.
Miller (E.), 75, 167, 174, 226.
Millin, 27, 38, 54.
Mimnerme, 39.
Minutius Félix, 48.
Mirandole. V. Pic.
Mocenigo (Alvise), 31, 107, 109, 315-317, 319-321, 421, 427, 428.
Modestus, 386.
Modius (Fr.), 67.
Molini (Domenico), 199.
Molmenti (P.-G.), 56.
Molteni (Enrico), 312.
Molza (Fr.-Maria), 82, 133, 255.
Molza (Tarquinia), 82, 447.
Mommsen (Theodor), 35, 198, 214-216, 275.
Mommsen (Tycho), 167, 183.
Monaci (E.), 119, 249, 281, 309, 312, 318, 319, 322, 453.
Monaco (Giulio), 15, 21.
Montaigne, 29, 68, 313.
Montalto (card.). V. Peretti.
Montano (Aria), 58, 60, 113, 261.
Monte (Antonio del), 272.

Monte (Innocenzo del), 273.
Montefeltro (Guidobaldo I, di), duc d'Urbin, 92, 257.
Montepulciano (Jacopo da), 393.
Montepulciano (Pietro da), 268.
Montfaucon, 75, 187.
Montmorency (Anne de), 157.
Montserrat (Cosme de), 454.
Morabito, 31.
Morandio (Ambrogio), 167.
Morel (F.), 64.
Morelli (Giacomo), 33, 237, 291-293, 302.
Moretto, 31.
Moretus (Jean), 35, 43, 53, 110, 436.
Morillon, 19.
Morin (Pierre), 15, 49, 50, 65.
Morosina, 92.
Morpurgo (S.), 166, 280, 453.
Moschion, 39.
Moschos, 39, 437.
Moschus (Démétrius), 151, 153.
Moschus (Georges), 151.
Moschus (Jean), 149.
Müller (K.-K.), 153, 155, 167, 448.
Müller (Luc.), 203.
Müller (Otfried), 45, 203, 213, 379.
Munro, 207, 218.
Müntz (Eugène), 32, 33, 146, 160, 162, 170, 198, 207, 229, 293, 296, 303, 377, 431, 453, 454.
Muret (Marc-Antoine de), 15, 20, 21, 51, 54, 58, 64, 66, 68, 69, 74, 76, 87, 90, 186, 224, 238, 260, 432, 452.
Musée, 164, 180, 195.
Mussafia (Ad.), 315, 320, 322.
Musurus (Marc), 143, 150, 151, 348, 448.
Myrtis, 39.

N

Nasi (Paolo), 31.
Narducci (Enrico), 286, 290, 292, 294, 305-307, 310.

Navagerio (Andrea), *Naugerius*, 431.
Nelli (Andrea de'), 31.
Nepos (Cornelius), 258, 274, 369, 401.
Névius, 212.
Nibby, 263.
Nicandre, 104, 180, 184, 351, 353.
Niccoli (Niccolò), 120, 295.
Niccolò fiamengo, 31.
Nicéphore, 252.
Niceron, 54.
Nicétas, 63.
Nicolas III, 191, 192.
Nicolas V, 146, 227, 369, 454.
Nicolas de Cusa ou de Cuës, *Cusanus*, 229, 300, 383.
Nicolas de Lyra, 228.
Nicot (Jean), 452.
Nigidius, 218.
Nivelle (les), 67.
Nizolio (Mario), 11.
Nobili (Flaminio), 15, 50, 51.
Noiret (H.), 448.
Nolhac (P. de), 2, 18, 33, 49, 51, 101, 182, 186, 202, 225, 247, 451.
Nonius Marcellus, 212, 220, 265, 271, 412, 441.
Nossis, 39.
Novati (F.), 375.
Nucula (Lorenzo), 8.
Numénios, 179.
Nunziante (E.), 328.

O

Occo (Adolf III), 62.
OEdipe, 362.
Ognibene da Lonigo, *Omnibonus Leonicenus* ou *Vicentinus*, 227, 379.
Ohlsen, 14.
Olgiati (Antonio), 298.
Omont (Henri), 136, 161, 162, 164, 170, 448, 449, 451, 452.
Onofrio (fra). V. Panvinio.

Onorio (Giovanni), *Honorius*, 121, 162-165.
Onosandre, 174, 370, 398.
Oporinus (J.), 356.
Oppien, 96, 104, 184, 356, 410.
Oribase, 265.
Orlandi (Giov.), 40.
Orphée (pseudo-), 150, 151, 162, 195.
Orsini (Carlo), 4.
Orsini (card. Flavio), 124, 415.
Orsini (Flavio ou Fulvio), évêque de Spolète, 31, 124.
Orsini (Gabriele), 4.
Orsini (Giancorrado), 2.
Orsini (Giantonio), 26.
Orsini (card. Giordano), 192, 218.
Orsini (card. Latino), 227.
Orsini (Lodovico), 3, 11.
Orsini (Maerbale), 2, 3.
Orsini (Orazio), 3, 60, 385, 454.
Orsini (Paolo), 31.
Orsini (Settimio), 4, 82, 178, 181.
Ortell (Abraham), *Ortelius*, 59.
Orville (D'), 167.
Ossat (card. Arnauld d'), 68.
Othon de Freisingen, 402.
Otrante (Jean d'). V. Onorio.
Ottoboni, 177.
Ovide, 83, 122, 144, 176, 200, 202, 212, 217, 219, 245, 246, 259, 274, 362, 367, 368, 373, 378, 383, 386, 388, 389, 399, 401, 403, 404, 407.

P

Pacato, *Pacatus*. V. Bagatto.
Paciotto (Felice), 162.
Padovani, 31.
Pacci (Ant.-Maria), 217.
Pacini (Marzotto), 135.
Paeanios, 442.
Paez de Castro (Juan), 47, 105.
Pakscher (A.), 278, 280, 281, 283, 286, 302, 304, 307, 308, 314-316, 322, 453.

Palavicini (P.-F.), 218.
Paléologue (Jean), 162.
Paleotti (card.), 114.
Paleotti (Camillo), 31, 67, 114, 136.
Palephatos, 345.
Palestrina, 135.
Palladius l'agronome, 300, 378, 388, 444.
Palladius, 199.
Palladius Blosius (Biagio Pallai, dit), 134.
Palladius Fuscus, 246.
Pallini, *Parthenius*, 202, 362.
Panciroli (Guido), 250, 251, 430.
Panfili (Giambattista), 31, 262.
Panfili (Giuseppe), 15.
Pannartz, 210, 228.
Panormita (Antonio Beccatelli, dit), 118, 122, 124, 139, 194, 218-224, 227, 268, 370, 374, 451.
Pantagathus. V. Bagatto.
Pantaleone (H.), 41.
Panvinio (Onofrio), 3, 8, 14, 15, 19, 21, 30, 41, 60, 62, 69, 72, 85, 116, 135, 262, 270, 398, 399, 425.
Panzer, 350.
Paoli (Cesare), 272, 273.
Papio (Gianangelo), 66.
Paris (Julius), 367.
Parisiere, 434.
Parra, 50.
Parrasio, *Aulus Janus Parrhasius*, 136, 148, 423.
Parthenius. V. Pallini.
Pasqualini[1] (Lelio et Pompeo), 34.
Passari (Bernardino, Giacomo, Isidoro), 31.
Passionei (card.), 271.
Patin (Charles), 43, 44.
Patisson (Mamert), 68.
Patrizi (Agostino), *Patricius*, 226, 456.
Patrizi (Francesco), 82, 226.
Paul Diacre, 274, 360.
Paul Orose, 217, 274, 360.
Paul II, 210, 227.

Paul III, 8, 26, 32, 135, 160, 166, 173, 254, 445.
Paul IV, 9.
Paul V, 129, 457.
Pausanias, 212, 357, 390, 442.
Peiresc, 74, 78, 222, 252.
Pelicier (Guill.), 452.
Pélissier (L.-G.), 270.
Pellegrino Allio, de Florence, 202.
Pellini (Bernardino), 135. V. Pallini.
Pératé (André), 276.
Peretti (card. Alessandro), dit Montalto, 17, 25, 29, 53, 446.
Perez (Antonio), *Perreius*, 235.
Perotti (Giovanni), 196.
Perotti (Niccolò), 166, 196, 197, 200, 227, 251.
Perse, 212, 217, 275, 359, 361, 384, 401.
Pertz, 85, 86, 222.
Perusco (Camillo), 173.
Peruzzi (Baldassare), 32, 263.
Peter (H.), 204.
Petit (Jean), 250.
Petosiris, 151.
Petra (De), 32, 455.
Petrarca (Gherardo), 304.
Pétrarque, 33, 72, 96, 100-104, 106, 110, 122, 142, 192, 193, 233, 237, 279, 305, 307, 308, 310, 314, 322, 327, 375, 384, 391-393, 399-401, 411, 417-421, 423, 432, 453, 454.
Petreius (Nic.), 448.
Pétrone, 196, 208.
Petrucci (Fabio), 31.
Petrus Hispanus, 388, 405.
Petrus Montopolitanus. V. Montepulciano.
Phaedrus. V. Inghirami.
Phalaris, 144, 152.
Phanoclès, 179.
Philargyrius, 51, 52, 69, 85, 196, 211, 435.
Philelphe (François), Filelfo, 124, 145, 146, 194-196, 223, 227, 268,

375, 388, 400.
Philelphe (Mario), 223.
Philippe II, 20, 24, 39, 81, 112, 177, 446.
Phillipps (Thomas), 59.
Philonius. V. Filonio.
Philostrate, 175, 176, 181, 354.
Phocylide, 150.
Photius, 409.
Phrynichos, 150, 348.
Piacentino (Franc.), *Placentinus*, 134, 135.
Pic de la Mirandole (Giovanni), 33, 251.
Pic de la Mirandole (Giovanni-Tommaso), 257.
Piccinino (Giacomo), 173.
Piccolomini (Alfonso), 446.
Piccolomini (Enea), 11, 155, 195, 197, 208.
Piccolomini (Enea-Silvio). V. Pie II.
Piccolomini (card. Fr.), 197, 450.
Piccolomini (Mario), 31.
Pie II, 223, 268.
Pie IV, 30, 65, 160, 175.
Pie V (saint), 50, 175, 457.
Pie VI, 128.
Pie VII, 313.
Pie IX, 129.
Pierius. V. Valeriano.
Pietini (Giuliano), 135.
Pietrasanta (Tommaso), 135.
Pietro greco, 163.
Pighius (Etienne), 19, 367.
Pignoria (Lorenzo), 236.
Pilio (Niccolò), *Pylius*, de Pistoia, 231.
Pindare, 96, 98-100, 150, 162, 166, 170, 172, 173, 175, 183, 188, 338, 397, 411, 412, 415, 416.
Pinelli (Gianvincenzo), 5, 10, 14, 17-20, 22, 23, 29, 31, 34, 35, 44, 46, 47, 49, 51, 56-58, 61, 64, 65, 74-78, 85-89, 94-101, 104, 106-109, 114, 117, 132, 133, 136, 157,

160, 166, 168, 174, 175, 184, 185, 193, 209, 217, 245, 248, 250, 255, 261, 262, 264-266, 284, 299, 301, 305, 315, 319, 322, 323, 348, 375, 382, 398, 408-417, 420-432, 435, 447, 448, 450, 452.
Pio (Giambattista), 207, 213, 384, 385.
Pio de Carpi (Alberto), 167, 244.
Pio de Carpi (card. Rodolfo), 42, 62, 86, 134, 258, 264, 272, 273, 331, 416.
Piombo (Sebastiano del), 32, 33.
Pippi (Giulio), Jules Romain, 32.
Pisa (Tommaso da), 394.
Pisano (Giantonio), 430.
Pistorio, 386.
Pithou (P.), *Pithoeus*, 86, 87, 432, 447.
Pizzicolli (Ciriaco), *Cyriacus Anconitanus*, 144, 221, 448.
Placidus, 378.
Plantin (Christophe), 18, 19, 35, 38, 39, 40, 46-48, 53, 54, 58, 59, 62, 187, 190, 271, 358, 432, 436, 441.
Planude (Maxime), 151, 158, 162, 339, 350.
Platina (B.), 198, 386.
Platon, 122, 166, 178, 190, 221, 227, 230, 252, 268, 338, 356, 367, 375.
Plaute, 176, 192, 212, 218, 220, 247, 369, 384, 391, 401.
Plessis (Frédéric), 220, 233-235, 258.
Pléthon (Georges-Gémiste), 121, 147, 149, 152, 156, 163, 266, 348, 350.
Pline l'ancien, 245, 248, 253, 254, 260, 261, 382, 426.
Pline le jeune, 83, 176, 197, 203, 207, 212, 220, 246, 372.
Plotin, 168.
Plutarque, 83, 121, 144, 149, 159,

165, 171, 179, 188, 212, 230, 252, 335, 352, 388, 404, 448.
Podiano, 174.
Poggi (Vittorio), 2, 12, 33.
Poggiano (Giulio), 268.
Poggio Bracciolini, 119, 166, 193, 194, 202, 208, 218, 220, 221, 223, 224, 276, 295.
Poggio (Giacomo), 193.
Poisnel (Charles), 171.
Pole (card. Reginald), 160.
Polémon, 121, 154, 163, 178, 190, 398.
Politi (V.), 405, 406.
Politien (Ange), Poliziano, 44, 52, 71, 83-85, 102, 122, 139, 208-216, 228, 233, 234, 238, 254, 255, 395, 405, 419, 435, 437.
Polo (Donato), 172.
Polybe, 46, 122, 187, 357, 394, 422, 423, 426.
Polyen, 151.
Pomponius Atticus, 40.
Pomponius Laetus, 40, 42, 45, 110, 118, 139, 140, 142, 198-208, 210-213, 214, 246, 252, 273, 373, 391, 450, 451.
Pomponius Mela, 368, 390, 401.
Pontano (Francesco), 223.
Pontano (Giovanni-Gioviano), 110, 133, 159, 223, 225, 232, 234-235, 241, 456.
Porcari (Stefano), 122, 206, 393, 400.
Porcello (Giantonio de' Pantani), *Porcelius*, 237, 238.
Porphyre, 121, 143, 168, 179, 181, 182, 353, 398.
Porphyrion, 85, 212, 226, 250, 276.
Porta (Giacomo della), 16.
Porta (Gianvincenzo della), 327, 429, 430.
Portus (François), 175.
Porzio (Camillo), 257.
Possevino (Antonio), 6, 7, 64, 75, 137, 400.

Posthius (J.), 441.
Postumo (Guido), 175.
Pottelsberghe (Guill.), 267.
Poullet (E.), 19.
Pozzo (Cassiano dal), *Cass. a Puteo*, 328.
Prato (Giovanni da), 228.
Praxilla, 39.
Priscien, 195, 212, 274, 368, 387, 389.
Probus (Aemilius), 246, 369, 389.
Proclus, 340, 356.
Procope, 180, 426, 442.
Prodrome (Théodore), 147.
Properce, 202, 212, 219, 220, 232-235, 246, 247, 258, 259, 362, 386, 401, 456.
Prudence, 368, 388, 438.
Psellus (Michel), 147.
Ptolémée, 167, 168, 183, 185, 339, 398, 422.
Pucci (abbé), 12, 31.
Pucci (Francesco), 233-235.
Pullmann (Theod.), 437.
Puteanus. V. Dupuy.
Puys (Jacques du), 66.
Pylius. V. Pilio.
Pythagore, 150, 152.

Q

Qualamani (S.), 430.
Quinte-Curce, 389.
Quintilien, 176, 199, 205, 212, 376, 378, 394.
Quintus de Smyrne, 154, 181, 188, 354, 449.
Quirini (card.), 119, 168.
Quirini (Girolamo), 291.

R

Rainaldi (Dom.), 120-122, 131, 159, 160, 163, 176, 179, 181, 188, 207, 209, 216, 229, 232, 261, 263, 337, 347, 350, 361, 366, 385, 386, 391, 402.
Rainaldi (Fed.), 113.
Rajna (Pio), 281.
Rallus. V. Rhallès.
Rambaldi (Benvenuto), 192, 193, 384, 400.
Ramorino (F.), 219-221, 223.
Ramsay, 233.
Ramusio (Giambattista), 309.
Ranaldus. V. Rainaldi.
Raphaël, 13, 32, 33, 247, 254, 429, 431, 451.
Ravaschieri, 415, 429, 430.
Raynaldus, 275.
Raynouard, 313.
Recanati (Giantaddeo da), 31.
Regio (Lodovico), 231.
Regio (Raffaello), 173.
Regnault (Fr.), 385.
Rena (Giambattista della), 31.
Renier (Léon), 13.
Renier (Rod.), 279, 296, 310, 320.
Renouard (A.-A.), 350.
Resler, 162.
Reuchlin, 252.
Reumont (A. de), 236.
Rhallès Cabacès (Démétrius), 146, 147, 448.
Rhallès Cabacès (Manilius), *Man. Rallus Romanus*, 147, 149, 213, 214, 255, 448, 452.
Rhellicanus (J.), 54, 55.
Riario (Pietro), 227, 228.
Riario (card. Raff.), 253, 391.
Ribbeck (Otto), 86, 199, 239, 276.
Ricasoli (Gal.), 227.
Ricciarelli (Daniele), dit D. da Volterra, 3, 16, 33.
Riccoboni, 23, 74, 443.
Richer (Jean), 51.
Ricinus, 6.
Rictius. V. Rizzio.
Ridolfi (card. Niccolò), 122, 132,

135, 151, 156, 161, 172, 178, 209, 253, 452.
Ridolfini (Fr. et Nic.), 230.
Riemann (Othon), 277.
Rienzi, 206, 400.
Riese (A.), 274.
Rieu (G.-N. du), 367.
Rigault (Nic.), 136.
Rinalducci (Rinolfo), 428.
Ritschl, 219.
Rittershuys (Conrad), 36.
Rizzio (Benedetto), *Rictius*, 152.
Roaldès (Fr.), 447.
Rocca (Angelo), *Roccha*, 85, 109, 148, 174, 177, 239, 244, 259, 269, 273, 445.
Rodio (Giov.), *Rhodius*, 300.
Roemer (Adolf), 165.
Romuleio (Paolo), 386.
Ronchini (A.), 2, 12, 29, 97.
Rooses (Max), 38, 59, 62, 358.
Roscius Hortinus (Julius), 400.
Roscoe, 92.
Roselli (Sidio), 136.
Rossi, *Erythraeus*, 176.
Rossi (Antonio), *Rossius*, 176.
Rossi (Giambattista de), 4, 30, 36, 116, 119, 120, 123, 144, 198, 202, 204, 206, 261, 263, 270, 316, 434.
Rossi (Giov.-Giac. de), 65.
Rossi (Giovanni-Vittore), *Janus-Nicias Erythraeus*, 2, 28, 99, 280.
Rossi (Luigi de), 32.
Rossini (Antonio-Maria), 35.
Rosso, 32.
Roth (C.-L.), 197.
Rovere (Bartolommeo della), 256.
Rovere (Domenico della), 248.
Rovere (Felicia della), 257, 452.
Rovere (Francesco-Maria II, della), duc d'Urbin, 35.
Rovere (Guidobaldo II, della), duc d'Urbin, 92, 163.
Ruccellai (Annibal), *Oricellarius*, 430.

Ruccellai (Giovanni), 157.
Ruelens (C.), 38.
Rufo (Giambattista), 260.
Rufus Festus. V. Sextus Rufus.
Ruggieri (Costantino), 112, 113, 177.
Rühl (Franz), 192, 282.
Ruinart, 86.
Rupipozaeus. V. Abain de la Rochepozay (D').
Rusticci (Franc.), 31.
Rutilio (Bernardino), 54, 122, 132, 134, 390, 400, 435.
Rutilius Lupus, 196, 388.

S

Sa (Emmanuel), 50, 455.
Saba da Castiglione, 297.
Sabbadini (Rem.), 219, 451.
Sabellico, 207.
Sacrato (Paolo), 440, 441.
Sacroboschus (J.), 248.
Sade (De), 290.
Sadolet (card. Jacopo), 132, 133, 253, 257.
Sadoleto (Fr.), 432.
Saint-Didier (Guillaume de), 323.
Sainte-Maure (Jean de), 187.
Saliceto (Bartolommeo), 231, 232.
Salluste, 53, 157, 195, 203, 204, 207, 274-277.
Salutati (Coluccio), *Colucius Pierius*, 145, 166, 191, 234, 295, 365, 375.
Salviati (card. Giovanni), 12, 16, 134.
Salviati (Leonardo), 279, 316, 317.
Sambucus (Jean), 40, 56, 63, 133, 137, 442.
Samperus, 67.
Sanga (Battista), 246, 396.
Sanmarsale (Giov.-Mart.), 31.
Sannazar, 133, 254, 328.
Sansovino (Francesco), 124.
Santacroce (Tarquinio), 31.

INDEX DES NOMS CITÉS

Sanvitale (Paolo), 31.
Sanzio. V. Raphaël.
Sappho, 39, 180, 398.
Sasso (card. Lucio), 24.
Sauli (card. Ant.), 446.
Saumaise, 136.
Sathas (C.), 146, 148, 165.
Savelli (card. Jacopo), 29, 262.
Scaliger (Joseph), 36, 43-45, 54, 67, 68, 136, 137, 412, 434.
Scarpellini, 31.
Scheer, 336.
Schenkl, 190, 276.
Schio (Giov. da), 210.
Schnorr de Carolsfeld, 267.
Schott (André), 48, 54, 55, 58, 59, 264.
Schott (Fr.), 14, 110, 177, 298.
Schulze (Ernest), 47, 48.
Schurer (Matth.), 391.
Sciarra (Marco), 446.
Scioppius (Gasp.), 42, 62, 63, 192, 224, 270.
Scipion l'Africain, 201.
Scotus (J.), 166.
Scyllacius (Nic. et C.), 230.
Sebastus, 162.
Secundinus (Nic.), 146, 370.
Sedulius, 402.
Selve (Georges de), 266.
Sénèque, 104, 242, 363, 434, 452.
Serenus, 217.
Sergios. V. Stissos.
Seripandi (card. Antonio), 148.
Sermoneta (Girolamo da). V. Siciolante.
Servius, 52, 69, 195, 196, 212, 252, 274, 296, 431, 432-435.
Severianus (Julius), 247.
Severus, 228.
Severus (Cornelius), 362.
Séville (Isidore de), 103.
Sextus Empiricus, 103, 161, 183, 449.
Sextus Rufus, 206, 263, 369, 390.

Sforza (card. Francesco), 57, 81, 446.
Sforza (Galeazzo-Maria), 306.
Siciolante (Girolamo), de Sermoneta, 16.
Sidoine Apollinaire, 137, 212, 258, 264, 387.
Sighicelli (Giambattista), 52.
Sigismond Ier. roi de Pologne, 253.
Signorelli (Luca), de Cortone, 166, 449.
Sigonio (Carlo), 3, 10, 11, 20, 23, 33, 45, 58, 66, 70-74, 85, 95, 136, 269, 399, 409, 442, 447.
Silius Italicus, 201, 220, 372.
Silvio (card. M.), 213, 259, 445.
Siméon, grammairien, 343.
Simeoni (Gabriele), 447.
Simocatta (Th.), 341.
Simonide, 39.
Simplicius, 121.
Sirleto (card. Gulielmo), 2, 5, 6, 9, 17, 18, 21, 22, 29, 33, 49, 58, 60, 62, 63, 77, 100, 103, 106, 107, 113-115, 123, 135, 137, 167, 174, 175, 177, 178, 182, 188, 248, 326, 419, 423, 428, 451.
Sixte IV, 122, 133, 166, 228, 377, 395.
Sixte-Quint, 17, 24, 29, 50, 53.
Smetius, 36, 270.
Sole (Jacopo del), 275.
Solin, 275, 276, 390.
Solon, 151.
Sopater, 181.
Sophianos (Michel), 75.
Sophianos (Nicolas), 160.
Sophocle, 151, 164, 173, 179, 181, 188, 212, 338.
Soranos, 186.
Soranzo (Fr.), 427.
Sorbino (Ippol.), 375.
Spanheim, 43.
Spartianus (Aelius), 53, 442.
Spartianus Lampridius. V. Lampride.
Spengel, 203, 204.

Spezi (Gius.), 9.
Squarcialupi (Simoncino), 302.
Stace, 129, 200, 201, 208, 220, 241, 258, 275, 296, 364, 374, 377, 384, 386.
Stampa, 31, 266.
Staphidacès, 179.
Stati (Orazio), 31.
Statius (Achille). V. Estaço.
Statius (P. Papinius). V. Stace.
Stein (H.), 146.
Stella (Bartolommeo), 330.
Stengel (E.), 322.
Stephanius (Bernard.), 26.
Stésichore, 39.
Steuchio (Agostino), *Steucus*, de Gubbio, 167, 452.
Steuchio (Fabio), 167.
Stevenson (Enr.), senior, 145, 149, 162, 171.
Stissos (Sergios), 152, 448.
Stobée, 82, 186, 382, 450.
Stosch, 382.
Strabon, 83, 96, 147, 164, 184, 357, 358, 382, 404, 410.
Strozzi ou Strozza (Ercole), 308.
Strozzi (Filippo), 255.
Strozzi (Tito-Vespasiano), 267.
Sturm (Jean), 253.
Suétone, 53, 170, 197, 212, 386, 390, 440, 442.
Suidas, 154, 159, 181.
Summonte (Pietro), 319.
Surari (Vinc.), 136.
Susemihl (Fr.), 338.
Sweynheim, 210, 228.
Sylburg (Fr.), 59, 63, 64, 442-444.
Syncelle (Michel), 162.
Synésius, 96, 104, 145, 179, 184, 228, 338, 411.

T

Tacite, 53, 57, 203, 212, 247, 390.
Tacuino (Giov.), 175, 383.
Talmann, 62.
Tamizey de Larroque (Ph.), 33, 45, 68, 74, 222, 252, 434, 447.
Tarchaniotès (Démétrius), 165.
Tarchaniotès (Michel). V. Marulle.
Tarcone ou Targone (Cesare), 31, 97, 408.
Taro (Pirro), 51.
Tasti (Girolamo), 255.
Tatios (Achille), 164, 190, 444.
Tebaldeo (Antonio), 133-135, 182, 255, 257, 312.
Tebaldeo (Giacomo), 135.
Tebaldeo (Girolamo), 257.
Tessier (Ant.), 54, 69.
Telesilla, 39.
Tempo (Antonio da), 251, 326, 418.
Teobaldi (Giambattista), *Helicona*, 101, 102, 418-420.
Teoscopoli delle Greche (Domenico), 16, 33.
Térence, 42, 71, 94, 97-99, 108, 110, 120, 122, 192, 195, 208, 237, 275, 276, 280, 318, 362, 401, 410-416.
Tertullien, 49, 107, 137, 270, 389.
Tetti (Scipione), 6, 90.
Thémistius, 385.
Théocrite, 83, 96, 121, 150, 151, 161, 162, 173, 176, 179, 181, 185, 212, 351, 354, 407.
Théodore, 184.
Théodore. V. Gaza, Méthochita, Prodome.
Théodoret, 63, 443.
Théodose d'Alexandrie, 162, 341.
Théodose de Tripoli, 249.
Théognis, 168, 212, 356.
Théon, 181, 184, 421-424.
Théophraste, 157, 165, 166, 335, 351, 386, 391, 398.
Théophylactos Simocatta, 189.
Thewrewk de Ponor, 216.
Thilo, 196, 211, 276.
Thomas d'Aquin (saint), 387.

Thomas de Constantinople, 167.
Thomas Magister, 150.
Thomaeus. V. Leonico Tomeo.
Thomasius, 54.
Thou (Jacques-Aug. de), *Thuanus*, 68, 69.
Thucydide, 147, 164, 165, 180, 352, 398.
Thurot, 192.
Tibout (Ursinus), 277.
Tibulle, 219, 220, 226, 232, 247, 259, 267, 359, 362, 386, 399, 401.
Tiferno (Giglio da). V. Archilibelli.
Tiferno (Gregorio da), 170.
Tiraboschi, 2, 6, 27, 170, 173, 255, 299, 420.
Tite-Live, 53, 85, 88, 89, 104, 187, 194, 203, 242, 277, 366, 426, 453.
Titien, 26, 32.
Toledo (card. Francesco), 50, 99.
Tommasini (Filippo), 199, 236, 280, 286, 290, 292, 297-300, 326, 328, 452.
Tomassino (Vincenzo), 3.
Tonsi (Giovanni), 226.
Tonti (Michelangelo), 135.
Torraca (Fr.), 328.
Torre (Gianfrancesco della), 452.
Torre (Gianpaolo della), 253, 452.
Torrentius (Joannes). V. Tortelli.
Torrentius (Laevinus). V. Becke (L. van der).
Torres (Ludovico de), junior, 24.
Torrigiani, 31.
Tortelli (Giovanni), *J. Torrentius, J. Aretinus*, 197, 225.
Toscanella (Giovanni), 223, 225, 268.
Toscani (Giov.-Matteo), 7.
Tosone (Marcello), 103.
Tournon (card. de), 9.
Trachaniotès. V. Tarchaniotès.
Tramezzini (Francesco), 43.
Trapezuntius. V. Georges de Trébizonde.

Trendelenburg, 263, 457.
Triclinius (Démétrius), 143.
Trissino, 254.
Trivulzio (card.), 134, 135.
Tryphiodore, 153.
Turbolo (Angelo et Giuseppe), 12.
Turnèbe, 54, 356.
Turriano (Francesco), 50.
Tyrtée, 39.
Tzetzès (Jean), 150, 164, 166, 179, 340, 341, 423.

U

Ubaldini (F.), 75, 80, 249, 311.
Ubaldino. V. Bandinelli.
Ubertino, 448.
Uc Faidit, 109.
Udalricus Gallus, 381.
Ughelli, 168, 229, 259.
Ugoleti (Angelo), 386.
Ugoleti (Taddeo), 231.
Ugolino, 91.
Ugonio (Pompeo), 177.
Ulpien, 175.
Umpfenbach (Fr.), 237-239.
Urbain VI, 363.
Urbain VII, 24.
Urbin (Duc d'). V. Montefeltro et Rovere.
Urceus. V. Codrus.
Urlichs (C.-L.), 203, 206, 222, 275.
Utenhove (Charles), junior, 68.
Uztarroz, 60, 105.

V

Vacca (Antonio), 6.
Vacherie (Laurent de la), 65.
Vaillant, 43.
Valckenaer (L.-G.), 38.
Valde, 280, 453.
Valenti, 31.
Valentinelli, 172, 452.
Valère-Maxime, 359, 367.

Valeriano (Pierio), *Pierius*, 110, 396, 455.
Valerius Probus, 211, 387.
Valerius Flaccus, 276.
Valla (Bernardino), 233, 234.
Valla (Giorgio), 165, 167, 168.
Valla (Lorenzo), 168, 197, 223, 249.
Valle (Orazio della), 31, 36, 63.
Valle (Filippo della), 361.
Valori (Baccio), 165, 187.
Valverde (Bart. de), 50.
Vapovicius de Radochonyczo (Bernardus), 253.
Varchi (Benedetto), 4, 312.
Varron, 40, 51, 52, 170, 203, 204, 212, 250, 261, 378, 379, 388, 389, 444.
Vasari, 329.
Vascosan, 261, 271.
Vast (H.), 156, 157, 449.
Végèce, 300, 387, 454.
Veli (Giulio-Cesare), 31, 34.
Velius Longus, 52, 247, 435.
Velleius Paterculus, 53, 54, 390, 454.
Vellutello, 280, 297, 312.
Velser (Marc), 36, 63.
Vergèce (Ange), 160.
Vérone (Guarinus de). V. Guarino.
Vérone (Jucundus de). V. Giocondo.
Verrius Flaccus, 44, 45.
Vespasiano. V. Bisticci.
Vespi, 199.
Vettori (Piero), *Petrus Victorius*, 10, 13, 35, 44, 60, 66, 67, 70-72, 74, 84, 85, 102, 134-136, 145, 151, 165, 172, 196, 211, 214-216, 233-235, 239, 260, 261, 278, 390, 395, 418, 420, 423, 447.
Vialard (Paul), 65, 68, 452.
Vianello (Francesco), 74.
Vico (Enea), 261, 438.
Victor (Aurelius), 276.
Victor (Publius), 206, 263, 275, 390.
Victorius. V. Vettori.

Viertel, 192.
Vigile (Fabio), 134, 253.
Villamena (F.), 65.
Villani (Giovanni), 156.
Vinarius (Gasp.), 443, 444.
Vincens Amerinus, 202.
Vincentius Romanus, 254.
Vincenzo fiamengo, 31.
Vinci (Léonard de), 32, 33.
Vindelin de Spire, 203.
Virgile, 85-87, 93-99, 108, 110, 129, 195, 199, 223, 225, 239, 252, 271-273, 276, 295, 296, 362, 373, 381, 382, 399, 409-416, 435, 437.
Virgile (Polydore), 387.
Virunio (L. Pontico), 153.
Visconti (E.-Q.), 34, 40, 41.
Viterbe (Egidio de). V. Canisio.
Vitruve, 159, 383.
Vittorii, 31.
Vittorio, *Victorius*. V. Vettori.
Vittorio (Mariano), 50.
Vogel (E.-G.), 119.
Voigt (Georg), 192, 210, 219, 221, 222.
Volterra (Daniele da). V. Ricciarelli.
Volterra (Raffaello da). V. Maffei (R.).
Vopisco (Gianluigi), 135.
Vopiscus, 212, 442.
Vulcob, 34.
Vulsci (L.), 197.

W

Wagner (Ph.), 272.
Wechel, 63, 442.
Weiss, 4.
Wex, 203.
Willegaerts (Corn.), 136.
Wimmer (Fr.), 173.
Witte (Carl.), 303, 304, 331.
Witte (J. de), 39, 136.
Wouwere (J. van der), 137.

X

Xénophon, 104, 105, 121, 145, 147, 150, 156, 177, 184, 190, 195, 196, 221, 352, 358, 365, 367.
Xiphilin (Jean), 169, 170.

Z

Zaccaria (F.-A.), 447.
Zagarola (Muzio et Pompeo da), 31.
Zambeccari (Cambio), 220.
Zambrini, 280.
Zamoysky (Jean), 20.
Zanchi (Basilio), 6, 64, 254, 258, 259, 418, 424.
Zangarolo (Carlo), 248.
Zannetti (Fr.), 26, 50.
Zappella (Giov.), 266.
Zappelli, 131, 176, 243.
Zappi. V. Fontana.
Zavarranoni, 207.
Zeno (Apostolo), 92, 183, 226.
Zosime, 64, 339, 442.
Zuccari (Federico), 16.
Zuccari (Taddeo), 13, 16, 91.
Zurita (Geronimo), 105.

TABLE DE RENSEIGNEMENTS

SUR DIVERS SUJETS

Altieri (Bibliothèque et palais), 16, 207, 269.
Ambrosienne (Bibliothèque), 17, 31, 74, 134 sqq., 175, 260 sqq., 295 sqq., et *passim*.
Angelica (Bibliothèque), 271.
Athos (Mont), 144.
Avignon, 262, 293.
Barberini (Bibliothèque), 91, 93, 124, 134, 286, 291.
Berne (Bibliothèque de), 62, 433.
Bologne, 10, 34, 73, 91, 134, 135, 170, 254, 368.
Bologne (*Bibliotheca S. Salvatoris*, à), 168, 230.
Brescia, 166, 168.
British Museum, 60, 71, 74, 85, 134, 135, 165, 167, 260, 261, et *passim*.
Caetani (Archives), 24.
Capitole (Musées du), 8, 26.
Capponiana (Collection), à la Vaticane, 270.
Capranica (Collège), 224, 361.
Caprarola, 9, 13, 14, 29, 261.
Chigi (Bibliothèque), 172, 242, 307.
Codex (sens du mot), 211.
Codex (*Vetus*), 119.
Collections d'antiquités au xvie siècle, 5, 11, 12, 23, 28, 30 sqq., 42, 44, 56, 58, 100, 105, 110, 418.
Concile de Trente, 49, 61, 135, 160, 268.
Conclaves, 24, 61, 268, 445, 446.
Copistes grecs (noms nouveaux de), 78, 149, 169, 170, 186, 448, 449.
Découvertes archéologiques à Rome, 8, 35, 40, 53, 62, 73, 420.
Dresde (Bibliothèque de), 267.
Épigraphie, inscriptions, 8, 35, 36, 51, 63, 71, 154, 207, 246.
Escurial (Bibliothèque de l'), 47, 81, 113, 167, 175.
Este (Bibliothèque d'), 290, 315.
Farnèse (Palais), 13, 14, 17, 23, 28, 44, 91, 110, 440, 445.
Ferrare, 28, 123, 246, 441, 451.
Florence, 10, 71, 72, 74, 135, 151, 171, 182, 208, 214, 216, 231, 240, 306, 327, 329, 393, 448, 449. V. Laurentienne, Marucelli, Riccardi.
Florence (Archives de), 134, 418.
Français à Rome, 64 sqq., 432 sqq., 447.

Française (Manuscrits de provenance), 85 sqq., 227, 266, 267, 302, 311.
Gand (Monastère du Mont-Blandin, à), 276.
Grottaferrata (Bibliothèque de), 118.
Iconographie antique, 40 sqq., 270, 411.
Iconographie de la Renaissance, 32, 33, 166, 429, 431, 449.
Iconographie d'Orsini, 16, 28.
Lateran (Chapitre de Saint-Jean de), 3, 4, 8, 20, 24, 25, 27, 28, 102, 419, 441.
Laurentienne (Bibliothèque), 10, 71, 155, 182, 194, 208, 234, 280, 286, 295, 328, 330, et *passim*.
Lombarde (Manuscrits d'écriture), 195, 217, 240, 242, 274, 275.
Lucques, 135, 264.
Madrid (Bibliothèque de), 152 sqq., 449.
Mantoue, 244, 320, 327.
Marcienne (Bibliothèque), 136, 156, 248, 289, 452, et *passim*.
Marucelli (Bibliothèque), 177, 269.
Messine, 152 sqq., 394.
Milan, 44, 152, 286, 452. V. Ambrosienne.
Miniatures et ornements des manuscrits, 145, 169, 194, 199, 201, 204, 217, 219, 226, 240, 268, 276, 301, 305, 311, 327, 362, 366, 367, et *passim*.
Mont-Cassin (Bibliothèque du), 247, 274.
Munich (Bibliothèque de), 214, 250.
Naples, 24, 26, 66, 75, 135, 148, 218 sqq., 233, 234, 249, 253, 319, 327, 430.
Naples (Archives de), 137, 397.
Naples (Bibliothèque Nationale de), 36, 67, 137, 148, 212, 217, 269, 285.
Naples (Musée de), 16, 32, 35, 53.
Notitia dignitatum, 5, 250, 430.
Numismatique, médailles, 17, 25, 31, 34, 43, 57, 61, 63, 116, 261, 410, 411, 418, 422, 438, 439.
Orléans, 66, 69.
Otrante, 162, 167.
Padoue, 20, 30, 74 sqq., 92 sqq., 105, 158, 173, 275, 280, 291, 377, 408 sqq.
Papyrus, 101, 132, 417.
Paris (Bibliothèque Nationale de), 74, 90, 128, 161, 164, 187, 210, 216, 230, 297, 313, 317, 318, 420, et *passim*.
Parme, 9, 11, 13, 23, 32, 231, 445.
Parme (Archives de), 11, 134, 160.
Pavie, *Ticinum*, 287 sqq., 290, 296, 297.
Pérouse, 21, 174, 196.
Pétrarque, *Canzoniere* autographe, 101 sqq., 110, 279 sqq., 289, 308, 418, 419, 453.
Pétrarque, feuillets autographes du Vatican, 101 sqq., 281 sqq., 289, 418, 419, 453.
Pétrarque, œuvres latines autographes, 101 sqq., 285 sqq.

Pétrarque, autres autographes, 284, 285, 300, 418, 453.
Pétrarque (iconographie de) et de Laure, 33, 293, 327.
Pierres gravées, 12, 31, 108, 270.
Pindare, *codex Ursinianus*, 96 sqq., 183, 411 sqq.
Pise, 134, 394, 429.
Pistoia, 80 sqq., 135, 231, 246, 403 sqq.
Plaute, *codex Ursinianus* (ms. du card. Orsini), 191, 218, 369.
Pouzzoles, 252.
Provençales (Études), 65, 109, 253, 312 sqq.
Provençaux (Chansonniers), 104, 107 sqq., 110, 312 sqq., 420 sqq.
Reliure, 129, 131, 172, 176, 201, 221, 246, 259, 305, 335, 368, et *passim*.
Riccardi (Bibliothèque), 74, 156, 177.
Rimini, 134, 306.
Saint-Denis (Bibliothèque de l'Abbaye de), 85, 86.
Saint-Pierre (Bibliothèque du Chapitre de), 192, 251.
Sixtine (Chapelle), 166, 449.
Table iliaque, 100, 105, 419.
Tarente, 153.
Térence, *codex Bembinus*, 94 sqq., 110, 120, 237 sqq., 280, 410 sqq.
Térence, *codex Vaticanus*, 42, 226, 276, 318.
Tite-Live, *codex Puteaneus*, 88 sqq.
Urbin (Bibliothèque d'), 92.
Valicellane (Bibliothèque), 157, 263 sqq.
Vaticane (Bibliothèque), 29, 30, 49, 60, 80, 84, 111, 112 sqq., 120 sqq. 145, 159, 163, 198, 228, 248, 262, 313, et *passim*.
Venise, 61, 65, 66, 72, 76, 134, 135, 148, 178, 197, 228, 240, 248, 257, 280, 288, 317, 412, 421, 422, 428, 442. V. Marcienne.
Vérone, 134, 135, 197, 231, 262, 366, 422.
Vienne (Bibliothèque Impériale de), 63, 270, 329.
Virgile, *codex Augusteus*, 85 sqq.
Virgile, *codex Mediceus (Carpensis)*, 110, 272, 273.
Virgile, *codex Romanus (Vaticanus)*, 86, 110, 303, 437.
Virgile, *codex Vaticanus (Bembinus)*, 93 sqq., 110, 225, 318, 409 sqq., 451.
Virgile, ms. dit des *Lusi*, 95 sqq., 196, 239, 409 sqq.
Virgile de l'Ambrosienne, 295 sqq.
Viterbe, 4, 9, 22, 147, 260, 445.

I. PETRARCA

Hũc libellũ añ biẽnniũ dictatũ ez alibi scptũ aĩ c uo sep
si hic iteru manu mea, ꝓuexi ad exitũ, Aquater int
colles euganeos· 1370· Jun· 19· ueniẽte ad occasũ die·

II. POGGIO (& P BEMBO)

reliqui magistratus annui sunto. eaq; potestas semp esto. Iuris di-   *Disceptator*
sceptator, qui priuata iudicet iudicari ue iubeat pretor esto.   *Praetor*
iuris ciuilis custos esto. huic potestati parento. quotcũq; senat?
creuerit populusue iusserit tot sunto. Regio imperio duo   *Creauit Consules*
sunto. iiq; preundo· iudicando· consulendo· pretores iudices
consules appellanto. militiae summũ ius habento. nemini
parento. huius salus populo suprema lex esto. Eundẽ magistratũ   *iussa lex*

III. POMPONIUS LAETUS

Cum caput obscura nitidum ferrugine texit   ferrugo color ē ferri ab alijs nigri
       īn eodem capite   purpur̃ sic nomīnat
Impiaq; eternam timuerunt secula noctem.   quia p̃ spaciũ unius an̄ pallor fuit
Tempore q̃ q̃ illo tellus quoq; & equora ponti   Virgilius cũ indicat multa prodi
       impiis castigat strigibꝰ bubonibꝰq;   gia Kluminũ scrĩ dẽ i bello ciuli.
Obscenaeq; canes importunaeq; uolucres   fames stulos
     sub iouis
Signa dabant· quotiens Cyclopũ effoeueriat agros   Sub umulo ait pridie idul maii
                                                        aue ĩ lauree ramo pomꝛerant

IV. B BEMBO

Grati animi memoria

xiiij Januarij   Ex indole Sidus precipuũ in rem pu
1488 i cosilio   preseferentem ad Contarenũ misserũ
xL. crimĩn   qui eum rogaret ut una scrim Senen
                sis magistratus adiret. Is quidẽ res
                pter ꝗ q̄ non ab re esset Senatus etiam
                uolumini respondebat Itaq; una cum

V. A POLIZIANO

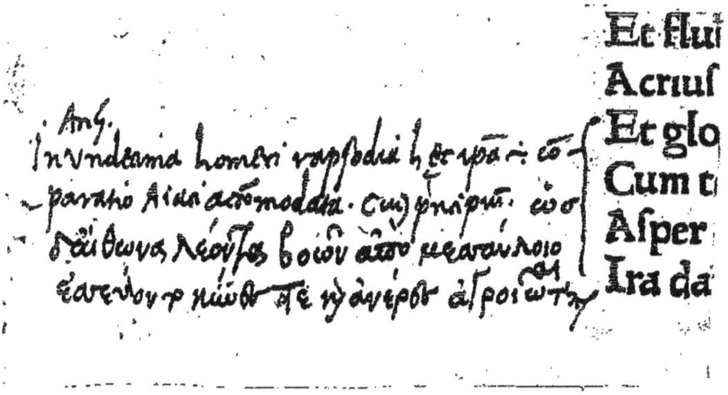

Ang.
In undecima homeri rapsodia h. erpa: co-
paratio Aiaci accomodata. cuiz ynaíput: ewc
δ'αἴθωνα λέοντα βοῶν ἀπὸ μεσσαύλοιο
ἐσσεύοντο κύνες τε καὶ ἀνέρες ἀγροιῶται

Et flui
Acrius
Et glo
Cum t
Asper
Ira da

VI. J. LASCARIS

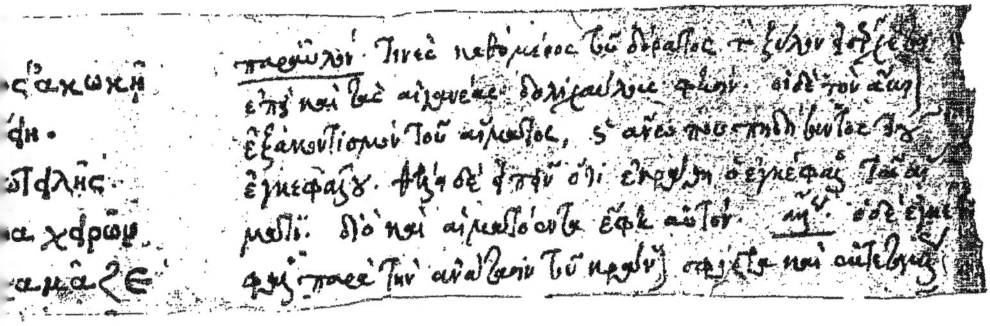

[Greek manuscript text, partially legible]

VII. A COLOCCI

Libelli bellissimi non sybaritica
p. bonis mi prefectus erarij.
villas Campos, uiridaria L
lucuoso arboribus amenita

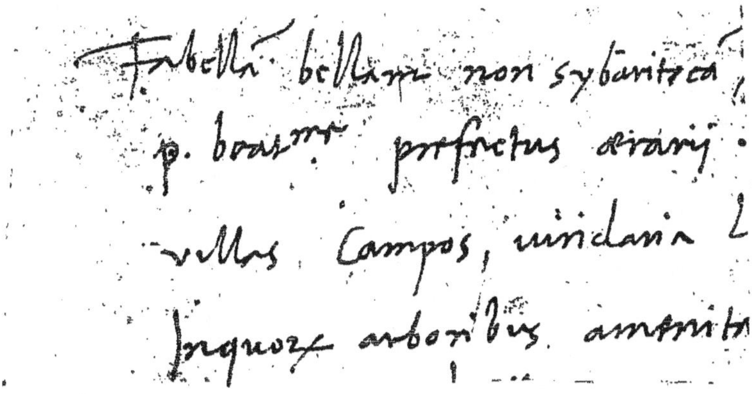

VIII. F ORSINI

Poesie di cento uenti poeti Prouenzali tocci nelle margini di
mano del Petrarca, et del Bembo in perg. in fgl.
Ful. Ursi.

NOTE SUR LA PLANCHE

I. Fac-similé de l'écriture de François Pétrarque. Bibliothèque Vaticane. V. page 290.

II. Fac-similé de l'écriture de Poggio Bracciolini. (Les mots marginaux, sauf un, sont de la main de Pietro Bembo.) Bibliothèque Vaticane. V. p. 193, note 4.

III. Fac-similé de l'écriture de Pomponius Laetus. Bibliothèque Vaticane. V. p. 199, note 2.

IV. Fac-similé de l'écriture de Bernardo Bembo. Bibliothèque Vaticane. V. p. 241, note 1.

V. Fac-similé de l'écriture d'Ange Politien. Bibliothèque Nationale de Paris. V. p. 212, note 2.

VI. Fac-similé de l'écriture de Jean Lascaris. Bibliothèque Vaticane. V. p. 158, note 3.

VII. Fac-similé de l'écriture d'Angelo Colocci. Bibliothèque Vaticane. V. p. 255, note 5.

VIII. Fac-similé de l'écriture de Fulvio Orsini (aux deux tiers de la grandeur de l'original). Bibliothèque Nationale de Paris. V. p. 314, note 1.

www.ingramcontent.com/pod-product-compliance
Lightning Source LLC
Chambersburg PA
CBHW071702230426
43670CB00008B/886